高校入試虎の巻　他にはない ３大 ポイント

問題の質問ができる　‘とらサポ’

無料会員

虎の巻やスペシャルの問題で「わからないなー」「質問したいなー」というときは、
“とらサポ”におまかせください!
必要事項と質問を書いて送るだけで詳しく解説しちゃいます!
何度でもご利用いただけます!　質問は“FAX”か“メール”でできます。

無料会員登録手順

【仮登録】→【本登録】→【会員番号発行】→質問開始！

① 【仮登録】：下のＱＲコード／下のＵＲＬへアクセス。
http://www.jukentaisaku.com/sup_free/
② メールアドレス（ＰＣアドレス推奨）を入力送信。
③ 入力いただいたアドレスへ【本登録】のＵＲＬが届きます。
④ 【本登録】：届いたＵＲＬへアクセスし会員情報を入力。

※ご注意
「確認」では会員登録されていません。
必ず「送信」ボタンを押してください。

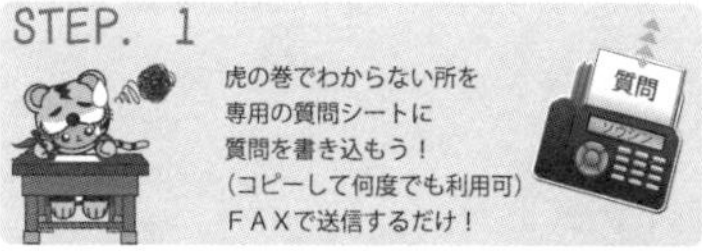
STEP. 1
虎の巻でわからない所を
専用の質問シートに
質問を書き込もう！
(コピーして何度でも利用可)
ＦＡＸで送信するだけ！
質問

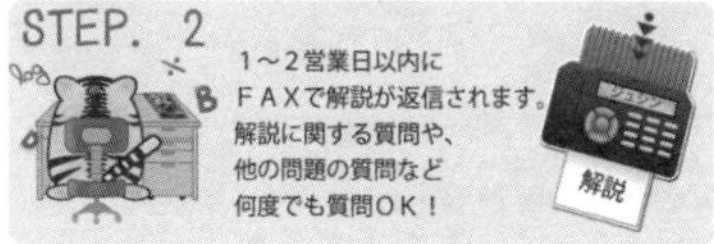
STEP. 2
1～2営業日以内に
ＦＡＸで解説が返信されます。
解説に関する質問や、
他の問題の質問など
何度でも質問ＯＫ！
解説

⑤ 【会員番号】が発行され、メールで届きます。
⑥ 【会員番号】が届いたら、質問開始！

左のQRコードが読み取れない方は、下記のURLへアクセスして下さい。
http://www.jukentaisaku.com/sup_free/
※ドメイン拒否設定をされている方は、〔本登録〕のURLが届きませんので解除して下さい。

とらサポ会員番号　　忘れないようにココへ書きましょう

利用方法を裏で紹介♪

とらサポ ‘プレミアム会員’

有料会員

どんな問題でも質問できる!
◎私立の過去問・塾の宿題・市販の問題集

オンライン『講義映像』中学1年～3年
◎5教科すべて視聴可能

入会金なし
ご利用料金：月額3,300円（税込）
※入会月が15日以降の場合は初月1,100円(税込)
※ご利用期間　2025.3月末迄

中３数学
1 平方根
2 多項式の計算
3 因数分解
4 二次方程式
5 二次方程式の利用
6 関数y=ax2（1）
7 関数y=ax2（2）
8 相似な図形（1）
9 相似な図形（2）
10 三平方の定理
11 円の性質
12 資料の活用
13 式の計算
14 三角形の重心
15 いろいろな問題

プレミアム会員お申し込み方法

左のQRコードが読み取れない方は、下記のURLへアクセスして下さい。
URL：http://www.jukentaisaku.com/sup_pre/
※ドメイン拒否設定をされている方は、〔本登録〕のURLが届きませんので解除して下さい。

①～④は無料会員登録に同じ
⑤ お申し込みから２営業日以内に【会員のご案内】を発送いたします。
⑥ 【会員のご案内】が届き次第ご利用いただけます。

リスニング虎の巻 ～他にない教材で攻略～

英語⇒日本語
‘日本語吹替付’

① 聞きながら学習（６回分）
★英単語の　読み・聞き取り・意味　が苦手でも安心して学習
英語のあとにすぐ日本語訳が聞け、聞きながらにして、
即理解 ⇒ 覚える ことができます。

② テスト形式で実践練習　（５回分）
テスト形式に挑戦。
高校入試リスニングの練習に最適です。

【 問 題 】

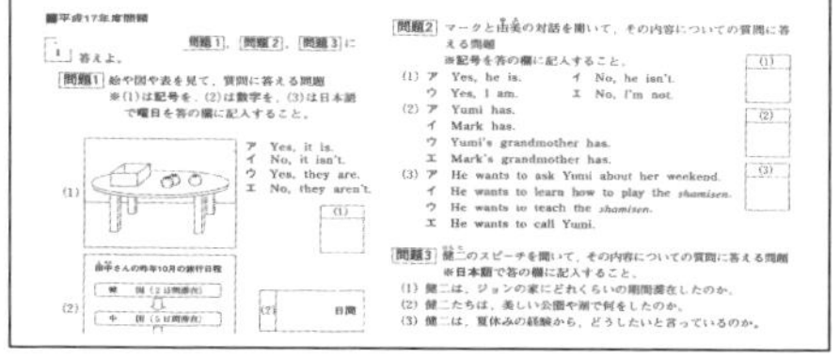

【 台本と録音例 】
Mark:Hi, Yumi.　How　are　you　today？
こんにちは、由美。今日の調子はどう？
Yumi :Hi, Mark.
こんにちは、マーク。
I’m　fine, thank　you.　And　you？
元気よ、ありがとう。あなたは？
Mark:Fine, thanks.　Yumi,
元気だよ。
I’d like to ask　you about　something.
由美、僕は君に聞きたいことがあるんだ。
Yumi :OK.　What　is　it？
いいわよ。どうしたの？
Mark : Well , I’m　interested　in　traditional
Japanese　music,
ええっと、ぼくは日本の伝統的な音楽に興味

先輩達の【とらサポ質問】＆【感想】

【とらサポの質問方法】

①会員番号を取得
②質問したいところを書く！
　教科・ページ・問題番号
③聞きたい質問を書く。
④作文 や 記述の添削も
　できます！
　（国語・英語・社会 etc）

FAXや
メールで質問OK!!

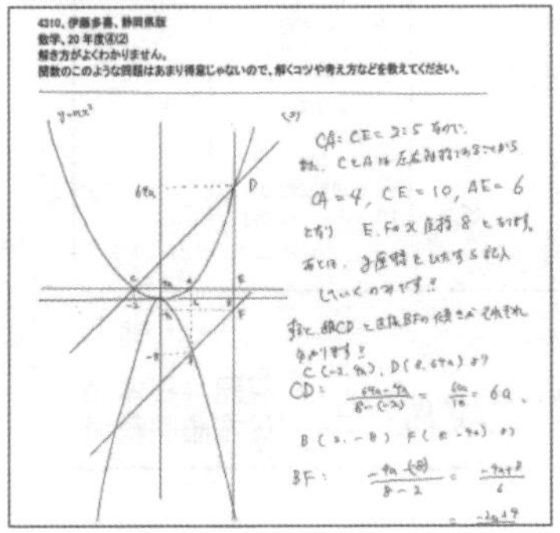

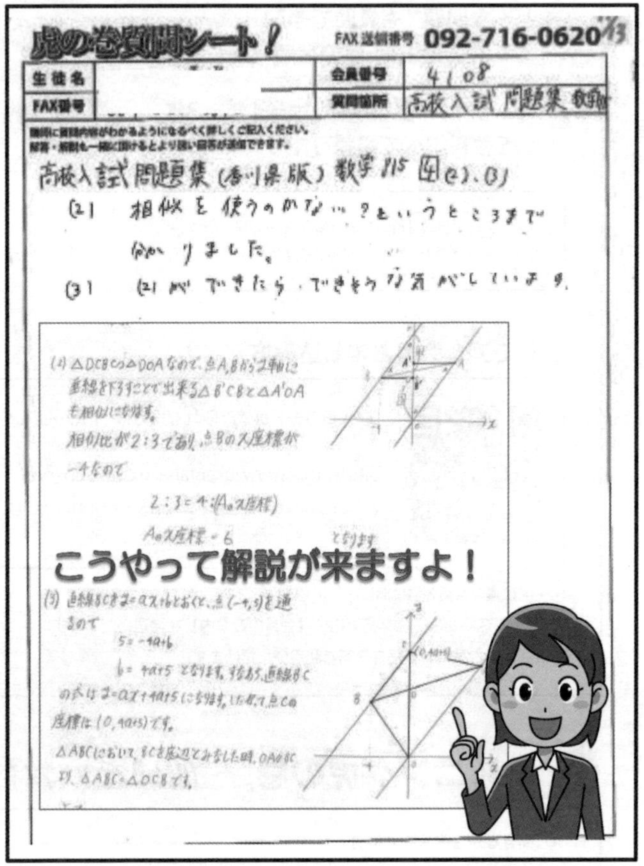

虎の巻様

いつもありがとうございます。今回は質問ではなくお礼を言うためにこれを書きました。
発表でした。 私は第一志望の高校に合格することができました！私の行きたい高校は私の学力では足りないと学校の先生から言われ、志望校をおとそうかととても悩みました。しかし、第一志望校を受けないと後悔してしまうと思い、親の反対も振りきって受けました。諦めないで本当によかったです。今回私が合格できたのも虎の巻様が私の質問に丁寧に答えて下さったおかげだと思っています。ページ数と問題内容があってなかったりと様々な迷惑をかけてしまい申し訳なかったです。
4月からは高校生として、国公立大学へ進学するという夢を胸にがんばっていきたいと思います。虎の巻様には感謝してもしても足りません。本当に本当にありがとうございました!!!

To: 虎の巻↓
Subject: 質問ではありませんが(--;)↵
↵
質問ではありませんが(^-^)↵
先日、受験に合格することが出来ました(^^♪↵
そのお礼を申し上げたく、メールを送らせて頂きます。↵
↵
私は、受験勉強というものを、どうやら勘違いをしてしまって、↵
短期集中１ヶ月もやればいい方だろうと思っていました。↵
しかし、そうではないことに気づき、難関校の受験１ヶ月前に焦って、↵
何でもいいから何かやらないと間に合わない！と思って手に取ったのが、↵
虎の巻さんでした。↵
どうやればいいかなんて全く分からないけど、浅く広くやるのではなく、↵
とりあえずこれだけはやっておこうと思い、過去問、それからスペシャルの方も↵
間違えたところは何周も解き直しました。あっていた所もしっかり確認をし、↵
逆に虎の巻さん以外のものは何もやらないで難関校に挑んだ結果、↵
類似問題も多く出て見事合格をすることが出来ました。↵
ほんとにほんとに、虎の巻さんのおかげだと思っています。↵
感謝の気持ちでいっぱいです。↵
↵
お忙しいところ、すみません。↵
読んでいただき、ありがとうございました(^-^)↵

虎の巻質問シート！

ご利用期間　2025.3月末迄

①生 徒 名		②会員番号		③R7福岡県版
④FAX番号		⑤質問箇所		

講師に質問内容がわかるようになるべく詳しくご記入ください。 自分の解き方や考えも一緒にご記入ください。
上記①～⑤の記載があれば、どの用紙でもご質問いただけます。

FAX 送信番号　092-716-0620　　メールアドレス　tora@jukentaisaku.com

虎の巻の特色

この問題集は、福岡の高校受験生の皆さんの志望校合格に向けて、効率の良い学習を進めることができるように編集作成したものです。したがって、学習したいところから取り組め、確実に得点になる演習ができるように、教科・単元別にしております。また、自分ひとりでも学習できるよう詳しい解説を掲載し、さらに無料で質問できるサービス‘とらサポ’が入試直前までの心強い味方です。

♪他にはない【リスニング虎の巻10年間】や【巻末付録】もうれしい特典♪

虎の巻の使い方

過去10年間の入試問題を見てみると、似た形式の問題が数多く存在します。そこで、実際に出題された問題を単元ごとに集中的に繰り返すことで、パターンを掴みしっかりマスターすることができます。

1回目：1単元ごとにノートに解いてみる。

教科書を見てもよし、誰かに教えてもらいながらでもよいです。実際に問題を解くことで入試のレベルを知り、自分の苦手なところを発見しながら学習を進めましょう。この1回目で間違った問題には印をつけておきましょう。

2回目：何も見ずに解いてみる。

1回目の印をつけた問題は解けるようになりましたか？
ただし、1度解いても忘れるものです。もう一度解く事が復習になり、より一層理解を高めることができます。ここで全体の半分程解く事が出来れば十分です。間違った問題には2回目の印をつけ、理解できるまで何度もやり直しましょう。

3回目：冬休みや入試前に、1つの問題に対して7分～15分で解いてみる。

時間を計って問題を解くことで、入試を想定することができます。
短い時間で正確に問題を解けるようにしましょう。そして、どれだけ力がついたか1年分ずつ【本番形式】で力試しをしてください。

リスニング虎の巻の使い方

CDはお付けしておりません。音声は、オンラインで聴くことができます。
後の【リスニング虎の巻】ページの問題を使って、利用方法や練習方法を参考に取り組んでみましょう。

もくじ

（注1）編集上、掲載していない問題が一部ございます。
（注2）著作権の都合により、実際の入試に使用されている写真と違うところがございます。
＊上記（注1）（注2）をあらかじめご了承の上、ご活用ください。

公立高校入試出題単元別編集

過去9年間
(平成27年～令和5年迄)

数学

計算及び小問
■ 平成27年 1 (計算・方程式・関数・資料の整理・確率)
■ 平成28年 1 (計算・方程式・反比例・確率・標本調査)
■ 平成29年 1 (計算・方程式・関数・確率・標本調査)
■ 平成30年 1 (計算・方程式・ねじれ・確率・標本調査・関数)
■ 平成31年 1 (計算・方程式・関数・資料の整理)
■ 令和２年 1
■ 令和３年 1
■ 令和４年 1
■ 令和５年 1 (計算・平方根・方程式・確率・関数・標本調査・角度)

方程式（文章問題）
■ 平成27年 2
■ 平成28年 2
■ 平成29年 2
■ 令和２年 2
■ 令和５年 2

文字式の利用
■ 平成27年 3
■ 平成28年 3
■ 平成29年 3
■ 平成30年 2
■ 平成31年 3
■ 令和３年 3
■ 令和４年 3

資料の整理・標本調査・確率
■ 平成30年 3 (資料の整理)
■ 平成31年 2 (確率)
■ 令和２年 3
■ 令和３年 2
■ 令和４年 2 (データ・箱ひげ図)
■ 令和５年 3 (箱ひげ図)

平面図形（証明）
■ 平成28年 5 (面積・相似)
■ 平成29年 5 (相似証明・面積)
■ 平成30年 5 (相似証明・面積)
■ 平成31年 5 (相似・面積)
■ 令和２年 5
■ 令和３年 5
■ 令和４年 5 (相似・証明・線分の長さ)
■ 令和５年 5 (合同証明・相似証明・面積)

立体図形
■ 平成27年 6 (ねじれ・体積比・線分)
■ 平成28年 6 (ねじれ・線分の長さ・体積比)
■ 平成29年 6 (ねじれ・体積・線分)
■ 平成30年 6 (体積比・線分)
■ 平成31年 6 (体積・面積・線分)
■ 令和２年 6
■ 令和３年 6
■ 令和４年 6 (辺・体積・面積)
■ 令和５年 6 (表面積・体積・線分の長さ)

関数の利用
■ 平成27年 4 (時間と水温)
■ 平成28年 4 (速さ・距離・時間)
■ 平成29年 4 (速さ・時間・距離)
■ 平成30年 4 (水そう)
■ 平成31年 4 (距離・速さ・時間)
■ 令和２年 4
■ 令和３年 4
■ 令和４年 4
■ 令和５年 4

計算及び小問

■平成27年度問題

1　次の（1）～（9）に最も簡単な数または式で答えよ。
ただし，根号を使う場合は$\sqrt{\ }$の中を最も小さい整数にすること。

（1）$6-2\times(-3)$を計算せよ。

（2）$2(3a+2)-3(a+1)$を計算せよ。

（3）$a=4$，$b=-2$のとき，$3a-b^2$の値を求めよ。

（4）$7\sqrt{5}-\sqrt{45}+\sqrt{20}$を計算せよ。

（5）1次方程式$2x-5=3(2x+1)$を解け。

（6）2次方程式$x(x-1)=4(x+6)$を解け。

（7）yはxの2乗に比例し，$x=-6$のとき$y=9$である。
$x=8$のときのyの値を求めよ。

（1）	
（2）	
（3）	
（4）	
（5）	$x=$
（6）	$x=$　　　　，$x=$
（7）	

（8）M市のすべての中学3年生1200人の中から無作為に抽出した140人に対してアンケートを行ったところ，外国への留学を希望する生徒は35人であった。
M市の中学3年生1200人のうち，外国への留学を希望する生徒の人数はおよそ何人と推定できるか答えよ。

（8）	およそ　　　　　人

（9）1から6までの目が出る2つのさいころA，Bを同時に投げるとき，出る目の数の和が5以下の奇数になる確率を求めよ。
ただし，さいころはどの目が出ることも同様に確からしいものとする。

（9）	

■平成28年度問題

1　次の（1）～（8）は最も簡単な数または式で，（9）は指示にしたがって答えよ。
ただし，根号を使う場合は$\sqrt{\ }$の中を最も小さい整数にすること。

（1）$9+(-2)\times7=$ □

（2）$5(3a+2)-3(4a+6)=$ □

（3）$a=-2$，$b=3$のとき，$-2a^2+7b$の値は □ である。

（4）$\sqrt{28}+\dfrac{21}{\sqrt{7}}=$ □

（5）1次方程式$3x-24=2(4x+3)$を解くと，$x=$ □ である。

（6）2次方程式$x(x+6)=5(2x+1)$を解くと，$x=$ □，$x=$ □ である。

（7）yはxに反比例し，$x=2$のとき$y=-14$である。
$x=-7$のときのyの値は □ である。

（8）袋の中に，赤玉3個と白玉2個と青玉1個が入っている。この袋の中から同時に2個の玉を取り出すとき，取り出した2個のうち1個が青玉である確率は □ である。
ただし，どの玉を取り出すことも同様に確からしいものとする。

（9）右の表は，S中学校の3年A組と3年B組の全生徒を対象に，1日あたりの家庭学習時間を調査し，その結果を度数分布表に整理したものである。
この度数分布表について，正しいことを述べているものを下の**ア**～**エ**からすべて選び，記号で答えよ。

階級(時間)	度数(人)	
	3年A組	3年B組
以上　未満 0 ～ 1	2	1
1 ～ 2	4	8
2 ～ 3	11	11
3 ～ 4	13	14
4 ～ 5	5	3
計	35	37

ア　3年A組において，1日あたりの家庭学習時間が3時間以上の生徒の人数は13人である。
イ　「2時間以上3時間未満」の階級について，3年A組と3年B組の相対度数は等しい。
ウ　3年A組と3年B組の最頻値は等しい。
エ　3年A組の中央値は，「3時間以上4時間未満」の階級にふくまれる。

□

■平成29年度問題

1　次の（1）～（9）に最も簡単な数または式で答えよ。
ただし，根号を使う場合は$\sqrt{}$の中を最も小さい整数にすること。

（1）$13+3\times(-6)=$

（2）$3(2a+3)-2(5a+4)=$

（3）$a=-3$，$b=4$ のとき，$3a^2-5b=$

（4）$\dfrac{30}{\sqrt{5}}+\sqrt{20}=$

（5）1 次方程式 $3x-8=7x+16$ を解くと，$x=$　　　である。

（6）2 次方程式 $(x+1)^2=x+13$ を解くと，$x=$　　　，$x=$　　　である。

（7）関数 $y=\dfrac{2}{3}x^2$ について，x の変域が $-1\leqq x\leqq 3$ のときの y の変域は　　　である。

（8）1，3，5，7，9のカードが1枚ずつある。この5枚のカードから，同時に2枚のカードを取り出すとき，その2枚のカードにかかれている数の和が10以上になる確率を求めよ。
　ただし，どのカードを取り出すことも同様に確からしいものとする。

（9）右の表は，A 中学校と B 中学校の生徒を対象に，携帯電話やスマートフォンの1日あたりの使用時間を調査し，その結果を度数分布表に整理したものである。
　この表をもとに，A 中学校と B 中学校の「0時間以上1時間未満」の階級の相対度数のうち，大きい方の相対度数を四捨五入して小数第2位まで求めよ。

階級（時間）	度数（人）	
	A 中学校	B 中学校
以上　未満 0 ～ 1	60	156
1 ～ 2	21	48
2 ～ 3	11	27
3 ～ 4	8	12
4 ～ 5	5	9
計	105	252

■平成30年度問題

1　次の（1）～（9）に答えよ。

（1）$11+2\times(-7)$ を計算せよ。

（2）$2(3a+4b)-(2a-b)$ を計算せよ。

（3）$\dfrac{12}{\sqrt{6}}-\sqrt{96}$ を計算せよ。

（4）1 次方程式 $2x+8=5x-13$ を解け。　$x=$

（5）2 次方程式 $x(x+6)=3x+10$ を解け。　$x=$　　　，$x=$

（6）右の図に示す三角柱 ABCDEF において，辺 DE とねじれの位置にある辺は全部で何本あるか答えよ。

　　　　本

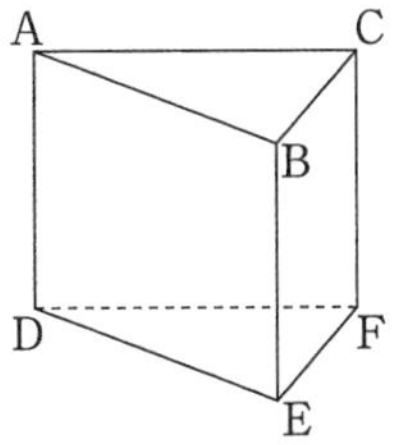

（7）1 から 6 までの目が出る 2 つのさいころ A，B を同時に投げるとき，出る目の数の積が 9 の倍数になる確率を求めよ。
　ただし，さいころはどの目が出ることも同様に確からしいとする。

（8）M 中学校の全校生徒 560 人の中から無作為に抽出した 40 人に対してアンケートを行ったところ，地域でボランティア活動に参加したことがある生徒は 25 人であった。
　M 中学校の全校生徒のうち，地域でボランティア活動に参加したことがある生徒の人数はおよそ何人と推定できるか答えよ。

およそ　　　人

（9）次の**ア**～**エ**の数量の関係のうち，y が x の 2 乗に比例するものを 1 つ選び，記号で答えよ。また，その関係について，y を x の式で表せ。
ア　半径が $x$cm の円の周の長さを $y$cm とする。
イ　周の長さが 8cm の長方形の縦の長さを $x$cm，横の長さを $y$cm とする。
ウ　面積が 12cm^2 の三角形の底辺の長さを $x$cm，高さを $y$cm とする。
エ　底面の 1 辺の長さが $x$cm，高さが 6cm の正四角すいの体積を $y$cm^3 とする。

記号　　　式　$y=$

■平成31年度問題

1 次の(1)～(9)に答えよ。

(1) $7+3\times(-4)$を計算せよ。

(2) $4(2a-3b)-(a+2b)$を計算せよ。

(3) $\sqrt{45}-\dfrac{25}{\sqrt{5}}$を計算せよ。

(4) 1次方程式$5x-2=2(4x-7)$ を解け。 $x=$

(5) 2次方程式$x(x-1)=3(x+4)$ を解け。 $x=$ ，$x=$

(6) yはxに反比例し，$x=3$のとき$y=8$である。
$x=-2$のときのyの値を求めよ。 $y=$

(7) 関数$y=-\dfrac{1}{4}x^2$のグラフをかけ。

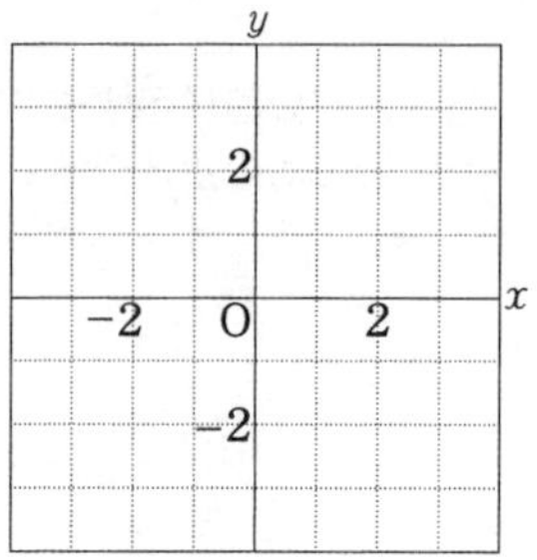

(8) 右の表は，A中学校の1年生と3年生の通学時間を調査し，その結果を度数分布表に整理したものである。

この表をもとに，中央値が大きい方の学年と，その学年の中央値がふくまれる階級を答えよ。

階級（分）	度数（人）	
	1年生	3年生
以上　未満		
0 ～ 5	18	20
5 ～ 10	31	33
10 ～ 15	24	23
15 ～ 20	19	20
20 ～ 25	5	6
25 ～ 30	3	3
計	100	105

学年	年生
階級	分以上　分未満

(9) B中学校の全校生徒400人の中から無作為に抽出した50人に対してアンケートを行ったところ，「地域や社会で起こっている問題や出来事に関心がある」と回答した生徒は35人であった。

B中学校の全校生徒のうち，地域や社会で起こっている問題や出来事に関心がある生徒の人数は，およそ何人と推定できるか答えよ。

およそ　　人

■令和2年度問題

1 次の(1)～(9)に答えよ。

(1) $8+2\times(-7)$を計算せよ。

(2) $2(a+4b)-(5a+b)$を計算せよ。

(3) $\sqrt{75}-\dfrac{9}{\sqrt{3}}$を計算せよ。

(4) 1次方程式$3(2x-5)=8x-1$を解け。 $x=$

(5) 等式$2a+3b=1$を，aについて解け。 $a=$

(6) 次の表は，yがxに反比例する関係を表したものである。
$x=3$のときのyの値を求めよ。 $y=$

x	…	−2	−1	0	1	2	…
y	…	6	12	×	−12	−6	…

(7) 関数$y=\dfrac{1}{3}x^2$のグラフをかけ。

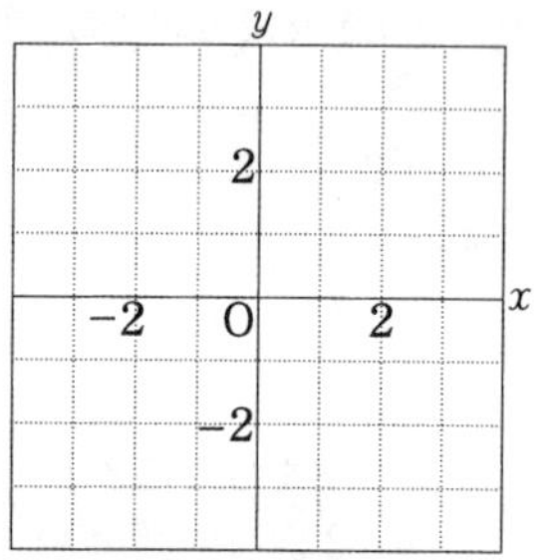

(8) 右の表は，A中学校とB中学校の1年生の生徒を対象に，テレビの1日あたりの視聴時間を調査し，その結果を度数分布表に整理したものである。

この表をもとに，A中学校とB中学校の1年生の「30分以上60分未満」の階級の相対度数のうち，大きい方の相対度数を四捨五入して小数第2位まで求めよ。

階級（分）	度数（人）	
	A中学校	B中学校
以上　未満		
0 ～ 30	16	28
30 ～ 60	25	32
60 ～ 90	19	31
90 ～ 120	15	27
120 ～ 150	10	18
計	85	136

(9) ペットボトルのキャップがたくさん入っている箱から，30個のキャップを取り出し，全てに印をつけて箱に戻す。その後，この箱から30個のキャップを無作為に抽出したところ，印のついたキャップは2個であった。

この箱の中に入っているペットボトルのキャップの個数は，およそ何個と推定できるか答えよ。

およそ　　個

■令和３年度問題

1　次の（１）〜（９）に答えよ。

（１）$7+2\times(-6)$を計算せよ。

（２）$3(2a+b)-2(4a-5b)$を計算せよ。

（３）$\dfrac{14}{\sqrt{2}}-\sqrt{32}$ を計算せよ。

（４）２次方程式$(x+6)(x-5)=9x-10$を解け。　$x=$　　　　，$x=$

（５）４枚の硬貨 A，B，C，D を同時に投げるとき，少なくとも１枚は表が出る確率を求めよ。
　ただし，硬貨 A，B，C，D のそれぞれについて，表と裏が出ることは同様に確からしいとする。

（６）関数$y=\dfrac{1}{2}x^2$について，xの変域が$-4\leqq x\leqq 2$のとき，yの変域を求めよ。

（７）関数$y=-\dfrac{6}{x}$のグラフをかけ。

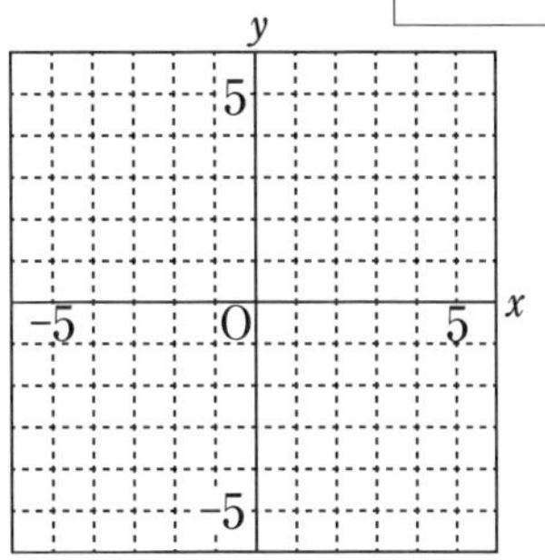

（８）△ABC において，∠A＝90°，AB＝6cm，BC＝10cm のとき，辺 AC の長さを求めよ。

cm

（９）**図**のように円 O の円周上に３点 A，B，C を，AB＝AC となるようにとり，△ABC をつくる。線分 BO を延長した直線と線分 AC との交点を D とする。
　∠BAC＝48°のとき，∠ADB の大きさを求めよ。

°

図

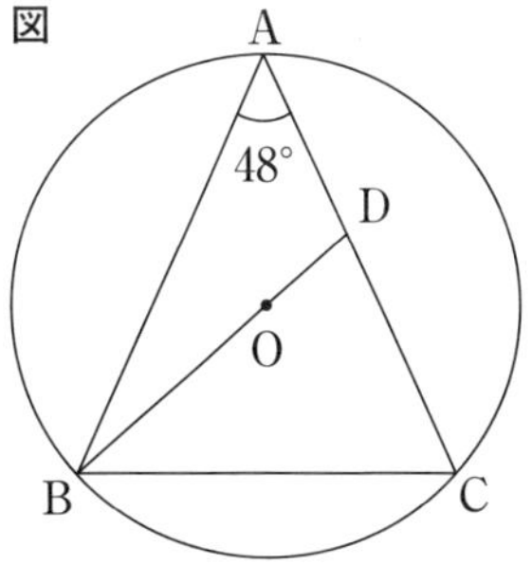

■令和４年度問題

1　次の（１）〜（９）に答えよ。

（１）　$6+3\times(-5)$を計算せよ。

（２）　$3(a-4b)-(2a+5b)$を計算せよ。

（３）　$(\sqrt{18}+\sqrt{14})\div\sqrt{2}$ を計算せよ。

（４）　２次方程式$(x-2)(x+2)=x+8$を解け。　$x=$　　　　，$x=$

（５）　yはxに反比例し，$x=2$のとき$y=9$である。
　$x=-3$のときのyの値を求めよ。

$y=$

（６）　箱の中に1，2，3，4，5の５枚のカードが入っている。この箱から，同時に２枚のカードを取り出すとき，取り出したカードに3のカードがふくまれる確率を求めよ。
　ただし，どのカードを取り出すことも同様に確からしいとする。

（７）　関数$y=\dfrac{1}{4}x^2$のグラフをかけ。

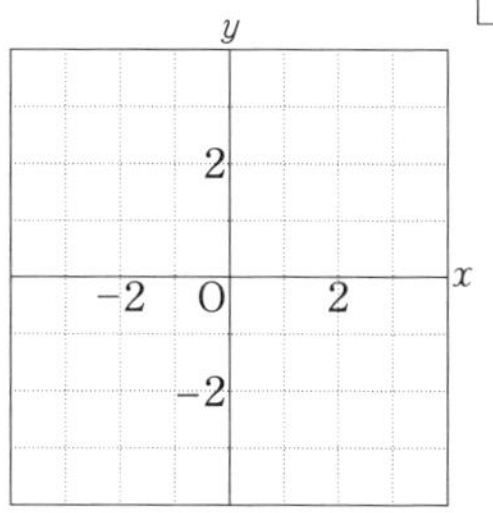

（８）　右の表は，M 中学校の１年生男子のハンドボール投げの記録を度数分布表に整理したものである。
　この表をもとに，記録が 20m 未満の累積相対度数を四捨五入して小数第２位まで求めよ。

階級（m）	度数（人）
以上　未満 5 〜 10	6
10 〜 15	9
15 〜 20	17
20 〜 25	23
25 〜 30	5
計	60

（９）　ねじがたくさん入っている箱から，30 個のねじを取り出し，その全部に印をつけて箱に戻す。その後，この箱から 50 個のねじを無作為に抽出したところ，印のついたねじは６個であった。
　この箱に入っているねじの個数は，およそ何個と推定できるか答えよ。

およそ　　　　個

■令和５年度問題

1　次の(１)～(９)に答えよ。

(１)　$9+4\times(-3)$を計算せよ。

(２)　$2(5a+4b)-(a-6b)$を計算せよ。

(３)　$\frac{18}{\sqrt{3}}-\sqrt{27}$を計算せよ。

(４)　２次方程式$(x-5)(x+4)=3x-8$を解け。　$x=$　　　，$x=$

(５)　１から６までの目が出る２つのさいころA，Bを同時に投げるとき，出る目の数の積が偶数になる確率を求めよ。
ただし，さいころはどの目が出ることも同様に確からしいとする。

(６)　関数$y=-2x+7$について，xの値が-1から４まで増加するときのyの増加量を求めよ。

(７)　関数$y=-\frac{4}{x}$のグラフをかけ。

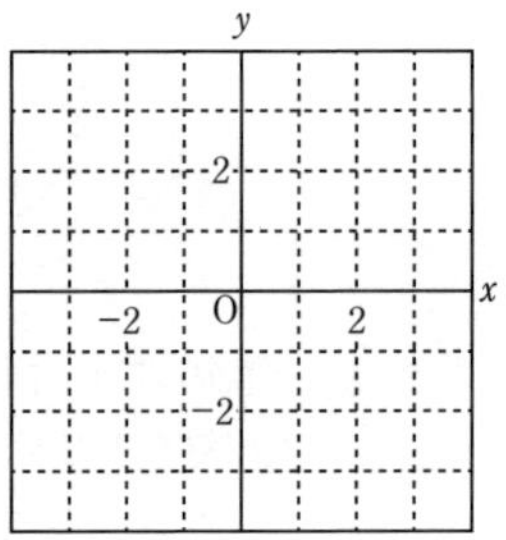

(８)　M中学校の全校生徒450人の中から無作為に抽出した40人に対してアンケートを行ったところ，家で，勉強のためにICT機器を使用すると回答した生徒は32人であった。
M中学校の全校生徒のうち，家で，勉強のためにICT機器を使用する生徒の人数は，およそ何人と推定できるか答えよ。

おおよそ　　　　人

(９)　図のように，線分ABを直径とする半円Oの$\overset{\frown}{AB}$上に点Cをとり，△ABCをつくる。線分ACに平行で点Oを通る直線と線分BC，$\overset{\frown}{BC}$との交点をそれぞれD，Eとし，点Cと点Eを結ぶ。
∠CAB＝56°のとき，∠DECの大きさを求めよ。

°

図

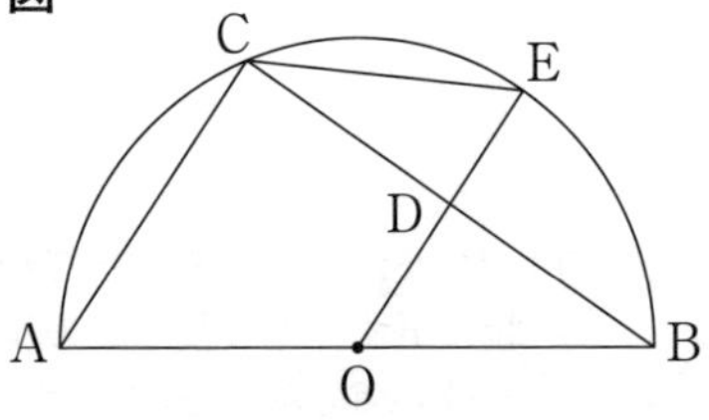

方程式（文章問題）

■平成27年度問題

2　次の問題を方程式をつくって解け。解答は，解く手順にしたがってかき，答の□の中には，あてはまる最も簡単な数を記入せよ。

Ｆ中学校の３年生が，環境問題の学習で，二酸化炭素排出量を削減するために，自分たちで実践できそうな取り組みについて調べ，次の表のようにまとめた。

取り組み	内容	１人の取り組みで１か月間に削減できる二酸化炭素排出量（kg）
A	暖房時に，エアコンの使用時間を１日につき１時間減らす	2.4
B	テレビの視聴時間を１日につき１時間減らす	1.2
C	パソコンの使用時間を１日につき１時間減らす	0.7

Ｆ中学校のすべての３年生200人それぞれが，取り組みA，B，Cのどれか１つを１か月間実践する計画を立て，10人の生徒が取り組みCを，残りの生徒は取り組みA，Bのどちらかを選んだ。表をもとに計算すると，すべての３年生で１か月間に削減できる二酸化炭素排出量は，合わせて421kgになることがわかった。
取り組みAを選んだ生徒全員で１か月間に削減できる二酸化炭素排出量を求めよ。

（解答）

答　求める二酸化炭素排出量は，　　　kg　である。

■平成28年度問題

2　次の問題を方程式をつくって解け。解答は，解く手順にしたがってかき，答の［　　］の中には，あてはまる最も簡単な数を記入せよ。

> M町には，A，B，Cの3つの中学校があり，A中学校の生徒の人数はB中学校の生徒の人数より20人多く，C中学校の生徒の人数は200人である。
>
> この3つの中学校の生徒全員を対象に，将来のM町に望むことについてアンケート調査を行ったところ，A中学校の生徒の70％とB中学校の生徒の62％とC中学校の生徒123人が「自然豊かなまちになってほしい」と回答した。その結果，3つの中学校全体の生徒の65％が「自然豊かなまちになってほしい」と回答したことがわかった。
>
> A中学校の生徒のうち，「自然豊かなまちになってほしい」と回答した生徒の人数を求めよ。

（解答）

答　求める生徒の人数は，［　　　人］

■平成29年度問題

2　孝さんと花さんの学級では，数学の授業で次の**問題**が出された。

問題

> A商店で，りんご3個を1袋に入れて500円，みかん7個を1袋に入れて400円で売ったところ，りんご3個を入れた袋とみかん7個を入れた袋が合わせて60袋売れ，その売上金額の合計は25900円でした。
>
> りんごとみかんは，それぞれ何個売れたでしょうか。

孝さんは，りんごがx個，みかんがy個売れたとし，連立方程式をつくって**問題**を解いた。

花さんは，りんご3個を入れた袋がx袋，みかん7個を入れた袋がy袋売れたとし，連立方程式をつくって**問題**を解いた。

次の（1）は式で，（2）は指示にしたがって答えよ。

(1)　下の［　　］内は，**問題**を解くために，りんごがx個，みかんがy個売れたとしてつくった連立方程式である。［ア］にあてはまるxとyを使った式を答えよ。

$$\begin{cases} \dfrac{x}{3}+\dfrac{y}{7}=60 \\ \boxed{\text{ア}}=25900 \end{cases}$$

（1）［　　　　］

(2)　りんご3個を入れた袋がx袋，みかん7個を入れた袋がy袋売れたとし，連立方程式をつくって**問題**を解け。解答は，解く手順にしたがってかき，答の［　　］の中には，あてはまる最も簡単な数を記入せよ。

（解答）

りんご3個を入れた袋がx袋，みかん7個を入れた袋がy袋売れたとすると，

答　りんごは［　　　個］，みかんは［　　　個］売れた。

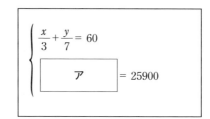

■令和２年度問題

2　横の長さが縦の長さの２倍である長方形の土地がある。この土地の縦の長さを xm とする。
次の（１），（２）に答えよ。

（１）　この土地について，$2(x+2x)$ と表されるものは何か。次の**ア**～**オ**から正しいものを１つ選び，記号で答えよ。

ア　土地の周の長さ
イ　土地の周の長さの２倍
ウ　土地の面積
エ　土地の面積の２倍
オ　土地の対角線の長さ

（２）　この土地に，**図**のような，幅 2m の道を縦と横につくり，残りを花だんにしたところ，花だんの面積が 264m^2 になった。ただし，道が交差する部分は正方形である。

図

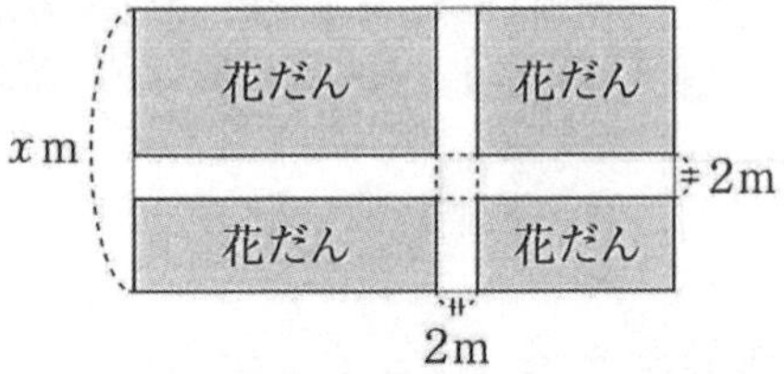

次の**ア**，**イ**のどちらかを選び，選んだ記号とそれを満たす x についての方程式をかき，この土地の縦の長さを求めよ。
ア，**イ**のどちらを選んでもかまわない。

ア　左辺と右辺のどちらもが，花だんの面積を表している方程式
イ　左辺と右辺のどちらもが，道の面積を表している方程式

（１）				
（２）	記号		土地の縦の長さ	m
	方程式			

■令和５年度問題

2　あめを買いに行く。
次の（１），（２）に答えよ。

（１）　あめは，定価の 20％引きの a 円で売られている。
このとき，あめの定価を a を用いた式で表せ。

（２）　あめを買い，その全てを何人かの生徒で分ける。
あめを生徒１人に５個ずつ分けると８個余り，生徒１人に７個ずつ分けると 10 個たりない。
このとき，あめを生徒１人に６個ずつ分けるとすると，あめはたりるか説明せよ。
説明する際は，あめの個数と生徒の人数のどちらかを x として（どちらを x としてもかまわない。）つくった方程式を示し，あめの個数と生徒の人数を求め，その数値を使うこと。

（１）	円
（２）	（説明）

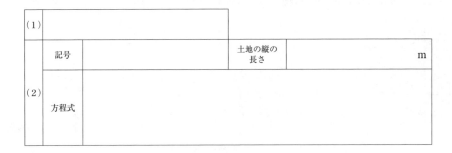

文字式の利用

■平成27年度問題

3　異なる２つの奇数において，大きい方の奇数の２乗から小さい方の奇数の２乗をひいた差は，４でわりきれることの証明を完成せよ。

（証明）

■平成28年度問題

3　０以上の整数ｎより大きくｎ+１より小さい分数のうち，分母が３で分子が自然数である数の和について調べ，**表**にした。

ｎ=０のときは，
$\frac{1}{3}$と$\frac{2}{3}$の２つの分数があるね。

表

ｎの値	0	1	2	3
和	1	3	5	7

調べたこと

ｎ=０のとき　$\frac{1}{3}+\frac{2}{3}=\frac{3}{3}=1$

ｎ=１のとき　$\frac{4}{3}+\frac{5}{3}=\frac{9}{3}=3$

ｎ=２のとき　$\frac{7}{3}+\frac{8}{3}=\frac{15}{3}=5$

ｎ=３のとき　$\frac{10}{3}+\frac{11}{3}=\frac{21}{3}=7$

調べたことと**表**から，０以上の整数ｎより大きくｎ+１より小さい分数のうち，分母が３で分子が自然数である数の和は奇数になると考え，あとのように予想した。

予想

０以上の整数ｎより大きくｎ+１より小さい分数のうち，分母が３で分子が自然数である数の和は，２ｎ+１になる。

予想がいつでも成り立つことを**証明**①のように証明した。

証明①

０以上の整数ｎより大きくｎ+１より小さい分数のうち，分母が３で分子が自然数である数は，ｎを用いて

$\frac{3n+1}{3}$，$\frac{3n+2}{3}$と表される。

これらの和は，

$$\frac{3n+1}{3}+\frac{3n+2}{3}=\frac{6n+3}{3}=2n+1$$

したがって，０以上の整数ｎより大きくｎ+１より小さい分数のうち，分母が３で分子が自然数である数の和は，２ｎ+１である。

前を参考にして，０以上の整数ｎより大きくｎ+１より小さい分数のうち，分母が５で分子が自然数である数の和について考える。

分母が５のとき，
整数ｎより大きくｎ+１より小さい分数は
いくつあるのかな。

次の（１）は最も簡単な数で，（２）は指示にしたがって答えよ。

（１）ｎ=１のとき，ｎより大きくｎ+１より小さい分数のうち，分母が５で分子が自然数である数をすべて求めよ。

（１）

（２）０以上の整数ｎより大きくｎ+１より小さい分数のうち，分母が５で分子が自然数である数の和は，４ｎ+２であることの**証明**②を完成せよ。

証明②

０以上の整数ｎより大きくｎ＋１より小さい分数のうち，分母が５で分子が自然数である数は，ｎを用いて

したがって，０以上の整数ｎより大きくｎ＋１より小さい分数のうち，分母が５で分子が自然数である数の和は，４ｎ＋２である。

■平成29年度問題

3 右の**表**は，1 から 30 までの整数を順に並べたものである。

表の中で，

1	2	
	8	9

や

4	5	
	11	12

のように並んでいる 4 つの数を

a	b	
	c	d

と

して，$bd - ac$ の値について調べた。

表

1	2	3	4	5	6
7	8	9	10	11	12
13	14	15	16	17	18
19	20	21	22	23	24
25	26	27	28	29	30

a b / c d	1 2 / 8 9	4 5 / 11 12	15 16 / 22 23
$bd - ac$	$2\times9-1\times8$ $=10$ $=2+8$	$5\times12-4\times11$ $=16$ $=5+11$	$16\times23-15\times22$ $=38$ $=16+22$

これらの結果から，次のように予想した。

予想　$bd - ac$ の値は，$b + c$ の値に等しくなる。

予想がいつでも成り立つことを**証明**①のように証明した。

証明①

整数 n を用いて，$a=n$ とすると，b，c，d は n を用いて，
$b=n+1$，$c=n+7$，$d=n+8$ と表される。

$$\begin{aligned} bd-ac &= (n+1)(n+8)-n(n+7) \\ &= n^2+9n+8-n^2-7n \\ &= \underline{2n+8} \\ &= (n+1)+(n+7) \\ &= b+c \end{aligned}$$

したがって，$bd-ac$の値は，$b+c$の値に等しくなる。

次の（1）は記号と式で，（2）は指示にしたがって答えよ。

（1）　$bd - ac$ の値について，いつでも成り立つことが**予想**のほかにもある。次の**ア**～**オ**のうち，正しいことを述べているものを 1 つ選び，それを示すためには，**証明**①の下線部 $\underline{2n+8}$ をどのように変形すればよいか，変形した式を答えよ。

ア　$bd - ac$ の値は，$a + b$ の値に等しくなる。

イ　$bd - ac$ の値は，$a + c$ の値に等しくなる。

ウ　$bd - ac$ の値は，$a + d$ の値に等しくなる。

エ　$bd - ac$ の値は，$b + d$ の値に等しくなる。

オ　$bd - ac$ の値は，$c + d$ の値に等しくなる。

（1）	記号	
	変形した式	

（2）　**表**の中で，

	2
7	8
13	

や

	9
14	15
20	

のように並んでいる 4 つの数を

	e
f	g
h	

とするとき，$fh - eg$ の値は，$f + g$ の値の 5 倍に等しくなることの**証明**②を完成せよ。

証明②

整数 n を用いて，$e=n$ とすると，f，g，h は n を用いて，

したがって，$fh - eg$の値は，$f+g$の値の5倍に等しくなる。

■平成30年度問題

2 3 の倍数は，整数 n を用いて $3n$ と表される。

次の（1），（2）に答えよ。

（1）　次の**ア**～**カ**の数のうち，整数 n を用いて $3n+1$ と表されるものをすべて選び，記号で答えよ。

ア　80　　**イ**　81　　**ウ**　82

エ　83　　**オ**　84　　**カ**　85

（1）	

（2）　3 と 6，12 と 15 のように，連続する 2 つの 3 の倍数において，大きい方の数の 2 乗から小さい方の数の 2 乗をひいた差は，もとの 2 つの数の和の 3 倍に等しくなることの証明を完成させよ。

（証明）

整数 n を用いると，

したがって，連続する 2 つの 3 の倍数において，大きい方の数の 2 乗から小さい方の数の 2 乗をひいた差は，もとの 2 つの数の和の 3 倍に等しくなる。

■平成31年度問題

3 浩さんは，数あてゲームを行うために，右の**手順**を考えた。

この数あてゲームは，手順通りに求めた数(⑥の計算結果)から，最初に決めた数(①で決めた数)をあてる遊びである。

手順

① 最初に数を１つ決める。
② ①で決めた数に１をたす。
③ ②の数に４をかける。
④ ③の数から８をひく。
⑤ ④の数を２でわる。
⑥ ⑤の数に②の数をたす。

浩さんは，この数あてゲームを希さんと行った。

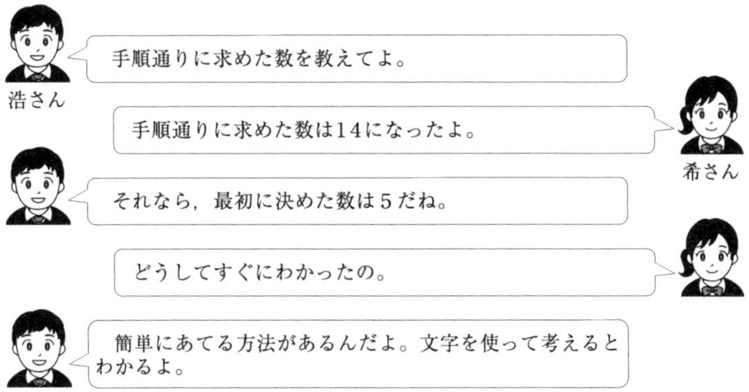
浩さん
手順通りに求めた数を教えてよ。
手順通りに求めた数は14になったよ。
希さん
それなら，最初に決めた数は５だね。
どうしてすぐにわかったの。
簡単にあてる方法があるんだよ。文字を使って考えるとわかるよ。

浩さんが，どのようにして最初に決めた数をあてたのか，希さんは，文字を使って考えた。

最初に決めた数を a として，手順通りに計算すると，右のようになった。

最初に決めた数を a とすると，手順通りに求めた数は $3a-1$ という式で表されることがわかった。

次の(１)〜(３)に答えよ。

① 最初に決めた数を a とする。
② $a+1$
③ $(a+1)\times4=4a+4$
④ $(4a+4)-8=4a-4$
⑤ $(4a-4)\div2=2a-2$
⑥ $(2a-2)+(a+1)=3a-1$

(１) 最初に決めた数が12のとき，手順通りに求めた数を答えよ。

(２) $3a-1$ という式で表される，手順通りに求めた数から，最初に決めた数 a をあてる方法を説明せよ。

(３) **手順**の⑤を変えて，手順通りに求めた数をある数でわるだけで最初に決めた数をあてることができる新しい数あてゲームを１つつくる。

このゲームについてまとめると次のようになる。

① 最初に数を１つ決める。
② ①で決めた数に１をたす。
③ ②の数に４をかける。
④ ③の数から８をひく。
⑤ [A]
⑥ ⑤の数に②の数をたす。

> **手順**の⑤を[A]にすると，手順通りに求めた数を[B]でわるだけで最初に決めた数をあてることができる。

[A]にあてはまる言葉を「④の数」という書き出しで答えよ。また，[B]にあてはまる数を答えよ。

(１)				
(２)	(説明)			
(３)	A	④の数	B	

■令和３年度問題

3 孝さんと桜さんは，連続する２つの偶《ぐう》数の積に１を加えた数がどのような数になるか次のように調べた。

調べたこと

$2\times4+1=9=3^2$
$4\times6+1=25=5^2$
$6\times8+1=49=7^2$
} 全て奇数の２乗になっている。

調べたことから，次のように予想した。

予想 連続する２つの偶数の積に１を加えた数は，奇数の２乗になる。

次の(１)〜(３)に答えよ。

(１) **予想**がいつでも成り立つことの**証明**を完成させよ。

証明

連続する２つの偶数は，整数 m を用いると，

したがって，連続する２つの偶数の積に１を加えた数は，奇数の２乗になる。

(2)　孝さんと桜さんは，**予想**の「連続する２つの偶数」を「２つの整数」に変えても，それらの積に１を加えた数は，奇数の２乗になるか話し合った。次の会話文は，そのときの内容の一部である。

孝さん：例えば２つの整数が２と６だと，それらの積に１を加えると13だから，奇数の２乗にならないよ。

桜さん：１と３だと，それらの積に１を加えると４だから，奇数の２乗にならないけど，整数の２乗にはなるよ。

本当だね。（Ａ）の積に１を加えると，整数の２乗になるのかな。

文字を用いて考えてみようよ。

①（Ａ）は，整数ｎを用いると，ｎ，ｎ+２と表されるから，これを用いて計算すると，整数の２乗になることがわかるよ。

確かにそうだね。計算した式をみると，②（Ａ）の積に１を加えると，（Ｂ）の２乗になるということもわかるね。

下線部②は，下線部①のｎがどのような整数でも成り立つ。(Ａ)，(Ｂ)にあてはまるものを，次の**ア**～**ク**からそれぞれ１つ選び，記号をかけ。

ア　連続する２つの奇数　　**オ**　もとの２つの数の間の整数
イ　異なる２つの奇数　　**カ**　もとの２つの数の間の偶数
ウ　和が４である２つの整数　　**キ**　もとの２つの数の和
エ　差が２である２つの整数　　**ク**　もとの２つの数の差

(3)　次に，孝さんと桜さんは，連続する５つの整数のうち，異なる２つの数の積に**１以外の自然数**を加えた数が，整数の２乗になる場合を調べてまとめた。

まとめ　連続する５つの整数のうち，
（Ｘ）と（Ｙ）の積に（Ⓟ）を加えた数は，（Ｚ）の２乗になる。

上の**まとめ**はいつでも成り立つ。(Ｘ)，(Ｙ)，(Ｚ)にあてはまるものを，次の**ア**～**オ**からそれぞれ１つ選び，記号をかけ。また，(Ⓟ)にあてはまる１以外の自然数を答えよ。

ア　最も小さい数　　**イ**　２番目に小さい数　　**ウ**　真ん中の数
エ　２番目に大きい数　　**オ**　最も大きい数

(2)	A		B		(3)	X		Y		Z		Ⓟ	

■**令和４年度問題**

3　**図１**のように，半径がr mの半円２つと，縦の長さが$2r$ m，横の長さがa mの長方形を組み合わせた形の池がある。

また，**図２**のように，半径がa mの半円２つと，縦の長さが$2a$ m，横の長さがr mの長方形を組み合わせた形の池がある。

ただし，$a<r$である。

図１

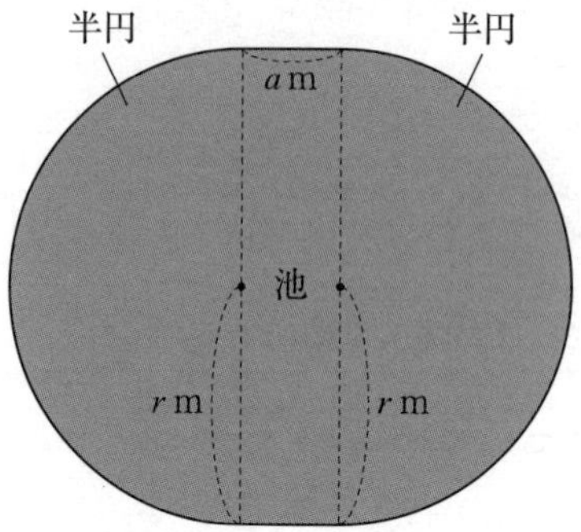

図２

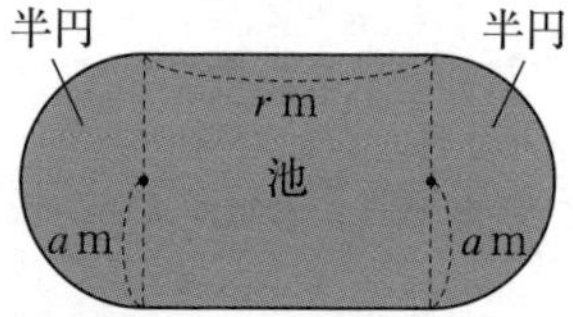

次の(１)，(２)に答えよ。答えに円周率を使う場合は，πで表すこと。

(１)　**図１**の池の面積をA m^2，**図２**の池の面積をB m^{2}とするとき，$A-B$をa，rを使って表した式が次の**ア**～**エ**に１つある。それを選び，記号をかけ。

ア　$\pi(r^2-2a^2)$　　**イ**　$\pi(r+a)^2$
ウ　$\pi(r^2-a^2)$　　**エ**　$\pi(r-a)^2$

（2） **図3**のように，**図1**の池の周囲に，幅2mの道がついている。このとき，道の面積をSm^2，道のまん中を通る線の長さをℓ mとする。

図3

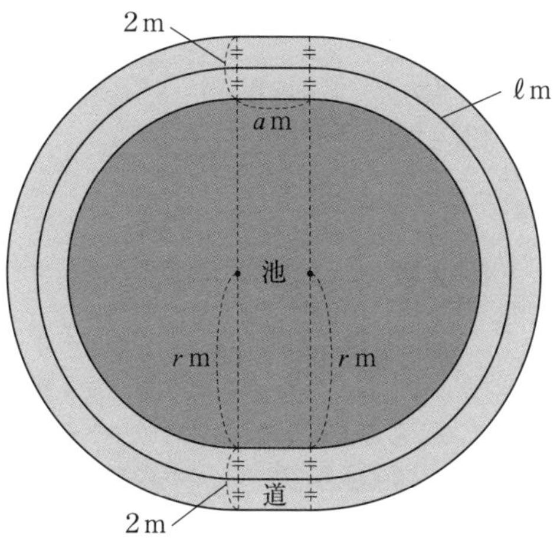

図3において，道の面積Sと，道のまん中を通る線の長さℓの関係を表した式は，次のように求めることができる。

> 道の面積Sを，a，rを使った式で表すと，
> S＝［　X　］…①
> また，道のまん中を通る線の長さℓを，a，rを使った式で表すと，
> ℓ＝［　Y　］…②
> ①，②より，Sとℓの関係を表した式は，
> ［　Z　］である。

［X］，［Y］，［Z］にあてはまる式をそれぞれかけ。

（1）		
（2）	X	
	Y	
	Z	

資料の整理・標本調査・確率

■平成30年度問題

3 A中学校とB中学校の生徒全員を対象に，6か月間に読んだ本の冊数を調査した。

表1は，各中学校の調査結果を度数分布表に整理したものであり，**表2**は，各中学校の平均値を示したものである。

下の会話文は，浩さんと花さんが，**表1**と**表2**をもとに，「どちらの中学校の生徒がよく本を読んでいるといえるか」について会話した内容の一部である。

会話文を読んで，次の（1），（2）に答えよ。

表1

階級（冊）	度数（人）	
	A中学校	B中学校
以上　未満 0 ～ 5	21	5
5 ～ 10	64	11
10 ～ 15	89	23
15 ～ 20	86	12
20 ～ 25	54	11
25 ～ 30	36	5
30 ～ 35	0	0
35 ～ 40	0	0
40 ～ 45	0	0
45 ～ 50	0	3
計	350	70

表2

学校名	A中学校	B中学校
平均値（冊）	15.3	16.0

浩さん

２つの中学校を階級ごとに比べてみたらどうかな。そのとき，各階級の度数どうしをそのまま比べてもいいのかな。

花さん

①各階級の度数ではなく，相対度数を比べるといいよ。たとえば，0冊以上５冊未満の階級については，度数はA中学校の方が大きいけれど，相対度数はB中学校の方が大きいよ。ただ，ある階級の相対度数を比べるだけで，どちらの中学校の生徒がよく本を読んでいるといえるかはわからないね。

では，代表値を比べてみたらどうだろう。たとえば，平均値を比べると，B中学校の方がA中学校より大きいので，B中学校の生徒の方がよく本を読んでいるといえるよ。

B中学校には，45冊以上50冊未満の階級に3人の生徒が入っているので，この影響を受けて平均値が大きくなっているのではないかな。ほかの代表値を比べるとどうだろう。

最頻値を比べると，ともに12.5冊で等しいので，どちらともいえないよ。

②中央値を比べると，A中学校の生徒の方がよく本を読んでいるといえるよ。

比べる代表値によって，どちらの中学校の生徒がよく本を読んでいるといえるかは違ってくるね。

（1） 下線部①で述べているように，各階級の度数ではなく，相対度数を比べるとよいのはどのような場合か答えよ。

（2） **表1**において，下線部②で述べていることは正しい。正しい理由を，中央値がふくまれる階級を示して説明せよ。

（1）	
（2）	

■平成31年度問題

2 右の図のように，赤玉２個，白玉１個が入っている袋があり，この袋から玉を取り出す。

ただし，どの玉を取り出すことも同様に確からしいとする。

次の(１)，(２)に答えよ。

(１) この袋から玉を１個取り出し，その玉を袋にもどす実験を５回行うとき，玉の取り出し方について，次の**ア**～**エ**から正しいものを全て選び，記号で答えよ。

ア ５回のうち，赤玉を取り出すことが少なくとも１回はある。

イ ５回のうち，赤玉を２回連続して取り出すこともある。

ウ １回目から４回目まで全て赤玉を取り出していれば，必ず５回目は白玉を取り出す。

エ １回目から５回目まで全て赤玉を取り出すこともある。

(1)	

(２) この袋を使って次のような２通りのくじ引きを考える。

くじ引きA

この袋から玉を１個取り出し，その玉を袋にもどし，もう一度，玉を１個取り出す。

取り出した２個の玉の色が異なるとき，景品があたる。

くじ引きB

この袋から同時に２個の玉を取り出す。

取り出した２個の玉の色が異なるとき，景品があたる。

景品があたりやすいのは，**くじ引きA**，**くじ引きB**のどちらであるかを説明せよ。説明する際は，それぞれのくじ引きについて，樹形図または表を示し，景品があたる確率を求め，その数値を使うこと。

(説明)

■令和２年度問題

3 右の図のような，A，B，C，Dの４つのマスがある。また，箱の中に，①，②，③，④，⑤の５枚のカードが入っている。次の**手順**を１回行いコマを動かす。

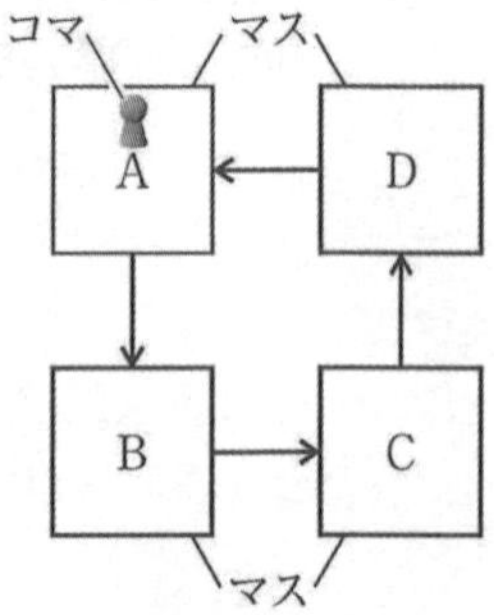

手順

① コマをAのマスに置く。
② 箱から，同時に２枚のカードを取り出す。
③ 取り出した２枚のカードの数の和だけ，Aから，B，C，D，A，…と矢印の向きにコマを１マスずつ動かす。

ただし，どのカードを取り出すことも同様に確からしいとする。

次の(１)，(２)に答えよ。

(１) この**手順**でコマを動かすとき，コマがDのマスに止まる場合の２枚のカードの組は全部で３通りある。そのうちの１通りは，２枚のカードが①，②の組で，これを（1，2）と表すこととする。残りの２通りについて，２枚のカードの組をかけ。

(２) この**手順**でコマを動かすとき，AのマスとCのマスでは，コマの止まりやすさは同じである。そこで，箱の中の５枚のカードを，①，②，③，③，⑤の５枚のカードに変えて，**手順**を１回行いコマを動かす。

このとき，AのマスとCのマスでは，コマが止まりやすいのはどちらのマスであるかを説明せよ。

説明する際は，樹形図または表を示し，コマがAのマスに止まる場合とCのマスに止まる場合のそれぞれについて，２枚のカードの組を全てかき，確率を求め，その数値を使うこと。

(1)	(　　，　　)，(　　，　　)
(2)	(説明)

■令和３年度問題

2　紙飛行機の飛行距《きょ》離を競う大会が行われる。この大会に向けて，折り方が異なる２つの紙飛行機**A**，**B**をつくり，飛行距離を調べる実験をそれぞれ30回行った。

図1, **図2**は，実験の結果をヒストグラムにまとめたものである。例えば，**図1**において，**A**の飛行距離が6m以上7m未満の回数は３回であることを表している。

図1

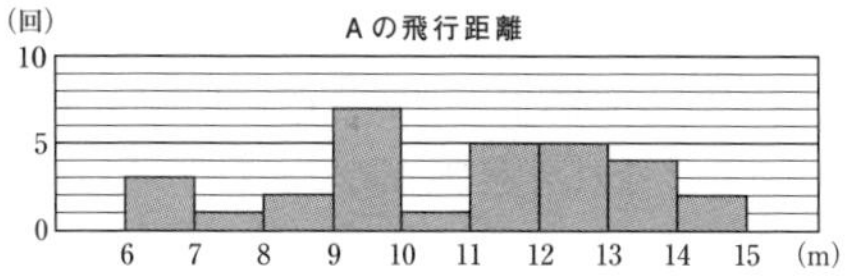

図2

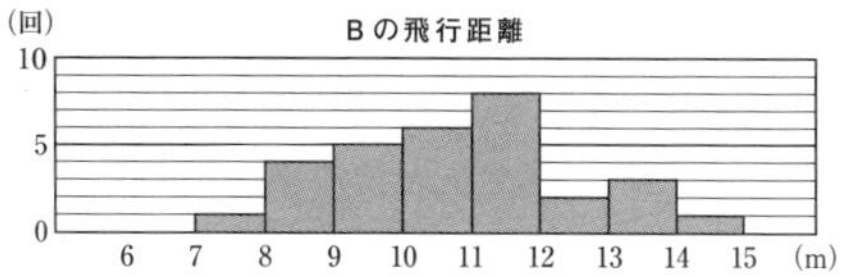

次の(１)，(２)に答えよ。

(１)　**図1**において，13m以上14m未満の階級の相対度数を四捨五入して小数第２位まで求めよ。

(２)　**図1**，**図2**において，**A**と**B**の飛行距離の平均値が等しかったので，飛行距離の中央値と飛行距離の最頻値のどちらかを用いて（どちらを用いてもかまわない。），この大会でより長い飛行距離が出そうな紙飛行機を選ぶ。

このとき，**A**と**B**のどちらを選ぶか説明せよ。

説明する際は，中央値を用いる場合は中央値がふくまれる階級を示し，最頻値を用いる場合はその数値を示すこと。

(１)	
(２)	(説明)

■令和４年度問題

2　下の**図**は，バスケットボールの試合を15回行ったときの，Aさんと B さんの２人が，それぞれ１試合ごとにあげた得点をデータとしてまとめ，箱ひげ図に表したものである。

図

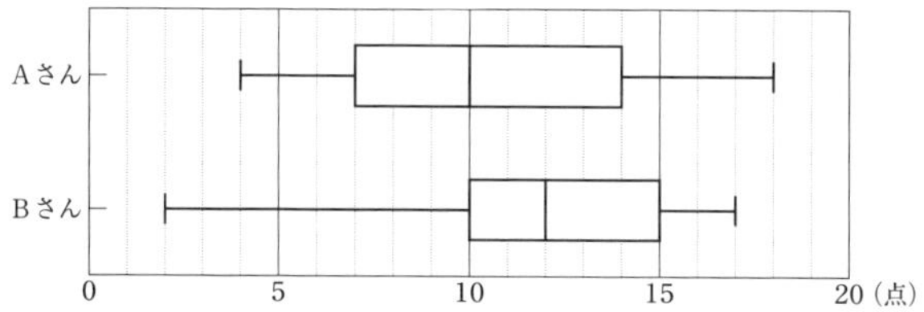

次の(１)，(２)に答えよ。

(１)　**図**から読みとれることとして，正しく述べているものを次の**ア**～**エ**から全て選び，記号をかけ。

ア　Aさんのデータの第１四分位数は，４点である。

イ　Bさんのデータの最大値は，17点である。

ウ　10点以上のデータは，Aさんより B さんの方が少ない。

エ　データの範囲は，Aさんより B さんの方が大きい。

(２)　光さんと希さんは，**図**の結果から，次の試合でAさんと B さんのどちらがより高い得点をあげるかを予想した。光さんは，データの最大値を用いて，「Aさんである」と予想したのに対して，希さんは，データの中央値と四分位範囲を用いて，「Bさんである」と予想した。

データの中央値と四分位範囲を用いて，「Bさんである」と予想できる理由の**説明**を完成させよ。

説明の（ **P** ）～（ **S** ）には，あてはまる数をそれぞれかき，［ⓩ］には，Aさんと B さんのデータの中央値と四分位範囲について，それぞれ数値の大小を比較した結果をかくこと。

説明

データの中央値は，Aさんが（ **P** ）点，Bさんが（ **Q** ）点，四分位範囲は，Aさんが（ **R** ）点，Bさんが（ **S** ）点であり，

［ ⓩ ］

から。

(１)								
(２)	P		Q		R		S	
	ⓩ							

■令和５年度問題

3　農園に３つの品種A，B，Cのいちごがある。孝さんと鈴さんは，３つの品種のいちごの重さを比べるために，A～Cのいちごをそれぞれ30個ずつ集め，１個ごとの重さのデータを図１のように箱ひげ図に表した。

図１

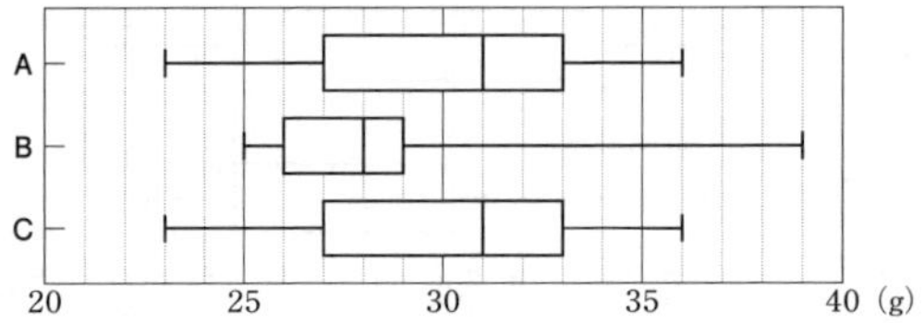

下の会話文は，孝さんと鈴さんが，図１をもとに，「重いいちごの個数が多いのは，A～Cのどの品種といえるか」について，会話した内容の一部である。

孝さん：AとCは，箱ひげ図が同じ形だから，①範囲や四分位範囲などが異なるAとBを比べたいけど，どうやって比べたらいいかな。

鈴さん：基準となる重さを決めて，比べたらどうかな。例えば，基準を25gにすると，25g以上の個数は，Bの方がAより多いといえるよ。図１から，個数の差が１個以上あるとわかるからね。

孝さん：基準を34gにしても，34g以上の個数は，ひげの長さの違いだけではわからないから，AとBのどちらが多いとはいえないなあ。

鈴さん：基準を30gにすると，30g以上の個数は，Aの方がBより多いといえるよ。

孝さん：②図１から，30g以上の個数は，Aが15個以上，Bが７個以下とわかるからだね。

鈴さん：箱ひげ図を見て基準を決めると，重いいちごの個数が多いのは，AとBのどちらであるか比べられるね。では，箱ひげ図が同じ形の③AとCのデータの分布の違いをヒストグラムで見てみようよ。

次の（1）～（3）に答えよ。

（１）　下線部①について，Aのデータの範囲とAのデータの四分位範囲を求めよ。

（２）　下線部②は，次の２つの値と基準の30gを比較した結果からわかる。

Aのデータの Ⓧ　，　Bのデータの Ⓨ

Ⓧ，Ⓨは，それぞれ次のア～カのいずれかである。Ⓧ，Ⓨをそれぞれ１つずつ選び，記号をかけ。また，AのデータのⓍとBのデータのⓎを数値で答えよ。

ア　最小値　　　イ　第１四分位数　　　ウ　中央値
エ　平均値　　　オ　第３四分位数　　　カ　最大値

（３）　下線部③について，図２は，Aのデータをヒストグラムに表したものであり，例えば，Aの重さが22g以上24g未満の個数は１個であることを表している。

図２

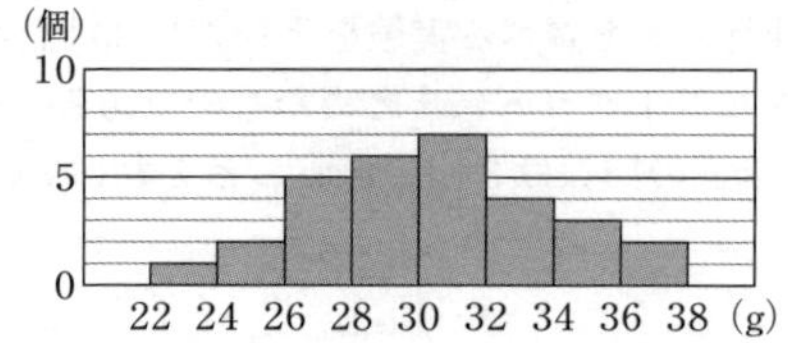

図２において，重さが30g未満の累積度数を求めよ。また，Cのデータをヒストグラムに表したものが，次のア～エに１つある。それを選び，記号をかけ。

ア

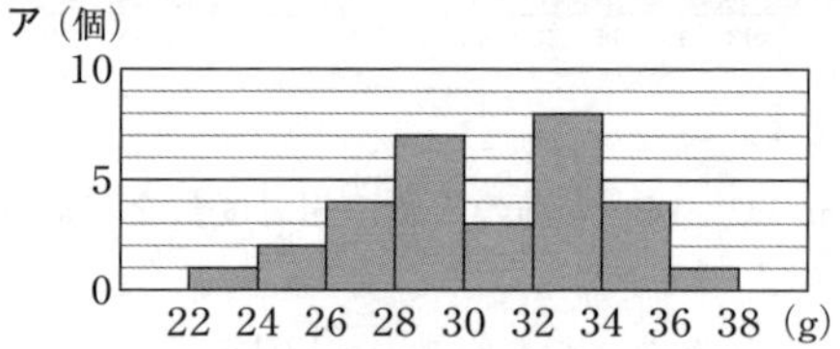

イ

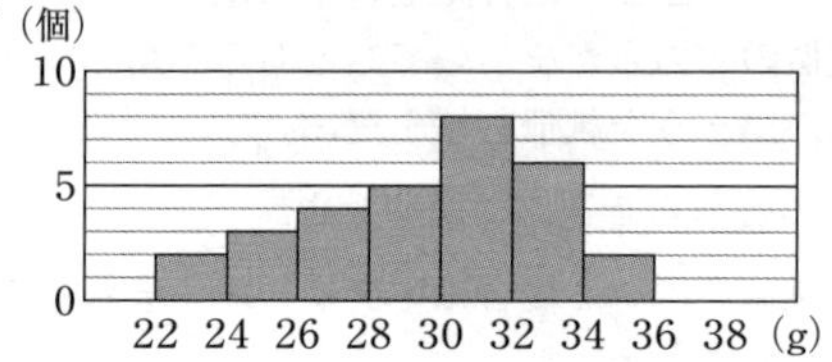

ウ

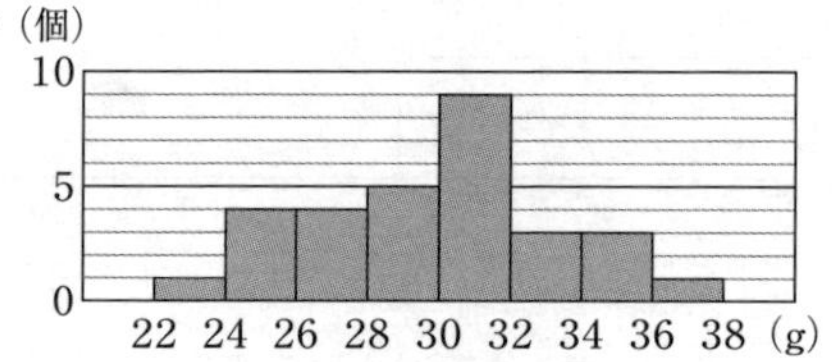

エ

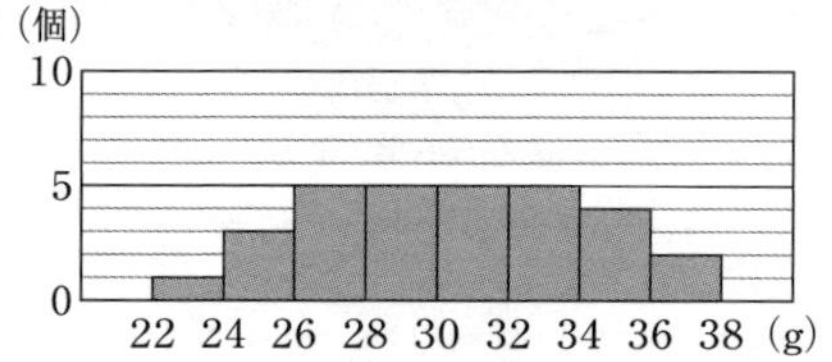

(1)	範囲	g	四分位範囲	g
(2)	記号	Ⓧ	Ⓨ	
	記号	Aのデータの Ⓧ　　g	Bのデータの Ⓨ	g
(3)	累積度数	個	記号	

平面図形（証明）

■平成28年度問題

5　半径 3cm の円 O がある。

右の図のように，円 O の周上に 3 点 A，B，C を，BC＝4cm，AB＝AC，∠BAC＜90° となるようにとり，△ABC をつくる。∠ACB の二等分線をひき，辺 AB との交点を D とする。円 O の周上に点 E を DC∥AE となるようにとり，点 A と点 E，点 B と点 E をそれぞれ結ぶ。線分 BE と辺 AC との交点を F とする。

次の(1)は最も簡単な数で，(2)は指示にしたがって答えよ。

ただし，根号を使う場合は$\sqrt{\quad}$の中を最も小さい整数にすること。

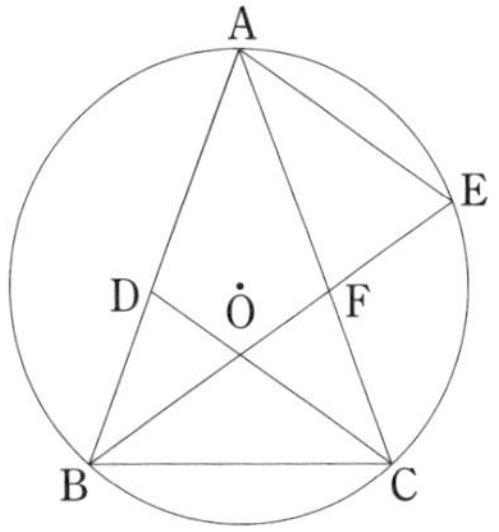

（1）図において，△ABC の面積を求めよ。

（1）　　　cm²

（2）図において，「△BCD ∽△EAF である」ことを証明せよ。

（証明）

■平成29年度問題

5　線分 AB を直径とする半径 5cm の円 O がある。

右の図のように，$\overset{\frown}{AB}$ 上に点 C を $\overset{\frown}{AC}$ ＝ $\overset{\frown}{CB}$ となるようにとり，点 A と点 C を結ぶ。点 C を含まない $\overset{\frown}{AB}$ 上に点 D を AD ＝ 3BD となるようにとり，点 A と点 D，点 B と点 D，点 C と点 D をそれぞれ結ぶ。点 A から線分 CD に垂線をひき，線分 CD との交点を E とする。

次の(1)は指示にしたがって，(2)は最も簡単な数で答えよ。

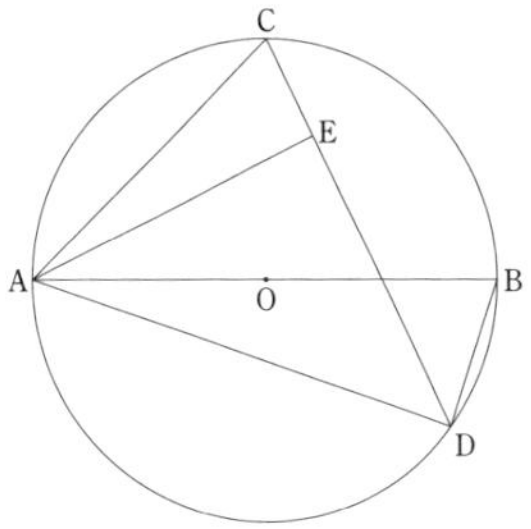

（1）図において，「△ AEC ∽△ ADB である」ことを証明せよ。

（証明）

（2）図において，点 B を通り線分 AE と平行な直線と線分 AD，CD との交点をそれぞれ F，G とするとき，四角形 AFGE の面積を求めよ。

（2）　　　cm²

■平成30年度問題

5　BC＝6cm の△ABC がある。

図 1 のように，点 A と異なる点 D を，AC＝DB，∠ACB＝∠DBC となるようにとり，点 B と点 D，点 C と点 D をそれぞれ結ぶ。

次の（1）～（3）に答えよ。

図 1

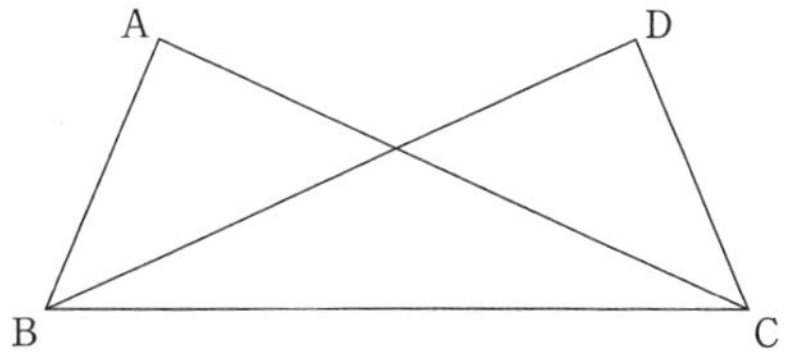

（1）**図 1** において，次のように，∠BAC＝∠CDB であることを証明した。

証明

△ABC と△DCB において

共通な辺だから，BC＝CB　…①

仮定から，　AC＝DB　…②

∠ACB＝∠DBC　…③

①，②，③より

2 組の辺とその間の角がそれぞれ等しいので

△ABC≡△DCB

合同な図形の対応する角は等しいから

∠ BAC ＝∠ CDB

証明の中で示した△ABC≡△DCB であることから，∠BAC＝∠CDB のほかに，△ABC と△DCB の辺や角の関係について新たにわかることが 2 組ある。新たにわかる辺や角の関係を，記号＝を使って答えよ。

（1）		

図 2

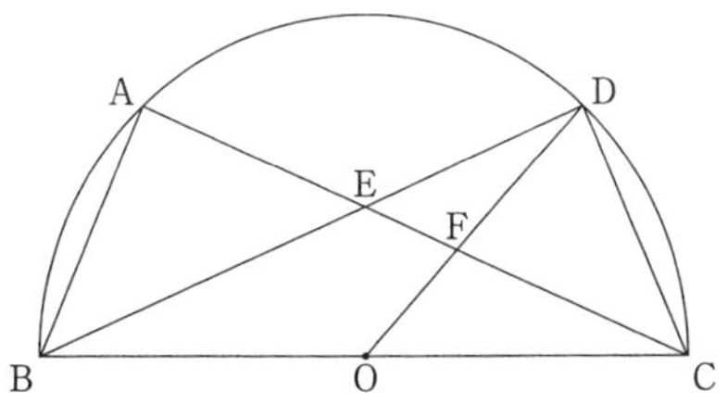

図 3

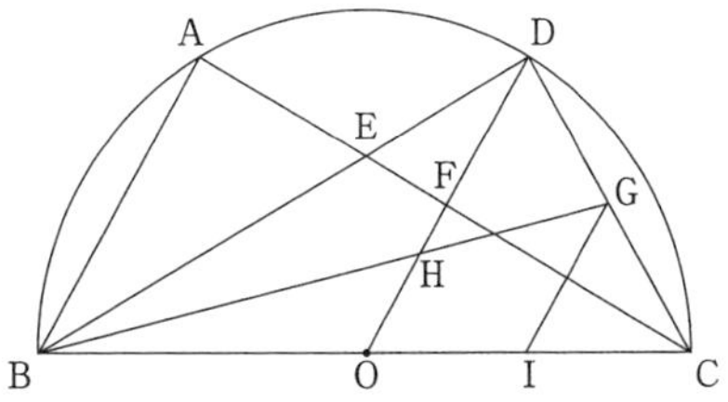

（2）**図2**は，**図1**において，線分BCの中点をOとし，点A，Dが，線分BCを直径とする半円Oの$\overset{\frown}{\mathrm{BC}}$上にある場合を表しており，線分ACと線分BD，ODとの交点をそれぞれE，Fとしたものである。
　このとき，△OCF∽△EDFであることを証明せよ。

（3）**図3**は，**図2**において，$\overset{\frown}{\mathrm{AB}}=\overset{\frown}{\mathrm{AD}}$となる場合を表しており，線分CDの中点をGとし，線分BGと線分ODとの交点をH，点Gを通り線分ABに平行な直線と線分BCとの交点をIとしたものである。
　このとき，四角形OIGHの面積を求めよ。

（2）	（証明）
（3）	cm²

■平成31年度問題

5　香さんと孝さんは，次の**問題**を解いている。

問題
　図1のように，円Oの円周上に3点A，B，Cを，AB＝ACとなるようにとり，△ABCをつくる。点Cをふくまない$\overset{\frown}{\mathrm{AB}}$上に点Dを∠DAB＜∠BACとなるようにとり，点Bと点Dを線分で結ぶ。線分CD上に点Eを∠EAC＝∠DABとなるようにとる。
　このとき，AD＝AEとなることを証明しなさい。

図1

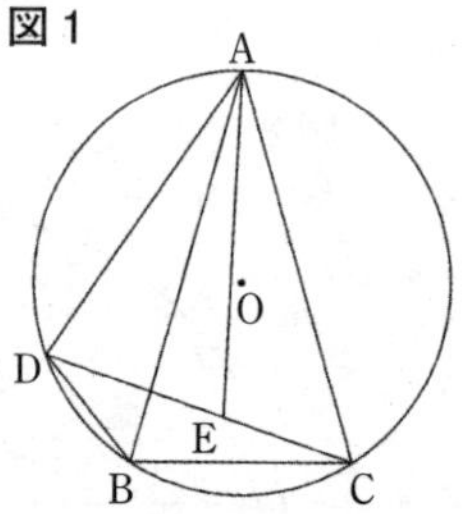

次の会話文は，香さんと孝さんが，**問題**の解き方について会話した内容の一部である。

香さん
ＡＤ＝ＡＥとなることを証明したいので，線分ＡＤを１辺とする三角形と線分ＡＥを１辺とする三角形が合同であることを示せないかな。

孝さん
それなら，①（　　　　）≡（　　　　）を示せそうだよ。

なるほどね。①（　　　　）≡（　　　　）を示すことで，ＡＤ＝ＡＥとなることを証明できるね。

他にＡＤ＝ＡＥとなることを証明する方法はないかな。

ＡＢ＝ＡＣだから，②△ＡＤＥ∽△ＡＢＣを示すことで，ＡＤ＝ＡＥとなることを証明できるよ。

次の（1）～（3）に答えよ。

（1）　下線部①の2つの（　　）には，**図1**において，AD＝AEとなることを証明するための合同な2つの三角形があてはまる。それぞれの（　　）にあてはまる三角形を答えよ。

（2）　**図1**において，下線部②であることを証明せよ。

（3）　**図2**は，**図1**において，∠BAC＝60°，点Cをふくまない$\overset{\frown}{\mathrm{AD}}$と$\overset{\frown}{\mathrm{DB}}$の長さの比が3：1となる場合を表している。
　図2において，円Oの半径が4cmのとき，△ADCの面積を求めよ。

図2

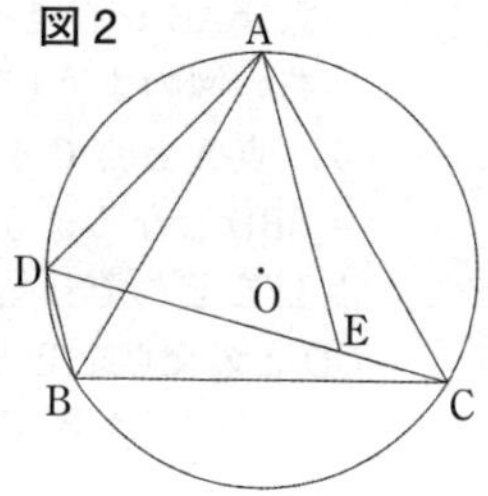

（1）	（　　　　）≡（　　　　）
（2）	（証明）
（3）	cm²

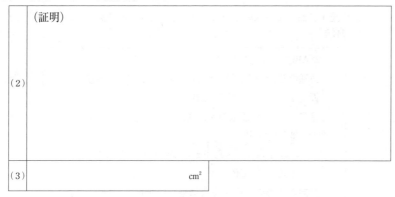

■令和２年度問題

5　香さんと孝さんは，次の**方法**で，∠ABC の二等分線を**図１**のように作図できる理由について，話し合っている。下の会話文は，その内容の一部である。

方法

◇1　点Bを中心として，適当な半径の円をかき，線分AB，BCとの交点をそれぞれ点M，Nとする。

◇2　◇1でかいた円の半径より長い半径で，点Mを中心として円をかく。

◇3　点Nを中心として，◇2でかいた円の半径と等しい半径の円をかき，◇2の円との交点の1つを点Pとする。

◇4　直線BPをひく。

図１

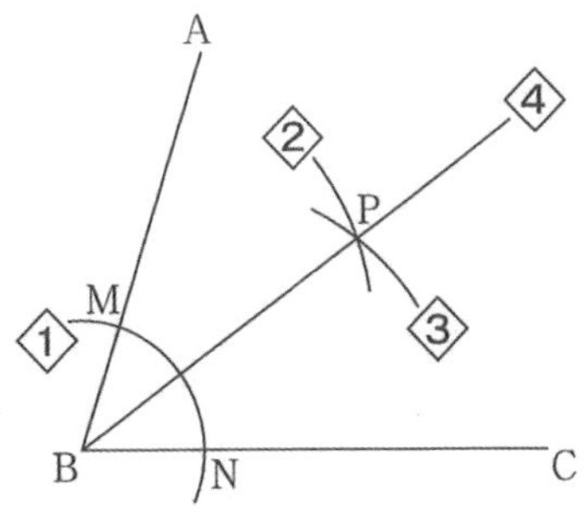

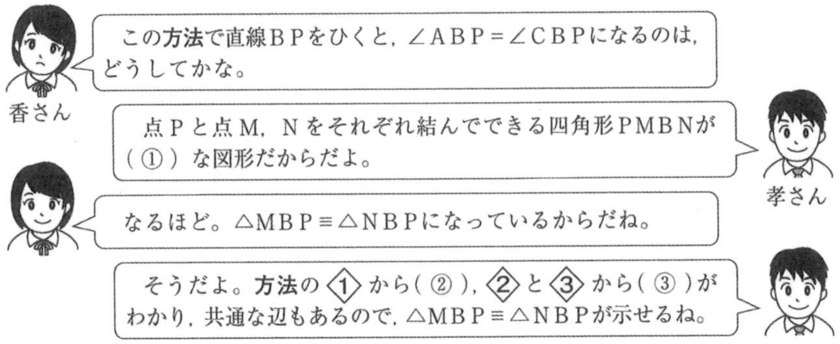

この**方法**で直線ＢＰをひくと，∠ＡＢＰ＝∠ＣＢＰになるのは，どうしてかな。

点Ｐと点Ｍ，Ｎをそれぞれ結んでできる四角形ＰＭＢＮが（①）な図形だからだよ。

なるほど。△ＭＢＰ≡△ＮＢＰになっているからだね。
そうだよ。**方法**の◇1から（②），◇2と◇3から（③）がわかり，共通な辺もあるので，△ＭＢＰ≡△ＮＢＰが示せるね。

次の（１）～（４）に答えよ。

（１）　会話文の（①）には，四角形 PMBN がもつ，ある性質があてはまる。（①）にあてはまるものを次の**ア**～**エ**から１つ選び，記号で答えよ。

ア　点 B を対称の中心とする点対称
イ　線分 BP の中点を対称の中心とする点対称
ウ　直線 BP を対称の軸とする線対称
エ　点 M と点 N を結ぶ直線を対称の軸とする線対称

（２）　会話文の（②），（③）には，△MBP と△NBP の辺や角の関係のうち，いずれかがあてはまる。（②），（③）にあてはまる関係を，記号＝を使って答えよ。

（３）　**図２**は，**図１**の∠ABC において，∠ABC＜90°，３点 A，B，C が円 O の周上にある場合を表しており，∠ABC の二等分線と線分 AC，円 O との交点をそれぞれ D，E とし，点 A と点 E を線分で結び，点 E を通り線分 AB に平行な直線と線分 AC，BC との交点をそれぞれ F，G としたものである。

　このとき，△ABD∽△FAE であることを証明せよ。

図２

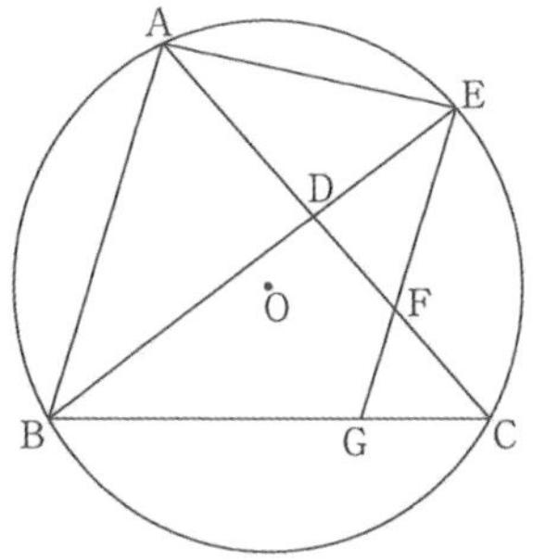

（４）　**図３**は，**図２**において，∠ABC＝60°，線分 BE が円 O の直径となる場合を表している。△ABC の面積が 15cm² のとき，四角形 BGFD の面積を求めよ。

図３

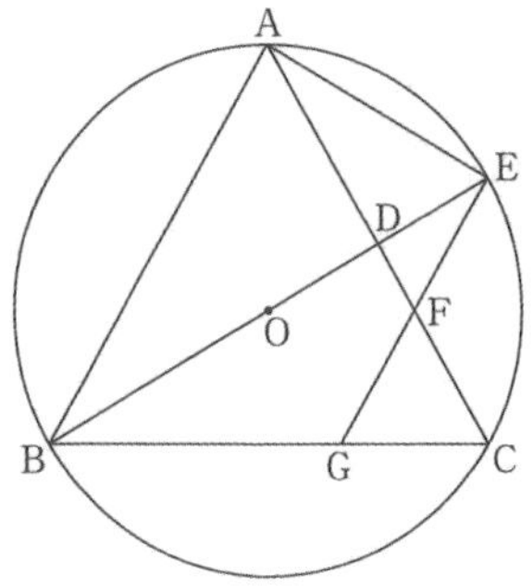

（1）	①		（2）	②		③	
（3）	（証明）						
（4）	cm²						

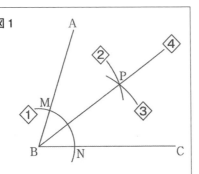

■令和3年度問題

5 平行四辺形 ABCD がある。

図1のように，線分 AD，BC 上に，点 E，F を，DE ＝ BF となるようにそれぞれとり，点 A と点 F，点 C と点 E をそれぞれ結ぶ。

このとき，四角形 AFCE は平行四辺形である。

図1
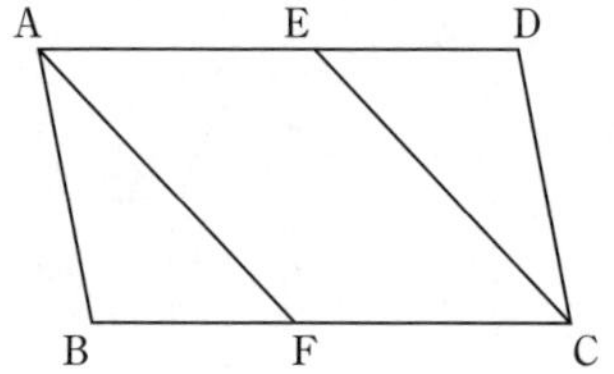

次の（1）～（3）に答えよ。

（1） 次は，**図1**における「四角形 AFCE は平行四辺形である」ことの**証明**である。

証明

> 四角形ABCDは平行四辺形だから
>
> ア AE // CF　・・・①　　イ AD＝CB　・・・②
>
> 仮定から，ウ DE＝BF　・・・③
>
> ②，③より，エ AD－DE＝CB－BF　　よって，オ AE＝CF　・・・④
>
> ①，④より，カ 1組の向かいあう辺が平行でその長さが等しいので，四角形AFCEは平行四辺形である。

図2は，**図1**における点 E，F を，線分 AD，CB を延長した直線上に DE＝BF となるようにそれぞれとったものである。

図2
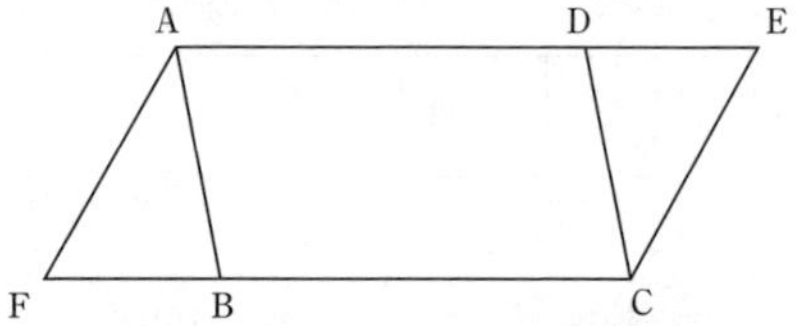

図2においても，四角形 AFCE は平行四辺形である。このことは，上の**証明**の下線部**ア**～**カ**のうち，いずれか1つをかき直すことで証明することができる。

上の**証明**を，**図2**における「四角形 AFCE は平行四辺形である」ことの証明とするには，どの下線部をかき直せばよいか。**ア**～**カ**から1つ選び，記号をかき，その下線部を正しくかき直せ。

（2） **図3**は，**図2**において，対角線 EF と線分 CD，線分 AB との交点をそれぞれ G，H としたものである。

図3において，△DGE ≡ △BHF であることを証明せよ。

図3
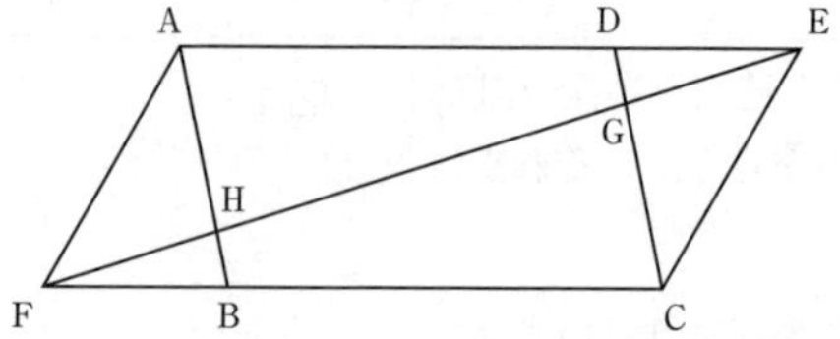

（3） **図4**は，**図3**において，AD：DE＝3：1 となる場合を表しており，対角線 EF と対角線 AC との交点を O としたものである。

平行四辺形 AFCE の面積が 12cm^2 のとき，四角形 HBCO の面積を求めよ。

図4
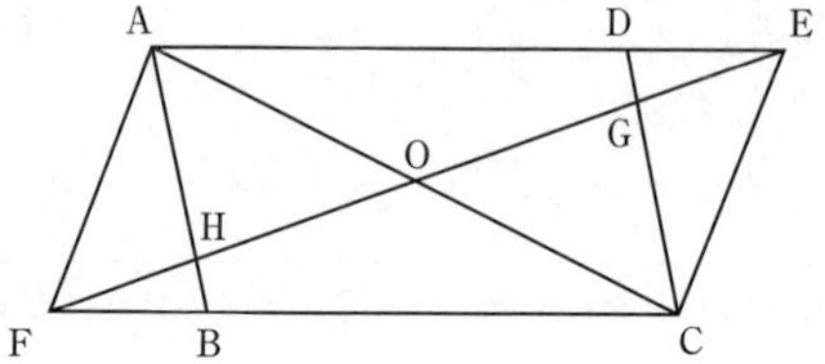

(1)	記号		(解答)
(2)	(証明)		
(3)	cm^2		

■令和４年度問題

5　桜さんと明さんは，次の**問題**を解いている。

問題

　図１のように，円Ｏの円周上に３点Ａ，Ｂ，Ｃを，AB＝AC，∠BAC＜60°となるようにとり，△ABCをつくる。点Ｄを，点Ｂをふくまない $\overset{\frown}{AC}$ 上に $\overset{\frown}{BC}=\overset{\frown}{CD}$ となるようにとり，点Ｄと点Ａ，点Ｄと点Ｃをそれぞれ線分で結ぶ。辺ACと線分BDの交点をＥとする。

　このとき，AE＝ADとなることを証明しなさい。

図１

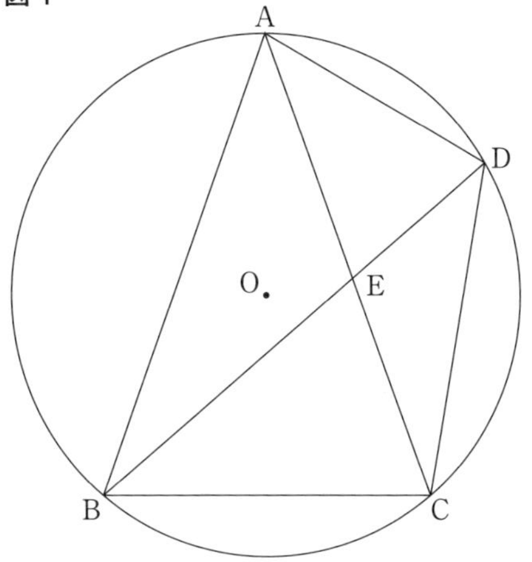

次の会話文は，桜さんと明さんが，**問題**の解き方について会話した内容の一部である。

桜さん

　△ABCがAB＝ACの二等辺三角形であることを使って，AE＝ADとなることを証明できないかな。

明さん

　それなら，①△ABC∽(　　　　)を示すことで，AE＝ADとなることを証明できそうだよ。

　なるほどね。他にもAE＝ADとなることを証明する方法があるのかな。

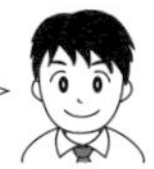

　②△ABE≡△ACDを示すことで，AE＝ADとなることを証明できるよ。

　次の(１)～(３)に答えよ。

(１)　下線部①の（　　　　）には，**図１**において，△ABCと相似な三角形があてはまる。（　　　　）にあてはまる三角形を１つかけ。

(２)　**図１**において，下線部②であることを証明せよ。

(３)　**図２**は，**図１**において，BE＝4cm，∠BAE＝30°となる場合を表している。このとき線分AEの長さを求めよ。

図２

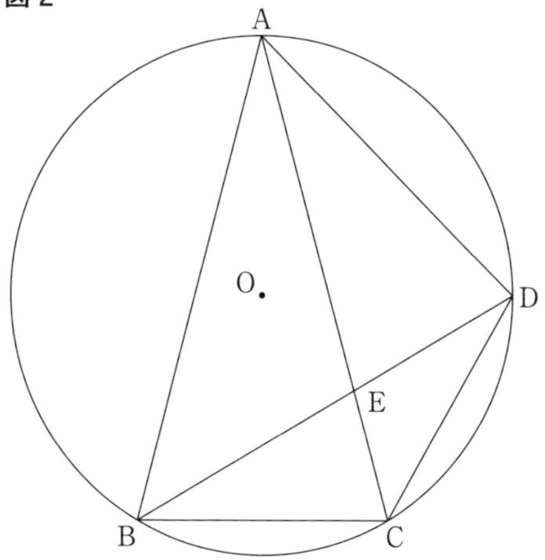

(1)	
(2)	(証明)
(3)	cm

■令和５年度問題

5　正方形ABCDで，辺BC，CD上に，点E，Fを，BE＝CFとなるようにそれぞれとる。

このとき，AE＝BFであることを，**図１**をかいて，△ABE≡△BCFを示すことで証明した。

図１

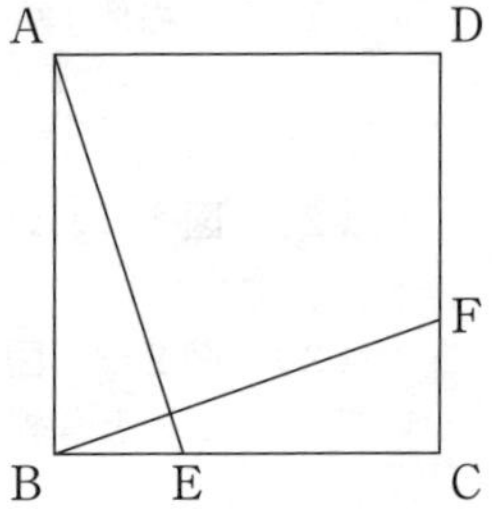

証明

△ABEと△BCFにおいて
仮定から，BE＝CF　　　…①
四角形ABCDは正方形だから
　AB＝BC　　　　　　　…②
　∠ABE＝∠BCF＝90°　…③
①，②，③より，□がそれぞれ等しいので
　△ABE ≡△BCF
合同な図形では，対応する線分の長さはそれぞれ等しいから
　AE＝BF

次の(１)～(４)に答えよ。

(１)　□にあてはまる言葉をかき，上の**証明**を完成させよ。

(２)　上の**証明**をしたあと，辺BC，CD上に，点E，Fを，**図１**の位置とは異なる位置に，BE ＝ CFとなるようにそれぞれとり，**図２**をかいた。

図２

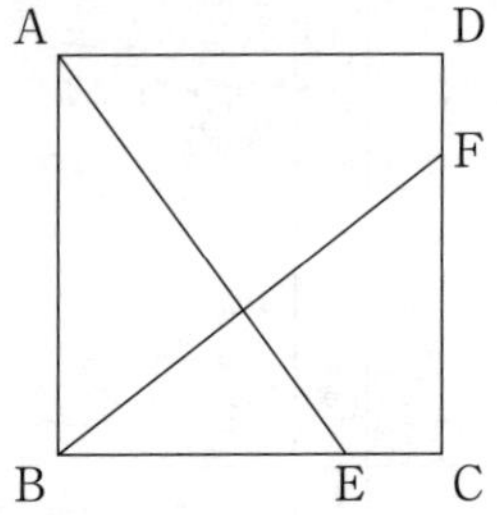

図２においても，**図１**と同じようにAE ＝ BFである。

このことの証明について，正しいことを述べているものを，次の**ア**～**エ**から１つ選び，記号をかけ。

ア　上の**証明**をしても，あらためて証明しなおす必要がある。
イ　上の**証明**で，すでに示されているので，証明しなおす必要はない。
ウ　上の**証明**の一部をかきなおして，証明しなければならない。
エ　上の**証明**をしても，線分AEと線分BFの長さを測って確認しなければならない。

(３)　**図３**は，**図２**において，線分AEと線分BFとの交点をGとしたものである。
図３において，△ABE ∽△AGBであることを証明せよ。
ただし，△ABE ≡△BCFであることは使ってよい。

図３

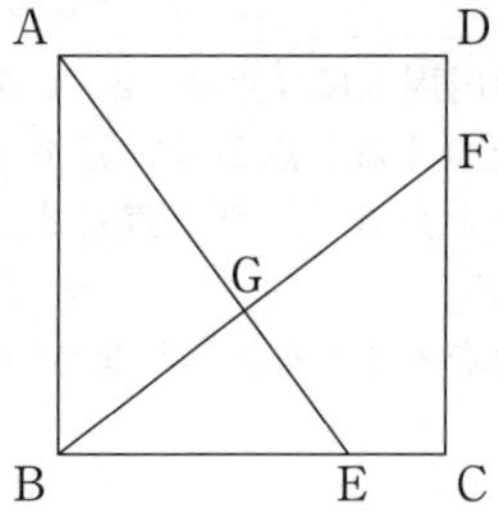

(４)　**図３**において，BE：EC＝3：1のとき，四角形GECFの面積は，正方形ABCDの面積の何倍か求めよ。

(1)	
(2)	
(3)	(証明)
(4)	倍

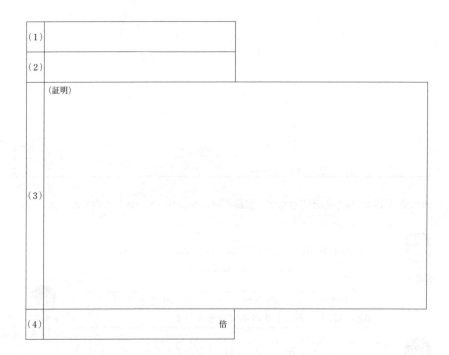

立体図形

■平成27年度問題

6　右の図は，BC＝6cm の正四角すい ABCDE を表している。
　次の（1）は指示にしたがって，（2），（3）は最も簡単な数で答えよ。
　ただし，根号を使う場合は$\sqrt{\ }$の中を最も小さい整数にすること。

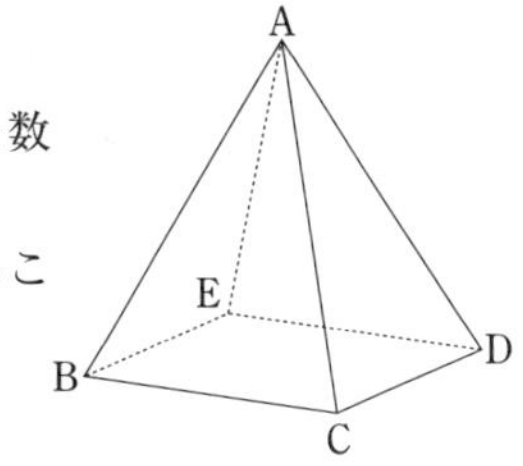

（1）図に示す立体において，
　辺 BC とねじれの位置にある辺を，次の**ア**～**キ**からすべて選び，記号で答えよ。
　ア　辺 AB　**イ**　辺 AC　**ウ**　辺 AD　**エ**　辺 AE
　オ　辺 BE　**カ**　辺 CD　**キ**　辺 DE

（2）図に示す立体において，
　辺 AB，AC，AD，AE の中点をそれぞれ F，G，H，I とする。正四角すい ABCDE を 4 点 F，G，H，I を通る平面で分けたときにできる 2 つの立体のうち，頂点 A をふくまない立体の体積は，四角すい FBCDE の体積の何倍か求めよ。

（3）図に示す立体において，
　辺 AB 上に点 J，辺 AC 上に点 K を，AJ：JB＝AK：KC＝1：2 となるようにとると，四角形 JKDE の面積が $24cm^2$ である。このとき，辺 AC の長さを求めよ。

（1）		（2）	倍	（3）	cm

■平成28年度問題

6　右の図は，正四面体と三角柱を合わせた形で，点 A，B，C，D，E，F，G を頂点とする立体を表している。正四面体 A B C D の 1 辺の長さは 4cm であり，三角柱 B C D E F G の側面はすべて合同な長方形である。
　次の（1）～（3）に最も簡単な数で答えよ。
　ただし，根号を使う場合は$\sqrt{\ }$の中を最も小さい整数にすること。

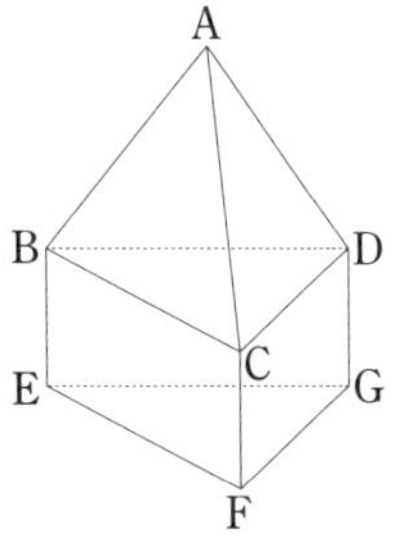

（1）図に示す立体において，辺 C D とねじれの位置にある辺は，全部で何本あるか答えよ。

（2）図に示す立体において，辺 B C 上に点 H，辺 A C 上に点 I を，E H＋H I＋I D の長さが最も短くなるようにとる。
　B E＝$\sqrt{3}$cm のとき，E H＋H I＋I D の長さを求めよ。

（3）図に示す立体において，辺 C D，D B の中点をそれぞれ J，K とする。点 A と点 K を結び，点 J を通り線分 A K に垂直な直線と線分 A K との交点を L とする。
　三角すい L B J D の体積は，正四面体 A B C D の体積の何倍か求めよ。

（1）	本	（2）	cm	（3）	倍

■平成29年度問題

6　**図 1** は，底面 ABCDEF が 1 辺の長さ 4cm である正六角形で，側面がすべて合同な長方形の六角柱 ABCDEFGHIJKL を表しており，AG = 6cm である。
　図 2 は，**図 1** に示す立体において，点 G と点 I，点 H と点 J，点 H と点 L をそれぞれ結び，線分 GI と線分 HJ，HL との交点をそれぞれ P，Q としたものである。
　次の（1）は指示にしたがって，（2），（3）は最も簡単な数で答えよ。
　ただし，根号を使う場合は$\sqrt{\ }$の中を最も小さい整数にすること。

図 1

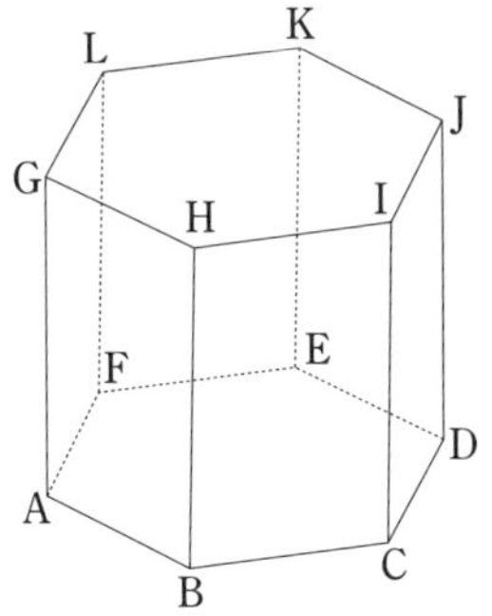

図 2

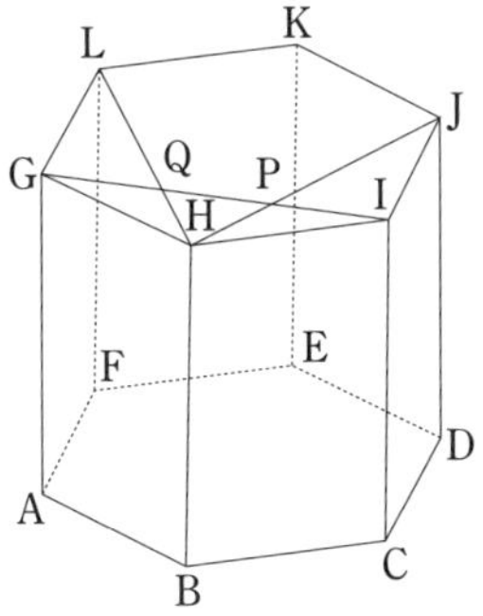

（1）**図 1** に示す立体において，次の**ア**～**カ**のうち，辺 BH とねじれの位置にある辺をすべて選び，記号で答えよ。
　ア　辺 BC　**イ**　辺 DE　**ウ**　辺 AG　**エ**　辺 EK
　オ　辺 KL　**カ**　辺 GH

（2）**図 2** に示す立体において，三角すい BHPQ の体積を求めよ。

（3）**図 1** に示す立体において，点 D と点 K を結び，線分 DK 上に点 R を△ ADR と四角形 BCJG の面積比が 1：2 となるようにとる。
　このとき，線分 DR の長さを求めよ。

（1）		（2）	cm^3	（3）	cm

■平成30年度問題

6 右の図は，1辺の長さが8cmの正四面体OABCを表している。
次の（1），（2）に答えよ。

（1）図に示す立体において，
辺OA，OB，OC上にそれぞれ点D，E，Fを，OD：DA＝1：2，OE：EB＝1：2，OF：FC＝1：2となるようにとる。
このとき，正四面体OABCを3点D，E，Fを通る平面で分けたときにできる2つの立体のうち，頂点Aをふくむ立体の体積は，正四面体OABCの体積の何倍か求めよ。

（2）図に示す立体において，
辺BCの中点をGとし，辺OA上に点HをOH＝GHとなるようにとる。点Aと点Gを結び，点Hから線分AGに垂線をひき，線分AGとの交点をIとする。
このとき，線分HIの長さを求めよ。

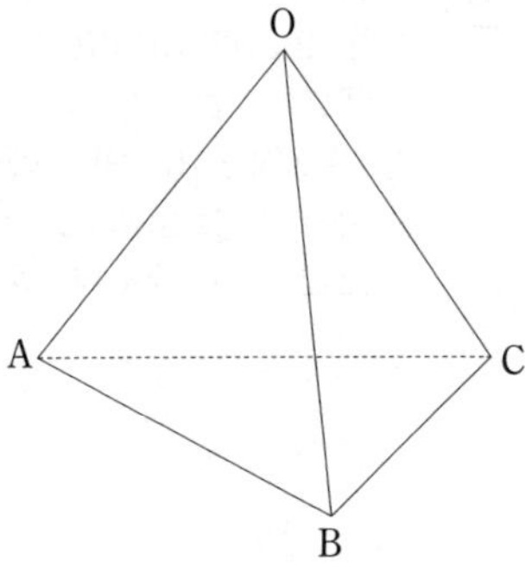

（1）	倍
（2）	cm

■平成31年度問題

6 **図1**は，底面の半径が6cm，高さが4cmの円すいと，底面の半径が6cm，高さが5cmの円柱をあわせた形の立体を表しており，円すいの頂点をA，円すいの底面であり円柱の底面でもある円の中心をB，円柱のもう一方の底面である円の中心をCとしたものである。
図2は，**図1**に示す立体において，円Bの円周上に2点D，Eを∠DBE＝120°，円Cの円周上に点Fを∠BEF＝90°となるようにとり，△ACFをつくり，線分AFと線分BEとの交点をGとしたものである。
次の（1）～（3）に答えよ。

（1） **図1**に示す立体の体積を求めよ。
（2） **図2**に示す立体において，△ABGの面積は，△ACFの面積の何倍か求めよ。
（3） **図2**に示す立体において，線分ADの中点をMとするとき，線分MFの長さを求めよ。

図1

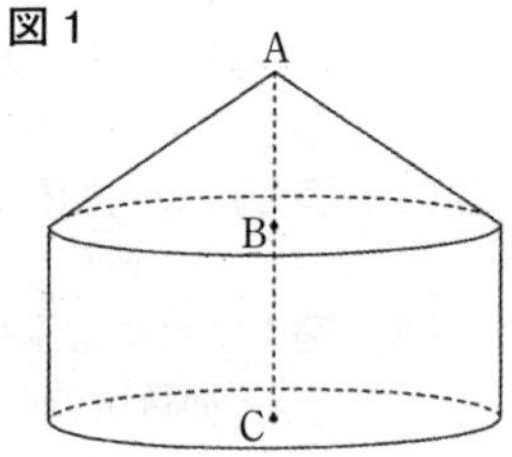

図2

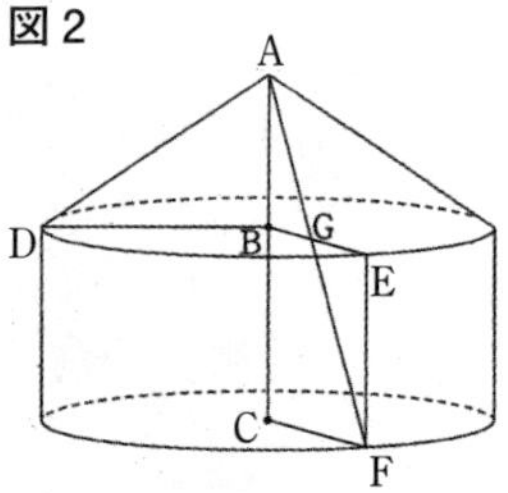

（1）	cm^3	（2）	倍	（3）	cm

■令和2年度問題

6 **図1**は，AB＝6cm，BC＝4cm，AE＝3cmの直方体ABCDEFGHを表している。

図1

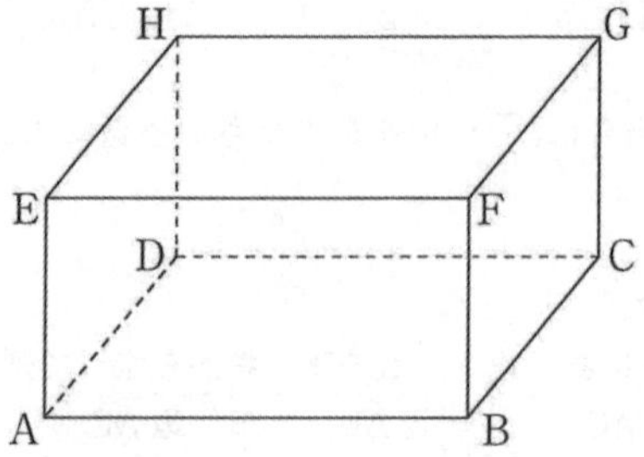

次の（1）～（3）に答えよ。

（1）**図1**に示す立体において，辺や面の位置関係を正しく述べているものを次の**ア**～**エ**から全て選び，記号で答えよ。
ア 面ABFEと辺DHは垂直である。
イ 辺ABと辺ADは垂直である。
ウ 面ADHEと面BCGFは平行である。
エ 辺CDと辺EFはねじれの位置にある。

（2）**図1**に示す立体において，辺EFの中点をM，辺FGの中点をNとする。直方体ABCDEFGHを4点A，C，N，Mを通る平面で分けたときにできる2つの立体のうち，頂点Fをふくむ立体の体積を求めよ。

（3）**図2**は，**図1**に示す立体において，辺EH上に点IをEI＝1cm，線分DG上に点JをDJ：JG＝1：2となるようにとり，点Iと点Jを結んだものである。
このとき，線分IJの長さを求めよ。

図2

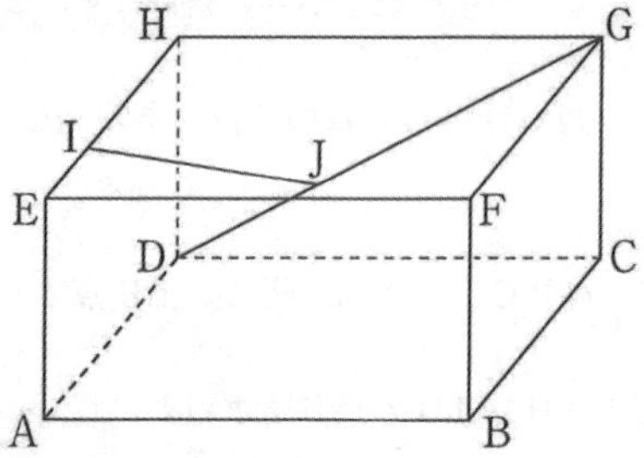

（1）		（2）	cm^3	（3）	cm

■令和３年度問題

6　**図１**は，正四角すいと直方体をあわせた形で，点A，B，C，D，E，F，G，H，Iを頂点とする立体を表している。BC=6cm，BF=5cmである。

図２は，**図１**に示す立体において，辺BF上に点Pを，BP=2cmとなるようにとり，点P，H，E，Cを頂点とする四面体PHECをつくったものである。

図１

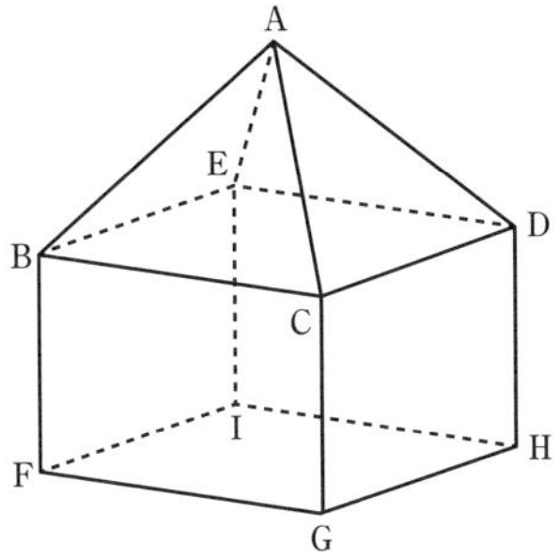

図２

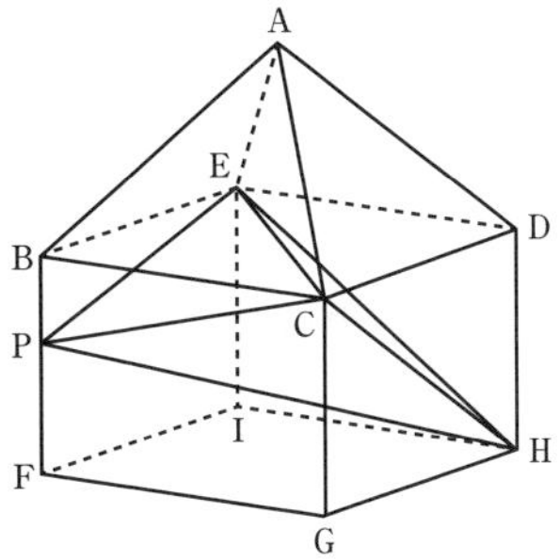

次の(１)～(３)に答えよ。

(１)　**図１**に示す立体において，次の□の中の①～③の全てにあてはまる辺を答えよ。

①　辺ABとねじれの位置にある辺
②　面BFIEと垂直である辺
③　面FGHIと平行である辺

(２)　**図１**に示す立体において，辺AD，AE上にそれぞれ点J，Kを，AJ：JD = 1：2，AK：KE = 1：2となるようにとる。点Jから辺FGに垂線をひき，辺FGとの交点をLとする。

四角形KFGJの面積が$16\sqrt{5}$ cm^{2}のとき，線分JLの長さを求めよ。

(３)　**図２**に示す立体において，四面体PHECの体積を求めよ。

(１)	辺	(２)	cm	(３)	cm^3

■令和４年度問題

6　**図１**は，AB＝5cm，BC＝10cm，AE＝9cmの直方体ABCDEFGHを表している。点I，J，K，Lは，それぞれ辺EF，BF，CG，GH上にあり，FI＝GL＝2cm，FJ＝GK＝4cmである。

図２は，**図１**の直方体を４点I, J, K, Lを通る平面で分けたときにできる２つの立体のうち，頂点Aをふくむ立体を表しており，点Mは辺IJの中点である。

図１

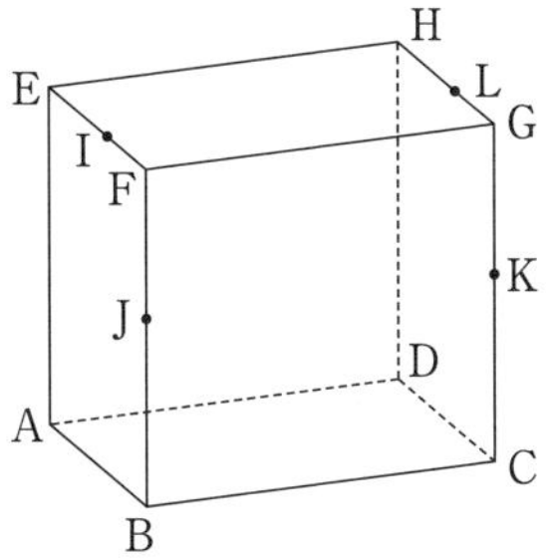

図２

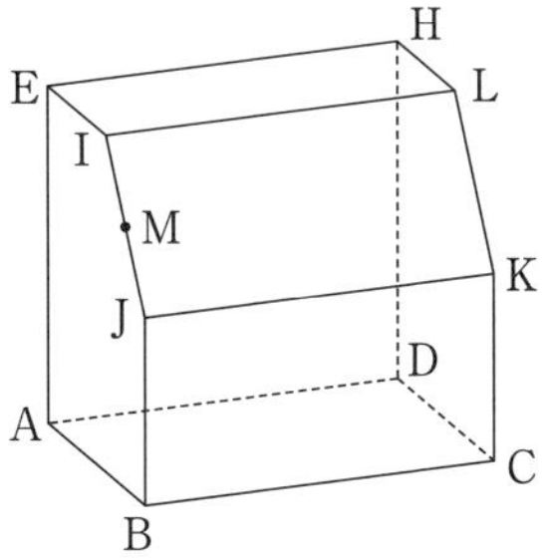

次の(１)～(３)に答えよ。

(１)　**図２**に示す立体において，辺や面の位置関係を正しく述べているものを次の**ア**～**エ**から全て選び，記号をかけ。

ア　辺ABと辺HLは平行である。

イ　面ADHEと面JKLIは平行である。

ウ　面ABCDと辺BJは垂直である。

エ　辺DHと辺KLはねじれの位置にある。

(２)　**図２**に示す立体において，辺AE上に点Pを，MP＋PDの長さが最も短くなるようにとる。

このとき，三角すいAIPDの体積を求めよ。

(３)　**図３**は，**図２**に示す立体において，線分JC上に点Qを，JQ：QC＝2：3となるようにとり，点Aと点Qを結んだものである。

このとき，△AQJの面積を求めよ。

図３

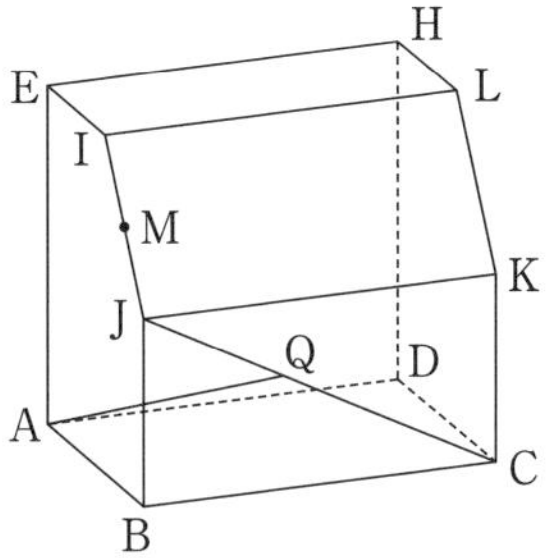

(１)	
(２)	cm^3
(３)	cm^2

■令和５年度問題

6　**図１**は，半径 4cm の円 O を底面とし，母線の長さが 6cm の円すいを表しており，円すいの頂点を A としたものである。

図１

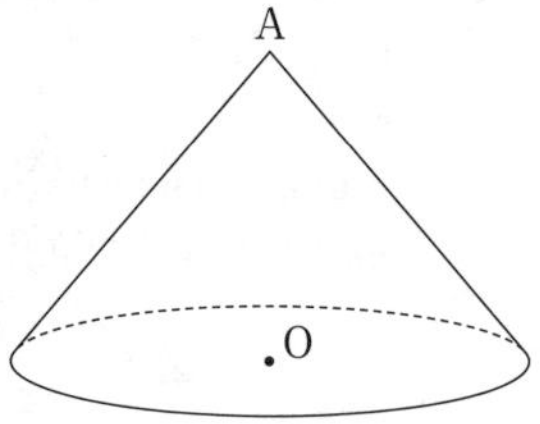

次の（１）～（３）に答えよ。答えに円周率を使う場合は，π で表すこと。

（１）　**図１**に示す円すいの表面積を求めよ。

（２）　**図１**に示す円すいと底面が合同で，高さが等しい円柱の容器に，高さを４等分した目盛りがついている。この容器の底面を水平にして，水を入れる。

　このとき，**図１**に示す円すいの体積と同じ量の水を入れた容器を表したものが，次の**ア**～**エ**に１つある。それを選び，記号をかけ。また，選んだ容器の底から水面までの高さを求めよ。

　ただし，容器の厚さは考えないものとする。

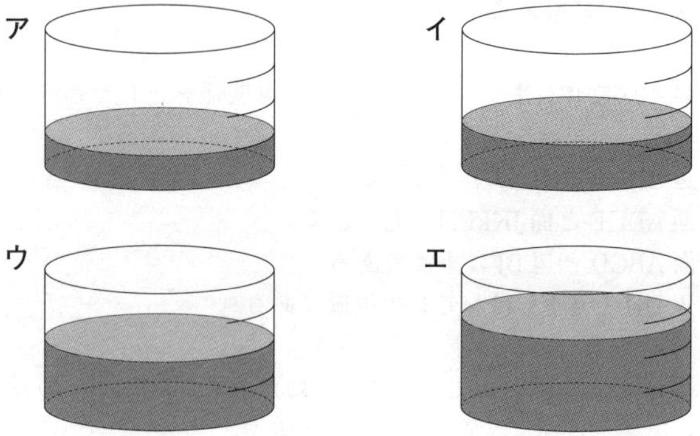

（３）　**図２**は，**図１**に示す円すいにおいて，円 O の円周上に点 B，C を，$\angle BOC = 120^\circ$ となるようにとり，△ABC をつくったものである。

　図２に示す円すいにおいて，線分 BC 上に点 D を，AD＝CD となるようにとるとき，線分 OD の長さを求めよ。

図２

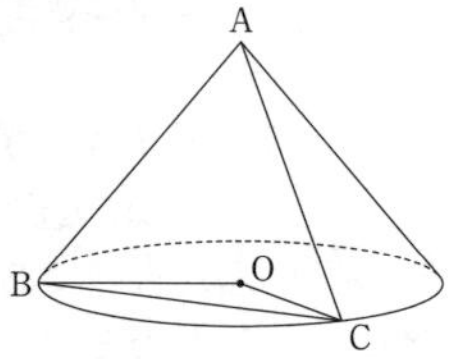

(1)	cm²			
(2)	記号		高さ	cm
(3)	cm			

関数の利用

■平成27年度問題

4　98℃と 70℃の２つの温度に設定できる電気ポットがある。この電気ポットには，電源を入れると時間に対して一定の割合で水温を上昇させ，設定温度になると水温を保つ機能がある。

　A さんは，18℃の水が入った電気ポットの電源を入れた。このときの設定温度は 70℃になっていた。

　電気ポットの中の水温が 70℃になってから 20 分後に設定温度を 98℃にしたところ，電源を入れてから 40 分後に水温が 98℃になった。

　下の図は，A さんが電源を入れてから x 分後の電気ポットの中の水温を y℃とするとき，水温が 98℃になるまでの x と y の関係をグラフに表したものである。

　次の（１）～（３）に最も簡単な数または式で答えよ。

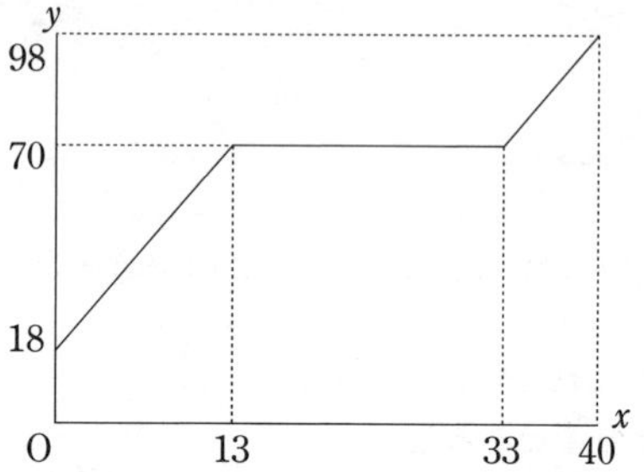

（１）A さんが電源を入れてから５分後の水温を求めよ。

（２）x の変域が $33 \leqq x \leqq 40$ のとき，y を x の式で表せ。

（３）A さんが電気ポットの電源を入れた後に，B さんはやかんに水を入れてガスコンロで沸かし始めた。やかんの中の水温は最初 18℃であり，１分ごとに 8℃ずつ一定の割合で上昇した。A さんが電源を入れてから 30 分後に，やかんの中の水温が電気ポットの中の水温と等しくなった。

　B さんが沸かし始めたのは，A さんが電源を入れてから何分何秒後であったか求めよ。

(1)	℃	(2)		(3)	分　　秒後

■平成28年度問題

4 東西に一直線にのびた道路上のP地点にバスが停車している。バスはこの道路を東に向かって進むものとし，バスがP地点を出発してからx秒後までに進む道のりをymとする。

yをxの式で表すと，

xの変域が$0 \leqq x \leqq 20$のとき，$y=\frac{3}{10}x^2$であり，

xの変域が$20 \leqq x \leqq 60$のとき，$y=ax+b$（a，bは定数）である。ただし，$x=60$のとき$y=600$である。

Aさんはバスが進む道路と同じ道路を東に向かって，一定の速さで自転車に乗って進んでいる。バスがP地点を出発すると同時にAさんはP地点を通過し，バスがP地点を出発してから15秒後にAさんはバスに追いつかれた。

下の図は，バスがP地点を出発してから60秒後までの時間とバスが進む道のりの関係をグラフに表したものに，Aさんの進むようすをかき入れたものである。

次の(1)～(3)に最も簡単な数で答えよ。

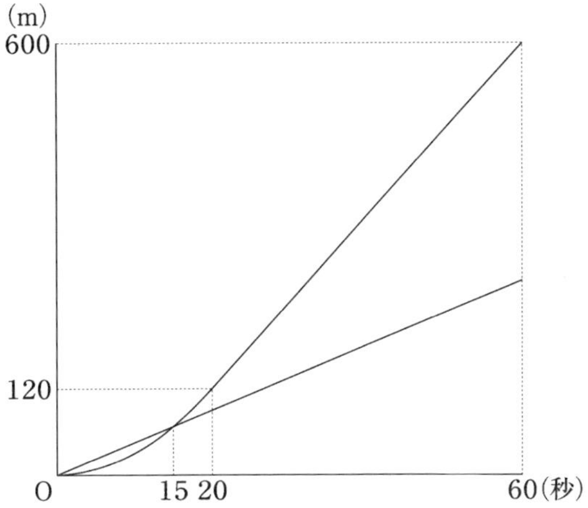

(1) バスがP地点を出発してから20秒後までの，バスの平均の速さは秒速何mか求めよ。

(2) バスがP地点を出発してから20秒後に，バスとAさんは何m離れているか求めよ。

(3) P地点から東に向かって600m進んだところにQ地点がある。Bさんはバスが進む道路と同じ道路を西に向かって，秒速3mの一定の速さで走っている。BさんはバスがP地点を出発する10秒前にQ地点を通過し，P地点まで走る途中でこのバスとすれちがった。

Bさんがバスとすれちがったのは，バスがP地点を出発してから何秒後か求めよ。

(1)	秒速　　　　　　m	(2)	m	(3)	秒後

■平成29年度問題

4 東西に一直線にのびたジョギングコース上に，P地点と，P地点から東に540m離れたQ地点と，Q地点から東に1860m離れたR地点とがある。Aさんは，このジョギングコースを通ってP地点とR地点の間を1往復した。

Aさんは，P地点からQ地点まで一定の速さで9分間歩き，Q地点で立ち止まってストレッチをした後，R地点に向かって分速150mで走った。Aさんは，P地点を出発してから28分後にR地点に着き，すぐにP地点に向かって分速150mで走ったところ，P地点を出発してから44分後に再びP地点に着いた。

下の図は，AさんがP地点を出発してからx分後にP地点からym離れているとするとき，P地点を出発してから再びP地点に着くまでのxとyの関係をグラフに表したものである。

次の(1)～(3)に最も簡単な数で答えよ。

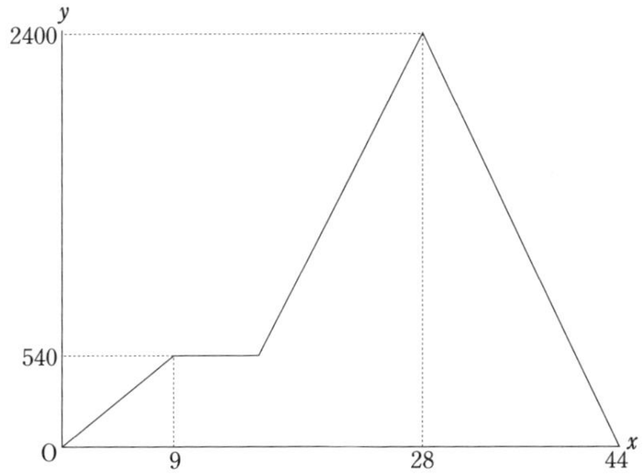

(1) AさんがP地点を出発してからQ地点に着くまでの歩いた速さは分速何mか求めよ。

(2) AさんがQ地点からR地点に向かって走り始めたのは，P地点を出発してから何分何秒後か求めよ。

(3) Bさんは，AさんがP地点を出発した後しばらくして，R地点を出発し，このジョギングコースを通ってP地点まで分速70mの一定の速さで歩いた。

BさんはP地点に向かう途中で，R地点に向かって走っているAさんとすれちがい，AさんがP地点を出発してから39分後に，P地点に向かって走っているAさんに追いつかれた。

AさんとBさんがすれちがった地点は，P地点から何m離れているか求めよ。

(1)	分速　　　　　　m	(2)	分　　　　秒後	(3)	m

■平成30年度問題

4 　**図1**のように，2つの直方体の水そうA，水そうBが，台の上に水平に置かれ，それぞれ水が入っている。水そうAにはⓅ管とⓆ管を使って水を入れ，水そうBにはⓇ管を使って水を入れる。Ⓟ管，Ⓠ管，Ⓡ管からは，それぞれ一定の水量で水が出る。

水そうAにⓅ管だけを使って水を入れると，水面の高さは毎分2cmずつ高くなる。

水そうAに，まずⓅ管だけを使って5分間水を入れ，次にⓅ管とⓆ管の両方を使って4分間水を入れ，最後に再びⓅ管だけを使って6分間水を入れたところ，底から水面までの高さが39cmになった。

図2は，水そうAに水を入れはじめてから15分後までの時間と底から水面までの高さの関係をグラフに表したものである。

ただし，水そうの厚さは考えないものとする。

図1

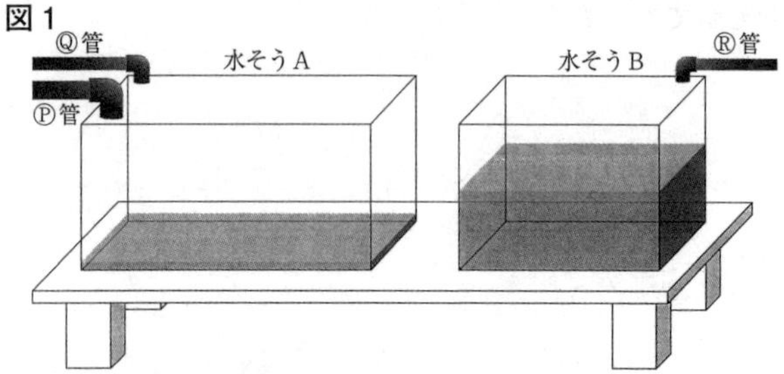

図2

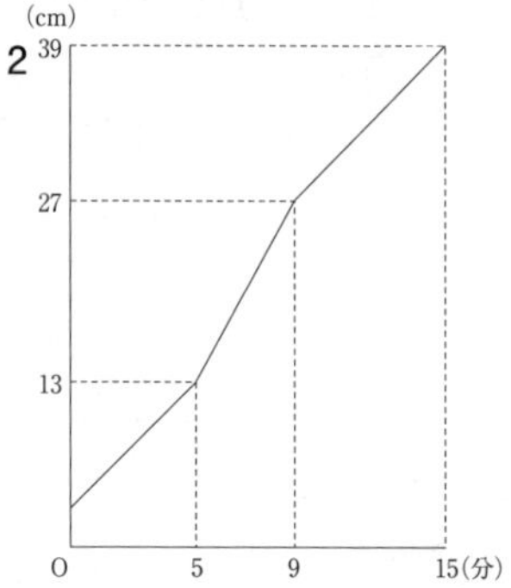

次の（1）～（3）に答えよ。

（1）　次の**ア～エ**の表のうち，水そうAに水を入れはじめてから3分後までの時間と底から水面までの高さの関係を正しく表したものを1つ選び，記号で答えよ。

ア

時間(分)	0	1	2	3
高さ(cm)	3	4	5	6

イ

時間(分)	0	1	2	3
高さ(cm)	3	5	7	9

ウ

時間(分)	0	1	2	3
高さ(cm)	5	6	7	8

エ

時間(分)	0	1	2	3
高さ(cm)	5	7	9	11

（2）　仮に，Ⓠ管だけを使って水を入れたとすると，水そうAの水面の高さは毎分何cmずつ高くなるか求めよ。

（3）　水そうBには，底から30cmの高さまで水が入っている。

水そうAに水を入れはじめてから9分後に水そうBに水を入れはじめ，6分間水を入れたところ，水そうBの底から水面までの高さが38cmになった。

水そうAに水を入れはじめて9分後から15分後までの間で，水そうAと水そうBの底から水面までの高さが等しくなったのは，水そうAに水を入れはじめてから何分何秒後か求めよ。

解答は，水そうAと水そうBについて，水そうAに水を入れはじめてからx分後の底から水面までの高さを$y$cmとし，あとの□内の**条件Ⅰ～条件Ⅲ**にしたがってかけ。

条件Ⅰ　水そうAと水そうBのそれぞれについて，$9 \leqq x \leqq 15$におけるxとyの関係を表す式を，それらの式になる理由もふくめてかくこと。なお，理由は簡潔にかくこと。
条件Ⅱ　**条件Ⅰ**で求めた2つの式を使って答えを求める過程がわかるようにかくこと。
条件Ⅲ　解答欄の□の中には，あてはまる数をかくこと。

(1)		(2)	毎分　　cm
(3)	分　　秒後		

■平成31年度問題

4 　一直線の道路沿いに，Aさん，Bさん，Cさんのそれぞれの家と学校があり，Aさんの家と学校の間にBさんの家とCさんの家がある。3人はこの道路を通って学校に通学している。

Aさんの家は学校から2100m離れている。Aさんは7時30分に家を出発し，学校に向かって一定の速さで9分間歩いた後，分速60mで14分間歩き，学校までの残り540 mを分速90 mで歩いたところ，7時59分に学校に着いた。

図は，Aさんが家を出発してから学校に着くまでの，Aさんが家を出発してからの時間とAさんのいる地点から学校までの距離の関係をグラフに表したものである。

あとの(1)～(3)に答えよ。

図

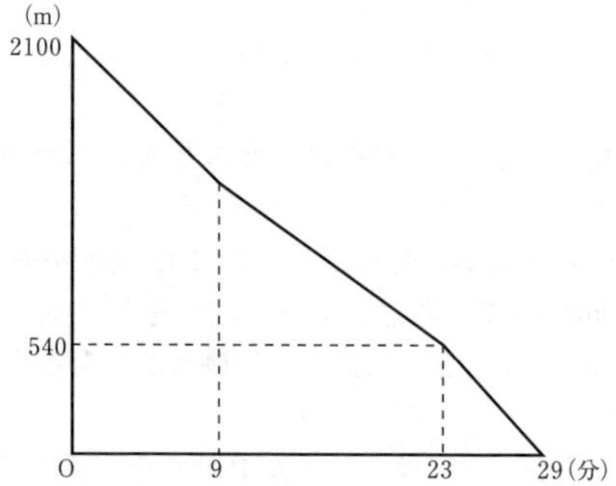

（1） 次の表は，A さんが家を出発してから２分後までの時間と A さんのいる地点から学校までの距離の関係を表したものである。

時間(分)	0	1	2
距離(m)	2100	2020	1940

A さんが家を出発してから９分後にAさんのいる地点から学校までの距離を求めよ。

（2） B さんの家は学校から 1700 m離れている。B さんは７時 39 分に家を出発し，学校に向かって分速 75 mで歩いた。B さんが家を出発してから７時 53 分までの時間と B さんのいる地点から学校までの距離の関係を表したグラフを，**図**の中にかき入れたものが次の**ア**～**エ**に１つある。それを選び，記号で答えよ。

ア

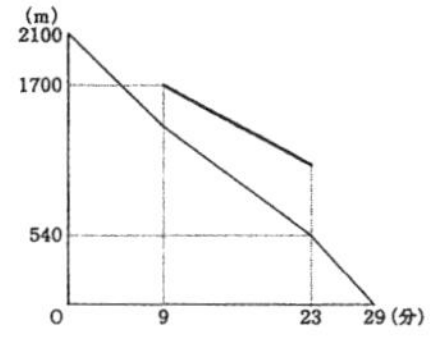

イ

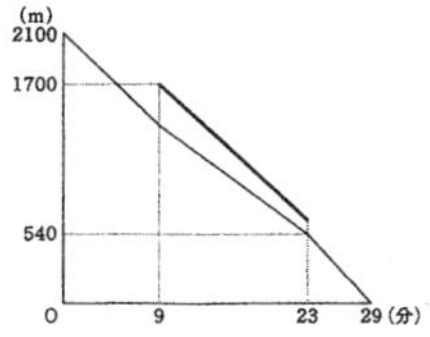

ウ

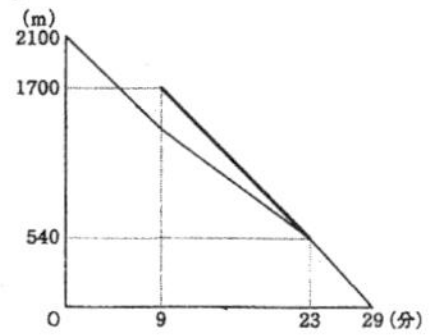

エ

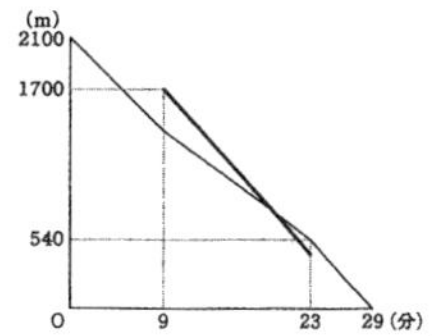

（3） C さんの家は学校から 630 m離れている。C さんは７時 50 分に家を出発し，学校に向かって一定の速さで歩いたところ，７時 53 分から７時 59 分までの間に A さんに追いつかれ，８時に学校に着いた。

C さんがAさんに追いつかれたのは，７時何分何秒か求めよ。

解答は，７時 30 分から x 分後にいる地点から学校までの距離を y m とし，下の□内の**条件Ⅰ**～**条件Ⅲ**にしたがってかけ。

条件Ⅰ　A さんとＣさんのそれぞれについて，グラフの傾きやグラフが通る点の座標を示し，x と y の関係を表す式をかくこと。
条件Ⅱ　**条件Ⅰ**で求めた２つの式を使って答えを求める過程をかくこと。
条件Ⅲ　解答欄の□の中には，あてはまる数をかくこと。

（1）	m	（2）	
（3）	(解答) C さんが A さんに追いつかれたのは，　7 時　分　秒		

■令和２年度問題

4 ある電話会社には，携帯電話の１か月の料金プランとして，A プラン，B プラン，C プランがある。どのプランも，電話料金は，基本使用料と通話時間に応じた通話料を合計した料金である。

次の**表**は，３つのプランを示したものである。

表

	電話料金	
	基本使用料	通話時間に応じた通話料
A プラン	1200 円	60 分までの時間は，１分あたり 40 円 60 分をこえた時間は，１分あたり 30 円
B プラン	（ア）円	（イ）分までの時間は，無料 （イ）分をこえた時間は，１分あたり（ウ）円
C プラン	3900 円	60 分までの時間は，無料 60 分をこえた時間は，１分あたり一定の料金がかかる。

１か月に x 分通話したときの電話料金を y 円とするとき，**図１**は，A プランについて，通話時間が０分から 90 分までの x と y の関係をグラフに表したものである。

図１

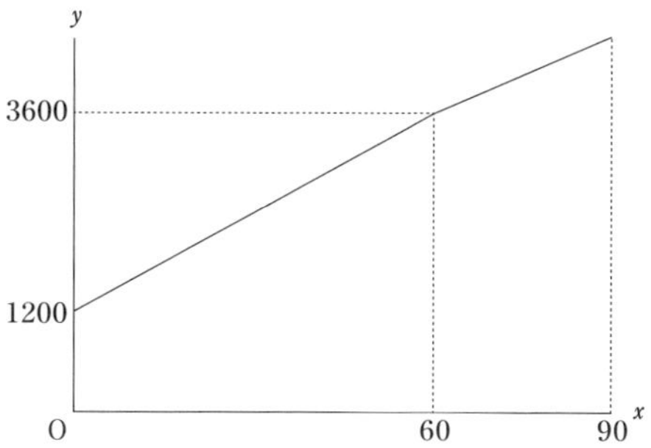

図２

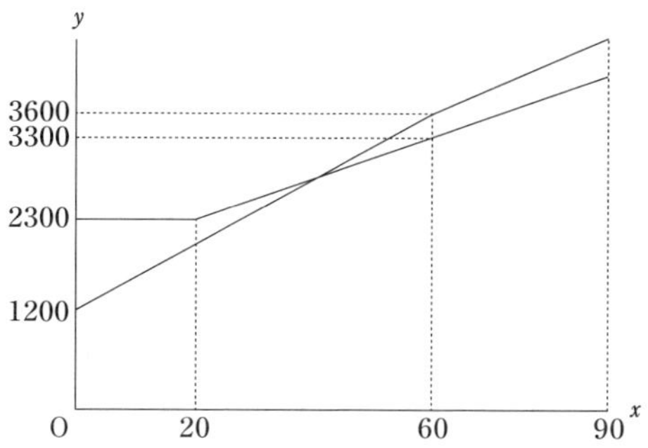

次の（1）～（3）に答えよ。

（1） A プランについて，電話料金が 3000 円のときの通話時間を求めよ。

（2） **図２**は，B プランについて，通話時間が０分から 90 分までの x と y の関係を表したグラフを，**図１**にかき入れたものである。下の□内は，B プランのグラフについて，x と y の関係を表した式である。

図２をもとに，**表**の（**ア**），（**イ**），（**ウ**）にあてはまる数を，それぞれ答えよ。

x の変域が $0 \leqq x \leqq 20$ のとき，$y=2300$ であり，
x の変域が $20 \leqq x \leqq 90$ のとき，$y=ax+b$（a，b は定数）である。
ただし，$x=60$ のとき，$y=3300$ である。

（3） Cプランの電話料金は，通話時間が90分のとき4350円である。

通話時間が60分から90分までの間で，Cプランの電話料金がAプランの電話料金より安くなるのは，通話時間が何分をこえたときからか求めよ。

解答は，次の□内の**条件Ⅰ**～**条件Ⅲ**にしたがってかけ。

条件Ⅰ	Aプランと Cプランのそれぞれについて，グラフの傾きやグラフが通る点の座標を示し，xとyの関係を表す式をかくこと。
条件Ⅱ	**条件Ⅰ**で求めた2つの式を使って答えを求める過程をかくこと。
条件Ⅲ	解答欄の□の中には，あてはまる数をかくこと。

（1）	分	（2）	ア		イ		ウ	
（3）	（解答） 通話時間が□分をこえたときから							

■令和3年度問題

4 希さんの家，駅，図書館が，この順に一直線の道路沿いにあり，家から駅までは900m，家から図書館までは2400m離れている。

希さんは，9時に家を出発し，この道路を図書館に向かって一定の速さで30分間歩き図書館に着いた。図書館で本を借りた後，この道路を図書館から駅まで分速75mで歩き，駅から家まで一定の速さで15分間歩いたところ，10時15分に家に着いた。

図は，9時からx分後に希さんが家からym離れているとするとき，9時から10時15分までのxとyの関係をグラフに表したものである。

図

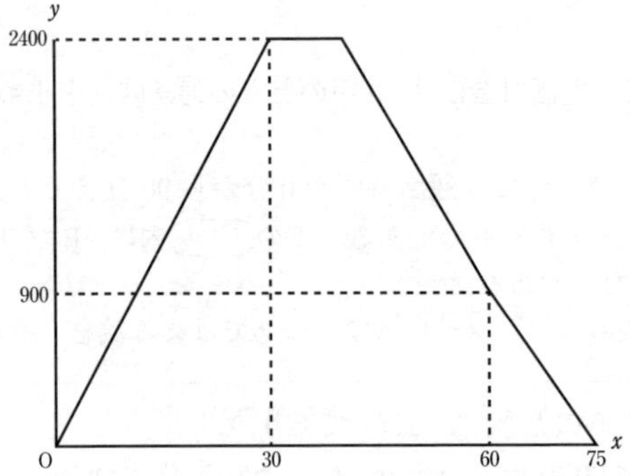

次の（1）～（3）に答えよ。

（1） 9時11分に希さんのいる地点は，家から駅までの間と，駅から図書館までの間のどちらであるかを説明せよ。

説明する際は，$0 \leqq x \leqq 30$におけるxとyの関係を表す式を示し，解答欄の□にあてはまるものを，次の**ア**，**イ**から選び，記号をかくこと。

ア 家から駅までの間　　　**イ** 駅から図書館までの間

（2） 希さんの姉は，借りていた本を返すために，9時より後に自転車で家を出発し，この道路を図書館に向かって分速200mで進んだところ，希さんが図書館を出発すると同時に図書館に着いた。

9時からx分後に希さんの姉が家からym離れているとするとき，希さんの姉が家を出発してから図書館に着くまでのxとyの関係を表したグラフは，次の**方法**でかくことができる。

方法	希さんの姉が，家を出発したときのxとyの値の組を座標とする点をA，図書館に着いたときのxとyの値の組を座標とする点をBとし，それらを直線で結ぶ。

このとき，2点A，Bの座標をそれぞれ求めよ。

（3） 希さんの兄は，10時5分に家を出発し，この道路を駅に向かって一定の速さで走り，その途中で希さんとすれちがい，駅に着いた。希さんの兄は，駅で友達と話し，駅に着いてから15分後に駅を出発し，この道路を家に向かって，家から駅まで走った速さと同じ一定の速さで走ったところ，10時38分に家に着いた。

希さんの兄と希さんがすれちがったのは，10時何分何秒か求めよ。

（1）	（説明） したがって，9時11分に希さんのいる地点は，□である。
（2）	A（　　，　　），B（　　，　　）
（3）	10　時　　分　　秒

■令和４年度問題

4　室内の乾燥を防ぐため，水を水蒸気にして空気中に放出する電気器具として加湿器がある。

洋太さんの部屋には，「強」「中」「弱」の３段階の強さで使用できる加湿器Aがある。加湿器Aの水の消費量を加湿の強さごとに調べてみると，「強」「中」「弱」のどの強さで使用した場合も，水の消費量は使用した時間に比例し，１時間あたりの水の消費量は**表**のようになることがわかった。

表

加湿の強さ	強	中	弱
１時間あたりの水の消費量(mL)	700	500	300

洋太さんは4200mLの水が入った加湿器Aを，正午から「中」で午後２時まで使用し，午後２時から「強」で午後５時まで使用し，午後５時から「弱」で使用し，午後８時に加湿器Aの使用をやめた。午後８時に加湿器Aの使用をやめたとき，加湿器Aには水が200mL残っていた。

図は，洋太さんが正午に加湿器Aの使用を始めてからx時間後の加湿器Aの水の残りの量をymLとするとき，正午から午後８時までのxとyの関係をグラフに表したものである。

図

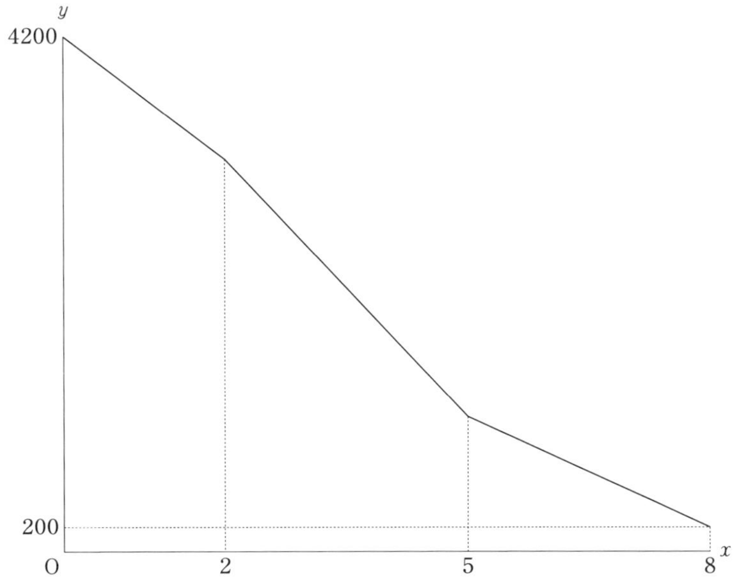

次の(１)～(３)に答えよ。

(１)　正午から午後１時30分までの間に，加湿器Aの水が何mL減ったか求めよ。

(２)　仮に，加湿器Aを，午後５時以降も「強」で使用し続けたとするとき，正午に加湿器Aの使用を始めてから何時間後に加湿器Aの水の残りの量が0mLになるかを，次の**方法**で求めることができる。

方法

> **図**において，xの変域が$2 \leqq x \leqq 5$のとき，yをxの式で表すと，
> $y=$ □ $(2 \leqq x \leqq 5)$である。$x \geqq 5$のときも，xとyについて同じ関係が成り立つとして，この式に$y=0$を代入してxの値を求める。

このとき，**方法**の□にあてはまる式をかけ。

(３)　洋太さんの妹の部屋には加湿器Bがある。加湿器Bは，加湿の強さが一定で，使用した場合の水の消費量は，使用した時間に比例する。

洋太さんが正午に加湿器Aの使用を始めた後，洋太さんの妹は，午後２時に4200mLの水が入った加湿器Bの使用を始め，午後７時に加湿器Bの使用をやめた。午後７時に加湿器Bの使用をやめたとき，加湿器Bには水が200mL残っていた。

午後２時から午後７時までの間で，加湿器Aと加湿器Bの水の残りの量が等しくなった時刻は，午後何時何分か求めよ。

(１)	mL
(２)	
(３)	午後　　時　　分

■令和５年度問題

4

東西に一直線にのびた道路上にＰ地点がある。

バスは，Ｐ地点に停車しており，この道路を東に向かって進む。次の**式**は，バスがＰ地点を出発してから30秒後までの時間と進む道のりの関係を表したものである。

式　バスについての時間（秒）と道のり（m）

$$(\text{道のり})=\frac{1}{4}\times(\text{時間})^2$$

自転車は，Ｐ地点より西にある地点から，この道路を東に向かって，一定の速さで進んでいる。自転車は，バスがＰ地点を出発すると同時にＰ地点を通過し，その後も一定の速さで進む。次の**表**は，自転車がＰ地点を通過してから８秒後までの時間と進む道のりの関係を表したものである。

表　自転車についての時間（秒）と道のり（m）

時間	0	4	8
道のり	0	25	50

下の**図**は，バスがＰ地点を出発してから30秒後までの時間を横軸（x 軸），Ｐ地点から進む道のりを縦軸（y 軸）として，バスについての時間と道のりの関係をグラフに表したものに，自転車の進むようすをかき入れたものであり，バスは，Ｐ地点を出発してから25秒後に自転車に追いつくことを示している。

図

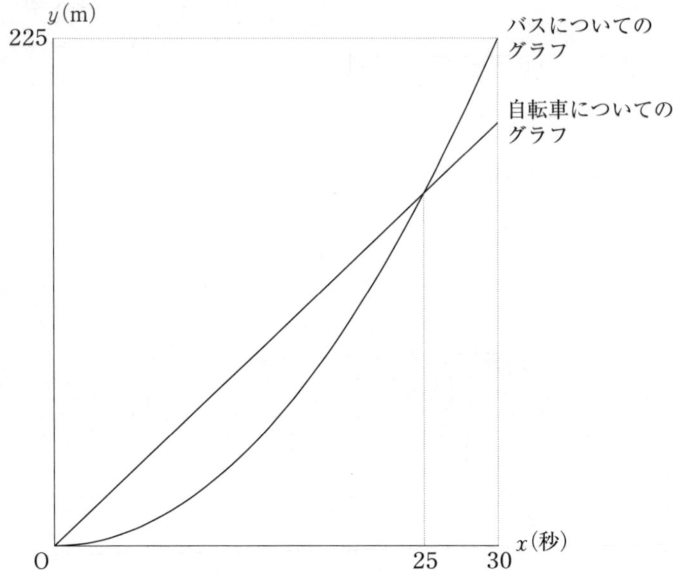

次の（１）～（３）に答えよ。

（１）　バスについてのグラフ上にある２点（0，0）と（6，9）を直線で結ぶ。この直線の傾きは，バスについての何を表しているか。正しいものを次の**ア**～**エ**から１つ選び，記号をかけ。

ア　Ｐ地点を出発してから６秒間で進む道のり
イ　Ｐ地点を出発してから９秒間で進む道のり
ウ　Ｐ地点を出発してから６秒後までの平均の速さ
エ　Ｐ地点を出発してから９秒後までの平均の速さ

（２）　この道路上に，Ｐ地点から東に100m 離れたＱ地点がある。バスがＱ地点を通過するのは，自転車がＱ地点を通過してから何秒後か求めよ。

（３）　タクシーは，この道路を東に向かって，秒速10m で進むものとする。タクシーは，バスがＰ地点を出発した10秒後にＰ地点を通過する。

このとき，タクシーは，バスより先に自転車に追いつくことができるか次のように説明した。

説明

> タクシーとバスのそれぞれが自転車に追いつくのは，バスがＰ地点を出発してから，タクシーが［ Ⓣ ］秒後で，バスが25秒後である。
>
> ［ Ⓣ ］は25より①（**ア**　大きい　**イ**　小さい）ので，タクシーは，バスより先に自転車に追いつくことが②（**ウ**　できる　**エ**　できない）。

説明の［ Ⓣ ］にあてはまる数を求め，下線部①，②の（　　）にあてはまるものを，それぞれ１つ選び，記号をかけ。

（1）				
（2）	秒後			
（3）	Ⓣ			
	①		②	

公 立 高 校 入 試 出 題 単 元 別 編 集

過去９年間
(平成27年～令和５年迄)

英　　語

リスニングテスト問題と台本は243Pより始まります。

選択問題

■ 平成27年 1
■ 平成28年 1
■ 平成29年 1
■ 平成30年 1
■ 平成31年 1
■ 令和２年 1
■ 令和３年 1
■ 令和４年 1
■ 令和５年 1

対話文

■ 平成27年 2 (並べ替え・適語補充・要約文の適語補充)
■ 平成28年 2 (並び替え・適語補充・要約文適語補充・英作文)
■ 平成29年 2 (適語補充・並べ替え・要約文適語補充・英作文)
■ 平成30年 2 (並びかえ・適語補充・内容理解)
■ 平成31年 2 (並びかえ・適語補充・英作文)
■ 令和２年 2 (内容理解)
■ 令和３年 2 (内容理解)
■ 令和４年 2 (並びかえ・内容把握・適文補充・内容真偽)
■ 令和５年 2 (並びかえ・空欄補充・内容真偽)

長文読解

■ 平成27年 3 (内容理解・適語補充・内容真偽)
■ 平成28年 3 (内容理解・適語補充・内容真偽)
■ 平成29年 3 (内容理解・適語補充・内容真偽)
■ 平成30年 3 (内容理解・英質英答・内容真偽)
■ 平成31年 3 (内容理解・内容真偽)
■ 令和２年 3 (内容理解・内容真偽)
■ 令和３年 3 (内容理解・内容真偽・英質英答)
■ 令和４年 3 (英質英答・単語・内容把握・内容真偽・英作文)
■ 令和５年 3 (英質英答・単語・内容把握・内容真偽)

英作文

■ 平成27年 4 (35語以上)
■ 平成28年 4 (35語以上)
■ 平成29年 4 (30語以上)
■ 平成30年 4 (30語以上)
■ 平成31年 4 (30語以上)
■ 令和２年 4 (30語以上)
■ 令和３年 4 (30語以上)
■ 令和４年 4 (30語以上)
■ 令和５年 4 (30語以上)

選択問題

■平成27年度問題

1　次の１～４の各組のＡとＢとの対話が成り立つように，＿＿＿＿に最もよくあてはまるものを，それぞれの**ア**～**エ**から一つ選び，記号を書け。

1
A : Let's go shopping.
B : Could you wait for ten minutes?
A : ＿＿＿＿ I'll wait.

ア　I'm not free.　　イ　I'm afraid I can't.
ウ　No, thank you.　　エ　No problem.

2
A : I need your help. I have to carry a lot of books.
B : Sure, Mr. Brown. ＿＿＿＿
A : To your classroom, thank you.

ア　Did I tell you what to carry?
イ　How many books do I have to carry?
ウ　Please ask me how to carry them.
エ　Please tell me where to carry them.

3
A : Did you watch the soccer game last night?
B : Well, I wanted to watch it, but I couldn't.
A : ＿＿＿＿
B : I was sleeping in bed because I was sick.

ア　I'm glad you watched it.
イ　What were you doing?
ウ　Why were you watching it?
エ　I enjoyed the game with you.

4
A : May I help you?
B : Yes. I'm looking for a T-shirt for my brother.
A : ＿＿＿＿
B : Well, he is a little smaller than you.

ア　Can I ask you his size?
イ　Did you buy anything else?
ウ　What size are you wearing now?
エ　How many T-shirts do you need?

1	
2	
3	
4	

■平成28年度問題

1　次の１～４の各組のＡとＢとの対話が成り立つように，＿＿＿＿に最もよくあてはまるものを，それぞれの**ア**～**エ**から一つ選び，記号を書け。

1
A : What are you going to do this weekend?
B : I am going to play tennis with my brother. ＿＿＿＿
A : Thank you. I want to do that.

ア　Are you a good player?
イ　Do you want to come?
ウ　He plays it better than me.
エ　I'd like to win.

2
A : Have you ever been to the new hamburger shop?
B : Yes. The hamburgers there were very good. How about you?
A : I haven't been there. ＿＿＿＿ I can't wait.

ア　I didn't know it was a new shop.
イ　I ate hamburgers there with my family last week.
ウ　I don't like hamburgers very much.
エ　I will go there with my sister next Sunday.

3
A : Kenji, I'll make dinner. Can you help me?
B : Of course. What should I do?
A : Please cut the tomatoes.
B : ＿＿＿＿ How should I cut them?

ア　Take care.
イ　Sorry, I'm not free now.
ウ　Sure, I can do that.
エ　Thank you for your help.

4
A : Hi, Mary. Can I visit your house tomorrow?
B : That's a good idea. Will you come by train?
A : Yes. Tell me how to get to your house from Minami Station.
B : ＿＿＿＿ My house is next to it.

ア　You can see a bank in front of the station.
イ　You have to get on a bus there.
ウ　It is difficult for me to explain it to you.
エ　It is not near the station.

1	
2	
3	
4	

■平成29年度問題

1　次の1～3の各組の対話が成り立つように，A ～ D に最もよくあてはまるものを，それぞれのア～エから一つ選び，記号を書け。

1
Keita　: I'm going to see the soccer game this weekend. Can you come with me?
Rob　: Sure. I love soccer. A
Keita　: Then let's go to the stadium early.

A
ア　What time will the game start?
イ　But I'll have no time to join you.
ウ　How about watching the game on TV?
エ　I want to watch the game from a good seat.

2
Student: How was my speech?
Teacher: It was great. You speak English very well.
Student: I want to speak English better. Could you tell me how to practice speaking it?
Teacher: B You can speak English better by doing so.

B
ア　Sorry. I don't have any good ideas.
イ　I know you are very busy today.
ウ　Keep using it in English class.
エ　I can't answer your question now.

3
Yumi　: Oh, this bread is so good.
Mr.Brown: Would you like some more?
Yumi　: C
Mr.Brown: I did. I often make bread for breakfast. What do you usually eat for breakfast?
Yumi　: D
Mr.Brown: That is not good for your health. You should eat something.

C
ア　It's nice. How did you make this?
イ　Yes, please. Who made this?
ウ　I'm hungry. Where did you buy this?
エ　You're welcome. Did you make this?

D
ア　I eat *miso* soup and rice every day.
イ　I only have a banana every morning.
ウ　I get up late and eat bread quickly.
エ　I eat nothing in the morning.

A	
B	
C	
D	

■平成30年度問題

1　次の1～3の各組の対話が成り立つように，A ～ D にあてはまる最も適当なものを，それぞれのア～エから一つ選び，記号を書け。

1
Mother　: We will meet Mika at the restaurant. Are you ready?
Daughter: No, I'm not. I can't decide what to wear.
Mother　: A We have to leave at eleven.

A
ア　Well, don't be late.　　イ　She won't come.
ウ　I think so, too.　　エ　You're welcome.

2
Father: Jennifer's baby was born last night.
Son　: My aunt Jennifer's baby? That's great!
Father: B
Son　: I really do. I can go this Saturday.

B
ア　What are you going to do for the baby?
イ　How do they go home?
ウ　Did you know about that?
エ　Do you want to see the baby in the hospital?

3
Emi　: What do you like to do in your free time, Mr. Smith?
Mr. Smith: I like to visit famous places.
Emi　: C
Mr. Smith: I went to Ehime to see Matsuyama Castle last year. It was beautiful. What do you enjoy when you have time, Emi?
Emi　: D
Mr. Smith: Of course. They're very popular in my country, too.

C
ア　Me, too. Who did you meet there?
イ　That's nice. Where have you been in Japan?
ウ　Did you visit them for the first time?
エ　May I show you some pictures of them?

D
ア　During the summer vacation. When will you visit them?
イ　Reading science books. What kind of books do you like?
ウ　Watching movies. Do you like Japanese movies?
エ　With my friends. Do you often go out with your friends?

A	
B	
C	
D	

■平成31年度問題

1 次の１～３の各組の対話が成り立つように，[A]～[D]にあてはまる最も適当なものを，それぞれのア～エから一つ選び，記号を書け。

1
Satoshi : What will you do on New Year's Day, Bob?
Bob : I haven't decided yet. [A]
Satoshi : Many people eat a special food called *osechi*.

A
ア Do you know what I did last year?
イ What do Japanese people usually do?
ウ Where do you go every year?
エ Do you want to come to my house?

2
Megumi : It's almost lunch time. I'm so hungry.
Lucy : Is there anything you want to eat?
Megumi : [B]
Lucy : OK. Let's buy one at the new shop near the station.

B
ア I've never been there. イ I don't want to eat.
ウ I must eat at home. エ I like sandwiches.

3
Grandfather : What did you do last Sunday?
Eddy : [C]
Grandfather : Oh, no ! I can teach you. Shall we go fishing this Saturday?
Eddy : Can you teach me? When did you start fishing?
Grandfather : [D] I've enjoyed it for many years since then.
Eddy : Wow ! I want to enjoy it, too.

C
ア I was going to swim in the pool.
イ I'll go fishing this Saturday.
ウ I met my friend and had a good time.
エ I went fishing, but I couldn't catch anything.

D
ア For forty years, but I stopped going last year.
イ I've never done it, but I want to start doing it now.
ウ I learned it from my father when I was a child.
エ A few times, and I'll try it again soon.

A		C	
B		D	

■令和２年度問題

1 次の１～３の各組の対話が成り立つように，[A]～[D]にあてはまる最も適当なものを，それぞれのア～エから一つ選び，記号を書け。

1
Mother : Kate, I found your cap under your desk.
Kate : Thank you, Mom. I have to take it to school today. [A]
Mother : On the desk. You should put it in your bag now.

A
ア Where did you find it? イ Where is it now?
ウ What did you see? エ What should I bring?

2
Emily : Excuse me. I think this is my seat.
Man : Really? What's your seat number?
Emily : It's 25, and this seat is 25.
Man : Oh! Sorry. [B] I'll move.

B
ア Please find a seat in the next train.
イ Your seat is behind this one.
ウ Let's find your seat together.
エ My seat is in front of yours.

3
Father : When will your friend Mary come to our house?
Sarah : [C]
Father : On that day we will visit Grandmother's house, so the next day will be better. Please tell Mary.
Sarah : OK. At Grandmother's house, can I make something to eat for Mary with Grandmother?
Father : That's a good idea. How about apple pies? [D]
Sarah : Great! I'll ask her to teach me.

C
ア She said she wanted to come next Saturday.
イ She said she was free yesterday.
ウ She will be very busy next month.
エ She will come to Grandmother's house next week.

D
ア Mary will make them for you.
イ Grandmother has never made them.
ウ We don't think she likes eating them.
エ I loved her apple pies when I was young.

A		C	
B		D	

■令和３年度問題

1　次の１～３の各組の対話が成り立つように，［ A ］～［ D ］にあてはまる最も適当なものを，それぞれのア～エから一つ選び，記号を書け。

1
Koji　: I'm sorry. I could not call you last night.
Amy　: ［ A ］
Koji　: Well, I had to help my mother because she didn't feel good.
Amy　: Oh, really? I hope she is OK.

A
ア　Did you call me?　　　イ　Were you busy?
ウ　When did you visit me?　　　エ　Where did you help your mother?

2
Kanako　: Can I use your umbrella, Mom?
Mother　: Where is yours?
Kanako　: I could not find it and I have to go to school now.
Mother　: ［ B ］
Kanako　: Thank you. I'll try to find mine again when I come home.

B
ア　I have to bring yours to work.
イ　I can use yours today because you gave it to me.
ウ　You can't go to school today.
エ　I have two, so you can take this one today.

3
Takeshi　: Have you done the homework for next week's science class?
Nancy　: Yes. I wrote about cutting too many trees. How about you?
Takeshi　: ［ C ］ I'm going to write about waste in the sea.
Nancy　: Good idea! It's not good for sea animals.
Takeshi　: Right. I want to save them. ［ D ］ I need ideas before the class.
Nancy　: Sure.

（注）　waste…………ゴミ

C
ア　I have no homework for the class.
イ　I haven't done it.
ウ　I wrote it last week.
エ　I will do your homework soon.

D
ア　Please talk about some ways to do that with me.
イ　Please tell me your ideas in the class.
ウ　Please show me the animals after the class.
エ　Please ask me about cutting many trees.

A	
B	
C	
D	

■令和４年度問題

1　次の１～３の各組の対話が成り立つように，［ A ］～［ D ］にあてはまる最も適当なものを，それぞれのア～エから一つ選び，記号を書け。

1
Fumiko　: Mr. Jones, I received some big news today. Did you hear about Shelly?
Mr. Jones　: Big news about Shelly? ［ A ］
Fumiko　: She decided to go back to Canada this winter. I'm so sad.
Mr. Jones　: Oh, I didn't know that.

A
ア　What do you mean?
イ　When will you get the news?
ウ　OK. Here you are.
エ　Of course, you are.

2
Ken　: I can't go shopping with you tomorrow. Can we change the day?
Daniel　: No problem. When is good for you?
Ken　: ［ B ］
Daniel　: Sure, that's good because we have club activities in the morning.
Ken　: Thanks, Daniel.

B
ア　How will the weather be on Saturday?
イ　How about next Saturday afternoon?
ウ　I will be busy on Saturday morning.
エ　I think Saturday is the best for studying.

3
Satoru　: Hi, Kacy. Are you going to play in the piano contest next week?
Kacy　: Yes, I am. How did you know that?
Satoru　: ［ C ］ She told me about it then. Are you nervous?
Kacy　: I was nervous one month ago, but now I think I will enjoy playing the piano in front of everyone in the hall.
Satoru　: Wow! ［ D ］ Why can you think that way?
Kacy　: Because I practiced many times. Now I believe I can do well.
Satoru　: How wonderful!

C
ア　My sister didn't know about the contest.
イ　I don't know how to play the piano.
ウ　Your sister will come to my house tomorrow.
エ　I met your sister at the station yesterday.

D
ア　If I were you, I couldn't think like that.
イ　I know you're still nervous.
ウ　I think you worry too much.
エ　I wish you could join the contest.

A	
B	
C	
D	

1　次の１～３の各組の対話が成り立つように，［ A ］～［ D ］にあてはまる最も適当なものを，それぞれのア～エから一つ選び，記号を書け。

1
John　: Will you watch the rugby game on TV next Sunday?
Takumi　: Oh, the Japanese national team?
John　: Yes. You should watch it! ［ A ］
Takumi　: How about watching it together at my house?

A
ア　I have already watched the game.
イ　I think the game will be exciting.
ウ　I will play rugby in the game.
エ　I wanted you to win the game.

2
Mother　: Tom! Emily! Please help me carry these bags.
Tom　: Sure. You bought a lot of food today.
Mother　: Yes, for our party tomorrow. Where is Emily?
Tom　: She is in her room. ［ B ］
Mother　: Wow, she is very interested in that book.

B
ア　She has been to parties many times.
イ　She has no book to read there.
ウ　She has to buy more food at the shop.
エ　She has been reading a book for three hours.

3
Kumi　: Ms. Beck, I have a question for my report. What do you do for your health every day?
Ms. Beck　: I run for 50 minutes every morning.
Kumi　: Sounds hard. ［ C ］
Ms. Beck　: Yes. I feel good and can sleep well.
Kumi　: How can you keep doing it?
Ms. Beck　: ［ D ］ So, I can see something new when I run.
Kumi　: How wonderful! Thank you for your time, Ms. Beck.

C
ア　Are there any good points about running for you?
イ　Is it difficult for me to run every day?
ウ　Do you have any problems when you run?
エ　Do you want to stop running in the future?

D
ア　Running is a good topic for my report.
イ　Running in the morning is boring for me.
ウ　I take different running courses every day.
エ　I feel tired after running in the morning.

A	
B	
C	
D	

対話文

■平成27年度問題

2　次の英文は，由貴（Yuki）と健太（Kenta）が，ジョーンズ先生（Mr. Jones）と会話をしている場面である。これを読んで，後の各問に答えよ。

Mr. Jones : Hi, Yuki and Kenta.
Kenta : Hi, Mr. Jones.
Yuki : Hello, Mr. Jones.
Mr. Jones : What are you going to do this weekend?
Kenta : I will go to Asahi Park with my dog. I go there with him every weekend.
Yuki : Oh, do you? I'm going to visit a pet shop with my family to buy a dog. ① I (wanted, am, one, for, have) a long time.
Kenta : I like dogs very much. Do you have any pets, Mr. Jones?
Mr. Jones : Yes. I have a cat. I got her at an animal shelter.
Kenta : Animal shelter?
Mr. Jones : Right. It's a home for animals without owners. In fact, some of them were abandoned by their owners.
Yuki : Really? I don't want to be an owner like them.
Kenta : Why did you get your cat at an animal shelter?
Mr. Jones : I heard about shelters from one of my friends and I was interested in them. Then I visited an animal shelter and saw many animals without owners in cages. ② A volunteer (standing, front, of, was, in) a cage said, "They need new owners." So I got my cat from the shelter.
Kenta : I see. It's important to take care of pets with love.
Yuki : I agree. I hope all pets will be happy with kind owners.
Mr. Jones : My cat is a treasure for my family now. ＿＿＿＿＿ an animal shelter?
Yuki : This evening I will talk to my family about it. I want to get a dog there and live with it. I hope it will be my good friend.

（注）animal shelter……動物保護施設　owner(s)……飼い主
abandon ～……～を捨てる　cage(s)……（動物の）おり
volunteer……ボランティアとして働いている人

問１　英文中の下線部①，②が，会話の内容から考えて意味がとおるように，それぞれ（　　）内から４語を選び，それらを正しい語順に並べて書け。

問２　英文中の＝＝＝部が，動物保護施設に行くことを勧める文となるように，＿＿＿＿＿に適する３語以上の英語を考えて書け。

問３　次の＿＿＿＿＿内の英文は，この会話をした日に由貴が書いた日記の一部である。会話の内容に合うように，文中の（**1**），（**2**）にそれぞれあてはまる１語を考えて書け。

> Today I talked about pets with Mr. Jones and Kenta. Mr. Jones（**1**）us about an animal shelter. After dinner I said to my family, "I want to get a dog at a shelter." They said, "That's a good idea." We've decided to visit a shelter to find a dog. I hope we will live together（**2**）good friends.

問４　あなたが，犬を飼おうとしている友人から，次のような相談を受けたとしたら，どのように答えるか。You should で書き出し，これらを含め５語以上の英語で書け。

What should I do to be a good dog owner?

問1	①			
	②			
問2				
問3	1		2	
問4				

■平成28年度問題

2 次の英文は，教室で，掃除（cleaning）を終えた友哉（Tomoya）と美幸（Miyuki）がデイビス先生（Mr. Davis）と会話をしている場面である。これを読んで，後の各問に答えよ。

Mr. Davis : Oh, the classroom is very clean. You worked hard. Do you like cleaning, Tomoya?

Tomoya : Well, actually I don't like it very much, but I clean with effort every day. How about you, Miyuki?

Miyuki : I like it. It is easier for me to concentrate on studying in a clean classroom. So I think we should clean our classrooms for ourselves.

Tomoya : I agree. Do you like cleaning, Mr. Davis?

Mr. Davis : Yes, I do. But students don't clean classrooms in my country.

Tomoya : Really? Why?

Mr. Davis : Every school has someone who cleans classrooms as a job.

Miyuki : As a job? Wow! How about schools in other countries?

Mr. Davis : ① In some countries students (like, their, clean, who, schools) you. People in the world have different ideas about cleaning.

Tomoya : I didn't know that. That's interesting.

Miyuki : Many Japanese people think cleaning has some good points. ② My *kendo* club coach always (about, make, tells, to, us) ourselves stronger as a person. He says cleaning is one of the ways to do that.

Mr. Davis : Now I understand why the *kendojo* is always clean.

Miyuki : We also clean the places we use to show our thanks. For example, we do special cleaning before the graduation ceremony every year.

Tomoya : Right. All of us work hard.

Mr. Davis : That's great. ［　　　　］ you usually do it?

Miyuki : For three days.

Mr. Davis : Oh, I'll join you this year.

Tomoya : Thank you very much. I'm glad.

（注）clean with effort……一生懸命に掃除をする
concentrate on ～……～に集中する　　ourselves……私たち自身
good point(s)……よい点　　coach……指導者，顧問の先生
kendojo ……剣道場　　show our thanks……感謝の気持ちを示す

問１　英文中の下線部①，②が，会話の内容から考えて意味がとおるように，それぞれ（　　）内から４語を選び，それらを正しい語順に並べて書け。

問２　英文中の═══部が，会話の内容から考えて意味がとおるように，［　　　　］に適する３語以上の英語を書け。

問３　次の［　　　　］内の英文は，この会話をした日に友哉が書いた日記の一部である。会話の内容に合うように，文中の（１），（２）にそれぞれあてはまる１語を考えて書け。

> Today I talked about cleaning with Miyuki and Mr. Davis. People in the world have different ideas about cleaning. I heard it for the（１）time, and was surprised.
> I don't like cleaning very much, but I think it's important for us. It is easier for us to concentrate on studying（２）our classrooms are clean. Cleaning the places we use also means showing our thanks.

問４　次の問いにあなたならどう答えるか。We can で書き出し，これらを含め，５語以上の英語で書け。

What is a good point of cleaning?

問1	①			
	②			
問2				
問3	1		2	
問4	We can			

■平成29年度問題

2 次の英文は，光司（Koji）と華（Hana）が，英語の授業にゲストとして来たジョンソンさん（Ms. Johnson）に，仕事についてインタビューをしている場面である。これを読んで，後の各問に答えよ。

Koji : Can we ask some questions, Ms. Johnson?
Ms. Johnson : Sure, of course.
Hana : Why did you want to be a chef at a Hawaiian restaurant and work in Japan?
Ms. Johnson : It was my dream to have a restaurant in a foreign country. When I was a student, I liked cooking class very much. [　　　　], Hana?
Hana : Science. I want to be an engineer in the future.
Koji : That's cool. I like art class. I want to be a movie director and work in a foreign country like you.
Ms. Johnson : Wow! That's nice. I love Japanese movies.
Hana : What did you do to become a chef ?
Ms. Johnson : I learned how to make Hawaiian foods and studied their history. And I am still learning. ① There are（ I, things, many, need, for ）to learn.
Koji : Really? But your dream has already come true, right?
Ms. Johnson : Yes, but my dream continues. I want to tell more Japanese people about Hawaiian culture by making good Hawaiian foods.
Hana : Now I understand. Getting a job was not your goal.
Ms. Johnson : You're right.
Koji : My father is a farmer, and he studies hard to learn more about fruits. He wants to grow better fruits for people.
Ms. Johnson : That's great. Working for others is important for all jobs. ② You can find（way, your, to, that, own）do something for other people through your work.
Hana : I hope I can do it.
Koji : Me, too. We've learned a lot from you today. Thank you very much, Ms. Johnson.

（注）chef……料理人　Hawaiian……ハワイ料理の，ハワイの
engineer……技術者，エンジニア　director……監督　continue……続く
goal……ゴール，目標　grow……育てる　through ～……～を通して

問1　英文中の═══部が，会話の内容から考えて意味がとおるように，[　　　　]に適する3語以上の英語を書け。

問2　英文中の下線部①，②が，会話の内容から考えて意味がとおるように，それぞれ（　）内から4語を選び，それらを正しい語順に並べて書け。

問3　次の[　　　　]内の英文は，この会話をした日に光司が書いた日記の一部である。会話の内容に合うように，文中の（1），（2）にそれぞれあてはまる1語を考えて書け。

Today Ms. Johnson, a chef at a Hawaiian restaurant, came to our class. We talked with her about our dreams. I want to be a movie director and go（1）in the future. Now she wants to tell more Japanese people about Hawaiian culture. Her dream has come true, but she doesn't（2）learning. I've learned that working for other people is important.

問4　あなたがこのインタビューの場にいるとしたら，ジョンソンさんの仕事についてどのような質問をするか。光司と華がたずねたこと以外の質問を考え，5語以上の英語で書け。

問1				
問2	①		②	
問3	1		2	
問4				

■平成30年度問題

2 次の英文は，和真(Kazuma)と智美(Tomomi)が，ベイカー先生(Mr. Baker)と，英語プレゼンテーションコンテスト(English presentation contest)のポスターを見ながら会話をしている場面である。これを読んで，後の各問に答えよ。

Mr. Baker : Hi, Kazuma and Tomomi. What are you talking about?

Kazuma : The English presentation contest in October.

Tomomi : Please look at this.

Mr. Baker : Wow, that's interesting. Will you join it?

Kazuma : Well, I like making presentations, but it's difficult to use English.

Tomomi : You made a good presentation in our Integrated Studies class.

Kazuma : Thank you, but it was in Japanese.

Mr. Baker : I wanted to listen to your presentation. What did you talk about?

Kazuma : I talked about our town. It has a lot of good points. ①Keeping them (of, is, the, for, one) best things we can do for our town.

Tomomi : In your presentation, you said, "We must learn more about our town." It's a good idea. Last week, at our town's festival, a student from Australia asked me about *omikoshi*. But I couldn't answer, because I didn't know much about our traditions.

Kazuma : By learning more about them, we can tell people about our town's good points.

Mr. Baker : That's a great idea. You can convey it to more people in English in the contest.

Kazuma : But my English is not good.

Tomomi : Your English is important, of course, but the contest is not only about English.

Mr. Baker : That's right. Kazuma, it's more important to share ＿＿＿＿. The contest gives you a chance to share it with more people in your presentation.

Kazuma : OK, I understand. I've decided to try.

Tomomi : Great! ②I'm (part, glad, take, about, you'll) in the contest.

Mr. Baker : I believe you can do well. You have a lot of time to practice your presentation in English. I will help you!

Kazuma : Thank you. I'll do my best! I hope more people will be interested in our town.

(注) make a presentation……プレゼンテーションをする
Integrated Studies……総合的な学習の時間　*omikoshi*……おみこし
tradition(s)……伝統　convey……伝える

問1 英文中の下線部①，②が，会話の内容から考えて意味がとおるように，それぞれ( )内から4語を選び，それらを正しい語順に並べて書け。

問2 英文中の＿＿＿＿に，会話の流れに合うように2語以上の英語を書け。

問3 右は，この会話の後で，和真がコンテストのために作成したスライドと原稿の一部である。下の各問に答えよ。

(1) ＝＝＝部の意味を考えて，ほぼ同じ意味を表す2語を，会話の中からそのまま抜き出して書け。

(2) [　　]にあてはまる最も適当なものを，ア～エから一つ選び，記号を書け。

ア think our traditions are wonderful
イ speak English well to help other people
ウ understand how to make *omikoshi*
エ talk about our town with more people

What should we do for the future of our town? I think there are two things.

The first thing is to learn more about our town. Our town has many virtues, for example, some good traditions.

Second, we should [　　]. Then we can get many new ideas from each other. That will make our future better.

問1	①			
	②			
問2				
問3	(1)		(2)	

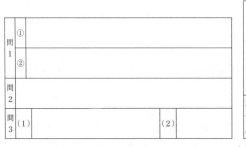

■平成31年度問題

2 次の英文は，康平（Kohei）と仁美（Hitomi）が，スミス先生（Ms. Smith）と会話をしている場面である。これを読んで，後の各問に答えよ。

Ms. Smith : Hi, Kohei and Hitomi.
Kohei : Hello, Ms. Smith.
Hitomi : Hello. How did you spend your weekend, Ms. Smith?
Ms. Smith : I visited a *kominka* cafe to have lunch.
Kohei : What is a *kominka* cafe?
Ms. Smith : It's a cafe in a traditional Japanese house. I'll show you the picture.
Kohei : Is this the old house near the park? ① I didn't (what, was, to, know, it).
Hitomi : Oh, I know this cafe. I went there with my grandmother.
Ms. Smith : The house looks old, but the inside is fashionable. It is a relaxing place.
Hitomi : My grandmother and I ate a *matcha* parfait there. She loves *matcha* but a *matcha* parfait was new to her.
Kohei : That's interesting. I like *matcha* chocolates and *matcha* cakes, too. Today a lot of people enjoy *matcha* in new ways.
Ms. Smith : Yes. Both a *kominka* cafe and a *matcha* parfait are examples of traditional things used in different ways.
Hitomi : It's a good idea to use traditional things in new ways.
Ms. Smith : Right. We can do that by looking at them from a different point of view. Then we will appreciate them more.
Hitomi : That's true. ② I became interested in traditional Japanese houses around (I, after, went, us, of) to a *kominka* cafe.
Kohei : There are many other traditional things. I want to find new ways to use them.

（注） *kominka* cafe　古民家カフェ　　inside　内部　　fashionable　おしゃれな
relaxing　リラックスできる　　*matcha* parfait　抹茶パフェ
point of view　ものの見方　　appreciate　よさがわかる

問１　英文中の下線部①，②が，会話の内容から考えて意味がとおるように，それぞれ（　　）内から４語を選び，それらを正しい語順に並べて書け。

問２　次は，この会話の後で，康平が英語の授業で発表を行うために作成したポスターと，発表内容の要点をまとめたものである。下の各問に答えよ。

There are many traditional things, and people have utilized them in different ways. I'll talk about a *kominka* and *matcha*. We can enjoy traditional things like them in new ways. A *kominka* cafe and a *matcha* parfait are examples. We have many traditional things we don't appreciate. I'll try to find new ways to enjoy those things by seeing them from a different point of view.

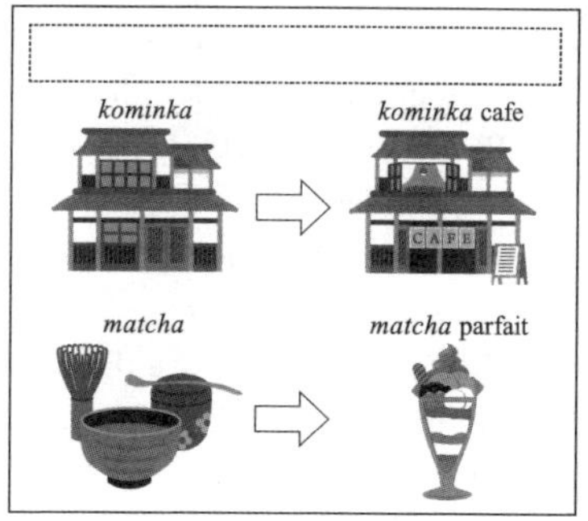

（１）═══部を別の語で表現する場合，最も適当な１語を，会話の中からそのまま抜き出して書け。

（２）ポスターの［　　　］には，康平の発表のテーマが入る。テーマとして最も適当なものを，ア～エから一つ選び，記号を書け。

ア　The History of Japanese Tea Culture
イ　Traditional Life in Our Town
ウ　New Ways to Enjoy Traditional Things
エ　How to Make a *Kominka* Cafe

問３　次の問いにあなたならどう答えるか。Because で書き出し，これを含め４語以上の英語で書け。

Today *matcha* is loved by many people in Japan. Why?

問1	①		②	
問2	(1)		(2)	
問3	Because			

■令和２年度問題

2　次の英文は，健太（Kenta）と友紀（Yuki）が，ジョーンズ先生（Mr. Jones）と会話をしている場面である。これを読んで，後の各問に答えよ。

Mr. Jones : Look at these pictograms.
Kenta : Pictograms? What are they?
Mr. Jones : Pictograms are pictures that give information in a simple way.
Kenta : Well, then the pictograms show baseball and swimming, right?
Mr. Jones : That's right. They are the pictograms for the Tokyo Olympics. We can also find other pictograms in our town.
Kenta : Oh, really?
Mr. Jones : Yes! When I came to Japan, I didn't understand any Japanese. ① Pictograms were very useful for me when I had (to /do/where/find/to) go in the airport.
Yuki : Oh, I had an experience like that. One day at the station, a woman came to me and said in English, "Excuse me. Where is the restroom?" But I didn't understand the word "restroom," so I took her to the guide map on the wall. She pointed at the restroom pictogram. Then I understood the word and showed her the way to the restroom.
Kenta : Wow! By using the pictogram you helped the woman from a foreign country.
Yuki : Yes, but I don't think pictograms are only for foreign people.
Mr. Jones : That's true. They are also used for many other people and there are some other ways to tell people something without words. One example is color. When we take a bath, we can see colors on the faucet. Usually red means "hot" and blue means "cold." ② I'm (these/make/from/life/sure) easier for a lot of people.
Kenta : Interesting! Now I want to learn more about pictograms and colors which are used to give information. Mr. Jones, may I talk about them in our English class next week?
Mr. Jones : Of course!

（注）

pictogram(s)	……　ピクトグラム（案内用図記号）	information	………　情報
simple	……………　わかりやすい	the Tokyo Olympics	…　東京オリンピック
restroom	…………　トイレ	guide map	…………　構内図
pointed at ～	………　～を指し示した	faucet	……………　蛇口

問１　英文中の下線部①，②が，会話の内容から考えて意味がとおるように，それぞれ（　　）内から４語を選び，それらを正しい語順に並べて書け。

問２　次は，この会話の後，健太が英語の授業で発表するために作成したスライドと，発表原稿の一部である。下の各問に答えよ。

[　　　　　　　　　　]

Pictograms in Our Town 	We usually tell people something with words, but we have some other ways. For example, pictograms give us information in a simple way.
The Colors on the Faucet 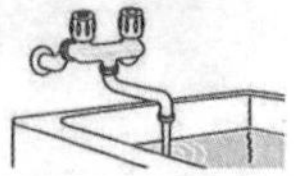	Color is another example. The colors on the faucet, red and blue, mean "hot" and "cold."
Let's Learn Together! 	Let's learn more about these ways to tell all people things and how to use them.

（１）[　　　　]には，健太の発表のテーマが入る。テーマとして最も適当なものを，ア～エから一つ選び，記号を書け。

ア　Information about Famous Things in Our Town
イ　Pictograms Used in Other Countries
ウ　Ways to Give Information to All
エ　Learning the Way to Make New Pictograms

（２）発表の後，健太は，ジョーンズ先生から次のようなコメントをもらった。＝＝部を別の語句で表現する場合，最も適当な２語を，会話の中からそのまま抜き出して書け。

Kenta, your speech was great! Using words is one important way to share information. Sharing information nonverbally, for example, using pictograms or colors, is also important. You've learned about it and taught it to your friends. I'm very happy about that.

問３　次の質問にあなたならどう答えるか。Becauseで書き出し，これを含め４語以上の英語で書け。

Why are pictograms useful?

問1	①		②	
問2	(1)		(2)	
問3	Because			

■令和３年度問題

2　次の英文は，咲（Saki）と貴（Takashi）が，知人で来日中のスミス氏（Mr. Smith）と会話をしている場面と，その後に咲がスミス氏に送ったメールの一部である。これらを読んで，後の各問に答えよ。

Saki　　: You started a Japanese cooking class in London, right?

Mr. Smith : Yes. I began to think about this class when I was working as a chef in Fukuoka. Look at this. It is a picture of my class.

Takashi : Oh, "*Washoku* Cooking Class", is that the name of your class? ① In London, I think it is (you / better / to / name / for) say "Japanese food cooking class".

Mr. Smith : Well, that name was not enough for me. You know what *Washoku* means, right?

Saki　　: Yes, it means traditional Japanese food culture. We learned about it in home economics class. ② There is some special food (for / is / you / eaten / which) annual events.

Mr. Smith : Wow, you learned that at school. Many people in London like *sushi* or *tempura*, but they don't know a lot about *Washoku.*

Takashi : Do you think people living in London can learn and enjoy *Washoku*?

Mr. Smith : □ I have seen that many times in my class. We understand more about *Washoku* by cooking Japanese food and eating it. We also enjoy the seasons through the colors and shapes of the food and dishes.

Takashi : I see. I haven't tried to show *Washoku* to other people before, but now I want to introduce it to the foreign people around us and enjoy it together.

Saki　　: Good idea! Let's do it! We'll tell you about it later, Mr. Smith.

Dear Mr. Smith,
Takashi and I talked about *osechi* with our English teacher, Ms. Brown, to introduce *Washoku* to her. We thought she could enjoy *Washoku* more by having some experiences, so [　　]. Her favorite thing was the flower-shaped vegetables because they looked nice and were delicious. She also liked the colors of the food. They showed a beautiful spring in Japan. She said she was happy because this experience taught her more about Japanese culture. We had a very good time together and learned a good way to enjoy foreign cultures.
Saki

（注）

Washoku …………	和食	enough ……………	十分な
traditional ………	伝統的な	home economics ……	技術・家庭科の家庭分野
annual events ……	毎年恒《こう》例の行事	many times ………	何度も
understand ………	理解する	through ～ …………	～を通して
colors ……………	色	shapes ……………	形
dishes ……………	皿，食器	introduce …………	紹介する
osechi ……………	おせち料理	experience(s) ………	経験
flower-shaped vegetables …	花の形の野菜	delicious …………	おいしい

問１　英文中の下線部①，②が，会話の内容から考えて意味がとおるように，それぞれ（　　）内から４語を選び，それらを正しい語順に並べて書け。

問２　英文中の□には，次のア～エのいずれかが入る。会話の内容から考えて，最も適当なものを，一つ選び，記号を書け。

ア　Yes, of course.　　イ　No, I don't think so.
ウ　They can't do that.　　エ　I don't see them.

問３　英文中の［　　］には，次のア～エのいずれかが入る。会話とメールの内容から考えて，最も適当なものを，一つ選び，記号を書け。

ア　she talked about the seasons of her country
イ　she showed us her favorite food of her country
ウ　we made and ate some *osechi* together
エ　we told her about our favorite *osechi*

問４　次の質問の答えとして，会話とメールの内容から考えて，最も適当なものを，後のア～エから一つ選び，記号を書け。

What did Saki and Takashi learn?

ア　They need to know the way to cook foreign food to understand *Washoku*.
イ　People can understand foreign cultures better if they learn about them through experiences.
ウ　Foreign people understand Japanese culture well because they like *sushi* or *tempura*.
エ　Seeing other cultures is the most important thing to the people of London.

問1	①		②		
問2		問3		問4	

■令和４年度問題

2　次の英文は，トム(Tom)が書いたメールの一部と，裕二(Yuji)と幸(Sachi)が，スミス先生(Ms. Smith)と会話をしている場面である。これらを読んで，後の各問に答えよ。

> Hi Yuji and Sachi,
> I'm writing to you from Australia. ① <u>Thank you for (done / you / since / everything / have) for me in Japan.</u> I especially liked the music class we took. I had a lot of fun when we played the *shamisen* together. I think it's so cool to study traditional music at school. You are still practicing the *shamisen*, right? ② <u>Please (how / tell / you / with /me) have improved your *shamisen* skills since we played together.</u> I will also practice hard here.
> Tom

Yuji　: Ms. Smith, we got an e-mail from Tom. It's nice to hear from him so soon.

Ms. Smith : From Tom? Let me see it. Oh, I'm glad that [　　　].

Yuji　: He also sent us this picture. We played the *shamisen* in our music class with Tom.

Ms. Smith : The *shamisen* is a traditional instrument of Japan, right?

Sachi　: Yes. We studied it when we learned *kabuki* music.

Ms. Smith : I have seen *kabuki* in Tokyo before. I couldn't understand what the *kabuki* actors were saying, but I understood the story a little from their performances and the music.

Sachi　: Really? The *shamisen* is an important instrument of *kabuki* because it helps people understand the feelings of the characters. Our music teacher said so. I understood traditional Japanese music better by playing the *shamisen*.

Yuji　: Me, too. I was not so interested in traditional Japanese music at first, [　　　　]. When I practice the *shamisen* more, I think that the sound of the *shamisen* becomes more interesting to me.

Ms. Smith : That's great! Playing the *shamisen* motivated you.

Sachi　: Actually, our skills are getting better. We can show you our *shamisen* performance in our culture festival.

Yuji　: Sachi, I have an idea! How about asking Tom to play the *shamisen* together in the festival? We can play it together if we use the Internet!

Sachi　: How nice! I'm sure that all of us can enjoy our traditional music culture more by playing the *shamisen* together. We can share it with his friends in Australia, too.

Ms. Smith : That's really exciting!

(注) *shamisen* ……………… 三味線　　skills………………………… 技能
e-mail ………………… Ｅメール　　hear from ～ ………… ～から連絡がある
kabuki ………………… 歌舞伎　　feelings …………… 気持ち
sound ………………… 音　　motivated…………… やる気にさせた

問１　英文中の下線部①，②が，メールの内容から考えて意味がとおるように，それぞれ(　　)内から４語を選び，それらを正しい語順に並べて書け。

問２　英文中の[　　　]には，次のア～エのいずれかが入る。メールと会話の内容から考えて，最も適当なものを，一つ選び，記号を書け。

ア　he arrived in Japan so soon
イ　he doesn't like Japanese music class
ウ　he enjoyed his stay in Japan
エ　he will have no time to practice the *shamisen*

問３　英文中の[　　　　]には，次のア～エのいずれかが入る。会話の内容から考えて，最も適当なものを，一つ選び，記号を書け。

ア　so I have never played the *shamisen* since then
イ　so learning about it was interesting to me then
ウ　but it's more difficult to understand *kabuki* performances now
エ　but I want to know more about it now

問４　次の質問の答えとして，メールと会話の内容から考えて，最も適当なものを，後のア～エから一つ選び，記号を書け。

Why did Yuji and Sachi decide to play the *shamisen* with Tom for their culture festival?

ア　Because Tom can enjoy learning traditional Japanese music culture at school in Japan.
イ　Because Yuji and Sachi have practiced the *shamisen* hard for people in Australia.
ウ　Because it is important to learn traditional Japanese music culture by using the Internet.
エ　Because playing the *shamisen* together will help them enjoy traditional Japanese music culture.

問1	①		②		
問2		問3		問4	

■令和５年度問題

2　次の英文は，健太(Kenta)と佐希(Saki)が，ミラー先生(Ms. Miller)と会話をしている場面と，その後に健太と佐希が書いた手紙の一部である。これらを読んで，後の各問に答えよ。

Ms. Miller : Hi, Kenta and Saki. What are you doing?

Kenta : Hello, Ms. Miller. We are reading our town's newspaper. ① This page shows (what / people / events / it / have) joined in our town. The number of people who take part in local events is decreasing.

Saki : There are many interesting events in our town. Everyone can join them. I go to some events to help the staff members at the community center every year. Those events give me a chance to meet many people.

Ms. Miller : You're right. I went to a summer festival last year and became friends with people there. But I didn't know there were other events in this town. Many people from other countries may not know that, either.

Kenta : ②We should let (know / at / newspapers / them / about) written in several languages. They can get some information about local events from those newspapers.

Ms. Miller : That's good. What is the next event, Saki?

Saki : We will have *mochitsuki* at the community center next month. I'd like to become friends with people who speak different languages.

Ms. Miller : Sounds nice! I'm sure my friends in our town will be interested in the event. They are English speakers.

Kenta : Oh, I want to talk with them in English to become friends! Then, why don't we write a message in English to tell them about *mochitsuki*? Ms. Miller, could you □?

Ms. Miller : Yes, of course. They will be happy to receive your message in English because it's a little difficult for them to read Japanese.

> Hello. We are students of Midori junior high school. Do you know that [　　　] in our town? We'll introduce one of them. Next month, our town will have *mochitsuki* at the Midori community center. *Mochitsuki* is a traditional Japanese event to make rice cakes. We look forward to meeting you at the community center. Let's make and eat delicious rice cakes together! We want to communicate with you in English! See you soon!

(注) decreasing ………… 減っている　　community center …… 公民館
chance ………………… 機会　　*mochitsuki* …………… もちつき
rice cakes ………… もち　　look forward to ～ …… ～を楽しみに待つ

問１　英文中の下線部①，②が，会話の内容から考えて意味がとおるように，それぞれ(　　)内から４語を選び，それらを正しい語順に並べて書け。

問２　英文中の□には，次の**ア**～**エ**のいずれかが入る。会話の内容から考えて，最も適当なものを，一つ選び，記号を書け。
ア　take local people to the community center
イ　tell us about some events in your country
ウ　write a message in Japanese to our friends
エ　give our message about the event to your friends

問３　英文中の[　　]には，次の**ア**～**エ**のいずれかが入る。会話と手紙の内容から考えて，最も適当なものを，一つ選び，記号を書け。
ア　we have many local events everyone can join
イ　we can make more community centers for events
ウ　we have a summer festival only for local people
エ　we cannot get any information about our town's newspapers

問４　次の質問の答えとして，会話と手紙の内容から考えて，最も適当なものを，後の**ア**～**エ**から一つ選び，記号を書け。
Why did Kenta and Saki write a message to Ms. Miller's friends in their town?

ア　Because it is necessary for Kenta and Saki to practice English with people from other countries.
イ　Because Kenta and Saki wanted to communicate with Ms. Miller's friends and become friends.
ウ　Because Ms. Miller told Kenta and Saki to take their friends to the traditional Japanese event.
エ　Because making rice cakes will be a good way for Ms. Miller's friends to visit Midori junior high school.

問1	①		②		
問2		問3		問4	

長文読解

■平成27年度問題

3　次の英文は，中学生の晴樹（Haruki）が，英語の時間に行った発表の内容である。また，□内は新聞記事である。これを読んで，後の各問に答えよ。

Hi, everyone. Today I'm going to talk about my work experience. I want to become a doctor in the future, so I worked in a small hospital in my town for three days. On the second day, when I was working with a nurse, ① a man came into the hospital. He began to speak to the nurse in Chinese, but the nurse didn't know Chinese. So the man put his hands on his stomach and wrote some *kanji* to explain his problem. Then the nurse said, "Oh, I see. You have a stomachache." Later, I found that he was from China and lived in Japan. The nurse said to me, "Foreign people sometimes visit this hospital. A few nurses here can speak some English, but more efforts to support foreign people are necessary."

After the work experience, I read a newspaper and learned about ② the efforts to support foreign people in Japanese hospitals. Look at the newspaper.

> *Japanese Hospitals Are Changing to Support Foreign People*
>
> Today more than two million foreign people live in Japan. They often feel uncomfortable when they visit hospitals. The biggest reason is the difference in language. So, in some hospitals, there are interpreters who can make communication easier for foreign people. In other hospitals, forms written in foreign languages are used to get information from foreign people. Such efforts are very useful for helping them.

There are so many foreign people living in Japan. I didn't know that. I think that some of them also feel uncomfortable in some other places every day. It is important to give them more information and talk about ideas to support them.

In the future, I will meet a lot of people who speak different languages and have different ways of life. I want to [　　　] the differences to have good communication with them, and work to make a better society for everyone living in Japan.

（注）work experience……職場体験　　stomach……腹部
effort(s)……取り組み，努力　　uncomfortable……不安である
reason……理由　　form(s)……用紙
information……情報　　society……社会

問１　下線部①について，この男性は，どのようにして自分の病状を伝えることができたか。具体的な内容を英文中からさがし，日本語で書け。

問２　下線部②について，その具体例としてあげられている内容を，新聞記事から二つさがし，日本語で書け。

問３　英文中の［　　　］にあてはまる１語を，英文の内容から考えて書け。

問４　英文の内容に合っているものを，次の１～６から二つ選び，番号を書け。

1　Haruki saw a man who was from China on the second day of the work experience.
2　There were no foreign people who visited the hospital before Haruki worked there.
3　The nurse said the efforts to support foreign people in the hospital were good enough.
4　Haruki read about the man from China in a newspaper after he worked in the hospital.
5　Before the work experience, Haruki knew that more than two million foreign people lived in Japan.
6　Haruki thinks some foreign people in Japan feel uncomfortable in hospitals and other places.

問1		
問2		
問3		
問4		

■平成28年度問題

3　中学生の直人（Naoto）が英語の授業で行ったスピーチ（[　　　　]内の英文）と，それに続く英文を読んで，後の各問に答えよ。

> Today I'm going to talk about my dream. In 2020, we are going to have the Olympics in Tokyo. I want to become a volunteer for the Olympics.
>
> In 2012, we enjoyed the London Olympics on TV. We were moved by a lot of great athletes. But they were not the only people who joined the Olympics. ① <u>About 70,000 people</u> joined the Olympics as volunteers. They did a lot of work. For example, they carried things for the athletes, checked tickets in the stadium and worked as guides at the airport. They were called "Games Makers" because they made games with athletes and fans and supported the success of the Olympics.
>
> In 2020, I want to be friendly to people from other countries and have good communication with them to support the Olympics.

Naoto talked to his mother about his speech. Then ② <u>she told him about her experience</u>. When she was a university student in 1995, she worked as a volunteer in the Universiade in Fukuoka City. She was a guide in the soccer stadium. She said, "Working as a volunteer was hard for me. I had a lot of work to do, and I had to keep standing for a long time in hot weather. But it was a wonderful experience. I met many people from different countries and enjoyed speaking with them."

Naoto asked, "What is important to become a good volunteer?" She said, "To be friendly to other people is not enough. It is important for a volunteer to know what they need. You should not just do the things given to you. Try to [　　　] for work you can do."

Naoto has found that he should always think about what to do for other people. He has decided to become a good "Games Maker" for the success of the Tokyo Olympics.

（注）the Olympics……オリンピック　volunteer(s)……ボランティアとして働く人
athlete(s)……選手　ticket(s)……入場券　guide(s)……案内人
fan(s)……ファン　success……成功　experience……体験
Universiade……ユニバーシアード（国際学生競技大会）

問１　下線部①について，この人々が "Games Makers" と呼ばれたのはなぜか。その理由を直人のスピーチの中からさがし，日本語で書け。

問２　下線部②について，直人の母親が自分のボランティア体験について「大変だと感じたこと」と「すばらしいと感じたこと」をそれぞれ日本語で書け。

問３　英文中の［　　　］にあてはまる１語を，英文の内容から考えて書け。

問４　英文の内容に合っているものを，次の１～６から二つ選び，番号を書け。

1　Naoto's dream is to join the Olympics in 2020 as an athlete and meet people from other countries.

2　In Naoto's speech, he wrote about his mother's experience as a volunteer in the London Olympics.

3　There were volunteers who worked as guides at the airport during the London Olympics.

4　The volunteers in Fukuoka City told Naoto's mother that more students had to become volunteers.

5　Naoto's mother said other volunteers in the stadium taught her how to do the work in the Universiade.

6　Naoto has found some important things to become a good volunteer by talking with his mother.

問1		
問2	大変だと感じたこと	
	すばらしいと感じたこと	
問3		
問4		

■平成29年度問題

3 　次の英文は，太一（Taichi）とスウェーデン（Sweden）に住む友人のエレン（Ellen）がやりとりした電子メール（E メール）である。これを読んで，後の各問に答えよ。

Dear Taichi,

How are you? Spring has come, so I'm sure that your new school life has started. Last week I went to a *sakura* festival with my family for the first time. Our city has the festival every year, and many people come to join it. It is an event for the friendship between Sweden and Japan, and we can enjoy a lot of beautiful *sakura* trees sent from Japan.

I know the *sakura* is a special flower in Japan. ① <u>How do Japanese people enjoy *sakura*?</u>

Please tell me about it.

I want to visit you next spring and see *sakura* in Japan.

Ellen

Dear Ellen,

Thank you for your e-mail.

I didn't know about the *sakura* festival in your city. *Sakura* is very popular in our country. Japanese people listen to songs about *sakura*, and use it in some traditional foods. I learned an important thing about *sakura* from my grandfather. One day he said to me,"We can see very beautiful *sakura* this spring because it was cold enough in winter. *Sakura* flowers need a bitter cold time to bloom beautifully. We can say the same thing about us. Having a ② <u>hard time</u> is sometimes necessary to grow up."

I was on the basketball team and practiced very hard every day. But last year, I hurt my right leg and couldn't play in our team's final game. I was very sad because I really wanted to take part in the game. But then I thought it was a "bitter cold time" for me. I decided to support my friends on the team. They were kind and encouraged me, and I really knew true friendship. That meant "beautiful *sakura*" to me.

I want to [　　　　　] this experience forever, and I will do my best when I have a "bitter cold time" again. I hope another "beautiful *sakura*" will bloom in my future.

Taichi

（注）friendship……友好，友情　bitter……ひどく　bloom……咲く
beautifully……美しく　grow up……成長する　hurt……けがをした
final……最後の　support……支える　encouraged……励ました

問1　下線部①について，この質問の答となる具体的な内容を英文中から二つさがし，日本語で書け。

問2　下線部②について，太一にとっての hard time とは，どのようなことか。具体的な内容を英文中からさがし，日本語で書け。

問3　英文中の［　　］にあてはまる１語を，英文の内容から考えて書け。

問4　英文の内容に合っているものを，次の１～６から二つ選び，番号を書け。

1　Ellen knows that new school life starts in spring in Taichi's school in Japan.

2　Ellen's city had a *sakura* festival for the first time, so many people came to join it.

3　In Ellen's e-mail to Taichi, she asked him to visit her city and enjoy the festival with her family.

4　Taichi's grandfather said that the bitter cold time in winter made the *sakura* beautiful in spring.

5　Taichi wrote an e-mail to Ellen because he wanted her to visit Japan to watch his basketball game.

6　Taichi encouraged his friends on the team and told them what to do in their "bitter cold time."

問1				
問2				
問3		問4		

■平成30年度問題

3 次の英文を読んで，後の各問に答えよ。

Do you want to go to space in the future? Momoko has a special dream about it.

Last year a high school boy from Thailand stayed at her house for a month. His name was Somchai. During his stay, Momoko's family had a good time with him. One day they went to the space museum together. They saw many interesting things there, and Somchai said, "Many people will go to space soon!" Momoko thought that was very exciting. Then Somchai and Momoko talked about their dreams. Somchai said, "My dream is to become a great astronaut. I want to study in Fukuoka about space after graduating from high school. How about you?" Momoko answered, "I'm interested in fashion, but I haven't found my dream yet."

Momoko wanted to know more about space trips after talking with Somchai, so she read about Naoko Yamazaki. She was a Japanese astronaut. Her story was very interesting to Momoko. Naoko Yamazaki talks about ①clothes she wants to wear in spaceships. According to her, it is very difficult for astronauts to wash their clothes in spaceships. She wants clothes she can wear comfortably for many days without washing them. Also, Naoko Yamazaki wants beautiful clothes which bring many colors to life in spaceships. She hopes more people will design such clothes. When Momoko read about this, she thought, "Space trips will be more exciting if we can enjoy fashion in spaceships. Can I design nice clothes for space trips in the future?"

Momoko talked with Somchai about her idea. "I want to be a space fashion designer, but I know it's difficult. I have to study design and science very hard." He said, "My dream is very big, too, but I think there are always possibilities. I will not stop trying." His words ②motivated her. She said, "Thank you. In the future, I will design new clothes people have never seen."

Momoko has decided to study hard for her big dream. She wants a lot of people to wear the clothes she will design for space trips. She believes she can make the future more exciting.

（注）space……宇宙　　Thailand……タイ
astronaut(s)……宇宙飛行士　　graduate from ～……～を卒業する
fashion……ファッション　　spaceship(s)……宇宙船
according to ～……～の話によると　　comfortably……快適に
design……デザイン(する)　　possibilities……可能性

問１　次の質問の答えを，それぞれ５語以上の英語で書け。
（１）Where did Somchai visit with Momoko's family?
（２）What does Momoko have to study to be a space fashion designer?

問２　下線部①の具体的な内容を英文中から二つさがし，日本語で書け。

問３　下線部②を別の語句で表現する場合，最も適当なものを，ア～エから一つ選び，記号を書け。
ア　weren't useful to　イ　gave a question to　ウ　gave power to　エ　weren't carried to

問４　英文の内容に合っているものを，１～６から二つ選び，番号を書け。
1　When Somchai stayed at Momoko's house, he was studying in Fukuoka after graduating from high school.
2　Momoko didn't have a dream about space when Somchai said his dream was to become a great astronaut.
3　Naoko Yamazaki was a Japanese astronaut and also a fashion designer who made nice clothes.
4　When Somchai told Momoko about clothes for astronauts, she began to think about their fashion.
5　Momoko knows that her dream about fashion for space trips is big, and she wants to try hard for her future.
6　Momoko told Somchai that he should be a great astronaut to make space trips more exciting.

問1	(1)	
	(2)	
問2		
問3		問4		

■平成31年度問題

3 次の英文を読んで，後の各問に答えよ。

Ken is 14 years old and he is in the school's drama club. Three weeks ago, Ms. Ikeda, the drama teacher, told the students about their performance for the big drama festival. Ken believed he was going to perform an important part, because he thought he could perform better than the other students. When Ms. Ikeda said, "Ken, your part is High School Boy A," he couldn't believe it. His part had only one word to say in the performance. He thought, "Why should I perform a small and boring part like this? I don't want to do that." He didn't practice for the next two days.

Then, Ken got an e-mail from Tomoko, his sister. She is in a student orchestra in Tokyo.

> Hi Ken,
> How are you? I'm sure you're busy because the drama festival is coming.
> Today I have great news. My orchestra was invited to an international music event held in Germany next August. I'm so excited! I'll play the cymbal. My orchestra will play for about one hour. I'll have only one chance to play the cymbal during that time, but I don't feel sad about ① it. I know every sound is important for beautiful music, so I practice hard every day.
> Tomoko

Ken read this e-mail many times. Then he took the playbook out of his school bag and opened it. He looked at the first page again and again. The names of all the students in the club were there. Each student had a different role. Some of them had a part to perform, and others had backstage work. He thought, "Now I understand. I have only one word, but every role is ② essential for the performance." The next day, he went back to the club and started to practice his part.

One week before the festival, Ms. Ikeda said to the students, "The festival is coming soon. How can we make our performance wonderful?" Ken raised his hand and said, "I believe we must be proud of our own roles and do our best. We should not forget this."

When he finished speaking, he decided to invite Tomoko to the drama festival.

（注）performance … 公演　　perform ……… 演じる
part ………… 役，配役　　boring ………… つまらない
orchestra …… オーケストラ　　cymbal………… シンバル（打楽器）
playbook …… 脚本　　role(s) ………… 役割
backstage …… 裏方の　　be proud of ～… ～を誇りに思う

問１　次の質問の答えを，それぞれ５語以上の英語で書け。
（１） What is Ken's part in the performance?
（２） Where will Tomoko go for a music event next August?

問２　下線部①の具体的な内容を英文中からさがし，日本語で書け。

問３　下線部②を別の語句で表現する場合，最も適当なものを，ア～エから一つ選び，記号を書け。
ア　very difficult　　イ　really necessary
ウ　kind and warm　　エ　quiet and easy

問４　英文の内容に合っているものを，ア～カから二つ選び，記号を書け。
ア　Ms. Ikeda said that Ken could perform better than the other students in the drama club.
イ　Ken was doing his best in the club every day when he got an e-mail from Tomoko.
ウ　Tomoko's e-mail gave Ken a chance to think about his role for the performance and he started to practice.
エ　Ken told Ms. Ikeda and the other students about Tomoko's e-mail because he was proud of her.
オ　Ken answered Ms. Ikeda's question and talked about what to do for a wonderful performance.
カ　Ken decided to invite Tomoko to the drama festival because she asked him to do so in the e-mail.

問1	(1)			
	(2)			
問2				
問3		問4		

■令和２年度問題

3　次の英文を読んで，後の各問に答えよ。

Saori has two little brothers who go to kindergarten. She always takes care of them to help her mother. She likes playing with them. So, last fall, when Saori had a work experience, she decided to work at a kindergarten.

When the work experience started, Mr. Suzuki, a kindergarten teacher, said, "Teachers in this kindergarten clean all the rooms every morning before the children come." Saori was surprised because she didn't know ① this, but she started cleaning with the other teachers.

All the jobs were fun on the first day. Saori was tired on the second day, but she worked hard. On the third morning, she became very tired and wanted to stop cleaning. Then she saw Mr. Suzuki. He was cleaning the playground. He looked happy. She went there and said, "Do you like cleaning, Mr. Suzuki?" He said,"Well, it is hard but I always do it for the children. This is ② significant work. When we clean the rooms and the playground, we also check their safety for the children. I sometimes feel tired, but I try to think about the children. Then I can work harder. When I see their smiles, I feel happy."

After Saori went home that evening, she talked with her mother about her experience. Her mother said, "You've learned an important thing. In my case, I became a chef because I liked cooking, but I'm really glad when people enjoy the food and look happy in my restaurant." Saori listened to her mother and said, "Before the work experience, I thought people worked for their own happiness. It is an important thing. Today, I learned another important thing about working. We also work for the happiness of others and it brings happiness to us."

On the last day of the work experience, Saori was cleaning in the morning with other teachers again. Mr. Suzuki saw her and said, "Saori, you look happier than before." Saori said, "Yes. I'm happy to work for the children!"

（注）kindergarten…幼稚園　work experience…職場体験学習　playground……運動場
check ～ ……～を点検する　safety …………安全性　smiles…………笑顔
case ………場合　happiness ……幸せ　bring ～ ……… ～をもたらす

問１　次の質問の答えを，（１）は６語以上，（２）は３語以上の英語で書け。

（１）　What does Saori always do to help her mother?

（２）　How did Saori look when she was cleaning on the last day?

問２　下線部①の具体的な内容を英文中からさがし，日本語で書け。

問３　下線部②を別の語句で表現する場合，最も適当なものを，ア～エから一つ選び，記号を書け。

ア　small but popular　　イ　important and special

ウ　easy and interesting　　エ　amazing but different

問４　英文の内容に合っているものを，ア～カから二つ選び，記号を書け。

ア　Before the work experience at the kindergarten, Saori had no chance to play with little children.

イ　Saori enjoyed all the jobs at the kindergarten during the work experience because they were all new and fun.

ウ　The safety of the rooms and the playground was checked by the teachers when they were cleaning in the morning.

エ　After Saori went home, Saori's mother talked about her own work experience at a kindergarten.

オ　Saori's mother told Saori that working for others was the most important thing when the work experience started.

カ　Saori said that when people worked for the happiness of others, happiness was also brought to them.

問1	(1)				
	(2)				
問2			問3		
			問4		

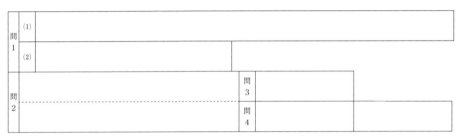

■令和３年度問題

3　次の英文は，信夫（Nobuo）について書かれたものである。これを読んで，後の各問に答えよ。

Nobuo has learned an important lesson about doing his best.

When Nobuo was a junior high school student, he wanted to be an engineer like his father in the future. He knew he had to study harder, but often he was not motivated. He talked about this with Ms. Sato, a teacher of his volleyball club. He said, "I know I have to study hard, but I can't." Ms. Sato said, "Really? You ① are keen to practice in our club. Why do you enjoy practicing hard?" Nobuo thought and said, "Well, I love volleyball, and I can practice hard because my friend, Takuya, inspires me a lot. He started to play volleyball with us last year. He has practiced very hard to be a better player. When I see him during the practice, he is doing his best, so I can also practice harder." "I see. You can study in the same way. Find a person who inspires you like Takuya," she said. Nobuo knew some students were studying at school early in the morning, so he decided to go to school 30 minutes earlier to study with them.

From the next day, Nobuo kept studying before classes every morning. Sometimes he felt tired. When he wanted to stop studying, he looked around him. Other students were studying hard, so he never gave up, and he studied hard. One day, Aya, one of his friends, said, "I'm sleepy today, but I am here to study. Do you know why? You and other students come to school earlier, and all of you are studying hard. ② This inspires me, and I can study hard even when I am alone at home." He understood her words and felt happy because he was a person like Takuya. He said to himself, "People who are doing their best can give others the power to work hard."

Now Nobuo still remembers this lesson, and he will never forget it.

（注）

lesson	教訓	do his best	最善を尽くす
motivated	やる気のある	practice	練習（する）
inspire	やる気にさせる	person	人
decided	決めた	kept ～ ing	～し続けた
never ～	決して～ない	gave up	諦《あきら》めた
even ～	～でさえ	alone	ひとりで
understood	理解した	said to himself	心の中で言った
do their best	最善を尽くす	others	他の人々
power	力	remembers	覚えている

問１　次の質問の答えを，6語以上の英語で書け。

What did Nobuo want to be in the future?

問２　下線部①を別の語句で表現する場合，最も適当なものを，次のア～エから一つ選び，記号を書け。

ア　don't have time to　　イ　will start to

ウ　really want to　　エ　never try to

問３　下線部②の具体的な内容を，英文中から探し，日本語で書け。

問４　英文の内容に合っているものを，次のア～カから二つ選び，記号を書け。

ア　Nobuo asked Ms. Sato about a way to be a better volleyball player.

イ　Ms. Sato told Nobuo to stop practicing volleyball to study harder.

ウ　Nobuo started to go to school earlier to study with other students.

エ　Nobuo was sometimes tired and could not leave home early to study with other students.

オ　Aya told Nobuo that she was motivated because Takuya practiced volleyball hard.

カ　Nobuo thinks that people can give others the power to work hard when they do their best.

問５　次の質問にあなたならどう答えるか。4語以上の英語で書け。

How do you study when you are not motivated?

問1		問2	
		問4	
問3		問5	

■令和４年度問題

3 次の英文を読んで，後の各問に答えよ。

Hiroshi is a junior high school student. One day in an English class, his teacher said, "We have many kinds of new technology around us. Computers, the Internet, and AI are good examples. Do you know any people who use them well? In our next project, I want you to introduce one person in class." So at home that night, Hiroshi asked his mother, and she said to him, "Your grandmother, Toshiko, uses new technology well."

A few days later, Hiroshi talked with Toshiko on the Internet about the project. She said, "Well, you know I am a fruit farmer. I didn't use technology very much in the past. But now, I use it every day. There are many ① benefits of using new technology. I collect information about the weather from websites. I can understand my fruit's growth by keeping records and can share that information with researchers and farmers who live in other parts of Japan. Then I can get good ideas from them and make my fruit bigger and better. Now I don't need to give water to my fruit trees because AI technology can do ② that job. Also, it is easy for me to sell more fruit by using the Internet. In these ways, new technology has changed my way of working and made it better. On my website, I show other farmers how to use new technology which helps us grow better fruit." Hiroshi decided to talk about her to his classmates.

A month later, Hiroshi made a speech in front of his classmates. After the speech, his classmate, Asuka, said, "In your speech, I like the story of your grandmother's website. She shows her ideas about using new technology for agriculture. I hope people will be interested in her website. If they see it, they will learn her ways to grow fruit. Then, they will be influenced by her and start working like her. I really respect her."

Hiroshi was very happy to hear that. He said to Asuka, "Using new technology in effective ways has been changing the lives of many people. I want to learn about this more and create a better society in the future."

(注) technology ………… 科学技術　　project ………………… 学習課題，プロジェクト
growth ………………… 成長　　records ………………… 記録
researchers ………… 研究者　　grow …………………… 栽培する
agriculture ………… 農業　　be influenced ………… 影響を受ける
respect …………… 尊敬する　　society ………………… 社会

問１ 次の質問の答えを，４語以上の英語で書け。
What did Hiroshi use to talk with Toshiko?

問２ 下線部①を別の語句で表現する場合，最も適当なものを，次のア～エから一つ選び，記号を書け。
ア difficult points　イ good points　ウ weak points　エ same points

問３ 下線部②の具体的な内容を，英文中から探し，日本語で書け。

問４ 英文の内容に合っているものを，次のア～カから二つ選び，記号を書け。
ア Hiroshi's teacher told him to introduce one person who used English well.
イ Hiroshi gave Toshiko some ideas by sharing information about fruit and the weather.
ウ Toshiko changed her way of working as a fruit farmer by using new technology.
エ Hiroshi talked with Asuka about his grandmother before he made a speech in front of his classmates.
オ In Asuka's opinion, people who see Toshiko's website will be influenced by Toshiko's ideas about agriculture.
カ Hiroshi decided to create a better society without new technology in the future.

問５ 次の質問にあなたならどう答えるか。５語以上の英語で書け。
How do you use new technology when you study English?

問1			
問2			
問3			
問4			
問5			

■令和５年度問題

3　次の英文を読んで，後の各問に答えよ。

Kana is a member of the English club in her high school. She often talks with Mr. Brown, an English teacher. He traveled around the world before coming to Japan. He often talks about his experiences in many countries. Kana enjoys listening to them in her club. She wants to do something related to foreign countries, but she hasn't decided what to do in the future. One day, she consulted with Mr. Brown. He said, "I have an American friend who works in many different countries. His name is Mark. He'll come to Japan soon. If you talk with him, you may get some ① clues from him."

Three days later, Mark visited Kana's school. Kana told him about her concerns. He said, "In my high school days, I didn't have any clear goals about my future. When I was a university student, I did volunteer work abroad. Then, I realized I liked teaching children. After graduation, I founded a company for giving an education to children around the world. We have some popular classes, like foreign languages, music, and art." Kana wanted to listen to him more. He told her that she could work as a volunteer member in his company. She was a little worried, but she decided to try it.

During her volunteer work, Kana made a plan for an English class with picture books. She taught small children English with Mark. It was a great experience for her. After the class, Kana asked Mark, "What makes you happy in your work?" He answered, "Many children improve their English through my classes. ② That is my driving force to work hard." Kana was impressed by his words.

Later at school, Kana talked with Mr. Brown. Kana said, "Mark took his first step by doing volunteer work and found his own career. He really enjoys his work now. I also want to find my own career." Mr. Brown said, "You've already taken one step forward!"

Kana has learned an important thing. People should try something even if they don't know what to do in the future. Now she is very interested in working in other countries, so she is going to study abroad. She will keep moving forward to find her own future goal.

（注）
related to ～ ……… ～に関係のある
consulted with ～ …… ～に相談した
concerns …………… 心配なこと
volunteer …………… ボランティアの
founded …………… 設立した
driving force ………… 原動力
was impressed …… 感銘を受けた
career …………………… 生涯の仕事
forward …………… 前方へ，先へ
even if ～ …………… たとえ～だとしても

問１　次の質問の答えを，7語以上の英語で書け。

What does Kana enjoy doing in the English club?

問２　下線部①を別の語で表現する場合，最も適当なものを，次のア～エから一つ選び，記号を書け。

ア　memories　　イ　hints　　ウ　questions　　エ　tests

問３　下線部②の具体的な内容を，英文中から探し，日本語で書け。

問４　英文の内容に合っているものを，次のア～カから二つ選び，記号を書け。

ア　Mark worked as a volunteer member in foreign countries when he was a high school student.

イ　The company Mark started gives an education to children around the world.

ウ　In her volunteer work, Kana was given a plan for an English class and taught small children with picture books.

エ　Kana was impressed by Mr. Brown's words when she talked with him after her volunteer work.

オ　Mr. Brown told Kana that she had to do volunteer work to find her own career.

カ　Kana realized that it's important to take action and try to find what to do in the future.

問５　次の質問にどう答えるか。6語以上の英語で書け。

What would you teach children if you were a teacher?

問1			
問2			
問3			
問4			
問5			

英作文

■平成27年度問題

4　交流をしている外国の中学生から，あなたに電子メール（Ｅメール）が届いたとする。［　　］内の英文は，その一部である。あなたならどのような返事を書くか。以下の＜条件＞に従って書け。

> I'm going to visit Japan with my family this summer.
> Please tell me a good place to visit in Japan.

＜条件＞
- 最初の文は，［　　］ is a good place to visit. を用いること。
- 最初の文も語数に含め，35 語以上の英語を用いること。
- 理由を含めて書くこと。

■平成28年度問題

4　英語の授業で,「感謝の気持ちを伝えたい人」についての英文を書くことになった。あなたならどのような英文を書くか。以下の＜条件＞にしたがって書け。

＜条件＞
- 最初の文は，I want to say "thank you" to ［　　］. を用いること。
- 最初の文も語数に含め，35 語以上の英語を用いること。
- 理由を含めて書くこと。

■平成29年度問題

4　あなたの学校に来た留学生に,「私たちの学校のよいところ」を紹介するスピーチをすることになった。スピーチの原稿を，以下の＜条件＞にしたがって書け。

＜条件＞
- あなたの学校のよいところを一つ挙げ，理由を含めて書くこと。
- 最初の文は，I'm going to tell you a good thing about our school. とする。
- 最後の文は，Thank you. とする。
- 最初と最後の文は語数に含めずに，30 語以上の英語を用いること。

■平成30年度問題

4　以下は，英語の授業で配られた＜学習プリント＞である。質問(Question)に対するあなたの答えを書け。

＜学習プリント＞

> 英語の授業でお世話になったブラウン先生(Mr. Brown)とのお別れの日が近づいてきました。学級全体でブラウン先生に感謝の気持ちを表すためには，下のA，Bのどちらの方法がよいか考えましょう。
> Questionに対するあなたの答えを，【条件】にしたがって書きましょう。
>
> Question : Which is better, A or B?　And why?
>
> A : To sing an English song.　　B : To write an English letter.
>
> 【条件】
> - 最初の文は，I think ［　　］ is better. を用いること。
> その際，［　　］には，A，B いずれかの記号を記入すること。
> - 最初の文を含めずに，30語以上の英語を用いること。

■平成31年度問題

4　外国に住む友人から，あなたにメールが届いたとする。［　　］内の英文は，その一部である。質問に対するあなたの答えを，以下の【条件】にしたがって書け。

> I will visit your town with my family to meet you and your family next year. We want to have a good time with you. Which is the best season to visit your town?

【条件】
- 最初の文は，I think ［　　］ is the best. を用いること。
その際，［　　］には，四季（春，夏，秋，冬）から一つ選び，英語で記入すること。
- 選んだ理由を含めて書くこと。
- 最初の文は語数に含めずに，30 語以上の英語で書くこと。

■令和２年度問題

4　あなたはホームステイ先で，バスケットボールチームの部員募集ポスターについて，A，Bどちらの案がよいか意見を求められた。あなたの考えを以下の【条件】にしたがって書け。

A

Enjoy Basketball
with Us!

B

Be a Great Player!

【条件】
・最初の文は，I think ＿＿＿ is better. を用いること。
　その際，＿＿＿には，A，Bいずれかの記号を記入すること。
・二つの案について触れながら，あなたの考えを理由とともに書くこと。
・最初の文は語数に含めずに，30 語以上の英語で書くこと。

■令和３年度問題

4　あなたの町でテイラー先生（Ms. Taylor）が，次のA，Bの無料英会話クラスを開くことになった。どちらのクラスを受けたいか，あなたの考えを【条件】にしたがって書け。

クラスA

テイラー先生の英会話教室

日時：毎週金曜日
　　　16:30 ～ 17:20
　　　（50分間）
場所：学校
形式：４人グループ

クラスB

テイラー先生のオンライン英会話

日時：毎週月曜日から木曜日
　　　19:00 ～ 20:30
　　　（１日15分間，週３日まで）
場所：自宅など
形式：インターネット
　　　先生と１対１

【条件】
・最初の文は，I want to take Class ＿＿＿. を用いること。
　その際，＿＿＿には，A，Bいずれかの記号を書くこと。
・二つのクラスについて触れながら，あなたの考えを理由とともに書くこと。
・最初の文は語数に含《ふく》めずに，30 語以上の英語で書くこと。

（注）　take ……………（授業などを）受ける

■令和４年度問題

4　あなたは，アメリカから日本に来たばかりの留学生のサム(Sam)と仲良くなるために，今週末の計画を立てている。A，Bのうち，どちらの案を選ぶか，あなたの考えを【条件】にしたがって書け。

A　一緒にスポーツを観戦する。

B　一緒に料理をする。

【条件】
・最初の文は，I will choose ＿＿＿. を用いること。
　その際，＿＿＿には，A，Bいずれかの記号を書くこと。
・二つの案について触れながら，あなたの考えを理由とともに書くこと。
・最初の文は語数に含めずに，30 語以上の英語で書くこと。

■令和５年度問題

4　あなたは，今年の夏，海外で１週間ホームステイをする予定である。ホームステイ先の家族から，どこへ一緒に行きたいかメールでたずねられた。あなたはどのような返事を書くか，行きたい場所を次の三つから一つ選び，【条件】にしたがって書け。

・a supermarket
・an art museum
・the sea

【条件】
・最初の文は，I want to go to [a supermarket / an art museum / the sea]. を用いること。
　また＿＿＿の中にある，選んだ語句を丸で囲むこと。
・最初の文は語数に含めずに，選んだ理由とともに 30 語以上の英語で書くこと。

公立高校入試出題単元別編集

過去９年間
(平成27年〜令和５年迄)

理　　科

◎１分野

身近な科学
- 平成29年 7 (光・音)
- 令和２年 7 (光・レンズ)
- 令和４年 7 (光)
- 令和４年 8 (浮力・圧力・ばね)

物質の性質とその変化
- 平成27年 3 (物質の質量)
- 平成28年 3
- 平成29年 3
- 平成31年 3 (水溶液)
- 令和３年 3 4
- 令和５年 3 (密度)

化学変化と原子・分子
- 平成29年 4
- 平成30年 3 (分解)
- 令和２年 3 (化合)
- 令和４年 3 (化合)

イオンと酸・アルカリ
- 平成27年 4 (塩酸の電気分解)
- 平成28年 4 (水溶液とイオン)
- 平成30年 4 (電池)
- 令和２年 4 (水溶液とイオン)
- 令和４年 4 (電池)
- 令和５年 4 (イオン)

電流とそのはたらき
- 平成27年 7
- 平成28年 7
- 平成30年 7
- 平成31年 7
- 令和２年 8
- 令和３年 7
- 令和５年 7 (電力・発熱量)

運動とエネルギー
- 平成28年 8 (ふりこ)
- 平成30年 8
- 平成31年 8
- 令和３年 8
- 令和５年 8 (台車の運動)

◎２分野

植物の生活と種類
- 平成27年 1
- 平成28年 1
- 平成30年 1
- 平成31年 1
- 令和２年 1
- 令和４年 1 (種子植物)
- 令和５年 1 (蒸散)

動物の生活と種類
- 平成29年 1
- 平成30年 2
- 令和２年 2
- 令和３年 1
- 令和４年 2 (だ液・消化)

大地の変化
- 平成27年 5 (火山岩)
- 平成28年 5 (地震)
- 平成30年 5 (地層)
- 平成31年 5 (火山岩)
- 令和３年 5 (地層)
- 令和５年 5 (岩石)

地球と太陽系
- 平成28年 6 (星の動き)
- 平成29年 6
- 平成30年 6 (太陽)
- 令和２年 6 (星の動き)
- 令和４年 6 (太陽の動き)

天気の変化
- 平成27年 6
- 平成29年 5
- 平成31年 6
- 令和３年 6
- 令和４年 5 (露点・湿度)
- 令和５年 6 (天気図)

細胞・遺伝
- 平成28年 2
- 平成29年 2
- 平成31年 2
- 令和３年 2
- 令和５年 2 (有性生殖)

生物界のつながり
- 平成27年 2 (微生物のはたらき)

◎１分野
身近な科学（光・音・力）

■平成29年度問題

7　次の各問に答えよ。

問１　図１のように，透《とう》明《めい》な直方体ガラスに光をあて，光の進み方を調べる実験を行った。図２は，この実験装置を真上から見た図であり，光源装置の光はＯ点から出ている。

図1

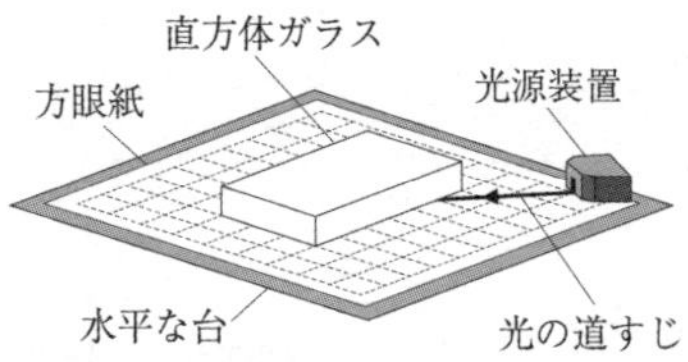

図2

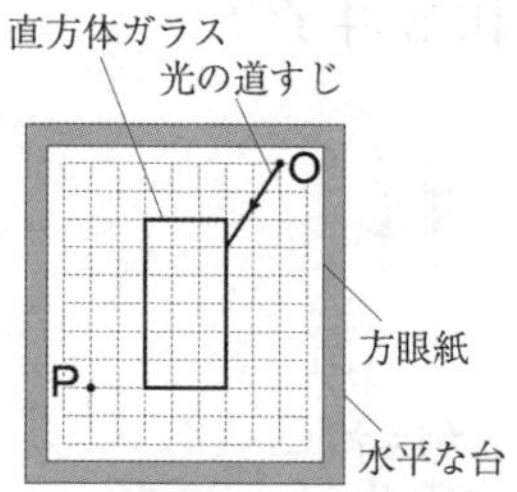

この実験で，直方体ガラスに入ったあとの光は，直方体ガラスを出て，図２のＰ点を通った。この光が直方体ガラスに入ってからＰ点に届くまでの道すじを，解答欄の図２に──線で示せ。

問２　音の波形を調べるために，図３のように，モノコード，マイク，コンピュータを用いて実験を行った。木片とＸの間の弦の中央をはじいて音を出し，その音の波形をコンピュータで表示した。図４は，そのときに表示された音の波形を示したものである。

図3

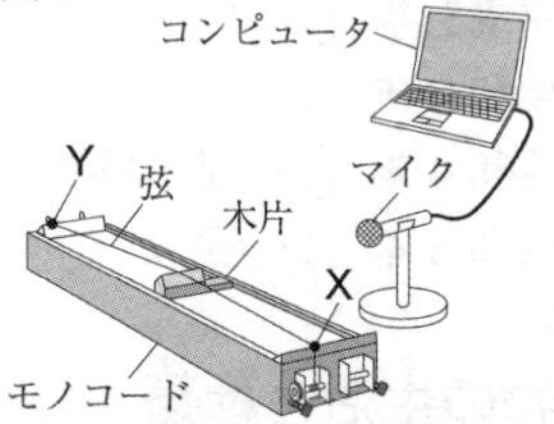

（１）　図４で示した波形の音の振動数は何Hzか。ただし，図４の横軸の１目盛りは0.0005秒を表し，図４の⟷で示した範囲の音の波形は，弦の１回の振動でできたものとする。

（２）　木片の位置だけを変え，木片とＸの間の弦の中央をはじいて「図４で示した波形の音と比べて，大きさが同じで高い音」を出すには，木片をＸ，Ｙのどちら側に動かせばよいか。記号で答えよ。また，「図４で示した波形の音と比べて，大きさが同じで高い音」の波形を，解答欄の図４に記入せよ。

図4

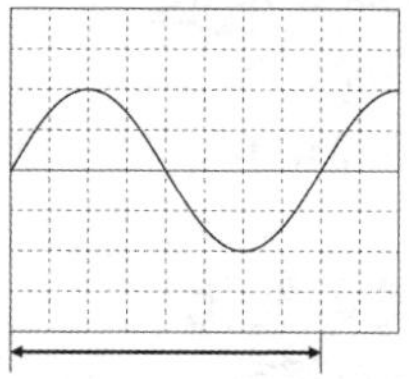

問１

図２

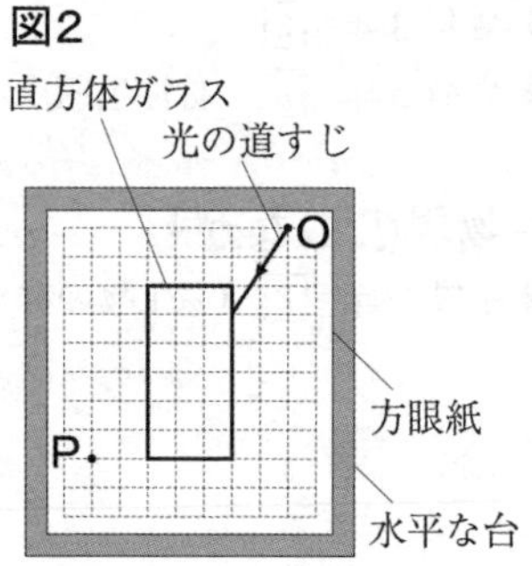

問２　(1)　Hz

(2)　記号

波形　図４

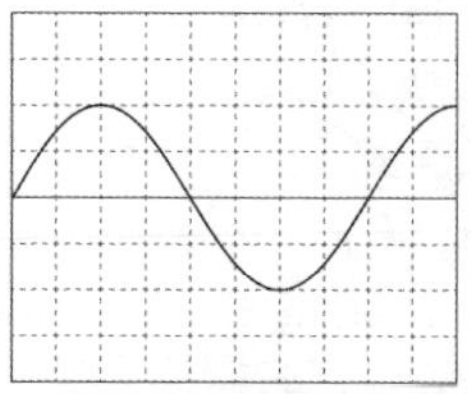

■令和２年度問題

7　凸レンズによる像《ぞう》のでき方を調べる実験を行った。下の［　　］内は，その実験の手順と結果である。

【手順】

①　図１のような装置を準備し，焦点距離《しょうてんきょり》が10cmの凸レンズＡを固定する。

②　フィルター付き光源《こうげん》を動かし，Ｘを変化させるごとに，スクリーン上に文字Ｆの像がはっきりとできるように，スクリーンの位置を変える。

③　像がはっきりとできたとき，Ｙを測定する。

④　凸レンズＡを焦点距離がわからない凸レンズＢにとりかえ，②，③の操作を行う。

図１

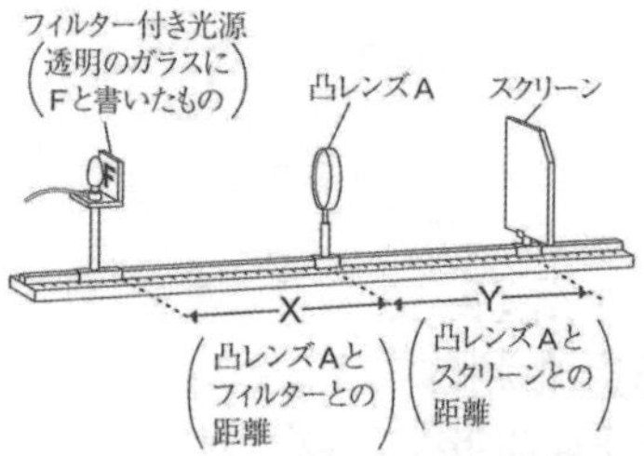

【結果】

凸レンズＡとフィルターとの距離（Ｘ）〔cm〕	35	30	25	20	15	10	5
凸レンズＡとスクリーンとの距離（Ｙ）〔cm〕	14	15	17	20	30	はかれない	はかれない
凸レンズＢとフィルターとの距離（Ｘ）〔cm〕	35	30	25	20	15	10	5
凸レンズＢとスクリーンとの距離（Ｙ）〔cm〕	26	30	38	60	はかれない	はかれない	はかれない

問１　スクリーン上に像がはっきりとできたとき，光源側から見たスクリーン上の像の向きを示した図として，最も適切なものを，次の１～４から１つ選び，番号で答えよ。

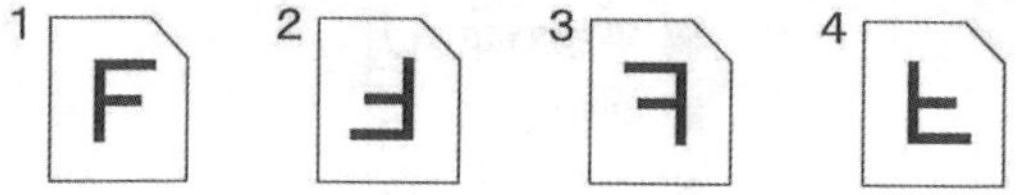

問１［　　］

問２　下の［　　］内は，実験結果を考察した内容の一部である。文中の〔　〕にあてはまる内容を，「焦点距離」という語句を用いて，簡潔に書け。また，（　）に，適切な数値を入れよ。

凸レンズによって像ができるとき，Ｘが短くなるとＹは長くなることがわかる。また，凸レンズＡを用いた実験で，ＸとＹが〔　　　〕ことから，凸レンズＢの焦点距離は（　）cmであると考えられる。

問３　図２は，凸レンズＡを用いた実験で，Ｘを30cmにしたときの，フィルター付き光源，凸レンズＡ，スクリーンの位置関係を示す模式図である。Ｐ点を出てＱ点を通った光は，その後，スクリーンまでどのように進むか。その光の道すじを，右の図２に──線で示せ。ただし，作図に必要な線は消さずに残しておくこと。

図２

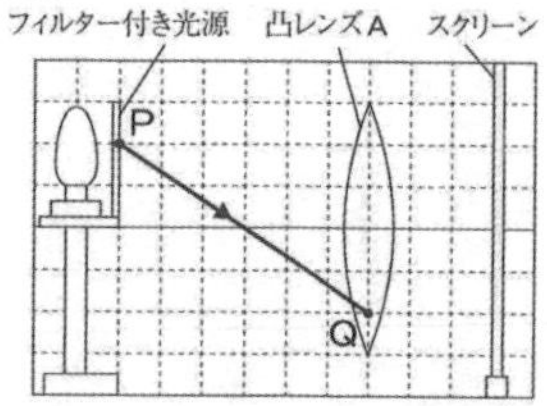

問２	内容		数値	

■令和４年度問題

7　次の各問に答えよ。

問１　**図１**のように，鏡を用いて，反射した光の進み方について調べる実験を行った。実験では，方眼紙上の**Ａ**～**Ｃ**点につまようじを立て，**Ｐ**点の位置から鏡にうつる像を観察した。**図２**は，鏡と方眼紙を真上から見た図である。ただし，つまようじの先端は全て同じ高さで，鏡とつまようじは，板に垂直に立てられているものとする。

　Ｐ点の真上で，つまようじの先端と同じ高さから鏡を見たとき，鏡にうつって見えるつまようじは何本か。解答欄の**図２**に作図することによって求めよ。

図１

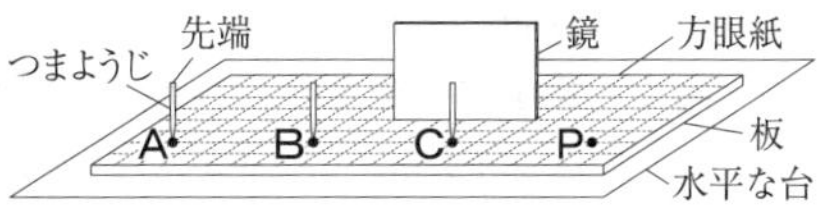

図２

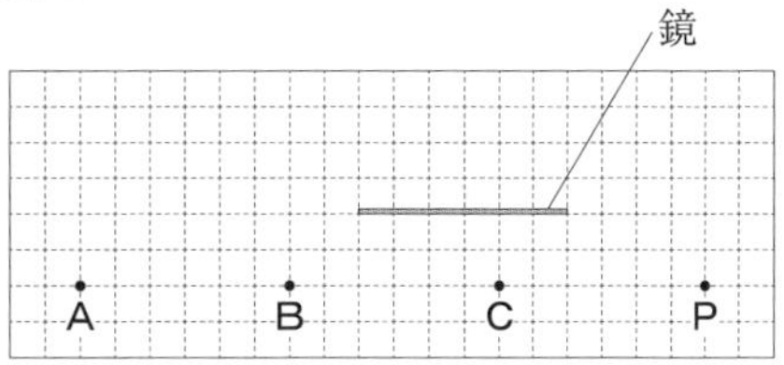

問２　**図３**のように，水平な台に固定した光源装置から出た光を透明な半円形ガラスにあてて，光の進み方を調べる実験を行った。ただし，**Ｏ**点は，分度器の中心である。

図３

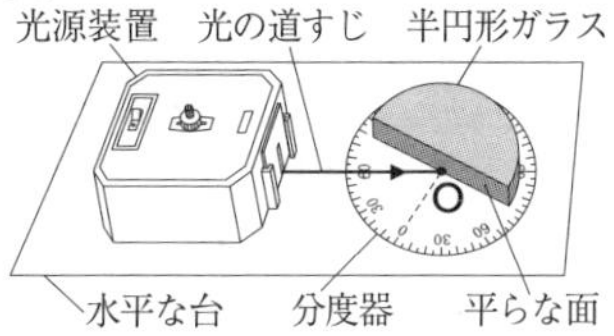

（１）　半円形ガラスの平らな面に光をあてると，空気と半円形ガラスの境界面で反射する光と，半円形ガラスの中に進む光が観察できた。**図３**の実験を真上から見たとき，半円形ガラスに入ったあとの光の道すじとして，最も適切なものを，**図４**の**１**～**４**から１つ選び，番号を書け。

図４

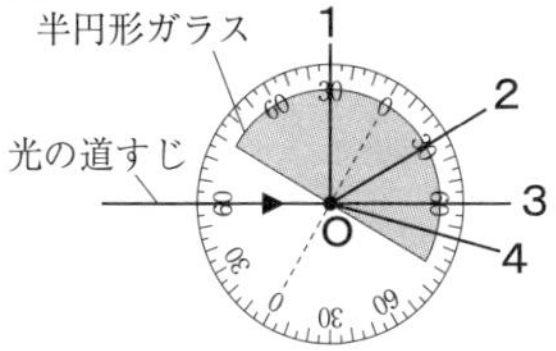

（２）　次に，**図５**のように，光源装置から出た光の道すじが，半円形ガラスの平らな面と垂直になるように，半円形ガラスを置いた。その後，**図６**のように，**Ｏ**点を中心に半円形ガラスを回転させた。下の□内は，この実験についてまとめた内容の一部である。文中の①，②の（　）内から，それぞれ適切な語句を選び，記号を書け。また，下線部の現象を何というか。

図５

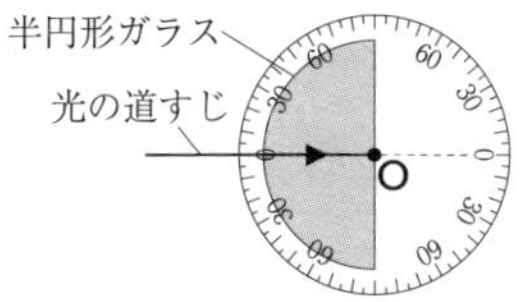

図６

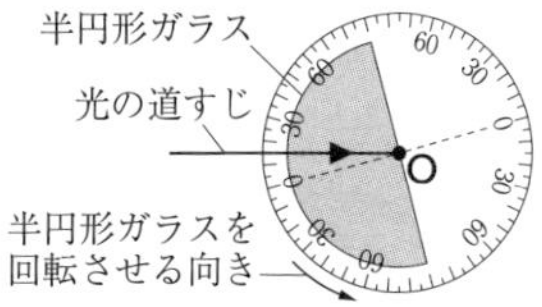

> 半円形ガラスの平らな面を境界面として，光が半円形ガラスから空気へ進むとき，半円形ガラスを回転させて入射角を①（**ア**　大きく　　**イ**　小さく）していくと，屈折角はしだいに②（**ウ**　大きく　　**エ**　小さく）なり，やがて，<u>光は空気中に出ていかずに，半円形ガラスと空気の境界面で全て反射する</u>ようになる。

問１

図２

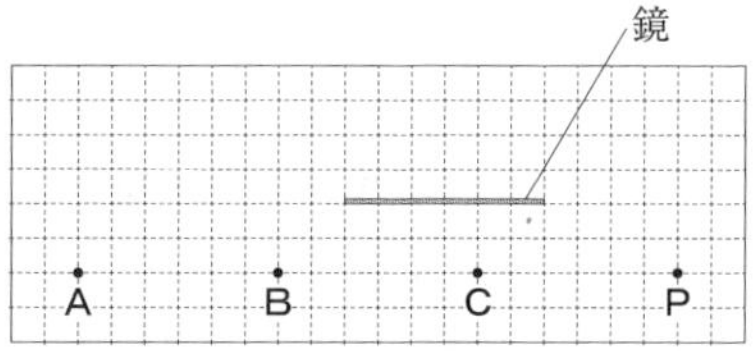

鏡にうつって見えるつまようじの本数　（　　）本

問2	(1)		(2) ①		②		現象	

■令和４年度問題

8　**図１**のように，直方体の物体**Ａ**とばねばかりを用いて，物体にはたらく浮力の大きさを調べる実験を行った。実験では，ばねばかりにつないだ物体**Ａ**を，その下面が水平になるようにしながら，少しずつ水に入れ，水面から物体**Ａ**の下面までの距離とばねばかりの値を記録した。**表**は，実験の結果を示したものである。ただし，物体**Ａ**の下面は，水槽《すいそう》の底面に接していないものとする。また，質量 100 g の物体にはたらく重力の大きさを１Nとし，糸の体積と質量は考えないものとする。

図１

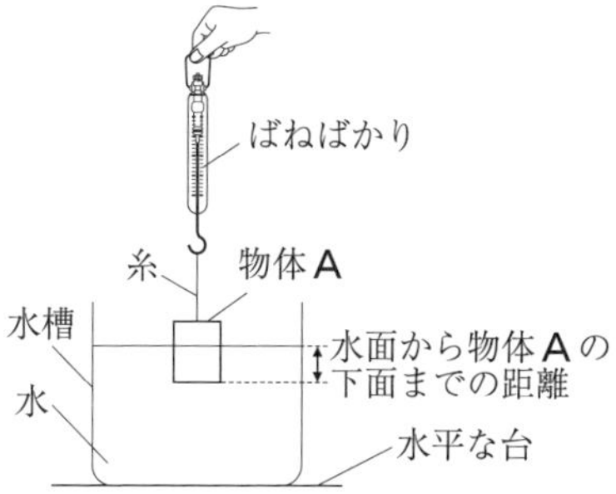

表

水面から物体**Ａ**の下面までの距離〔cm〕	0	1.0	2.0	3.0	4.0	5.0	6.0	7.0
ばねばかりの値〔N〕	0.60	0.52	0.44	0.36	0.28	0.20	0.20	0.20

問１　**表**をもとに，「水面から物体**Ａ**の下面までの距離」と「ばねばかりの値」の関係を，右の**図２**にグラフで表せ。なお，グラフには測定値を・で示すこと。

問２　水面から物体**Ａ**の下面までの距離が 2.0cm のとき，物体**Ａ**にはたらく浮力の大きさは何Nか。

図２

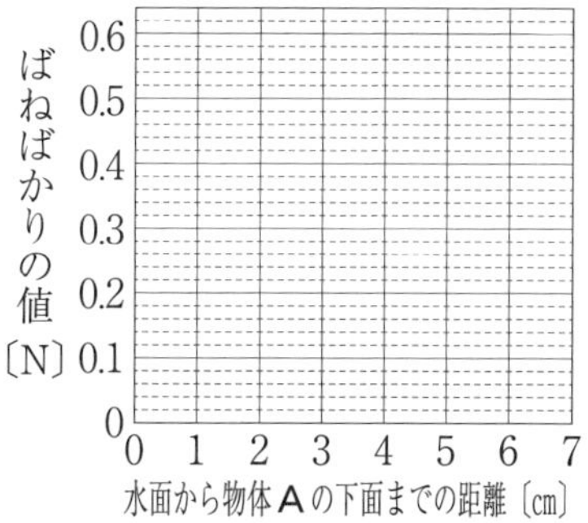

問2	N

問３　下の［　］内は，この実験について考察した内容の一部である。文中の（①）にあてはまるものを，あとの１～４から１つ選び，番号を書け。ただし，矢印の向きは水圧の向きを，矢印の長さは水圧の大きさを表している。

また，（②）にあてはまる内容を，「水圧」という語句を用いて，簡潔に書け。

> 物体Aの全体が水中に入っているとき，物体Aにはたらく水圧の向きと大きさは（①）のような模式図で表すことができる。このとき，（②）ため，物体Aにはたらく浮力の大きさは深さによって変わらない。

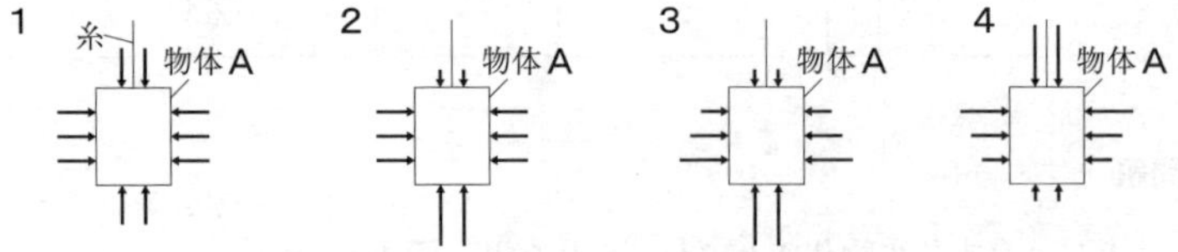

問４　実験後，ばねばかりにつないだ物体Aを水から出し，図３のように，水平な台の上にゆっくりとおろしていった。ばねばかりの値が0.40Nを示しているとき，物体Aが台におよぼす圧力の大きさは何Paか。ただし，物体Aと台がふれ合う面積を$8.0cm^2$とし，物体Aの表面についた水の影響は考えないものとする。

図３

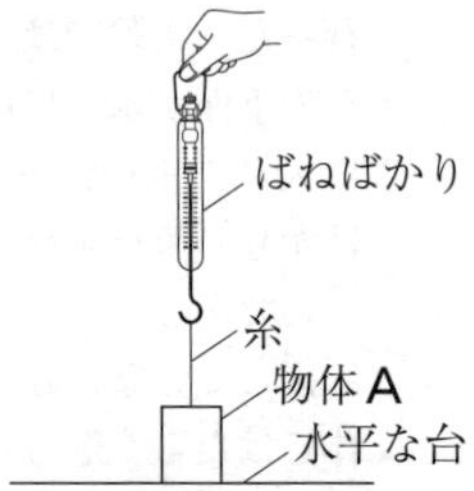

問3	①		②	
問4		Pa		

物質の性質とその変化

■平成27年度問題

3　次の各問に答えよ。

問１　化学変化の前後で，物質全体の質量が変化するかどうかを調べる実験を行った。下の［　］内は，その実験の手順を示したものである。

> 【手順】
> ①　炭酸水素ナトリウム１gとうすい塩酸$5\,cm^3$を，図のように，プラスチック容器に別々に入れ，ふたをして密閉し，電子てんびんで容器全体の質量Aをはかる。
> ②　容器を傾けて，炭酸水素ナトリウムとうすい塩酸を十《じゅう》分《ぶん》に反応させた後，容器全体の質量Bをはかる。
> ③　ふたをゆっくりと開け，しばらくしてから再びふたをして，容器全体の質量Cをはかる。

図

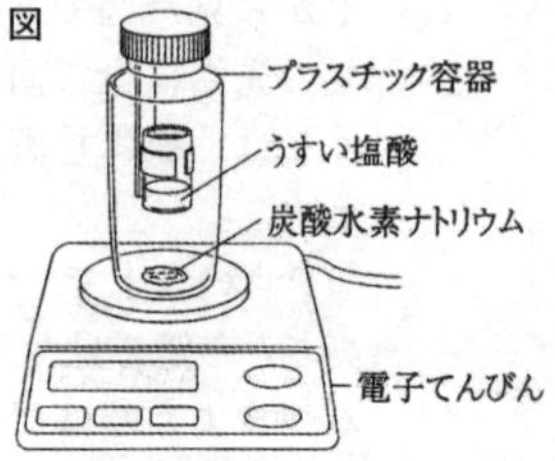

（1）この実験の化学変化においてできる物質のうち，水以外の２つの物質を化学式で書け。

（2）文中の下線部の質量A，B，Cについて，それらの大小関係を適切に表したものを，次の１～４からすべて選び，番号で答えよ。

１　A＝B　　２　A＝C　　３　B＜C　　４　A＞C

問２　水素を燃料とした燃料電池は，大気をよごす物質の排出がほとんどないことから，自動車などで実用化が進んでいる。この電池から電気をとり出すときの化学変化を，化学反応式で書け。また，大気をよごす物質の排出がほとんどない理由を，「この電池の化学変化で生じる物質は，」の書き出しで，簡潔に書け。

問1	(1)		(2)	
問2	化学反応式			
	理由	この電池の化学変化で生じる物質は，		

■平成28年度問題

3 次の各問に答えよ。

問1　鉄粉7gと硫黄《いおう》の粉4gを乳鉢《にゅうばち》でよく混ぜ，この混合物を試験管A，Bに分けて入れた。Aだけを，図1のように加熱すると，混合物の上部が赤くなり，加熱をやめても反応が進んだ。

次に，Aが冷えた後，A，B内の物質に磁石《じしゃく》を近づけると，B内の物質だけが磁石に引きつけられた。また，A，B内の物質を少量ずつとり，それぞれをうすい塩酸に入れると，A内の物質を入れたときだけ，においのある気体が発生した。

図1

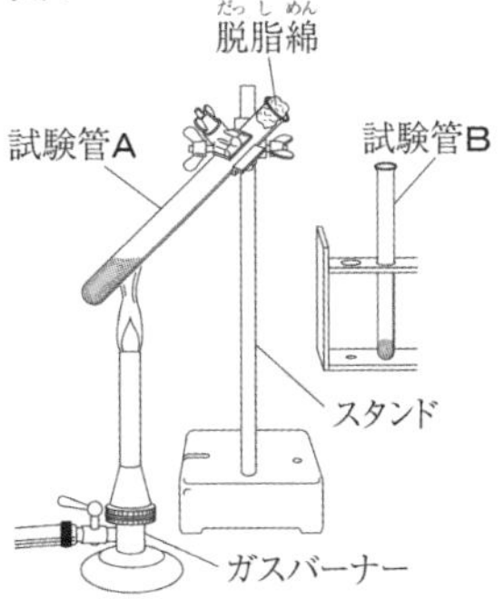

（1）下線部の物質の名称を書け。また，この気体のように，有毒な気体が発生する実験を実験室で行うときに，特に注意しなければならないことを，「実験室の」の書き出しで，簡潔に書け。

（2）下の［　］内は，この実験についてまとめた内容の一部である。文中の（X）に，適切な語句を入れよ。また，（Y）にあてはまる物質を，あとの1～4から1つ選び，番号で答えよ。

> A，B内の物質に磁石を近づけたときや，A，B内の物質をうすい塩酸に入れたときのようすから，鉄と硫黄の混合物を加熱すると，別の物質ができていることがわかった。このように，2種類以上の物質が結びついて別の物質ができる化学変化を，（X）という。（Y）を加熱したときに起こる変化も，（X）である。

1　銅　　2　酸化銀　　3　水　　4　炭酸水素ナトリウム

問2　下の［　］内は，図2のように，液体のろうに固体のろうを入れると，固体のろうが浮くかどうかについてまとめた内容の一部である。文中の（　）内から，適切な語句を選び，記号で答えよ。また，〔　〕にあてはまる内容を，「密度」という語句を用いて，簡潔に書け。

図2

> 液体のろうに固体のろうを入れると，固体のろうは，（ア　浮く　イ　沈む）。これは，固体のろうは，〔　　　〕からである。

問1	(1)	名称		注意	実験室の
	(2)	X		Y	
問2	記号			内容	

■平成29年度問題

3 水とエタノールの混合液を加熱し，物質を分けてとり出す実験を行った。下の［　］内は，その実験の手順である。

> 【手順】
> ①　水20mLとエタノール5mLの混合液と，沸とう石を枝つきフラスコに入れる。
> ②　図1のように混合液を加熱し，1分ごとに温度計の目盛《めも》りを読む。
> ③　ガラス管から出てくる物質を，試験管A，B，Cの順に約3mLずつ集める。

図1

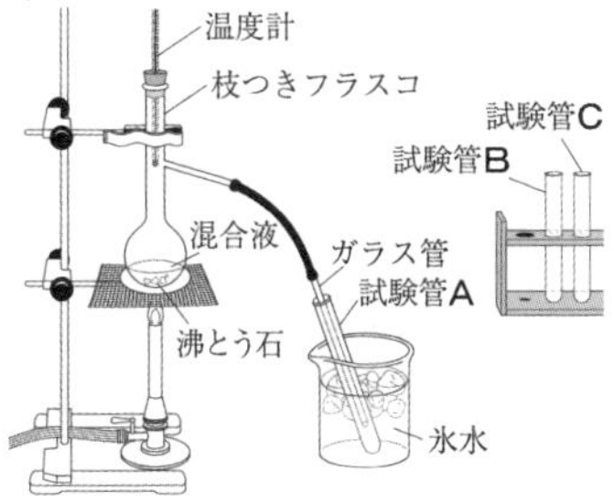

問1　図1の氷水は，ガラス管から出てくる物質を試験管A～Cに集めるために，どのようなはたらきをしているか。「気体」という語句を用いて，簡潔に書け。

問2　図2は，実験結果をもとに，加熱時間と温度の関係をグラフに表したものである。

図2

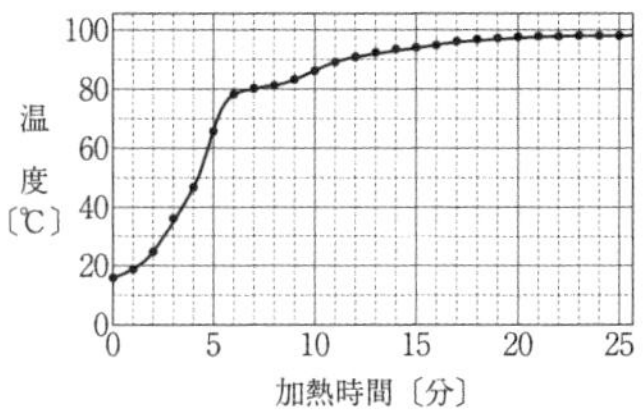

（1）混合液の沸とうが始まったのは，加熱を始めてから約何分後か。最も適切なものを，次の1～4から1つ選び，番号で答えよ。ただし，エタノールと水の沸点はそれぞれ78℃，100℃とする。

1　約3分後　　2　約6分後
3　約11分後　　4　約20分後

（2）エタノールを最も多くふくんでいるのは，試験管A～Cのどれか。1つ選び，記号で答えよ。また，その試験管に，エタノールがふくまれていることを確認する実験の方法を，1つ簡潔に書け。

問3　下の［　］内は，液体の混合物から物質を分けてとり出すために，この実験で用いた方法の利用例についてまとめた内容の一部である。文中の（①），（②）に，適切な語句を入れよ。

> 液体の混合物から物質を分けてとり出すために，この実験で用いた方法を（①）という。（①）の利用例として，（②）の精製《せいせい》がある。加熱された（②）は，精留塔《せいりゅうとう》で粗製《そせい》ガソリン（ナフサ）など，いくつかの物質に分けられる。

問1				
問2	(1)			
	(2)	記号	方法	
問3	①		②	

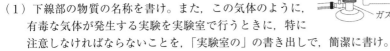

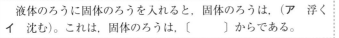

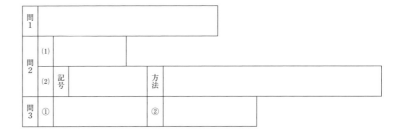

■平成31年度問題

3 水溶液から，溶《と》けている物質をとり出す実験を行った。下の[　　]内は，その実験の手順を示したものである。

【手順】
① ビーカーに50℃の水100gを入れ，それに固体の物質A 40gを加える。
② よくかき混ぜて，物質Aを完全に溶かす。
③ ビーカーの中の水溶液を，20℃まで冷やす。
④ ビーカーの中のものをろ過する。

問1 図1は，手順①で，物質Aを加えた直後のようすを粒子のモデルで表したものである。手順②で，物質Aが水に完全に溶けた後のようすを粒子のモデルで表した図として最も適切なものを，次の1～4から1つ選び，番号で答えよ。

図1

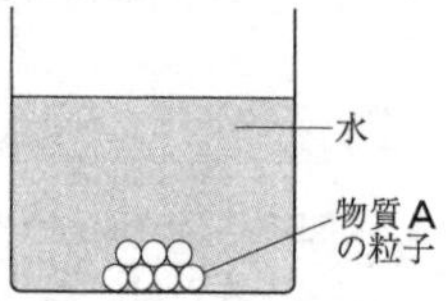

1
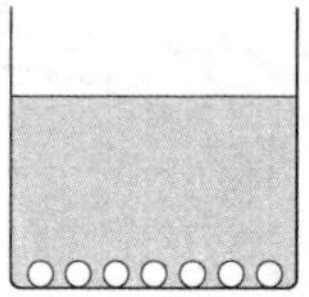

2
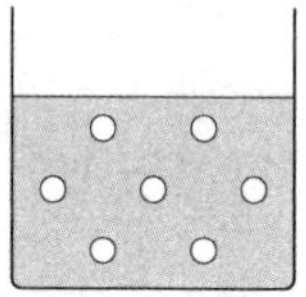

3
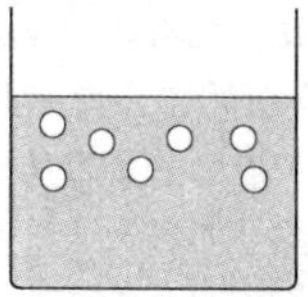

4
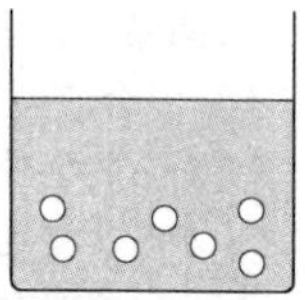

問2 下線部の操作を示した図として最も適切なものを，次の1～4から1つ選び，番号で答えよ。また，この操作によって，ろ紙の上に固体をとり出すことができる理由を，「ろ紙の穴《あな》」という語句を用いて，簡潔に書け。

1

2

3
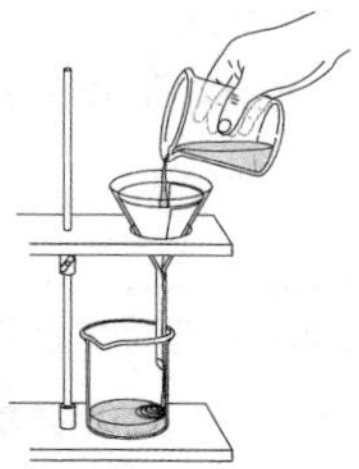

4

問1				
問2	番号		理由	

問3 図2は，物質Aおよび物質Bの溶解度曲線を示したものである。下は，実験後，図2を用いて，水溶液の温度と，出てくる固体の量との関係について考察しているときの，花さんと健さんと先生の会話の一部である。

図2

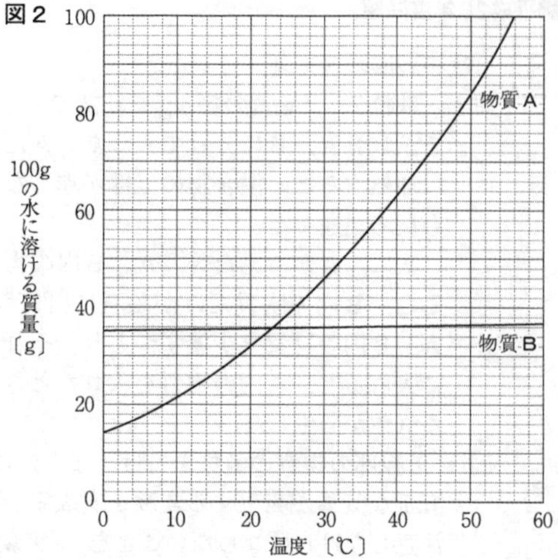

先生

50℃の水100gに物質A 40gを溶かした水溶液を冷やしていくとき，水溶液の温度が何℃より低くなると固体が出てくると考えられますか。

花さん

（ア）℃より低くなると固体が出てくると思います。固体が出てくるとき，物質Aは溶ける限界の量まで水に溶けているからです。

そうですね。では，水溶液を20℃まで冷やしたとき，出てきた物質Aの固体の量を求めるには，どのように考えればよいですか。

健さん

50℃で溶かした40gと，20℃で溶ける限界の量である（イ）gとの差で考えることができます。

そのとおりです。

（1）会話文中の（ア）に入る数値として，最も適切なものを，次の1～4から1つ選び，番号で答えよ。

1 40　**2** 33　**3** 30　**4** 26

（2）会話文中の（イ）に入る，適切な数値を書け。

（3）50℃の水100 gに物質A 40 gを溶かした水溶液を20℃まで冷やしていく間，水溶液の濃度はどのように変化するか。「固体が出はじめるまでは，」という書き出しで，簡潔に書け。

（4）図2に示すように，物質Aと比べて物質Bは，温度による溶解度の変化が小さい。そのため，物質Bを溶ける限界の量まで溶かした水溶液を冷やしても，物質Bの固体は少ししか出てこない。水に溶けている物質Bを，できるだけ多く固体としてとり出すための適切な方法を，簡潔に書け。

問3	(1)		(2)		(3)	固体が出はじめるまでは，
	(4)					

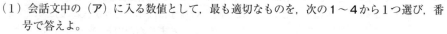

■令和３年度問題

3　次の各問に答えよ。

問１　**図１**のような装置を組み立て，水 20mL とエタノール５mL の混合物を加熱し，ガラス管から出てくる液体を試験管Ａ，Ｂ，Ｃの順に約３mL ずつ集めた。また，液体を集めているとき，<u>出てくる蒸気《じょうき》の温度を測定した</u>。その後，Ａ～Ｃに集めた液体をそれぞれ脱脂綿《だっしめん》につけ，火をつけて液体の性質を調べた。表は，実験の結果を示したものである。

ただし，**図１**は，枝つきフラスコにとりつける温度計を省略している。

図１

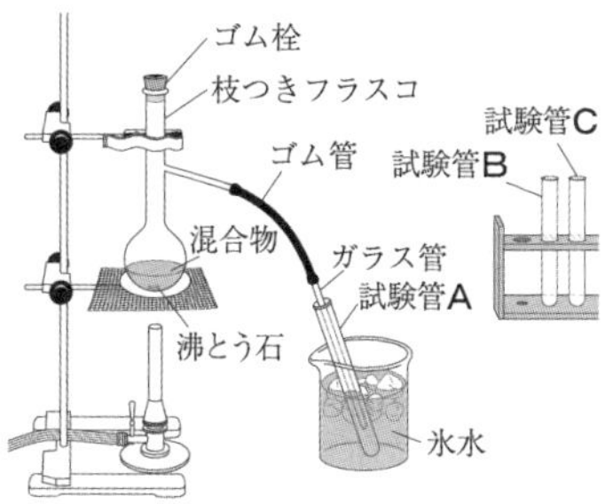

表

試験管	A	B	C
温度〔℃〕	72.5～84.5	84.5～90.0	90.0～93.0
脱脂綿に火をつけたときのようす	長く燃えた。	少し燃えるがすぐに消えた。	燃えなかった。

（1）下線部の操作を行うために，枝つきフラスコに温度計を正しくとりつけた図として，最も適切なものを，次の１～４から１つ選び，番号を書け。

1

2

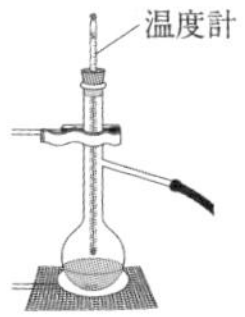

3

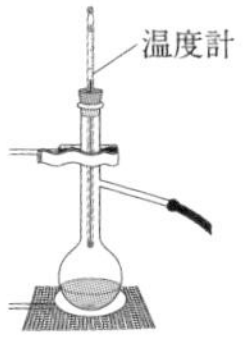

4

（2）表の脱脂綿に火をつけたときのようすのちがいから，エタノールを最も多くふくんでいるのはＡであることがわかった。Ａに集めた液体が，エタノールを最も多くふくんでいる理由を，「沸点《ふってん》」という語句を用いて，簡潔に書け。

（3）この実験のように，液体を加熱して気体にし，冷やして再び液体にして集める方法を何というか。

問２　**図２**のように，ポリプロピレンの小片を，水とエタノールにそれぞれ入れ、ポリプロピレンの小片の浮き沈みを調べる実験を行った。下の□内は，この実験についてまとめた内容の一部である。文中の〔　〕にあてはまる内容を，簡潔に書け。

図２

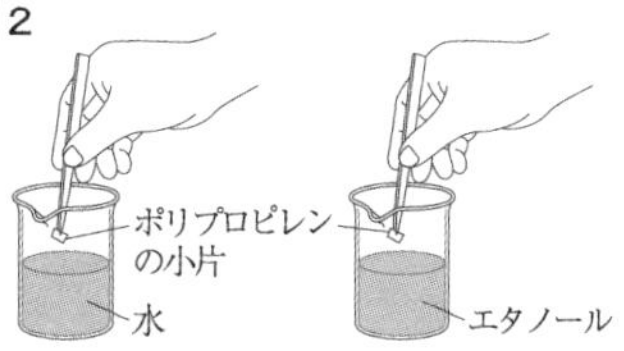

> ポリプロピレンの小片は，水に入れると浮き，エタノールに入れると沈んだ。このように，ポリプロピレンの小片の浮き沈みにちがいが見られたのは，ポリプロピレンの密度が，〔　〕からである。

問1	(1)		(2)		(3)	
問2						

福 65 →

■令和３年度問題

4　炭酸水素ナトリウムを加熱したときの変化を調べる実験を行った。下の□内は，その実験の手順である。

【手順】

①　試験管Ａに炭酸水素ナトリウム 1.0 g を入れ，図１のように炭酸水素ナトリウムを加熱する。

②　ガラス管から出てくる気体を，水上置換法で，試験管Ｂ，Ｃの順に２本の試験管に集めた後，ガラス管から気体が出なくなったら加熱をやめる。

③　Ｂに集めた気体は使わずに，Ｃに石灰水を入れてよく振り，変化を観察する。

④　加熱したＡの口にできた液体に，乾《かわ》いた塩化コバルト紙をつけて，色の変化を観察する。

⑤　Ａが冷めてから，Ａの中に残った物質をとり出し，その物質が炭酸水素ナトリウムとは別の物質であることを確認する。

図１

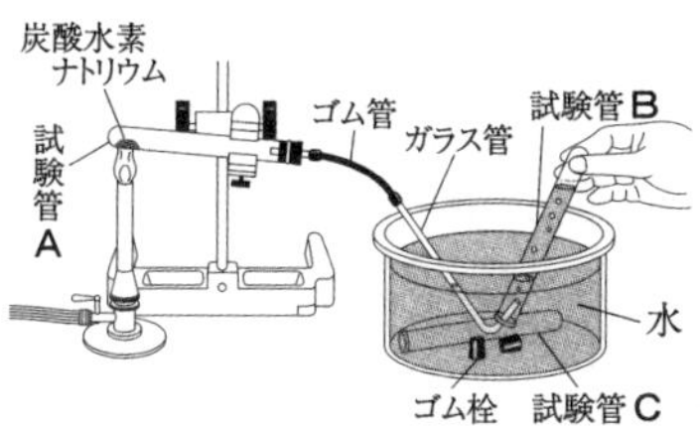

問１　手順④の操作を行ったとき，塩化コバルト紙の色の変化から，炭酸水素ナトリウムを加熱すると，水ができたことがわかった。塩化コバルト紙の色の変化として適切なものを，次の１～４から１つ選び，番号を書け。

1　青色から緑色に変化した。　　**2**　青色から赤色に変化した。

3　赤色から青色に変化した。　　**4**　緑色から青色に変化した。

問２　手順⑤について，Ａの中に残った物質が，炭酸水素ナトリウムとは別の物質であることを確認する実験の方法を，１つ簡潔に書け。

問３　下の┆┆内は，この実験についてまとめた内容の一部である。

> <u>炭酸水素ナトリウムを加熱すると，固体，気体，液体の３種類の物質に分かれる</u>ことがわかった。このように，１種類の物質が２種類以上の物質に分かれる化学変化を（Ｘ）という。

（1）下線部について，炭酸水素ナトリウムを加熱したときの化学変化を，化学反応式で，表すとどうなるか。図２を完成させよ。

図２　（　　　　　）→ Na_2CO_3 +（　　　　　）+（　　　　　）

（2）文中の（Ｘ）に，適切な語句を入れよ。

問４　この実験のように，化学変化によって気体が発生するものを，次の１～４から全て選び，番号を書け。

1　亜鉛《あえん》にうすい塩酸を加える。

2　うすい硫酸《りゅうさん》にうすい水酸化バリウム水溶液を加える。

3　二酸化マンガンにうすい過酸化水素水を加える。

4　うすい水酸化ナトリウム水溶液にマグネシウムリボンを入れる。

問1		問3	(2)		問4	
問2						

3　金属の密度を調べるために，質量と体積をはかる実験を行った。下の［　　］内は，その実験の手順と結果である。ただし，温度による金属の体積の変化はないものとする。

【手順】

①　物質名がわからない単体の金属Ａ～Ｄを準備し，それぞれの質量をはかる。

②　30.0mL の水が入っているメスシリンダーに，Ａを静かに入れて完全に水に沈める。

③　図１のように，水平な台の上にメスシリンダーを置き，目盛りを読み取りＡの体積を求める。

④　Ｂ～Ｄについても，②，③の操作を行い，体積をそれぞれ求める。

⑤　質量と体積から，金属の密度をそれぞれ求める。

図１

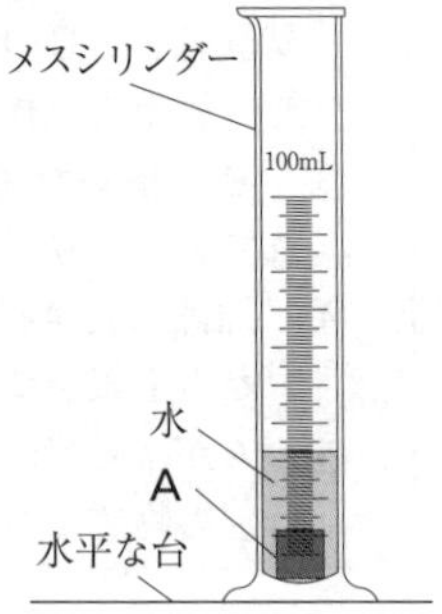

【結果】

金属	A	B	C	D
質量〔g〕	18.2	10.9	40.5	8.9
体積〔cm^3〕	2.3	4.0	4.6	3.3
密度〔g/cm^3〕	7.9	2.7	（　）	2.7

問１　手順④で，Ｂを入れた後のメスシリンダーの一部を模式的に表した図として，最も適切なものを，次の１～４から１つ選び，番号を書け。

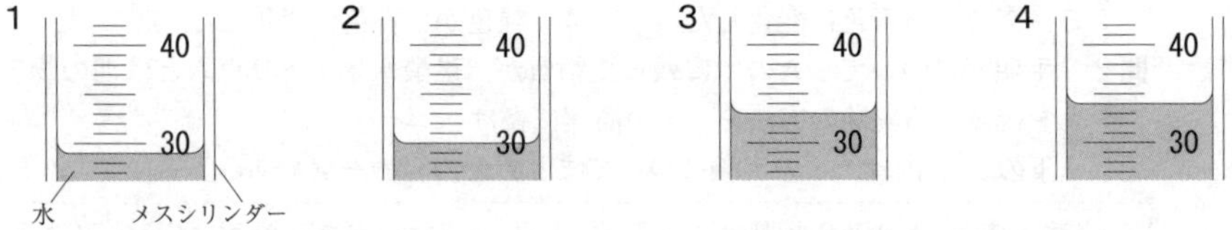

問２　【結果】の（　）に入る，数値を書け。なお，数値は小数第２位を四捨五入し，小数第１位まで求めること。

問３　下の［　　］内は，この実験について考察した内容の一部である。文中の〔　〕にあてはまる内容を，「種類」という語句を用いて，簡潔に書け。

結果から，Ａ～Ｄのうち，ＢとＤは同じ物質であると考えられる。これは，〔　〕が決まっているからである。

問1		問2	
問3			

問４　下の［　　］内は，図２のように，水銀に鉄を入れたときのようすについて説明した内容の一部である。また，表は，20℃における水銀と鉄の密度を示したものである。文中のアの（　）内から，適切な語句を選び，記号を書け。また，（イ）にあてはまる内容を，「密度」という語句を用いて，簡潔に書け。

図２

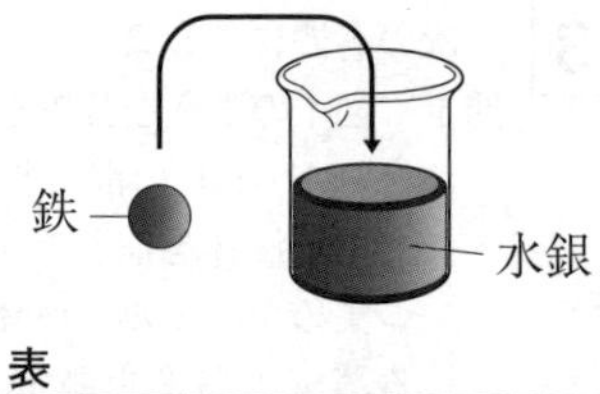

表

物質	密度〔g/cm^3〕
水銀	13.55
鉄	7.87

20℃における水銀は，液体の状態である。水銀に鉄を入れると，鉄はア（Ｐ　浮く　Ｑ　沈む）。これは，鉄は，（　イ　）からである。

問4	ア		イ	

化学変化と原子・分子

■平成29年度問題

4 　銅と酸素が化合するときの質量の変化を調べるために，銅粉の質量を変え，A～Dの4つの班に分かれて実験を行った。下の[　]内は，その実験の手順と結果である。

【手順】

① 　ステンレス皿の質量をはかる。

② 　ステンレス皿に銅粉を入れ，皿をふくめた全体の質量をはかる。

③ 　図1のように銅粉を皿にうすく広げて加熱する。

④ 　冷《さ》ました後，皿をふくめた全体の質量をはかる。

⑤ 　金属製の薬さじで，皿の中の物質を，こぼさないようによくかき混ぜる。

⑥ 　③～⑤の操作を，皿をふくめた全体の質量の変化がなくなるまでくり返す。

図1

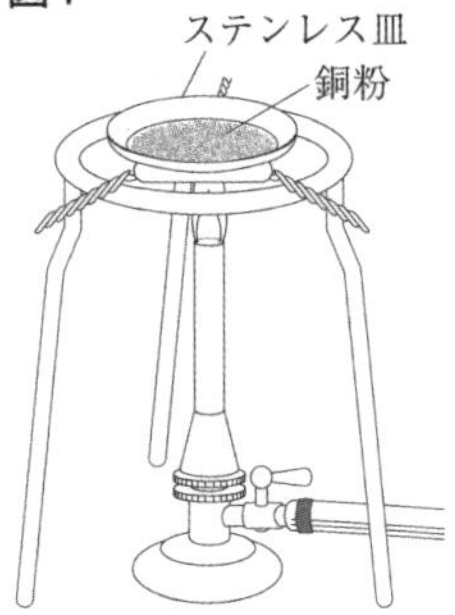

【結果】

	A班	B班	C班	D班
銅粉の質量〔g〕	0.40	0.80	1.20	1.60
加熱前の皿をふくめた全体の質量〔g〕	13.58	13.99	14.37	14.79
質量の変化がなくなるまで加熱した後の皿をふくめた全体の質量〔g〕	13.68	14.19	14.67	15.19

問1 　銅と酸素が化合してできる物質の色を，次の1～4から1つ選び，番号で答えよ。

1 赤 　2 黄 　3 白 　4 黒

問2 　手順⑥で，皿をふくめた全体の質量の変化がなくなるまで加熱をくり返す理由を，「酸素」という語句を用いて，簡潔に書け。

問1		問2	

問3 　「銅の質量」と「銅と化合した酸素の質量」の関係を，図2にグラフで表せ。なお，グラフには4つの班の実験結果から求めた値を・で示すこと。また，グラフから，「銅の質量」と「銅と化合した酸素の質量」の比を，最も簡単な整数比で表せ。

比	銅 ： 酸素
	：

問4 　銅と酸素が化合する化学変化を，銅原子を⊗，酸素原子を○として，モデルで表すとどうなるか。図3を完成させよ。

図2

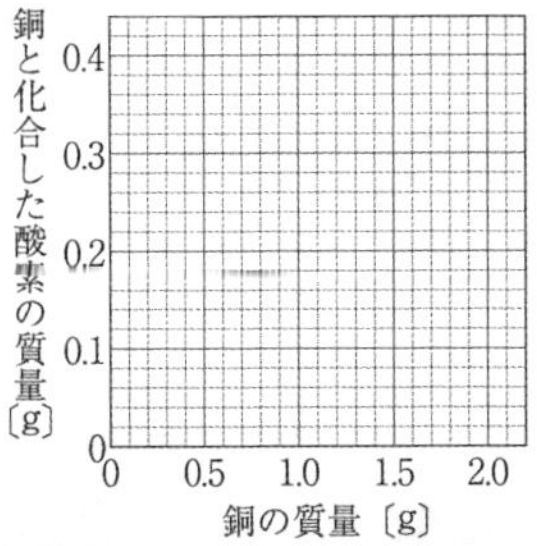

図3

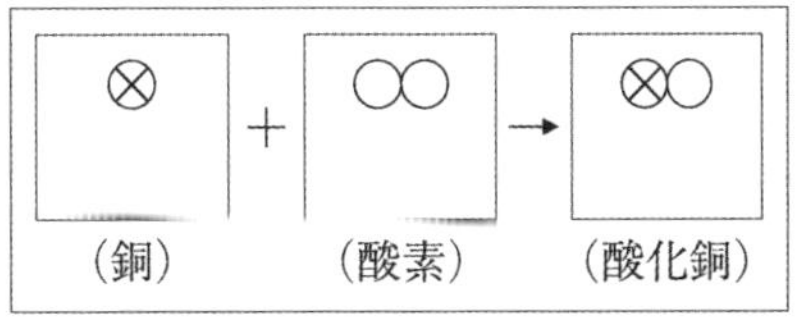

■平成30年度問題

3 　酸化銀を加熱したときの変化を調べる実験を行った。下の[　]内は，その実験の手順を示したものである。

【手順】

① 　試験管Aに酸化銀2.0gを入れ，図1のような装置をつくる。

② 　2本の試験管B，Cを水槽《すいそう》に沈めて水で満たしておく。

③ 　試験管A内の酸化銀を加熱し，ガラス管から出てくる気体をすぐに試験管Bで集め，次に試験管Cで集める。

④ 　酸化銀の色の変化が見られなくなるまで十分《じゅうぶん》に加熱した後，加熱をやめる。

⑤ 　気体を集めた試験管Cに，火のついた線香《せんこう》を入れ，ようすを観察する。

⑥ 　試験管Aが冷めてから，試験管Aの中に残った白色の物質をとり出し，［　　］ことで，金属かどうかを確かめる。

図1

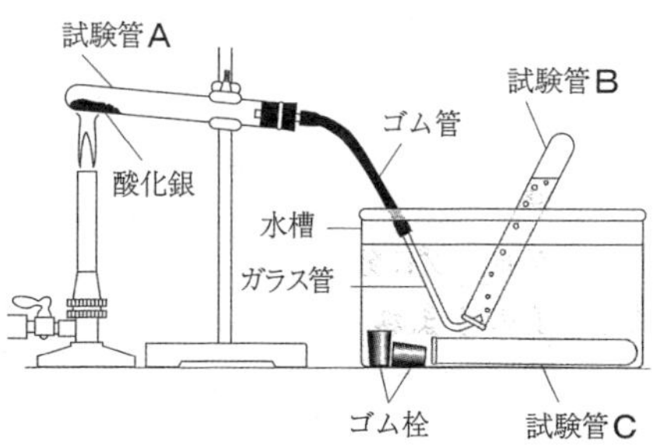

問1 　手順⑤で，試験管Bではなく試験管Cに集めた気体で調べる理由を，「試験管Bに集めた気体には，」という書き出しで，簡潔に書け。

問2 　手順⑥の［　　］にあてはまる操作を，1つ簡潔に書け。

問3 　下の[　]内は，この実験についてまとめた内容の一部である。

手順⑤，⑥の結果から，酸化銀は加熱すると銀と酸素に分かれることがわかった。このように1種類の物質が2種類以上の物質に分かれる化学変化を（a）という。銀や酸素のように1種類の原子からできている物質を単体，酸化銀のように2種類以上の原子からできている物質を（b）という。

（1）文中の（a），（b）に，適切な語句を入れよ。

（2）下線部の変化を，化学反応式で表すとどうなるか。解答欄の図2を完成させよ。

図2

（　　　　）→ 4Ag ＋（　　　）

問1						
問2						
問3	(1)	a		b		(2) 図2 （　　　）→ 4Ag ＋（　　　）

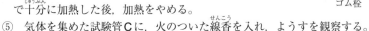

■令和２年度問題

3　銅と酸素が化合するときの質量の変化を調べるために，銅粉の質量を変え，A～Cの３つの班に分かれて実験を行った。下の［　　］内は，その実験の手順と結果である。

【手順】

①　ステンレス皿の質量をはかる。
②　ステンレス皿に銅粉をはかりとる。
③　図１のように，銅粉を皿にうすく広げて，ガスバーナーで加熱する。
④　冷《さ》ました後，皿をふくめた全体の質量をはかる。
⑤　金属製の薬さじで，皿の中の物質を，こぼさないようによくかき混ぜる。
⑥　③～⑤の操作を，くり返す。

【結果】

		A班	B班	C班
銅粉の質量〔g〕		1.20	1.60	2.00
ステンレス皿の質量〔g〕		17.53	17.51	17.55
皿をふくめた全体の質量〔g〕	1回目	18.88	19.35	19.82
	2回目	18.99	19.46	19.97
	3回目	19.03	19.51	20.03
	4回目	19.03	19.51	20.05
	5回目	19.03	19.51	20.05

図１

問１　下の［　　］内は，手順③でガスバーナーを操作するとき，点火して生じた赤色（オレンジ色）の炎を，ガスの量を変えずに青色の炎にするための操作について説明したものである。文中の（ア）に，a，bのうち適切な記号を入れよ。また，（イ）に，X，Yのうち適切な記号を入れよ。

図２

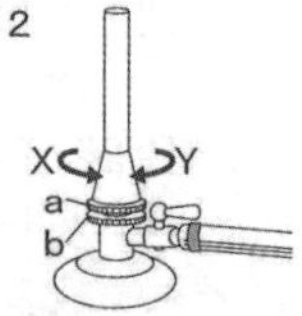

図２に示すガスバーナーのねじ（ア）だけを，（イ）の方向に回して調節する。

問２　図３は，結果をもとに，加熱の回数と加熱後の物質の質量の関係をグラフに表したものである。また，下の［　　］内は，この実験について考察した内容の一部である。

図３

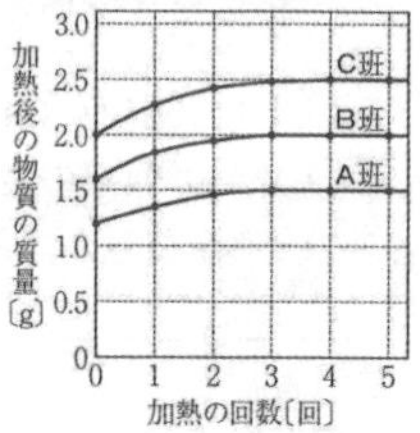

図３のグラフから，加熱後の物質の質量は，〔　　　〕ので，一定量の銅と化合する酸素の質量には，限界があることがわかった。また，この実験から，銅の質量と化合する酸素の質量との間には，一定の関係があることもわかった。

（1）文中の〔　〕にあてはまる内容を，「加熱の回数」という語句を用いて，簡潔に書け。
（2）下線部のことから，C班の２回目の加熱後の皿には，酸素と化合していない銅は，何gあったか。

問1	ア		イ	
問2	(1)		(2)	g

問３　銅と酸素が化合する化学変化を，化学反応式で表すとどうなるか。右の図４を完成させよ。

図４

2Cu ＋（　　　　）→（　　　　　）

■令和４年度問題

3　化学変化の前後で，物質全体の質量が変化するかどうかを調べる実験を行った。下の［　　］内は，その実験の手順である。

【実験１】

①　図１のように，うすい硫酸20mLとうすい水酸化バリウム水溶液20mLをそれぞれビーカーA，Bに入れ，全体の質量をはかる。
②　Bの中のうすい水酸化バリウム水溶液に，Aの中のうすい硫酸を全て加えて混ぜ合わせ，変化のようすを観察し，A，Bを含む全体の質量をはかる。

図１

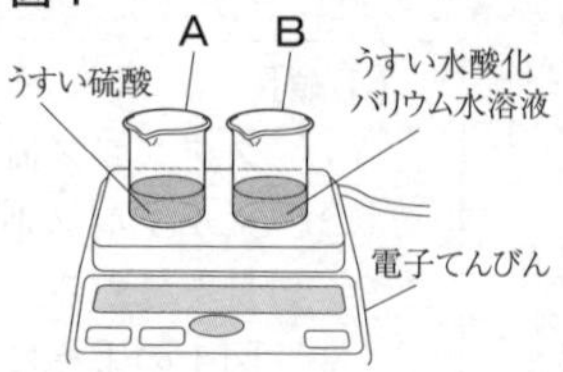

【実験２】

①　図２のように，プラスチック容器にうすい塩酸５mLと炭酸水素ナトリウム１gを別々に入れて密閉し，容器全体の質量をはかる。
②　容器を傾けて，うすい塩酸と炭酸水素ナトリウムを混ぜ合わせて，変化のようすを観察し，反応が終わってから容器全体の質量をはかる。

図２

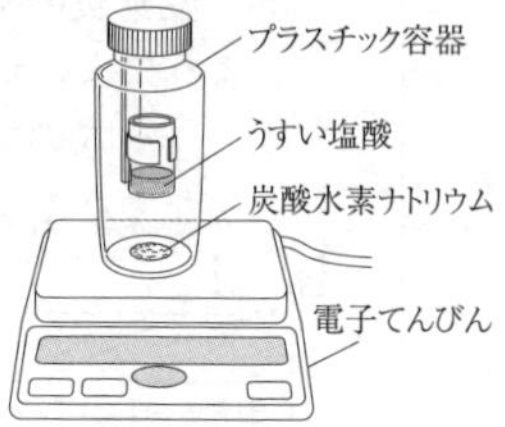

問１　下線部の操作によって，白い沈殿ができた。この操作によって起こった化学変化を，化学反応式で表すとどうなるか。解答欄の図３を完成させよ。

問２　下の［　　］内は，実験１，２の結果について説明した内容の一部である。文中の（X），（Y）にあてはまる語句の正しい組み合わせを，あとの１～４から１つ選び，番号を書け。また，（Z）に，適切な語句を入れよ。

化学変化の前後では，物質をつくる（X）は変化するが，（Y）は変化しないため，化学変化に関係する物質全体の質量は変化しない。これを（Z）の法則という。

1　X：原子の種類　　Y：原子の組み合わせと数
2　X：原子の種類と数　　Y：原子の組み合わせ
3　X：原子の組み合わせと数　　Y：原子の種類
4　X：原子の組み合わせ　　Y：原子の種類と数

問３　実験２②の操作の後，容器のふたをゆっくり開けるとプシュッと音がした。その後，再びふたを閉めてから，容器全体の質量をはかった。容器全体の質量は，ふたを開ける前と比べてどうなるか。次の１～３から１つ選び，番号を書け。また，そう判断した理由を，「気体」という語句を用いて，簡潔に書け。

1　増加する　　2　減少する　　3　変化しない

問1	図３（　　　　）＋（　　　　）→ $BaSO_4$ ＋（　　　　）			
問2	番号		Z	
問3	番号		理由	

イオンと酸・アルカリ

■平成27年度問題

4 電気分解装置を使って，うすい塩酸を電気分解したときの化学変化を調べる実験を行った。うすい塩酸に電圧をかけると，電流が流れ，図１のようにそれぞれの電極から気体が発生した。

問１　発生した気体が集まった後，電源を切った。集まった気体の性質を調べる前に，装置から塩酸が流れ出ないようにする操作を，簡潔に書け。

問２　陽極から発生した気体は，塩素であった。においをかぐこと以外で，塩素を確認する実験方法を，１つ簡潔に書け。

問３　下の□内は，塩酸の溶質である塩化水素の電離について，説明したものである。文中の（　）内にあてはまる内容を，「電子」の語句を用いて，簡潔に書け。

図１

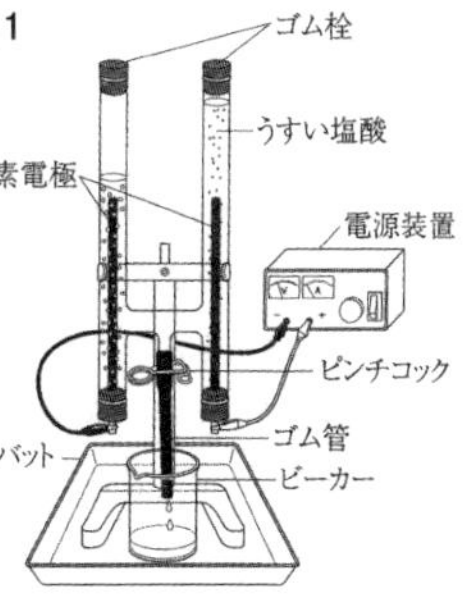

> 塩化水素は，水に溶けると電離し，水素イオンと塩化物イオンに分かれる。そのうち，水素イオンは，水素原子が（　）の電気を帯《お》びた粒子である。

問４　塩酸を電気分解したときの化学変化を，水素原子を○，塩素原子を●として，モデルで表すとどうなるか。解答欄の図２を完成させよ。

問1	
問2	
問3	
問4	図２  （塩素）

■平成28年度問題

4 いろいろな水溶液に電流が流れるかどうかを調べるために，図１のような装置を用いて，A班，B班に分かれて実験を行った。下の□内は，その実験の手順と結果である。

【手順】

① 電極の先を精製水《せいせいすい》に入れて，電流が流れないことを確かめる。

② A班は，うすい塩酸，うすい水酸化ナトリウム水溶液，砂糖水を，B班は，炭酸水，うすいアンモニア水，塩化ナトリウム水溶液を準備する。

③ 電極の先を１つの水溶液に入れて，電流が流れるかどうかを調べる。

④ 電極の先を精製水でよく洗う。

⑤ 調べる水溶液をかえ，③，④の操作を繰り返す。

図１

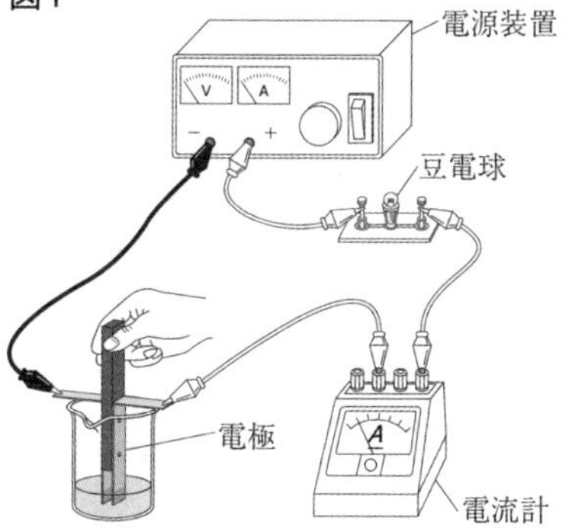

【結果】

A班

調べた水溶液	電流
うすい塩酸	流れる
うすい水酸化ナトリウム水溶液	流れる
砂糖水	流れない

B班

調べた水溶液	電流
炭酸水	流れる
うすいアンモニア水	流れる
塩化ナトリウム水溶液	流れる

問１　調べる水溶液をかえるときに，手順④の操作を行う理由を，簡潔に書け。

問２　A班は，実験後の発表に向けて，図２のように，A班の実験の結果からわかることをまとめた。その後，B班の実験の結果を見て，まとめた内容に適切でない部分があることに気づいた。

適切でない部分は，図２の下線部P，Qのどちらか，記号で答えよ。また，その下線部を，適切な内容に書き直せ。

図２

> 【実験の結果からわかること】
> A班
> 酸性，アルカリ性の水溶液にはP電流が流れるが，中性の水溶液にはQ電流が流れない。

問３　下の□内は，実験後に，先生が説明した内容の一部である。

> 塩酸は，塩化水素が水に溶けてできた水溶液です。塩化水素のように，水に溶かしたときに電流が流れる物質を，（　）といいます。

（1）文中の（　）に，適切な語句を入れよ。

（2）図３は，うすい塩酸の中で塩化水素が電離《でんり》したようすを，水素イオンを●，塩化物イオンを○として，モデルで表そうとしたものである。図３に塩化物イオンを記入し，完成させよ。

図３

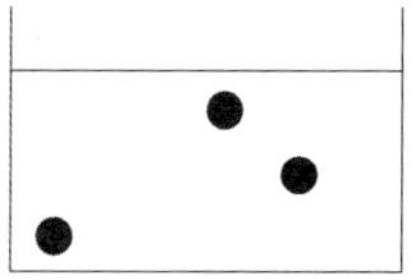

問1				
問2	記号		書き直し	
問3	(1)			

■平成30年度問題

4 水溶液と金属板を用いて，電流がとり出せるかどうかを調べるために，図1のような装置A～Cをつくり，実験を行った。表は，実験結果を示したものである。

図1

装置A	装置B	装置C
水溶液：うすい塩酸 金属板：亜鉛《あえん》板と銅板	水溶液：うすい塩酸 金属板：亜鉛板と亜鉛板	水溶液：砂糖水 金属板：亜鉛板と銅板

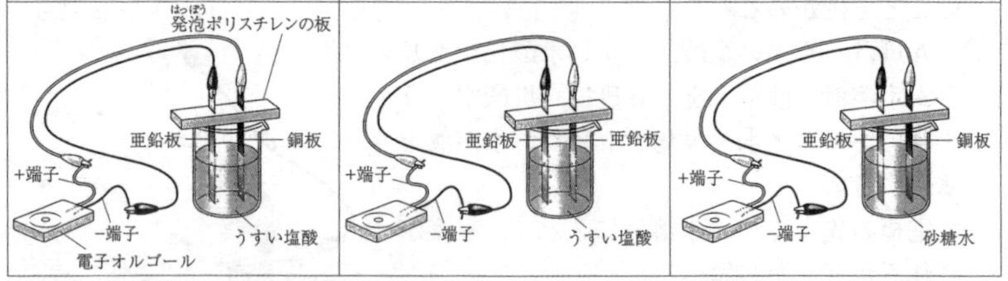

問1 表の（X），（Y）にあてはまる実験結果の正しい組み合わせを，次の1～4から1つ選び，番号で答えよ。

1 X：鳴った　Y：鳴った
2 X：鳴った　Y：鳴らなかった
3 X：鳴らなかった　Y：鳴った
4 X：鳴らなかった　Y：鳴らなかった

表

装置	A	B	C
電子オルゴールの音	鳴った	（X）	（Y）
気づいたこと	○ 装置A，Bの金属板の表面から気体が発生した。 ○ 実験後，装置A，Bの亜鉛板をとり出すと，水溶液につかっていた部分は，表面がざらついていた。		

問2 下の□内は，装置Aの銅板の表面で起こった化学変化について説明した内容の一部である。文中の（ア）にあてはまる物質の名称を書け。また，（イ）にあてはまるものを，あとの1～4から1つ選び，番号で答えよ。ただし，図中の○は陽イオン1個，●は陰イオン1個，◎は原子1個，⊖は電子1個を表すものとする。

銅板の表面で発生した気体は（ア）である。このとき，銅板の表面で起こった化学変化のしくみは（イ）のような模式図で表すことができる。

1
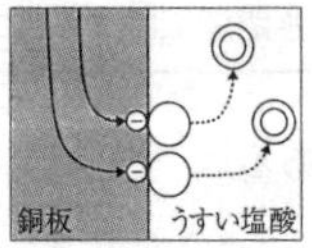

2
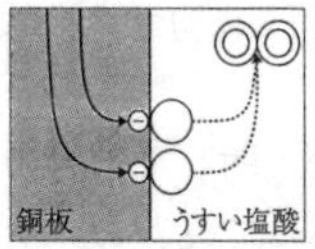

3
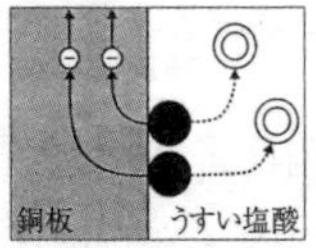

4
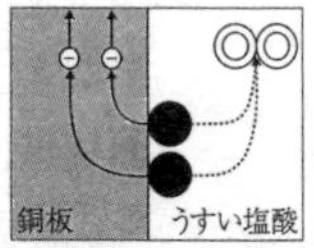

問3 身近なものを使って，電流をとり出す実験を行った。下の□内は，その内容の一部である。文中の（①），（②）にあてはまるものを，図2のP～Rから1つずつ選び，記号で答えよ。

図2のように，濃《こ》い食塩水を十分《じゅうぶん》にしみこませたキッチンペーパーを備長炭《びんちょうたん》に巻き，その上にアルミニウムはくを巻いた。これに，電子オルゴールの＋《プラス》端子を（①）の部分に，－《マイナス》端子を（②）の部分につなぐと，音が鳴った。その音が長時間鳴った後，アルミニウムはくは，ぼろぼろになった。

図2
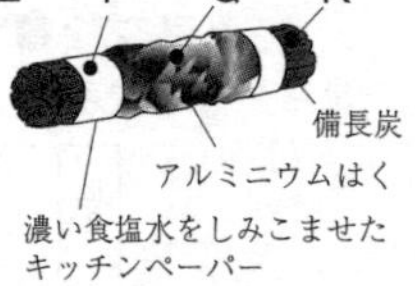

問1		問2	ア		イ		問3	①		②	

■令和2年度問題

4 塩酸と水酸化ナトリウム水溶液を混ぜ合わせたときの，水溶液の性質を調べる実験を行った。下の□内は，その実験の手順と結果である。

【手順】

うすい塩酸（A液）と，うすい水酸化ナトリウム水溶液（B液）を用意し，A液5 mLをビーカーにとって，BTB液を数滴《てき》加える。

次に，図1のように，B液をこまごめピペットで2 mL加えるごとに，ビーカーを揺《ゆ》り動かして液を混ぜる。加えたB液が6 mLになったとき，ビーカー内の液の色を観察する。

その後，ビーカー内の液に，A液をこまごめピペットで1滴加えるごとに，ビーカーを揺り動かし，液が緑色に変わったところで，A液を加えるのをやめる。

最後に，この緑色の液をスライドガラスに少量とって水分を蒸発させ，残った固体をルーペで観察する。

図1

【結果】

○ A液5 mLに加えたB液が6 mLになったときのビーカー内の液は，（　）だった。その後，A液を加え，液が緑色に変わったとき，加えたA液は1 mLだった。

○ スライドガラスに残った固体は，白い結晶《けっしょう》だった。

問1 文中の（　）にあてはまる色を書け。

問2 下線部は，何の結晶か。その物質の化学式を書け。

問3 下の□内は，この実験についてまとめた内容の一部である。文中の（①）に入る，陽イオンの名称を書け。また，（②）に入る，陰イオンの名称を書け。

酸性とアルカリ性の水溶液を混ぜ合わせると，お互《たが》いの性質を打ち消し合うことがわかった。これを中和という。中和では，酸の（①）とアルカリの（②）が結びついて水ができる。

問4 図2は，実験で用いたA液とB液を使って，A液6 mLにB液を加え，液を中性にするまでの，液中のイオンをモデルで表そうとしたものである。イについて，A液6 mLにB液を3 mL加えて，完全に中和した液中の，イオンの種類と数を，ア，ウにならって，図2のイにモデルで表せ。ただし，液中で塩化水素が電離《でんり》してできる陽イオンを○，陰イオンを⊗で表し，また，必要であれば，水酸化ナトリウムが電離してできる陽イオンを◎，陰イオンを●で表せ。

図2
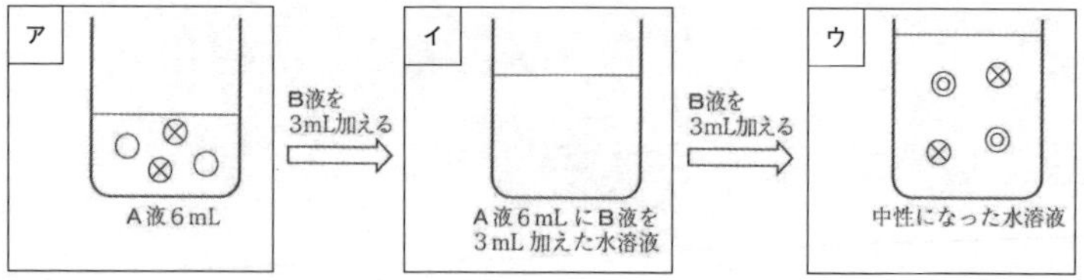

問1	色	問2		問3	①		②	

■令和４年度問題

4　ダニエル電池をつくり，電気エネルギーをとり出す実験を行った。下の□内は，その実験の手順と結果である。

【手順】

① 1.5％の硫酸亜鉛水溶液と15％の硫酸銅水溶液を用意する。

② **図１**のように，中央をセロハンで仕切ったダニエル電池用水槽《すいそう》の一方に硫酸亜鉛水溶液と亜鉛板を入れ，もう一方に硫酸銅水溶液と銅板を入れる。

③ 亜鉛板と銅板に電子オルゴールをつなぎ，電子オルゴールが鳴るかどうかで電流の向きを調べる。

④ **図１**の電子オルゴールを，**図２**のプロペラつき光電池用モーターにつなぎかえて，モーターの回り方を調べる。

⑤ 電流を流し続けた後，亜鉛板と銅板をとり出し，表面の変化のようすを観察する。

図１

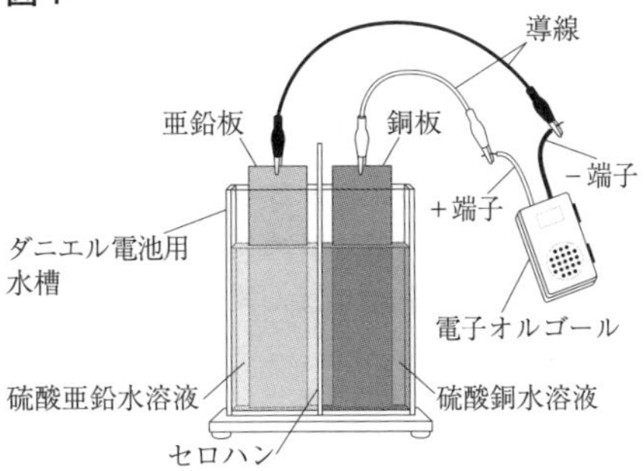

図２

【結果】

電子オルゴール	亜鉛板を－端子に，銅板を＋端子に接続したとき音が鳴った。 亜鉛板を＋端子に，銅板を－端子に接続したとき音は鳴らなかった。
プロペラつき光電池用モーター	モーターは回転した。金属板をつなぎかえると，回る向きが逆になった。
電流を流し続けた後のようす	亜鉛板の表面は凹凸ができて黒くなっていた。銅板の表面に赤い物質が付着していた。

問１　下は，ダニエル電池のしくみについて考察しているときの，花さんと健さんと先生の会話の一部である。

先生

結果からどのようなことがわかりますか。

花さん

電子オルゴールが鳴ったり，モーターが回転したりしたことから，ダニエル電池によって電気エネルギーをとり出せることがわかりました。

健さん

電流を流し続けた後，亜鉛板と銅板の表面に変化がみられたことから，化学変化が起こっていることがわかります。

そうですね。それでは，亜鉛板と銅板の表面では，それぞれどのような化学変化が起こっているのか考えてみましょう。

亜鉛板の表面に凹凸ができて黒くなっていたのは，亜鉛は銅に比べて（　X　）ので，亜鉛原子が電子を放出して水溶液中に溶《と》け出したためだと考えられます。

銅板の表面では，硫酸銅水溶液の中の銅イオンが電子を受けとり，銅原子になって付着したと思います。

そうですね。それでは，ダニエル電池では，電子がどのように移動することで，電気エネルギーをとり出しているのでしょう。

ダニエル電池では，電子が（　Y　）に移動することで，電気エネルギーをとり出しています。

その通りです。

（1）　会話文中の（**X**）にあてはまる内容を，「イオン」という語句を用いて，簡潔に書け。

（2）　会話文中の下線部の化学変化を，化学反応式で表すとどうなるか。解答欄の**図３**を完成させよ。ただし，電子は e^- を使って表すものとする。

図３

（　　）＋（　　）⟶ Cu

（3）　会話文中の（**Y**）にあてはまる内容として，最も適切なものを，次の**１**～**４**から１つ選び，番号を書け。

１　銅板から導線を通って亜鉛板　　**２**　銅板から水溶液中を通って亜鉛板

３　亜鉛板から導線を通って銅板　　**４**　亜鉛板から水溶液中を通って銅板

問２　電池の内部で電気エネルギーに変換される，物質がもつエネルギーを何エネルギーというか。

問３　下の□内は，実験後，花さんが，身のまわりの電池について調べた内容の一部である。文中の（　）に，適切な語句を入れよ。

私たちの身のまわりでは，さまざまな電池が利用されている。水素と酸素の化学変化から電気エネルギーをとり出す装置である（　）は，自動車の動力などに使われている。この装置では，化学変化によってできる物質が水だけであるため，環境に対する悪影響が少ないと考えられている。

問１	(1)			
	(2)	図３ （　　　　）＋（　　　　）⟶ Cu	(3)	
問２	エネルギー	問３		

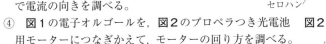

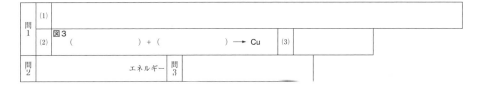

■令和５年度問題

4　金属の種類によって，イオンへのなりやすさにちがいがあるかを調べる実験を行った。下の□内は，その実験の手順と結果である。

【手順】
① 図１のように，金属板と水溶液の組み合わせを示した台紙と，マイクロプレートを準備する。
② 図２のように，台紙に合わせてマイクロプレートを置く。
③ マイクロプレートのＡとＢに銅板を，ＣとＤに亜鉛板を，ＥとＦにマグネシウム板を，それぞれ入れる。
④ ＣとＥに硫酸銅水溶液を，ＡとＦに硫酸亜鉛水溶液を，ＢとＤに硫酸マグネシウム水溶液をそれぞれ入れ，金属板付近での変化のようすを観察する。

【結果】
○ Ｆでは，金属板の表面に黒い物質が付着した。
○ Ｃ，Ｅでは，金属板の表面に赤い物質が付着した。
○ Ａ，Ｂ，Ｄでは，変化が起こらなかった。

図１
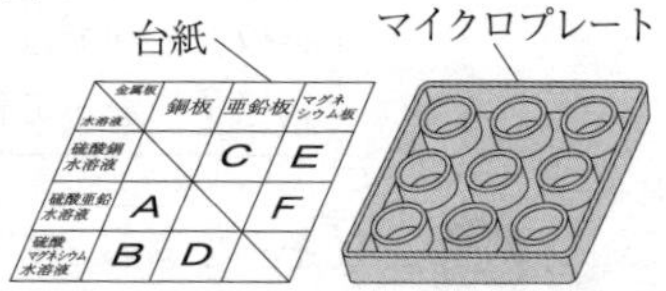

図２
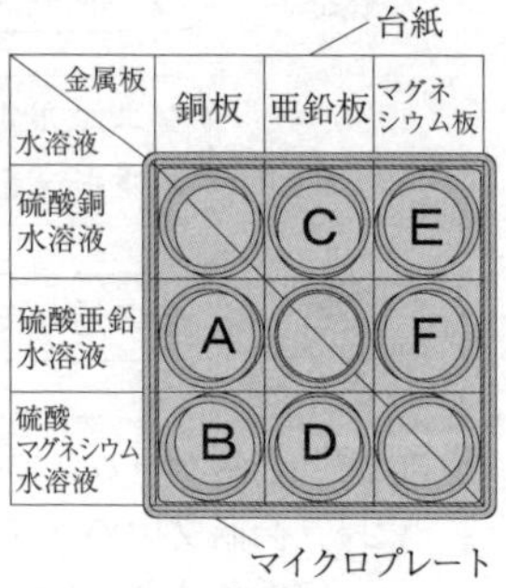

問１　下の□内は，マイクロプレートを用いた実験について説明した内容の一部である。文中の（　）にあてはまる内容を，「薬品」という語句を用いて，簡潔に書け。

マイクロプレートを用いることで，一度にたくさんの実験を，同じ環境のもとで行うことができる。さらに，実験の規模が小さくなり，（　）で実験を行うことができるため安全性が上がる。

問２　Ｆで，金属板の表面に付着した黒い物質を，化学式で書け。

問３　Ｅの金属板の表面で起こる，マグネシウム原子が電子を放出してマグネシウムイオンとなる化学変化を，化学反応式で表すとどうなるか。解答欄を完成させよ。ただし，電子はe^-を使って表すものとする。

問４　下の□内は，この実験について考察した内容の一部である。文中の（ア），（イ），（ウ）に，それぞれ適切な金属の名称を書け。

Ｃ，Ｅ，Ｆでは，水溶液中でイオンになっている金属よりも，金属板の金属の方がイオンになりやすいため，化学変化が起こる。このことから，実験で用いた３種類の金属では，（ア）が最もイオンになりやすく，次に（イ），（ウ）の順でイオンになりやすいと考えられる。

問1				問2		
問3	Mg → (　　　) + (　　　)					
問4	ア		イ		ウ	

電流とそのはたらき

■平成27年度問題

7　図１のような装置を用いて，電熱線に電流を流したときの水の温度変化を調べる実験を行った。下の□内は，その実験の手順と結果である。

【手順】
① 発泡ポリスチレンのコップに水100gを入れ，しばらくしてから水温をはかる。
② ６Ωの電熱線を水に入れ，電圧計の値が6.0Vになるように電圧を調節して電流を流し，電流計の値を読む。
③ 水をかくはん棒でゆっくりかき混ぜながら，１分ごとに５分間，水温をはかる。

【結果】
電流計の値 1.0 A

電流を流した時間〔分〕	0	1	2	3	4	5
水温〔℃〕	14.0	14.8	15.6	16.4	17.2	18.0

図１
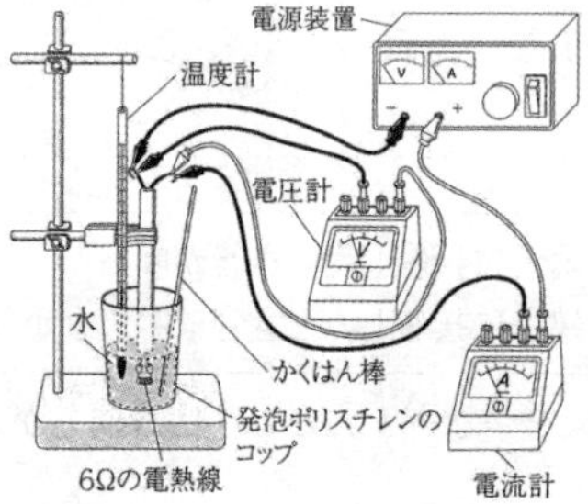

図２
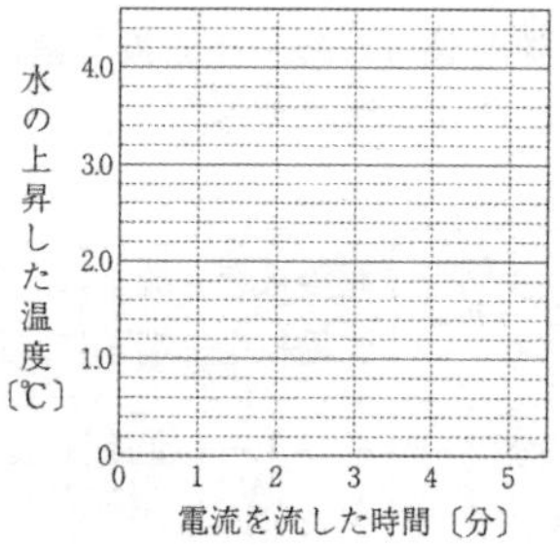

問１　電熱線などにかかる電圧と流れる電流の積で求めることができる，１秒あたりに使う電気エネルギーの量のことを何というか。

問２　電熱線に電流を流した時間と水の上昇した温度の関係を，図２にグラフで表せ。なお，グラフには，水の上昇した温度の値を•で示すこと。

問３　下の□内は，この実験について，生徒が発表した内容の一部である。

この実験から，水の上昇した温度は，電熱線に電流を流した時間に（　）することがわかります。また，水が得た熱量と電熱線の発熱量を求めると，水が得た熱量の方が小さいことがわかりました。

（１）文中の（　）に入る，適切な語句を書け。
（２）この実験を行った５分間で，水が得た熱量と電熱線の発熱量の差は，何Ｊか。ただし，１gの水の温度を１℃上昇させるのに必要な熱量を，4.2 Ｊとする。

問1		問3	(1)		(2)	J

■平成28年度問題

7 図1の回路をつくり，電熱線にかかる電圧を変えて，電流の変化を調べる実験を行った。表は，その実験の結果である。ただし，電熱線以外の抵抗は考えないものとする。

図1

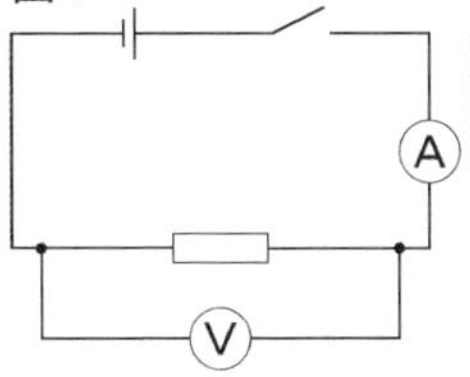

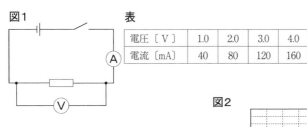

表

電圧〔V〕	1.0	2.0	3.0	4.0	5.0
電流〔mA〕	40	80	120	160	200

図2

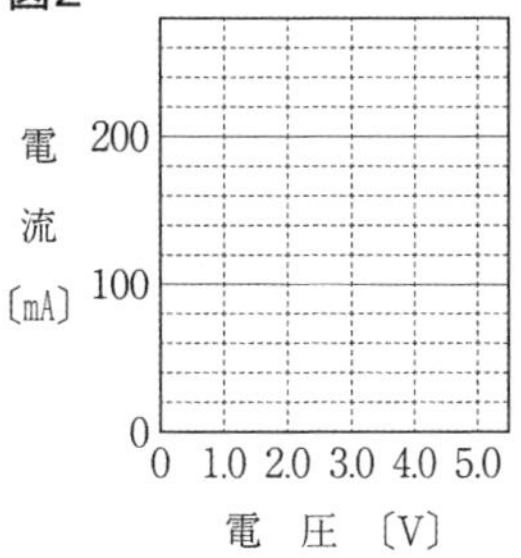

問1　表をもとに，電圧と電流の関係を，解答欄の図2にグラフで表せ。なお，グラフには測定値を・で示すこと。

問2　抵抗の大きさが，この実験で使った電熱線と同じ電熱線を2つ用いて，図3や図4の回路をつくり，それぞれの電源装置の電圧を同じにして電流を流し，X，Y，Zの各点を流れる電流の大きさをはかった。

（1）図3の回路で，X点に流れる電流が120mAであったとき，電源装置の電圧は何Vであったか。

（2）各点を流れた電流が大きいほうから順に，X，Y，Zの記号を並べよ。

図3

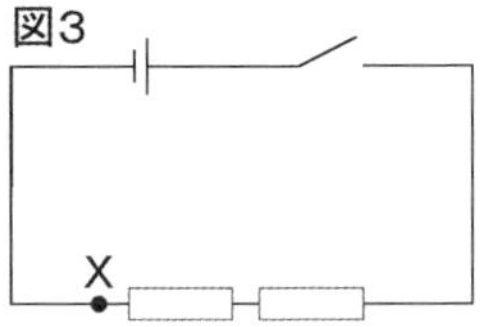

図4

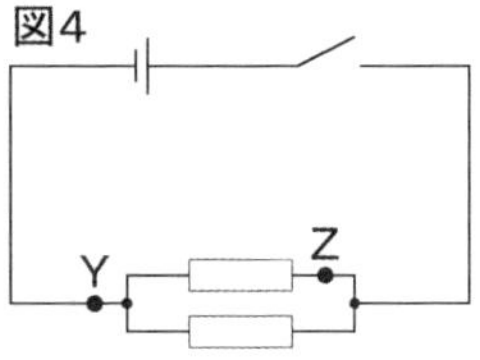

問3　家庭内の電気配線では，電気器具が並列につながれている。図5のように，テーブルタップつきの延長コードを100Vのコンセントにつなぎ，このテーブルタップに100V 200Wの表示のあるミキサーと，100V 500Wの表示のある電気炊飯《すいはん》器をつないで同時に使用するとき，延長コードを流れる電流は何Aか。ただし，それぞれの電気器具は，表示された消費電力で使用するものとする。

図5

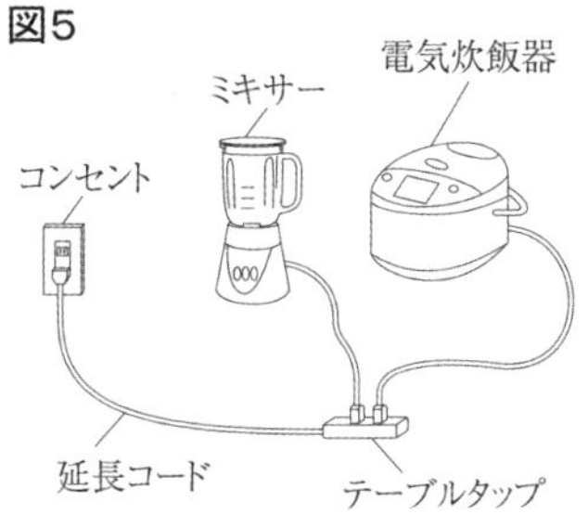

問1	図2 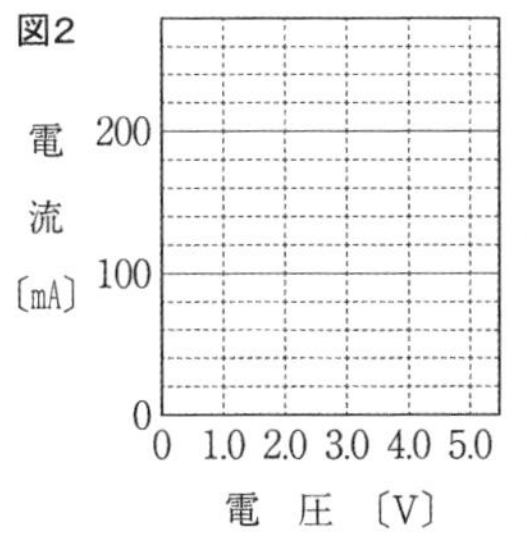	問2 (1)	V
		問2 (2)	→ →
		問3	A

■平成30年度問題

7 図1のような装置を用いて，コイルを流れる電流が磁界の中で受ける力を調べる実験を行った。電源装置のスイッチを入れ，電圧を5Vにすると，コイルは矢印の向きに動いた。このとき，電流計の針は図2のように示した。ただし，電熱線以外の抵抗は考えないものとする。

図1

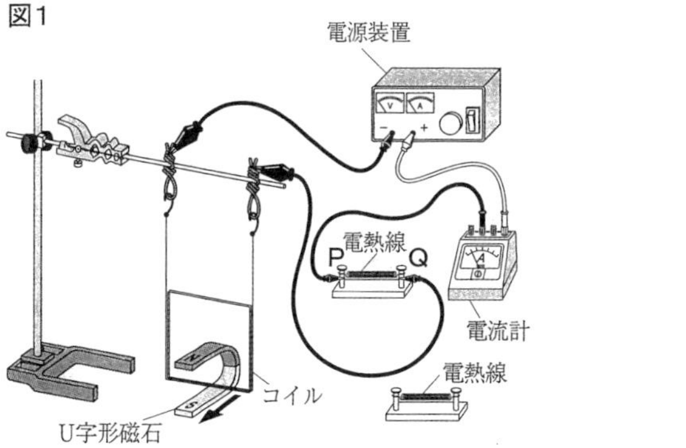

図2

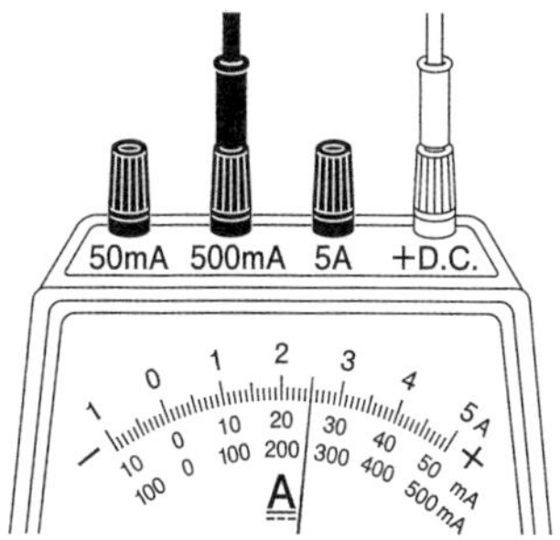

問1　コイルの動く向きを，図1の矢印の向きと逆にする方法を，1つ簡潔に書け。

問2　図1で使った電熱線の抵抗の大きさは何Ωか。

問3　図1で使った電熱線と抵抗の大きさが同じ電熱線を用いて，図1のPQ間を，次のA，B，Cのようにつなぎかえ，コイルの動きを調べた。コイルが大きく動いた順に，A，B，Cの記号を並べよ。

A

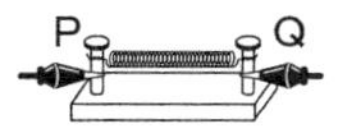

B

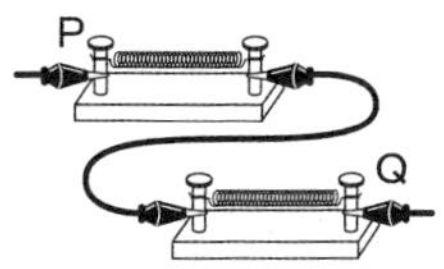

C

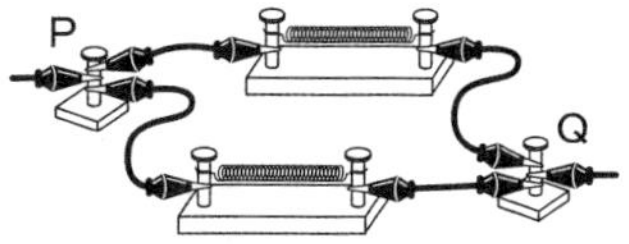

問4　下の［　］内は，コイルを流れる電流が磁界の中で受ける力の利用例について調べた内容の一部である。文中の（①）にあてはまるものを，あとの1～4から1つ選び，番号で答えよ。また，（②）に，適切な語句を入れよ。

> コイルを流れる電流が磁界の中で受ける力を利用しているものに（①）がある。また，（①）は，発電機と構造が似ているため，（②）という現象を利用して，発電することができる。

1　発光ダイオード　　2　電磁石　　3　モーター　　4　豆電球

問1							
問2	Ω	問3	→ →	問4	①		②

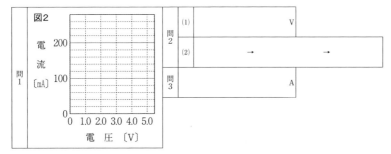

■平成31年度問題

7 図1のような装置を用いて，電熱線に加える電圧を変えて電流の変化を調べる実験を行った。図2は，電熱線aとbのそれぞれについて，この実験の結果をグラフに表したものである。ただし，電熱線以外の抵抗は考えないものとする。

図1

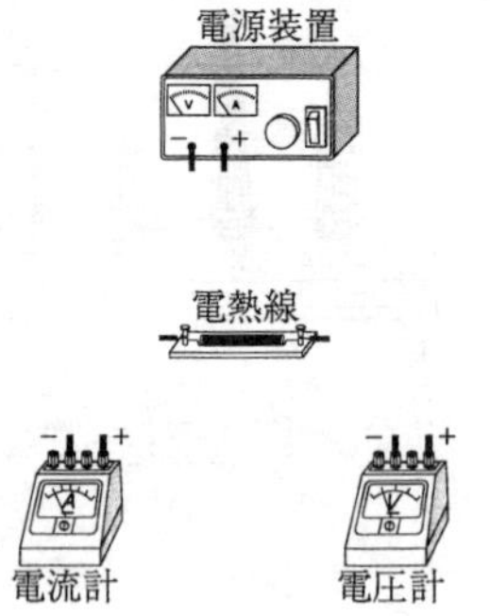

図2

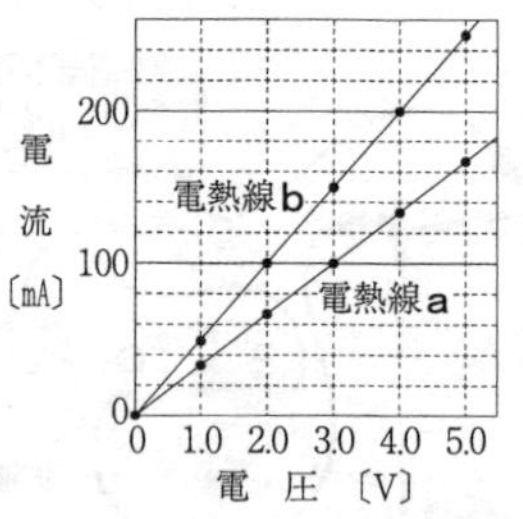

問1 電熱線に加える電圧を変えて電流の変化を調べるための回路を，図1の電源装置，電熱線，電流計，電圧計の全てを導線でつないで完成させよ。ただし，導線は――線で表すこと。

問2 下の□内は，図2のグラフからわかったことである。文中の（ア）に，下線部のように判断できる根拠となる，図2のグラフの特徴を，簡潔に書け。また，文中の（イ）に入る，適切な数値を書け。

> 電熱線aとbのグラフがともに（ア）であることから，電熱線を流れる電流は電圧に比例する。また，電熱線aとbを比べると，電熱線aの抵抗の大きさは，電熱線bの抵抗の大きさの（イ）倍である。

問3 次に，電熱線aとbを用いて，図3の回路をつくった。電源装置の電圧を6.0 Vにして図3の回路に電流を流したときの，回路全体の電力を求めよ。なお，単位も正しく記入すること。

図3

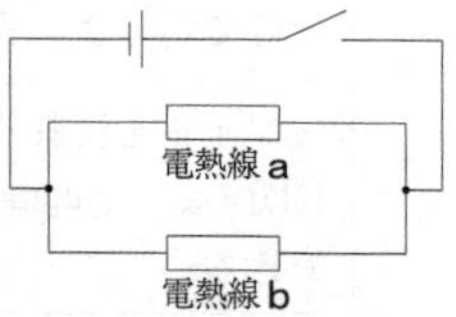

問4 家庭内の配線では，さまざまな電気器具が並列につながれている。このように並列につながれているのは，電気器具を使う上で，どのような利点があるからか。その利点を，1つ簡潔に書け。

問2	ア		イ		問3	
問4						

■令和2年度問題

8 電熱線に電流を流したときの水の温度変化を調べるために，A～Dの4つの班に分かれ，抵抗の大きさが同じ電熱線を用いて図1の回路をそれぞれつくり，実験を行った。

実験では，発泡《はっぽう》ポリスチレンのコップに水100 gを入れ，しばらくしてから水温をはかった。次に，コップの中の水に電熱線を入れ，各班で電熱線に加える電圧を変えて，回路に電流を流した。その後，水をガラス棒でゆっくりかき混ぜながら1分ごとに5分間，水温をはかった。

表は，この実験で電流を流している間の，各班の電圧，電力の大きさを示したものであり，図2は，実験の結果をもとに，電熱線に電流を流した時間と水の上昇温度の関係をグラフで表したものである。

図2

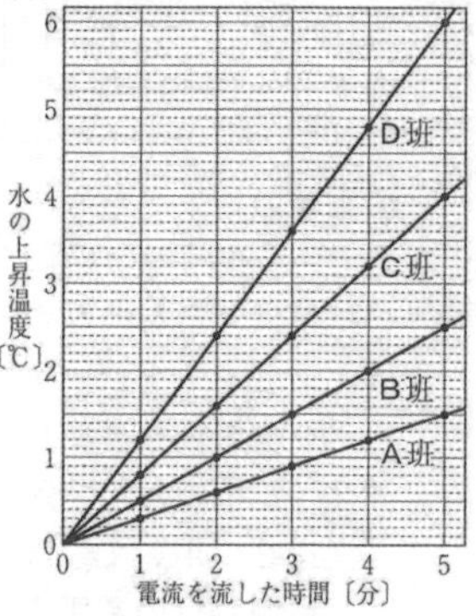

図1

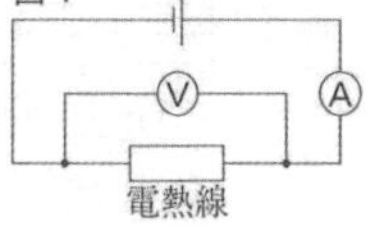

表

	A班	B班	C班	D班
電圧〔V〕	3.0	4.0	5.0	6.0
電力〔W〕	2.2	4.0	6.2	8.8

問1 図1の回路を組み立てた実験装置を示した図として，最も適切なものを，次の1～4から1つ選び，番号で答えよ。

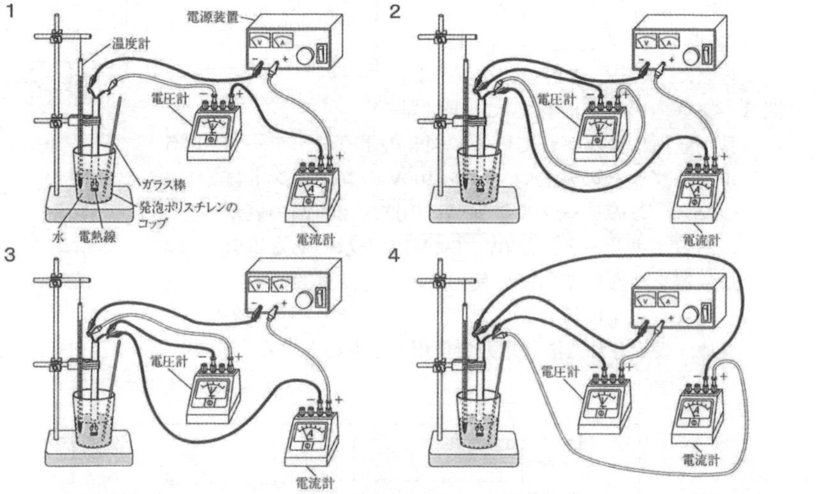

問2 下の□内は，この実験についてまとめた内容の一部である。「電力」と「5分後の水の上昇温度」の関係を，右の図3にグラフで表せ。なお，グラフには，表と図2から読みとった値を・で示すこと。また，文中の〔 〕にあてはまる内容を，簡潔に書け。

図3

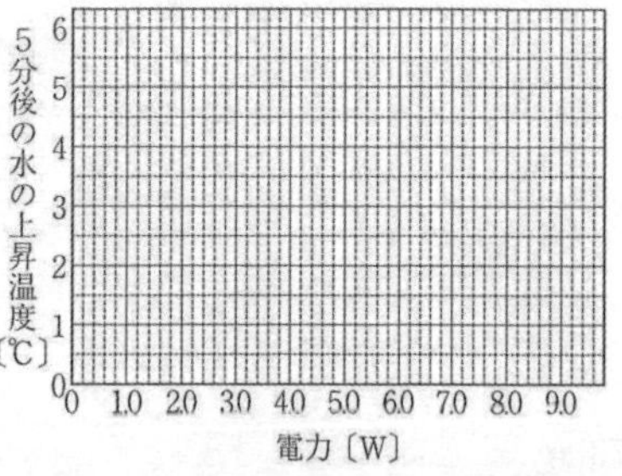

> 図2，図3の2つのグラフから，電流によって発生する熱量は，〔　　　〕のそれぞれに比例すると考えられる。

問３　下は，実験後，電熱線の発熱量と水が得た熱量について考察しているときの，花さんと健さんと先生の会話の一部である。

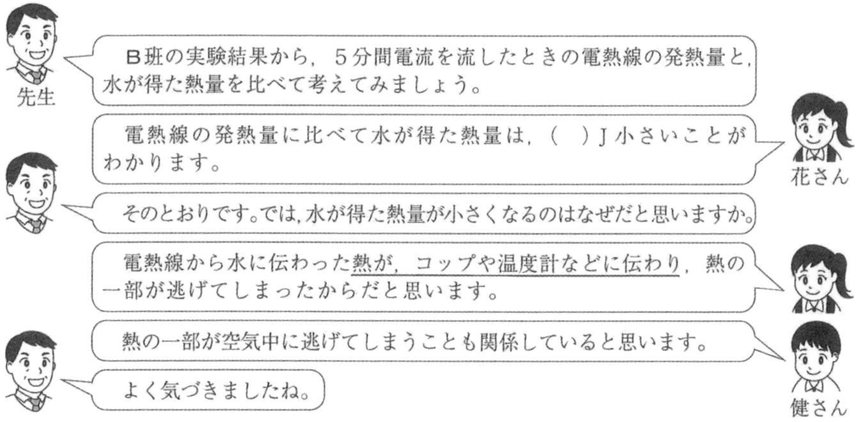
先生
Ｂ班の実験結果から，５分間電流を流したときの電熱線の発熱量と，水が得た熱量を比べて考えてみましょう。
花さん
電熱線の発熱量に比べて水が得た熱量は，（　）Ｊ小さいことがわかります。
そのとおりです。では，水が得た熱量が小さくなるのはなぜだと思いますか。
電熱線から水に伝わった熱が，コップや温度計などに伝わり，熱の一部が逃げてしまったからだと思います。
熱の一部が空気中に逃げてしまうことも関係していると思います。
健さん
よく気づきましたね。

（１）会話文中の（　）に入る，数値を書け。ただし，１ｇの水の温度を１℃上昇させるのに必要な熱量を，4.2 Ｊとする。

（２）下線部について，温度の異なる物体が接しているとき，熱が温度の高いほうから低いほうへ移動する現象を何というか。

問４　下の［　］内は，明るさが同程度の白熱電球とLED電球を用意し，それぞれの電球を一定時間使用したときの，消費電力のちがいについて説明した内容の一部である。文中の（①）に，適切な語句を入れよ。また，②の（　）内から，適切な語句を選び，記号で答えよ。

> 白熱電球に比べてＬＥＤ電球は，電気エネルギーを（①）エネルギーに変換する際に発生する熱の量が少ないので，消費電力が②（ア　小さい　イ　大きい）。

問1	

問2	内容	

問3	(1)	J	(2)		問4	①		②

■令和３年度問題

7　図１のように，30 Ωの抵抗《ていこう》Ｘと 20 Ωの抵抗Ｙを用いて，回路ＡとＢをつくり，それぞれの全体の抵抗を調べる実験を行った。実験では，それぞれの電圧計が3.0 Ｖを示すようにして，回路を流れる電流の大きさを測定した。このとき，回路ＡとＢの電流計の針は，それぞれ図２のように示した。ただし，抵抗Ｘと抵抗Ｙ以外の抵抗は考えないものとする。

図１
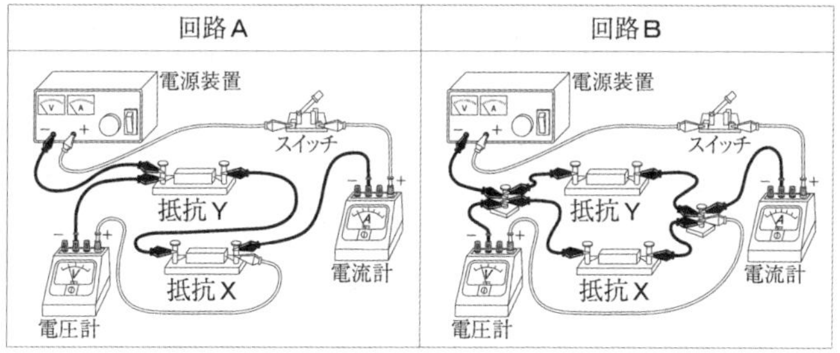
回路Ａ
回路Ｂ
電源装置
スイッチ
抵抗Ｙ
抵抗Ｘ
電流計
電圧計

図２
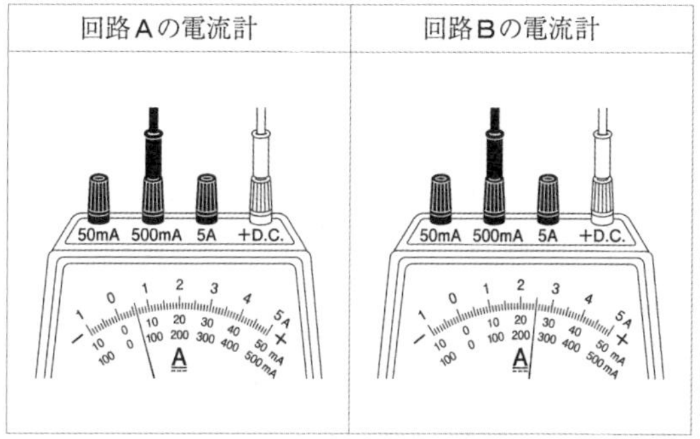
回路Ａの電流計
回路Ｂの電流計
50mA 500mA 5A +D.C.

問1	

問１　回路Ａの回路図を，電気用図記号を使って解答欄に記入せよ。

問２　回路Ｂの全体の抵抗の大きさは何Ωか。

問３　下の［　］内は回路ＡとＢのそれぞれの抵抗に流れる電流の大きさの大小関係について考察したものである。文中の（①），（②）に，＞，＜，＝のうち，適切な記号をそれぞれ書け。

> 回路Ａの抵抗Ｘおよび抵抗Ｙに流れる電流の大きさを，それぞれＰ，Ｑとすると，Ｐ（①）Ｑとなる。また，回路Ｂの抵抗Ｘに流れる電流の大きさをＲとすると，Ｐ（②）Ｒとなる。

問４　家庭内の電気配線では，電気器具が並列につながれている。［100 Ｖ　1200 Ｗ］の表示のあるアイロンと，［100 Ｖ　50 Ｗ］の表示のあるノートパソコンを，それぞれ家庭内の100 Ｖのコンセントにつないで使用した。アイロンをある一定時間使用したときの電力量が，ノートパソコンを 80 分間使用したときの電力量と等しくなった。アイロンの使用時間は，何分何秒か。

問2	Ω	問3	①		②	
問4	分　　秒					

■令和５年度問題

7 電熱線に電流を流したときの水の温度変化を調べるために，**A**～**C**の３つの班に分かれ，異なる種類の電熱線を用いて**図１**の装置をつくり，実験を行った。

実験では，発泡ポリスチレンのカップに水 100g を入れ，しばらくしてから水温をはかった。次に，カップの中の水に電熱線を入れ，電圧計の値が 6.0V になるように電圧を調整して，回路に電流を流した。その後，水をガラス棒でゆっくりかき混ぜながら１分ごとに５分間，水温をはかった。

図１

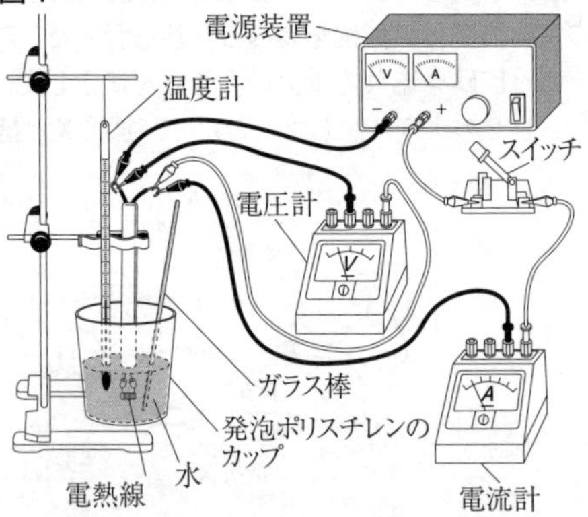

表１は，電圧が６Ｖのときに消費する，各班が用いた電熱線の電力を示したものであり，**表２**は，実験結果を示したものである。

表１

	電力〔W〕
A班	6
B班	9
C班	3

表２

電流を流した時間〔分〕		0	1	2	3	4	5
水温〔℃〕	A班	16.0	16.8	17.6	18.4	19.2	20.0
	B班	16.1	17.3	18.5	19.7	20.9	22.1
	C班	16.0	16.4	16.8	17.2	17.6	18.0

問１　下線部について，発泡ポリスチレンのカップが，この実験に用いる器具として適している理由を，「熱量」という語句を用いて，簡潔に書け。

問２　**図１**の装置に用いられている回路の回路図を，電気用図記号を使って解答欄に記入せよ。ただし，**図１**に示されている電気器具を全て記入すること。

問３　**表２**の**A**班の結果をもとに，「電流を流した時間」と「水の上昇温度」の関係を，右の**図２**にグラフで表せ。なお，グラフには水の上昇温度の値を・で示すこと。

図２

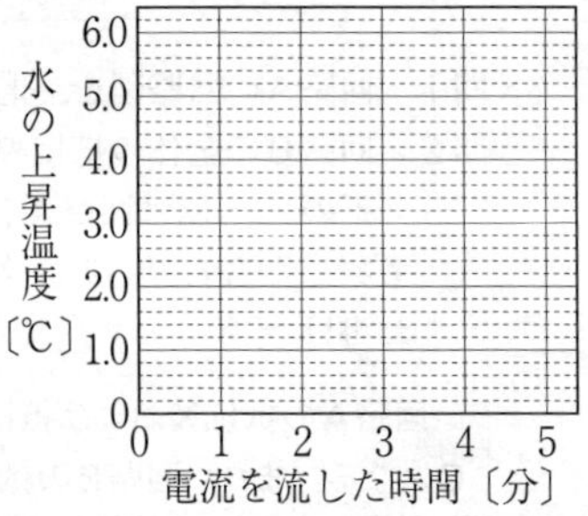

問４　下の□内は，この実験について考察した内容の一部である。文中の（**ア**）に，**A**～**C**のうち，適切な記号を書け。また，（**イ**）に，適切な語句を入れよ。

> 電力と５分後の水の上昇温度の関係をグラフで表すと，**図３**のようになった。**表１**から，最も電気抵抗が小さいのは，（**ア**）班の電熱線であることがわかるので，**図３**から，電気抵抗の小さい電熱線の方が，発熱量が（**イ**）と考えられる。

図３

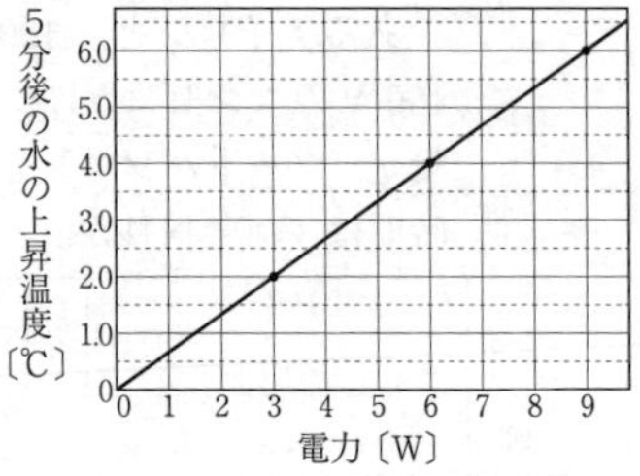

問1	
問2	

問4	ア		イ	

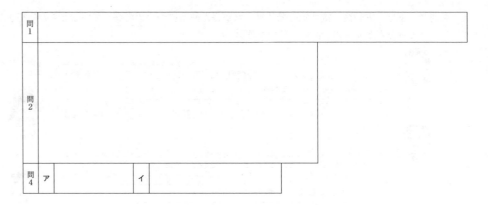

運動とエネルギー

■平成28年度問題

8 大きさが同じで，質量200gの球Aと質量100gの球Bを用意し，ふりこの運動について調べる実験を行った。下の□内は，その実験の内容の一部である。ただし，質量100gの物体にはたらく重力の大きさを1Nとし，摩擦《まさつ》や空気の抵抗は考えないものとする。

> 図1のように，伸《の》び縮みしない糸の一方の端を天《てん》井《じょう》に固定し，もう一方の端に球Aをつけ，糸がたるまないようにして球AをP点まで持ち上げ，手からしずかに離《はな》すと，球AはQ点，R点，S点を通って，P点と同じ高さのT点まで移動した。
> 次に，球Aを球Bにつけかえ，球BをP点まで持ち上げ，手からしずかに離すと，球BはQ点，R点，S点を通って，T点まで移動した。

図1

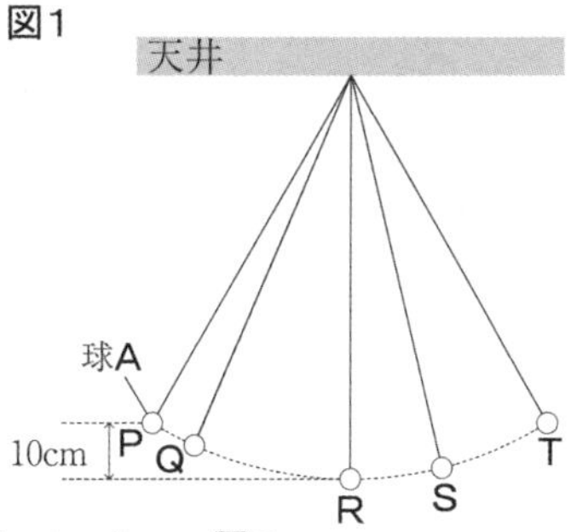

問1　図2は，図1のS点を通っているときの球Aを表している。このときの球Aにはたらく重力を，解答欄の図2に力の矢印で示せ。ただし，図2の1目盛《めも》りを1Nとし，力の作用点を•で示すこと。

図2

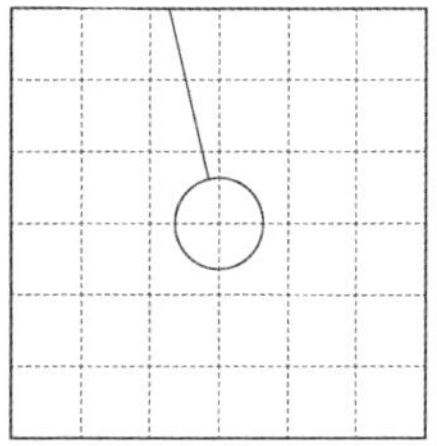

問2　図3は，この実験で，P点からT点まで移動するときの，球A，球Bそれぞれがもつ位置エネルギーの変化を，模式的に示したものである。

（1）下の⬚内は，図3について説明した内容の一部である。文中の（　）に，ア，イのうち適切な記号を入れよ。また，〔　〕に，あてはまる内容を簡潔に書け。

図3

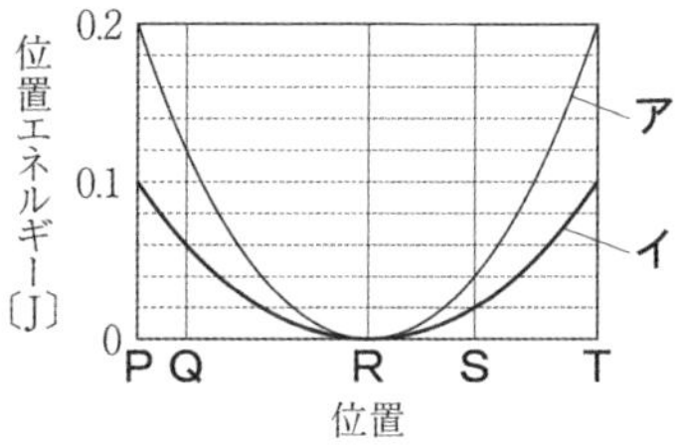

> 球Aがもつ位置エネルギーの変化を示したものは，（　）である。そう判断できるのは，物体が同じ高さにある場合，その物体がもつ位置エネルギーは，その物体の〔　　　〕ほど大きいからである。

（2）アの位置エネルギーの変化を示す球について，Q点での運動エネルギーは，S点での運動エネルギーの何倍か。

問1

図2

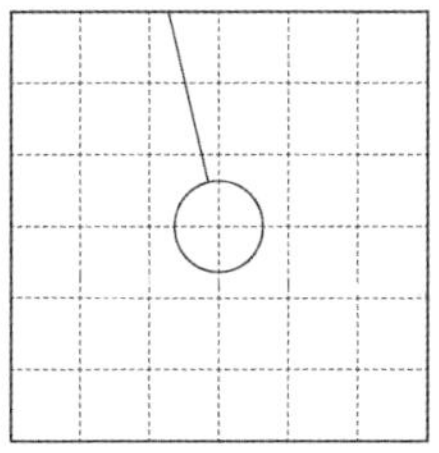

問2　(1) 記号　／　内容

(2)　　倍

■平成30年度問題

8 図1のようにして，球がもつ位置エネルギーについて調べる実験を行った。実験では，質量20gの球Xを，高さが5cm，10cm，15cm，20cmの位置から斜面《しゃめん》にそって転がして，Q点に置いた木片に衝突《しょうとつ》させ，木片が動いた距離をはかった。また，質量30gの球Yについても同じようにして，実験を行った。表は，実験結果を示したものである。ただし，球とレールとの間の摩擦《まさつ》や空気の抵抗は考えないものとし，球がもつエネルギーはすべて衝突によって木片を動かす仕事に使われるものとする。

図1

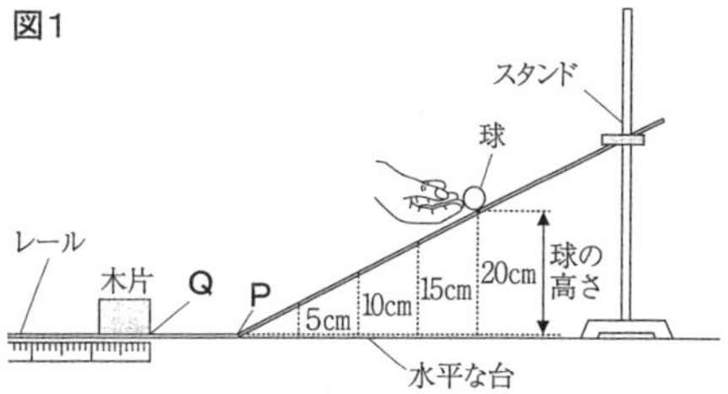

〔球はP点から水平なレール上を転がる。〕

表

球の高さ〔cm〕		5	10	15	20
木片が動いた距離〔cm〕	球X (20g)	4.0	8.0	12.0	16.0
	球Y (30g)	6.0	12.0	18.0	24.0

問1　図2のように，斜面に平行な向きに力を加え，球Xを静止させた。このとき手が球Xに加えた力を解答欄の図3に力の矢印で示せ。なお，力の作用点を•で示すこと。ただし，図3の力の矢印は，球Xにはたらく重力を示したものである。

図2

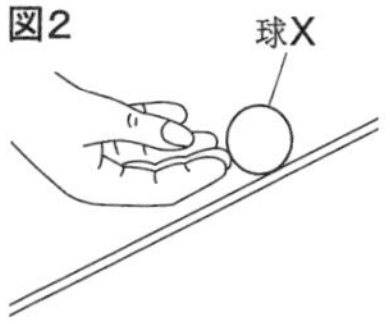

問2　表から，球Yについて，球の高さと木片が動いた距離の関係を，解答欄の図4にグラフで表せ。なお，グラフには測定値を•で示すこと。

問3　球Xを，高さを変えて転がしたとき，球Yを高さ15cmの位置から転がした場合と同じ距離だけ木片が動いた。球Xは高さ何cmの位置から転がしたか。

問4　図5のように，図1よりも斜面の傾きを大きくし，球Xを高さ20cmの位置から転がした。このように斜面の傾きを大きくすると，図1で球Xを高さ20cmの位置から転がした場合と比べて，球XがP点に達するまでの時間とP点での球Xの速さは，それぞれどうなるか，簡潔に書け。

問1　図3

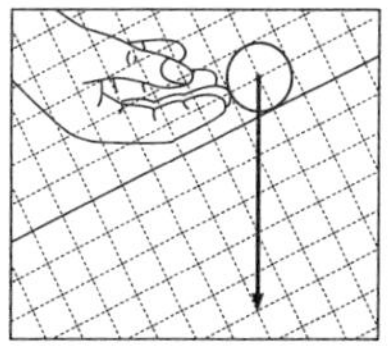

問2　図4

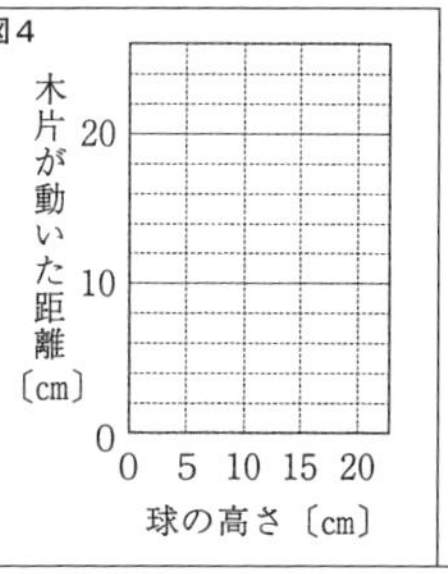

図5

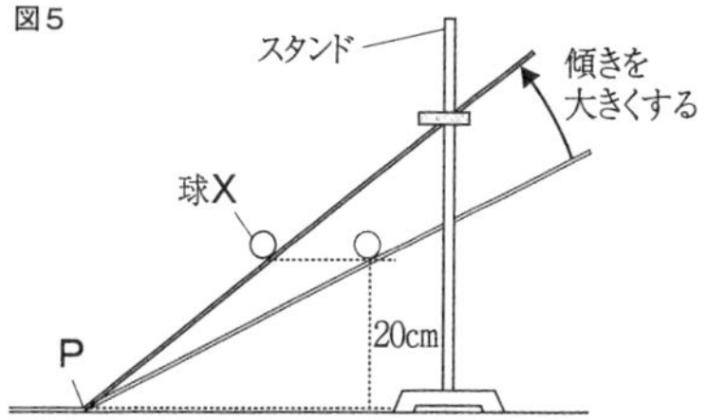

問3　　cm　／　問4　時間　　速さ

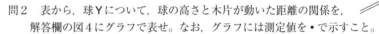

■平成31年度問題

8 自由落下するおもりの運動を調べる実験を行った。下の□内は，その実験の手順である。ただし，質量 100 g の物体にはたらく重力の大きさを1Nとし，摩擦《まさつ》や空気の抵抗，テープや糸，クリップの重さ，テープと糸の伸びは考えないものとする。

手順1　図1のように，記録タイマーに通したテープを 200g のおもりにつける。
手順2　テープから静かに手を離《はな》し，おもりが落下するようすを$\frac{1}{60}$秒ごとに打点する記録タイマーで記録する。
手順3　テープのはじめの，打点の重なっている部分は使わずに，残りのテープを打点が記録された順に6打点ごとに①～④に切り分ける。そして，図2のように，①～④を順に左から台紙にはる。

図1

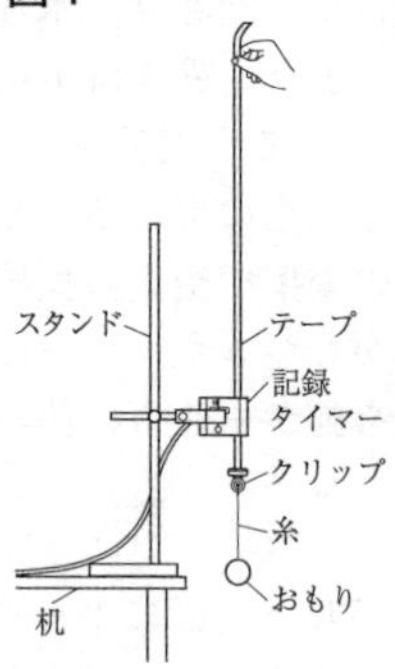

図2

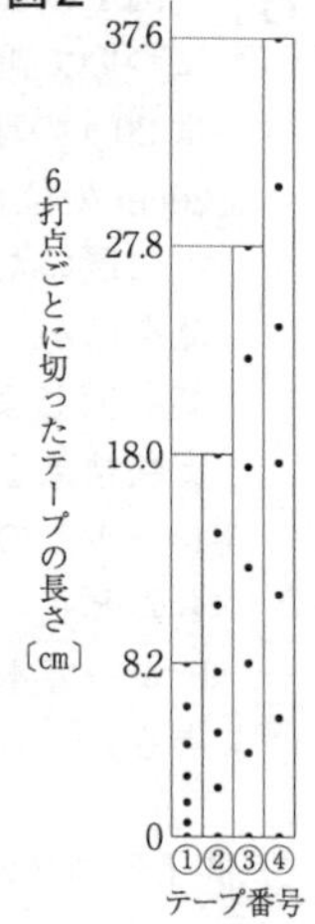

問1　図3は，手順2で手を離す前，おもりを静止させたときのおもりのようすを表したものである。このときの糸がおもりを引く力を，図3に力の矢印で示せ。なお，力の作用点を・で示すこと。ただし，図3の1目盛《めも》りを1Nとする。

図3

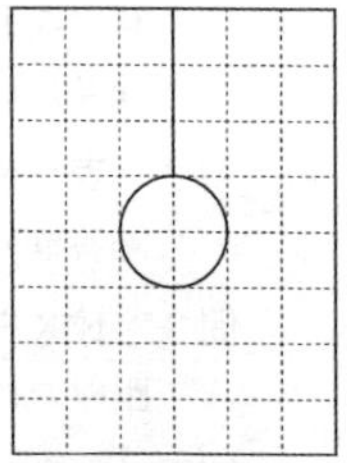

問2　右の□内は，生徒のレポートの一部であり，表は，図2をもとに，おもりの平均の速さをまとめようとしたものである。テープ①～④の各区間における，おもりの平均の速さを全て記入して，右の表を完成させよ。また，【まとめ】の中の（　）に入る，適切な語句を書け。

表【おもりの平均の速さ】

区間（テープ番号）	①	②	③	④
おもりの平均の速さ〔cm/s〕				

【まとめ】
自由落下運動では，物体の運動の速さの（　　　　　）が一定である。

問3　図2をもとに，おもりが落下し始めてからの時間と，おもりの移動距離の関係を表したグラフとして，最も適切なものを，次の1～4から1つ選び，番号で答えよ。

1

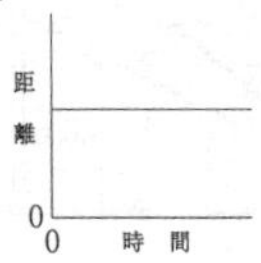

2

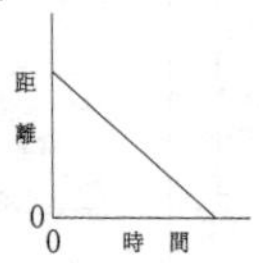

3

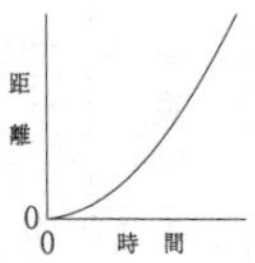

4

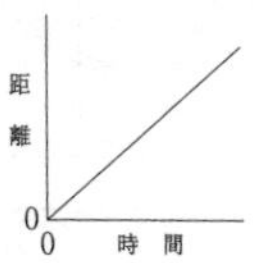

問2	語句		問3	

■令和3年度問題

8 図1のような装置を用いて，球がもつ位置エネルギーについて調べる実験を行った。実験では，質量 20g の球Xを，球の高さが 10cm，20cm，30cm の位置から斜面《しゃめん》にそって静かに転がして木片に衝突《しょうとつ》させ，木片が動いた距離《きょり》をそれぞれはかった。

次に，球Xを，質量 30 g の球Y，質量 40 g の球Zにかえて，それぞれ実験を行った。図2は，実験の結果をもとに，球の高さと木片が動いた距離の関係をグラフで表したものである。

ただし，球とレールとの間の摩擦《まさつ》や空気の抵抗は考えないものとし，球がもつエネルギーは全て衝突によって木片を動かす仕事に使われるものとする。また，質量 100 g の物体にはたらく重力の大きさを1Nとする。

図1

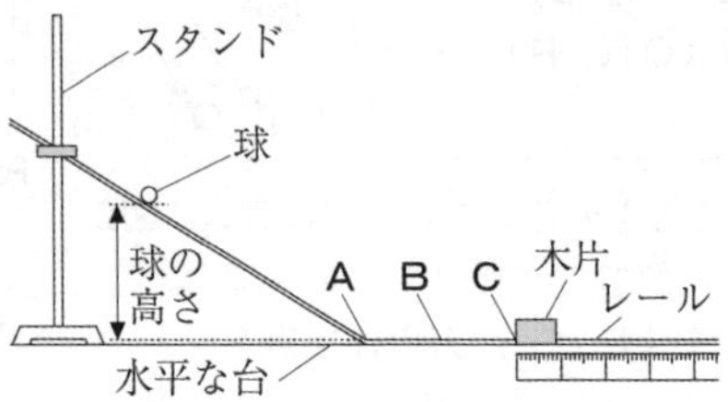

図2

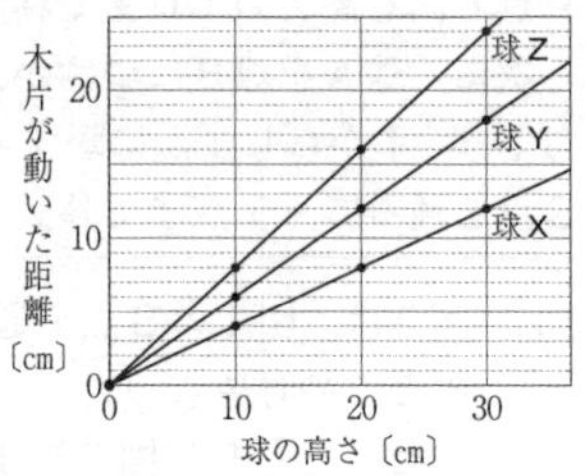

問1　球Xは斜面を転がった後，一定の速さでA点からB点を通ってC点まで水平なレール上を転がった。このように，一定の速さで一直線上を進む運動を何というか。

また，図3は，球XがB点を通過しているときの球Xを表している。このときの球Xにはたらく垂直抗力を，図3に力の矢印で示せ。なお，力の作用点を・で示すこと。ただし，図3の1目盛《めも》りを 0.1 Nとする。

図3

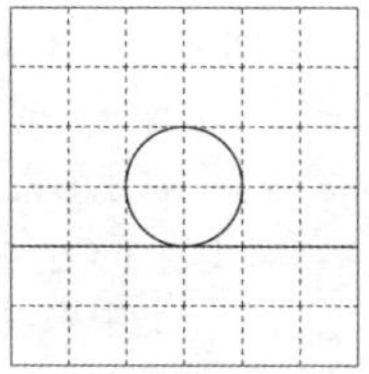

問2　図1の装置を用いて，質量のわからない球Mを，球の高さが 10cm の位置から斜面にそって静かに転がすと，木片が 11cm 動いた。球Mの質量は何 g か。

問3　実験後，図4のような装置をつくり，球の運動のようすを調べた。実験では，球XをP点から斜面にそって静かに転がした。このとき，球Xは，Q点，R点，S点を通ってT点に達した。図5は，球XがP点からS点に達するまでの，球Xがもつ位置エネルギーの変化を，模式的に示したものである。球XがP点からS点に達するまでの，球Xがもつ運動エネルギーの変化を，図5に記入せよ。

図4

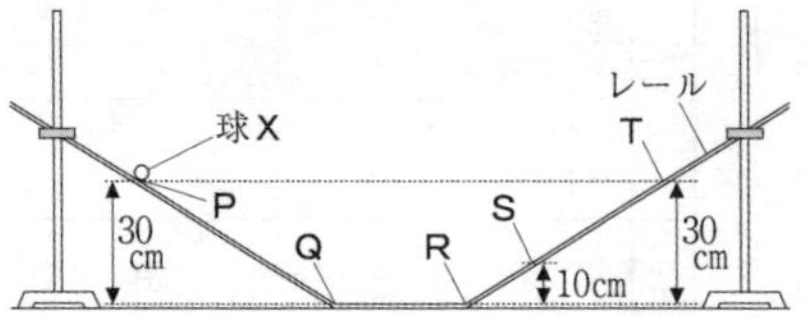

図5

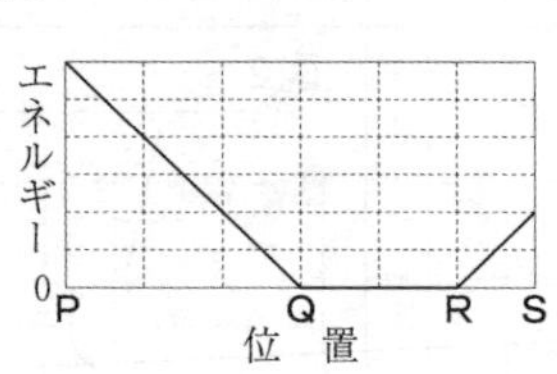

問1	運動		問2	g

■令和５年度問題

8 斜面を下る台車の運動を調べる実験を行った。下の□内は，その実験の手順である。ただし，摩擦や空気の抵抗，テープの重さ，テープの伸びは考えないものとする。

手順１　**図１**のように，斜面に固定した記録タイマーに通したテープを，斜面上の**A**点に置いた台車につける。
手順２　テープから静かに手を離し，台車が**A**点から**B**点まで斜面を下るようすを，$\frac{1}{60}$秒ごとに打点する記録タイマーで記録する。
手順３　テープのはじめの，打点の重なっている部分は使わずに，残りのテープを打点が記録された順に６打点ごとに①～④に切り分ける。
手順４　**図２**のように，①～④を順に左から台紙にはる。
手順５　**図２**の①～④のテープの長さから，各区間の台車の平均の速さを求め，**表**に記入する。

図２

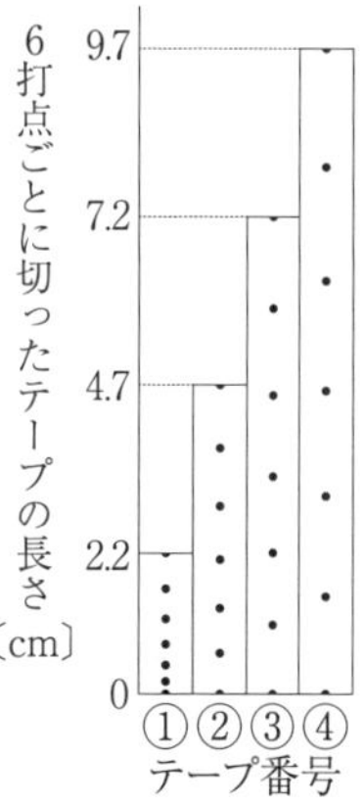

図１

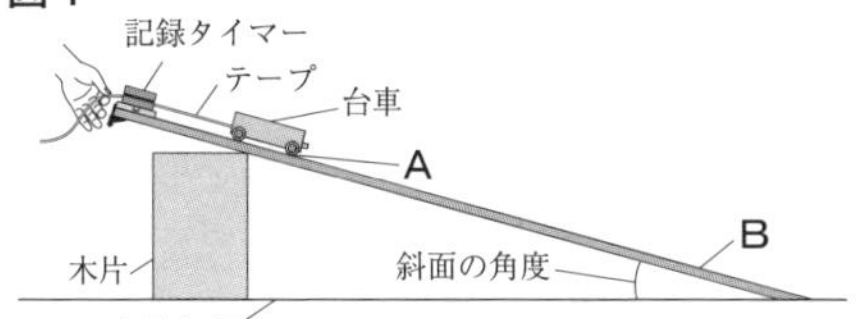

表

区間（テープ番号）	①	②	③	④
台車の平均の速さ〔cm/s〕	22	47	72	97

図３

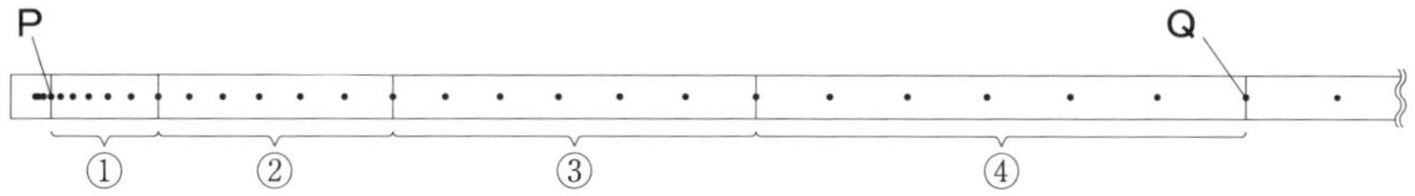

問１　**図３**は，手順３で切り分ける前のテープを表している。**P**点が打点されてから，**Q**点が打点されるまでの，台車の平均の速さを求めよ。

問２　下は，**表**をもとに，台車の速さの変化について考察しているときの，花さんと健さんと先生の会話の一部である。

先生

表から何か気づいたことはありませんか。

花さん

各区間の平均の速さが増加していくことから，台車はだんだん速くなっていることがわかります。

健さん

表から速さの増え方を求めると，速さが（**X**）とともに一定の割合で変化していることがわかります。

よく気づきましたね。それでは，台車の速さの変化について，台車が受けている力に着目して考えてみましょう。

花さん

花さんの考え　台車はだんだん速くなっているので，台車が斜面を下るにつれて，台車が運動の向きに受ける力は大きくなっていくと思います。

健さん

健さんの考え　速さが一定の割合で変化しているので，斜面を下っている間は，台車が運動の向きに受ける力の大きさは変わらないと思います。

よく考えましたね。それでは，ばねばかりを用いて，台車が受ける力を調べてみましょう。**花さんの考え**と**健さんの考え**を確かめるためには，どのような実験を行えばよいでしょうか。

健さん

斜面上の**A**点と**B**点で，台車が受けている斜面に平行な力の大きさを，それぞれはかります。私の考えが正しいならば，力の大きさは（　**Y**　）なると思います。**花さんの考え**が正しいならば，力の大きさは（　**Z**　）なると思います。

そのとおりです。

（１）　会話文中の（**X**）に，適切な語句を入れよ。
（２）　会話文中の（**Y**），（**Z**）に，あてはまる内容として，最も適切なものを，次の**1**～**3**からそれぞれ１つずつ選び，番号を書け。
1　**A**点より**B**点の方が大きく　**2**　**A**点と**B**点で等しく　**3**　**B**点より**A**点の方が大きく

問３　実験後，**図４**のように，斜面上の**C**点に台車を置き，静かに手を離した。次に，**図５**のように，**図４**よりも斜面の角度を小さくし，水平な床からの高さが**C**点と同じである**E**点に台車を置き，静かに手を離した。このように斜面の角度を小さくすると，**図４**の**C**点に台車を置いて静かに手を離した場合と比べて，次の㋐，㋑はどうなるか，簡潔に書け。ただし，**D**点は，斜面と水平な床が接する点である。
㋐　台車の先端が**D**点に達するまでの時間
㋑　台車の先端が**D**点に達したときの台車の速さ

図４

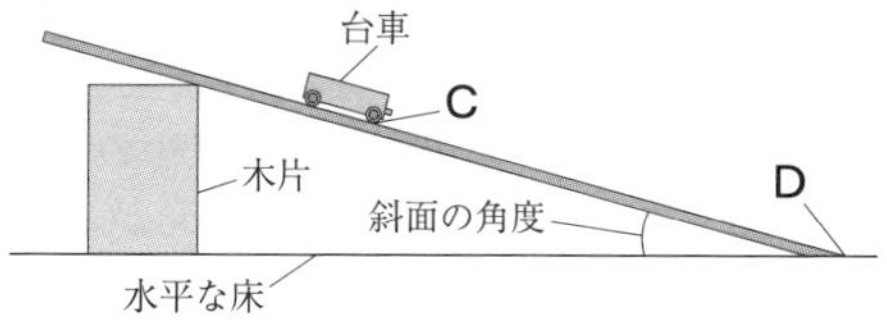

図５

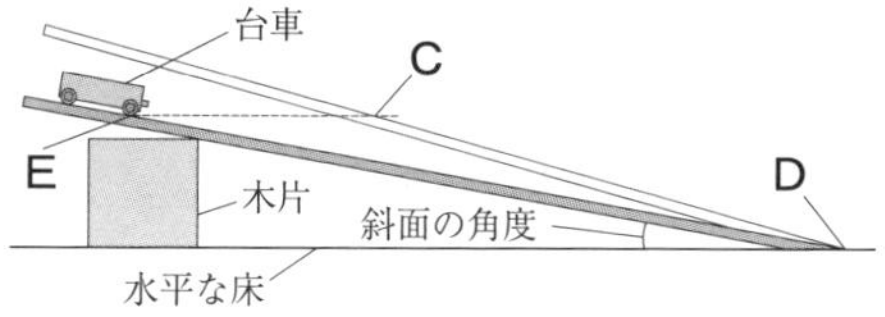

問1	cm/s			問2	(1)			
(2)	Y		Z		問3	㋐		㋑

◎２分野
植物の生活と種類

■平成27年度問題

1　治さんは，葉のつくりを調べるため，ツユクサを準備した。はじめに，葉脈のようすを観察し，次に，葉の裏側の表皮を顕微鏡で観察した。下の□内は，顕微鏡で観察しているときの，治さんと先生の会話の一部である。図は，ツユクサの葉の形のスケッチである。

図

先生「表皮を顕微鏡で観察します。葉の裏側にカッターナイフで切れめを入れ，表皮をピンセットでうすくはぎとり，表皮のプレパラートをつくって，観察してください。」

【表皮を顕微鏡で観察する】

治　「細長い細胞が向かい合っている部分が，多数見えます。」

先生「よく観察できました。では，①顕微鏡の倍率を高くして，その部分を観察してください。」

【高倍率にして観察する】

先生「細長い２つの細胞に囲まれたところが，わかりますか。そこが，気孔です。」

治　「②根で吸収した水が，葉から水蒸気となって出ていくことを学習しましたが，この気孔から水蒸気が出ていくのですか。」

先生「そうです。さらに，気孔は開閉して，二酸化炭素や酸素の（　　　）しています。」

問１　治さんは葉脈のようすから，ツユクサが単子葉類だとわかった。ツユクサの葉脈のようすを，その特徴がわかるように，右上の図中にかけ。

問２　下の┆┆内は，会話文中の下線部①のときのようすを，説明したものである。文中のア，イの（　）内の語句から，それぞれ適切なものを選び，記号で答えよ。

ピントを合わせた状態では，低倍率より高倍率の方が，対物レンズとプレパラートの距離は，ア（P近く　Q遠く）なり，視野の明るさは，イ（R明るく　S暗く）なる。

問３　会話文中の下線部②の現象を何というか。また，会話文中の（　）内にあてはまる内容を，簡潔に書け。

問2	ア		イ		問3	現象		内容	

■平成28年度問題

1　下の□内は，図１の器具を使って，エンドウの花のつくりを観察しているときの，孝さんと恵さんと先生の会話の一部である。図２は，エンドウの花の断面の模式図である。

先生「エンドウの花をカッターナイフで縦に切って，花のつくりを観察しましょう。」

孝　「(ア) は，どのように使うのですか。」

先生「観察するものが動かせるときは，〔　　　〕，よく見える位置を探します。」

【エンドウの花の断面を観察する】

恵　「めしべの根もとのふくらんだ部分の中に，小さな粒がいくつも入っています。」

孝　「この小さな粒が，胚珠《はいしゅ》ですか。」

先生「そうです。受粉《じゅふん》すると，やがて，胚珠は種子になり，胚珠を包んでいる（イ）は果実になります。エンドウのように，胚珠が（イ）の中にある植物を，被子《ひし》植物といいます。」

図1

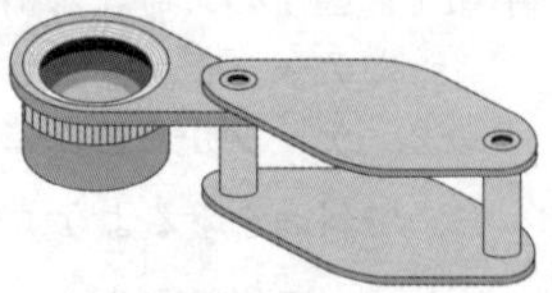

図2

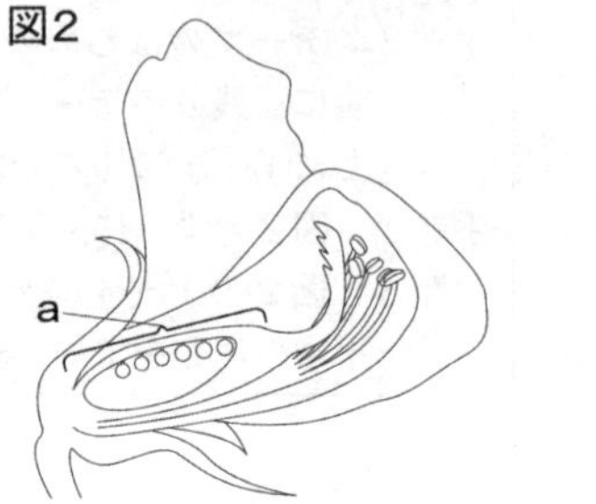

問１　文中の〔　〕にあてはまる内容を，(ア) に入る図１の器具の名称を用いて，簡潔に書け。

問２　文中の（イ）に入る，図２のaで示す部分の名称を書け。

問３　下線部について，被子植物における受粉とはどのようなことか，簡潔に書け。

問４　観察後，孝さんは，受粉後に種子ができるしくみについて調べた。下の┆┆内は，その内容の一部である。文中の（　）にあてはまる内容を，２種類の生殖細胞《せいしょくさいぼう》の名称を用いて，簡潔に書け。

被子植物では，受粉が起こると，花粉管が胚珠に向かってのびていく。花粉管の先が胚珠まで達すると，（　）。これを受精《じゅせい》といい，その後，胚珠全体が種子になる。

問1			
問2		問3	
問4			

■平成30年度問題

1 孝さんは，晴れた日にアジサイの蒸散《じょうさん》の量を調べる実験を行った。下の□内は，その実験の手順と結果を示したものである。

【手順】

① 葉の数と大きさがほぼ同じ３本のアジサイの枝を，表のａ～ｃのように準備する。

② ａ～ｃの枝を水中で切り，水を入れたメスシリンダーにさし，油を注いで水面をおおい，図１のような装置Ａ～Ｃをつくる。

③ Ａ～Ｃを窓ぎわに４時間置き，減少した水の量を調べる。

【結果】

装置	A	B	C
減少した水の量〔mL〕	4.5	3.6	1.5

表

a	そのままの枝
b	すべての葉の表《おもて》にワセリンをぬった枝
c	すべての葉の裏にワセリンをぬった枝

図1

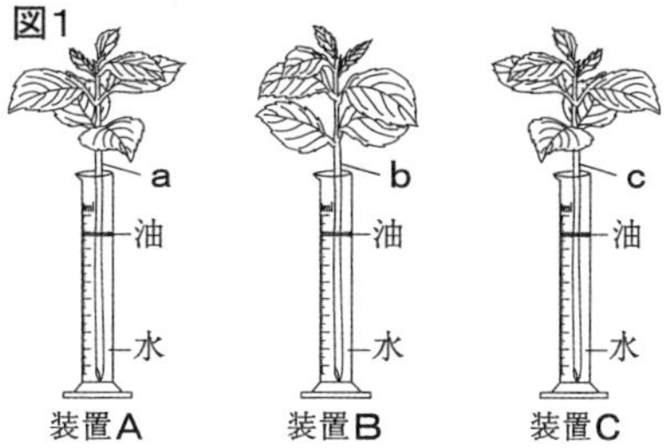

問１ 下線部の操作を行う理由を，「水面からの」という書き出しで，簡潔に書け。

問２ 下の□内は，実験の結果を考察した内容の一部である。

葉の表からの蒸散の量はア［（ ）と（ ）］の結果を，葉の裏からの蒸散の量はイ［（ ）と（ ）］の結果を，比べることでわかる。この蒸散の量のちがいから，（ ウ ）ことがわかる。

（1）文中のア［（ ）と（ ）］，イ［（ ）と（ ）］のそれぞれの（ ）にあてはまる装置を，Ａ～Ｃから選び，記号で答えよ。

（2）文中の（ウ）にあてはまる内容を，「水」という語句を用いて，簡潔に書け。

問３ 実験後に，孝さんは，茎の水の通り道について疑問をもち，ホウセンカを用いて観察を行った。食紅《しょくべに》で着色した水を入れた三角フラスコに，ホウセンカをさし，数時間置いた。その後，茎の断面のプレパラートをつくり，顕微鏡《けんびきょう》で観察した。図２は，観察した茎の断面の一部を模式的に表したものである。

この実験で着色した水が通る管を，図２中で，すべてぬりつぶせ。また，この管の名称を書け。

図2

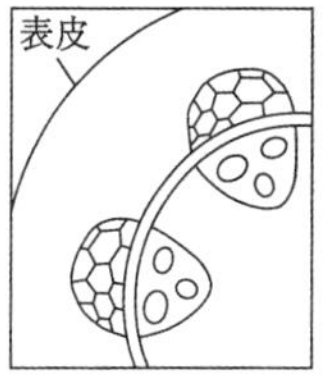

問1					
問2	(1)	ア	（ ）と（ ）または（ ）と（ ）	イ	（ ）と（ ）または（ ）と（ ）
	(2)				
問3	名称				

■平成31年度問題

1 明さんは，光合成で使われる物質を調べる実験を行った。下の□内は，その実験の手順と結果を示したものである。

【手順】

オオカナダモを入れた試験管Ａと，空《から》の試験管Ｂを準備する。次に，水を入れたビーカーに青色のＢＴＢ液を加え，ストローで息をふきこんで緑色にし，これをＡ，Ｂに注いでゴム栓《せん》をする。そして，図１のように，Ａ，Ｂに十分《じゅうぶん》に光をあてた後，ＢＴＢ液の色を調べる。

図1

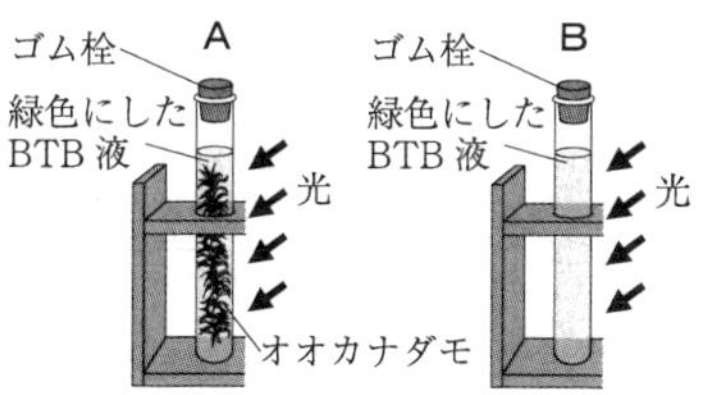

【結果】

試験管	ＢＴＢ液の色	〈気づいたこと〉
A	（Ｐ 青 Ｑ 黄）色	Ａのオオカナダモから気泡が発生した。
B	緑色	

問１ この実験においてＢを用いることで，どのようなことを確かめることができたか。「光」，「ＢＴＢ液」の２つの語句を用いて，その内容を簡潔に書け。また，この実験でＢを用いたように，調べようとすることがら以外の条件を同じにして行う実験を何というか。

問２ 【結果】の（ ）内から，適切な語句を選び，記号で答えよ。また，この実験の結果からわかる，光合成で使われた物質の名称を書け。

問３ 実験後，明さんは，下線部にふくまれる気体について調べる実験を行うことにした。下の□内は，その実験の方法について説明したものである。文中の（Ｘ）にあてはまる具体的な操作を，１つ簡潔に書け。また，（Ｙ）に入る，光合成でできる気体の名称を書け。

オオカナダモを入れたペットボトルに，ストローで十分に息をふきこんだ水を満たしてふたをし，数時間光をあてる。

次に，図２のように，オオカナダモから出てきた気体を水中で試験管に集める。

その後，集めた気体の中に（Ｘ）。このときの変化から，集めた気体の中に（Ｙ）が多くふくまれることを確かめる。

図2

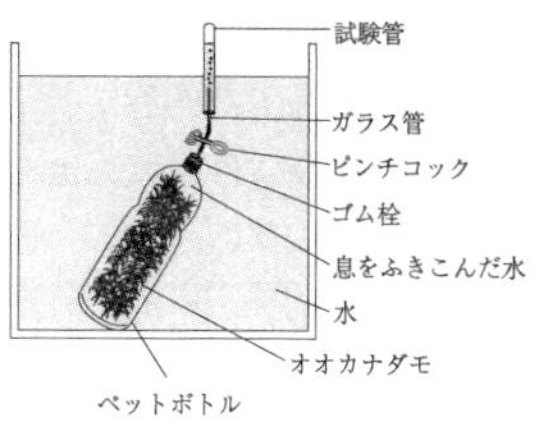

問1	内容		名称	（実験）
問2	記号		名称	
問3	X			
	Y			

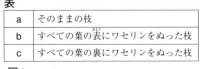

■令和2年度問題

1 光合成について調べるために，鉢《はち》植えしたアサガオの，ふ入りの葉を使って実験を行った。下の□内は，その実験レポートの一部である。

【手順】

図1のように，葉の一部を表裏ともにアルミニウムはくでおおい，暗いところに一晩置いた後，十分《じゅうぶん》に光をあてる。次に，図2のように，茎から葉を切りとり，アルミニウムはくをはずして，あたためたエタノールにひたす。最後に，エタノールから葉をとり出して水洗いし，ヨウ素液につけ，葉の色の変化を観察する。

図1

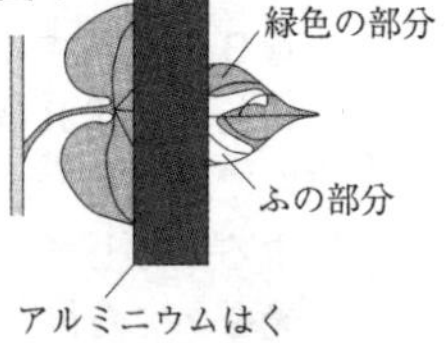

【結果】

図2の葉の部分	ヨウ素液による葉の色の変化
A	青紫色になった。
B	変化しなかった。
C	変化しなかった。
D	変化しなかった。

図2

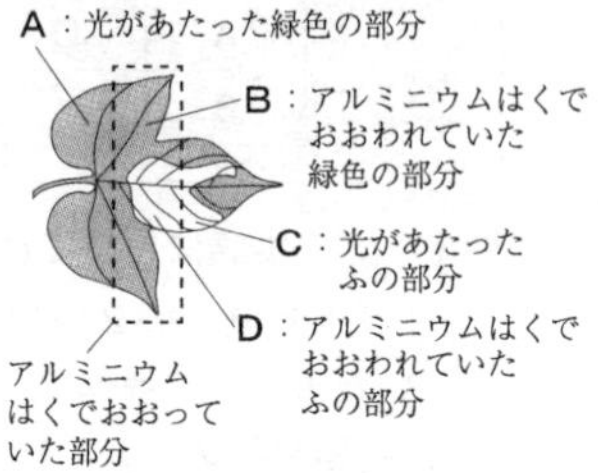

【考察】

○ AとCの結果を比べると，光合成を行うためには，（ア）が必要だとわかった。

○ イ［（　）と（　）］の結果を比べると，光合成を行うためには，光が必要だとわかった。

問1 下線部の操作を行ったのは，エタノールにどのようなはたらきがあるからか，簡潔に書け。

問2 【考察】の（ア）に，適切な語句を入れよ。また，イ［（　）と（　）］のそれぞれの（　）にあてはまる葉の部分を，A～Dから選び，記号で答えよ。

問3 下の□内は，実験後，生徒が，光合成によって葉でつくられた養分のゆくえについて調べた内容の一部である。図3は，葉の断面の一部を模式的に表したものである。文中の（P）に，a，bのうち適切な記号を入れよ。また，（Q），（R）に，適切な語句を入れよ。

葉でつくられた養分は，図3の（P）で示される，維管束《いかんそく》の中の（Q）という管を通って植物の体《からだ》全体に運ばれる。また，養分が（Q）を通るときは，（R）に溶《と》けやすい物質になっている。

図3

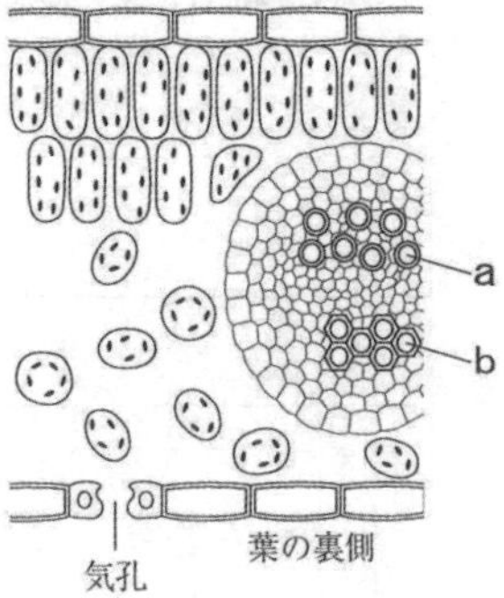

問1					
問2	ア		イ	（　　）と（　　）	
問3	P		Q		R

■令和4年度問題

1 恵さんは，アブラナの花とマツの花のつくりとはたらきについて調べ，発表するための資料を作成した。**図**はその資料の一部である。**図**の中の**ア**，**イ**は，マツのりん片を表している。

図

アブラナの花とマツの花に共通して見られる特徴

- 胚珠《はいしゅ》と花粉がある
- 受粉をする
- （　A　）

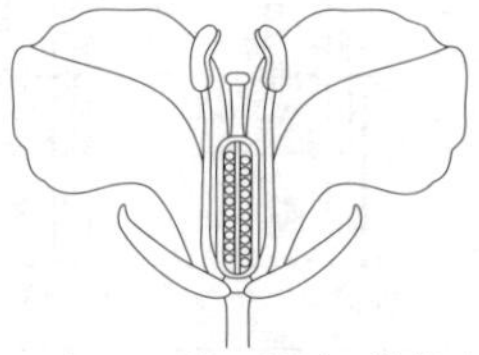

アブラナの花の断面の模式図

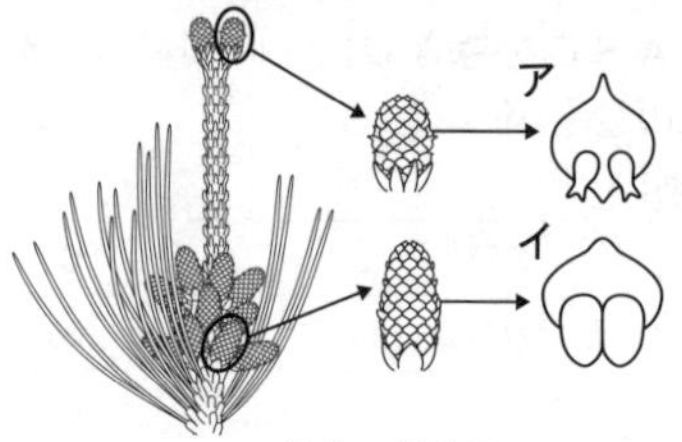

マツの枝先の模式図

アブラナの花だけに見られる特徴

- おしべとめしべがある
- 胚珠は子房の中にある
- 花粉はおしべのやくに入っている
- （　B　）

マツの花だけに見られる特徴

- 雄花と雌花がある
- （　C　）
- 花粉はりん片の花粉のうに入っている

問1 **図**の中の下線部を示す部分を，解答欄の**ア**，**イ**の中で，全て ぬりつぶせ。

問2 **図**の中の（A）～（C）にあてはまる特徴として，最も適切なものを，次の1～4からそれぞれ1つずつ選び，番号を書け。

1 胚珠はむき出しになっている　　2 果実をつくる
3 胞子のうがある　　4 種子をつくる

問3 発表後，恵さんは，被子植物が受粉した後の花粉の変化について調べた。下の□内は，その内容の一部である。文中の（　）にあてはまる内容を，簡潔に書け。

被子植物では，花粉が柱頭につくと，胚珠に向かって（　）ことにより，花粉の中にある精細胞は胚珠まで運ばれ，精細胞と胚珠の中の卵細胞が受精する。

問4 種子植物を，次の1～4から全て選び，番号を書け。

1 スギナ　　2 イチョウ　　3 イネ　　4 ゼンマイ

問1	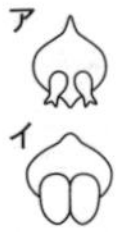 ア イ	問2	A		B		C	
		問3						
		問4						

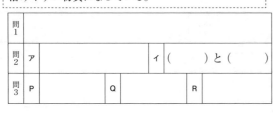

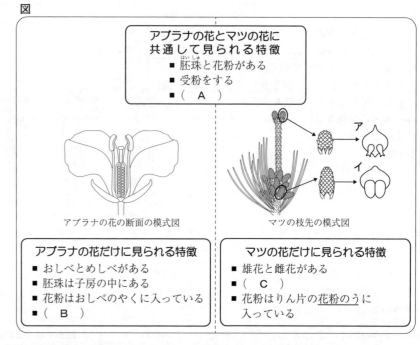

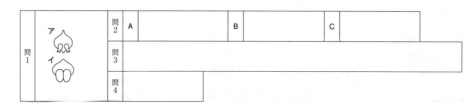

■令和５年度問題

1　アジサイの葉の吸水量を調べる実験を行った。下の□内は，その実験の手順と結果である。

【手順】

① 大きさがほぼ同じ４枚のアジサイの葉を，**表**の**a**～**d**のように準備する。

② 太さの同じシリコンチューブを４本準備し，**図１**のように，水の入った水槽《すいそう》に沈め，水を入れた注射器でシリコンチューブの中にある空気をそれぞれ追い出す。

③ 水の入った水槽の中で，**a**～**d**とシリコンチューブを，空気が入らないようにそれぞれつなぐ。

④ 葉の表側を上にしてバットに置き，シリコンチューブ内の水の位置に合わせて，シリコンチューブにそれぞれ印をつけ，**図２**のような装置**A**～**D**をつくる。

⑤ 直接日光の当たらない明るい場所に**A**～**D**を置き，20分後に水の位置の変化をものさしで調べる。

表

a	ワセリンを表側にぬった葉
b	ワセリンを裏側にぬった葉
c	ワセリンを表側と裏側にぬった葉
d	ワセリンをぬらない葉

図１

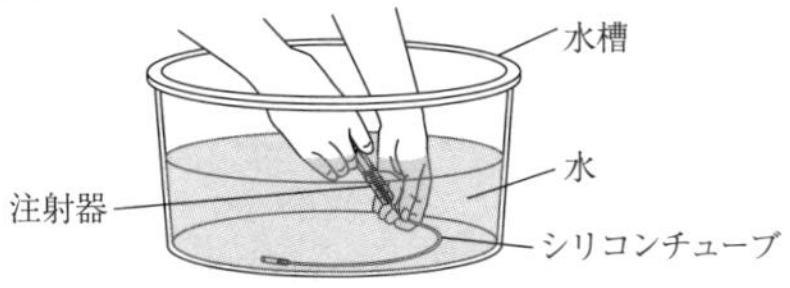

図２

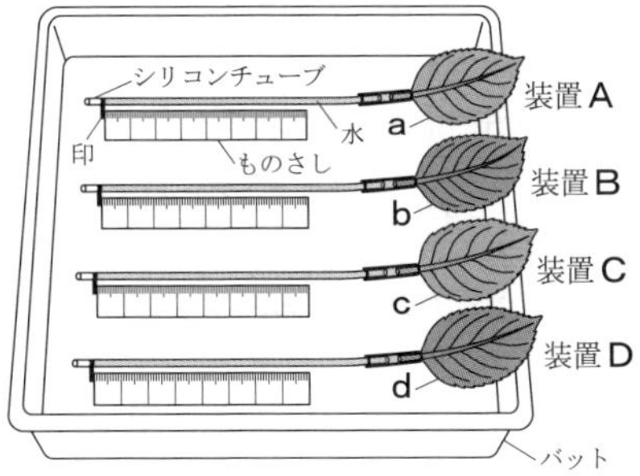

【結果】

装置	A	B	C	D
水の位置の変化〔mm〕	31	11	2	45

問１　アジサイは，双子葉類である。双子葉類を，次の**１**～**４**から全て選び，番号を書け。

１　トウモロコシ　　**２**　アブラナ　　**３**　アサガオ　　**４**　ツユクサ

問２　主に葉から水が水蒸気として出ていくことによって，吸水が起こる。植物の体の中の水が水蒸気として出ていく現象を何というか。

問1		問2	

問３　下の┆┆内は，この実験について考察した内容の一部である。文中の**ア**［(　)と(　)］のそれぞれの(　)にあてはまる装置を，**A**～**C**から１つずつ選び，記号を書け。また，**イ**の(　)内から，適切な語句を選び，記号を書け。

ワセリンをぬらなかった葉を用いた**D**の吸水量が，最も多くなった。また，ワセリンを葉にぬることで吸水量にちがいが見られた。ワセリンをぬった葉を用いた**A**～**C**のうち，**ア**［(　)と(　)］の２つの結果を比べると，主に葉の**イ**（**P**　表側　**Q**　裏側）から，水が水蒸気として出ていくと考えられる。

問４　下の□内は，実験後，根のつくりと水を吸収するはたらきについて，生徒が調べた内容の一部である。文中の(　)にあてはまる内容を，簡潔に書け。

根は，先端近くにある根毛によって土から水などを吸収する。根毛は細いので，土の小さな隙間《すきま》に広がることができる。また，根毛があることで，根の(　)ため，水などを効率よく吸収することができる。

問3	ア	(　　　)と(　　　)	イ	
問4				

動物の生活と種類

■平成29年度問題

1　下の□内は，毛細血管の中を流れる血液のようすを調べるために，メダカの尾びれを顕微鏡《けんびきょう》で観察しているときの，孝さんと希さんと先生の会話の一部である。また，図1は，メダカの尾びれを観察したときのスケッチの一部である。

図1

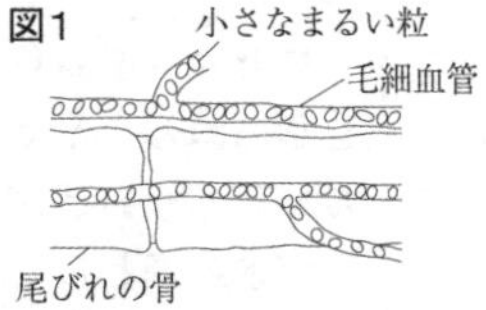

孝	「小さな粒が，毛細血管の中を①同じ向きに一定の速さで流れています。」
先生	「よく観察できました。では，②顕微鏡の倍率を高くして，その粒のようすを観察しましょう。」
	【倍率を高くして観察する】
孝	「この小さなまるい粒が，赤血球ですか。」
先生	「そうです。赤血球は，③体のすみずみまで酸素を運んでいます。」
希	「赤血球は毛細血管の中だけにあり，それ以外のところでは見られません。酸素はどのようにして細胞にとり入れられるのですか。」
先生	「細胞は，（a）が毛細血管からしみ出た（b）という液でひたされていて，酸素は，毛細血管から（b）を通って，細胞にとり入れられます。」

問1　下線部①のような血液の流れをつくるポンプのはたらきをしている器官の名称を書け。

問2　図2は，顕微鏡の模式図である。下線部②の操作をしたとき，視野全体が暗くなった。高倍率のまま，観察しやすい明るさにするには，図2のA～Dのどれを操作すればよいか。最も適切なものを，1つ選び，記号で答えよ。

図2

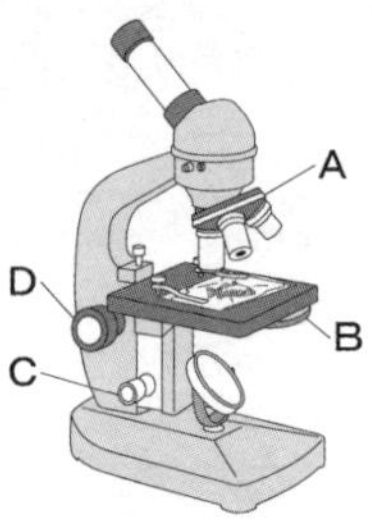

問3　下線部③のはたらきは，赤血球の中にふくまれているヘモグロビンのどのような性質によるものか。その性質を，「酸素が多いところ」と「酸素が少ないところ」でのちがいがわかるように，簡潔に書け。

問4　会話文中の（a）に入る，血液の液体の成分の名称を書け。また，（b）に，適切な語句を入れよ。

問1		問2		
問3				
問4	a		b	

■平成30年度問題

2　表は，セキツイ動物を，その特徴《とくちょう》でA～Eのグループに整理したものの一部である。また，下の□内は，写真のセキツイ動物を，表のA～Eのグループに分類しているときの希さんと明さんと先生の会話の一部である。

表

特徴＼グループ	A	B	C	D	E
子のうまれ方	卵生《らんせい》	卵生	卵生	卵生	胎生《たいせい》
呼吸のしかた	えら呼吸	子…（ア） おとな…（イ）	肺呼吸	肺呼吸	肺呼吸

写真

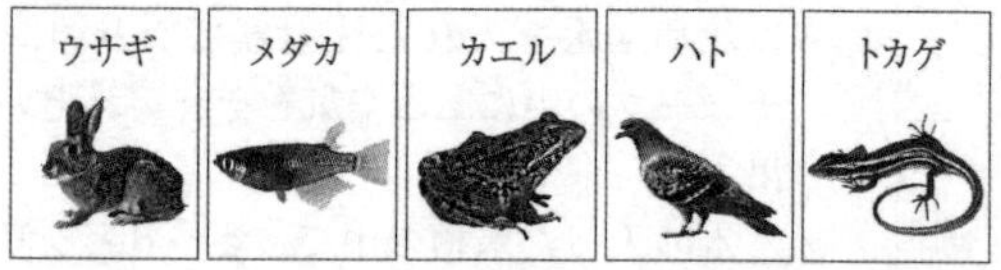

先生	「写真の動物は，表のどのグループに分類できますか。」
希	「子のうまれ方が，ウサギは胎生なのでEグループに分類できます。」
明	「呼吸のしかたが，メダカはえら呼吸なのでAグループに，カエルは子のとき（ア）で，おとなのとき（イ）なのでBグループに分類できます。でも，子のうまれ方や呼吸のしかただけでは，ハトとトカゲを分類できません。」
先生	「その他の特徴も考えてみてはどうですか。」
明	「体の表面のようすから，ハトとトカゲをそれぞれグループに分類できます。」
希	「他にも（ウ）から，ハトとトカゲをそれぞれグループに分類できます。」
先生	「よく気づきましたね。」

問1　表の（ア），（イ）にあてはまる呼吸のしかたを，それぞれ書け。

問2　会話文中の（ウ）にあてはまるセキツイ動物の特徴を，1つ簡潔に書け。

問3　下の□内は，学習後，セキツイ動物の特徴のちがいに関心をもった希さんが，セキツイ動物の骨格と，そのはたらきについて調べた内容の一部である。図は，セキツイ動物の骨格を模式的に示したものである。文中の（①），（②）に，適切な語句を入れよ。

図のように，コウモリの翼《つばさ》，クジラの胸《むな》びれの骨格には，ヒトの手と腕《うで》にあたる部分がある。このように，同じものから変化したと考えられる体の部分を（①）といい，生物が長い時間をかけて，多くの世代を重ねる間に変化する（②）の証拠の1つであると考えられている。

図

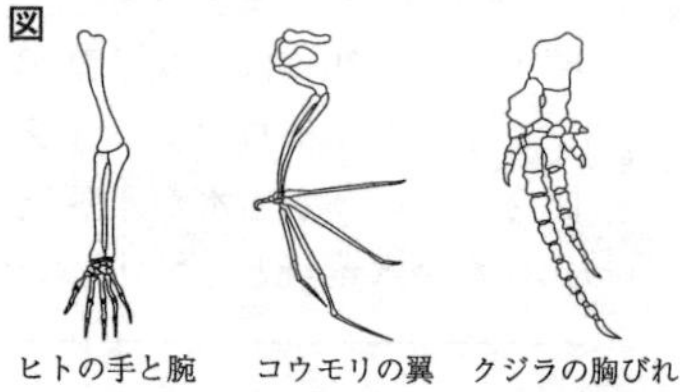

問1	ア		イ	
問2				
問3	①		②	

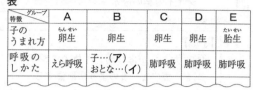

■令和2年度問題

2 下の［　　］内は，刺激に対するヒトの反応について，生徒が調べた内容の一部である。

> 刺激に対するヒトの反応には，「後ろから肩《かた》を①たたかれたので，振《ふ》り返る（反応1）」などの意識して行われる反応と，「熱いものに手がふれたとき，熱いと感じる前に，思わず②手を引っこめる（反応2）」などの③意識と関係なく起こる反応がある。
> 刺激を受けとってから反応するまでの時間は，反応2に比べて反応1の方が長い。この理由は，反応2に比べて反応1は，受けとった刺激の信号を〔　　　〕，再び信号をせきずいに伝えるための時間が必要になるからである。

問1　下線部①という刺激は，皮ふで受けとられる。皮ふや目，耳のように，まわりのさまざまな状態を刺激として受けとることができる部分を何というか。

問2　下線部②の運動は，筋肉のはたらきで行われており，筋肉は，けんの部分で骨についている。ヒトの腕《うで》の，筋肉，骨，けんの部分のつき方を示した模式図として，最も適切なものを，次の1～4から1つ選び，番号で答えよ。

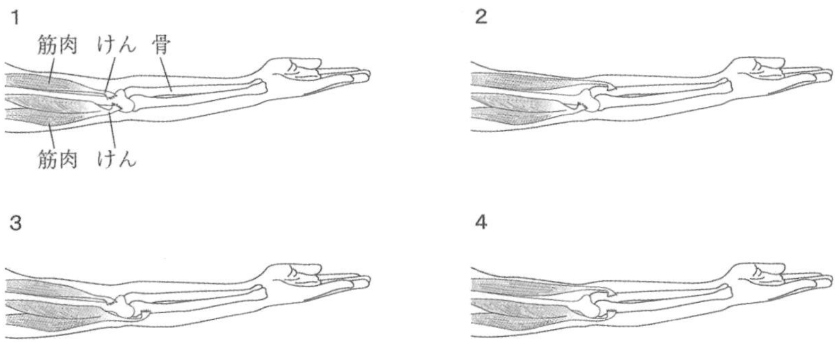

問3　下線部③を何というか。また，その反応の例として適切なものを，次の1～4から1つ選び，番号で答えよ。

1　暗いところから明るいところに行くと，ひとみが小さくなった。
2　花火が打ち上げられる音がしたので，その方向を見上げた。
3　携帯電話の着信音が鳴ったので，急いで電話に出た。
4　高く飛んできたバスケットボールを，ジャンプしてつかんだ。

問4　文中の〔　〕にあてはまる内容を，「せきずい」，「判断」の2つの語句を用いて，簡潔に書け。

問1		問2		問3	名称		番号	
問4							

■令和3年度問題

1 明さんは，いろいろなセキツイ動物の「①呼吸のしかた」，「②子のうまれ方」などの特徴《とくちょう》について調べ，カードを作成した。その後，作成したカードを使って，セキツイ動物を分類する学習を行った。下のA～Fのカードは，作成したカードの一部である。

A　カエル

①子…えら呼吸
　おとな…（ア）呼吸と
　　　　　（イ）呼吸
②卵生《らんせい》

B　トカゲ

①肺呼吸
②卵生

C　メダカ

①えら呼吸
②卵生

D　ハト

①肺呼吸
②卵生

E　カメ

①肺呼吸
②卵生

F　ウサギ

①肺呼吸
②胎生《たいせい》

問1　Aの（ア），（イ）に，適切な語句を入れよ。

問2　A～Fを，「体温の保ち方」の特徴によって，2つのなかまに分けることができた。この2つのなかまのうち，Fと同じなかまに分けられたカードを，F以外のA～Eから1つ選び，記号を書け。また，Fと同じなかまに分けられたセキツイ動物の体温の保ち方の特徴を，「外界の温度」という語句を用いて，簡潔に書け。

問3　A～Fを，魚類，両生類，ハチュウ類，鳥類，ホニュウ類の5つのグループに分けると，2枚のカードは同じグループに分類された。そのグループは，5つのグループのうちのどれか。

問4　下の［　　］内は，学習後，明さんが，無セキツイ動物のなかまである節足動物と軟体《なんたい》動物の体《からだ》の特徴について調べた内容の一部である。

> カブトムシやカニなどの節足動物には，体の外側をおおっている（X）というかたい殻《から》があり，体やあしには節《ふし》がある。イカやタコなどの軟体動物の体には，内臓を包みこむ外とう膜《がいまく》というやわらかい膜，節のないやわらかいあしがある。

（1）文中の（X）に，適切な語句を入れよ。

（2）下線部のなかまを，次の1～4から1つ選び，番号を書け。

1　クラゲ　　2　クモ　　3　バッタ　　4　アサリ

問1	ア		イ		
問2	記号		特徴		
問3			問4	(1)		(2)	

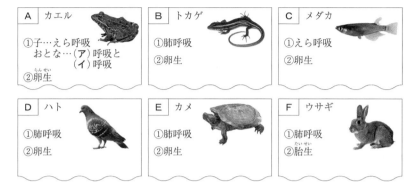

■令和４年度問題

2 デンプンに対するだ液のはたらきを調べる実験を行った。下の□内は，その実験の手順と結果である。

【手順】

① デンプン溶液５mL ずつを入れた試験管Ａ～Ｄを用意し，ＡとＢには水２mL を入れ，ＣとＤには水でうすめただ液２mL を入れ，それぞれよく混ぜ合わせる。

② 図１のように，Ａ～Ｄを約 40℃の湯に 10 分間入れる。

③ ＡとＣにヨウ素液を，ＢとＤにベネジクト液を，それぞれ数滴加える。

④ 図２のように，ＢとＤに沸騰石《ふっとうせき》を入れ，試験管を振りながら加熱する。

⑤ Ａ～Ｄに入っている液の変化をそれぞれ記録する。

図１

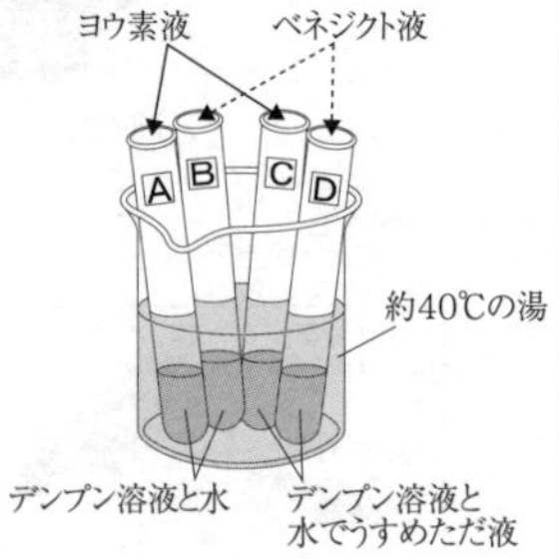

【結果】

試験管	液の変化
Ａ	青紫色に変化した
Ｂ	変化しなかった
Ｃ	変化しなかった
Ｄ	赤褐色の沈殿ができた

図２

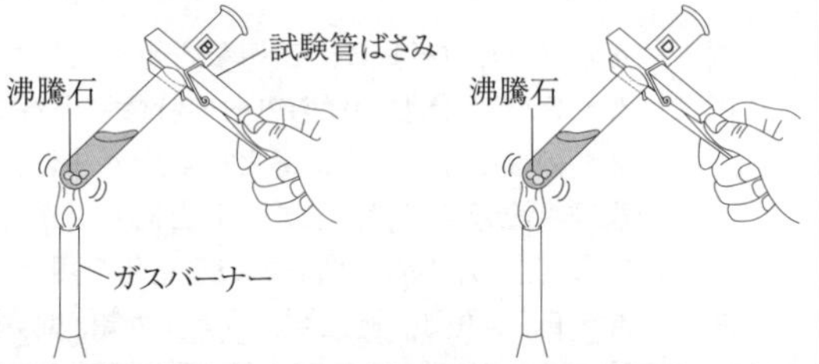

問１ 下線部の操作を行う理由を，簡潔に書け。

問２ 下の□内は，この実験について考察した内容の一部である。文中のア［(　) と (　)］，イ［(　) と (　)］のそれぞれの (　) にあてはまる試験管を，Ａ～Ｄから選び，記号を書け。

ア［(　) と (　)］の結果を比べると，だ液のはたらきによって，デンプンがなくなることがわかった。また，イ［(　) と (　)］の結果を比べると，だ液のはたらきによって，ベネジクト液に反応する糖ができることがわかった。これらのことから，だ液には，デンプンを分解するはたらきがあると考えられる。

問1				
問2	ア	(　　　)と(　　　)	イ	(　　　)と(　　　)

問３ 下の□内は，実験後，ヒトが食物から養分をとり入れるしくみについて，生徒が調べた内容の一部である。

だ液，胃液，すい液の中や小腸の壁などにあり，食物の養分を分解するはたらきをもつ物質を（Ｐ）という。（Ｐ）のはたらきによって分解されてできたブドウ糖やアミノ酸は，小腸の柔毛で吸収されて毛細血管に入り，肝臓を通って全身の細胞に運ばれる。

（1） 文中の（Ｐ）に，適切な語句を入れよ。

（2） 文中の下線部について，肝臓のはたらきとして適切なものを，次の１～４から全て選び，番号を書け。

１ ブドウ糖の一部を，グリコーゲンに変えて貯蔵する。

２ 血液中から尿素などの不要な物質をとり除く。

３ 周期的に収縮する運動によって，全身に血液を送り出す。

４ アミノ酸の一部を，体に必要なタンパク質に変える。

問3	(1)		(2)	

大地の変化

■平成27年度問題

5 下の□内は，火山岩と深成岩の表面を観察した後，それぞれの岩石のつくりについて，考察しているときの，花さんと努さんと先生の会話の一部である。図1は火山岩，図2は深成岩の表面を，ルーペで観察したスケッチである。

先生「図1，2のように，同じ火成岩でもつくりに違いがあります。なぜこのような違いができるか，これまでに学習したことから，考えてみましょう。」
花「火山岩と深成岩は，できる場所が違っていました。」
努「火山岩はマグマが地表や地表付近で冷え固まってでき，深成岩は地下深いところで冷え固まってできることを学習しました。」
花「冷え固まるまでの時間が関係するのかな。」
先生「いいところに気づきました。それでは，なぜ図2のようなつくりになるのか，冷え固まるまでの時間と関係づけて説明してください。」
努「図2のようなつくりになるのは，マグマが（　　）からだと考えられます。」
先生「うまく関係づけることができました。」
花「他の種類の岩石は，どうなっているのかな。」

図1

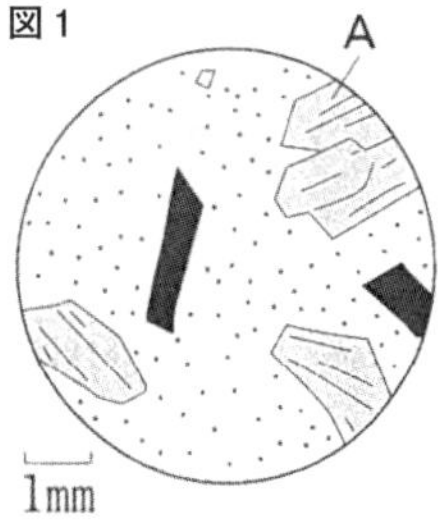

図2

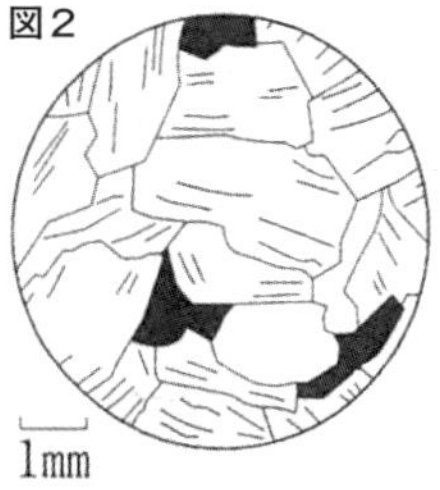

問1　図1のような岩石のつくりのAの部分と，図2のような岩石のつくりを，それぞれ何というか。正しい語句の組み合わせを，次の1～4から1つ選び，番号で答えよ。

1　石基 と 等粒状組織　2　斑晶《はんしょう》 と 等粒状組織
3　石基 と 斑状《はんじょう》組織　4　斑晶 と 斑状組織

問2　会話文中の（　）に入る，図2のようなつくりになる理由を，「時間」，「結晶」の2つの語句を用いて，簡潔に書け。

問3　下の□内は，他の種類の岩石に関心をもった花さんが，堆積岩《たいせきがん》のつくりについて，調べた内容の一部である。文中の（　）に入る，れきや砂が丸みを帯びた理由を，簡潔に書け。

堆積岩のうち，れき岩や砂岩にふくまれるれきや砂は，角がとれて丸みを帯びたものが多い。それは，（　）である。

問1		問2	
問3			

■平成28年度問題

5 各地の地震《じしん》計の記録を使って，ある地震による揺《ゆ》れの広がり方を調べた。図の○内の数字は，各地における，地震発生から揺れ始めるまでの時間〔秒〕を，×は震央《しんおう》の位置を示している。ただし，地震の揺れが伝わる速さはほぼ一定であり，この地震の震源《しんげん》は浅いものとする。

図

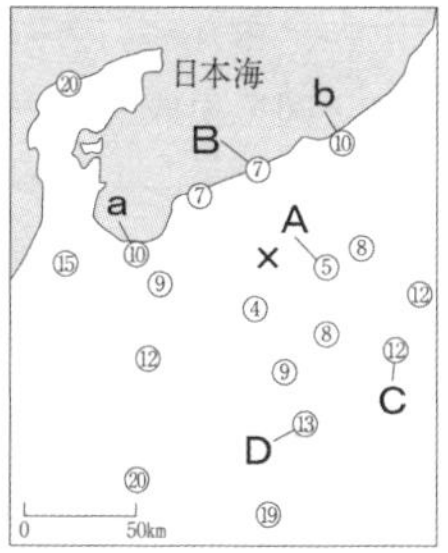

問1　この地震が発生してから揺れ始めるまでの時間が，10秒と考えられる地点を，地点aと地点bがつながるように，図中になめらかな線で結べ。なお，海の部分は線で結ばないものとする。

問2　次の□内は，この地震について調べているときの，愛さんと登さんと先生の会話の一部である。

先生「表は，図の地点A～Dでの，震源からの距離と震度を示したものです。この表を見て，気づいたことはありませんか。」
愛「A，B，Cについて見てみると，震源からの距離が遠くなるにつれて，震度は小さくなっています。」
登「でも，そのようになっていないところもあります。なぜですか。」
先生「震度は，震源から遠くなるにつれて，ふつうは小さくなります。しかし，観測地点における（　）のちがいによって，震源からの距離が同じ地点であっても，震度が異なることがあります。」
登「だから，Dのように震源から遠くなっても，震度が大きくなることがあるのですね。」

表

地点	震源からの距離〔km〕	震度
A	27	5強
B	39	4
C	71	3
D	74	4

（1）文中の（　）にあてはまる内容を，簡潔に書け。
（2）図や表のDでの値を用いて，震源からDまでの，地震の揺れが伝わる速さを求めよ。なお，数値は小数第2位を四捨五入して小数第1位まで求め，単位も正しく記入すること。

問3　下の□内は，愛さんが，緊急地震速報について調べた内容の一部である。文中の①，②の（　）内から，適切な語句をそれぞれ選び，記号で答えよ。

緊急地震速報は，震源に近い地点における地震波の観測から，大きな揺れである①（ア　初期微動　イ　主要動）を伝える②（ウ　P波　エ　S波）の各地での到達時刻を予測し，発表する防災情報である。

問2	(1)		(2)	
問3	①		②	

■平成30年度問題

5 登さんと愛さんは，学校の近くにある露頭《ろとう》（地層が地表に現れているがけ）を観察した。図１は，この地域の地形図を模式的に表したもので，地点Ｐは，観察した露頭の位置を示している。ただし，この地域には，断層や地層の上下の逆転はなく，地層が，ある一定の方向に傾《かたむ》いて広がっていることがわかっている。また，下の□内は，観察記録をもとに作成したレポートⅠの一部である。

図1

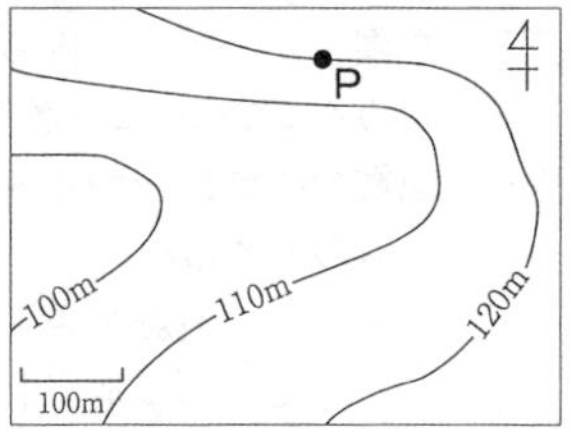

レポートⅠ

【目的】
露頭を観察し，地層をつくっている物質や，地層の重なり方から，過去のようすを考える。

【準備】
地形図，巻き尺，方位磁針，ハンマー，移植ごて，ルーペ，採集物を入れる袋，新聞紙，手袋，保護めがね，カメラ，筆記用具，ノート

【手順】
① 地層の広がり，重なり，傾きを観察し，露頭全体をスケッチする。
② 地層の厚さ，色，粒の大きさを観察し，それぞれの層の特徴を記録する。
③ 化石があるかどうかを調べ，化石をふくむ層は必要最小限の量の岩石を採集する。

【結果】

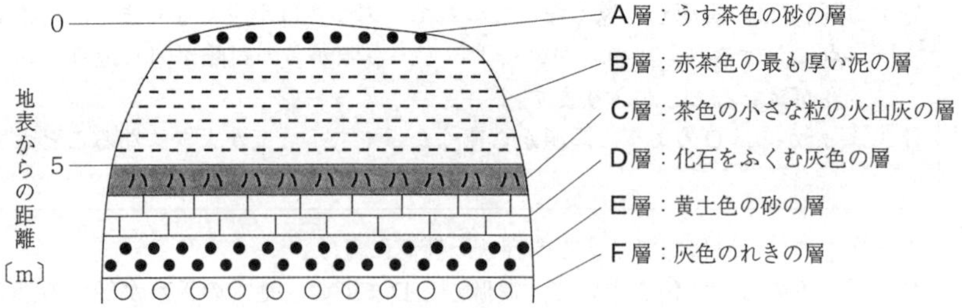

〔北を向いてスケッチした露頭の模式図〕

〈気づいたこと〉
○ 露頭は垂直《すいちょく》に切り立っており，それぞれの地層が水平に重なっていた。
○ C層には軽石《かるいし》があり，D層にはサンゴの化石があった。

【考察】

問１ C層が堆積《たいせき》したことから，当時どのようなことがあったと考えられるか，簡潔に書け。

問２ 手順③で採集したD層の岩石に，図２のようにうすい塩酸を２，３滴かけると，気体が発生した。発生した気体の物質を，化学式で書け。

図2

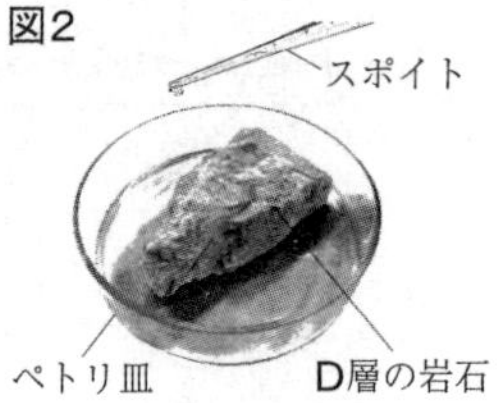

問1		問2	

問３ 下は，結果をふまえて考察をしているときの，登さんと愛さんと先生の会話の一部である。会話文中の〔　〕にあてはまる内容を，簡潔に書け。また，（　）内の語句から，適切なものを選び，記号で答えよ。

A層とB層では，どちらの層が細かい粒でしたか。

A層は砂の層で，B層は泥の層だったので，B層の方が細かい粒でした。このことが，過去のようすと何か関係があるのかな。

以前，細かい粒ほどゆっくり沈み，大きい粒の上に堆積して地層ができることを学習しました。でも，B層の泥の層がA層の砂の層の下にあります。

よく気づきましたね。では，この地層の重なり方から過去のようすがわかりますか。

河口から流れ込んだ細かい粒は，潮の流れにのって，〔　　　〕ことも学習しました。だから，B層が堆積してA層が堆積するまでに，地点Pは（ア　隆起　イ　沈降）したと考えられます。

いい考察です。層をつくっている粒の大きさに着目して，地層の重なり方と大地の変動を関係づけて過去のようすを考えたのですね。

問４ 地層について関心をもった登さんは，地層の広がりについて調べ，レポートⅡを作成した。そして，愛さんにその内容を説明した。その後，愛さんは，考察に適切でない部分があることに気づいた。（ｐ）～（ｒ）には数値を，（ｘ）には方位を書け。ただし，下の□内は，レポートⅡの一部である。

レポートⅡ

【結果】

図3

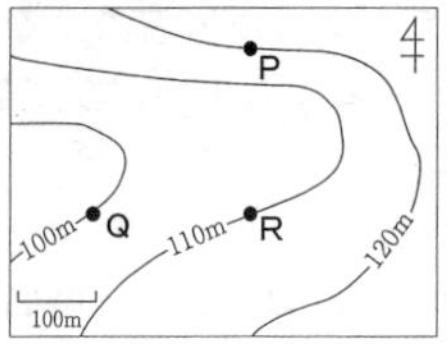

図4

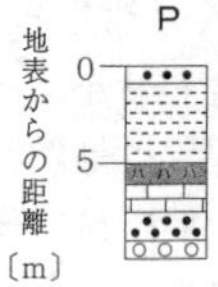

図5

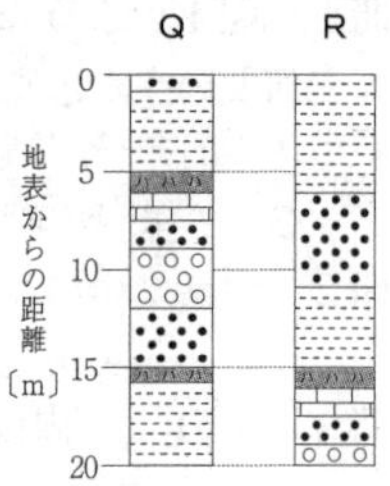

図３：図１の地形図に地点Q，Rの位置を示したもの
図４：観察記録をもとにしてつくった地点Pの柱状図
図５：図３の地点Q，Rの地下のようすを表す柱状図

【考察】
C層の上部が，地点P，Qでは地表から５ｍの深さ，地点Rでは地表から15ｍの深さにあるので，この地域の地層は南東に低く傾いて広がっていると考えられる。

登さんは，各地点のC層の上部の位置を図４，図５だけで考察しています。図３を見ると，各地点のC層の上部の標高が，地点Pでは（ｐ）ｍ，地点Qでは（ｑ）ｍ，地点Rでは（ｒ）ｍなので，地層は（ｘ）に低く傾いて広がっていると考えられます。

問3	内容		記号		問4	p		q		r		x	

■平成31年度問題

5　下の□内は，黒っぽい色の火山灰Aと白っぽい色の火山灰Bにふくまれる鉱物を調べているときの，登さんと希さんと先生の会話の一部である。図1は火山灰A，図2は火山灰Bを，それぞれ双眼実体顕微鏡で観察したときのスケッチである。

先生「黒っぽい色の火山灰Aと白っぽい色の火山灰Bにどんな鉱物がふくまれているか調べてみましょう。」

【火山灰にふくまれる鉱物を調べる】

登「図1のaは，こい緑色で長い柱状なので（ア）であり，bは白色で柱状なので（イ）だと思います。」

希「図2のcは，bと同じ（イ）であり，dは黒色で板状なのでクロウンモだと思います。」

先生「そうですね。それでは，火山灰に黒っぽい色のものと白っぽい色のものがあるのはなぜか，観察したことをもとに，考えてみましょう。」

登「ふくまれている鉱物の種類がちがっているからだと考えられます。」

希「でも，（イ）はA，Bどちらの火山灰にもふくまれていたので，ふくまれている鉱物の種類だけでなく，ふくまれている白っぽい鉱物の（ウ）がちがっているからだと考えられます。」

先生「よく気づきましたね。」

図1

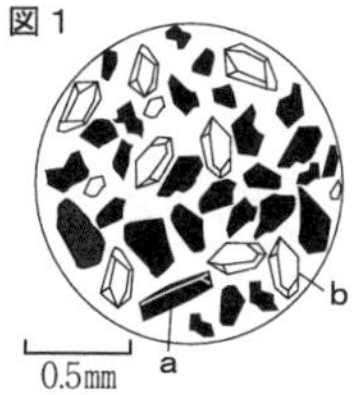

図2

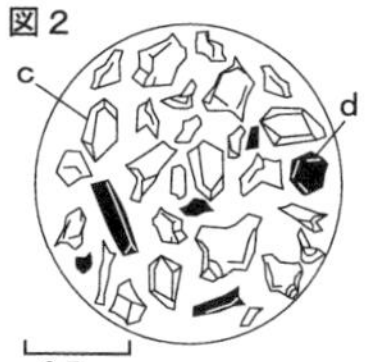

問1　会話文中の（ア），（イ）にあてはまる鉱物の正しい組み合わせを，次の1～4から1つ選び，番号で答えよ。

1　ア：カンラン石　イ：セキエイ　　2　ア：キ石　イ：セキエイ

3　ア：カンラン石　イ：チョウ石　　4　ア：カクセン石　イ：チョウ石

問2　会話文中の（ウ）に入る，適切な語句を書け。

問3　下の□内は，希さんが，火山灰Bのような白っぽい色の火山灰を噴出する火山について調べた内容の一部である。文中の（①）に入るマグマの性質を，簡潔に書け。また，②の（　）内から，適切な語句を選び，記号で答えよ。

白っぽい色の火山灰は，雲仙普賢岳《うんぜんふげんだけ》や昭和新山などで見られる。このような火山では，マグマの（①）ので，火山の形は②（P　傾斜のゆるやかな形　Q　おわんをふせたような形）になることが多い。

問4　火山付近の地域では，地下のマグマの熱でつくられる高温・高圧の水蒸気を利用した発電が行われることがある。このような発電を何というか。

問1		問2			
問3 ①		②		問4	（発電）

■令和３年度問題

5　恵さんは，地層の特徴を調べるために，家の近くの道路わきに見られた露頭《ろとう》（地層が地表に現れているがけ）を観察した。下の□内は，その観察の手順と結果である。ただし，露頭を観察した地域では，地層の上下の逆転や断層はなく，それぞれの地層は，平行に重なっており，ある一定の方向に傾《かたむ》いて広がっていることがわかっている。

【手順】

地層の広がり，重なり，傾きを観察し，露頭全体をスケッチする。次に，地層の厚さ，色，粒《つぶ》の大きさを観察し，それぞれの層の特徴を記録する。また，化石があるかどうかを調べ，記録する。

【結果】

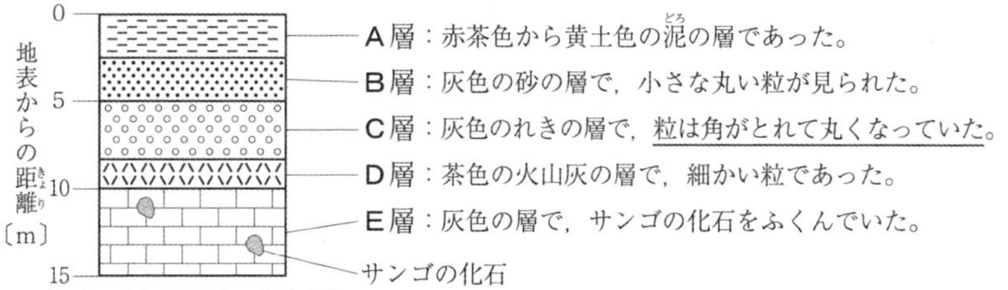

〔スケッチした露頭の模式図〕

問1　A層～E層のうち，最も古い地層はどれか。A～Eから1つ選び，記号を書け。

問2　下線部について，C層にふくまれているれきが，丸みを帯《お》びた理由を，簡潔に書け。

問3　E層が堆積した当時，この地層がある地域はどのような環境であったと考えられるか，簡潔に書け。

問4　観察後，恵さんは，露頭を観察した地域で，地層の広がりを調べた。図1は，この地域の地形図を模式的に表したものであり，地点Pは，観察を行った露頭の位置を示している。また，地点Qは，地点Pの真南に位置し，地点Rは，地点Qの真東に位置し，地点Sは，地点Pの真東で，地点Rの真北に位置している。図2は，地点P，Q，Rの柱状図である。

地点Sの地層の重なり方を柱状図で図3に表したとき，E層はどの位置にくるか。E層の位置を，図3中で，ぬりつぶして示せ。

図1

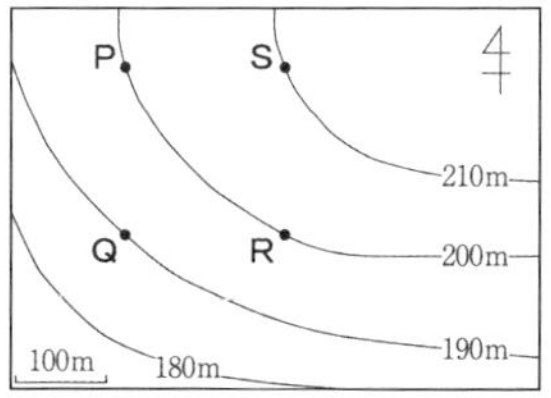

図2

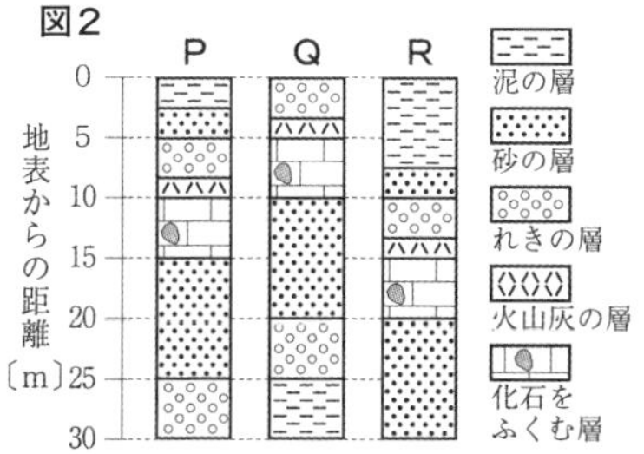

図3

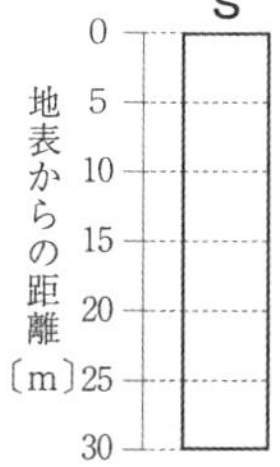

問1		問2	
問3			

■令和５年度問題

5　火山岩と深成岩のつくりのちがいを調べるために，火山岩と深成岩をルーペで観察し，それぞれスケッチした。**表**は，観察結果を示したものである。

表

	火山岩	深成岩
岩石のスケッチ	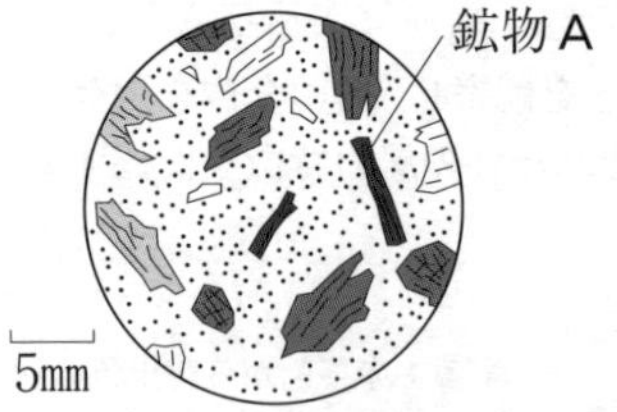	
気づいたこと	火山岩は，やや大きい鉱物が，粒《つぶ》のよく見えない部分に散らばっていた。深成岩は，同じくらいの大きさの鉱物がきっちりと組み合わさっていた。また，深成岩は，火山岩に比べて白っぽい色をしていた。	

問１　下線部のような深成岩のつくりを何というか。

問２　下は，火山岩と深成岩のつくりと色のちがいについて考察しているときの，愛さんと登さんと先生の会話の一部である。

火山岩と深成岩のつくりに，ちがいができるのはなぜですか。

先生

火山岩と深成岩ができる場所によって，マグマが冷え固まるまでの時間にちがいがあるからだと思います。

愛さん

よく気づきましたね。それでは，できる場所と冷え固まるまでの時間に着目して，火山岩と深成岩のでき方のちがいを説明してみましょう。

火山岩は，マグマが（　Ｘ　）冷え固まってでき，深成岩は，マグマが（　Ｙ　）冷え固まってできます。

登さん

そうですね。それでは，観察した深成岩が火山岩に比べて，白っぽい色をしているのはなぜか，考えてみましょう。

火山岩と深成岩に含まれる鉱物は，有色の鉱物と白色や無色の鉱物に分けられることを学習しました。観察した深成岩が白っぽい色をしているのは，〔　〕が小さいからだと考えられます。

そのとおりです。

（1）　会話文中の（Ｘ），（Ｙ）にあてはまる内容を，それぞれ簡潔に書け。

（2）　会話文中の下線部について，火山岩には黒色の長い柱状をした鉱物Ａが，深成岩には無色で不規則な形をした鉱物Ｂが見られた。鉱物Ａ，Ｂの名称の正しい組み合わせを，次の１～４から１つ選び，番号を書け。

１　Ａ：カンラン石　Ｂ：キ石　　２　Ａ：カンラン石　Ｂ：セキエイ

３　Ａ：カクセン石　Ｂ：キ石　　４　Ａ：カクセン石　Ｂ：セキエイ

（3）　会話文中の〔　〕にあてはまる内容を，簡潔に書け。

問1				
問2	(1)	X		
		Y		
	(2)		(3)	

地球と太陽系

■平成28年度問題

6 福岡県のある地点で，11 月 22 日の午後 7 時から午後 11 時まで 2 時間ごとに 3 回，カシオペヤ座と北極星を観察し，それぞれの位置を記録した。図 1 の**ア**～**ウ**は，そのときの観察記録である。ただし，**ア**～**ウ**は，観察した時刻の順に並んでいるとは限らない。

図1

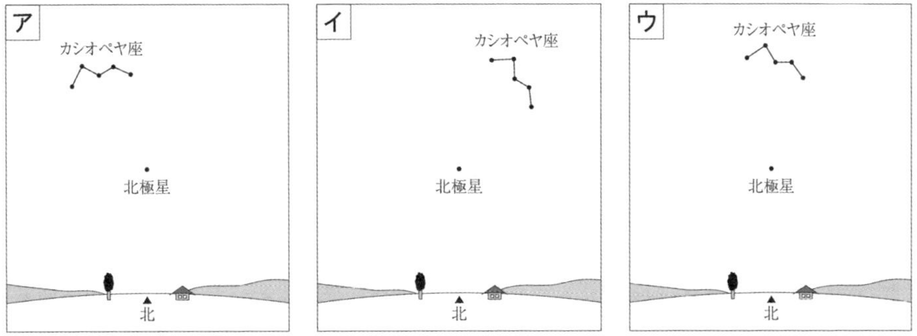

問 1　図 1 の**ア**～**ウ**を，観察した時刻の早いほうから順に並べ，記号で答えよ。

問 2　この観察で見られたカシオペヤ座の動きのように，1 日の間で時間がたつとともに動く，星の見かけ上の運動を，星の何というか。

問 3　この観察をしている間，北極星の位置がほぼ変わらないように見えた理由を，簡潔に書け。

問 4　図 2 の**X**は，図 1 の**ウ**に記録したカシオペヤ座の位置を示したものである。11 月 22 日の 1 か月後，**ウ**に示すカシオペヤ座を観察した時刻に，同じ地点で観察したときに見えたカシオペヤ座は，図 2 の**a**～**d**のどの位置にあるか。最も適切なものを 1 つ選び，記号で答えよ。また，このように，同じ時刻に見えるカシオペヤ座の位置が変わる理由を，「地球」という語句を用いて，簡潔に書け。

図2

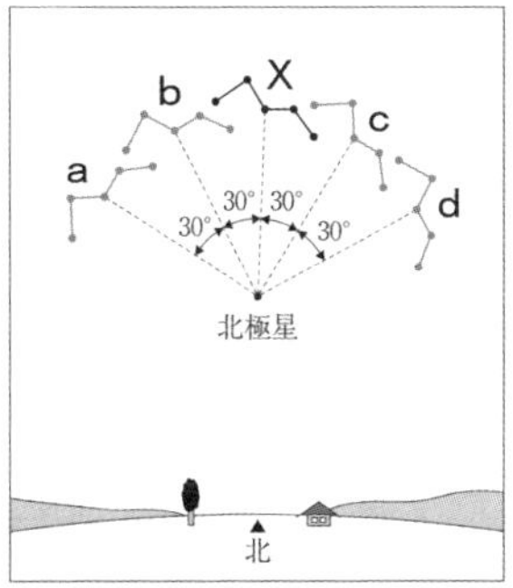

問1	→ →	問2	星の
問3			
問4	記号	理由	

■平成29年度問題

6 福岡県のある地点で，ある年の 12 月 16 日から 12 月 26 日まで 6 回，午後 6 時に月を観察し，月の位置と形を記録した。図 1 は，その観察記録である。また，図 2 は，北極側から見た地球と月の位置，太陽の光を模式的に示したものである。

図1

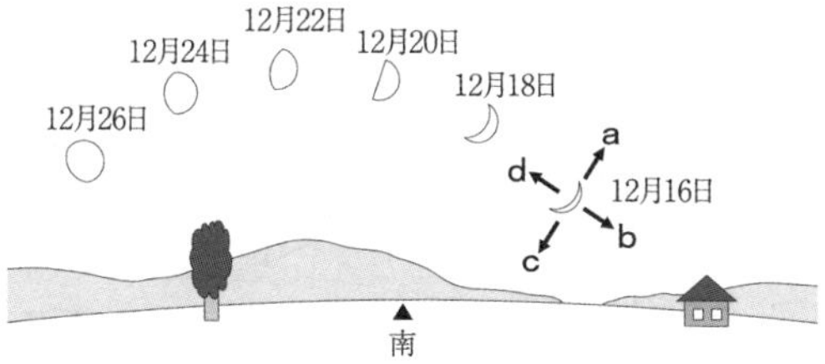

図2

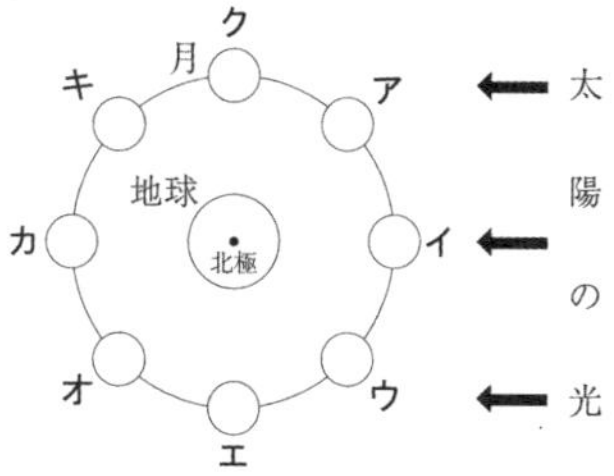

問 1　12 月 16 日の午後 6 時に月を観察し，月の位置と形を記録した後，この日，そのまま続けて月を観察すると，月は図 1 の**a**～**d**のどの向きに動いて見えたか。1 つ選び，記号で答えよ。また，このように，同じ日に見える月の位置が，時間がたつとともに変わる理由を，簡潔に書け。

問 2　図 1 の 12 月 20 日に見えた月の位置として，最も適切なものは，図 2 の**ア**～**ク**のどれか。1 つ選び，記号で答えよ。

問 3　下の□内は，月の見え方についてまとめた内容の一部である。文中の①，②の（　）内の語句から，それぞれ適切なものを選び，記号で答えよ。

> 月は，太陽の光を反射してかがやいている。そして，図 2 のように北極側から見ると，月が地球のまわりを①（**P**時計　**Q**反時計）回りに公転している。そのため，地球から月を見ると，図 1 のように，日がたつにつれて，月の形が変わり，同じ時刻に見える月の位置も少しずつ②（**R**西　**S**東）の空に移動する。

問 4　別の時期に，同じ地点で，満月が見えた日に，月をしばらく観察すると，図 3 のように，満月に見えていた月の一部が欠けて見えた。このように，月が欠けて見える理由を，「影《かげ》」という語句を用いて，簡潔に書け。

図3

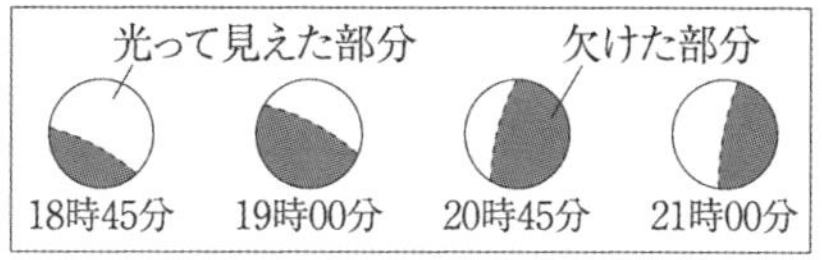

（光って見えた部分と欠けた部分の境目は，ぼんやり見えたので，---線で表している。）

問1	記号		理由		問2	
問3	①		②			
問4						

■平成30年度問題

6 福岡県のある地点で，よく晴れた夏至《げし》，冬至《とうじ》，それぞれの日に，太陽の１日の動きを調べるために，透明半球《とうめいはんきゅう》を用いて，下の［　　］内の手順で観察を行った。図１は，その観察結果である。

【手順】
① 白い紙に透明半球と同じ直径の円をかき，円の中心を通る２本の直角な線を引いて，透明半球を円に合わせて固定する。
② 固定した透明半球を水平なところに置いて，２本の線を東西南北に合わせる。
③ 9時から15時まで1時間ごとに，<u>太陽の位置を示す印</u>を，油性ペンで透明半球上につける。
④ 記録した太陽の位置を示す印をなめらかな線で結び，その線を透明半球の縁《ふち》まで延長する。

図1

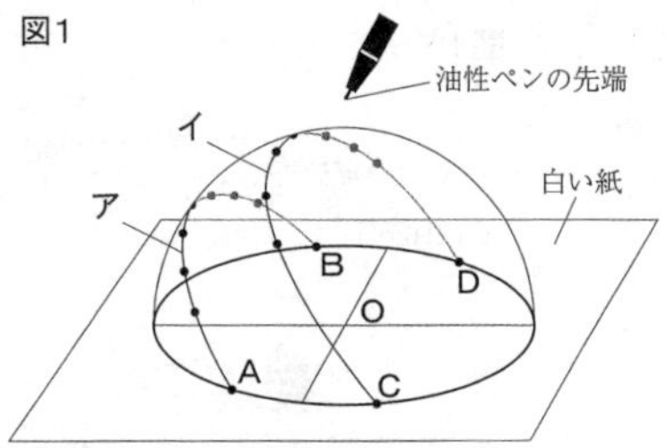

（Oは，白い紙に透明半球と同じ直径の円をかいたときの中心で，ア，イは，観察したそれぞれの日の，太陽の道筋《みちすじ》を示し，A～Dの印は，ア，イと透明半球の縁との交点である。）

問１　下線部について，透明半球上のどの位置に印をつけるか。「油性ペンの先端の」という書き出しで，簡潔に書け。

問２　冬至の日の，日の入りの位置として適切なものを，図１のA～Dから１つ選び，記号で答えよ。

問３　ア，イにそって，それぞれ別の紙テープをあて，A～Dの印と太陽の１時間ごとの位置の印を•印で写しとり，•印の間隔をはかった。図２は，その模式図であり，下の［　　］内は，図２から考察した内容の一部である。

図2

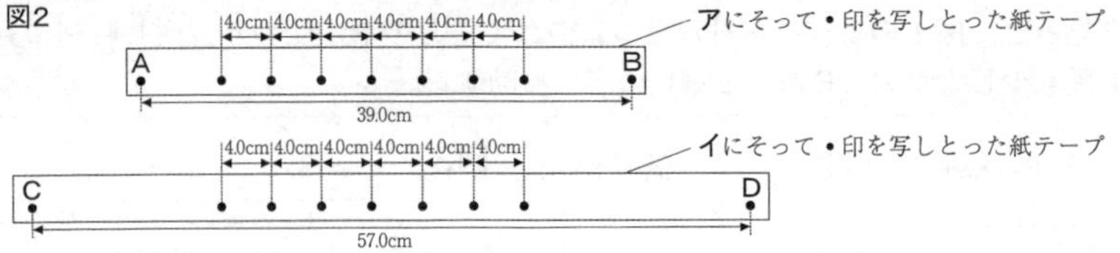

１時間ごとの•印の間隔が等しいことから，天球上を太陽が動く速さは一定であることがわかる。これは，地球が一定の速さで自転しているからである。また，夏至の日と冬至の日の昼の長さが，P（　　時間　　分）違うことがわかる。これは，地球が（　Q　）からである。

（1）　文中のPの（　）にあてはまる時間は，何時間何分か。
（2）　文中の（Q）にあてはまる内容を，「公転面」という語句を用いて，簡潔に書け。

問1			問2	
問3	(1)	時間　　分	(2)	

■令和２年度問題

6 福岡県のある地点で，10月20日の午後６時から午後10時まで２時間ごとに３回，カシオペヤ座と北極星を観察し，それぞれの位置を記録した。図１は，その観察記録である。また，図２は，10月20日の１か月後の11月20日の午後10時に，同じ地点で観察したカシオペヤ座と北極星の位置を記録したものである。

図１

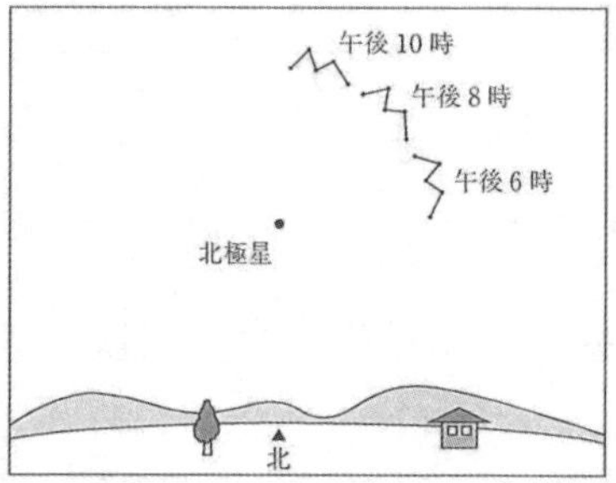

図２

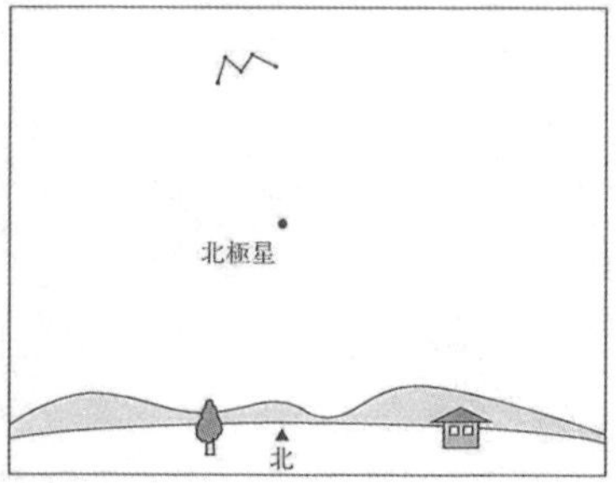

問１　10月20日の観察で見られたカシオペヤ座の動きのように，１日の間で時間がたつとともに動く，星の見かけ上の運動を，星の何というか。また，このような星の見かけ上の運動が起こる理由を，簡潔に書け。

問２　10月20日に観察している間，北極星の位置がほぼ変わらないように見えた理由を，簡潔に書け。

問３　図３のXは，図２に記録したカシオペヤ座の位置を示したものである。

下の［　　］内は，図１と図２の記録から，同じ時刻に観察したカシオペヤ座の位置のちがいに関心をもった生徒が，11月20日の２か月後の１月20日に，同じ地点で観察したときに見えたカシオペヤ座がXの位置にあった時刻について，図３を用いて説明した内容の一部である。

文中の〔　〕にあてはまる内容を，簡潔に書け。また，（①）にあてはまるものを，図３のa～dから１つ選び，記号で答え，（②）には，適切な数値を入れよ。

図３

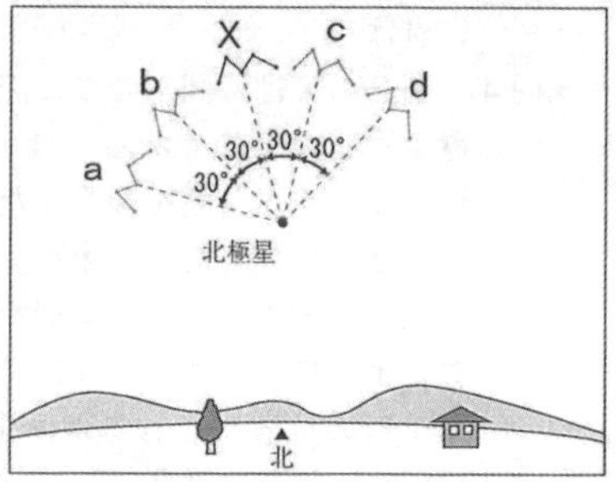

１月20日の午後10時に見えたカシオペヤ座は，地球が〔　　　〕ことから，（①）の位置にあったといえます。このことから，１月20日に見えたカシオペヤ座が，Xの位置にあった時刻は，午後（②）時だったといえます。

問1	名称		理由			
問2						
問3	内容		①		②	

■令和４年度問題

6　福岡県のある地点で，よく晴れた夏至《げし》，冬至《とうじ》のそれぞれの日に，太陽の１日の動きを調べるために，下の□内の手順で観察を行った。**図１**はその観察結果である。

【手順】
① 白い紙に透明半球と同じ直径の円をかき，円の中心**O**で直交する２本の線を引いて，透明半球を円に合わせて固定する。
② 固定した透明半球を水平なところに置いて，２本の線を東西南北に合わせる。
③ 午前９時から午後３時まで１時間ごとに，油性ペンの先端の影が**O**と一致する透明半球上の位置に，印をつける。
④ ③でつけた印をなめらかな線で結び，その線を透明半球の縁《ふち》まで延長する。

図１

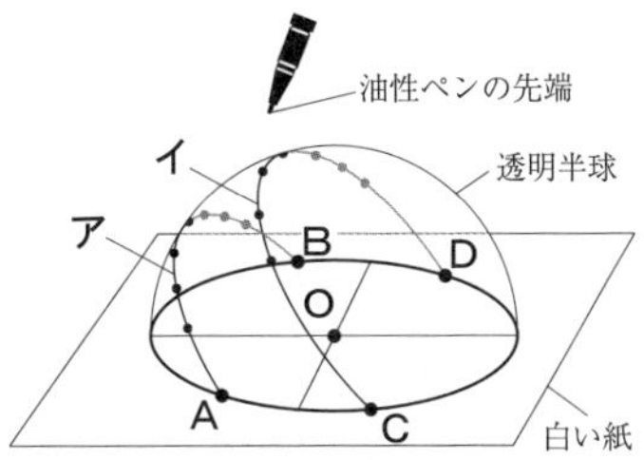

ア，**イ**は，観察したそれぞれの日の，太陽の道すじを示し，**A**～**D**の印は，**ア**，**イ**と透明半球の縁との交点である。

問１　透明半球上に記録された太陽の動きのように，１日の間で時間がたつとともに動く，太陽の見かけ上の運動を，太陽の何というか。また，このような太陽の見かけ上の運動が起こる理由を，簡潔に書け。

問２　**図１**の**イ**にそって紙テープをあて，**C**，**D**の印と太陽の１時間ごとの位置の印を・印で写しとり，・印の間隔をはかった。**図２**は，その模式図である。**イ**を記録した日における日の出の時刻として，最も適切なものを，次の**1**～**4**から１つ選び，番号を書け。

図２

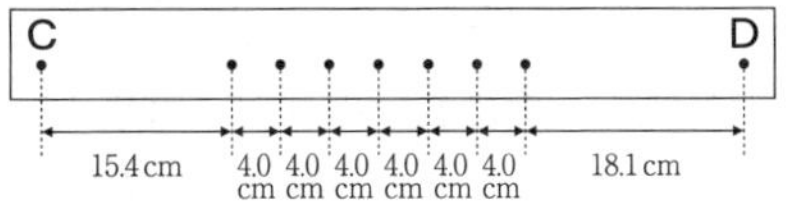

1　午前４時28分　　**2**　午前５時９分　　**3**　午前５時15分　　**4**　午前６時７分

問３　下は，結果をふまえて考察しているときの，登さんと愛さんと先生の会話の一部である。

先生

先生：夏至と冬至の観察結果を比べて，気づいたことはありますか。

登さん

登さん：夏至と比べて冬至は，南中高度が①（**P**　高く　**Q**　低く）なっています。

愛さん

愛さん：夏至と比べて冬至は，日の出と日の入りの方角がそれぞれ真東，真西から②（**R**　北寄り　**S**　南寄り）になっています。

先生：そうですね。それでは，季節によって南中高度や，日の出と日の入りの方角が変化するのはなぜでしょうか。地球が太陽のまわりを公転しているようすと関係づけて説明してみましょう。

登さん：季節による南中高度や日の出と日の入りの方角の変化は，地球が〔　　〕公転しているために起こります。

先生：その通りです。

（１）　会話文中の①，②の（　）内から，それぞれ適切な語句を選び，記号を書け。
（２）　会話文中の〔　〕にあてはまる内容を，「公転面」という語句を用いて，簡潔に書け。

問1	名称				
問1	理由			問2	
問3	(1)	①		②	
問3	(2)				

天気の変化

■平成27年度問題

6 教室の空気の露点を調べる実験を行った。下の［　］内は，その実験の手順と結果である。ただし，教室の室温は気温と等しいものとする。

【手順】

① 教室の室温をはかった後，金属製のコップの中にくみ置きの水を入れ，水温をはかる。

② 図1のようにして水温を下げ，コップの表面がくもり始めたときの水温をはかる。

③ ①，②の操作を数回くり返す。

【結果】

教室の室温 24.0℃

くみ置きの水の平均の水温〔℃〕	24.0
コップの表面がくもり始めたときの平均の水温〔℃〕	16.0

図1

問1　下線部の器具を使うのは，金属に光沢があるという性質と，もう一つ重要な金属の性質を利用するためである。その性質を，簡潔に書け。

問2　下の［　］内は，この実験の結果をまとめた内容の一部である。文中の（ア），（イ）に入る，適切な数値を書け。また，（ウ）に入る，適切な語句を書け。

> この教室の空気の露点は，（ア）℃である。それは，露点では湿度が（イ）％となり，この教室の空気にふくまれる水蒸気が（ウ）に変わり始めたからである。

問3　図2は，連続した3日間の気温と湿度の記録である。図中のAは，この実験を行ったときの湿度を示した点であり，a～dは，Aと同じ湿度の点である。空気1 m^{3}中にふくまれていた水蒸気の量が，Aより多い点は，a～dのどれか。1つ選び，記号で答えよ。また，そう判断した理由を，「気温」，「飽和水蒸気量」の2つの語句を用いて，簡潔に書け。

図2

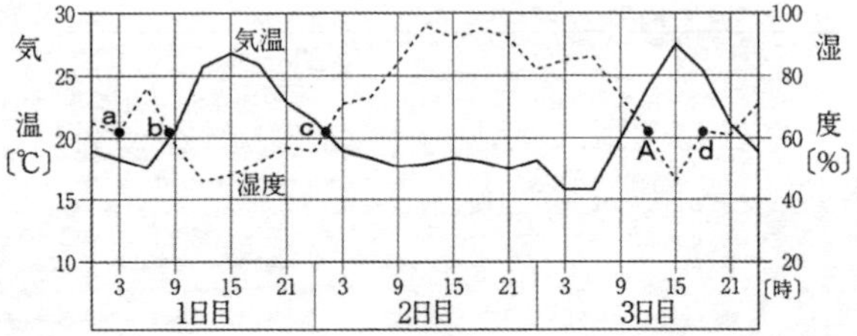

問1						
問2	ア		イ		ウ	
問3	記号		理由			

■平成29年度問題

5 福岡県のある地点で，前線が通過したある日，8時から14時まで1時間ごとに7回，気象観測を行った。図は，その観測結果をまとめたものである。また，下の［　］内は，観測後，観測結果を考察しているときの愛さんと登さんと先生の会話の一部である。

先生「図から，何時ごろに，何という前線が通過したと思いますか。」

愛「前線が通過すると天気が変わるはずだから，前線は10時から11時の間に通過したと思います。」

登「その間に，気温が急に下がっているから，通過したのは寒冷前線だと思います。」

先生「そうですね。寒冷前線では，（①）が（②）をおし上げるように進むので，気温が急に下がったのです。では，寒冷前線の通過に合わせて，他の気象要素はどのように変化していますか。」

愛「風向は③（P南　Q北）寄《よ》りに変わり，風力は④（R強く　S弱く）なっています。」

登「気温は下がり湿度は上がっています。気温と湿度の変化には，何か関係がありそうです。」

愛「でも，8時と9時では気温が同じなのに，湿度は上がっています。」

先生「よく気づきましたね。湿度は気温によって変化しますが，空気中にふくまれている水蒸気量によっても変化します。」

図

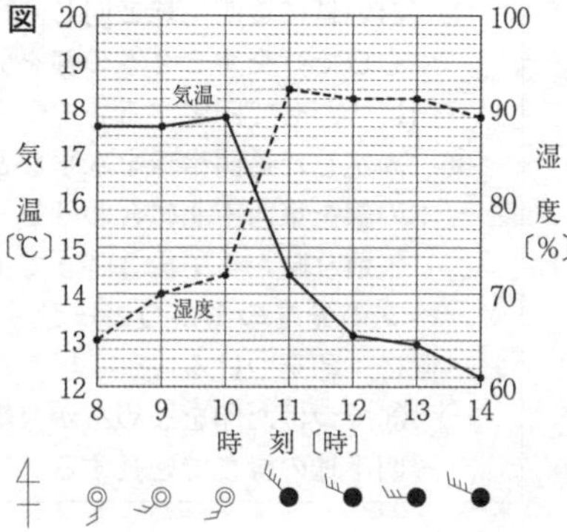

問1　会話文中の（①），（②）に，適切な語句を入れよ。また，③，④の（　）内の語句から，それぞれ適切なものを選び，記号で答えよ。

問2　10時に観測したときの乾湿計の一部を模式的に示したものとして，適切なものを，次の1～4から1つ選び，番号で答えよ。

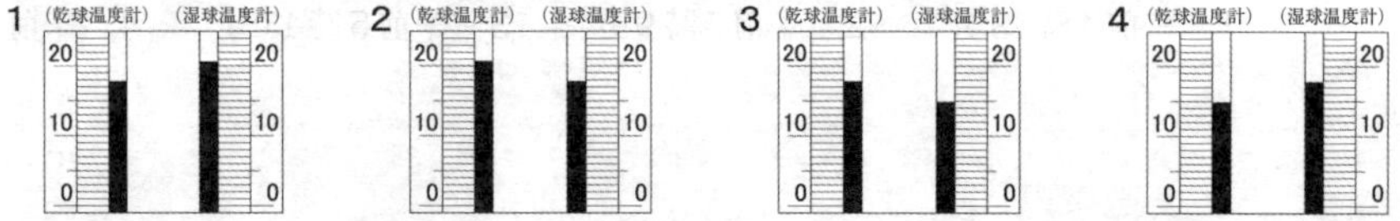

問3　下線部について，8時と9時での空気1m^{3}中にふくまれている水蒸気量の差は何gか。ただし，8時と9時の気温における飽和水蒸気量を15.0g/m^{3}とする。

問4　下の［　］内は，天気の変化について関心をもった登さんが，天気予報で聞いた「高気圧におおわれ，夜から明け方にかけて冷えこむ」現象について調べた内容の一部である。（　）にあてはまる内容を，「地表」，「宇宙」の2つの語句を用いて，簡潔に書け。

> 高気圧におおわれてよく晴れた日の夜は，雲の多い日の夜と比べて，（　　　）ので，地表の温度や気温が大きく下がる。

問1	①		②		③		④	
問2		問3	g	問4				

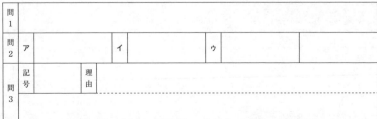

■平成31年度問題

6　下の□内は，日本の「つゆ，夏の天気，冬の天気の特徴」について，生徒がまとめたレポートの一部である。図1は，日本周辺の気団**X**～**Z**を模式的に示したものであり，図2～図4は，2017年の6月24日，8月23日，12月26日のそれぞれの日における，午前9時の日本付近の気圧配置などを示したものである。また，図2の**A**－**B**は，停滞前線の位置を示し，図2～図4の**C**は，同一の地点を示している。

＜つゆ＞

○　冷たく湿った気団**X**とあたたかく湿った気団**Y**がぶつかり合い，①停滞前線ができる。この前線付近では，たえ間なく雲ができ，雨が降る。

＜夏の天気＞

○　気団**Y**の勢力が強くなり，日本列島の南側が高気圧におおわれ，晴天の日が続く。

○　②太平洋からユーラシア大陸に向かって南東の季節風がふく。

＜冬の天気＞

○　冷たく乾燥した気団**Z**が発達し，気圧配置は西高東低になる。

○　ユーラシア大陸から太平洋に向かって北西の季節風がふく。

図1

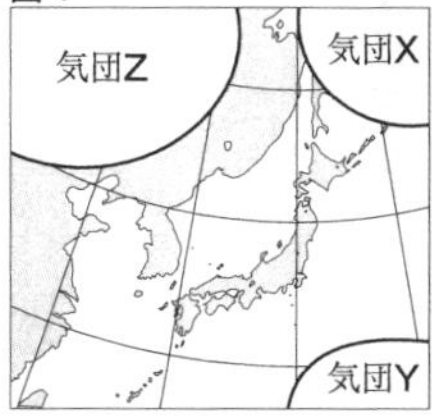

図2（2017年6月24日午前9時）

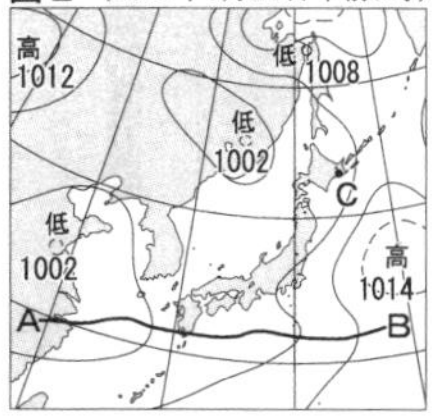

図3（2017年8月23日午前9時）

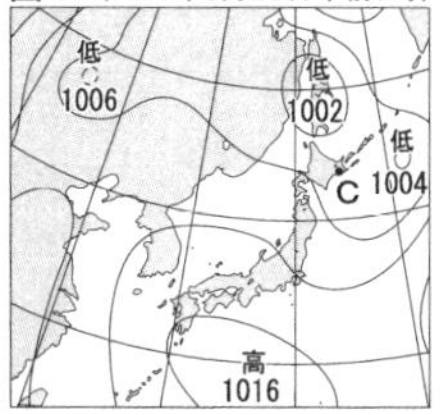

図4（2017年12月26日午前9時）

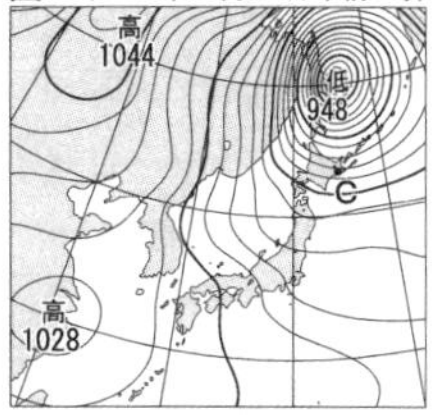

（気象庁ホームページから）

問1　下の**P**～**R**は，2017年の6月24日，8月23日，12月26日のいずれかの日の午前9時に撮影された衛星画像（雲画像）である。6月24日と12月26日に撮影された衛星画像として，最も適切なものを，**P**～**R**からそれぞれ1つずつ選び，記号で答えよ。

P

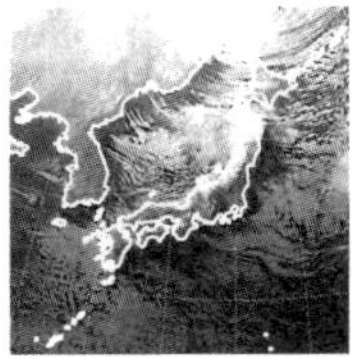

Q

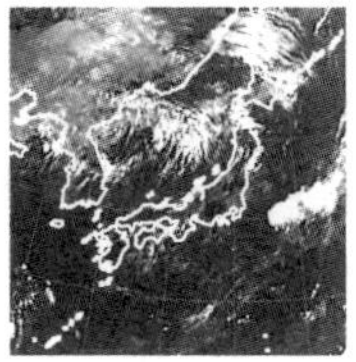

R

（日本気象協会より引用）

問2　下線部①を表す記号を，次の1～4から1つ選び，番号で答えよ。

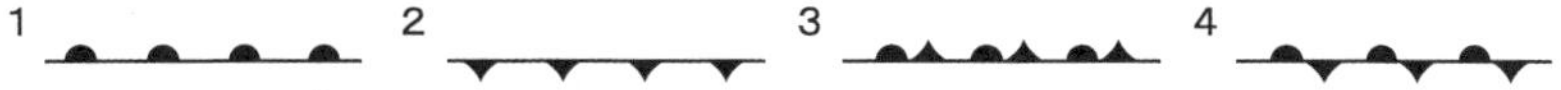

問3　図2～図4から，2017年の6月24日，8月23日，12月26日のそれぞれの日の午前9時における，地点**C**の風の強さは，12月26日が最も強かったと考えられる。そう考えられる根拠を，図2～図4から読み取って，1つ簡潔に書け。

問1	6月24日		12月26日		問2	
問3						

■令和3年度問題

6　図1～図3は，ある年の3月の連続した3日間，それぞれの日の同じ時刻における，日本付近の気圧配置などを示したものである。ただし，図1～図3は，日付の順に並んでおり，図中の**X**は，同一の地点を示している。下は，地点**X**の天気の変化をもとに，日本の春の天気の特徴について考察しているときの，登さんと愛さんと先生の会話の一部である。

図1

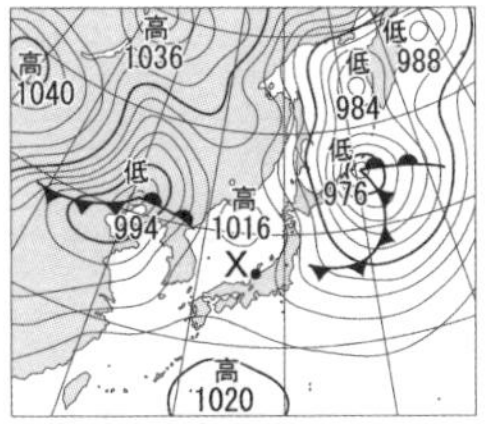

図2

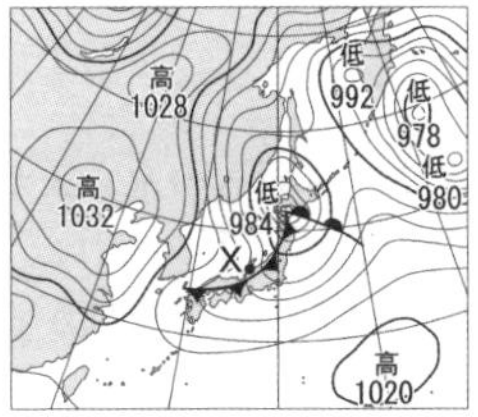

図3

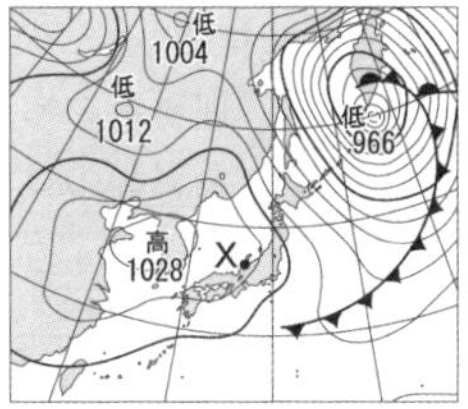

先生：図1から図3をもとに，地点Xの天気を考えてみましょう。

登さん：①図1，図3の地点Xは，近くに高気圧の中心があるので，晴れていたと思います。

愛さん：図2の地点Xは，低気圧にともなう②寒冷前線が通過した後だと考えられるので，雨やくもりになっていたと思います。

先生：そうですね。それでは，考えたことをもとに，日本の春の天気の特徴を，図1，図2，図3の気圧配置の変化と，天気の変化を関係づけて説明してみましょう。

登さん：日本の春の天気は，〔　　〕という特徴があるといえます。

先生：その通りです。

問1　下線部①の高気圧について，中心部の気流と地上付近の風のふき方を示した図として，最も適切なものを，次の**1**～**4**から1つ選び，番号を書け。

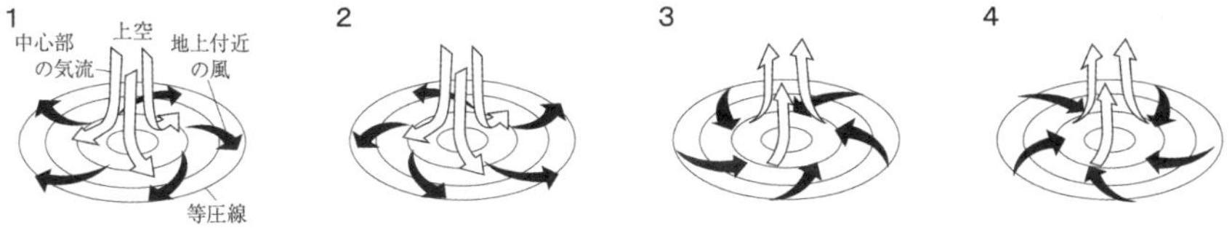

問2　図4は，図2の地点**X**における，気温，天気，風向，風力の1日の変化を示したものである。

下線部②について，愛さんは，図4から，寒冷前線が図2の地点**X**を通過したのは，6時から9時の間であると考えた。その考えの根拠となる気象要素の変化のうち，風向の変化を，図4から読み取って，簡潔に書け。

図4

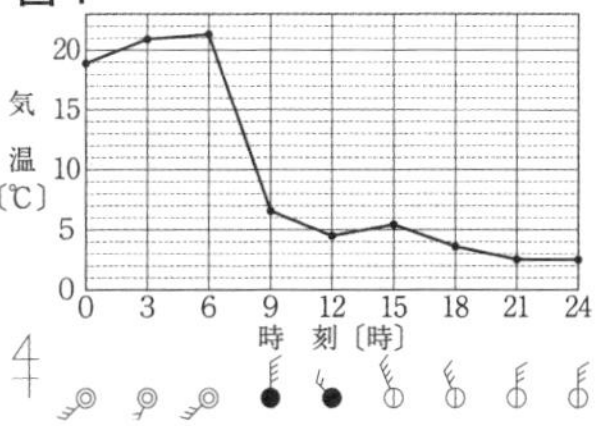

問3　会話文中の〔　〕にあてはまる内容を，簡潔に書け。

問1		問2	
問3			

■令和４年度問題

5 次の各問に答えよ。

問１　理科室の空気の露点を調べる実験を行った。下の□内は，その実験の手順と結果である。

【手順】
① 理科室の室温をはかる。
② 金属製のコップの中にくみ置きの水を入れ，水温をはかる。
③ **図１**のような装置を用いて，氷を入れた大型試験管を動かして水温を下げ，コップの表面がくもり始めたときの水温をはかる。
④ ②，③の操作を数回くり返す。

図１

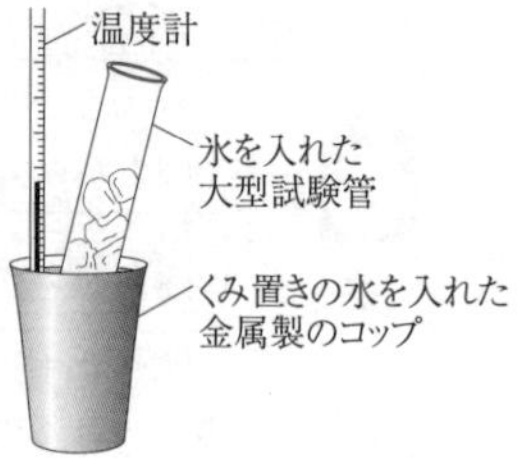

【結果】

理科室の室温	25.0℃
くみ置きの水の平均の水温	25.0℃
コップの表面がくもり始めたときの平均の水温	17.0℃

（1）　下線部について，金属製のコップが，この実験に用いる器具として適している理由を，「熱」という語句を用いて，簡潔に書け。

（2）　下の□内は，この実験についてまとめた内容の一部である。文中の（　）に適切な数値を書け。

理科室の空気の露点は，（　）℃である。コップの表面がくもったのは，コップに接している空気が冷やされることで，空気中の水蒸気が水になったためである。

問1	(1)	
	(2)	

問２　理科室の空気の湿度について乾湿計で観測を行った。**図２**は観測したときの乾湿計の一部を模式的に示したものである。また，**表１**は湿度表の一部，**表２**はそれぞれの気温に対する飽和水蒸気量を示したものである。ただし，理科室の室温は気温と等しいものとする。

乾湿計で観測を行ったときの理科室の空気について，湿度〔%〕と $1\ m^3$ 中の水蒸気量〔g〕をそれぞれ書け。なお，$1\ m^3$ 中の水蒸気量〔g〕の値は，小数第２位を四捨五入し，小数第１位まで求めること。

図２

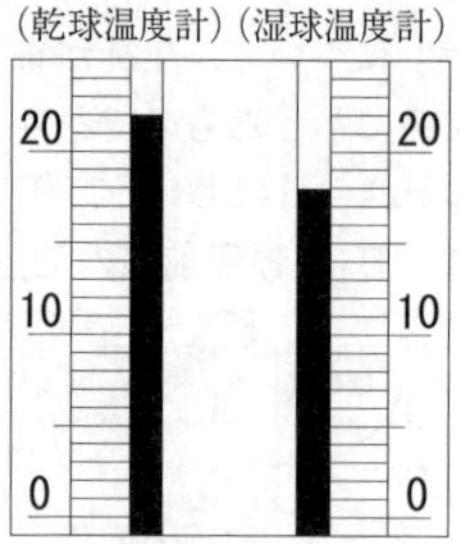

表１

乾球の読み〔℃〕	乾球と湿球との目盛《めも》りの読みの差〔℃〕					
	0.0	1.0	2.0	3.0	4.0	5.0
23	100	91	83	75	67	59
22	100	91	82	74	66	58
21	100	91	82	73	65	57
20	100	91	81	72	64	56
19	100	90	81	72	63	54
18	100	90	80	71	62	53
17	100	90	80	70	61	51
16	100	89	79	69	59	50

表２

気温〔℃〕	飽和水蒸気量〔g / m^3〕
16	13.6
17	14.5
18	15.4
19	16.3
20	17.3
21	18.3
22	19.4
23	20.6

問2	湿度	%	水蒸気量	g

■令和５年度問題

6 下の□内は，日本の春の天気図とつゆの天気図をもとに，生徒が調べた内容の一部である。**図１**は，日本周辺の気団**X**～**Z**を模式的に示したものであり，**図２**，**図３**は，ある年の３月12日，７月８日のそれぞれの日における，午前９時の日本付近の気圧配置などを示したものである。また，**図２**の ━ ━ ━ は前線の位置を示している。

図１

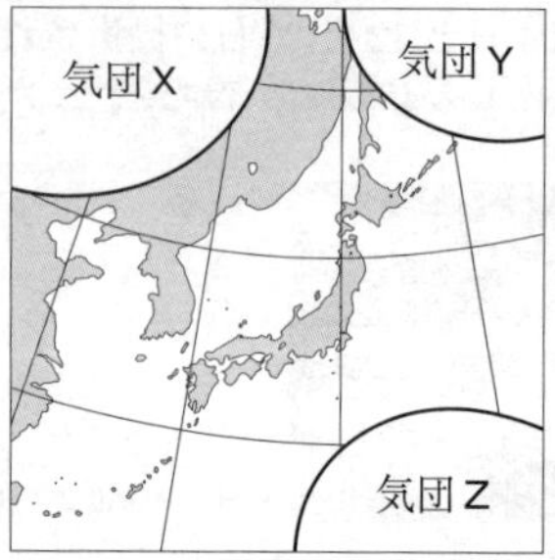

図２（３月12日午前９時）

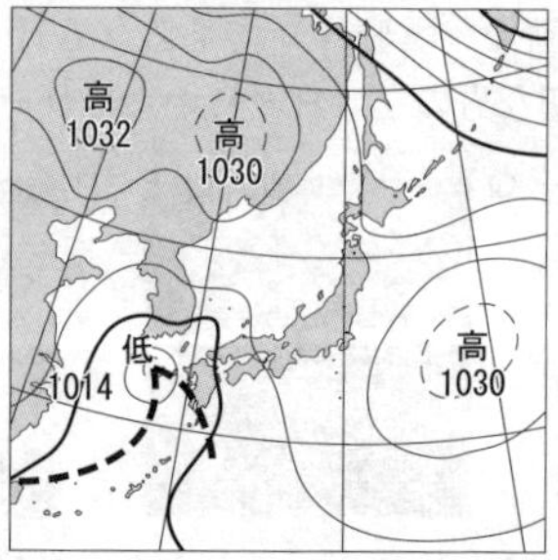

図３（７月８日午前９時）

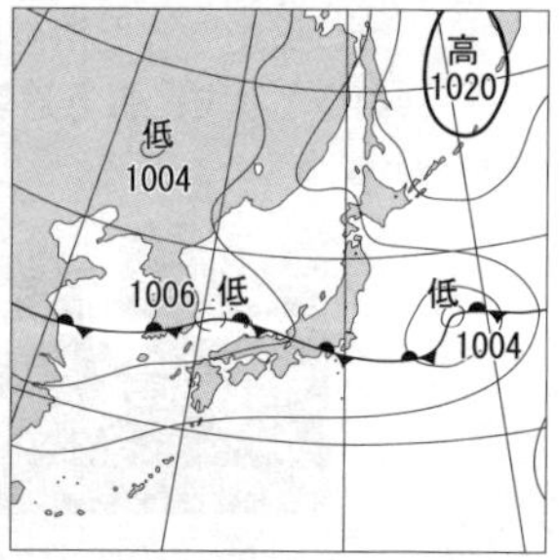

図１のように，日本付近には特徴の異なる気団があり，日本の気象に影響を与えている。

春は，４～６日くらいの周期で天気が変わることが多い。高気圧が近づいてくると晴れとなり，**図２**で見られるような低気圧が近づいてくると雲がふえ，雨になることが多い。

つゆの時期には，北の冷たく①（**ア**　しめった　**イ**　乾燥した）気団**Y**と，南のあたたかく②（**ウ**　しめった　**エ**　乾燥した）気団**Z**がぶつかり合い，**図３**で見られるような停滞前線ができるため，長雨となる地域がある。

問1　**表**は，福岡県のある地点における3月12日午前9時の気象観測の結果を示したものである。この結果を，右の**図4**に天気図記号で表せ。

表

天気	風向	風力
雨	北東	1

図4

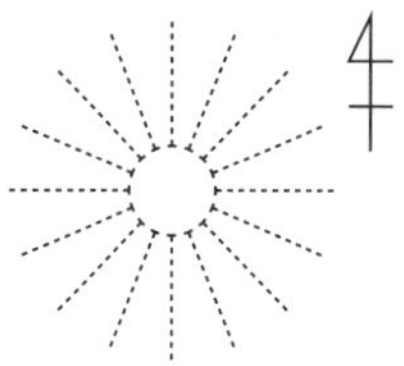

問2　**図2**で見られる低気圧の中心からできるそれぞれの前線を示した図として，最も適切なものを，次の**1**～**4**から1つ選び，番号を書け。

問3　文中の①，②の（　）内から，それぞれ適切な語句を選び，記号を書け。

問4　下の┌┄┐内は，**図3**で見られる停滞前線について説明した内容の一部である。文中の（　）内から，適切な語句を選び，記号を書け。また，〔　〕にあてはまる内容を，簡潔に書け。

> **図3**で見られる停滞前線は，梅雨前線とよばれている。梅雨前線は，5月の中頃に沖縄付近に現れ，ゆっくりと北上し，6月の中頃から7月にかけて，本州付近に停滞することが多い。7月の中頃になると，（**P**　シベリア気団　**Q**　小笠原《おがさわら》気団）の〔　〕なり，梅雨前線は北におし上げられ，やがて見られなくなる。

問2		問3	①		②	
問4	記号		内容			

細胞・遺伝

■平成28年度問題

2　細胞のつくりを調べるために，オオカナダモの葉の細胞とヒトのほおの内側の細胞を観察した。下の□内は，その観察の手順と結果である。

【手順】

① オオカナダモの葉を1枚とり，スライドガラスにのせ，酢酸《さくさん》カーミン液を1滴《てき》落として，3分間ほどおく。

② 図1のように，柄《え》つき針とピンセットを使ってカバーガラスを<u>片方からゆっくりと</u>かぶせ，プレパラートをつくる。

③ ほおの内側を綿棒でこすりとり，綿棒を別のスライドガラスにこすりつけ，酢酸カーミン液を1滴落として，1分間ほどおく。

④ ②と同じようにして，プレパラートをつくる。

⑤ ②と④で作成したプレパラートを顕微鏡《けんびきょう》で観察し，それぞれスケッチする。

図1

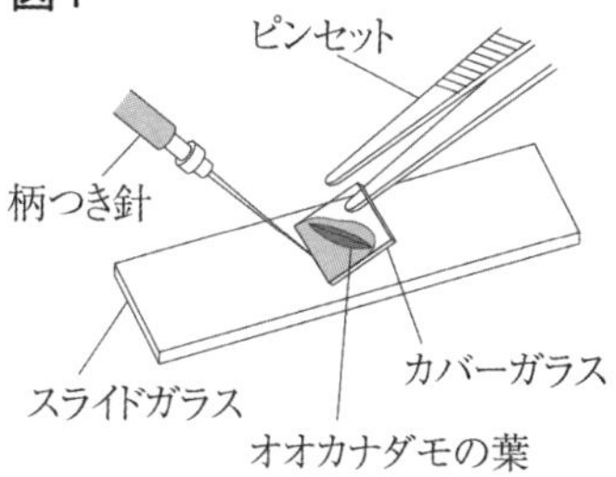

【結果】

	オオカナダモの葉の細胞	ヒトのほおの内側の細胞
細胞のスケッチ	図2 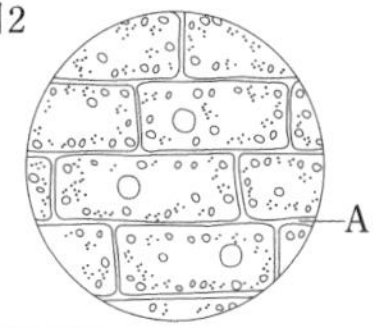	図3 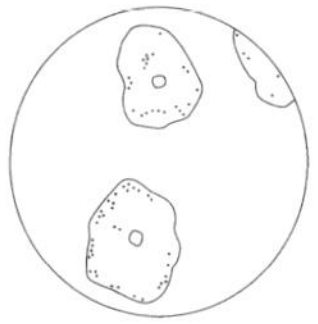
気づいたこと	○ 細胞は，細長い形できれいに並んでいた。 ○ 細胞の中には，赤く染まった部分があった。	○ 細胞は，丸みをおびていた。 ○ 細胞の中には，赤く染まった部分があった。

問1　下線部のように操作を行うと観察しやすくなる理由を，簡潔に書け。

問2　オオカナダモの葉の細胞とヒトのほおの内側の細胞で，酢酸カーミン液で赤くよく染まった部分を，図2中と図3中で，すべてぬりつぶせ。

問3　図2の**A**で示す部分は，植物の細胞だけに見られる。この部分の名称を書け。また，**A**で示す部分のはたらきとして最も適切なものを，次の**1**～**4**から1つ選び，番号で答えよ。

1　細胞の呼吸を行う。　　**2**　養分をつくる。

3　植物の体を支える。　　**4**　物質をたくわえる。

問4　下の┌┄┐内は，生物の体をつくる細胞について，生徒がまとめた内容の一部である。文中の下線部のような生物を何というか。

> オオカナダモやヒトは，形や大きさ，はたらきが異なる細胞が集まって体ができている生物である。それに対して，ミカヅキモやゾウリムシは，<u>1つの細胞で体ができている生物</u>である。

問1					
問3	名称		はたらき	問4	

■平成29年度問題

2 明さんは，根の成長するしくみを調べるために，タマネギの根を顕微鏡で観察した。下の□内は，その観察レポートの一部を示したものである。

【予想】

タマネギの根が成長するのは，細胞の数がふえるからだろう。

【手順】図のように，水につけて成長させたタマネギの根から，約5mmずつa～cの部分を切りとる。次に，①a～cをうすい塩酸につけて数分間あたためる。その後，あたためたa～cを水洗いし，異なるスライドガラスにのせ，染色液をかけ，柄《え》つき針でほぐし，数分間おく。そして，カバーガラスをそれぞれかぶせ，プレパラートを作成する。その後，a～cを顕微鏡の倍率を同じにして観察し，スケッチする。

図

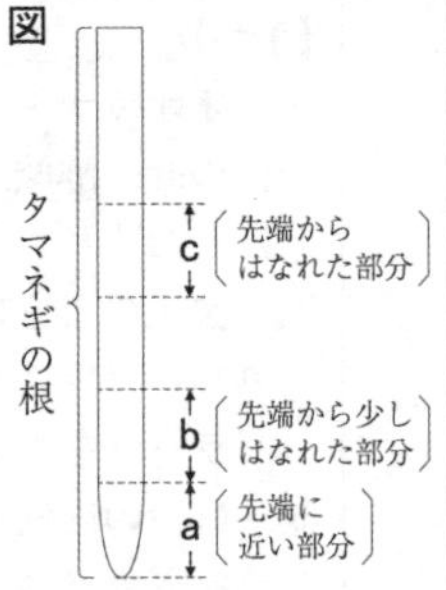

【結果】

部分	a	b	c
細胞のスケッチ	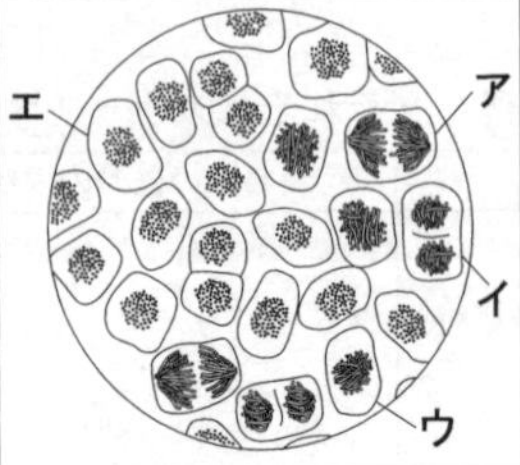	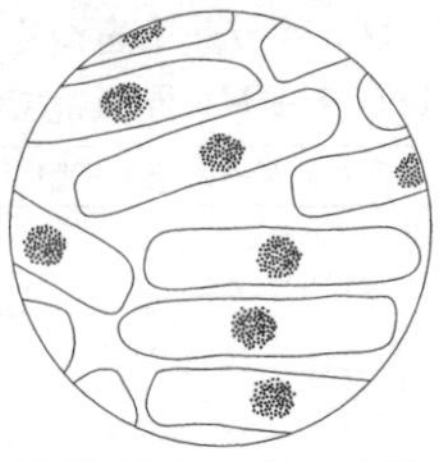	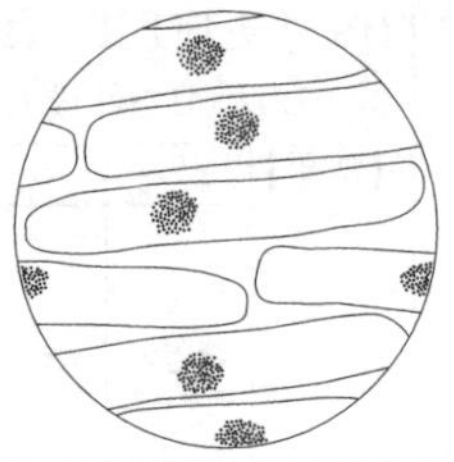

<気づいたこと>

○ aでは，1つの細胞が2つに分かれているようすが見られたが，bやcでは，見られなかった。また，aでは，②ひも状のものも見られた。

○ 細胞の大きさは，aが最も小さく，cが最も大きかった。

【考察】タマネギの根が成長するのは，（　　）からだと考えられる。

問1 下線部①の操作を行うと観察しやすくなる理由を，簡潔に書け。

問2 明さんは，観察結果について考察したとき，【予想】の内容だけではタマネギの根の成長するしくみを十分《じゅうぶん》に説明できていないことに気づいた。【結果】をふまえた適切な【考察】になるように，（　）にあてはまる内容を，簡潔に書け。

問3 【結果】のア～エで示す細胞を，エを1番目として細胞分裂をしていく順に並べ，記号で答えよ。

問4 下線部②は染色体である。aで起きる細胞分裂をくり返しても，1つの細胞の核にある染色体の数が変わらない理由を，「分裂前に,」の書き出しで，簡潔に書け。

問1		
問2		
問3	エ → → →	
問4	分裂前に,	

■平成31年度問題

2 下の□内は，「動物の生殖と遺伝」について，生徒が書いたレポートの一部である。

多くの動物では，①卵《らん》と精子《せいし》が②受精して，受精卵ができる。③受精卵は，細胞分裂をくり返しながら，形やはたらきのちがうさまざまな細胞になり，子は親と同じような形になっていく。

このようにしてできた子に現れる形質の1つに着目すると，両親のどちらとも異なっている場合がある。形質の現れ方がこのようになるのは，両親からそれぞれの染色体が子へ受け渡《わた》されることで，子の遺伝子の（　）からである。

問1 下線部①がつくられるときに行われる細胞分裂を何というか。また，この細胞分裂によって，1つの精子の核にある染色体の数は，分裂前の1つの細胞の核にある染色体の数と比べて，どのようになっているか，簡潔に書け。

問2 下線部②によって子をつくる生殖を何というか。

問3 図は，カエルにおける，下線部③の過程の一部を模式的に表したものである。ア～オを，アを1番目として成長していく順に並べ，記号で答えよ。

また，ア～オのような，「受精卵が細胞分裂をはじめてから自分で食物《しょくもつ》をとりはじめるまでの間の子」のことを，何というか。

図

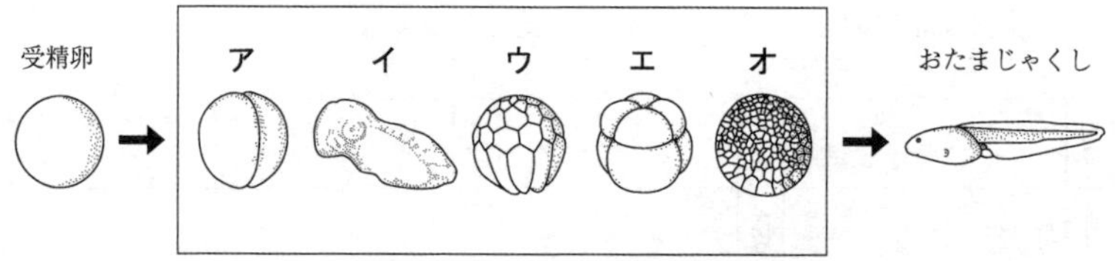

問4 文中の（　）にあてはまる内容を，「両親」という語句を用いて，簡潔に書け。

問1	名称	（分裂）	染色体の数		問2	（生殖）
問3	記号	（ア） → → → →			名称	
問4						

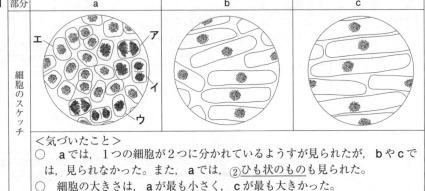

■令和３年度問題

2　花さんと健さんは，根が成長するしくみについて疑問をもち，タマネギの根を顕微鏡《けんびきょう》で観察した。下の□内は，その観察の手順と結果である。

【手順】

① 図１のように，水につけて成長させたタマネギの根の先端部分を，約５mm切りとる。

② 切りとった根を，うすい塩酸に入れて，数分間あたためた後，水洗いする。

③ 水洗いした根を，スライドガラスにのせ，染色液を１滴《てき》落として柄《え》つき針でほぐし，数分間置く。

④ スライドガラスにカバーガラスをかぶせてプレパラートを作成する。

⑤ **A**と**B**を，顕微鏡の倍率を同じにして，それぞれ観察し，スケッチする。

図１

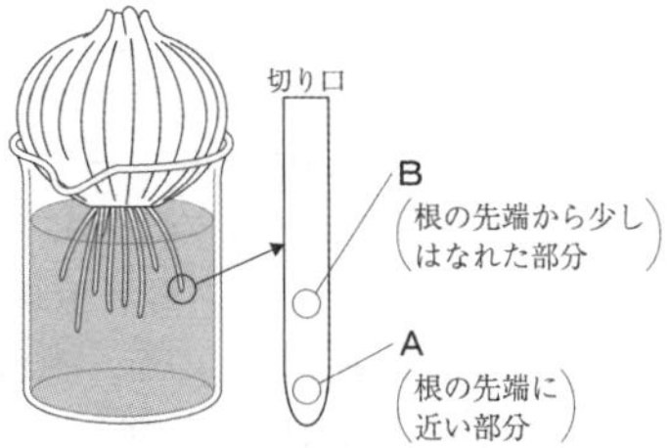

【結果】

部分	A（根の先端に近い部分）	B（根の先端から少しはなれた部分）
細胞のスケッチ	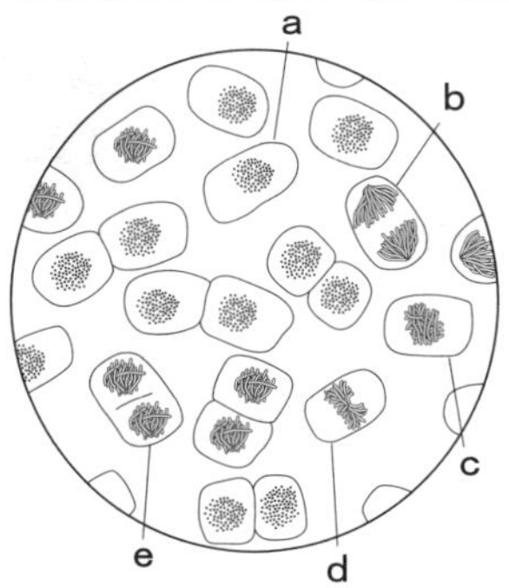	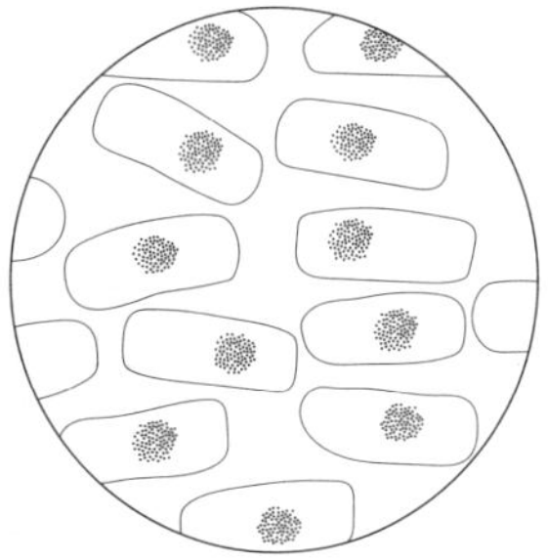

問１　下の□内は，顕微鏡の倍率を高くして観察するときの操作について説明した内容の一部である。文中の（**ア**）に，適切な語句を入れよ。また，（**イ**）に入る，図２の**Q**で示す部分の名称《めいしょう》を書け。

顕微鏡の倍率を高くするときは，見たいものが視野の（**ア**）にくるようにしてから，図２の**P**で示されるレボルバーを回し，高倍率の対物レンズにする。その後，図２の**Q**で示される（**イ**）を調節して，観察しやすい明るさにする。

図２

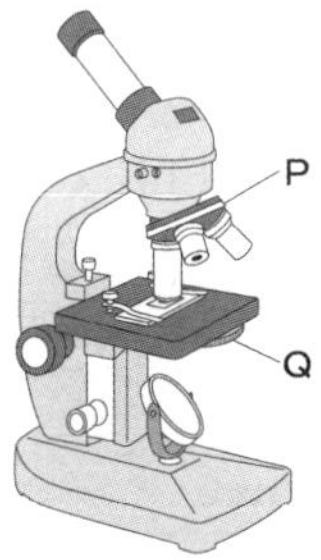

問１	ア		イ	

問２　下は，結果をふまえて，根が成長するしくみについて考察しているときの，花さんと健さんと先生の会話の一部である。

先生：結果から何か気づいたことはありませんか。

花さん：**B**に比べて**A**では，細胞の大きさは小さく，さまざまな大きさの細胞がたくさん見られます。

健さん：**A**の細胞の中には，いろいろな形をしたひも状のものが見られますが，**B**の細胞の中には見られません。

先生：よく気づきましたね。**A**の細胞の中に見られるひも状のものは，染色体といい，細胞が分裂《ぶんれつ》するときに見られます。それでは，結果から気づいたことをもとに，どのようにして根が成長するのか考えてみましょう。

健さん：いろいろな形の染色体が見られた**A**で，細胞が分裂することによって根が成長すると考えられます。

先生：そうですね。さらに，花さんが結果から気づいたことに着目して，細胞にどのような変化が起きるか考えてみるとどうですか。

花さん：**A**で細胞が分裂することによって〔　　〕ことで，根が成長するといえます。

先生：その通りです。

（１）会話文中の下線部について，【結果】の**a**～**e**で示す細胞を，**a**を１番目として細胞が分裂していく順に並べ，記号で答えよ。

（２）会話文中の〔　〕にあてはまる内容を，簡潔に書け。

問３　下の□内は，タマネギの根の先端に近い部分で起こる細胞分裂について，健さんが調べた内容の一部である。（**X**）にあてはまる内容を，簡潔に書け。また（**Y**）に，適切な語句を入れよ。

タマネギの根の先端に近い部分で起こる細胞分裂では，分裂前の１つの細胞と分裂後の１つの細胞の，それぞれの核《かく》にある染色体の数が等しくなる。このように，染色体の数が等しくなるのは，細胞が分裂する前に，（**X**）にそれぞれ入るからである。このような細胞のふえ方を（**Y**）という。

問２	(1)	a→　　→　　→　　→		
	(2)			
問３	X		Y	

■令和5年度問題

2　下の□内は，カエルの有性生殖について，生徒が調べた内容の一部である。**図1**は，カエルの受精卵から新しい個体ができるまでのようすを，模式的に表したものである。

> 雌《めす》の卵巣《らんそう》で①卵がつくられ，雄《おす》の精巣《せいそう》で②精子がつくられる。卵と精子が受精すると受精卵ができ，③受精卵は細胞分《さいぼうぶん》裂《れつ》をくり返しながら，形やはたらきのちがうさまざまな細胞になり，やがて個体としての体のつくりが完成する。

図1

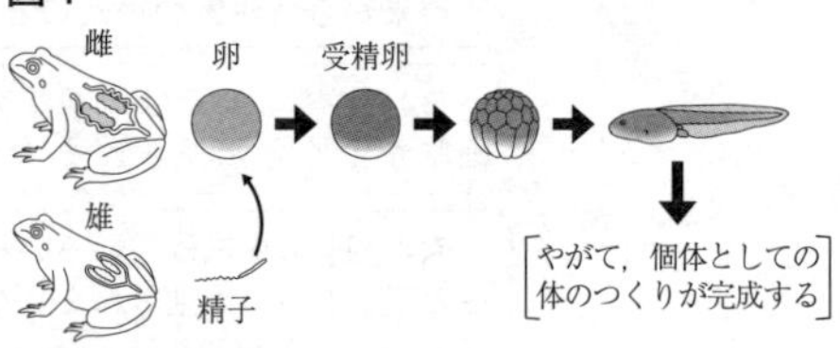

問1　下線部①，②は，有性生殖を行うための特別な細胞である。この特別な細胞の名称を書け。

問2　下線部③の過程を何というか。

問3　**図2**は，カエルが有性生殖を行うときの卵，精子，受精卵の中にある染色体をモデルで表そうとしたものである。**図2**の卵，精子，受精卵の中にある染色体のモデルとして最も適切なものを，次の**1**～**4**から1つ選び，番号を書け。

図2

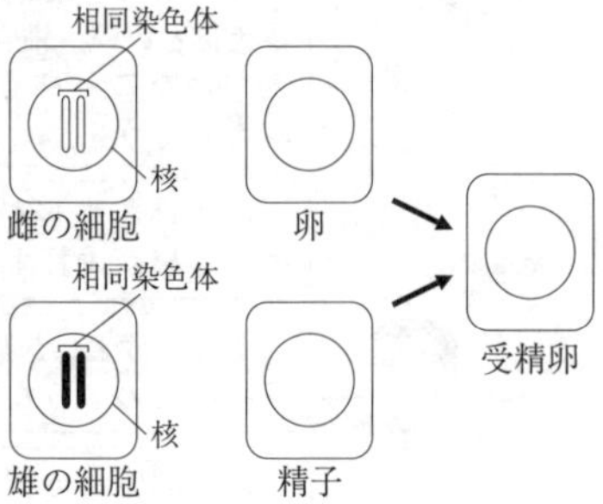

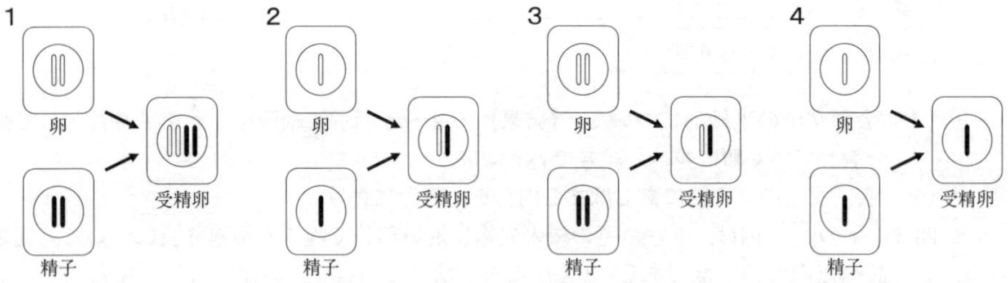

問4　下の□内は，農作物をつくるときの有性生殖と無性生殖の利用について，説明した内容の一部である。下線部について，無性生殖を利用するのは，無性生殖における染色体の受けつがれ方と形質の現れ方に，どのような特徴があるからか。「子」，「親」の2つの語句を用いて，簡潔に書け。

> 収穫量が多いジャガイモと，病気に強い別のジャガイモを交配することで，両方の優れた形質をもつジャガイモができることがある。その両方の優れた形質をもつジャガイモを親として，無性生殖をさせることで，両方の優れた形質をもつ子のジャガイモを多くつくることができる。

問1		問2		問3	
問4					

生物界のつながり

■平成27年度問題

2　土の中の微生物のはたらきを調べる実験を行った。下の□内は，その実験の手順と結果である。

【手順】

① 水を入れたビーカーに土を入れ，よくかき混ぜた後，しばらく置き，図1のように上ずみ液を準備する。

② 0.1%デンプン溶液100mLに，寒天《かんてん》粉末2gを入れ，加熱して溶かしたものを，煮沸《しゃふつ》したペトリ皿A，Bに入れてふたをし，寒天培地《ばいち》をつくる。

③ Aには①の上ずみ液を，Bには同じ上ずみ液を煮沸して冷《さ》ましたものを，同量加え，20～35℃の暗い場所に5日間置く。

④ A，Bの培地の表面のようすを観察する。また，ヨウ素液を加えて培地の色の変化を調べる。

図1

【結果】

	A	B
培地の表面のようす	かたまりと毛のようなものが見られた。	変化しなかった。
ヨウ素液による培地の色の変化（図2）	表面は青紫色に変化したが，かたまりとその周辺では変化しなかった。	表面全体が青紫色に変化した。

図2

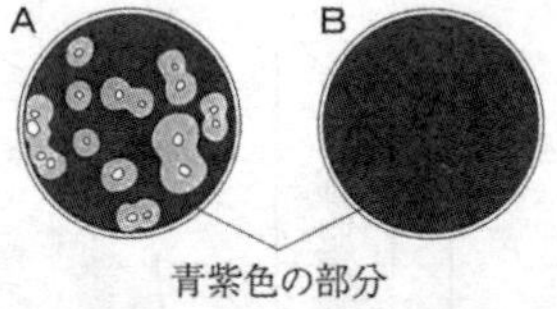

問1　手順③でBに加える上ずみ液を煮沸した理由を，「微生物を」の書き出しで，簡潔に書け。

問2　下の□内は，土の中の微生物のはたらきについて，先生が説明した内容の一部である。

> この実験では，Aのかたまりとその周辺で，デンプンがなくなりました。これは，Aに加えた上ずみ液の中の微生物が，（ア）を行い，デンプンを分解してエネルギーを得たからです。自然の中でも，土の中の微生物は，有機物を養分としてとり入れます。土の中の微生物のように，生態系において，（イ）などの有機物から養分をとり入れる生物は，分解者とよばれます。

（1）文中の下線部の微生物として，適切なものを，次の**1**～**4**から1つ選び，番号で答えよ。

1　アオカビ　　**2**　ダニ　　**3**　ダンゴムシ　　**4**　トビムシ

（2）文中の（ア）に入る，適切な語句を書け。

（3）文中の（イ）内にあてはまる内容を，簡潔に書け。

問1	微生物を	問2	(1)		(2)		(3)	

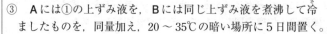

公立高校入試出題単元別編集

過去９年間
（平成27年～令和５年迄）

社　会

※は問題を割愛しています。

歴史総合

■ 平成27年 1 （古代から近代までの政治と文化）
■ 平成28年 1 （古代から近代までの政治・くらし・文化）
■ 平成29年※ 1 （古代から現代までの政治とくらし）
■ 平成30年 1 （政治と文化・主な出来事）
■ 平成31年 1 （古代から現代までの政治と文化）
■ 令和２年 1 （経済と文化）
■ 令和３年 1 （政治と世界とのつながり）
■ 令和４年 1 （古代から近代の政治）
■ 令和５年 1 （古代から近代）

近代史

■ 平成27年 2 （明治から昭和までの出来事）
■ 平成28年 2 （明治から平成までの出来事）
■ 平成29年 2 （対外政策・条約）
■ 平成30年 2 （選挙）
■ 平成31年※ 2 （明治から平成までの出来事）
■ 令和２年 2 （主な出来事）
■ 令和３年 2 （わが国の産業と経済）
■ 令和４年 2 （近代）
■ 令和５年 2 （近現代）

世界地理

■ 平成27年※ 3 （特徴・時差・貿易）
■ 平成28年 3 （気候・貿易・特徴）
■ 平成29年 3 （緯線・時差・人口・輸出）
■ 平成30年※ 3 （時差・気候・地域の特色・貿易）
■ 平成31年 3 （国の位置・気候・貿易・特徴）
■ 令和２年 3 （地図・気候・環境・貿易）
■ 令和３年 3 （気候・宗教・地図の見方・貿易と輸出）
■ 令和４年 3 （首都・人口・農業・工業・貿易）
■ 令和５年 3 （気候・言語・エネルギー・貿易）

日本地理

■ 平成27年※ 4 （県庁所在地・気候・資料読み取り）
■ 平成28年※ 4 （県庁所在地・農業・輸送・中部地方の産業）
■ 平成29年 4 （略地図の見方・県庁所在地・諸地域の特徴）
■ 平成30年 4 （緯度経度・農業・産業・府県名）
■ 平成31年 4 （県庁所在地・農業・工業・地形）
■ 令和２年 4 （気候・農業・産業・地図読み取り）
■ 令和３年 4 （人口・産業・農業・地図の読み取り）
■ 令和４年 4 （人口・畜産業・農業・工業）
■ 令和５年 4 （緯度経度・地方・交通・農業）

公民

■ 平成27年※ 5 （三権・需要と供給・国際問題）
■ 平成28年 5 （国連・為替・基本的人権・地方自治・衆議院の解散・企業の社会的責任）
■ 平成29年 5 （政治（予算・選挙・社会保障制度）経済（景気・国債））
■ 平成30年 5 （憲法・国会・裁判・経済）
■ 平成31年 5 （政治・財政・経済）
■ 令和２年 5 （三権分立・選挙・国際機関・社会保障）
■ 令和３年 5 （情報化社会・選挙・企業と株式・クレジットカード）
■ 令和４年 5 （憲法・政治・経済・社会保障・国際社会）
■ 令和５年 5 （環境・国際社会・憲法・三権分立・経済）

記述（資料から推測）

■ 平成27年※ 6 （社会保障と経済）
■ 平成28年 6 （農村の活性化）
■ 平成29年 6 （情報化社会：携帯・クレジット）
■ 平成30年 6 （社会保障）
■ 平成31年 6 （食料問題）
■ 令和２年 6 （循環型社会）
■ 令和３年 6 （高齢化社会と働き方）
■ 令和４年 6 （環境）
■ 令和５年 6 （現代社会）

歴史総合

■平成27年度問題

1 次のA～Dのカードは，わが国の19世紀までの，古代から近代にかけての各時代のおもなできごとについてまとめたものである。カードをみて，各問に答えよ。

〈カード〉

A	B
○ 律令《りつりょう》国家が成立し，①貴族による政治が行われた。 ○ （　　ⓐ　　） ○ ア国際色豊かな文化がうまれ，後に国風《こくふう》文化が栄えた。	○ ②参勤交代《さんきんこうたい》の制度化などにより，幕府による支配のしくみが確立した。 ○ （　　ⓑ　　） ○ イ江戸，大阪を中心とした，町人文化が繁栄した。

C	D
○ 守護《しゅご》，地頭《じとう》の設置などにより，武家政治のしくみが整えられた。 ○ （　　ⓒ　　） ○ ウ禅宗《ぜんしゅう》の影響を受けた文化がうまれた。	○ 廃藩置県《はいはんちけん》などにより，中央集権国家のしくみが整えられた。 ○ （　　ⓓ　　） ○ エ西洋風の生活様式を取り入れた文化が広まった。

問1　AとDのカードに最も関係のある人物を，次の1～5から一つずつ選び，番号で答えよ。

　1　足利義政《あしかがよしまさ》　2　大久保利通《おおくぼとしみち》　3　徳川家康《とくがわいえやす》　4　聖武《しょうむ》天皇　5　北条時宗《ほうじょうときむね》

問2　下線部①について，藤原《ふじわら》氏が朝廷《ちょうてい》の実権を握《にぎ》ることができた理由の一つを，「娘《むすめ》」の語句を使って書け。

問3　カードの（ⓐ）～（ⓓ）には，各時代の社会の様子があてはまる。（ⓒ）にあてはまるものを，次の1～4から一つ選び，番号で答えよ。

　1　馬借《ばしゃく》などの運送業者が，陸上の輸送で活躍した。
　2　五街道《ごかいどう》や水上交通を利用し，商人による経済活動が活発になった。
　3　土地所有者は地券《ちけん》を与えられ，地租《ちそ》を貨幣で納めた。
　4　地方から調《ちょう》・庸《よう》などの税が，都まで運ばれた。

問4　下線部②の実施により，藩の財政が苦しくなった理由を，「領地と江戸」の語句を使って書け。

問5　下の□内は，カードの下線部ア～エの，どのできごとと最も関係があるか，一つ選び，記号で答えよ。

水墨画《すいぼくが》が日本に伝えられ，しだいに風景などが描《えが》かれ，広まっていった。

問6　A～Dのカードを，時代の古い方から順に並べ，記号で答えよ。

問1	A		D		問3		問5		問6	→ → →
問2					問4					

■平成28年度問題

1 次の表は，わが国の19世紀までの，各時代の政治，人々のくらし，文化に関するおもなできごとについてまとめたものである。表をみて，各問に答えよ。

〈表〉

時代	政治	人々のくらし	文化
古代	ア　律令《りつりょう》政治のしくみが整う。	あ　租《そ》・調《ちょう》・庸《よう》という税や兵役《へいえき》を負担する。	P
中世	イ　武家政権による支配が広がる。	い　惣《そう》とよばれる自治組織がつくられる。	Q
近世	ウ　幕府や藩《はん》の支配のしくみが整う。	う　五人組《ごにんぐみ》という制度がつくられる。	R
近代	エ　中央集権国家のしくみが整う。	え　全国に小学校がつくられる。	S

問1　表のア～エのできごとのうち，イとエに関係のある人物を，次の1～4から一つずつ選び，番号で答えよ。

　1　天武天皇《てんむてんのう》　2　木戸孝允《きどたかよし》　3　足利義満《あしかがよしみつ》　4　徳川家光《とくがわいえみつ》

問2　下の□内の，Aはある時代の「人々のくらし」をよんだ歌であり，BはAと同じ時代の「人々のくらし」をよんだ別の歌を要約したものである。A，Bに共通する最も関係があるできごとを，表のあ～えから一つ選び，記号で答えよ。

A　から衣《ころも》　すそに取りつき　泣く子らを　置きてぞ来《き》ぬや　母《おも》なしにして B　里長《りちょう》《さとおさ》の取り立てる声が聞こえてくる。この世に生きるということは，これほどまでにどうしようもないものなのか。

問3　表のP～Sには，各時代の文化に関するできごとがあてはまる。Rにあてはまるできごとを，次の1～4から一つ選び，番号で答えよ。

　1　禅宗《ぜんしゅう》の影響を受けた文化が栄え，書院造《しょいんづくり》が取り入れられる。
　2　欧米（西洋）の文化が取り入れられ，はじめて太陽暦《たいようれき》が採用される。
　3　日本の風土や生活にあった文化が生まれ，かな（仮名《かな》）文字がつくられる。
　4　大阪や京都を中心に町人《ちょうにん》の文化が栄え，浮世絵《うきよえ》が登場する。

問4　下の□内は，ある時代から次の時代へと移り変わるころの社会の様子である。（　）にあてはまる語句を書け。

下剋上《げこくじょう》の風潮《ふうちょう》が広がり，領国《りょうごく》の支配のために（　）とよばれる法を独自に定める者がいた。

問5　次の1～4は，表の各時代の経済に関するできごとである。中世に関するできごとにあてはまるものを一つ選び，番号で答えよ。

　1　酒屋《さかや》，土倉《どそう》《とくら》があらわれ，富をたくわえはじめる。
　2　殖産興業《しょくさんこうぎょう》の政策のもと，新しい技術の開発や普及《ふきゅう》がはかられる。
　3　商工業者が同業者ごとに株仲間《かぶなかま》をつくり，営業を独占する。
　4　貴族や寺社が開墾《かいこん》に力を入れ，荘園《しょうえん》とよばれる私有地をもちはじめる。

問1	イ		エ		問2		問3	
問4					問5			

■平成30年度問題

1　健斗さんは，わが国の世界遺産について調べ，ノートにまとめた。ノートをみて，各問に答えよ。

〈ノート〉

〈略年表〉ア～キは世界遺産の説明文中の年を示す。

世紀	6	7	8	9	10	11	12	13	14	15	16	17	18	19	20	21
		ア							イ		ウ	エ		オカ	キ	
時代				古代					中世				近世		近代	現代

(X)地域の仏教建造物

アの年に建てられた(X)は,現存する世界最古の木造建築物で,この時代の仏教文化を代表するものである。

古都京都の文化財〔金閣《きんかく》〕

イの年に建てられた金閣は,この時代を代表する建築物で,このころ,①明との貿易が行われた。

姫路城《ひめじじょう》

ウの年に天守《てんしゅ》が築かれ始めた姫路城には，②中世から近世に移り変わるころの文化の特色がみられる。

古都京都の文化財〔二条城《にじょうじょう》〕

二条城の写真

エの年に築かれた二条城は,オの年に幕府が諸藩《しょはん》の重臣《じゅうしん》を集め,政権を朝廷に返す意思を伝えた場所である。

明治日本の産業革命遺産　製鉄・製鋼《せいこう》,造船,石炭産業〔端島炭坑《はしまたんこう》〕

端島は,島全体が岸壁で囲まれ,高層の鉄筋コンクリートの建物が建ち並ぶ様子から軍艦島《ぐんかんじま》と呼ばれる。

○ 端島炭坑は，カの年に石炭の生産が本格的に始まり，製鉄の原料や③鉄道の燃料などに使用され,わが国の近代における工業化を支えた。
○ ④高度経済成長のなか,端島の人口が増加し,島が栄えた。
○ キの年に端島炭坑での石炭の生産が終了した。

問１　ノートの（X）にあてはまる建築物を，次の１～４から一つ選び，番号で答えよ。

１　平等院鳳凰堂《びょうどういんほうおうどう》　　２　法隆寺《ほうりゅうじ》　　３　東大寺《とうだいじ》　　４　延暦寺《えんりゃくじ》

問２　下線部①について，次の各問に答えよ。

〈資料Ｉ〉

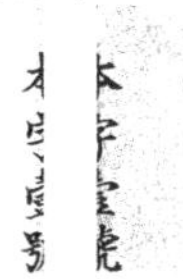

(1)　資料Ｉが示す札《ふだ》を使用した目的を，「倭寇《わこう》」の語句を使って書け。

(2)　下線部①が行われた時代の社会のできごとを示したものとして最も適切なものを，次の１～４から一つ選び，番号で答えよ。

１　財閥《ざいばつ》があらわれる。　　２　口分田《くぶんでん》があたえられる。
３　蔵屋敷《くらやしき》がおかれる。　　４　惣《そう》があらわれる。

問３　下線部②について，このころの文化の特色として最も適切なものを，次の１～４から一つ選び，番号で答えよ。

１　戦国大名《せんごくだいみょう》の気風を反映した豪華《ごうか》で壮大《そうだい》な文化
２　公家《くげ》と武家《ぶけ》の文化が混じり合った文化
３　唐風の文化を基礎にした日本の風土に合った文化
４　上方《かみがた》の町人をにない手とする文化

問４　エからオの期間について，近世の政治の動きに関する次のＡ～Ｄのできごとを，年代の古い方から順に並べ，記号で答えよ。

Ａ　生類憐《しょうるいあわれ》みの令を出したり，儒学《じゅがく》を重んじたりする政治を行った。
Ｂ　町奉行所《まちぶぎょうしょ》の元《もと》役人による大阪での乱をしずめた。
Ｃ　財政を立て直すために，享保《きょうほう》や寛政《かんせい》の改革を行った。
Ｄ　幕藩体制《ばくはんたいせい》の確立をめざし，武家諸法度《ぶけしょはっと》を初めて定めた。

問５　下線部③について，資料Ⅱは，わが国の鉄道営業線の変化を示している。下の□内の㋑，㋺が示すできごとがあてはまる期間を，資料Ⅱのａ～ｄから一つずつ選び，記号で答えよ。

〈資料Ⅱ〉鉄道営業線の変化

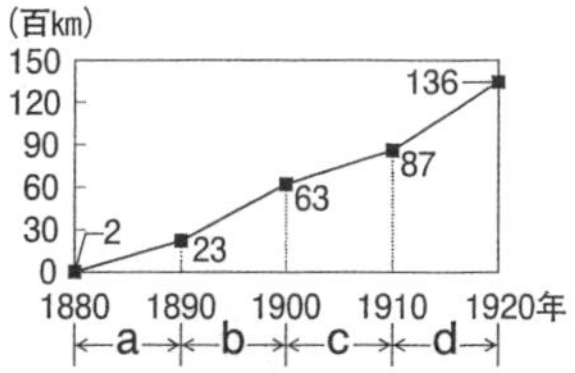

（「明治以降本邦主要経済統計」から作成）

㋑　中国との戦争の後，軽工業の発展による産業革命を成し遂げた。
㋺　おもにヨーロッパが戦場となった戦争が起こり，重工業が発展した。

問６　下線部④について，下の□内は，健斗さんが資料Ⅲ，Ⅳから読み取れることをもとに説明したものである。
〔 ㋩ 〕，〔 ㋥ 〕にあてはまる内容を，Ｐ，Ｑが示す語句を使って書け。また，(㋭)にあてはまる数字を書け。

〈資料Ⅲ〉エネルギー資源の供給割合

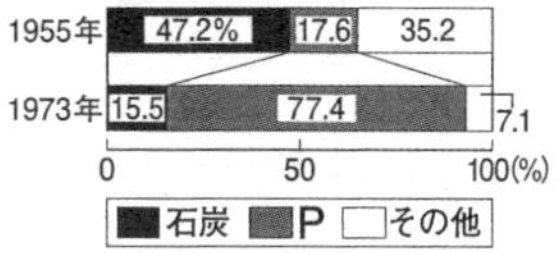

〈資料Ⅳ〉工業別製造品出荷額等の割合

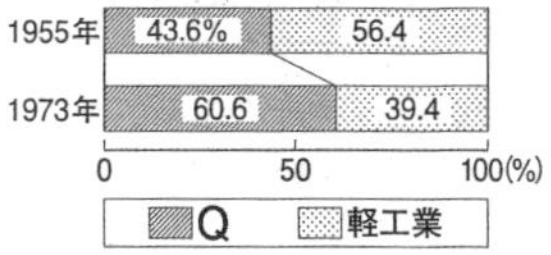

（資料Ⅲ，Ⅳは，第６版「数字でみる日本の100年」から作成）

この時期のわが国は，資料Ⅲから，エネルギー資源の中心が〔 ㋩ 〕ことや，資料Ⅳから，石油化学コンビナートがつくられるなど〔 ㋥ 〕ことがわかる。この時期には，国民総生産が資本主義国の中で第（㋭）位になった。

問1		問2	(1)		(2)		
問3		問4	→ → →	問5	㋑		㋺
問6	㋩						
	㋥						
	㋭						

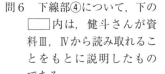

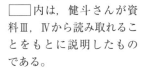

■平成31年度問題

1　かな子さんは，わが国の古代から現代にかけての各時代の特色と，各時代の人々のくらしの一部を表にまとめた。表をみて，各問に答えよ。

〈表〉

時代	時代の特色	人々のくらし
古代	○　ア律令《りつりょう》に基づく政治のしくみが整えられた。 ○　貴族による①摂関政治《せっかんせいじ》が行われた。	人々には，租《そ》・調《ちょう》・庸《よう》などの税や，兵役・労役が課された。
中世	○　イ武士による政治のしくみが整えられ，しだいに支配が全国に広がった。 ○　武士や農民による一揆《いっき》により，自治を行う国があらわれた。	農村には惣《そう》とよばれる自治組織がうまれ，地域を自分たちで運営しようとする動きが強まった。
近世	○　ウ幕府と藩《はん》による支配のしくみが確立した。 ○　平和が持続して，②貨幣経済が広まった。	〔　㋑　〕
近代	○　エ政府が全国を治める中央集権国家のしくみが整えられた。 ○　〔　㋺　〕	都市化の進展を背景に，大衆に向けた文化がうまれ，ラジオ放送が始まった。
現代	○　占領下の混乱から③民主化と経済復興を進め，独立を回復した。 ○　国際社会と協調する中で，高度経済成長を遂げた。	人々の収入が増え，テレビ・電気洗濯機などの家庭電化製品が普及した。

問１　表の下線部①に最も関係する人物を，次の１～４から一つ選び，番号で答えよ。

１　足利義政《あしかがよしまさ》　２　徳川家光《とくがわいえみつ》　３　西郷隆盛《さいごうたかもり》　４　藤原道長《ふじわらのみちなが》

問２　下の□内の文は，表の下線部ア～エのいずれかのできごとと関係がある。どのできごとと最も関係があるか，ア～エから一つ選び，記号で答えよ。

> 御恩《ごおん》と奉公《ほうこう》の主従関係をもとに，守護《しゅご》や地頭《じとう》を設置した。

問３　次の□内は，かな子さんが，時代が移り変わるころの政治の様子をまとめたものの一部である。いつのころの政治の様子か，最も適切なものを，下の１～４から一つ選び，番号で答えよ。

> それまでの荘園《しょうえん》領主の土地の支配権が否定され，全国で統一された基準で検地《けんち》を実施し，検地帳に記された耕作者を土地の所有者として，年貢を課すしくみが確立されていった。

１　古代から中世へ移り変わるころ　　２　中世から近世へ移り変わるころ
３　近世から近代へ移り変わるころ　　４　近代から現代へ移り変わるころ

問1		問2		問3	

問４　かな子さんは，表の下線部②によって農村の生活がどのように変化したかを〔　㋑　〕にまとめた。〔　㋑　〕にあてはまる内容を，資料Ⅰ，Ⅱから読み取れることを関連づけて，「生活水準」の語句を使って書け。

〈資料Ⅰ〉

> 昔は農村では特に銭貨《せんか》が不足し，いっさいの物を銭《ぜに》では買わず，皆米や麦で買っていたことを，私（著者）は田舎《いなか》で見て覚えている。ところが，最近の様子を聞いてみると，元禄《げんろく》の頃より田舎へも銭が普及し，銭で物を買うようになった。

（荻生《おぎゅう》徂徠《そらい》「政談」（現代語訳）より作成）
荻生徂徠…近世中期の儒学者

〈資料Ⅱ〉当時の教育の様子

（田原市博物館蔵）

問５　下の□内は，表の〔　㋺　〕にあてはまる内容を示したものである。（　）にあてはまる語句を書け。

> 第一次世界大戦にともなう好景気による都市化の進展などを背景に，（　）とよばれる風潮《ふうちょう》が広がり，護憲《ごけん》運動などによって，男子普通選挙が実現した。

問６　次の□内は，下線部③について説明したものである。（ⓐ），（ⓑ）にあてはまる語句を正しく組み合わせたものを，下の１～４から一つ選び，番号で答えよ。

> これまで日本の産業や経済を独占してきた（ⓐ）が解体《かいたい》され，また，農地改革で（ⓑ）が増加するなど，民主化が進められた。

１　ⓐは財閥《ざいばつ》，ⓑは自作農《じさくのう》　　２　ⓐは労働組合，ⓑは地主《じぬし》
３　ⓐは労働組合，ⓑは自作農　　４　ⓐは財閥，ⓑは地主

問4		問5		問6	

■令和２年度問題

1　一郎さんは，わが国の歴史に登場した貨幣《かへい》について調べ，カードを作成し，ノートにまとめた。ノートをみて，各問に答えよ。

〈ノート〉

〈略年表〉ア～オは，カード中の年を示す。

世紀	6	7	8	9	10	11	12	13	14	15	16	17	18	19	20	21
			ア							イ		ウ		エ	オ	
時代	古代						中世					近世			近代	現代

〈カード〉

A　この貨幣は，アの年につくられ始めた。この時代は，①律令《りつりょう》に基づく政治が行われ，各地の産物が都の市で売買され，唐《とう》の影響を受けた国際的な文化が栄えた。

B　この貨幣は，イの年に始まった日明貿易により，大量に輸入された。この時代は，武家《ぶけ》による支配が全国に広まり，定期市が各地で開かれ，〔　あ　〕。

C　この貨幣は，ウの年につくられ始めた。この時代は，幕藩体制《ばくはんたいせい》が確立し，交通網が整備され，各地で都市が成長し，〔　い　〕。

D　この貨幣は，エの年につくられ始めた。この時代は，中央集権国家のしくみを整えながら，殖産興業《しょくさんこうぎょう》や富国強兵を進め，〔　う　〕。

E　この貨幣は，オの年につくられ始めた。この時代は，民主化を果たし，GNPが資本主義国で第２位の②経済大国となり，テレビなどの登場により大衆文化が一層栄えた。

※一万円券

問１　下線部①について，このことと最も関係が深い人物を，次の１～４から一つ選び，番号で答えよ。

１　後醍醐天皇《ごだいごてんのう》　２　徳川綱吉《とくがわつなよし》　３　聖武天皇《しょうむてんのう》　４　大久保利通《おおくぼとしみち》

問２　一郎さんは，次の１～３のできごとを，カードの〔　あ　〕～〔　う　〕にあてはめようとした。〔　あ　〕，〔　う　〕にあてはまるものを一つずつ選び，番号で答えよ。

１　町人を担《にな》い手とする文化が栄えた
２　欧米の思想や生活様式を取り入れた文化が栄えた
３　公家《くげ》の文化と武家の文化がまじり合った文化が栄えた

問３　資料Ⅰについて，次の各問に答えよ。

(1)　資料Ⅰに示す札《ふだ》が使用され始めた時期は，略年表のどのころか，次の１～４から一つ選び，番号で答えよ。

１　アのころ　２　イのころ　３　ウのころ　４　エのころ

(2)　資料Ⅰに示す札を使って行ったことを，「日本から来た」の書き出しで，「証明」の語句を使って書け。

〈資料Ⅰ〉

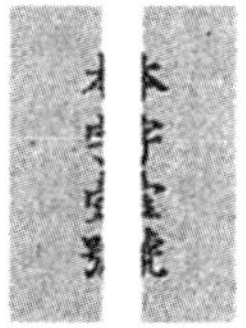

問1		問2	あ		う	
問3	(1)					
	(2)					

問４　下の□内は，下線部②について，資料Ⅱのように経済成長率が変化した理由を説明したものである。〔 ㋑ 〕と〔 ㋺ 〕にあてはまる語句を書け。ただし，同じ記号には同じ語句が入る。

20世紀後半に，わが国の経済成長率が，0％を下回った時期が２度あったことがわかる。
１度目は，〔　㋑　〕の影響によるものである。〔　㋑　〕は，中東戦争と関係が深い。
２度目は，〔　㋺　〕が崩壊したことによるものである。〔　㋺　〕は，実際の経済の力をこえて，株式や土地の価格が急激に上昇したことである。

〈資料Ⅱ〉20世紀後半の経済成長率の推移

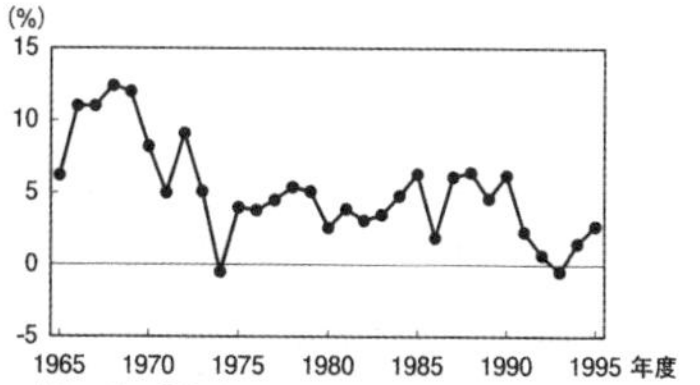

（第６版「数字でみる日本の100年」から作成）

問５　下の□内は，一郎さんが，Ａ～Ｅのカードが示す時代のうち，いずれかの社会の様子についてまとめたものである。どの時代の様子か，Ａ～Ｅから一つ選び，記号で答えよ。また，〔　　〕にあてはまる内容を，「貨幣経済」と「商品作物」の語句を使って書け。

この時代の農村では，自給自足に近い生活に変化が起き，図に示すような経済活動が広くみられるようになっていった。
このような経済活動が広くみられるようになったのは，〔　　　〕ことと関係が深い。

〈図〉

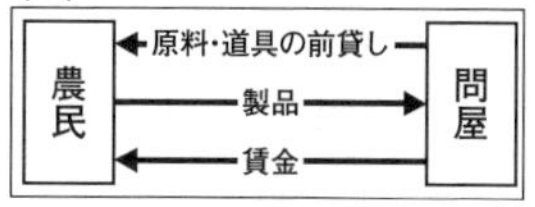

問4	㋑		㋺	
問5	記号		内容	

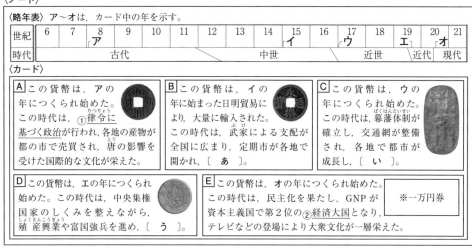

■令和３年度問題

1　優衣さんは，わが国の各時代の特色について，政治や世界との関わりを中心に表にまとめた。表をみて，各問に答えよ。

〈表〉

時代	政治	世界との関わり
古代	律令《りつりょう》に基づく政治のしくみが整えられた。	遣唐使《けんとうし》の停止後，①文化の国風《こくふう》化が進んだ。
中世	②武家《ぶけ》による支配が始まり，全国に広がった。	〔　A　〕
近世	幕府と藩《はん》による支配のしくみが整えられた。	③幕府の政策により，外国との交流が制限された。
近代	中央集権国家のしくみが整えられた。	④欧《おう》米諸国と条約改正の交渉をし，対等な条約が実現した。
現代	占領下において⑤民主化が進められた。	国際連合《こくさいれんごう》に加盟し，国際社会に復帰した。

問１　下線部①について，このことと最も関係が深い人物を，次の１～４から一つ選び，番号を書け。

１　雪舟《せっしゅう》　２　松尾芭蕉《まつおばしょう》　３　紫式部《むらさきしきぶ》　４　津田梅子《つだうめこ》

問２　下の□内は，下線部②についてまとめたものである。㋑の（　）にあてはまるものを一つ選び，記号を書け。また，〔　㋺　〕にあてはまる内容を，資料Ⅰから読み取り，「娘《むすめ》」の語句を使って書け。

> 平清盛《たいらのきよもり》は，㋑（a　征夷大将軍《せいいたいしょうぐん》，b　太政大臣《だいじょうだいじん》）になり，武士として初めて政治の実権を握《にぎ》り，〔　㋺　〕にして，権力を強めた。

〈資料Ⅰ〉平氏《へいし》の系図（一部）

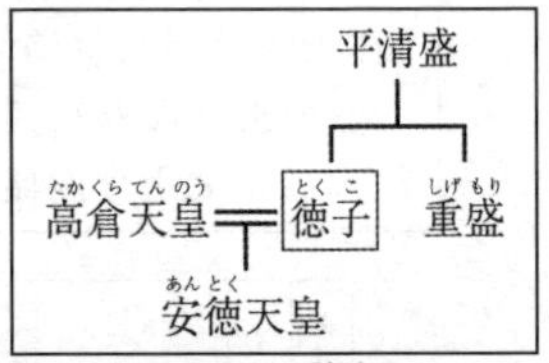

※□は女性，＝は婚姻《こんいん》関係を表す。

問３　〔　A　〕にあてはまる内容を，次の１～４から一つ選び，番号を書け。

１　異国船《いこくせん》（外国船）打払令《うちはらいれい》が出され，これを批判した蘭学《らんがく》者たちが処罰《ばつ》された。
２　日米安全保障《にちべいあんぜんほしょう》条約が結ばれ，アメリカ軍基地が国内に残された。
３　朝鮮半島の百済《くだら》から仏像や経典《きょうてん》が伝わり，法隆寺《ほうりゅうじ》が建てられた。
４　元《げん》の要求を拒否《きょひ》したため，二度にわたって元軍が襲来《しゅうらい》した。

問４　下線部③について，薩摩《さつま》藩，対馬《つしま》藩に最も関係が深いものを，次の１～４からそれぞれ一つ選び，番号を書け。

１　国交回復のなかだちをつとめ，朝鮮から朝鮮通信使《つうしんし》が派遣されるようになった。
２　オランダ人に風説書《ふうせつがき》を提出させ，ヨーロッパやアジアの情報を報告させた。
３　役人を琉球《りゅうきゅう》王国に派遣し，中国との貿易を間接的に行うことで利益を得た。
４　アイヌの人々とサケやコンブなどの海産物の交易を行うことで利益を得た。

問1		問2	㋑		問3		問4	薩摩藩		対馬藩	
問2	㋺										

問５　優衣さんは，下線部④に関するできごとを調べ，それを表に加えようとした。次の１～４のうち，下線部④に関するできごとにあてはまるものを三つ選び，選んだできごとを年代の古い方から順に並べ，番号で答えよ。

１　井上馨《いのうえかおる》が鹿鳴館《ろくめいかん》で舞踏会《ぶとうかい》を開くなど，欧化《おうか》政策を進めた。
２　岩倉具視《いわくらともみ》を中心とする使節団が，欧米に派遣された。
３　田中角栄《たなかかくえい》が日中共同声明《にっちゅうきょうどうせいめい》に調印し，中国との国交を正常化した。
４　小村寿太郎《こむらじゅたろう》がアメリカと交渉し，関税自主権を完全に回復した。

問６　下線部⑤について，資料Ⅱのような変化が生じた理由を，「政府（国）が，」という書き出しで書け。

〈資料Ⅱ〉自作地と小作地の割合の変化

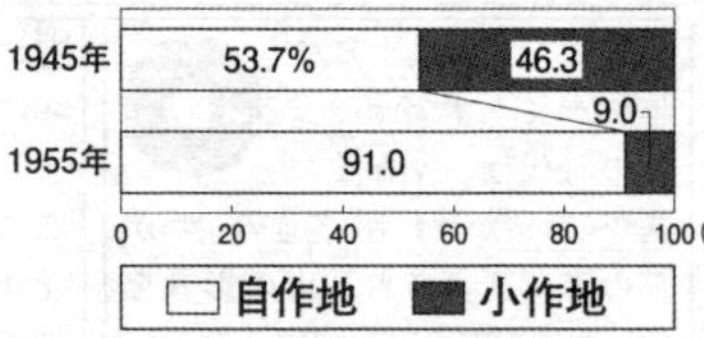

（「完結昭和国勢総覧」から作成）

問5	→　→
問6	政府（国）が，

■令和４年度問題

1　花子さんは，わが国の古代から近代の各時代の特色について，政治と人々のくらしをカードにまとめた。カードをみて，各問に答えよ。

〈カード〉

古代	中世	近世	近代
○　①律令《りつりょう》に基づいた政治が行われた。	○　②武士による支配のしくみが整えられた。	○　③幕府による大名支配のしくみが整えられた。	○　アジアで最初の④立憲《りっけん》制国家となった。
○〔　ア　〕	○〔　イ　〕	○〔　X　〕	○〔　ウ　〕

問１　下の□内は，下線部①についてまとめたものである。（　）にあてはまる人物を，次の１～４から一つ選び，番号を書け。

> 壬申《じんしん》の乱に勝利した（　）は，天皇《てんのう》を中心とする国家の建設をすすめた。

１　聖武《しょうむ》天皇　２　天武《てんむ》天皇　３　桓武《かんむ》天皇　４　藤原道長《ふじわらのみちなが》

問２　下の□内は，下線部②についてまとめたものである。（㋑）と（㋺）にあてはまる語句を書け。

> 将軍《しょうぐん》が御家人《ごけにん》に領地《りょうち》の支配を認め，守護《しゅご》や地頭《じとう》に任命するという（㋑）と，御家人が京都や鎌倉を警備し，合戦に参加するという（㋺）の主従《しゅじゅう》関係をもとに，幕府の支配のしくみが成り立っていた。

問３　花子さんは，下線部③に関する資料Ⅰを作成した。資料Ⅰと最も関係が深い制度を何というか，語句で答えよ。

〈資料Ⅰ〉福岡藩《はん》の総支出の内訳（1773 年）

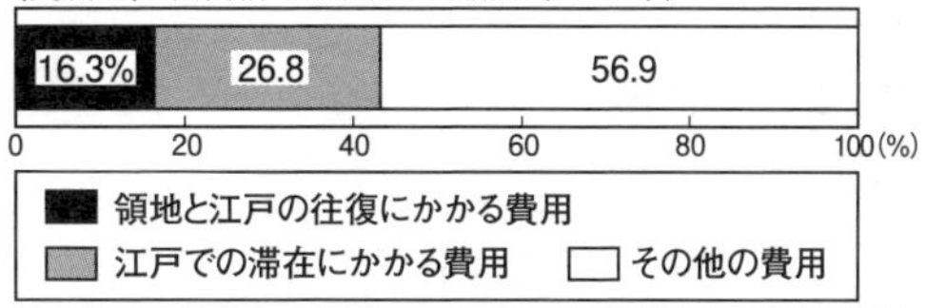

（「福岡県史」から作成）

問４　下線部④に関する次の１～４のできごとを，年代の古い方から順に並べ，番号で答えよ。

１　大日本帝国《ていこく》憲法が発布された。　　２　内閣制度が創設された。

３　五箇条《ごかじょう》の御誓文《ごせいもん》が出された。　　４　民撰議院《みんせんぎいん》設立建白書が提出された。

問1		問2	㋑		㋺	
問3		問4	→ → →			

問５　古代から近代の人々のくらしについて，(1)，(2)に答えよ。

(1)　カードの〔　ア　〕～〔　ウ　〕には，次の１～４のできごとがあてはまる。〔　ア　〕～〔　ウ　〕にあてはまるものを，１～４からそれぞれ一つ選び，番号を書け。

１　名主《なぬし》（庄屋《しょうや》）・組頭《くみがしら》・百姓代《ひゃくしょうだい》などの村役人が，年貢納入の責任を負った。

２　惣《そう》とよばれる自治組織がつくられ，寄合《よりあい》を開いて村の掟《おきて》が定められた。

３　６歳以上の人々には口分田《くぶんでん》が与えられ，税や労役が課された。

４　土地を所有する権利が認められ，土地の所有者には地券《ちけん》が発行された。

(2)　花子さんは近世の社会の様子に興味をもち，資料Ⅱをもとに，カードの〔　X　〕に農村の変化をまとめた。〔　X　〕にあてはまる内容を，「自給自足に近い生活から，」の書き出しで，「商品作物」と「購入」の語句を使って書け。

〈資料Ⅱ〉近世の農村の様子

○　百姓は，菜種《なたね》を作り，それを売って肥料代などにあてるのである。

○　百姓も，日頃の買い物は，銭《ぜに》で支払いをすませるようになった。

（大蔵永常《おおくらながつね》「広益国産考《こうえきこくさんこう》」，荻生徂徠《おぎゅうそらい》「政談」から作成）

問5	(1)	ア		イ		ウ	
	(2)	自給自足に近い生活から，					

■令和５年度問題

1　優子さんは，わが国の 20 世紀前半までの各時代の特色について調べ，略年表とカードを作成した。略年表とカードをみて，各問に答えよ。

〈略年表〉

世紀	6	7	8	9	10	11	12	13	14	15	16	17	18	19	20
												←―	Z	―→	
時代				ア					イ				ウ		エ

〈カード〉

A　武家《ぶけ》による支配が始まり，やがてその支配が全国に広がった。また，土倉《どそう》《とくら》や酒屋《さかや》があらわれ，富をたくわえるようになった。

B　ⓐ律令《りつりょう》に基づいた政治が行われ，やがて摂関政治《せっかんせいじ》がさかんになった。また，貴族や寺社が荘園《しょうえん》をもちはじめた。

C　ⓑ中央集権国家のしくみが整えられ，やがて議会政治が始まった。また，一部の資本家は財閥《ざいばつ》に成長していった。

D　幕府と藩《はん》による支配が行われたが，やがてその支配が揺《ゆ》らいだ。また，商品作物が栽培され，貨幣経済が広がり，P手工業が発達した。

問１　カードＡ～Ｄは，略年表のア～エのいずれかの時代にあてはまる。カードＡ，Ｄはどの時代にあてはまるか。ア～エからそれぞれ一つ選び，記号を書け。

問２　下線部ⓐ，ⓑについて述べた下の□内の（㋑），（㋺）にあてはまるものを，次の１～５からそれぞれ一つ選び，番号を書け。

ⓐ　中央から派遣された（㋑）が，郡司《ぐんじ》を指揮して政治を行った。
ⓑ　中央から派遣された（㋺）などが，地方を統治した。

１　大名《だいみょう》　　２　守護《しゅご》　　３　県令《けんれい》　　４　国司《こくし》　　５　地頭《じとう》

問３　下の□内は，略年表のア～エのいずれかの時代の文化の特色について説明したものである。この文化の特色があらわれる時代を，ア～エから一つ選び，記号を書け。

国際色豊かな文化が栄えた後に，日本の風土や生活に合った文化が生まれ，かな文字がつくられた。

問1	カードA		カードD		問2	㋑		㋺	
問3							

問4　下の□内は，カードA～Dのいずれかと同じ時代の社会の様子について，右の資料をもとにまとめたものである。㋩，㋥にあてはまる語句を正しく組み合わせたものを，次の1～4から一つ選び，番号を書け。また，〔　㋭　〕にあてはまる内容を，「分割《ぶんかつ》」と「領地《りょうち》」の語句を使って書け。

〈資料〉

（宮内庁蔵）

> わが国は，（㋩）の皇帝である（㋥）から服属《ふくぞく》を要求されたが，わが国が要求を拒否したため，（㋩）軍が襲来《しゅうらい》した。このできごとの後の幕府からの恩賞《おんしょう》が不十分だったことや，〔　㋭　〕ことなどで，御家人《ごけにん》の生活が苦しくなったため，幕府は徳政令《とくせいれい》を出した。

1　㋩は宋《そう》，㋥はチンギス＝ハン　　2　㋩は元《げん》，㋥はフビライ＝ハン
3　㋩は元，㋥はチンギス＝ハン　　4　㋩は宋，㋥はフビライ＝ハン

問5　略年表のZの期間にあてはまるできごとを，次の1～4から三つ選び，選んだできごとを年代の古い方から順に並べ，番号で答えよ。

1　アメリカと条約を結び，下田など2港の開港を認めた。
2　東南アジアの国々に朱印船《しゅいんせん》を派遣して，貿易を行った。
3　倭寇《わこう》と正式な貿易船を区別するため，勘合《かんごう》を用いた貿易を始めた。
4　ポルトガル船の来航を禁止し，次いでオランダ商館を出島《でじま》に移した。

問6　下の□内は，優子さんが，下線部Pについてまとめたものである。〔　　〕にあてはまる内容を，「分業」の語句を使って書け。

> わが国では，この時代に，一部の地主や商人が道具をそろえ，工場に〔　　〕という，工場制手工業が生まれた。

問4	番号		㋭	
問5	→　→	問6		

近代史

■平成27年度問題

2　純一さんは，近代以降のわが国の外国との関係について，表を作成し，資料を集めた。表と資料をみて，各問に答えよ。

問1　次のⓐ，ⓑのわが国のできごとに最も関係があるものを，表のA～Eから一つずつ選び，記号で答えよ。

ⓐ　アメリカのポーツマスで講和条約を結んだ。
ⓑ　国際社会からの非難に対し，国際連盟を脱退《だったい》した。

問2　下の□内は，表のあ～えのいずれかの期間に起こったできごとを説明したものである。あてはまる期間を，表のあ～えから一つ選び，記号で答えよ。

> シベリア出兵をきっかけとした，商人の米の買い占《し》めに対し，米の安売りを求める人々の運動が全国に広がった。

問3　下線部①について，資料Ⅰは，このころのわが国の輸出入額の差の変化を示し，資料Ⅱは，このころのわが国の生産総額の内訳の変化を示している。また，下の□内は，純一さんが，下線部①のころの社会の様子についてまとめたものである。㋑，㋺の（　）にあてはまる語句を一つずつ選び，記号で答えよ。

> 下線部①の影響で，資料Ⅰから，1915年から1918年のころのわが国は，㋑（ア　好景気，イ　不景気）であったということがわかり，資料Ⅱから，1914年から1919年にかけて，わが国の産業において，㋺（ウ　第一次産業，エ　第二次産業）が発達したことがわかる。

問4　下線部②を，次のa～cのできごとに加えて年代順に並べると，下線部②は，年代の古い方から何番目になるか，数字で答えよ。

a　日本が独立を回復した。
b　冷戦が終結した。
c　沖縄が日本に復帰した。

〈表〉

おもなできごと	期間
A　日清《にっしん》戦争が起こる。	
	あ
B　日露《にちろ》戦争が終わる。	
①第一次世界大戦が起こる。	い
C　二十一か条の要求を出す。	
	う
D　満州事変《まんしゅうじへん》が起こる。	
	え
E　第二次世界大戦が終わる。	
②国際連合に加盟する。	

〈資料Ⅰ〉

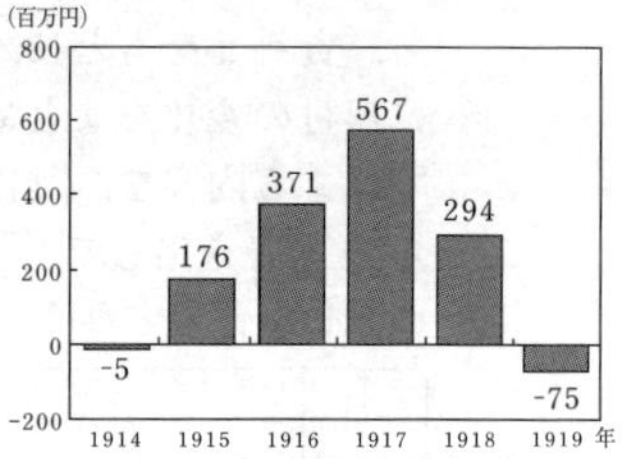

（第6版「数字で見る日本の100年」から作成）

〈資料Ⅱ〉

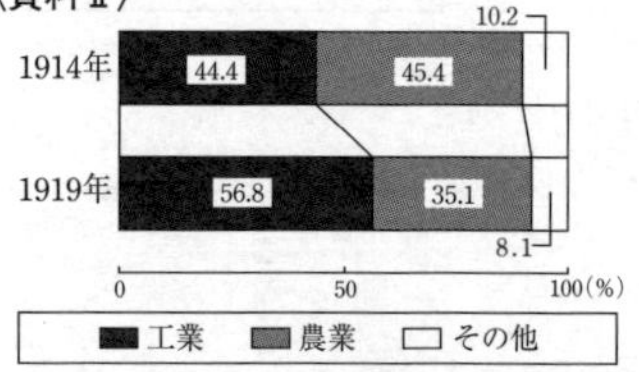

（「日本資本主義發達史年表」から作成）

問1	ⓐ		ⓑ		問2		問3	㋑		㋺		問4	

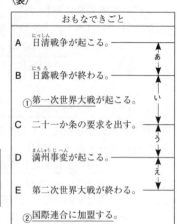

■平成28年度問題

2　19世紀以降のわが国の歴史に関する表，資料，図をみて，各問に答えよ。

〈表〉

時代	おもなできごと
明治	①自由民権運動《じゆうみんけんうんどう》が高まり，立憲《りっけん》制に基づく近代国家が成立した。
大正	②デモクラシーの風潮により，社会運動が広がった。
昭和	③世界恐慌《せかいきょうこう》により，政治や経済が混乱する中，軍部が台頭し戦争がはじまった。 戦後は，民主化と経済復興を果たし，高度経済成長を遂げた。
平成	④冷戦終結後，地域紛争が続く中で国際貢献のあり方が問われ，PKO協力法が成立した。

問1　下の［　　］内は，下線部①について述べたものである。（a）にあてはまる語句を書け。

> 人々の間で（a）の開設と憲法の制定を求める運動が広まり，政府は，（a）を開く約束をした。これを受け，自由党や立憲改進党《りっけんかいしんとう》などの政党がつくられた。

問2　下線部②について，次の各問に答えよ。

(1)　下線部②に最も関係があるできごとを，次の1～4から一つ選び，番号で答えよ。

1　農村では，小作争議が増加し，日本農民組合という全国組織がはじめてできた。

2　地租《ちそ》改正に対し，各地で反対の一揆が起こった。

3　自由な政治活動や，労働者が団結することも法的に認められた。

4　公害対策基本法により，公害の防止への取り組みを強めた。

〈資料〉

法改正年	選挙実施年における全人口に占める有権者の割合（%）
1919年	5.5
1925年	19.8

（総務省資料から作成）

(2)　下線部②に関連して，資料は，1919年と1925年の衆議院議員選挙法の改正による，全人口に占める有権者の割合の変化についてまとめたものである。1919年から1925年において，全人口に占める有権者の割合が大きく増加した理由の一つを，有権者の資格の変化の面から書け。

〈図〉

世界恐慌が起こる
⇩
（X）
⇩
（Y）
⇩
日中戦争が起こる
⇩
（Z）

問3　下線部③について，図は，世界恐慌以降のわが国の動きを示しており，（X）～（Z）には，次の1～3のいずれかのできごとがそれぞれあてはまる。（Z）にあてはまるものを一つ選び，番号で答えよ。また，（Y）にあてはまるできごとに最も関係があるものを，下の［　　］内のア～ウから一つ選び，記号で答えよ。

1　満州事変《まんしゅうじへん》が起こる　　2　国家総動員法《こっかそうどういんほう》が成立する

3　五・一五《ごいちご》事件が起こる

> ア　このできごとに対する勧告に反発して，わが国は国際連盟を脱退した。
> イ　このできごとの後，終戦まで政党の党首が首相にならず，政党政治はとだえた。
> ウ　このできごとにより，政府は国民を強制的に軍需《ぐんじゅ》工場に動員できるようになった。

問4　下線部④のころの世界のできごととしてあてはまるものを，次の1～4から一つ選び，番号で答えよ。

1　国際連合が成立する。　　2　石油危機が発生する。

3　湾岸戦争が起こる。　　4　アジア・アフリカ会議が開催される。

問1		問3	Z		Y	問4	
問2	(1)		(2)				

■平成29年度問題

2　花子さんは，アメリカ大統領の広島訪問のニュースを見て，平和について考え，おもなノーベル平和賞受賞者についてカードにまとめた。カードをみて，各問に答えよ。

〈カード〉

ウッドロー・ウィルソン
〔受賞年〕〔おもな受賞理由〕
1919年　①国際連盟の創設への貢献

㋑佐藤《さとう》　栄作《えいさく》
〔受賞年〕〔おもな受賞理由〕
1974年　非核三原則の提唱

ミハイル・ゴルバチョフ
〔受賞年〕〔おもな受賞理由〕
1990年　㋺冷戦の終結への貢献

コフィ・アナン
〔受賞年〕〔おもな受賞理由〕
2001年　②国際連合の活性化

問1　下線部①，②について，花子さんは，わが国が国際連盟と国際連合に加盟するまでの流れを右の表にまとめた。（ⓐ），（ⓑ）にあてはまる内容を，次の1～5から一つずつ選び，番号で答えよ。

〈表〉

	国際連盟	国際連合
加盟するまでの流れ	第一次世界大戦が終わった。 ⇩ わが国が（ⓐ）。 ⇩ 国際連盟が設立され，わが国が加盟した。	第二次世界大戦が終わった。 ⇩ 国際連合が設立された。 ⇩ わが国が（ⓑ）。 ⇩ わが国が加盟した。

1　ソ連との国交を回復した　　2　中国との国交を正常化した

3　清《しん》と講和条約を結んだ　　4　ロシアと講和条約を結んだ

5　ドイツと講和条約を結んだ

問2　下線部㋑について，この人物が首相をつとめた期間のできごととしてあてはまるものを，次の1～4から一つ選び，番号で答えよ。

1　京都議定書の採択　　2　沖縄の日本への復帰

3　日本国憲法の公布　　4　PKOへの参加

問3　下線部㋺について，これはどのようなできごとか，「米ソ」の語句を使って説明せよ。また，下線部㋺を象徴しているできごとを，次の1～4から一つ選び，番号で答えよ。

1　日中平和友好条約が結ばれた。　　2　石油危機が起こった。

3　ヨーロッパ共同体（EC）が発足した。　　4　東西ドイツが統一された。

問1	ⓐ		ⓑ	
問2				
問3				
番号				

■平成30年度問題

2 　下の□内は，優樹さんと明子さんが，資料をみて，選挙と政治について会話した内容の一部である。会話文を読み，各問に答えよ。

〈資料〉衆議院議員総選挙の有権者数の推移

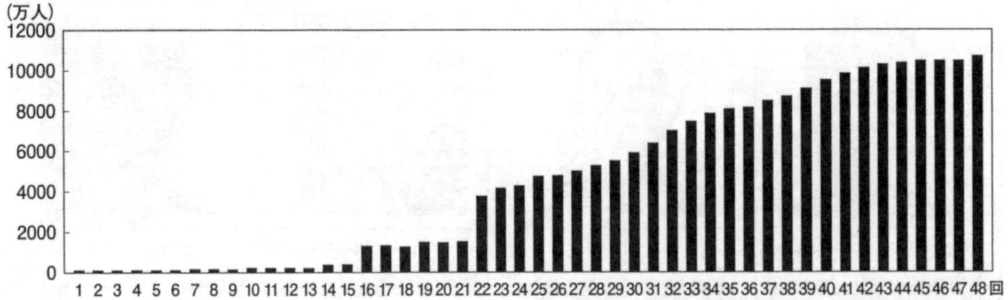

数字は選挙の実施回数を示す。(総務省資料から作成)

優樹：　2017年の第48回は，70年ぶりに選挙権年齢が引き下げられて初の衆議院議員総選挙だったね。1890年の第1回総選挙のときの有権者の資格は，直接国税を15円以上納める〔　㋑　〕に限られていたね。

明子：　そうね。その後，第16回のとき，有権者数が大きく増えているけれど，それは，普通選挙法がつくられ，普通選挙制が実施されたからだね。

（男女が投票している写真）

優樹：　また，第22回のときも有権者数が大きく増えているけれど，このときは，写真からも，有権者の資格が〔　㋺　〕になったことがわかるね。

明子：　選挙権が拡大したことは，私たちにとって，意味のあることだったんだね。それに加えて，日本国憲法が制定されたことで，それ以前と比べて［　㋩　］といえるね。

問1　会話文の〔　㋑　〕，〔　㋺　〕にあてはまる内容を書け。

問2　第33回は，沖縄が日本に復帰した年に行われた。この選挙が実施された年より前に起こったわが国のできごとを，次のA～Dから三つ選び，選んだできごとを年代の古い方から順に並べ，記号で答えよ。

A　アメリカをはじめ48か国と平和条約を結んだ。　　B　韓国との国交が正常化した。

C　中国と平和友好条約を結んだ。　　D　ソ連との国交が回復した。

問3　会話文の［　㋩　］にあてはまる内容を，「主権」と「意思」の語句を使って書け。

問1	㋑		㋺	
問2	→　　→			
問3				

■令和2年度問題

2 　優真さんは，平和の大切さについて発表するために，資料とノートを作成した。資料とノートをみて，各問に答えよ。

〈資料Ⅰ〉20世紀前半の国家財政に占める軍事費の割合の推移

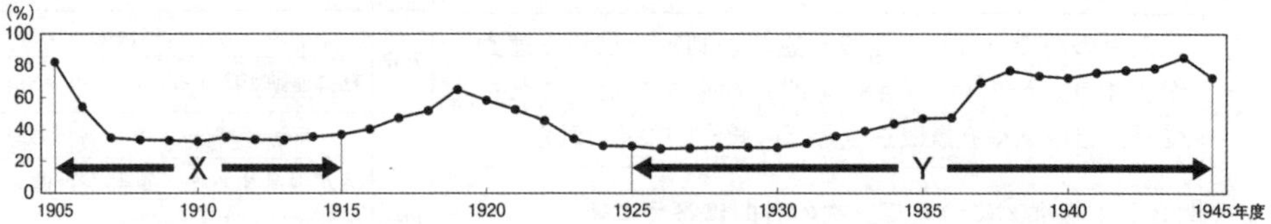

(第6版「数字でみる日本の100年」から作成)

問1　下の□内は，優真さんが，資料ⅠのXの期間の様子について，資料Ⅱ，Ⅲをもとにまとめたものである。(㋑)には，資料ⅢのP，Qからあてはまる記号を一つ選び，〔　㋺　〕には，あてはまる内容を「輸出」の語句を使って，それぞれ書け。

〈資料Ⅱ〉Xの期間の貿易収支の推移

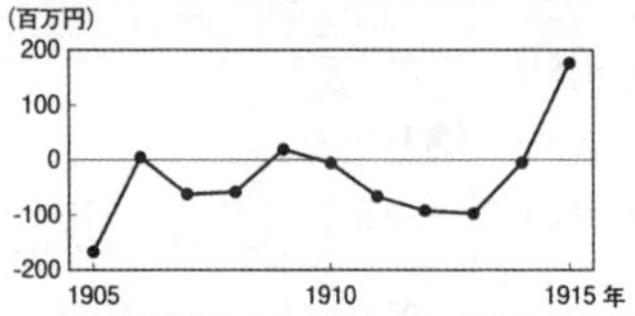

(第6版「数字でみる日本の100年」から作成)

〈資料Ⅲ〉20世紀前半の国際関係（一部）

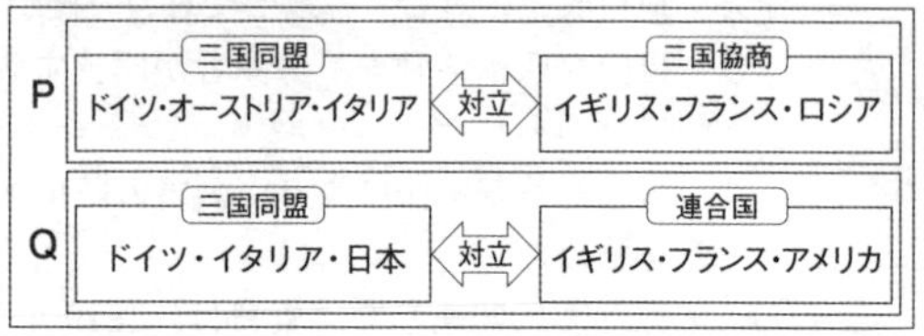

資料Ⅱから，Xの期間の最後に，わが国の貿易収支が急激に変化していることがわかる。このことは，資料Ⅲの（ ㋑ ）の対立から起こった〔　㋺　〕ことを表している。

問2　下のノートは，優真さんが，資料ⅠのYの期間の変化に着目して作成したものである。〔　　　〕にあてはまる内容を，資料Ⅳ，Ⅴから読み取れることをもとに，「政党内閣」と「台頭」の語句を使って書け。

〈ノート〉

〈資料Ⅳ〉Yの期間に起こったできごとをまとめた歴史新聞（一部）

(国立国会図書館ホームページから作成)

〈資料Ⅴ〉Yの期間に制定された法律について調べたこと

調べた法律の第四条には，政府は議会の承認なしに，戦争に必要な労働力や物資を動員できると定められている。

【考えたこと】

Yの期間のわが国は，〔　　　〕ことにより，軍事費の割合が増加し，戦時体制が強まり，大きな戦争につき進んだと考えられる。

歴史の学習を通して，文民統制とよばれる原則が，戦争を起こさないために大切なことの一つだと考えた。

問1	㋑		㋺	
問2				

■令和３年度問題

2　健太さんは，近代以降のわが国と世界の産業や経済に関するおもなできごとをカードにまとめた。カードをみて，各問に答えよ。

〈カード〉

A ①清《しん》との戦争の賠《ばい》償金の一部を使い，官営八幡《やはた》製鉄所《せいてつしょ》が設立された。	B わが国で，②高度経済成長が始まり，技術革新が進んだ。	C わが国で初めての鉄道が，新橋《しんばし》・横浜《よこはま》間に開通した。	D ③Pで株価が暴落し，世界恐慌《せかいきょうこう》が始まった。

問１　下の□内は，健太さんが，下線部①のできごとについてまとめたものである。㋑，㋺の（　）にあてはまるものをそれぞれ一つ選び，記号を書け。

> 甲午《こうご》農民戦争が，㋑（**あ**　朝鮮，**い**　台湾）で起こったことをきっかけに，清との戦争が始まったが，わが国が勝利し，下関条約が結ばれた。その後，三国干渉《さんごくかんしょう》により，わが国は，㋺（**う**　江華島《こうかとう》，**え**　遼東半島《りょうとう》）を清に返還《へんかん》した。

問２　下線部②について，資料Ⅰのア～ウは，パソコン，自動車，冷蔵庫のいずれかを示している。パソコンと冷蔵庫にあてはまるものをそれぞれ一つ選び，記号を書け。

〈資料Ⅰ〉パソコン，自動車，冷蔵庫の普及率の推移

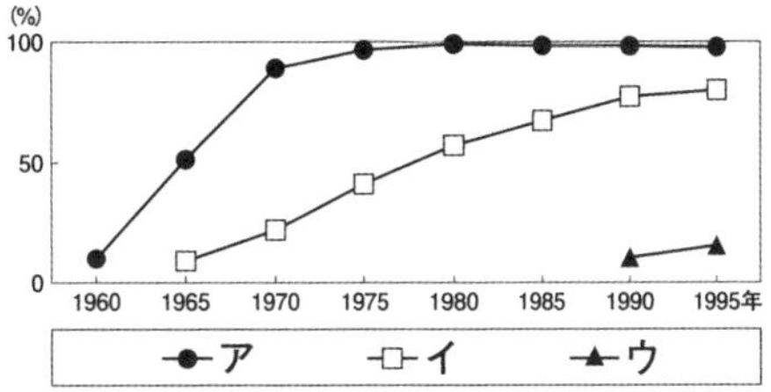

（内閣府ホームページから作成）

問1	㋑		㋺	
問2	パソコン		冷蔵庫	

問３　健太さんは，下線部③の前後の時期について調べ，資料Ⅱを作成した。下線部③が，わが国の生糸の貿易に与えた影響を，資料Ⅱから読み取り，Dのカード，資料ⅡのPにあてはまる国名を使って書け。

〈資料Ⅱ〉わが国の生糸輸出額の推移

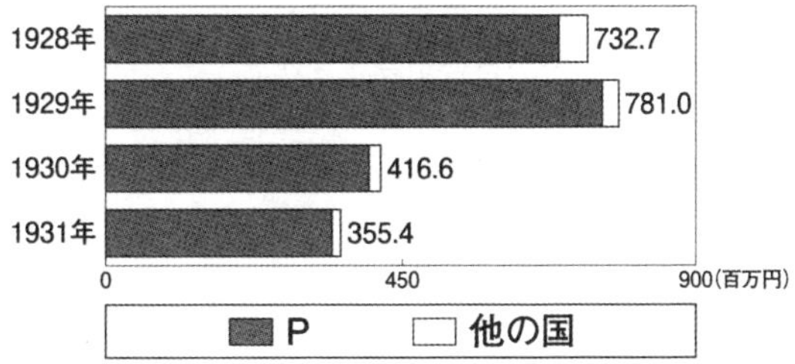

（「日本貿易精覧」から作成）

問４　健太さんは，新たにEのカードを作成した。A～Eのカードを年代の古い順に並べたとき，Eのカードは，年代の古い方から何番目になるか，数字で書け。

E 戦争が長引く中，わが国で，生活に必要な物資の配《はい》給《きゅうせい》制が始められた。

問3			
		問4	番目

■令和４年度問題

2　勇平さんは，わが国で新しい紙幣が発行されることを知り，紙幣に新しく描かれる人物と過去に描かれた人物について，カードにまとめた。カードをみて，各問に答えよ。

〈カード〉

①文化の発展に貢献した人		経済の発展に貢献した人	国際関係の発展に貢献した人
 津田梅子《つだうめこ》 学校教育が普及する中，女子教育の発展に尽力し，女子英学塾を設立した。	 （A） 破傷風《はしょうふう》の血清療法《けっせいりょうほう》の発見など，世界的にも最先端の研究を行った。	 渋沢栄一《しぶさわえいいち》 銀行業や②紡績《ぼうせき》業など，様々な業種で，数百の企業の設立に関わった。	 新渡戸稲造《にとべいなぞう》 写真：「新渡戸記念館 提供」 事務局次長として活躍した③国際連盟の平和の理念は④国際連合に受け継がれた。

問１　下の□内は，勇平さんが下線部①について調べ，まとめたものの一部である。㋐の（　）にはあてはまるものを，㋑の（　）にはカードの（A）にあてはまる人物を，それぞれ一つ選び，記号を書け。

> 全国に小学校を設立する㋐（a　学制《がくせい》，b　教育勅語《ちょくご》）が定められ，日露戦争後には就学率が100％に近づいた。教育の広がりを背景に近代文化が発展し，㋑（c　夏目漱石《なつめそうせき》，d　北里柴三郎《きたさとしばさぶろう》）など，すぐれた科学者が活躍した。

問２　下線部②について，資料Ⅰにみられる変化を輸出量と輸入量に着目して書け。また，その変化の理由の一つを，資料Ⅰから読み取り，「軽工業」の語句を使って書け。

〈資料Ⅰ〉わが国の綿糸の生産量と輸出入量の変化

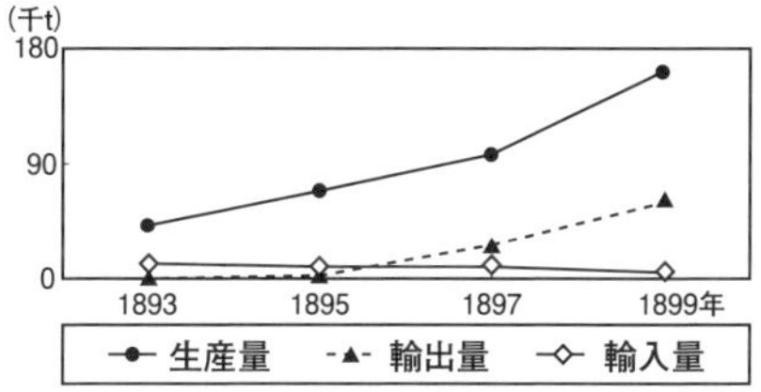

（「日本長期統計総覧」から作成）

問３　下の□内は，下線部③について説明したものである。㋑にあてはまる語句を書け。また，㋺の（　）にあてはまる人物を一つ選び，記号を書け。

> 第一次世界大戦後に開かれた講和会議の後，（㋑）条約が結ばれた。この講和会議で㋺（**あ**　ウィルソン，**い**　レーニン）が提案し，国際連盟の設立が決定された。

問4　下線部④について，資料ⅡのＶ～Ｚは，アジア州，アフリカ州，オセアニア州，南北アメリカ州，ヨーロッパ州（旧ソ連を含む）のいずれかを示している。アフリカ州にあてはまるものを一つ選び，記号を書け。また，資料Ⅱのようにアフリカ州の国際連合の加盟国数が変化した主な理由を書け。

〈資料Ⅱ〉国際連合の加盟国数の変化

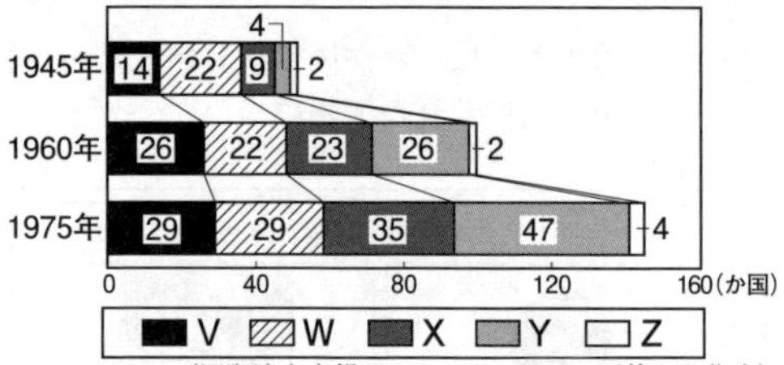

（国際連合広報センターホームページ等から作成）

問1	あ		い		
問2	変化				
	理由				
問3	イ		ロ		
問4	記号		理由		

■令和５年度問題

2　太郎さんは，わが国の世界遺産について調べ，カードにまとめた。カードをみて，各問に答えよ。

〈カード〉

①富岡製糸場《とみおかせいしじょう》	明治日本の産業革命遺産　製鉄・製鋼《せいこう》，造船，石炭産業 官営八幡製鉄所《やはたせいてつじょ》	明治日本の産業革命遺産　製鉄・製鋼《せいこう》，造船，石炭産業 三池炭鉱《みいけたんこう》・三池港	原爆《げんばく》ドーム
○　（Ａ）県富岡市 ○　西洋技術を導入した官営模範《もはん》工場で，新技術の開発と普及に貢献。	○　福岡県北九州市 ○　鉄鋼などを生産することで，その後の②産業の発展に貢献。	○　福岡県大牟田市等 ○　石炭の生産を増やし，③エネルギー面から産業の発展に貢献。	○　広島県広島市 ○　被爆《ひばく》当時の姿を伝え，④国際平和の大切さを訴えることに貢献。

問1　下の□内は，下線部①についてまとめたものである。㋑の（　）にはあてはまるものを，㋺の（　）にはカードの（Ａ）にあてはまるものを，それぞれ一つ選び，記号を書け。

> 富岡製糸場は，わが国の輸出品の中心であった㋑（ａ　綿糸，ｂ　生糸）を増産するために，㋺（ｃ　群馬，ｄ　長崎）県に建てられた。

問2　下の□内は，下線部②について，資料Ⅰ，Ⅱをもとにまとめたものである。㋩，㋥の（　）にあてはまるものを，それぞれ一つ選び，記号を書け。

〈資料Ⅰ〉わが国の生産総額とその内訳

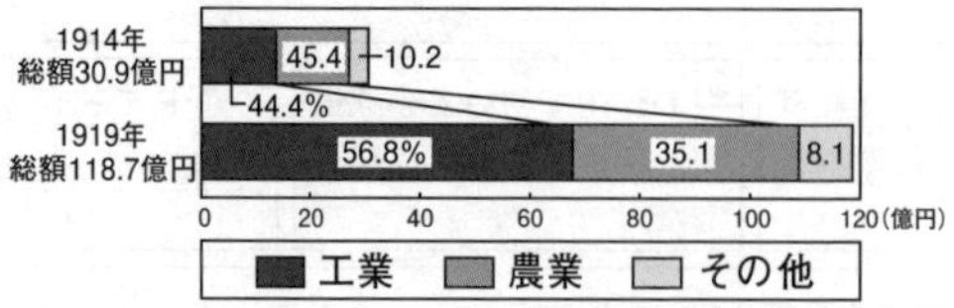

（「日本資本主義発達史年表」から作成）

〈資料Ⅱ〉わが国の貿易収支の変化

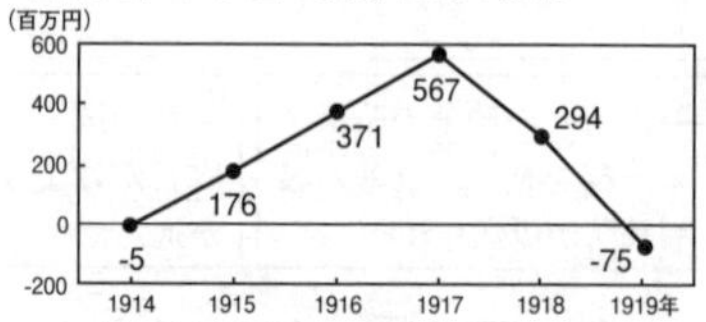

（第７版「数字でみる日本の100年」から作成）

> 第一次世界大戦の影響で，資料Ⅰの工業と農業の生産額ののびを比較すると，わが国では，1914年から1919年にかけて，特に㋩（ア　工業，イ　農業）が大幅にのびたことが読み取れ，資料Ⅱから，1915年から1918年のころのわが国は，㋥（ウ　好景気，エ　不景気）であったことがわかる。

問3　下の□内は，下線部③についてまとめたものである。〔　　〕にあてはまる内容を，資料ⅢのＰが示す語句を使って書け。

〈資料Ⅲ〉わが国のエネルギー資源の供給割合の推移

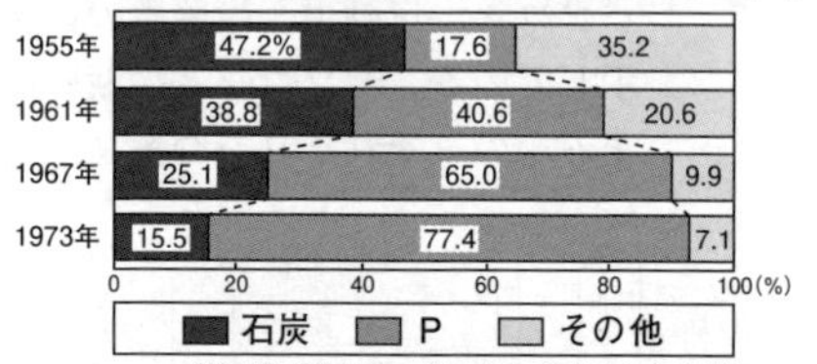

（第７版「数字でみる日本の100年」から作成）

> 資料Ⅲの時期に，わが国におけるエネルギー資源の中心が，〔　　〕ことがわかる。

問4　下線部④について，ⓐ群のあ～うと最も関係の深いものを，ⓑ群のｘ～ｚからそれぞれ一つ選び，記号を書け。

ⓐ群
- あ　冷戦の終結が宣言された。
- い　国際連合が設立された。
- う　アジア・アフリカ会議が開かれた。

ⓑ群
- ｘ　平和維持活動（ＰＫＯ）の実施
- ｙ　バンドンで平和共存の路線を確認
- ｚ　東西ドイツの統一

問1	イ		ロ		問2	ハ	ニ	
問3								
問4	あ		い		う			

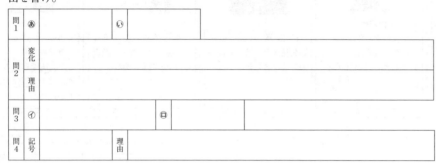

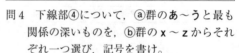

世界地理

■平成28年度問題

3　勇太さんは，世界の州の特色などについて調べるため，略地図を作成し，資料を集めた。略地図と資料をみて，各問に答えよ。

〈略地図〉

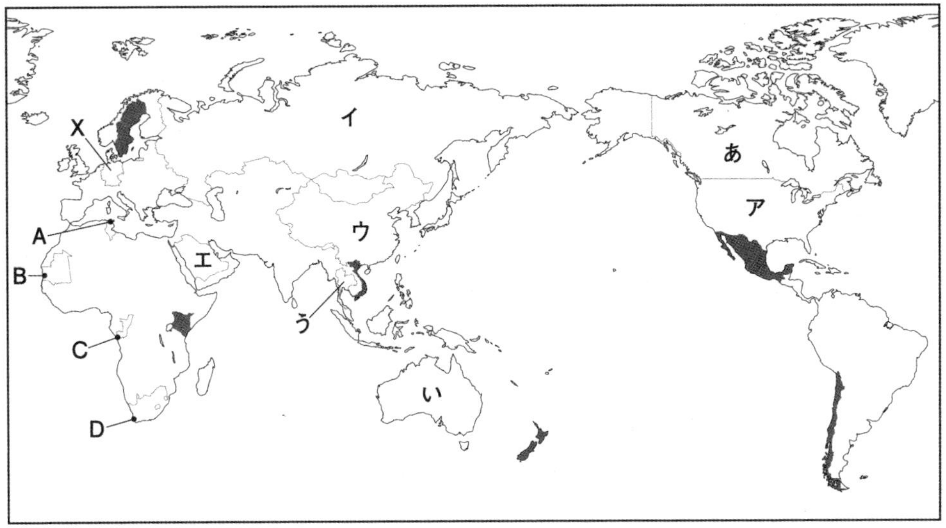

問１　略地図の■で示された６か国のうちから，下の□内の二つの条件にあてはまる国を一つ選び，その国名を書け。

条件１：太平洋に面している。　　条件２：日本よりも早く日付が変わる。

問２　次の１～４は，アフリカ州にある略地図のＡ～Ｄのいずれかの都市の雨温図である。Ａにあてはまるものを，１～４から一つ選び，番号で答えよ。

1
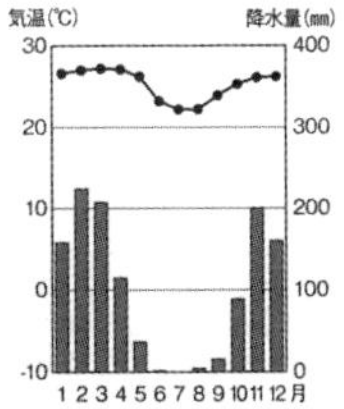

年平均気温 25.3℃
年降水量 1 210.9mm

2
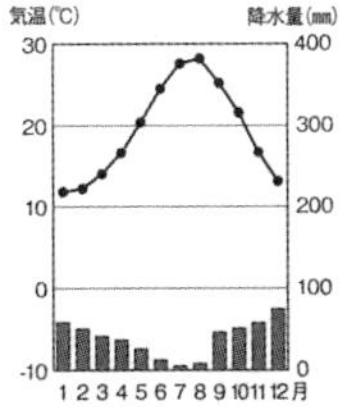

年平均気温 19.3℃
年降水量 466.9mm

3
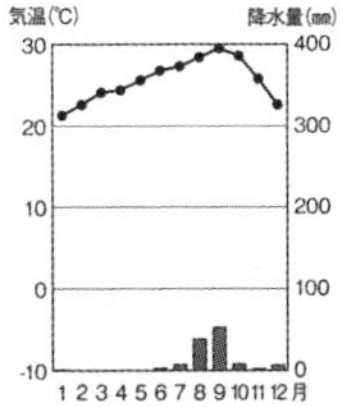

年平均気温 25.6℃
年降水量 117.9mm

4
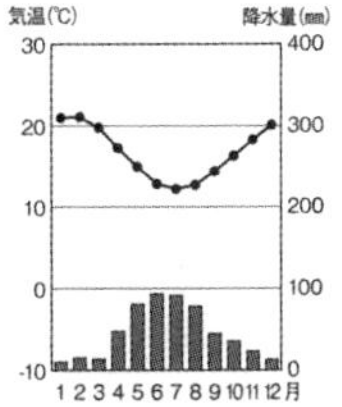

年平均気温 16.8℃
年降水量 545.8mm

（平成27年「理科年表」から作成）

問３　資料Ⅰは，世界の原油産出量の上位４か国である略地図のア～エの国における，原油の産出量，消費量，輸入量を示している。また，下の□内は，勇太さんが，アとウで原油を輸入している理由の一つをまとめたものである。〔　〕にあてはまる内容を，資料Ⅰの項目のうち，二つの語句を使って書け。

原油産出量が世界の中で上位であるにもかかわらず，原油を輸入しているのは，自国の人口の増加や産業の発達などにより，原油の〔　　　　　〕から。

〈資料Ⅰ〉

国＼項目	産出量	消費量	輸入量
ア	32 447	74 029	42 201
イ	49 743	26 120	0
ウ	20 748	46 838	27 103
エ	48 797	12 257	0

（万トン）
資料Ⅰは，2012年の統計
（2015/16年版「日本国勢図会」から作成）

問４　資料Ⅱは，略地図のあ～うの国に進出した日本企業（製造業）の数の変化を示し，資料Ⅲは，日本とあ～うの主要都市における製造業従事者の平均賃金を示している。資料Ⅱから読み取れる，うに進出した日本企業の数の変化の特色を，他の２か国における変化と比較して書け。また，その特色がみられる理由の一つを，資料Ⅲから読み取り書け。

〈資料Ⅱ〉

国＼年	1985年	2013年
あ	30	76
い	56	82
う	181	1 127

（社）
（「海外進出企業総覧2014」等から作成）

〈資料Ⅲ〉

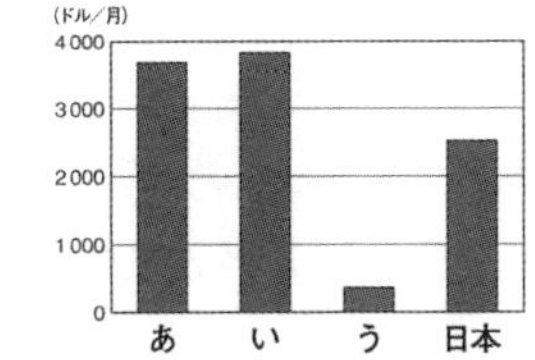

資料Ⅲは，2013年の統計（日本貿易振興機構資料等から作成）

〈資料Ⅳ〉

国＼年	2000年	2012年
ポーランド	74	178
ルーマニア	24	121
ブルガリア	10	60
ハンガリー	16	55

（千人）
（2016年版「データブック　オブ・ザ・ワールド」等から作成）

問５　資料Ⅳは，ポーランド，ルーマニア，ブルガリア，ハンガリーの４か国から，略地図のＸの国に流入した人の数の変化を示している。また，資料Ⅴは，ＥＵ加盟国それぞれの国民一人あたりの国内総生産額を示している。Ｘに人が流入している４か国に共通する特色について，資料Ⅳ，Ⅴから読み取り，Ｘの国名を含めて書け。

〈資料Ⅴ〉

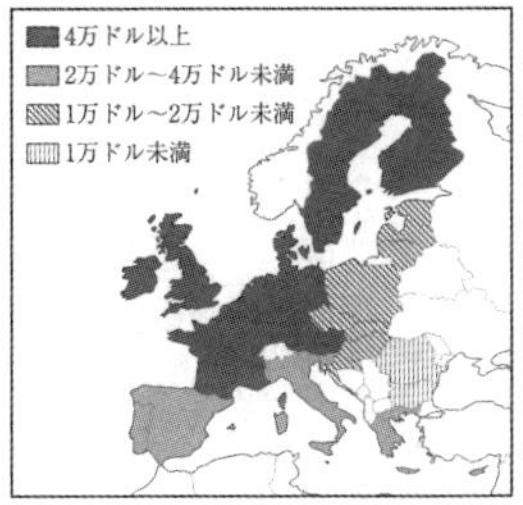

資料Ⅴは，2013年の統計
（2015/16年版「世界国勢図会」から作成）

問1		問2		問3	
問4	特色			理由	
				問5	

■平成29年度問題

3 里子さんは，リオデジャネイロオリンピックの開催を機に，世界の州や国について調べ，ノートにまとめた。ノートをみて，各問に答えよ。

〈ノート〉

【オリンピックの五輪マーク】

オリンピックの五輪マークは，世界の五つの大陸を示しているといわれている。この五つの大陸と多くの島々は，略地図ⅠのA～Fに示す六つの州に区分される。私が住む福岡市と略地図Bの●が示すリオデジャネイロとは，①時差が大きく，自然や文化も違う。

〈略地図Ⅰ〉

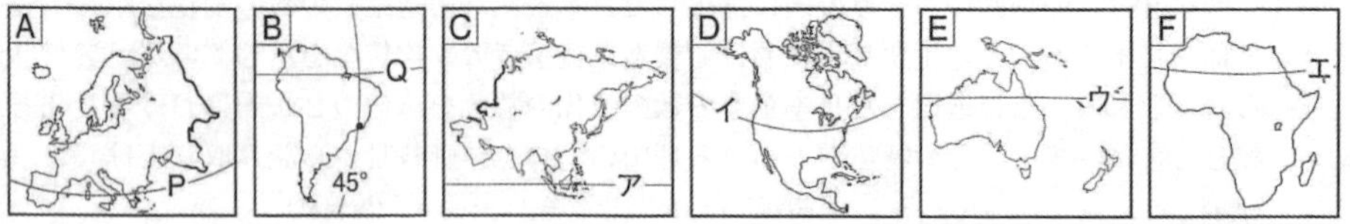

A～Fの図法，縮尺は，同じではない。略地図Ⅰ，Ⅱ，資料Ⅳの〜は，州境を示す。

〔アジア州の特色〕

〈資料Ⅰ〉

項目／国	人口密度（人/km²）	首都 年平均気温（℃）	首都 年降水量（mm）	輸出品目第1位〈輸出総額に占める割合（%）〉	輸出総額（億ドル）
X	144	12.9	534.3	機械類〈41.4〉	23 423.4
Y	15	26.6	139.5	原油〈73.3〉	3 419.5
Z	404	25.2	767.7	石油製品〈19.5〉	3 175.5

（2016/17年版「世界国勢図会」等から作成）

〈略地図Ⅱ〉

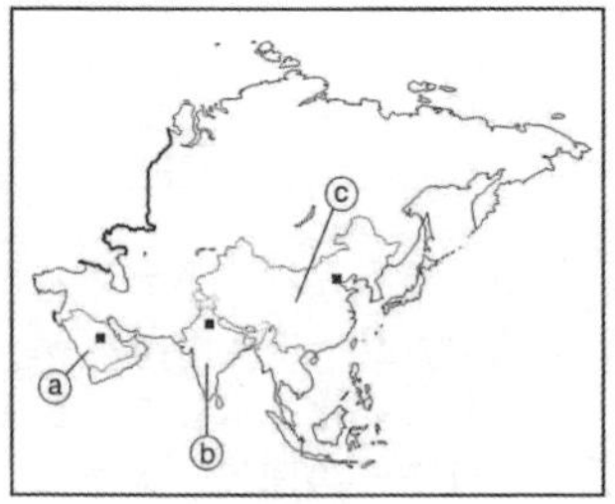

首都の位置を■で示している。

②アジア州は，広範囲に及び，多くの人々が生活しており，多様性がみられる。

〔オセアニア州の特色〕

〈資料Ⅱ〉オーストラリアの輸出相手国の変化

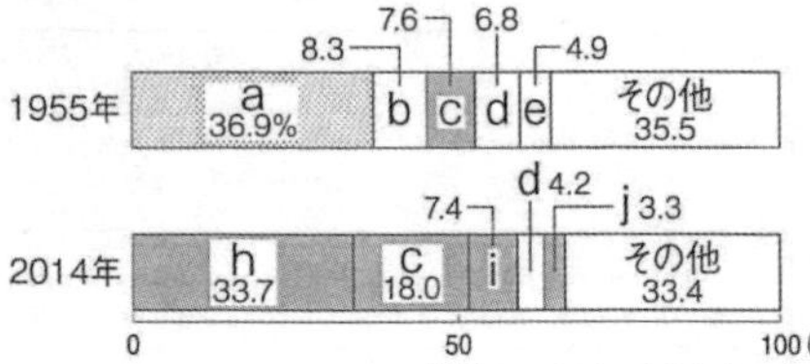

〈資料Ⅲ〉ニュージーランドの輸出相手国の変化

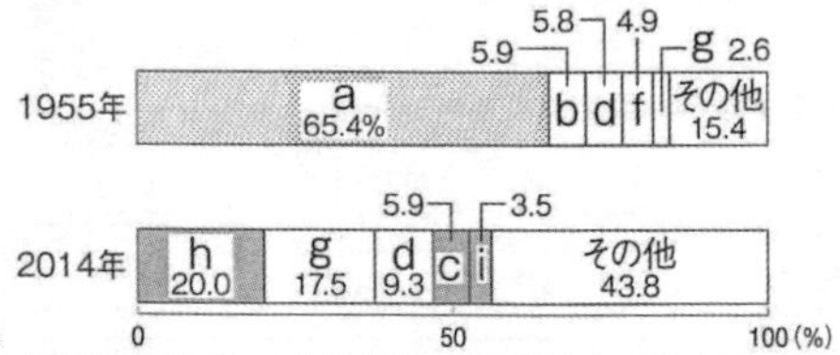

資料Ⅱ，Ⅲ中の記号は，各年の輸出相手国上位5か国を示し，同じ記号は，同じ国を示す。
（2016/17年版「世界国勢図会」等から作成）

オセアニア州のこの2か国では，③輸出相手国の変化に共通点がみられる。

〔アフリカ州の特色〕

〈資料Ⅳ〉

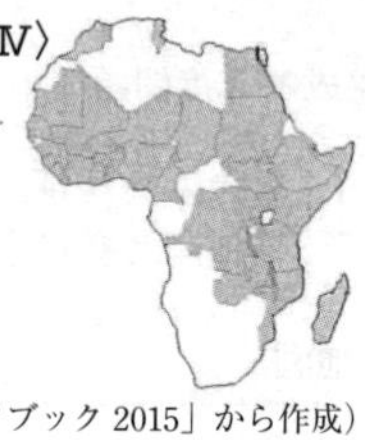

資料Ⅳの⬮は，日本が年間1千万ドル以上の支援を行っている国を示しており，その支援の目的の一つに，飢餓《きが》への対策がある。④アフリカ州は，他の州に比べ，飢餓の問題への対策が必要である。近年では，他国からの支援により，少しずつ改善されている。

（「政府開発援助（ODA）国別データブック2015」から作成）

問1 略地図ⅠのA，Bに示すP，Qの緯線と同じ緯度の緯線を，略地図ⅠのC～Fのア～エから一つずつ選び，記号で答えよ。

問2 下線部①について，里子さんの住む福岡市が8月8日午前8時のとき，リオデジャネイロ（略地図ⅠのBに示す経線は，リオデジャネイロの標準時子午線である。）は，何月何日の何時か答えよ。ただし，時刻には午前か午後を記入すること。

問3 下線部②について，資料Ⅰは，略地図Ⅱのⓐ～ⓒの国の人口密度などを示し，X～Zはそのいずれかの国を示している。ⓐ～ⓒの国を示すものを，X～Zから一つずつ選び，記号で答えよ。

問4 下の□内は，下線部③について，里子さんがまとめたものである。（㋑）にあてはまる国名と，（㋺）にあてはまる州の名称を書け。

> この2か国は，（㋑）の植民地であったことから，1955年の輸出相手国の第1位は（㋑）であった。一方，2014年の輸出相手国上位5か国のうち，▇で示した国は（㋺）に位置する国であり，近年は（㋺）との結びつきが強くなっていることがわかる。

問5 下線部④について，このことが考えられる理由の一つを，資料Ⅴ，Ⅵから読み取れることを関連づけて書け。

〈資料Ⅴ〉州別の人口

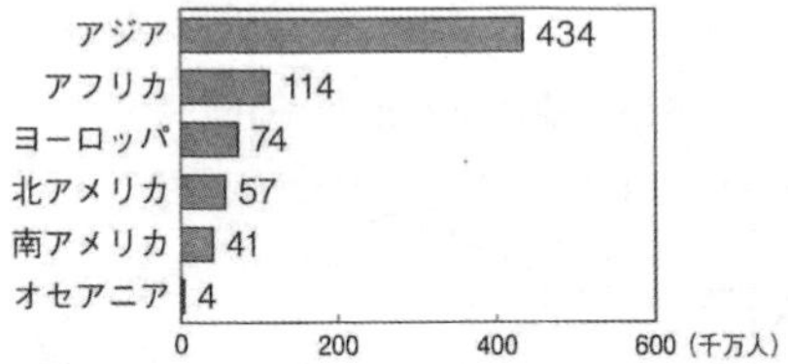

〈資料Ⅵ〉州別の穀物生産量

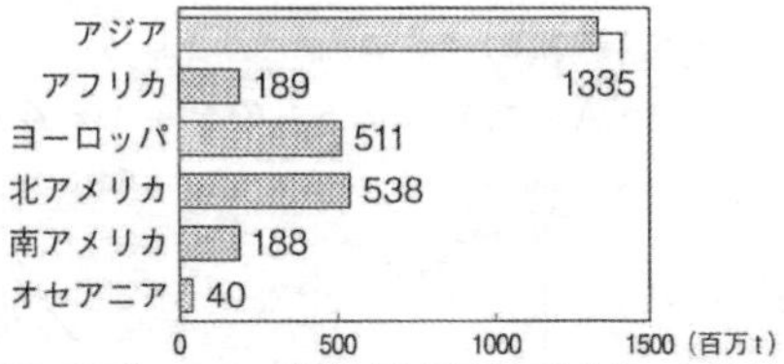

（資料Ⅴ，Ⅵは，2016/17年版「世界国勢図会」等から作成）

問1	P		Q		問2	月 日 時			
問3	ⓐ		ⓑ		ⓒ		問4	㋑	㋺ 州
問5									

■平成31年度問題

3 翔太さんは，世界の州や国の特色について調べるため，資料集を作成した。資料集をみて，各問に答えよ。

〈資料集〉

〈略地図〉

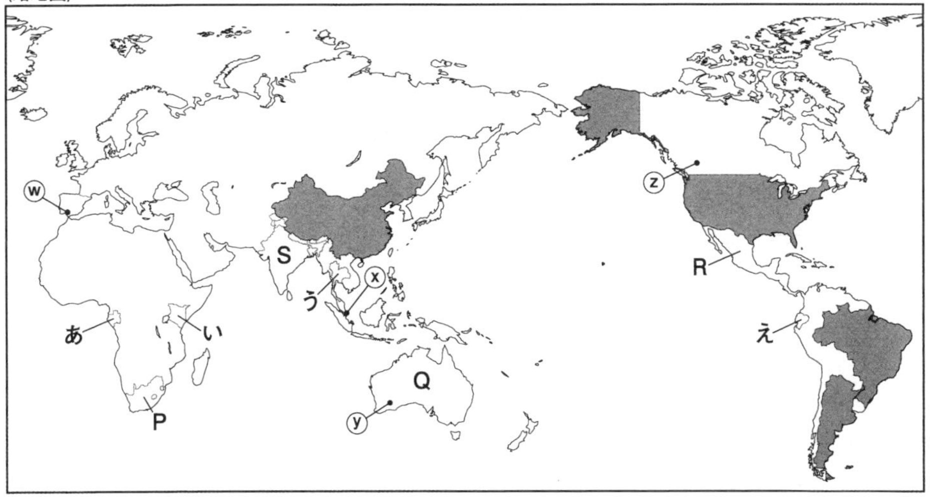

〈資料Ⅰ〉 P～Rの国の輸出品目の上位3品目と輸出相手国の上位3か国

	順位＼国	ア	イ	ウ
輸出品目（上位3品目）	第1位	鉄鉱石	自動車	機械類
	第2位	石炭	機械類	自動車
	第3位	金	白金	原油
輸出相手国（上位3か国）	第1位	中国	中国	アメリカ
	第2位	日本	ドイツ	カナダ
	第3位	アメリカ	アメリカ	中国

（2018/19年版「世界国勢図会」等から作成）

〈資料Ⅱ〉 a～dの農産物の州別生産量の割合

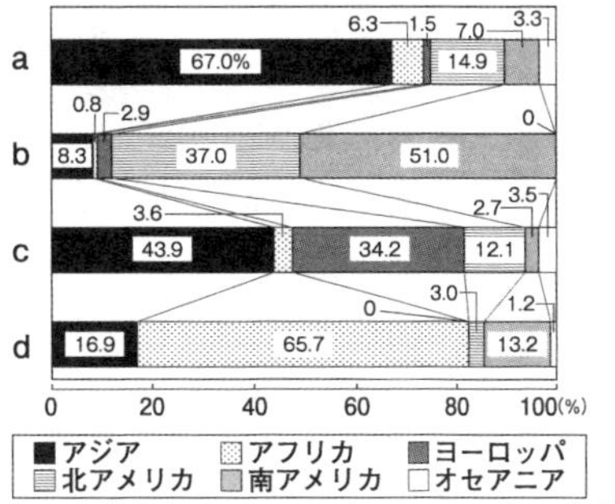

（2018年版「データブック オブ・ザ・ワールド」から作成）

〈資料Ⅲ〉 Sの国に進出した日本企業数（製造業）

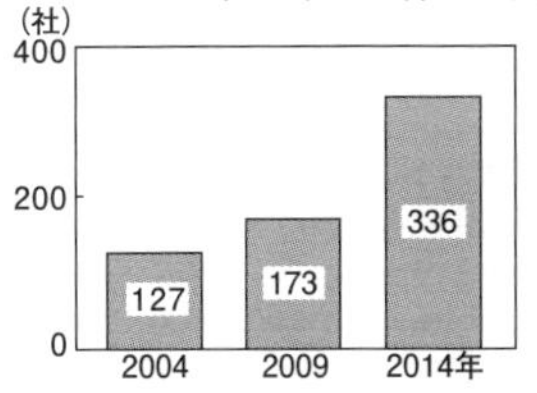

（「海外進出企業総覧 2015」等から作成）

〈資料Ⅳ〉 Sの国と日本の1時間あたり賃金（製造業）

国＼項目	1時間あたり賃金（ドル）
S	1.5
日本	22.1

〈資料Ⅴ〉 Sの国の人口と一人あたり国民総所得

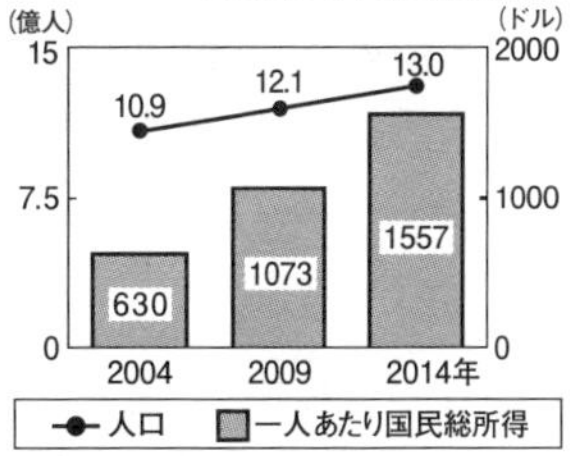

（資料Ⅳ，Ⅴは，2018/19年版「世界国勢図会」等から作成）

問1 略地図のあ～えの国のうちから，下の□内の二つの条件にあてはまる国を一つ選び，記号で答えよ。

条件1：赤道が通っている。　　条件2：日本との時差が最も大きい。

問2 次の1～4は，略地図のⓦ～ⓩのいずれかの都市の雨温図である。ⓦにあてはまるものを，1～4から一つ選び，番号で答えよ。また，選んだ雨温図からわかる降水量の特徴を，「夏季」と「冬季」の語句を使って書け。

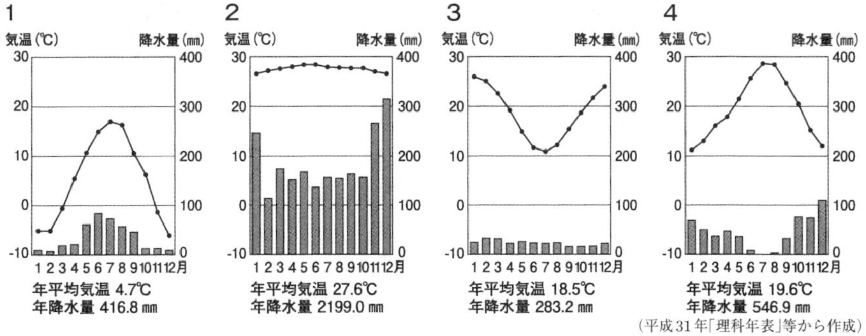

（平成31年「理科年表」等から作成）

問1		問2	番号		特徴	

問3 資料Ⅰのア～ウは，略地図のP～Rの国のいずれかを示している。ア～ウにあてはまる国を正しく組み合わせたものを，次の1～4から一つ選び，番号で答えよ。

1 アはP，イはQ　　2 アはR，イはP

3 アはQ，ウはR　　4 アはQ，ウはP

問4 資料Ⅱのa～dは，小麦，大豆，カカオ豆，綿花のいずれかを示している。また，略地図の（網かけ）で示された国は，大豆の生産量の上位4か国を示している。大豆を示すものを，a～dから一つ選び，記号で答えよ。

問5 下の□内は，翔太さんが，資料Ⅲ～Ⅴから，略地図のSの国についてまとめたものである。〔 ㋑ 〕，〔 ㋺ 〕にあてはまる内容を，資料から読み取って書け。ただし，〔 ㋺ 〕は，「市場《しじょう》」の語句を使って書くこと。

○ 資料Ⅲにみられる変化の理由の一つは，資料Ⅳから，Sの国では〔 ㋑ 〕である。
○ 資料Ⅴから，Sの国は〔 ㋺ 〕に成長している。

問3		問4		問5	㋑		㋺	

■令和２年度問題

3　下の□内は，里子さんたちが，略地図をみて，G20 大阪サミットについて会話した内容の一部である。会話文を読み，各問に答えよ。

〈略地図〉

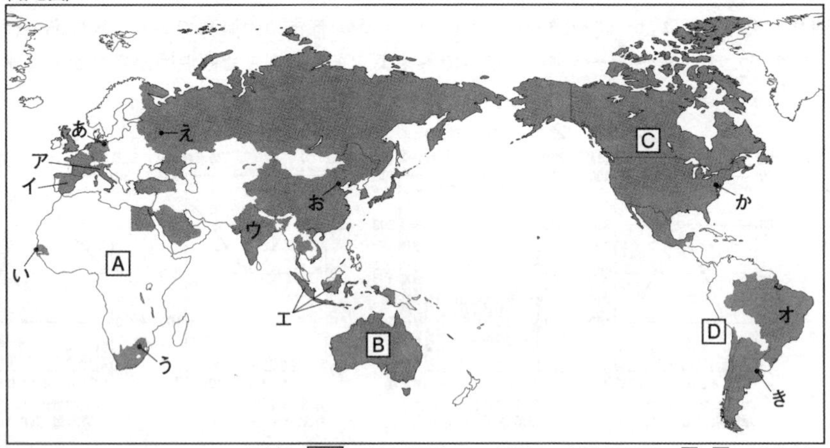

略地図の▨で示された国は，G20 大阪サミット参加国を示し，A～Dは大陸を示す。

〈会話文〉

和子：略地図をみると，サミットには①世界各地から参加していることがわかるね。

太一：そうだね。参加者の中には，自国の②気候と日本の気候の違いを感じた人もいただろうね。

里子：ところで，大阪サミットでは何が行われたのかな。

和子：資源や③エネルギーの諸課題を，各国でどのように解決していくかについて話し合われたそうよ。

太一：他にも，④貿易の在り方や貧困問題，それに発展途上国への支援などについてもね。

里子：どれも大切な内容ね。それらの視点から世界の様々な地域の様子を調べてみようよ。

問１　図は，地球儀《ぎ》を模式的に描いたものである。下線部①について，略地図あ～きの都市のうち，図の■で示された範囲に位置する都市を**全て**選び，記号で答えよ。

〈図〉

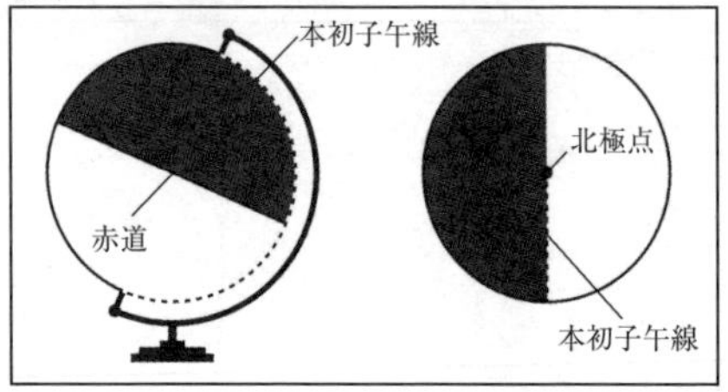

問２　下線部②について，資料Ⅰのw～zは，略地図のA～Dのいずれかの大陸を示している。xにあてはまる大陸を，一つ選び，記号で答えよ。

〈資料Ⅰ〉大陸別の気候区の割合（%）

気候＼大陸	w	x	y	z
熱帯	38	5	63	17
乾燥帯	47	14	14	57
温帯	15	14	21	26
亜寒帯	0	43	0	0
寒帯	0	24	2	0

（2019 年版「データブック オブ・ザ・ワールド」から作成）

問1		問2	

問３　下のノートは，里子さんたちが，下線部③，④について，略地図中のア～オの国を通して調べた州の様子についてまとめたものである。ノートをみて，各問に答えよ。

〈ノート〉

～エネルギーの視点からみたヨーロッパ州とアジア州について～

〈資料Ⅱ〉ア～エの国の発電の割合と電力消費量

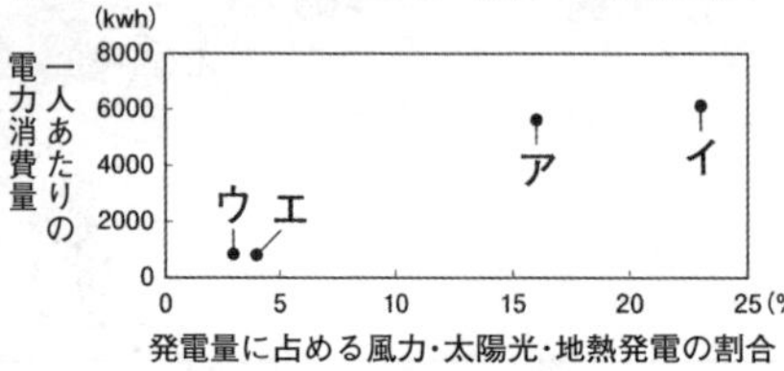

（2018/19 年版「世界国勢図会」等から作成）

【考えたこと】

資料Ⅱに示す，アジア州の国々は，経済成長をめざす中でも，〔　ⓘ　〕ことで，地球環境問題への対処や持続可能な社会の実現が一層可能になる。

～貿易の視点からみた南アメリカ州について～

〈資料Ⅲ〉オの国の輸出品目の輸出総額に占める割合の上位３品目の変化

順位＼年	1995 年	2015 年
第１位	機械類〈12.0%〉	大豆〈11.0%〉
第２位	鉄鋼〈9.3%〉	機械類〈8.0%〉
第３位	自動車〈5.6%〉	肉類〈7.5%〉

（2017/18 年版「世界国勢図会」等から作成）

〈資料Ⅳ〉大豆輸入量の推移

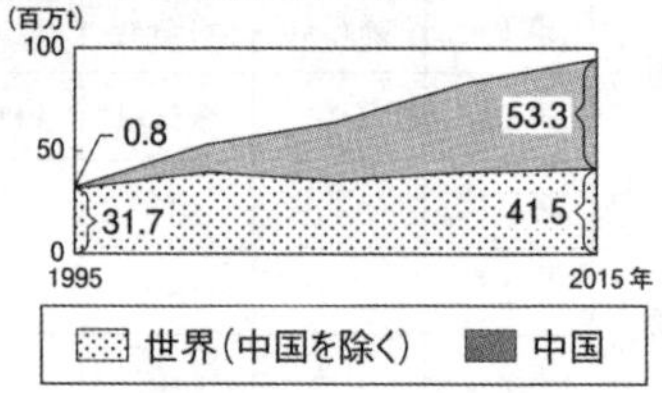

（農林水産省ホームページから作成）

〈資料Ⅴ〉オの国の森林の変化を示す衛星写真

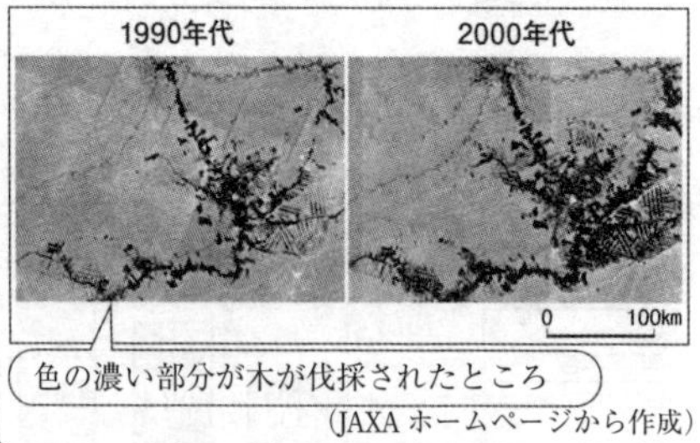

（JAXA ホームページから作成）

〈資料Ⅵ〉オの国の耕地面積の変化

年＼項目	耕地面積（十万 ha）
1995 年	655
2015 年	866

（2018/19 年版「世界国勢図会」等から作成）

【考えたこと】

資料Ⅲのように，オの国の輸出品目が変化した理由の一つとして考えられるのは，〔　ⓡ　〕ことである。

(1)　資料Ⅱから読み取れることをもとに，〔　ⓘ　〕にあてはまる内容を，「再生可能エネルギー」の語句を使って書け。

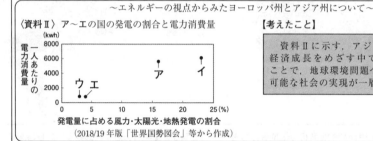

(2)　〔　㋺　〕にあてはまる内容を，資料Ⅳ～Ⅵを関連づけて，「輸入」と「生産」の語句を使って書け。

問3	(1)	
	(2)	

■令和３年度問題

3　愛子さんは，世界の州の特色などについて調べるため，略地図を作成し，資料を集めた。略地図と資料をみて，各問に答えよ。

〈略地図〉

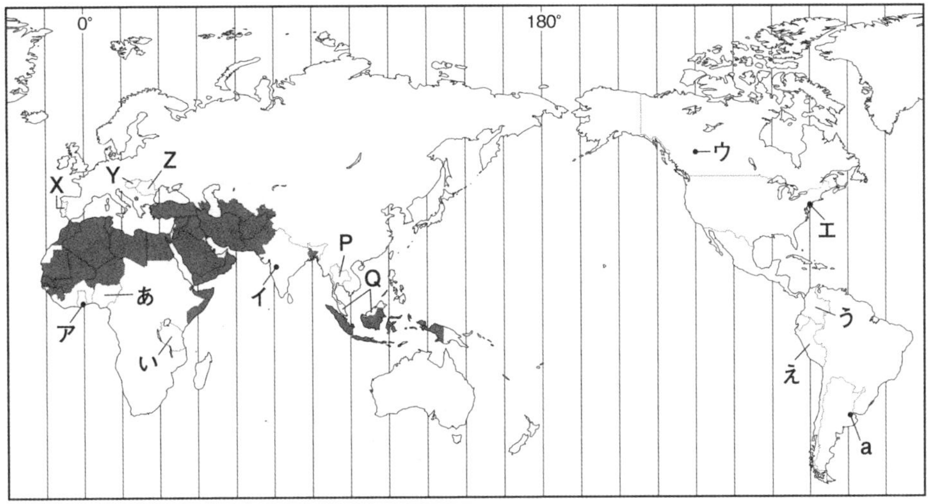

問１　略地図のaの都市の雨温図を，次の１～４から一つ選び，番号を書け。

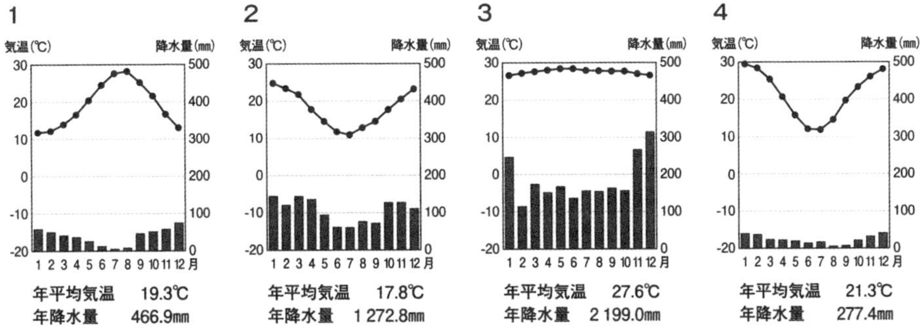

（令和２年「理科年表」から作成）

問２　略地図ので示された国々において，各国の人口の80％以上が信仰している宗教名を書け。

問３　日本が12月11日午前８時のとき，12月10日午後６時である都市を，略地図のア～エの都市から一つ選び，記号を書け。

問４　下の□内は，愛子さんと順平さんが，ヨーロッパ州の地域の結びつきについて，資料Ⅰをもとに会話した内容の一部である。（㋑）にあてはまる語句を書け。また，〔　㋺　〕にあてはまる内容を書け。ただし，同じ記号には同じ語句が入る。

愛子：資料Ⅰから，略地図のX～Zの国とその貿易相手国の上位３か国は，全て（㋑）の加盟国で占められていることがわかるね。これらの国々では，相互に結びつきを強め，地域統合を進めているよ。

順平：資料Ⅰのように，（㋑）に加盟している国どうしで貿易をするのはどうしてかな。

愛子：加盟国間では，農産物や工業製品などを，〔　㋺　〕という利点があるからだよ。

〈資料Ⅰ〉X～Zの国の貿易相手国の上位３か国

国＼順位		第１位	第２位	第３位
X	輸出	スペイン	フランス	ドイツ
	輸入	スペイン	ドイツ	フランス
Y	輸出	ドイツ	スロバキア	イタリア
	輸入	ドイツ	オーストリア	ポーランド
Z	輸出	ドイツ	イタリア	フランス
	輸入	ドイツ	イタリア	ハンガリー

（2020年版「データブック　オブ・ザ・ワールド」から作成）

問1		問2		問3	
問4	㋑		㋺		

問５　下のノートは，愛子さんが産業の視点からP，Qの国とあ～えの国について，まとめたものである。〔　㋩　〕にあてはまる内容を，資料Ⅱ，Ⅲから読み取り，「製品」の語句を使って書け。また（㊁）にあてはまる語句を書け。

〈ノート〉

〈資料Ⅱ〉P，Qの国の主な輸出品の内訳（2018年）

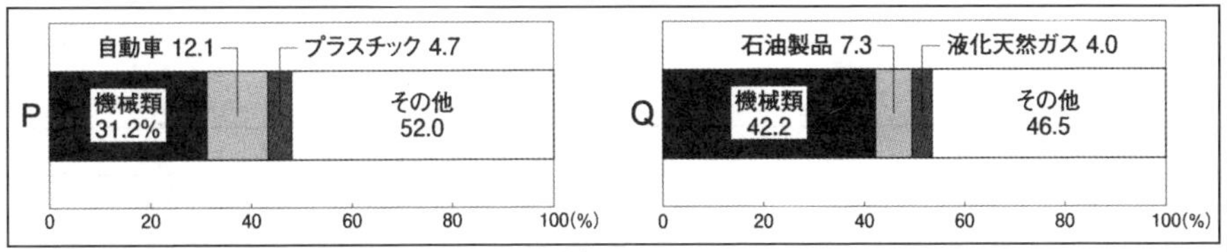

〈資料Ⅲ〉あ～えの国の主な輸出品の内訳（2018年）

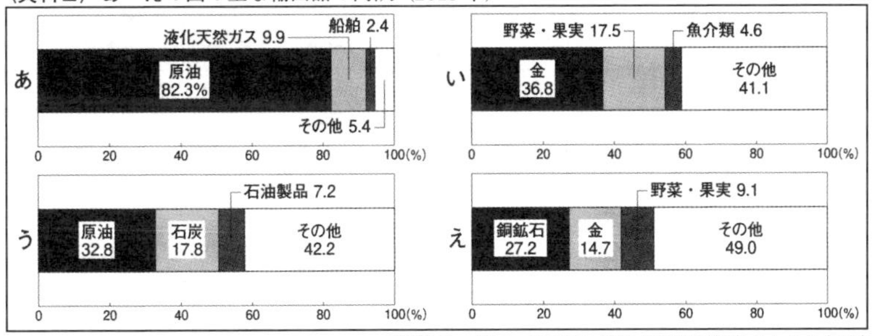

（資料Ⅱ，Ⅲは，2020/21年版「世界国勢図会」から作成）

【考えたこと】

P，Qの国と比べたあ～えの国に共通する特色は，〔　㋩　〕ことである。このことは，あ～えの国が（㊁）経済であることを示しており，年によって価格などの影響を受けやすく，国の収入が安定しないことにつながっている。

問5	㋩		㊁	

■令和４年度問題

3　次郎さんは，世界の州や国の特色を調べ，資料集を作成した。略地図のａ～ｆは，世界の六つの州を示し，表の６か国は，それぞれの州の⬭で示した国である。資料集をみて，各問に答えよ。

〈資料集〉

〈略地図〉

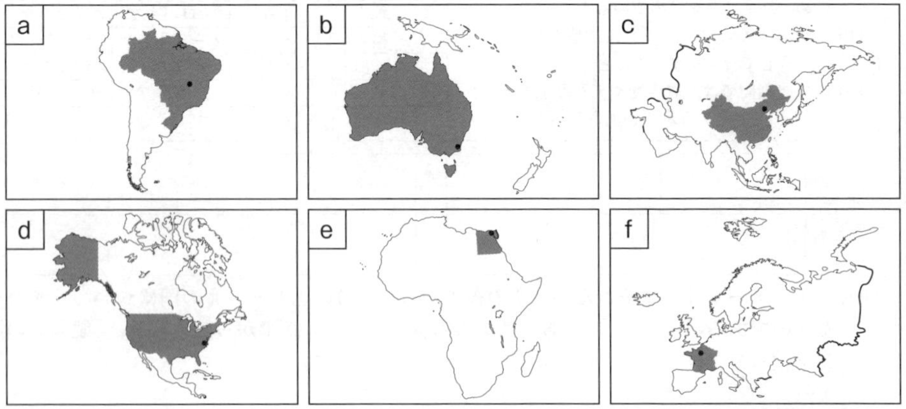

ａ～ｆの図法，縮尺は同じではない。〜は州境を示す。ａ～ｆの・は，それぞれの⬭で示す国の首都を示す。

〈表〉

州・国＼項目		面積（万 km²） 2020 年	人口（百万人） 2020 年	P（万ｔ） 2019 年	Q（万ｔ） 2019 年	R（万ｔ） 2019 年	日本への輸出額第１位の品目 2017 年
a	ブラジル	852	213	560	11 427	1 037	鉄鉱石
b	オーストラリア	769	26	1 760	2	7	石炭
c	中国	960	1 439	13 360	1 572	20 961	電気機器
d	アメリカ	983	331	5 226	9 679	838	一般機械
e	エジプト	100	102	900	4	669	液化天然ガス
f	フランス	64	68	4 061	43	8	医薬品

（2021/22 年版「世界国勢図会」等から作成）

問１　図の１～６は，表の６か国の首都の位置を示している。ブラジルとフランスの首都の位置を，１～６からそれぞれ一つ選び，番号を書け。

〈図〉

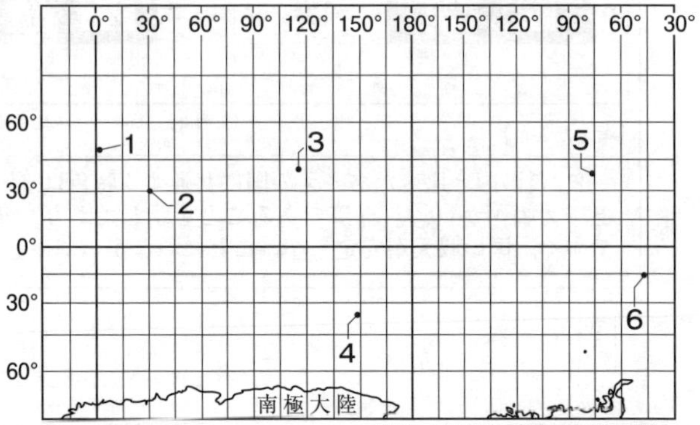

略地図，図の図法，縮尺は同じではない。

問1	
ブラジル	
フランス	

問２　資料ⅠのＷ～Ｚには，ａ～ｆの州のうちヨーロッパ州と南アメリカ州以外の州があてはまる。ｂの州にあてはまるものを，Ｗ～Ｚから一つ選び，記号を書け。

〈資料Ⅰ〉人口，面積の州別の割合（2020 年）

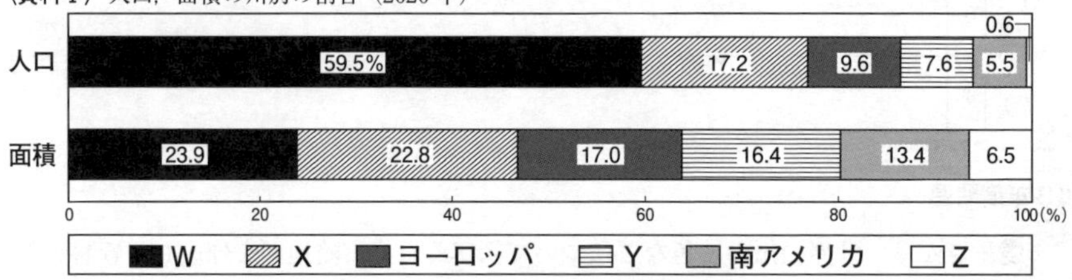

（2022 年版「データブック オブ・ザ・ワールド」から作成）

問３　表のＰ～Ｒは，米，小麦，大豆のいずれかの生産量を示している。米と大豆を示すものを，Ｐ～Ｒからそれぞれ一つ選び，記号を書け。

問４　下の［　　］内は，次郎さんが，中国の工業の特色について調べ，説明したものである。〔　　〕にあてはまる内容を，「経済特区」と「受け入れる」の語句を使って書け。また，資料Ⅱ，Ⅲのア～カは，表の６か国のいずれかを示す。中国にあてはまるものを一つ選び，記号を書け。

> 中国は，〔　　〕など，工業化を進めてきたが，沿岸の都市部と内陸の農村部との経済格差が，大きくなっているという課題がある。

〈資料Ⅱ〉６か国の輸出総額に占める割合の第１位の品目と輸出総額の変化

国＼項目	1987 年 輸出品目第１位〈輸出総額に占める割合〉	1987 年 輸出総額（百万ドル）	2017 年 輸出品目第１位〈輸出総額に占める割合〉	2017 年 輸出総額（百万ドル）
ア	繊維《せんい》品〈26.9％〉	2 037	野菜・果実〈10.6％〉	25 943
イ	機械類〈10.1％〉	26 229	大豆〈11.8％〉	217 739
ウ	機械類〈28.4％〉	245 421	機械類〈24.9％〉	1 545 609
エ	機械類〈20.6％〉	143 401	機械類〈19.8％〉	523 385
オ	繊維品〈15.1％〉	39 437	機械類〈43.3％〉	2 263 371
カ	石炭〈13.4％〉	26 486	鉄鉱石〈21.1％〉	230 163

〈資料Ⅲ〉６か国の国内総生産と一人あたり国内総生産（2017 年）

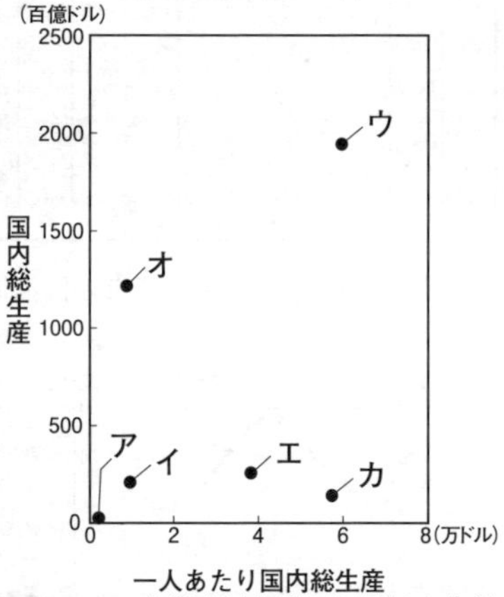

（資料Ⅱ，Ⅲは，2019/20 年版「世界国勢図会」等から作成）

問2	

問3	米		大豆	

問4	内容		記号	

■令和５年度問題

3　光一さんは，世界の州や国の特色などについて調べるため，資料集を作成した。資料集をみて，各問に答えよ。

〈資料集〉

〈略地図〉

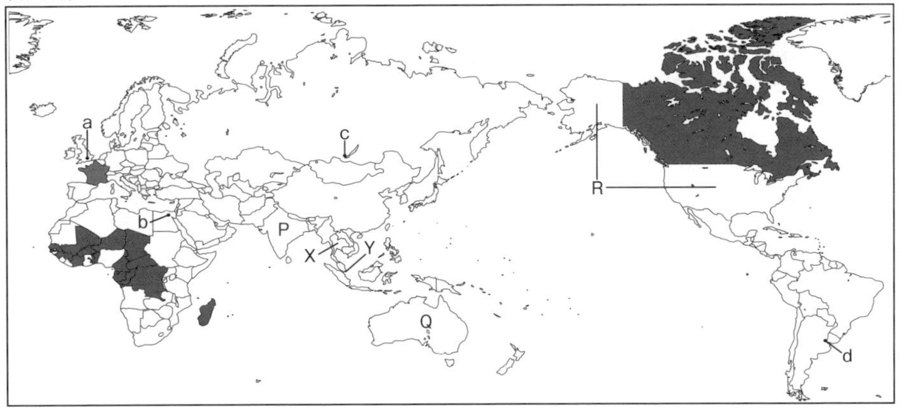

〈資料Ⅰ〉各国のエネルギー消費量，一人あたりエネルギー消費量，石炭の自給率（2019年）

国＼項目	エネルギー消費量（石油換算百万t）	一人あたりエネルギー消費量（石油換算 t）	石炭の自給率（%）
あ	2 213	6.7	144.8
い	415	3.3	0.4
う	129	5.1	1 351.8
え	938	0.7	72.9

（2022年版「エネルギー・経済統計要覧」等から作成）

〈資料Ⅱ〉おもな農産物の州別生産量の割合（2019年）

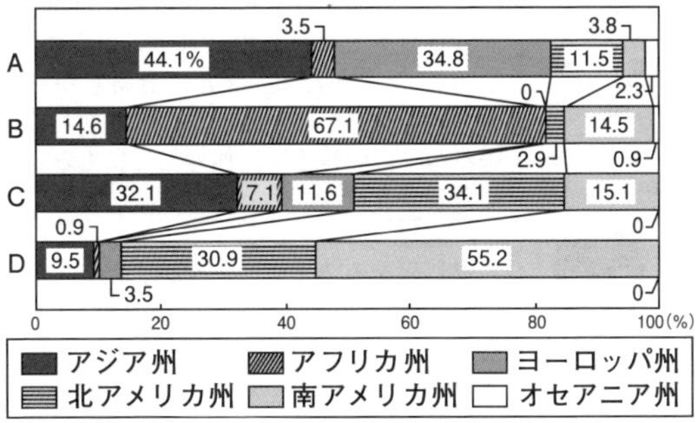

（2022年版「データブック　オブ・ザ・ワールド」から作成）

〈資料Ⅲ〉X，Yの国に進出した日本企業数（製造業）

国＼年	1982年（社）	2020年（社）
X	171	1 324
Y	211	203

（「海外進出企業総覧2021」等から作成）

〈資料Ⅳ〉日本，X，Yの国の一人あたり１か月平均賃金（製造業）（2020年）

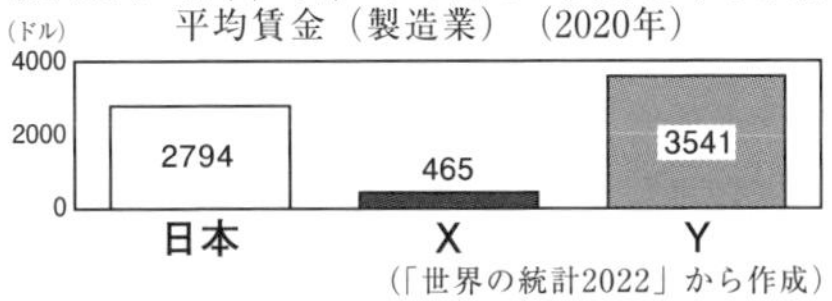

（「世界の統計2022」から作成）

〈資料Ⅴ〉Xの国の輸出総額と輸入総額

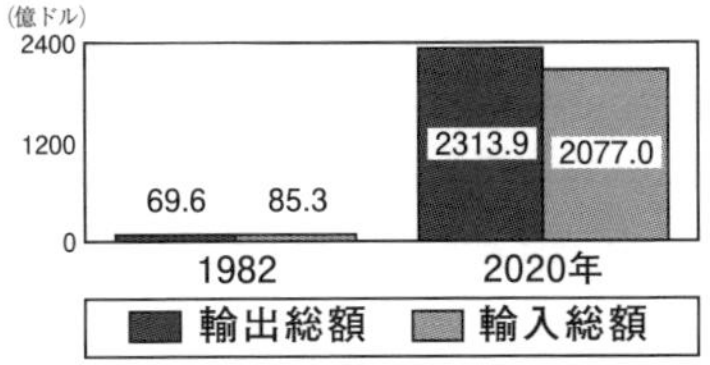

〈資料Ⅵ〉Xの国の輸出総額の内訳

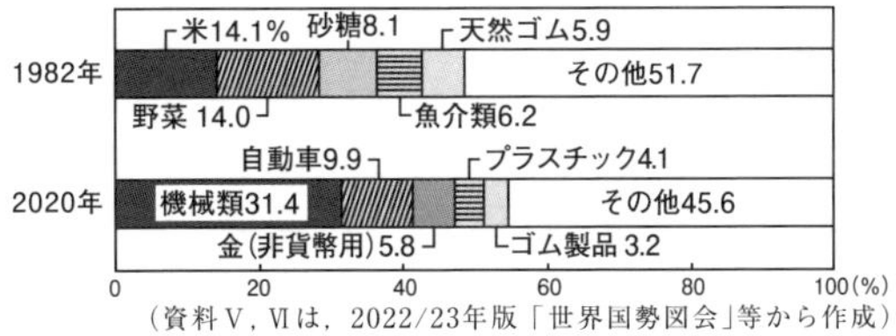

（資料Ⅴ，Ⅵは，2022/23年版「世界国勢図会」等から作成）

問１　次の１～４は，略地図のａ～ｄのいずれかの都市の雨温図である。ａの都市の雨温図を，１～４から一つ選び，番号を書け。

1

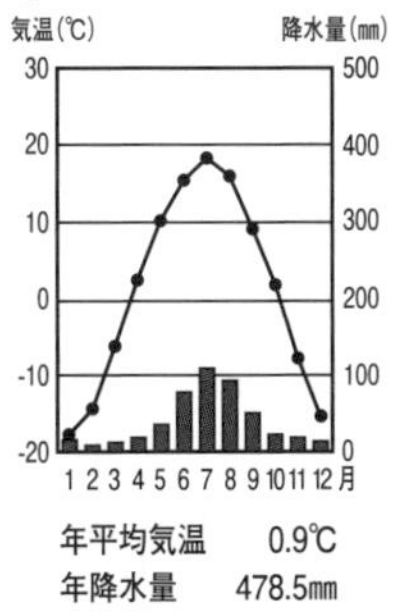

2

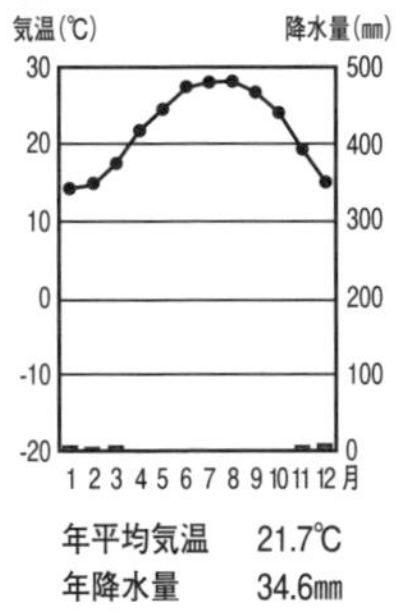

3

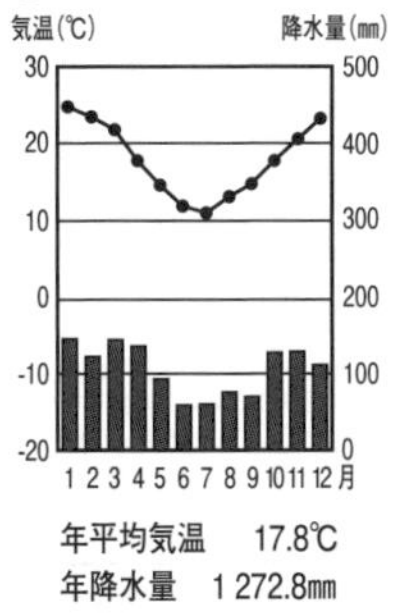

4

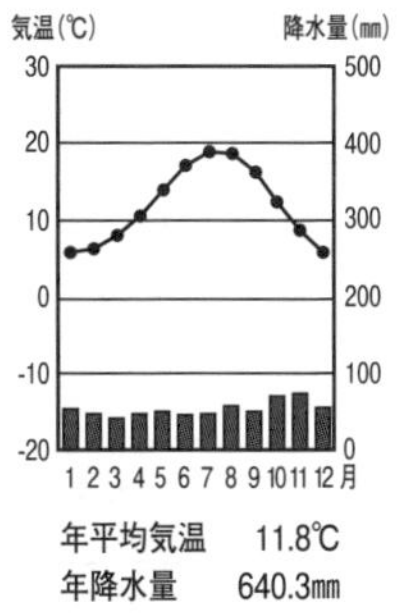

（令和３年「理科年表」から作成）

問２　略地図の⬤で示された国々において，共通して公用語となっている言語名を書け。

問３　資料Ⅰのあ～えは，略地図のＰ～Ｒの国および日本のエネルギー消費量，一人あたりエネルギー消費量，石炭の自給率を示している。Ｑの国にあてはまるものを，あ～えから一つ選び，記号を書け。

問４　資料ⅡのＡ～Ｄは，小麦，とうもろこし，大豆，カカオ豆のいずれかの州別生産量の割合を示している。小麦にあてはまるものを，Ａ～Ｄから一つ選び，記号を書け。

問５　略地図のＸの国について，⑴，⑵に答えよ。

⑴　資料Ⅲは，略地図のＸ，Ｙの国に進出した日本企業数（製造業）を示し，資料Ⅳは，日本とＸ，Ｙの国の一人あたり１か月平均賃金（製造業）を示している。資料Ⅲにみられる変化の理由の一つを，資料Ⅳから読み取り，「Ｘの国では，」の書き出しで書け。

⑵　下の□内は，光一さんが，資料Ⅴ，Ⅵから，略地図のＸの国についてまとめたものである。〔 ㋑ 〕，〔 ㋺ 〕にあてはまる内容を，資料から読み取って書け。

> 資料Ⅴから，Ｘの国の輸出総額と輸入総額の変化をみると，〔 ㋑ 〕ことがわかる。また，資料Ⅵから，〔 ㋺ 〕ことがわかる。このような変化が，Ｘの国の経済の成長や発展につながった理由の一つと考えられる。

問1		問2	語	問3		問4	

問5		
	⑴	Ｘの国では，
	⑵ ㋑	
	⑵ ㋺	

■平成29年度問題

4 雄介さんは，日本の七つの地方（中国・四国地方を一つの地方とする。）の特色をノートにまとめた。略地図**A**～**G**はそれぞれの地方を示している。ノートをみて，各問に答えよ。

〈ノート〉**A**～**G**の縮尺は，同じではない。

〔自然環境からみた特色〕

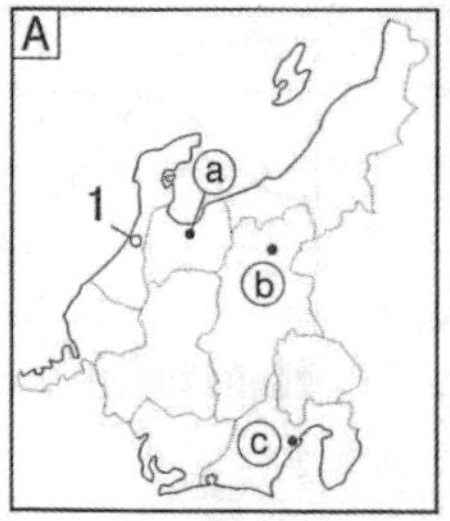

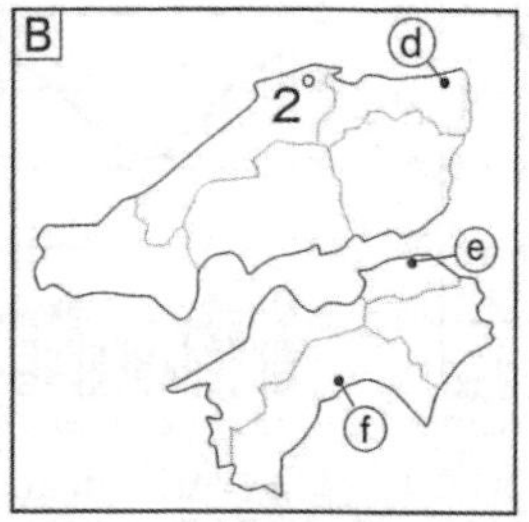

〈資料Ⅰ〉 ⓐ～ⓕの都市の気候

項目 / 都市	月平均気温（℃）		月降水量（mm）	
	1月	7月	1月	7月
あ	4.0	25.7	202.0	200.9
い	2.7	24.9	259.5	240.4
う	5.5	27.0	38.2	144.1
え	6.3	26.7	58.6	328.3
お	6.7	25.7	75.0	277.6
か	－0.6	23.8	51.1	134.4

（平成29年「理科年表」から作成）

この二つの地方には，それぞれⓧ三つの異なる気候がみられることが資料Ⅰから読み取れる。

〔歴史からみた特色〕

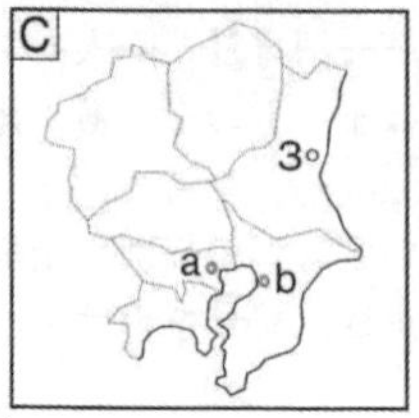

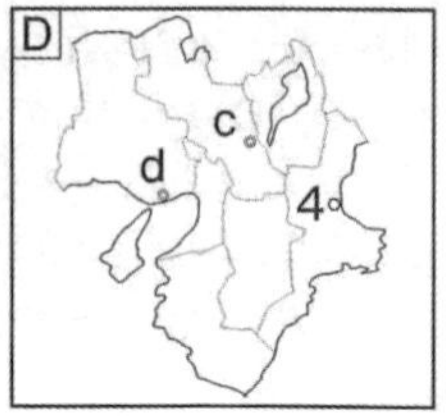

この二つの地方には，世界遺産に登録されている建造物や文化財などがあり，下の□内のⓨ二つのことがらを満たしている都市があることがわかった。

○幕府が置かれていた。
○東海道で結ばれていた。

〔産業からみた特色〕

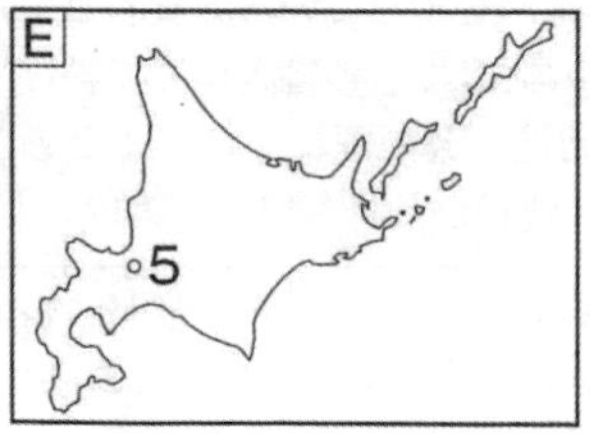

〈資料Ⅱ〉農業従事者数

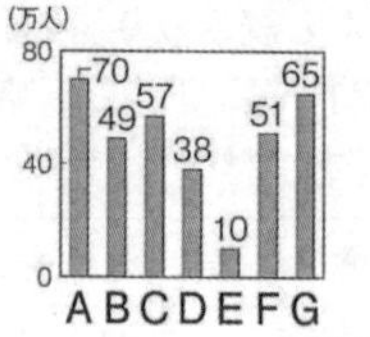

〈資料Ⅲ〉トラクター保有台数

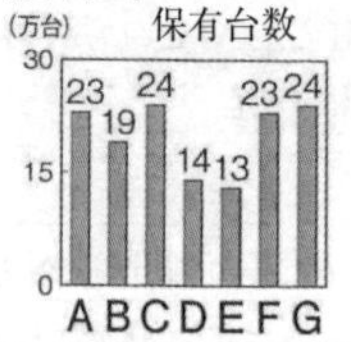

〈資料Ⅳ〉耕地面積

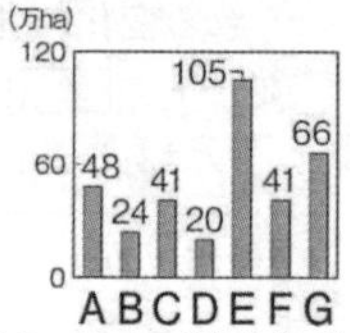

（資料Ⅱ，Ⅲ，Ⅳは，農林水産省ホームページから作成）

この地方は，資料Ⅱ、Ⅲを関連づけると，他のどの地方と比べても〔 ㋐ 〕ことが読み取れる。その理由の一つとして，資料Ⅱ，Ⅳを関連づけて読み取ると，他のどの地方と比べても〔 ㋑ 〕ことがいえる。

〔人口からみた特色〕

〈資料Ⅴ〉 人口

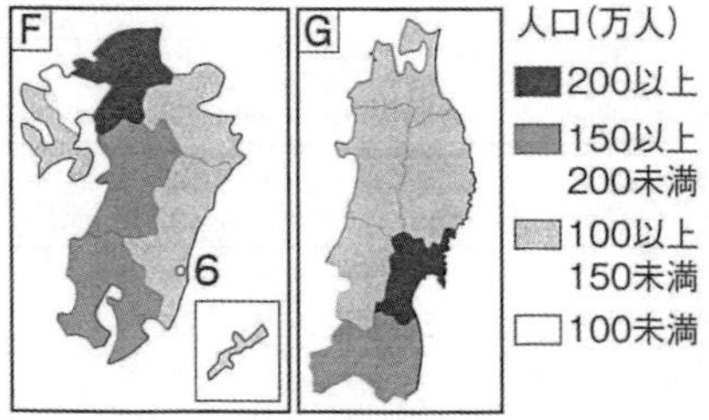

〈資料Ⅵ〉 事業所数と高速道路・新幹線の交通網

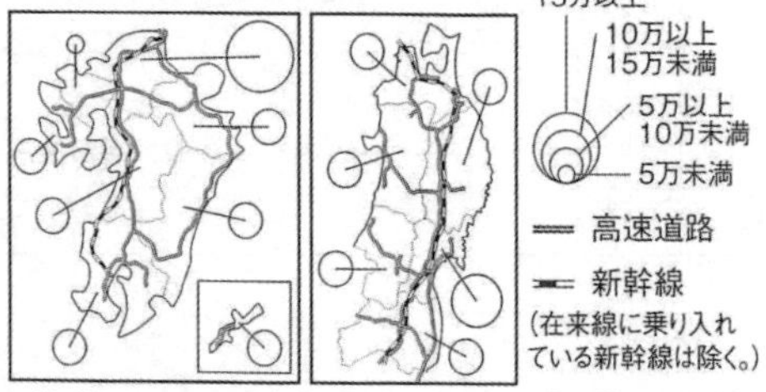

（資料Ⅴ，Ⅵは，2017年版「データでみる県勢」等から作成）

この二つの地方には，資料Ⅴ，Ⅵから，ⓩ人口と産業や交通との関係があることが読み取れる。

問１ 右の図の横線は緯線を，縦線は経線を示している。略地図**A**～**F**の**1**～**6**の道県庁所在地は，図の緯線と経線で囲まれた**ア**～**カ**のいずれかに位置する。**1**の都市はどこに位置するか。**ア**～**カ**から一つ選び，記号で答えよ。

〈図〉

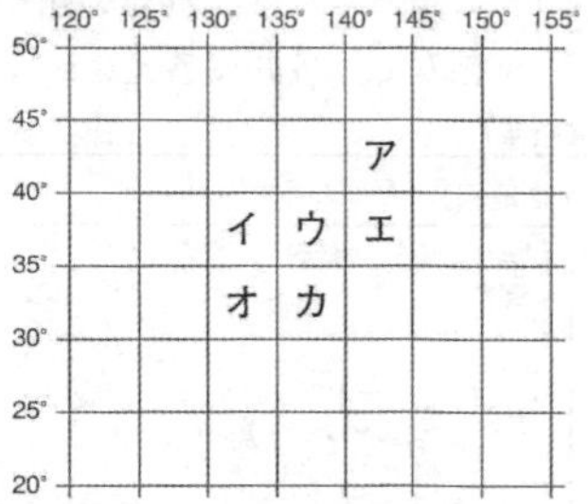

問２ 下線部ⓧについて，資料Ⅰの**あ**～**か**は，略地図**A**，**B**のⓐ～ⓕの県庁所在地のいずれかを示している。ⓑ，ⓔの都市を示すものを，**あ**～**か**から一つずつ選び，記号で答えよ。

問３ 略地図**C**，**D**の**a**～**d**の都府県庁所在地のうち，下線部ⓨが示す都市を，それぞれの略地図が示す地方から一つずつ選び，**a**～**d**の記号で答えよ。

問４ 資料Ⅱ，Ⅲ，Ⅳは，略地図**A**～**G**が示す地方の農業の特色を比較したものである。〔 ㋐ 〕，〔 ㋑ 〕にあてはまる内容を書け。

問５ 下の□内は，雅子さんと雄介さんが，下線部ⓩについて会話した内容の一部である。〔 ⓟ 〕，〔 ⓠ 〕それぞれにあてはまる内容と，（ⓡ）にあてはまる県名を書け。ただし，同じ記号には同じ内容や県名が入る。

資料Ⅴから，福岡県と宮城県に共通する特色は，それぞれの地方の県のうち，〔 ⓟ 〕ことだね。また，資料Ⅵから，その両県は，〔 ⓠ 〕ことが共通しているね。この特色は，他の地方にもみられるのかな。

資料Ⅶをみると，この地方の県のうち，（ⓡ）県が〔 ⓠ 〕ことがわかるね。（ⓡ）県はこの地方の県のうち，〔 ⓟ 〕ことを学習したので，（ⓡ）県は福岡県や宮城県と同じ特色があるといえるよね。

〈資料Ⅶ〉 事業所数と高速道路・新幹線の交通網

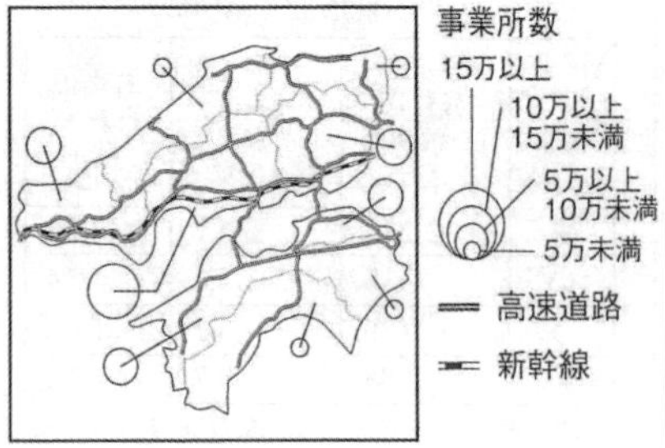

（2017年版「データでみる県勢」等から作成）

問1		問2	ⓑ		ⓔ		問3	C		D	

問4	㋐		㋑	
問5	ⓟ		ⓡ	
	ⓠ			

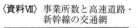

■平成30年度問題

4　和子さんは，日本のさまざまな特色を調べるために，主題図を作成した。主題図をみて，各問に答えよ。

〈主題図〉

A　日本の位置と排他的経済水域

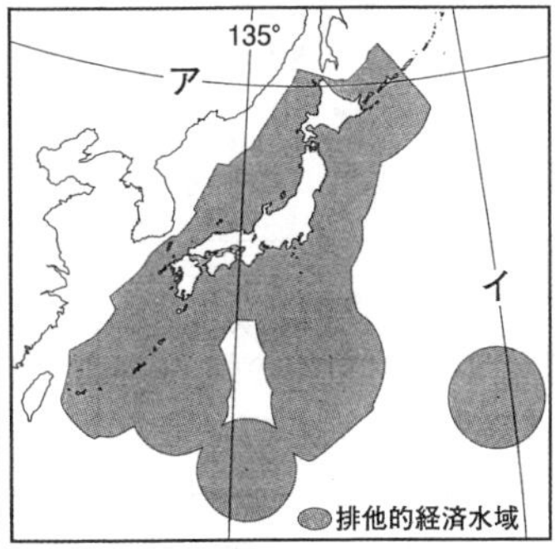

B　ⓐ と ⓑ の産出額上位10道県

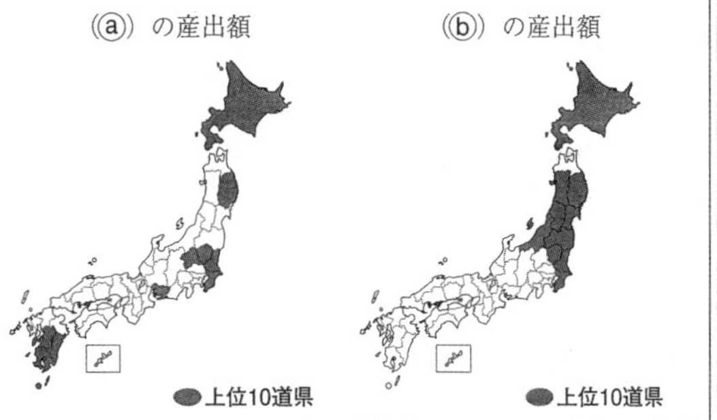

（2018年版「データでみる県勢」から作成）

C　石油化学コンビナートと製鉄所の所在地

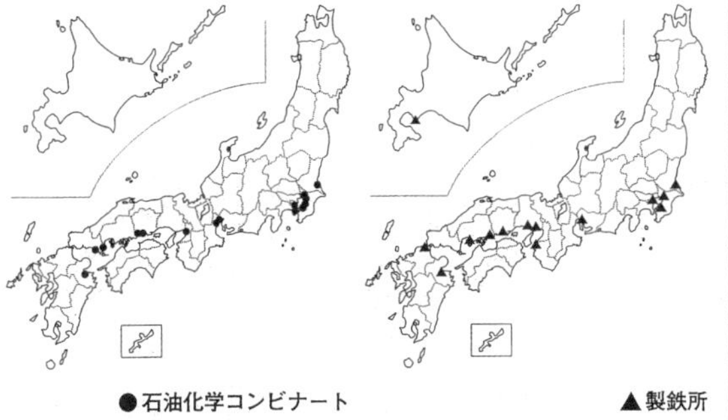

（2017/18年版「日本国勢図会」から作成）

D　東京都中央卸売市場における中部地方のレタス産地別取扱実績

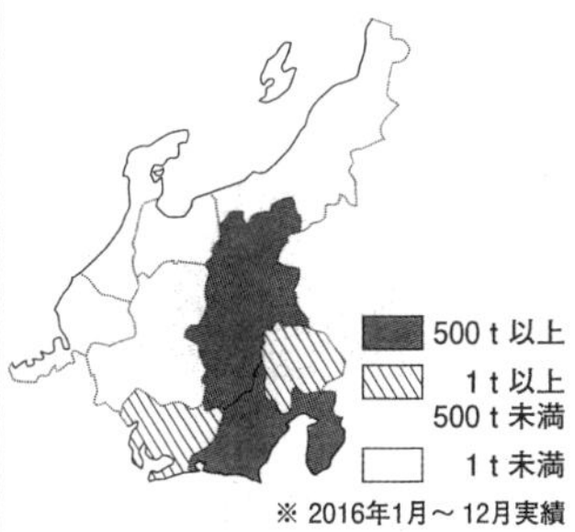

（東京都中央卸売市場ホームページから作成）

E　関東地方の人口移動

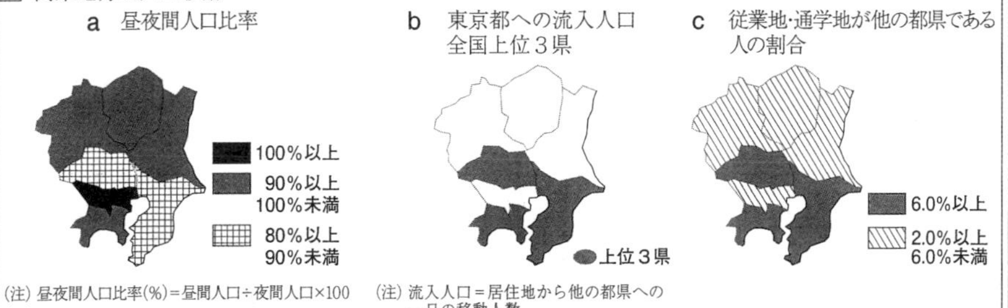

（注）昼夜間人口比率(%)＝昼間人口÷夜間人口×100

（注）流入人口＝居住地から他の都県への一日の移動人数

（2018年版「データでみる県勢」等から作成）

A～Eの図法，縮尺は同じではない。

問１　主題図Aについて，アは緯線，イは経線を示す。アの緯度とイの経度とを正しく組み合わせたものを，次の１～４から一つ選び，番号で答えよ。

１　アは北緯 40 度，イは東経 140 度　　２　アは北緯 45 度，イは東経 155 度
３　アは北緯 40 度，イは東経 155 度　　４　アは北緯 45 度，イは東経 140 度

問２　主題図Bについて，ⓐ，ⓑには，米，野菜，畜産，果実のいずれかの産物がそれぞれあてはまり，資料ⅠのP～Vは，日本の七つの地方(中国・四国地方を一つの地方とする。)を示す。ⓐ，ⓑにあてはまる産物名を，それぞれ書け。また，北海道地方を示すものを，資料ⅠのP～Vから一つ選び，記号で答えよ。

〈資料Ⅰ〉地方別の農業産出額に占める主な産物の割合

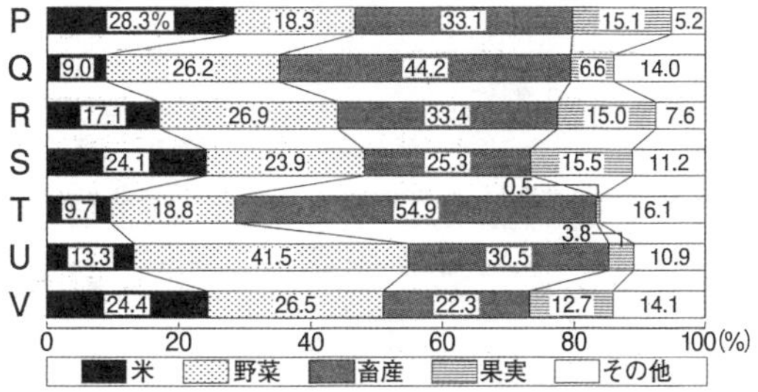

（2018年版「データでみる県勢」から作成）

問３　主題図Cについて，石油化学コンビナートと製鉄所の分布には共通点がみられる。分布の共通点を書け。また，そのように分布している理由を，「原料」の語句を使って書け。

問４　主題図Dについて，静岡県と比べた長野県のレタス生産の特色を，資料Ⅱ，Ⅲから読み取れることを関連づけて，「静岡県より」の書き出しで書け。

〈資料Ⅱ〉レタス主要産地の月別平均気温

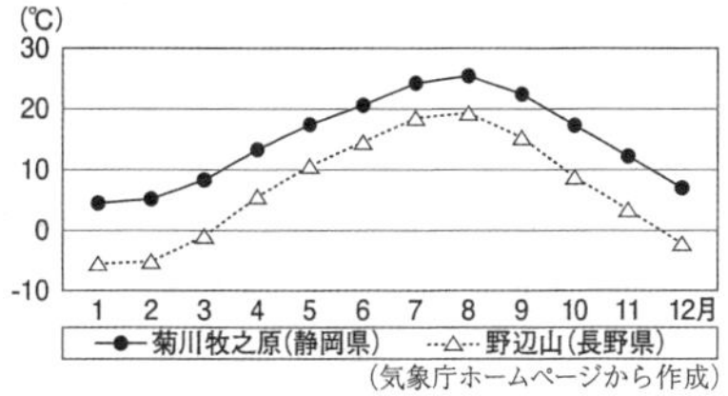

（気象庁ホームページから作成）

〈資料Ⅲ〉東京都中央卸売市場へのレタスの出荷量

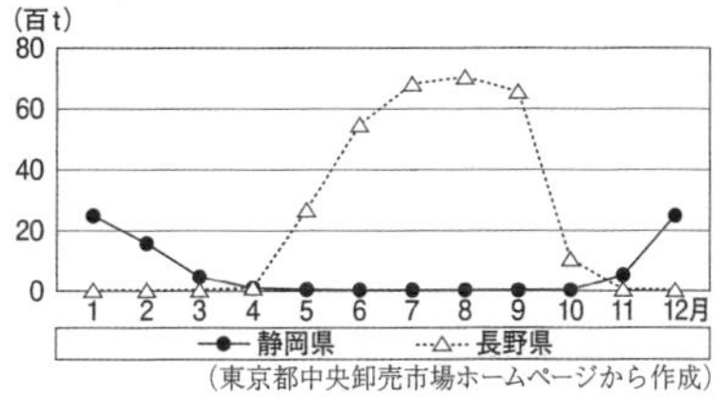

（東京都中央卸売市場ホームページから作成）

問５　下の□内は，和子さんと将太さんが，主題図Eについて会話した内容の一部である。〔　㋑　〕，〔　㋺　〕それぞれにあてはまる内容と，（　㋩　）にあてはまる府県名を書け。ただし，同じ記号には同じ内容や府県名が入る。

和子さん：主題図Eは，関東地方の特色の一つをあらわしているね。aから，東京都は，夜間人口に比べて〔 ㋑ 〕ということがわかるね。その理由の一つは，bとcを関連づけると〔 ㋺ 〕からだと考えられるね。これは，東京都だけにみられる特色なのかな。

将太さん：下の主題図Fの近畿地方でも，関東地方と共通した特色がみられるよ。dから，夜間人口に比べて〔 ㋑ 〕府県のうち，eとfから〔 ㋺ 〕のは（㋩）だということがわかるね。

F　近畿地方の人口移動

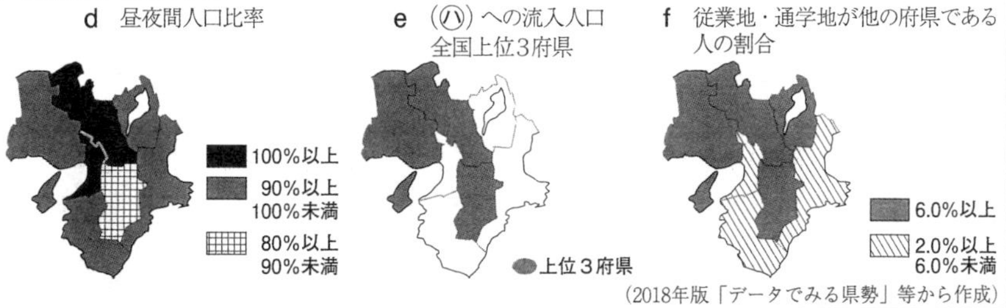

（2018年版「データでみる県勢」等から作成）

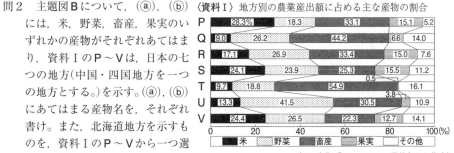

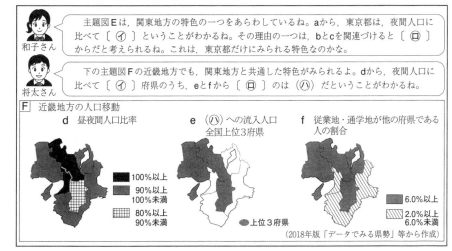

問1		問2	ⓐ		ⓑ		北海道地方	
問3	共通点							
	理由							
問4	静岡県より							
問5	㋑		㋺		㋩			

■平成31年度問題

4 翼さんは，日本の七つの地方（中国・四国地方を一つの地方とする。）の特色を調べ，資料集を作成した。略地図A～Gはそれぞれの地方を示している。資料集をみて，各問に答えよ。

〈資料集〉 A～Gの縮尺は，同じではない。

〔A，B 地方について〕

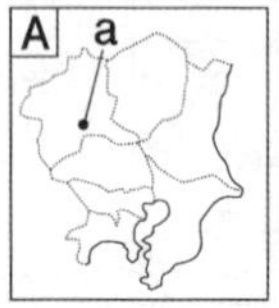

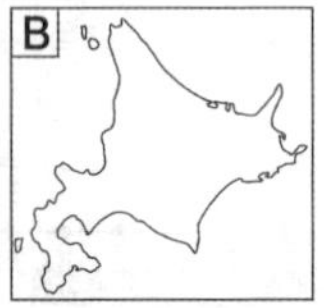

〈資料Ⅰ〉製造品出荷額等内訳

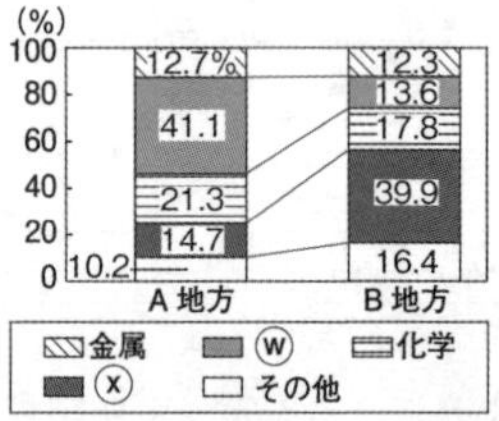

〈資料Ⅱ〉農業産出額内訳

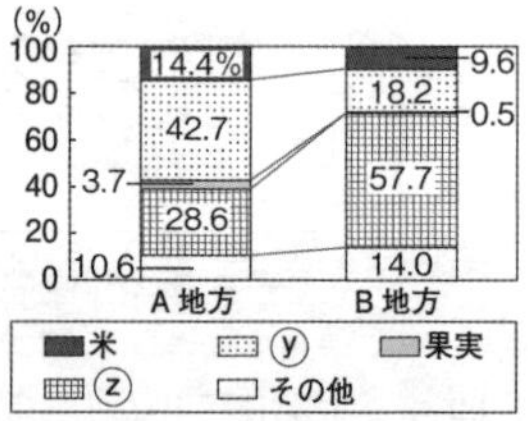

（資料Ⅰ，Ⅱは，2019年版「データでみる県勢」から作成）

〔C 地方について〕

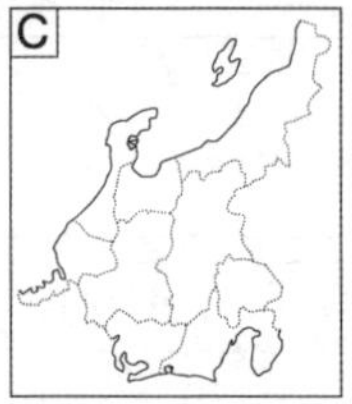

〈資料Ⅲ〉X，Y の県別事業所数

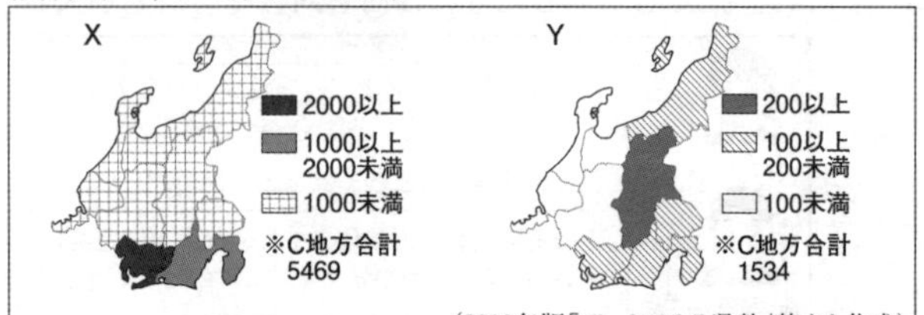

（2019年版「データでみる県勢」等から作成）

〔D，E 地方について〕

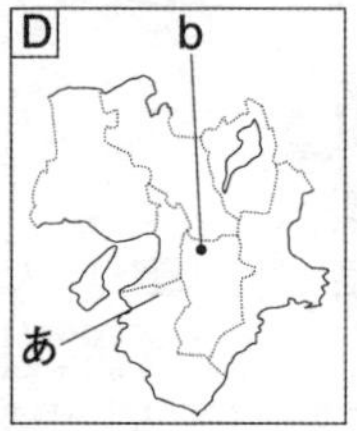

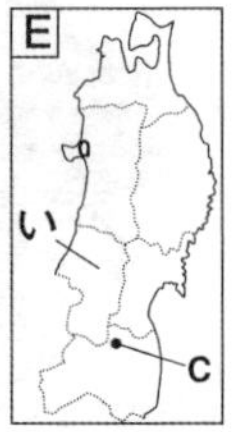

〈資料Ⅳ〉あ，い の県にみられる扇状地（地形図の一部）

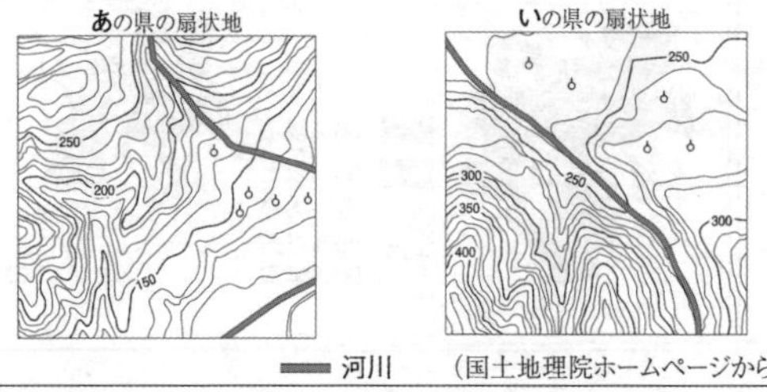

（国土地理院ホームページから作成）

〔F，G 地方について〕

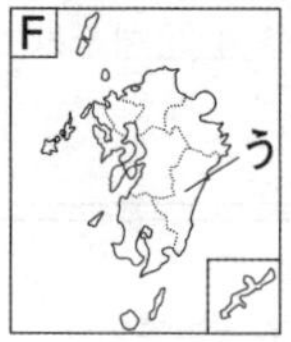

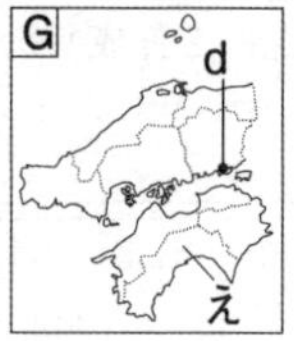

〈資料Ⅴ〉東京都中央卸売市場へのピーマンとなすの出荷量と平均価格

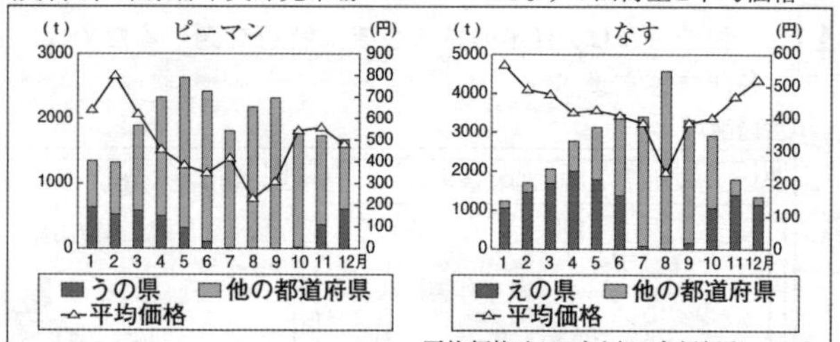

平均価格は，1kgあたりの金額を示している。
（東京都中央卸売市場ホームページから作成）

問1　a～dの県庁所在地のうち，中部地方との境界に接する県の県庁所在地で，県庁所在地名と県名とが異なるものを一つ選び，記号で答えよ。また，その県庁所在地名を書け。

問2　資料Ⅰのⓦ，資料Ⅱのⓩにあてはまる語句を正しく組み合わせたものを，次の1～4から一つ選び，番号で答えよ。

1　ⓦは機械，ⓩは野菜　　2　ⓦは食料品，ⓩは畜産
3　ⓦは機械，ⓩは畜産　　4　ⓦは食料品，ⓩは野菜

問3　資料ⅢのX，Yは，輸送用機械と電子部品・電子回路等のいずれかの県別事業所数を示している。下の□内は，翼さんが，C地方の工業の特色についてまとめたものの一部である。ⓐ，ⓑの（　）にあてはまるものを，一つずつ選び，記号で答えよ。

> 資料ⅢのX，Yのうち，輸送用機械の県別事業所数を示すのは，ⓐ（X，Y）である。また，輸送用機械は，これまで学習したことから，主にⓑ（ア　海上，イ　航空）輸送で輸出されている。

問4　下の□内は，翼さんと恵理さんが，資料Ⅳを読み取り，D，E地方のあ，いの県にみられる扇状地とその利用について会話した内容の一部である。（P），（Q）にあてはまる語句を書け。

翼
あ，いの県にみられる扇状地は，河川が山間部から流れ出たところにみられるね。

恵理
そうだね。果樹栽培が行われているところには，山間部に比べて等高線の間隔が（P）ことから，（Q）な斜面が広がっているね。

問5　F地方のうの県とG地方のえの県が，ピーマンとなすの出荷量を，資料Ⅴにみられるような時期に増やしている理由の一つを，資料Ⅴから読み取り，「他の都道府県からの」の書き出しで書け。

問1	記号		県庁所在地名	市	問2		問3	ⓐ		ⓑ	
問4	P		Q		問5	他の都道府県からの					

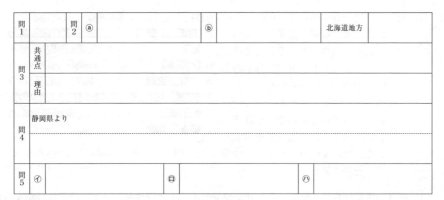

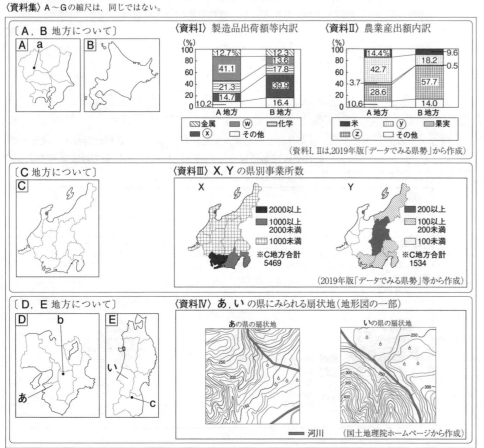

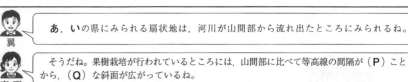

4 優樹さんは，日本の様々な地域の特色について調べ，ノートを作成した。ノートをみて，各問に答えよ。

〈ノート〉

自然環境の視点からみた日本の様子

主題図A 各都道府県のため池数

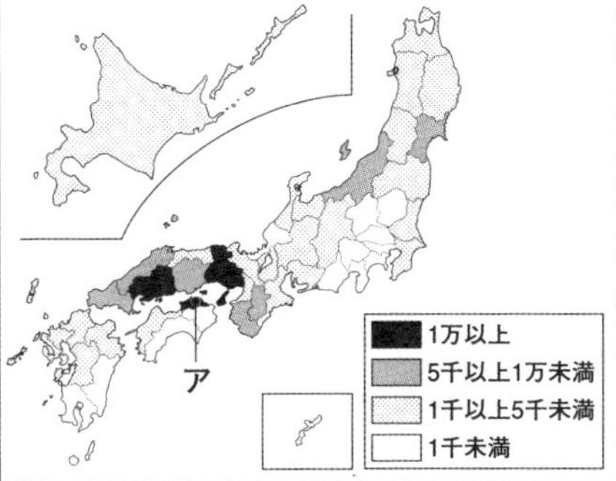

（農林水産省ホームページから作成）

ため池がつくられた理由の一つは，①日本の気候と関係がある。また，ため池の水は，おもに農業用水として使われてきた。

②交通の視点からみた日本の様子

主題図B 一世帯あたりの乗用車保有台数

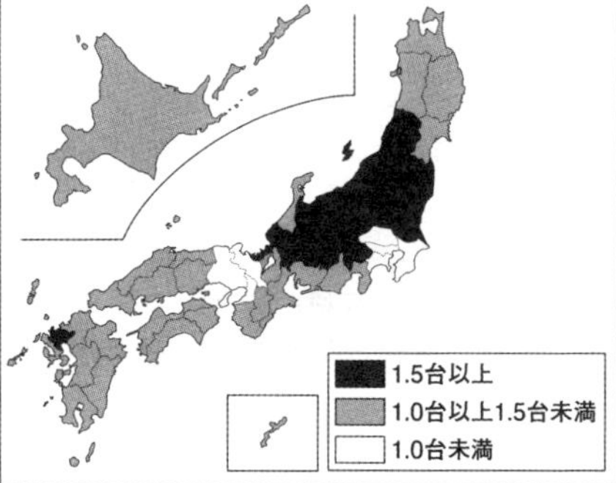

（2020年版「データでみる県勢」から作成）

〈資料Ⅰ〉 各地方のバス・鉄道による旅客輸送人数

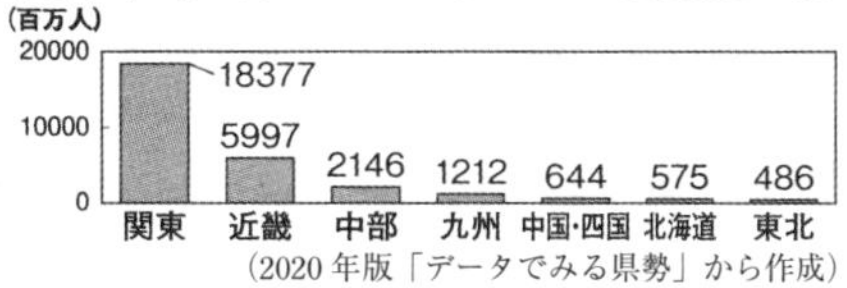

（2020年版「データでみる県勢」から作成）

九州地方の③農業の特色

主題図C 九州地方の火山灰を成分とする地層の分布

主題図Cのように，火山灰を成分とする地層が広く分布している。その中には，シラスと呼ばれる保水性の弱いものがある。

（農業・食品産業技術総合研究機構ホームページから作成）

〈資料Ⅱ〉 九州地方４県の農業産出額の内訳

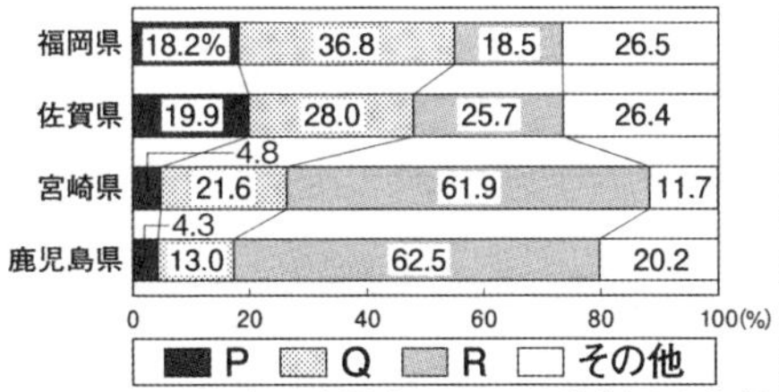

（2019年版「データでみる県勢」から作成）

主題図Cと資料Ⅱとを関連づけると，九州地方の農業の特色は，〔 ㋑ 〕ということがわかる。

日本の④工業の変化

〈資料Ⅲ〉 為替相場の推移

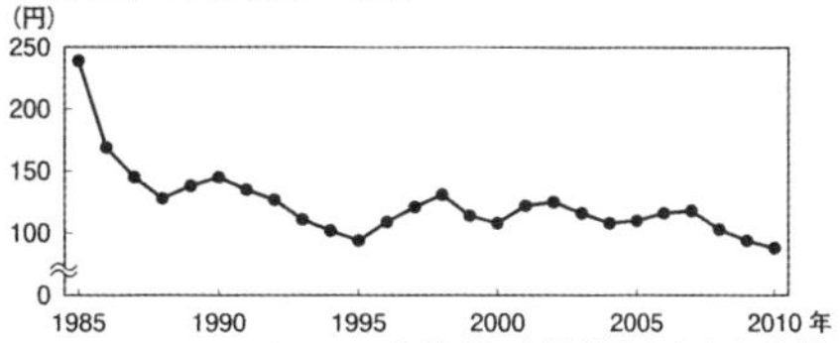

（2019/20年版「日本国勢図会」から作成）

〈資料Ⅳ〉 海外に進出している企業のうち製造業の海外生産比率の変化

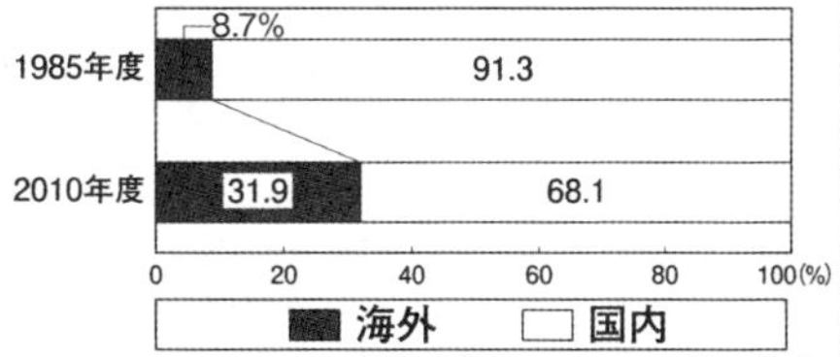

（経済産業省ホームページから作成）

資料Ⅲ，Ⅳを関連づけると，製造業では，円の価値が〔 ㋺ 〕ことがわかる。

主題図A～Cの図法，縮尺は同じではない。

問１ 下線部①について，主題図Aのアの都市の雨温図を，次の１～４から一つ選び，番号で答えよ。

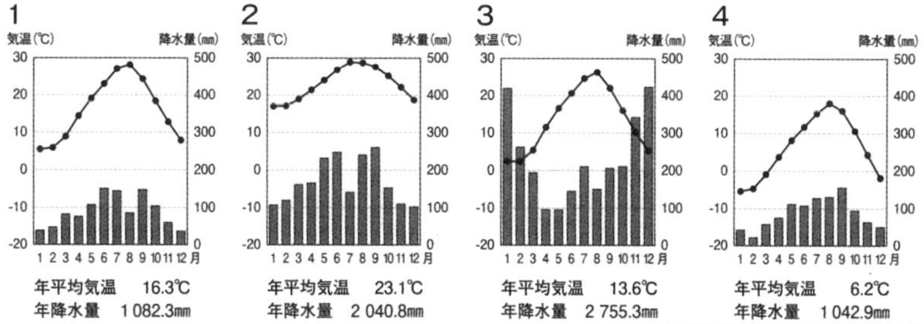

（平成30年「理科年表」から作成）

問２ 下の［　］内は，下線部②について，優樹さんが主題図Bと資料Ⅰからたてた「問い」と「予想」である。この「予想」を確かめる調査項目として最も適切なものを，次の１～４から一つ選び，番号で答えよ。

「問い」：　なぜ，関東地方と近畿地方には，一世帯あたりの乗用車保有台数が1.0台未満の都府県があるのだろう。
「予想」：　資料Ⅰから，関東地方と近畿地方は，他の地方と比べ，公共交通機関が発達しているのではないか。

１ $1km^2$ あたりの高速道路の実延長（km）
２ 鉄道・バス路線の運賃
３ $1km^2$ あたりの鉄道・バス路線の実延長（km）
４ 年間の観光客数

問３ 下線部③について，資料ⅡのＰ～Ｒは，米，野菜，畜産のいずれかを示す。〔 ㋑ 〕にあてはまる内容を，Ｐ，Ｒにあてはまる語句を使って書け。

問４ 下線部④について，〔 ㋺ 〕にあてはまる内容を，資料Ⅲ，Ⅳから読み取れることを関連づけて，「生産にかかる費用」の語句を使って書け。

問５ 下の［　］内は，優樹さんが，身近な地域の調査で作成したものである。下の［　］をみて，避難方向を，避難地図の案に示すＸ，Ｙから一つ選び，記号で書け。また，そう判断した理由を，避難地図の案から読み取れることをもとに書け。

身近な地域の防災

〈学級への提案課題〉

あなたは，略地図Ｄのａの都市の海水浴客向けの，避難地図を作成することになった。2011年３月の大災害をもとに，避難地図の案に避難方向を矢印で描くとき，最も適切なものを一つ選びなさい。

〈避難地図の案〉

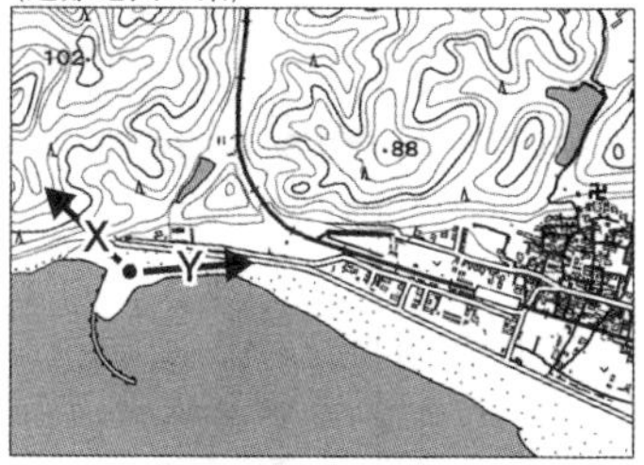

（国土地理院ホームページから作成）

問1		問2		問3	
問4					
問5	記号		理由		

■令和３年度問題

4　洋平さんは，日本の様々な地域の特色について調べ，資料集を作成した。資料集をみて，各問に答えよ。

〈資料集〉

人口からみた中国・四国地方について

〈資料Ⅰ〉 各県の人口密度

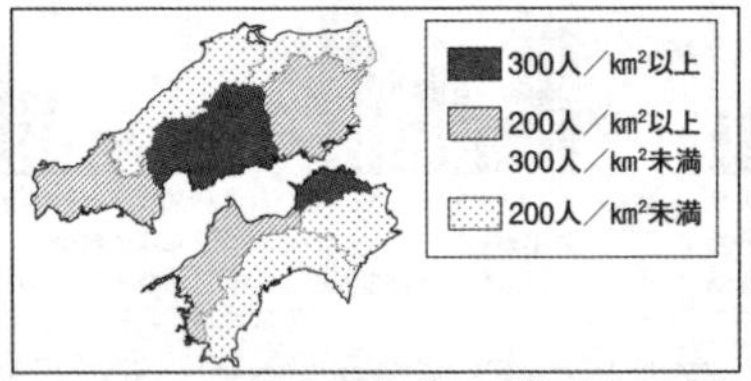

(2020/21年版「日本国勢図会」から作成)

工業からみた関東地方について

〈資料Ⅱ〉 製造品出荷額等割合（2017年）

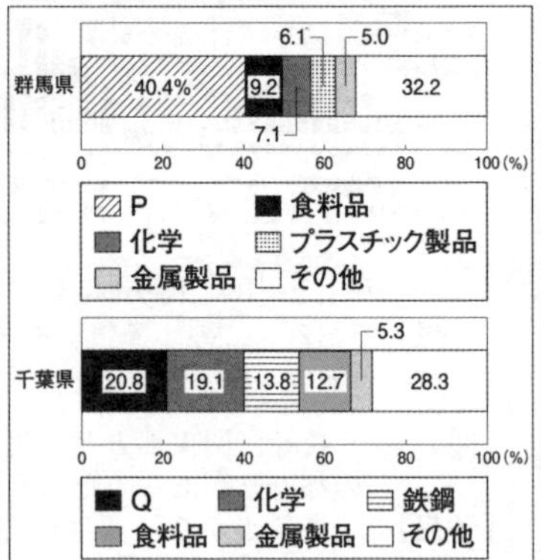

(2020年版「データでみる県勢」から作成)

〈資料Ⅲ〉 Qの工場の所在地

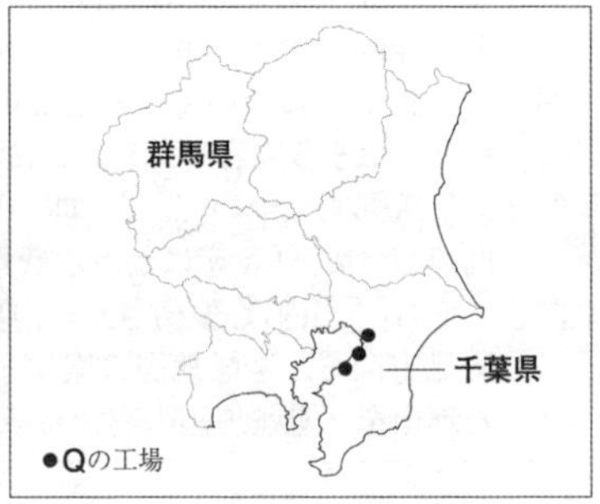

(2020/21年版「日本国勢図会」から作成)

歴史からみた北海道地方について

〈資料Ⅳ〉 明治時代の石狩川流域の様子

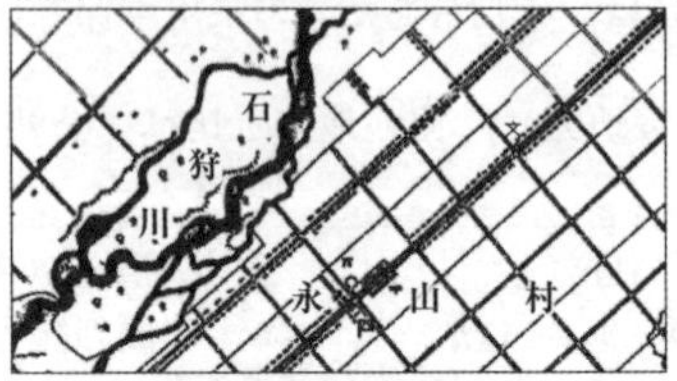

(北海道開発局ホームページ等から作成)

〈資料Ⅴ〉 現在の石狩川流域の様子

(国土地理院ホームページから作成)

農業からみた四つの地方について

〈資料Ⅵ〉 各地方の特色がみられる三つの県

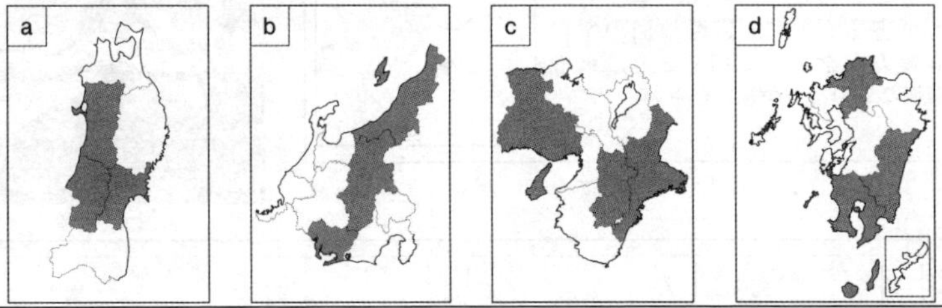

資料Ⅰ，資料Ⅲ～Ⅵの図法，縮尺は同じではない。

問１　資料Ⅰの県のうちから，下の□内の二つの条件にあてはまる県を一つ選び，その県名と県庁所在地名を書け。

> 条件１：人口密度が300人/km^2以上の県
> 条件２：県名と県庁所在地名が異なる県

問２　資料ⅡのP，Qの品目として最も適切なものを，次の１～５からそれぞれ一つ選び，番号を書け。また，資料ⅢのようにQの工場が立地している理由を，「原料」の語句を使って書け。

１　輸送用機械　　２　繊維《せんい》　　３　石油・石炭製品
４　印刷　　５　パルプ・紙

問３　下の□内は，洋平さんが資料Ⅳ，Ⅴから読み取れることをもとにまとめたものである。(㋑)～(㋩)にあてはまる語句を書け。

> 資料Ⅳから，石狩川《いしかり》流域の土地が碁盤《ごばん》目状に区画されたことがわかる。このことは，明治時代に農業と北方の警備の役割をかねた（㋑）によって大規模な開拓《たく》が行われたことと関係が深い。また，資料Ⅴから，現在は，石狩川につながる水路がつくられており，北永橋《きたなが》付近の⬭で示す土地は，（㋺）として利用されていることがわかる。北永橋は，永山駅から見て８方位で（㋩）の方位に位置している。

問４　洋平さんは，資料Ⅵのa～dの⬬で示す県について，資料Ⅶ，Ⅷを作成した。資料Ⅶ，Ⅷのあ～うの全ての県を含《ふく》む地方を，資料Ⅵのa～dから一つ選び，記号を書け。

〈資料Ⅶ〉 農業産出額の内訳（2017年）

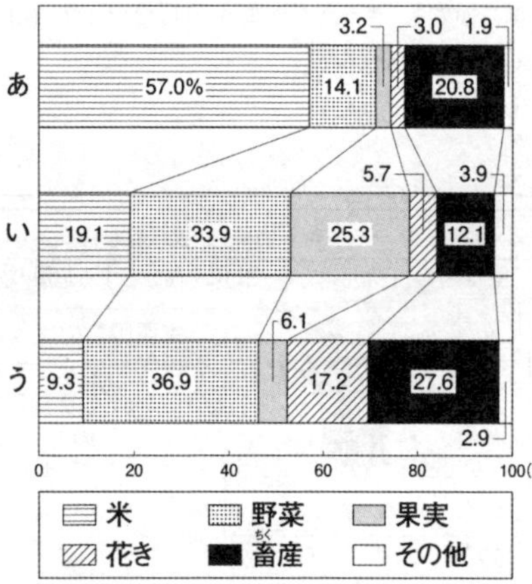

〈資料Ⅷ〉 県の人口と
県庁所在地の平均気温と平均降水量

項目／県	人口（千人）	平均気温(℃)		平均降水量(mm)	
		1月	7月	1月	7月
あ	2 267	2.4	24.3	186.0	192.1
い	2 076	− 0.6	23.8	51.1	134.4
う	7 525	4.5	26.4	48.4	203.6

※人口は，2017年の統計

(資料Ⅶ，Ⅷは，2020年版「データでみる県勢」等から作成)

問1	県	県	県庁所在地	市				
問2	P		Q					
	理由							
問3	㋑		㋺		㋩		問4	

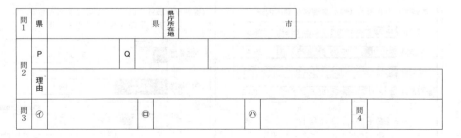

4　洋一さんは，日本の様々な地域の特色について調べ，資料集を作成した。資料集をみて，各問に答えよ。

〈資料集〉

都道府県の人口の変化

〈資料Ⅰ〉1980 年と比較した 2020 年の人口の増減

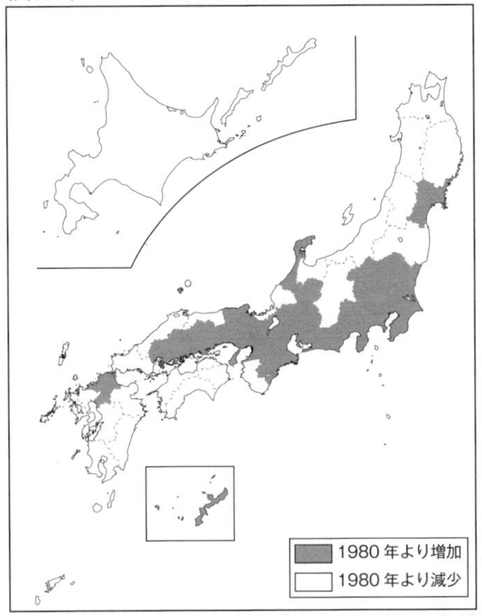

（総務省ホームページから作成）

北海道地方と九州地方の畜産業

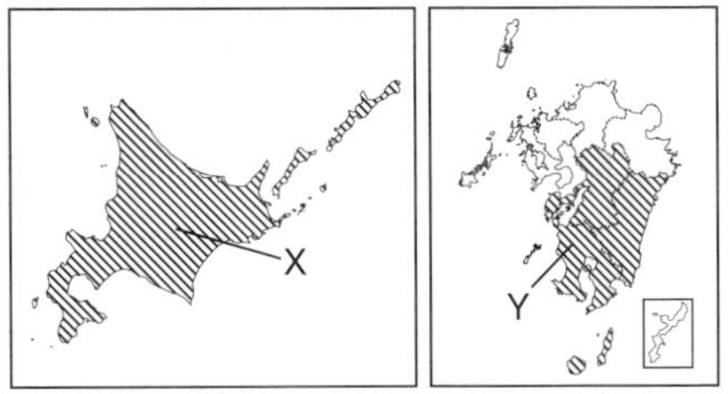

〈資料Ⅱ〉豚と乳牛の飼育頭数の割合（2019 年）

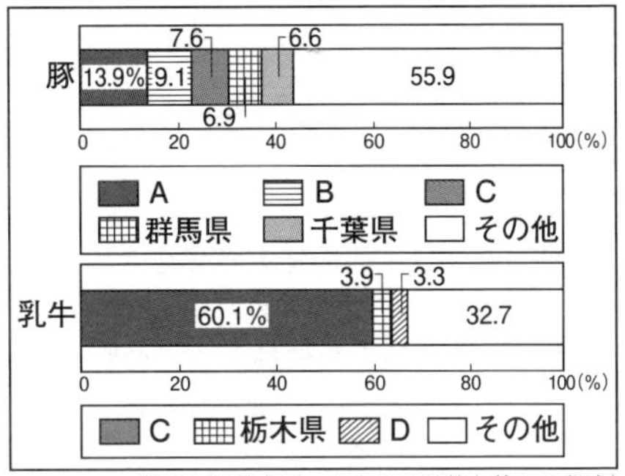

（2021 年版「データでみる県勢」等から作成）

中部地方と中国・四国地方の自然環境と農業

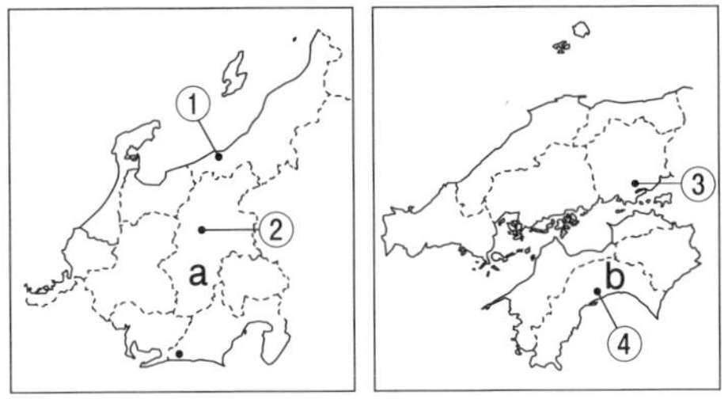

〈資料Ⅲ〉①～④の都市の月平均気温と月降水量

項目／都市	月平均気温（℃）		月降水量（mm）	
	1月	7月	1月	7月
あ	6.3	26.7	58.6	328.3
い	－0.4	23.6	35.9	138.4
う	4.9	27.2	34.2	160.9
え	2.4	24.6	419.1	210.6

（令和３年「理科年表」から作成）

〈資料Ⅳ〉東京都中央卸売市場へのレタスとなすの出荷量（2019 年）

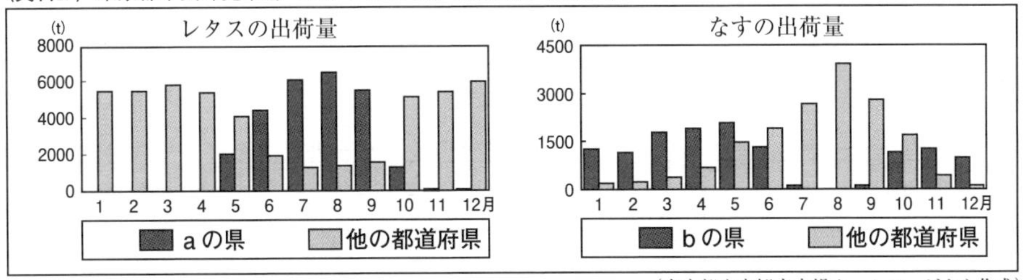

（東京都中央卸売市場ホームページから作成）

資料Ⅰ，略地図の図法，縮尺は同じではない。

問１　日本を七つの地方（九州，中国・四国，近畿，中部，関東，東北，北海道）に区分したとき，資料Ⅰから，下の□内の二つの条件にあてはまる地方を二つ選び，地方名を書け。

条件１：2020 年の人口が 1980 年から増加している都道府県の数が，減少している都道府県の数より多い地方
条件２：人口が 100 万人以上の都市が二つ以上ある地方

問２　北海道地方と九州地方の畜産業について，略地図の  で示す道県は，資料ⅡのＡ～Ｄのいずれかを示している。略地図のＸ，Ｙの道県を示すものを，Ａ～Ｄからそれぞれ一つ選び，記号を書け。ただし，同じ記号は同じ道県を示している。

問３　中部地方と中国・四国地方の自然環境と農業について，⑴，⑵に答えよ。

⑴　略地図の①～④は，資料Ⅲのあ～えのいずれかの都市を示している。②の都市にあてはまるものを，あ～えから一つ選び，記号を書け。

⑵　略地図のａ，ｂの県に共通する出荷時期の特色を，資料Ⅳから読み取って書け。

問４　洋一さんは，日本の工業の特色について調べ，資料を集めた。

資料ⅤのＰにあてはまる品目を，次の１～４から一つ選び，番号を書け。

１　パルプ・紙　　２　精密機械　　３　鉄鋼　　４　繊維《せんい》

〈資料Ⅴ〉工業製品出荷額等割合の変化

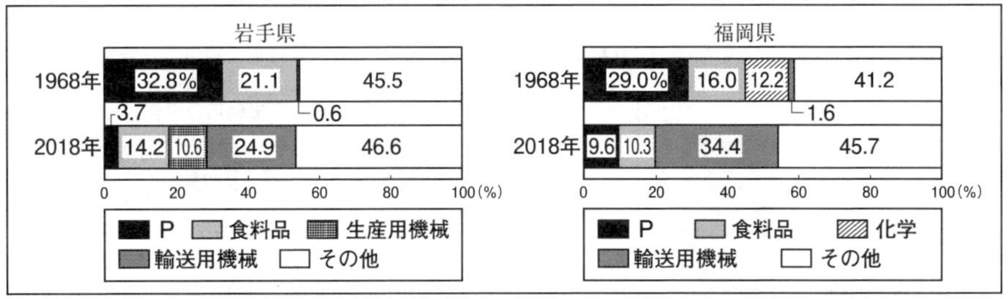

（経済産業省ホームページ等から作成）

問1	地方	地方	問2	X	Y
問3	⑴	⑵			
問4					

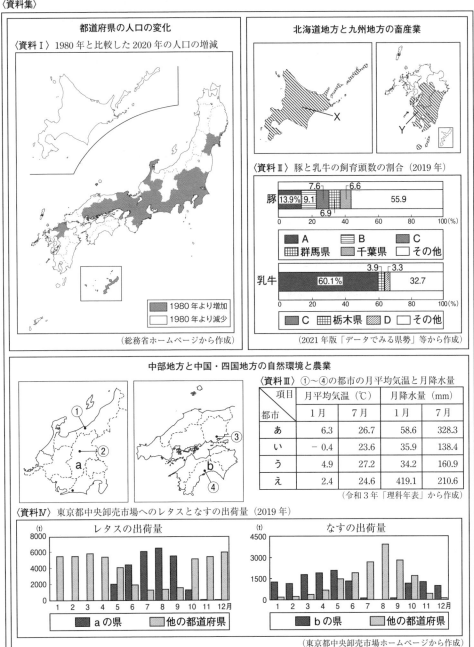

■令和５年度問題

4　千春さんは，日本の様々な地域の特色について調べ，資料集を作成した。資料集をみて，各問に答えよ。

〈資料集〉

日本の位置について

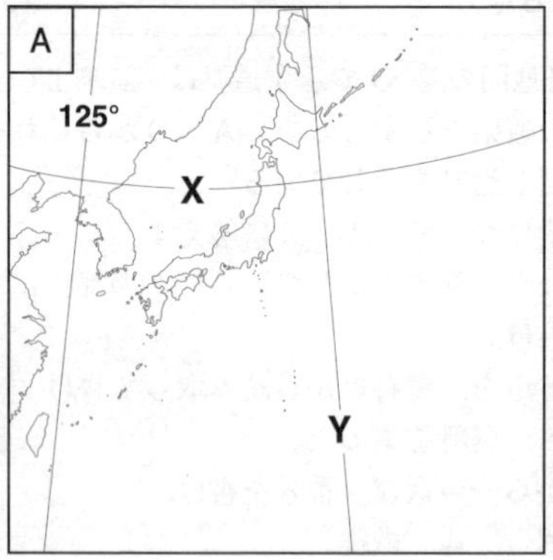

日本の観光業について

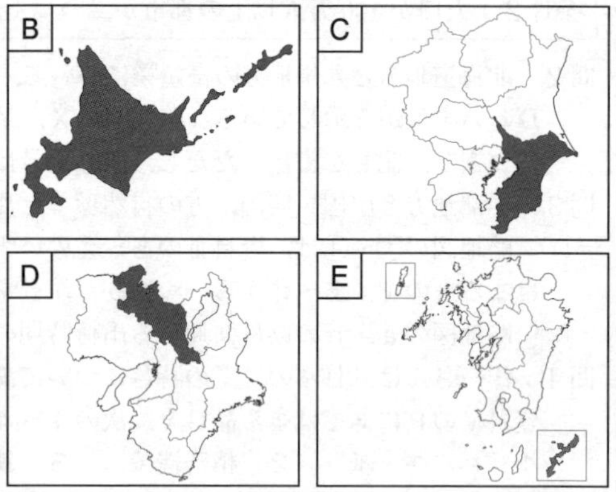

中国・四国地方の交通の特色について

〈資料Ⅰ〉岡山県－香川県間の１日の通勤・通学者数

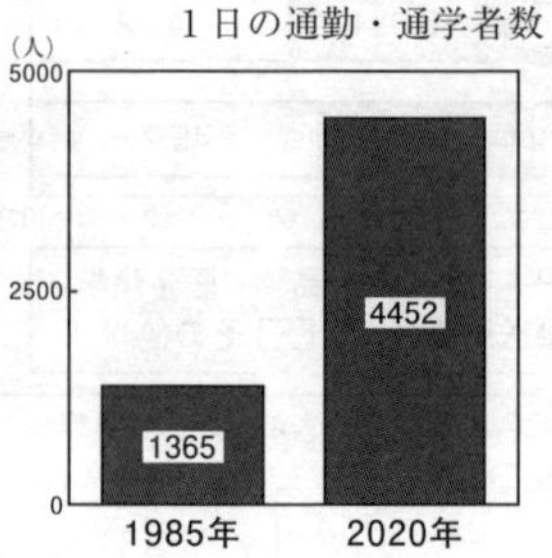

〈資料Ⅱ〉倉敷市，岡山市，坂出市の位置

〈資料Ⅲ〉岡山県－香川県間の移動時間の変化

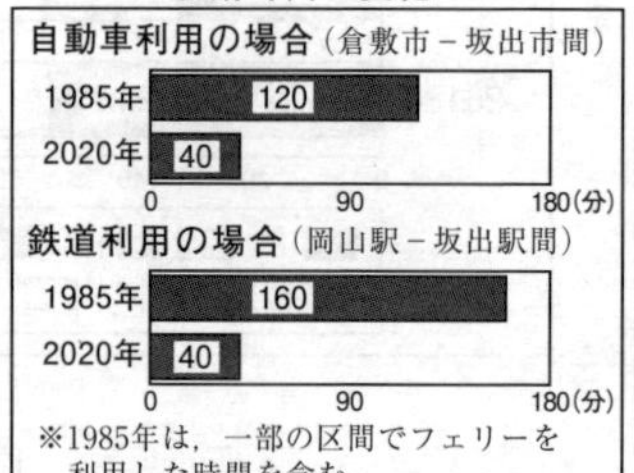

※1985年は，一部の区間でフェリーを利用した時間を含む。

（資料Ⅰ～Ⅲは，本四高速ホームページ等から作成）

中部地方の気候と農業の特色について

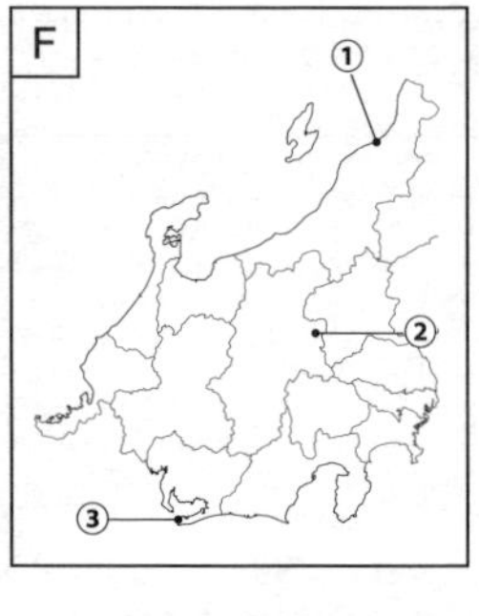

〈資料Ⅳ〉①～③の地点の月別平均気温

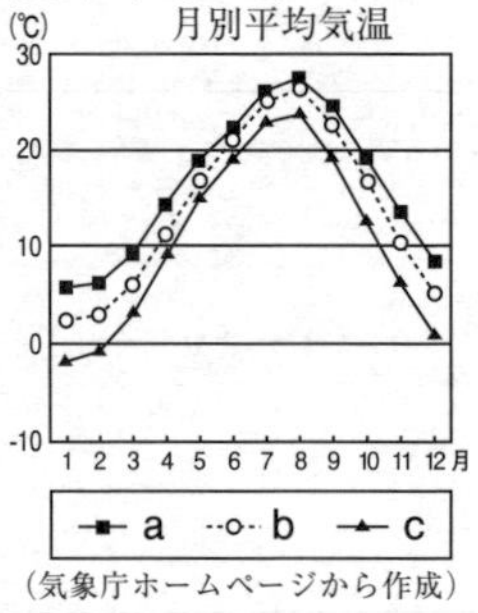

（気象庁ホームページから作成）

〈資料Ⅴ〉３県の農業産出額の内訳（2018年）

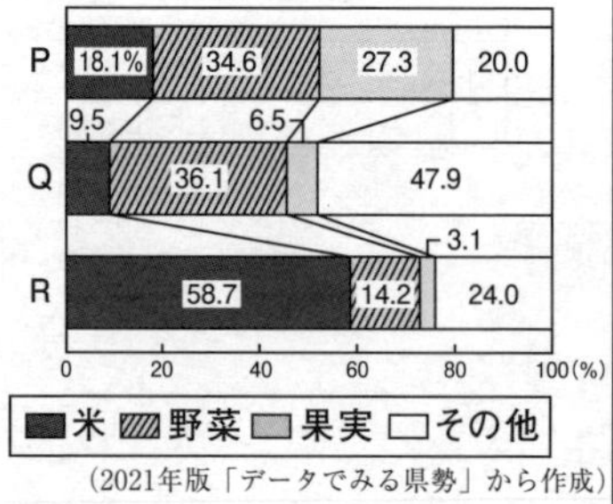

（2021年版「データでみる県勢」から作成）

（略地図Ａ～Ｆ，資料Ⅱの図法，縮尺は同じではない。）

問１　略地図Ａについて，Ｘは緯線，Ｙは経線を示す。Ｘの緯度とＹの経度とを正しく組み合わせたものを，次の１～４から一つ選び，番号を書け。

１　Ｘは北緯50度，Ｙは東経145度　　２　Ｘは北緯50度，Ｙは東経155度
３　Ｘは北緯40度，Ｙは東経145度　　４　Ｘは北緯40度，Ｙは東経155度

問２　表のア～エは，略地図Ｂ～Ｅの地方のうち，●で示す道府県のいずれかである。表のイにあてはまる道府県を含む地方を，Ｂ～Ｅから一つ選び，記号を書け。

〈表〉

項目／道府県	人口（万人）	国際線航空旅客輸送数（十万人）	宿泊施設でののべ宿泊者数（十万人）	温泉地数	国宝指定件数（件）
	2017年	2017年	2017年	2017年	2023年
ア	625	147	246	91	4
イ	532	19	356	244	1
ウ	144	19	217	9	2
エ	260	－	189	40	237

（文化庁ホームページ等から作成）

問３　中国・四国地方の交通の特色について，資料Ⅰのような変化がみられる理由の一つを，資料Ⅱ，Ⅲから読み取って書け。

問４　中部地方の気候と農業の特色について，資料Ⅳのａ～ｃは，略地図Ｆの①～③のいずれかの地点の月別平均気温を示している。また，資料ⅤのＰ～Ｒは，略地図Ｆの①～③の地点が含まれるいずれかの県の農業産出額の内訳を示している。(1)，(2)に答えよ。

(1)　略地図Ｆの②，③の地点の月別平均気温を示すものを，資料Ⅳのａ～ｃからそれぞれ一つ選び，記号を書け。

(2)　下の□内は，千春さんが，中部地方の農業の特色についてまとめたものである。（あ）にあてはまるものを，資料ⅤのＰ～Ｒから一つ選び，記号を書け。また，〔　い　〕にあてはまる内容を，資料Ⅴから読み取れることと，「都市」の語句を使って書け。

> 中部地方は，大きく三つの地域に分けられており，農業にもそれぞれ特色がみられる。略地図Ｆの③の地点を含む県の農業産出額の内訳を示すものは（あ）である。略地図Ｆの③の地点を含む県の農業の特色の一つは，〔　い　〕ことである。

問1		問2		
問3				
問4	(1) ②		③	
	(2) あ		い	

公民

■平成28年度問題

5 　美咲さんは，「グローバル化の進展と私たちの社会」をテーマにレポートを作成した。レポートを読んで，各問に答えよ。

〈レポート〉

グローバル化の進展により，わが国は①国際社会の中で重要な役割を果たし，世界各国と多面的に結びついている。経済面では，②貿易などを通じて国境を越えた経済活動がいっそう深まっている。政治面では，さまざまな言語や文化をもつ人々とともにくらしていくために，③人権を尊重した取り組みが進められている。

その中で私たちは，④よりよい地域社会を築くために，⑤民主政治のしくみのもとで，社会に積極的に参画することが求められている。さらに，⑥持続可能な社会の実現も目指していかなければならない。

〈資料Ⅰ〉国際連合の通常予算の分担率

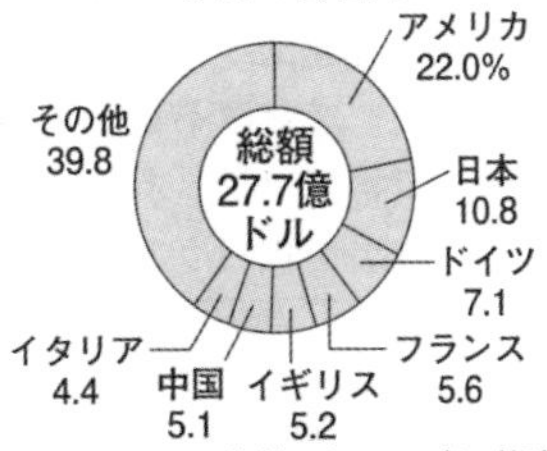

資料Ⅰは，2015年の統計
（外務省資料から作成）

問1　下線部①について，国際連合の安全保障理事会において常任理事国ではない国のうち，通常予算の分担率が最も大きい国を，資料Ⅰの7か国から一つ選び，国名を書け。

問2　下線部②について，下の□内は，為替相場（為替レート）の貿易への影響についてまとめたものである。㋑，㋺の（　）にあてはまる語句を一つずつ選び，記号で答えよ。ただし，為替相場以外の条件は考えないこととする。

> 為替相場が1ドル＝100円から1ドル＝120円になる場合，この状況を㋑（**あ**　円高，**い**　円安）という。このとき，日本からアメリカに商品を輸出すると，日本にとっては一般的に㋺（**う**　有利，**え**　不利）となる。

問3　下線部③について，次の□内は，美咲さんが，公共の福祉による人権の制限の例を調べたものである。（　）にあてはまる日本国憲法で規定されている基本的人権を，下の**1**～**4**から一つ選び，番号で答えよ。

> 他人の名誉を傷つける行為の禁止や感染症による入院措置は，（　）が制限された例である。

1　自由権　　**2**　平等権　　**3**　社会権　　**4**　参政権

問4　下線部④について，資料Ⅱの（**P**），（**Q**）にあてはまる語句を書け。

〈資料Ⅱ〉住民の直接請求権（一部）

請求の種類	必要な署名	請求先
（P）の制定，改廃	有権者の50分の1以上	首長
議会の解散	有権者の3分の1以上	（Q）

問5　下線部⑤について，次の□内は，衆議院が解散されて内閣が成立するまでの過程を示したものである。（**X**），（**Y**）にあてはまるものを，下の**ア**～**オ**から一つずつ選び，記号で答えよ。

> 衆議院の解散→（X）→特別会（特別国会）の召集→（Y）→国務大臣の任命→内閣の成立

ア　内閣総理大臣の指名　　**イ**　内閣不信任の決議　　**ウ**　常会（通常国会）の召集
エ　国民投票の実施　　**オ**　総選挙（衆議院議員選挙）の実施

問6　下線部⑥について，資料Ⅲは，商品輸送の際に一定基準を満たしていると認定された商品や企業に与えられるマークを示し，資料Ⅳは，その認定企業の基準を示している。企業がこの認定を目指している目的の一つを，資料Ⅳ，Ⅴから読み取れることと関連づけて，「利益」と「社会的責任」の語句を使って書け。

〈資料Ⅲ〉認定マーク

エコレールマーク
（鉄道貨物協会資料から作成）

〈資料Ⅳ〉エコレールマーク認定企業の基準

> ○　500km以上の陸上貨物輸送のうち，15％以上鉄道を利用している企業。
> ○　数量で年間15000トン以上，または数量×距離で年間1500万トンキロ以上の輸送に鉄道を利用している企業。

（鉄道貨物協会資料から作成）

〈資料Ⅴ〉輸送機関別の二酸化炭素（CO_2）排出量

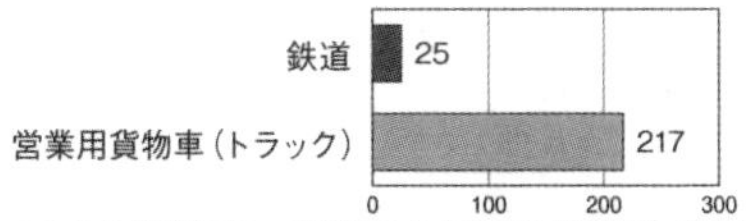

1トンの貨物を1km輸送したときのCO_2排出量（g-CO_2/トンキロ）
資料Ⅴは，2013年度の統計（国土交通省資料から作成）

問1		問2	㋑		㋺		問3		
問4	P		Q		問5	X		Y	
問6									

■平成29年度問題

5　健太さんは，わが国の予算に関する資料から疑問に思ったことをノートにまとめた。ノートをみて，各問に答えよ。

〈ノート〉

①わが国の予算　～歳入と歳出について～　（一般会計予算，2016年度）

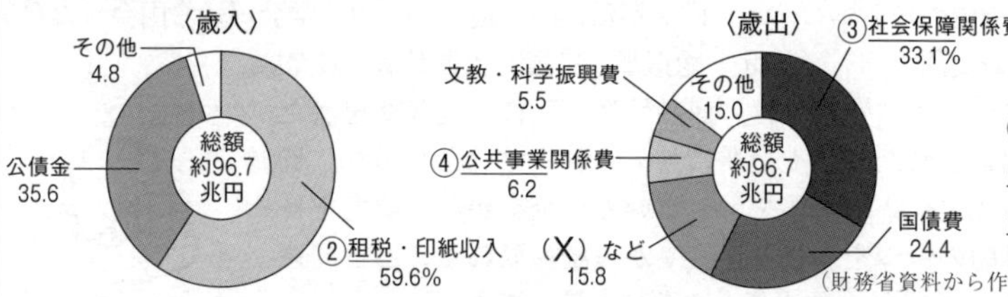

（財務省資料から作成）

〈疑問に思ったこと〉
⑤歳入に占める公債金の割合が大きいと，将来はどうなるのだろう。

問1　下線部①について，図Ⅰは，（P）の機関における，わが国の予算が成立するまでの過程と，国民と（P）との関係を示している。次の各問に答えよ。

〈図Ⅰ〉

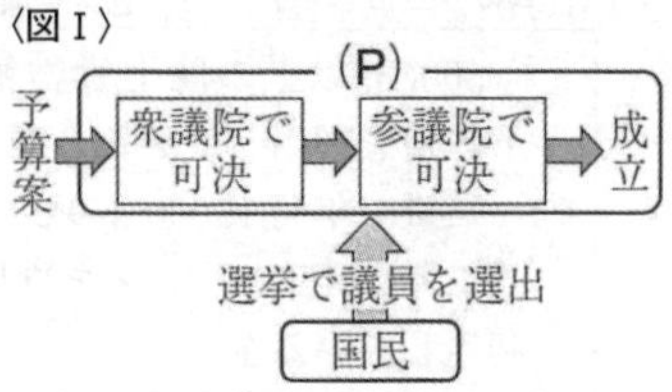

(1)　予算を議決すること以外の（P）の仕事として，あてはまるものを，次の1～4からすべて選び，番号で答えよ。

1　違憲立法の審査　　2　内閣総理大臣の指名
3　条約の承認　　4　最高裁判所長官の指名

(2)　図Ⅰに示す選挙について，資料Ⅰから読み取れる課題を，「両選挙区の間では，」の書き出しで，「有権者数」と「価値」の語句を使って書け。

〈資料Ⅰ〉衆議院議員選挙における二つの小選挙区の有権者数

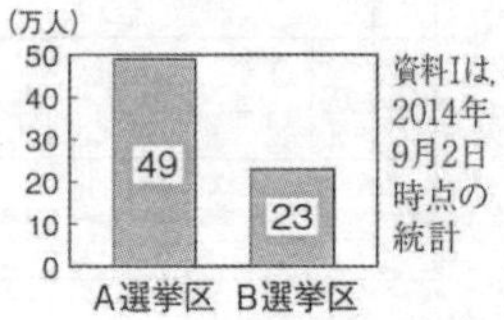

（総務省資料から作成）

問2　下線部②について，租税の一つである所得税について説明した下の□内の〔　ア　〕にあてはまる内容を，「税率」の語句を使って書け。

> 所得税には，累進課税が適用されており，この制度は，所得の高い人ほど〔　ア　〕というしくみになっている。

問3　下線部③について，次の1～4の社会保障制度の四つの柱のうち，右の□内の三つのことがらをすべて満たすものを一つ選び，番号で答えよ。

> ○日本国憲法で規定された生存権を保障している。
> ○高齢化の進展に対応して実施されている。
> ○介護が必要になったときに備え，40歳以上の人が加入している。

1　社会福祉　　2　公的扶助
3　社会保険　　4　公衆衛生

問4　次の□内は，ノートの（X）について説明したものである。（a），（b）にあてはまる語句を正しく組み合わせたものを，あとの1～4から一つ選び，番号で答えよ。

> （X）は，地方公共団体の歳入のうち，（a）であり，使いみちが特定されていない（b）である。

1　aは依存財源，bは地方交付税交付金　　2　aは依存財源，bは国庫支出金
3　aは自主財源，bは地方交付税交付金　　4　aは自主財源，bは国庫支出金

問5　下線部④について，下の□内は，景気変動との関係を説明したものである。㋑，㋺の（　）にあてはまる語句を一つずつ選び，記号で答えよ。

〈図Ⅱ〉

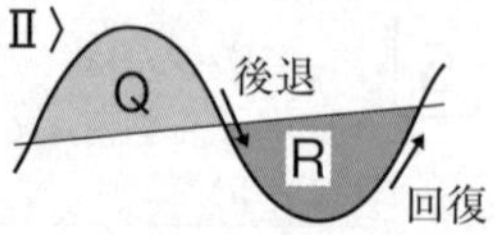

> 図Ⅱは，一般的な景気変動のようすを模式的に示したものであり，Q，Rは，好景気（好況）または不景気（不況）のいずれかである。Rのときは，一般的に所得や消費が低迷して物価が㋑（あ　上昇，い　下落）し続ける状態になりやすく，政府は，公共事業などの歳出を㋺（う　減らす，え　増やす）政策などを行う。

問6　下線部⑤について，健太さんは，疑問に思ったことを調べて，資料Ⅱを作成した。わが国の財政の課題の一つを，資料Ⅱから読み取れることと関連づけて書け。ただし，「将来の世代」の語句を使って書くこと。

〈資料Ⅱ〉わが国の国債残高と歳入に占める公債金の割合の推移

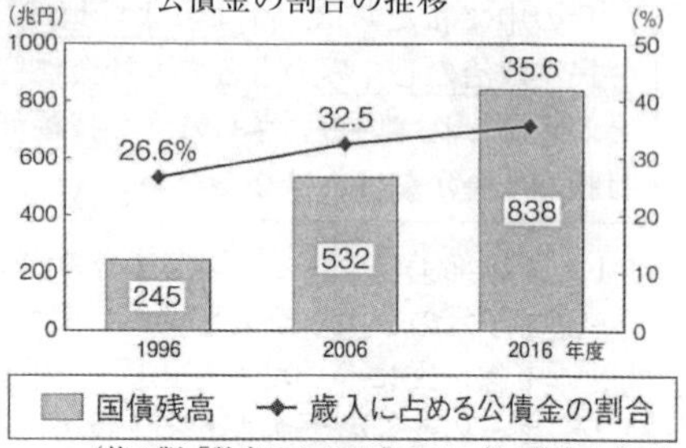

（第6版「数字でみる日本の100年」等から作成）

問1	(1)	
	(2)	両選挙区の間では，
問2		
問3	問4	問5 ㋑　㋺
問6		

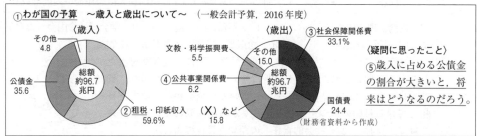

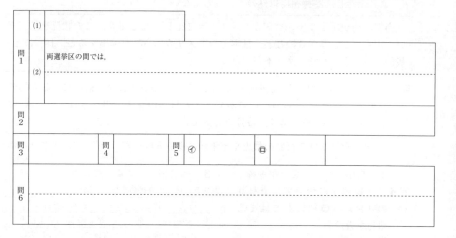

■平成30年度問題

5 香織さんの学級では，「働くことの意義」をテーマに，班ごとに職業調べ学習を行い，調べたことをカードにまとめた。カードをみて，各問に答えよ。

〈カード〉

働くことには，さまざまな意義があります。社会生活を支えるために果たすべき国民の義務であること，職業に就《つ》いて働くことで収入を得たり，自分の夢や理想をかなえたり，社会に参加したりすることなどです。

1班 小学校教員

①義務教育の最初の段階として，子どもに各教科の基礎的な内容をはじめ，社会のルールやマナーなどを教える。

2班 市議会議員

住民の代表として，②議会において，予算の議決や条例の制定などにかかわり，地域をよりよくするために仕事を行う。

3班 裁判官

各地の裁判所で，さまざまな③裁判を行い，法律に基づいて判決を下し，広く国民の権利を守る。

4班 システムエンジニア

個人や④企業など，利用者の要望にあわせたコンピュータシステムの開発や設計などを行う。

5班 銀行員

個人や企業を対象に，預金・貸し付け・為替など，⑤金融に関する営業や窓口業務などを行う。

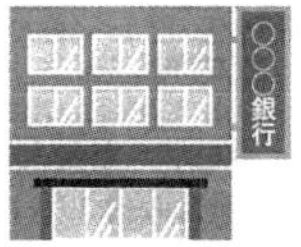

6班 国際連合職員

国際連合の機関である（X）や各専門機関などで，世界の平和と発展のために，国際会議の開催や運営などの仕事を行う。

問１　下線部①について，下の［　　］内の（　　）にあてはまる語句を書け。

> 日本国憲法は，子どもに普通教育を受けさせる義務，勤労の義務，（　　）の義務を，国民の義務として定めている。

問２　下線部②について，図Ⅰのあ，いは，国か地方公共団体のいずれかの政治のしくみの一部を示し，ア～エには，国会，内閣，地方議会，首長のいずれかがあてはまる。地方議会を示すものを，ア～エから一つ選び，記号で答えよ。

〈図Ⅰ〉

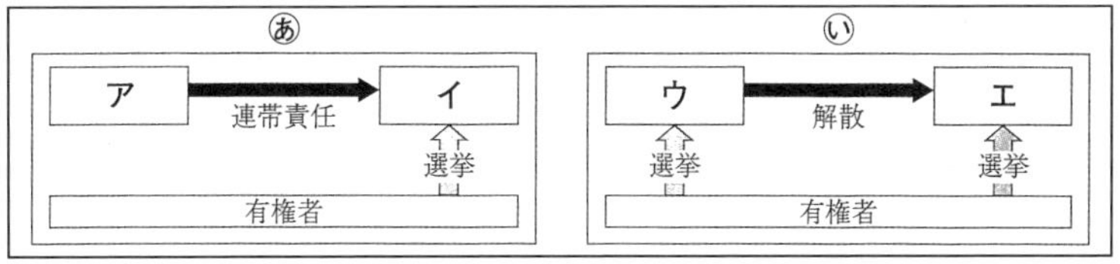

問1		問2		問3	㋑		㋺	
問3	㋩							

問３　下線部③について，下の［　　］内は，香織さんと優太さんが，わが国の裁判員制度について会話した内容の一部であり，図ⅡのA，Bは，刑事裁判か民事裁判のいずれかの法廷の模式図を示している。（㋑）にあてはまる語句を書き，㋺の（　）にあてはまるものを一つ選び，記号で答えよ。また，〔　㋩　〕にあてはまる内容を，「有罪か無罪か」と「刑罰」の語句を使って書け。

> 香織：　将来，私たちも裁判員として，刑事裁判に参加することになるかもしれないね。刑事裁判を示しているのは，図ⅡのA，Bのどちらかな。
> 優太：　裁判所に起訴する（㋑）席があることから，㋺（A，B）が刑事裁判だと判断できるよ。
> 香織：　では，裁判員制度は，どのようなしくみなのかな。
> 優太：　裁判員制度では，裁判員が，〔　㋩　〕というしくみになっているよ。

〈図Ⅱ〉

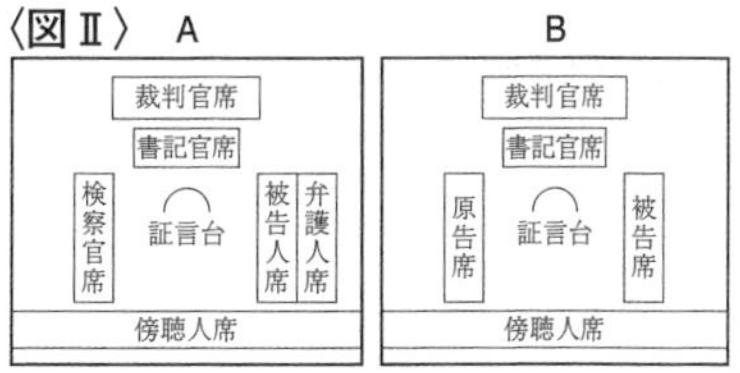

問４　下線部④について，資料のP～Rは，事業所数，従業者数，製造品出荷額等のいずれかを示し，a，bは，大企業か中小企業のいずれかである。事業所数と製造品出荷額等を示すものを，P～Rから一つずつ選び，記号で答えよ。また，中小企業を示すのは，a，bのどちらか，記号で答えよ。

〈資料〉わが国の大企業と中小企業の割合（製造業）

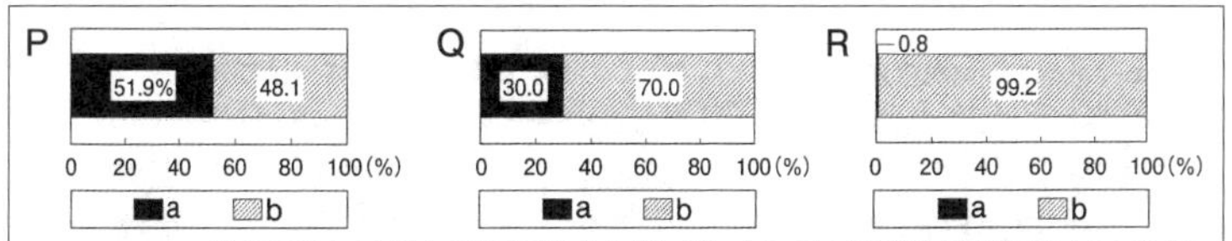

従業者数300人以上の事業所を大企業とする。（2017/18年版「日本国勢図会」から作成）

問５　下線部⑤について，下の［　　］内は，日本銀行の金融政策のしくみの一部を説明したものである。ⓐ，ⓑの（　　）にあてはまる語句を一つずつ選び，記号で答えよ。

> 好景気（好況）のときは，ⓐ（**あ**　インフレーション，**い**　デフレーション）になるおそれがあるため，日本銀行は一般の銀行に国債などを売ることで，市場の通貨量をⓑ（**う**　増やす，**え**　減らす）政策をとる。そうすると，一般の銀行と企業などとの間で資金の貸し借りが減るため，景気の行き過ぎが抑えられる。

問６　図Ⅲは，カードの（X）における，紛争の解決をめざす重要な議題に対する採決結果を示したものである。（X）にあてはまる語句を書け。また，図Ⅲのような結果になった理由を，決議のしくみを踏まえて書け。

〈図Ⅲ〉シリアに関する決議案の採決結果

賛成	アメリカ，イギリス，フランス，韓国，ルワンダ，アルゼンチン，オーストラリア，ルクセンブルク，ヨルダン，ナイジェリア，チャド，チリ，リトアニア
反対	中国，ロシア

↓

決議案は否決

採決は，2014年5月22日

（国際連合広報センターホームページ等から作成）

問4	事業所数		製造品出荷額等		中小企業	
問5	ⓐ		ⓑ			
問6	X		理由			

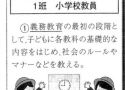

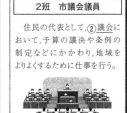

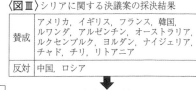

■平成31年度問題

5 美鈴さんの学級では，班ごとにテーマを決めて発表することになり，調べた内容の一部をカードにまとめた。カードをみて，各問に答えよ。

〈カード〉

1班　日本国憲法と国会

日本国憲法は，(A)，基本的人権の尊重，平和主義を基本原則としている。この基本原則のもと，国会を中心に民主政治が行われ，国会は，法律の制定や①内閣総理大臣の指名などを行う。

2班　地方財政と財源

地方公共団体が行う経済活動を②地方財政という。その財源の確保は重要で，財源には住民から集める地方税などの自主財源と，国から配分される地方交付税交付金，国庫支出金などの依存財源がある。

3班　金融と銀行

金融は，経済全体の資金の流れを円滑にすることにより，個人・企業の経済活動を助ける働きをもっている。そのため，③銀行は金融機関の一つとしての役割を果たしている。

4班　市場経済と消費者保護

資本主義経済では，④市場での競争があり，企業は，商品の生産や流通などで利益（利潤）を得ることを目的に活動する。また，⑤消費者の保護などの社会的責任を果たすことも求められている。

問1　カードの（A）にあてはまる語句を書け。

問2　下の□内は，1班が下線部①についてまとめたものの一部であり，図Ⅰは両議院の内閣総理大臣の指名の結果とその後に開かれた両院協議会の結果を，資料Ⅰは両議院の任期と解散について示している。（ⓐ）にあてはまる語句を書け。また，〔　ⓑ　〕にあてはまる内容を，資料Ⅰから読み取ったことと関連づけて，「意思」の語句を使って書け。

> 図Ⅰの場合，日本国憲法では（ⓐ）が認められているため，内閣総理大臣に議員Wが指名され，国会の議決となる。なぜなら，衆議院は参議院より〔　ⓑ　〕と考えられているからである。

〈図Ⅰ〉

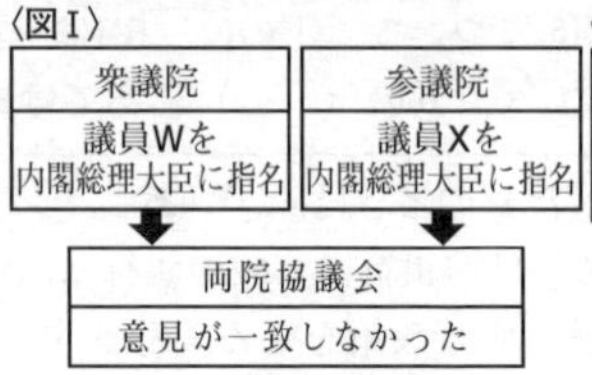

〈資料Ⅰ〉

	衆議院	参議院
任期	4年	6年
解散	ある	ない

問3　下線部②について，資料ⅡのY，Zは，ある二つの県を示し，a，bは，地方税，地方交付税交付金のいずれかである。地方交付税交付金を示すものをa，bから一つ選び，記号で答えよ。

　また，地方交付税交付金が配分される目的を，「格差」の語句を使って書け。

〈資料Ⅱ〉歳入の内訳と割合

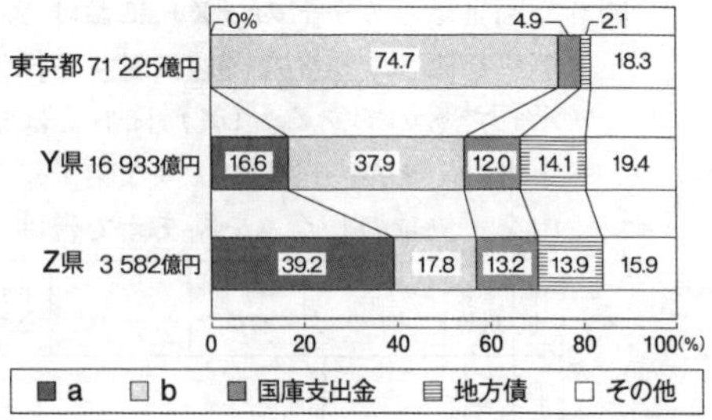

（2019年版「データでみる県勢」から作成）

問4　図Ⅱは，3班が下線部③について示したものである。銀行はどのような役割を果たしているか。図Ⅱのお金の流れに着目して書け。

〈図Ⅱ〉

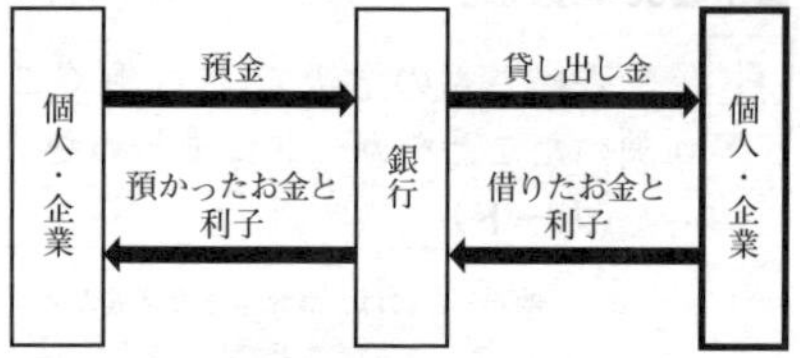

問5　下線部④について，次の□内は，4班が市場における商品の価格の変化について説明したものであり，資料ⅢのP，Qの曲線は「需要」，「供給」のいずれかを示している。（㋑），（㋺）にあてはまる語句を正しく組み合わせたものを，下の1～4から一つ選び，番号で答えよ。

〈資料Ⅲ〉

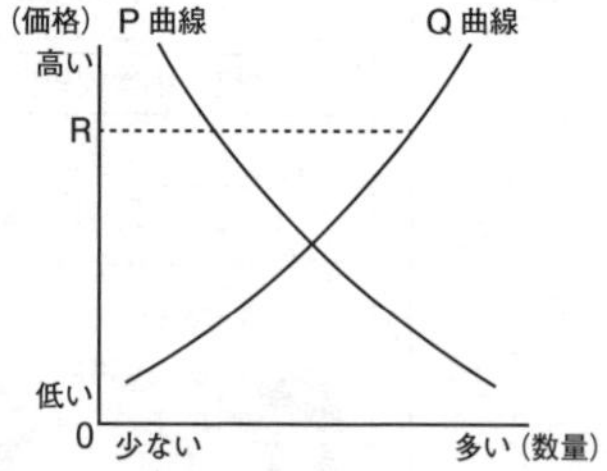

> 市場では，需要量と供給量の関係で商品の価格が決まる。資料Ⅲでは，価格がRのときに，商品の（㋑）が生じるため，一般にその後の価格は（㋺）と考えられる。

1　㋑は「品不足」，㋺は「上がる」　　2　㋑は「品不足」，㋺は「下がる」
3　㋑は「売れ残り」，㋺は「上がる」　4　㋑は「売れ残り」，㋺は「下がる」

問6　下線部⑤について，4班は福岡県が推進しているふくおかエコ農産物認証制度について調べた。資料Ⅳは福岡県が認証した農産物に貼り付けられるラベルを示している。

　この制度は，消費者や生産者にとっていくつかの利点をもたらしている。そのうち，消費者にとっての利点の一つを，資料Ⅴ，Ⅵから読み取れることと関連づけて，「消費者は，」の書き出しで，「購入」の語句を使って書け。

〈資料Ⅳ〉

〈資料Ⅴ〉ふくおかエコ農産物の認証基準（一部）

> ○　減農薬・減化学肥料栽培に取り組み，化学農薬・化学肥料の使用量を福岡県の使用量基準の5割以下に減らすこと。

〈資料Ⅵ〉認証ラベルに記載された認証番号の説明

> ○　ラベルに記載された認証番号をインターネットで検索すると，農産物の生産者，栽培品目や出荷先などをみることができる。

（資料Ⅳ～Ⅵは，福岡県ホームページから作成）

問1			
問2	ⓐ	ⓑ	
問3	記号	目的	
問4			
問5		問6	

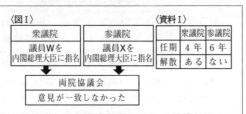

■令和２年度問題

5　下の表は，太郎さんたちが，政党の公約について調べ，意見を出し合い，まとめたものの一部である。表をみて，各問に答えよ。

〈表〉

政党 項目	○○党	△△党	□□党
政治・安全	①国会の議員定数の見直し	②衆議院の選挙制度の見直し	③国際連合の改革を推進
くらし	④税制度の改正	⑤社会保障制度の充実	⑥労働の条件を改善

問１　下線部①について，資料ⅠのA～Cのうち，国会にあてはまるものを一つ選び，記号で答えよ。また，次の㋑，㋺の仕事を示すものを，ア～オから一つずつ選び，記号で答えよ。

㋑　内閣不信任の決議

㋺　最高裁判所長官の指名

〈資料Ⅰ〉国会，内閣，裁判所の関係

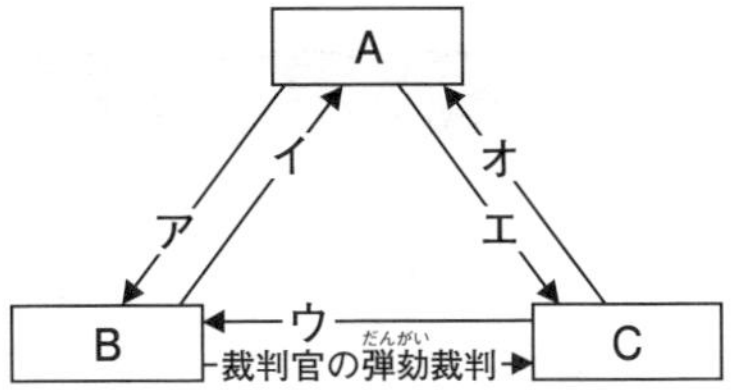

問２　下のノートは，太郎さんが，下線部②について調べたものである。資料Ⅱに示す判決が出された理由を，資料Ⅲ，Ⅳから読み取れることを関連づけて書け。その際，「一票」の語句と資料Ⅳの（　ⓐ　）にあてはまる語句を使うこと。

〈ノート〉

〈資料Ⅱ〉衆議院議員選挙に関する新聞記事（平成27年11月）の要約

衆院選　「違憲状態」　最高裁が判決

最高裁判所は、平成二十六年に実施された衆議院議員選挙が違憲状態であったとの判断を示した。

〈資料Ⅲ〉衆議院議員選挙における二つの小選挙区の有権者数（平成26年12月）

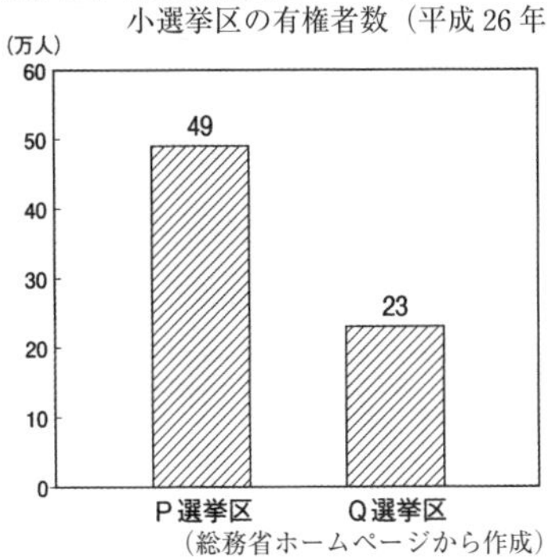

（総務省ホームページから作成）

〈資料Ⅳ〉日本国憲法第14条（一部）

すべて国民は，法の下《もと》に（　ⓐ　）であつ《(っ)》て，人種，信条，性別，社会的身分又《また》は門地《もんち》により，政治的，経済的又は社会的関係において，差別されない。

問1	国会		㋑		㋺	
問2						

問３　下線部③について，資料Ⅴが示す内容と最も関係が深い機関を，資料ⅥのW～Zから一つ選び，記号で答えよ。

〈資料Ⅴ〉日本が参加した国際連合の活動

活動場所	主な活動内容
カンボジア	停戦遵守《じゅんしゅ》状況の監視 道路の修理　など

出典：内閣府ホームページ（http://www.pko.go.jp/pko_j/result/cambo/cambo02.html）

〈資料Ⅵ〉国際連合のしくみ（一部）

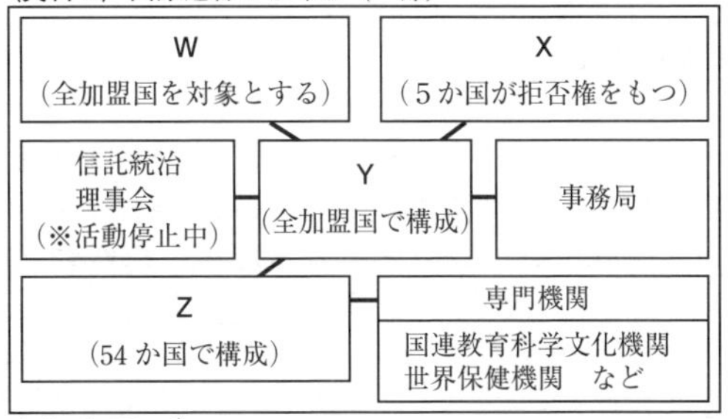

問４　下線部④について，図は，わが国の税制度の一つを模式的に示したものである。この図のように納税者の支払い能力に応じて課税されるしくみが取り入れられた理由を，「税の負担を」の書き出しで書け。

〈図〉

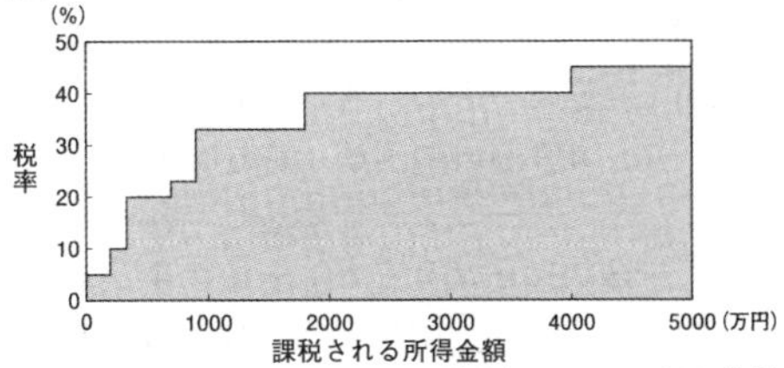

（財務省ホームページから作成）

問５　下の□内は，下線部⑤について述べたものである。㋐，㋑の（　　）にあてはまるものを一つずつ選び，記号で答えよ。

わが国の社会保障制度の一つには，㋐（a　20，b　40）歳以上の人が加入し，介護が必要になったときに介護サービスを受けられる制度がある。これは，社会保障制度の四つの柱のうち㋑（c　社会保険，d　社会福祉）に含まれる。

問６　資料Ⅶは，下線部⑥に関する現状を変えるために，政府が進めている取り組みのシンボルマークである。この取り組みは，資料Ⅷから読み取れる課題と関係がある。資料Ⅷから読み取れる課題を，「日本は，他国と比べて」の書き出しで，「両立」の語句を使って書け。

〈資料Ⅶ〉

出典：内閣府ホームページ（男女共同参画局）

〈資料Ⅷ〉１日の生活時間の国際比較

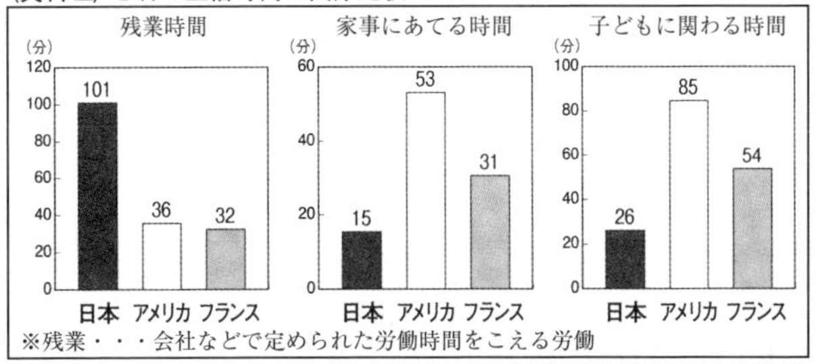

※残業・・・会社などで定められた労働時間をこえる労働

（「データブック国際労働比較2018」等から作成）

問3		問4			
問5	㋐		㋑	問6	

■令和3年度問題

5 健人さんは,「情報化の進展と社会の変化」というテーマでレポートを作成した。レポートを読んで,各問に答えよ。

〈レポート〉

私たちは,日頃《ごろ》から,新聞,テレビ,ラジオなどの(**A**)を活用し,情報を得て生活をしている。さらに,近年では,インターネットやスマートフォンなどの情報通信技術が発達し,私たちの社会や生活は変化している。例えば,日本国憲法に明確に規定されていない①新しい人権が主張されるようになったり,②政治参加では,インターネットを活用した選挙運動などが行われたりしている。③企《き》業は,インターネットで商品の情報を幅広い対象に発信するなど,④経済のしくみに影響を与えている。また,消費者は商品を購《こう》入する際に,⑤クレジットカードで支払うなど,支払いの方法も多様化している。

私たちは,情報化が進む社会を生きていくために,得た情報を正しく判断し活用する力や,情報を利用する際の考え方や態度を身につけなければならない。

問1　レポートの(**A**)にあてはまるものを,次の**1**～**4**から一つ選び,番号を書け。

1　クーリング・オフ　　**2**　バリアフリー

3　セーフティネット　　**4**　マスメディア

〈資料Ⅰ〉

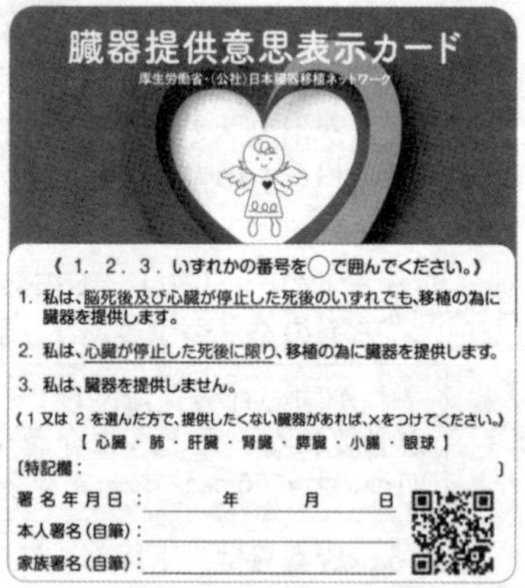

(厚生労働省ホームページから引用)

問2　下の□内は,下線部①に関する資料Ⅰについて,健人さんが調べ,まとめたものである。ⓐ,ⓑの(　)にあてはまるものをそれぞれ一つ選び,記号を書け。

自分の意思を記入した資料Ⅰのカードを持つことは,日本国憲法第13条に定めているⓐ(**あ**　平等,**い**　幸福追求)権をもとにⓑ(**う**　自己決定権,**え**　知る権利)が尊重された例の一つである。

問1		問2	ⓐ		ⓑ	

問3　下の□内は,下線部②について,健人さんが衆議院議員総選挙について調べ,まとめたものである。〔　　〕にあてはまる内容を,資料Ⅱから読み取れることと関連づけて,「反映」の語句を使って書け。

〈資料Ⅱ〉衆議院議員総選挙(小選挙区)の有権者数と投票者数

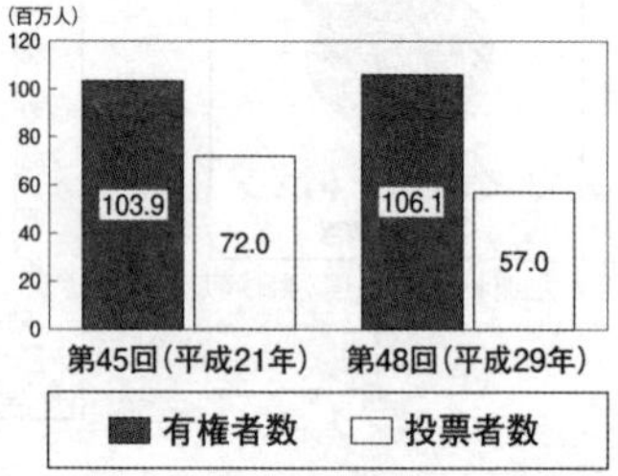

(総務省ホームページから作成)

政治上の課題の一つとして,資料Ⅱで示す選挙の傾向から,〔　　〕と考えられる。そこで,私たちは政治に関心をもち,さまざまな方法で政治に参加していくことが大切である。

問3	

問4　下の□内は,下線部③に関する資料Ⅲ,Ⅳについて,健人さんたちが会話した内容の一部である。〔　**X**　〕にあてはまる内容を,「発行」と「効率」の語句を使って書け。また,(**Y**)にあてはまる語句を書け。ただし,同じ記号には同じ語句が入る。

美鈴:資料Ⅲから,会社企業の多くが株式会社の形態をとっていることがわかるね。

知美:なぜ,会社企業の多くが株式会社の形態をとっているのかな。

健人:それは,資料Ⅳから,株式会社は〔　**X**　〕という利点があるからだよ。

知美:なるほどね。これに対して,出資者にはどんな利点があるのかな。

健人:例えば,出資者は株主となって,持っている株式の数に応じて,(**Y**)が支払われたり,株式総会で経営方針などについて議決したりすることができるよ。

〈資料Ⅲ〉会社企業の割合

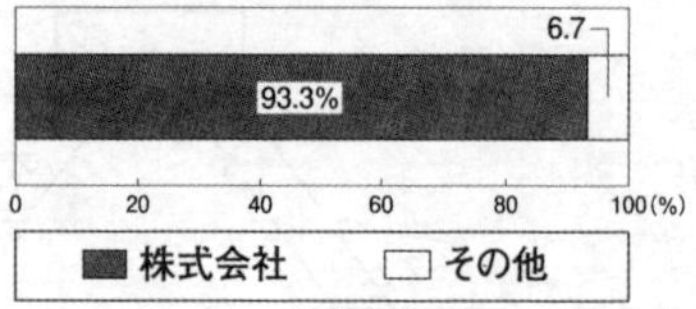

(国税庁ホームページから作成)

〈資料Ⅳ〉株式会社のしくみ(一部)

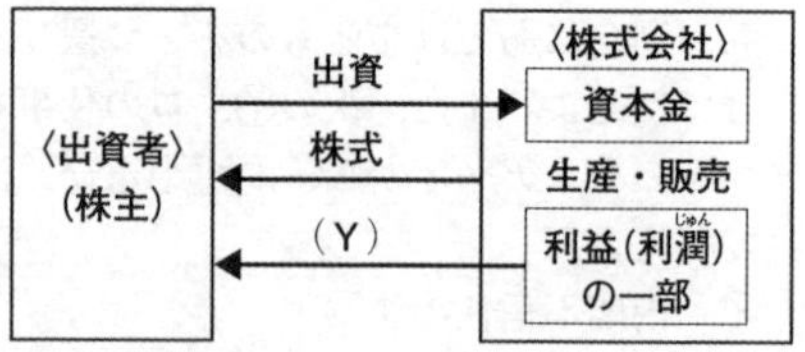

問4	X	
	Y	

問5　下の□内は,下線部④について,健人さんが,日本銀行が行う金融《ゆう》政策の一部をまとめたものである。㋐～㋒の(　)にあてはまるものをそれぞれ一つ選び,記号を書け。

不景気(不況)が続くと,デフレーションが起こり,通貨の価値が㋐(**a**　上がる,**b**　下がる)ことがある。そこで,日本銀行は景気を回復させるために,一般の銀行がもつ国債《さい》などを㋑(**c**　買う,**d**　売る)ことで,通貨量を調整する。そうすると,一般銀行は企業に貸し出す際の利子(金利)を㋒(**e**　上げ,**f**　下げ)ようとする。

問6　健人さんは,下線部⑤について調べ,図を作成した。(1),(2)に答えよ。

(1)「商品」,「立替《たてかえ》払い」を示すのは,図の**ア**～**カ**のどれか,それぞれ一つ選び,記号を書け。

(2) クレジットカードを利用する際に,消費者として注意しなければならないことを,図をみて,「代金」と「支払い能力」の語句を使って書け。

〈図〉クレジットカードのしくみ(一部)

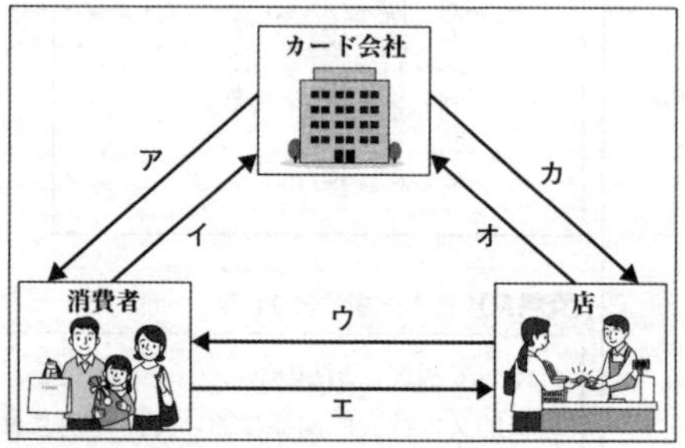

問5	㋐		㋑		㋒		問6	(1)	商品		立替払い	
問6	(2)											

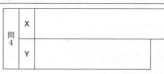

■令和４年度問題

5　下のカードは，健太さんと涼子さんの学級で，班ごとに現代社会の課題に関するテーマを決め，調べた内容の一部である。カードをみて，各問に答えよ。

〈カード〉

１班　テーマ「情報化の進展と基本的人権」	**２班　テーマ「私たちの生活の変化と今後の経済活動」**
情報化の進展に伴い，①基本的人権の侵害に関する新たな問題が生じている。その解決のためには，法律の整備など，②国会の役割が重要になると考える。	電子マネーなどの普及が，③経済のしくみに影響を与えている。また，グローバル化が進んでいく中で，④自由な貿易を推進することが求められている。
３班　テーマ「今後の社会保障制度のあり方」	**４班　テーマ「国際社会におけるわが国の役割」**
少子高齢化の進展は，⑤わが国の社会保障制度にも影響を与えている。今後は，幅広い世代で負担をわかちあっていくことが求められている。	わが国は，平和主義のもと国際貢献を進めてきた。今後も，⑥国際連合での活動を中心に，世界の発展に平和的に貢献していくことが求められる。

問１　下の□内は，下線部①についてまとめたものである。あの（　）にあてはまるものを，一つ選び，記号を書け。また，（い）にあてはまる語句を書け。

私たちには，自由にものを考え，意見を発表することを保障する，あ（Ａ　自由権，Ｂ　参政権）が与えられているが，インターネット上で，他人の名誉《めいよ》やプライバシーの権利を侵害する事例が生じている。こうした人権の侵害を防ぐために，日本国憲法第12条で，国民は自由や権利を（い）のために利用する責任があると定められており，今後の情報化の進展に伴った，新たな対応が必要となっている。

問1	あ		い	

問２　下の□内は，下線部②に関して作成した資料Ⅰについて，まとめた内容の一部である。〔　Ⓧ　〕にあてはまる内容を書け。また，（Ⓨ）にあてはまるものを，資料Ⅰの**ア**～**エ**から一つ選び，記号を書け。

2016年から2017年に開かれた国会のうち，〔　Ⓧ　〕ことを主な議題として開催される特別会にあたるものは，（Ⓨ）である。

〈**資料Ⅰ**〉2016年から2017年の期間に行われた選挙と開かれた国会（常会を除く）

選挙名	選挙期日
第24回参議院議員通常選挙	2016年７月10日
第48回衆議院議員総選挙	2017年10月22日

国会の種類	召集	閉会
ア	2016年８月１日	2016年８月３日
イ	2016年９月26日	2016年12月17日
ウ	2017年９月28日	2017年９月28日
エ	2017年11月１日	2017年12月９日

（衆議院ホームページ等から作成）

問2	Ⓧ		Ⓨ	

問３　健太さんは，下線部③について，資料Ⅱを作成した。資料ⅡのＸ～Ｚには，企業，政府，家計のいずれかが入り，**あ**～**う**には，税，公共サービス，労働力のいずれかが入る。**Ｘ**と**あ**にあてはまる語句をそれぞれ書け。ただし，同じ記号には同じ語句が入る。

〈**資料Ⅱ**〉経済の三つの主体の関係

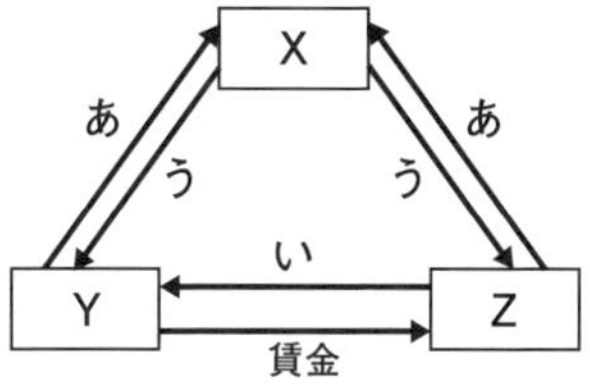

問４　下の□内は，健太さんが，下線部④について，資料Ⅲから読み取ったことをもとにまとめた内容の一部である。㋑～㋩の（　）にあてはまるものを，それぞれ一つ選び，記号を書け。

2011年に比べ，2015年の為替レートは，ドルに対して円の価値が，㋑（ａ　上がっている，ｂ　下がっている）。このとき，同じ日本製の商品のアメリカでの価格は，㋺（ｃ　高く，ｄ　安く）なるため，日本にとって㋩（ｅ　輸出，ｆ　輸入）に有利になるといえる。

〈**資料Ⅲ**〉円とドルの為替レートの推移（年平均）

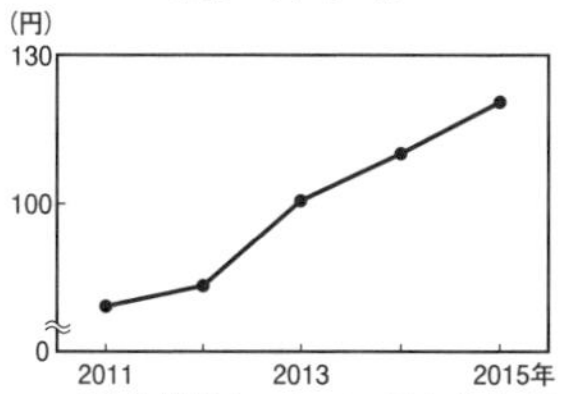

（日本銀行ホームページから作成）

問3	Ｘ		あ			
問4	㋑		㋺		㋩	

問５　涼子さんは，下線部⑤の内容について，年金制度に着目し，資料を集めた。今後も図に示される制度が維持されると仮定した場合，資料Ⅳから予想される，わが国の年金制度の課題とその理由を，図と資料Ⅳから読み取って書け。

〈**図**〉わが国の年金制度のしくみ

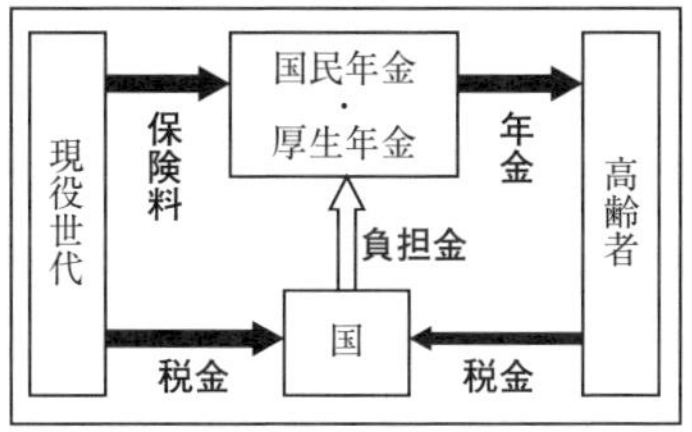

※現役世代は15～64歳を，高齢者は65歳以上を示す。

（厚生労働省ホームページ等から作成）

〈**資料Ⅳ**〉わが国の年齢別人口割合の推移

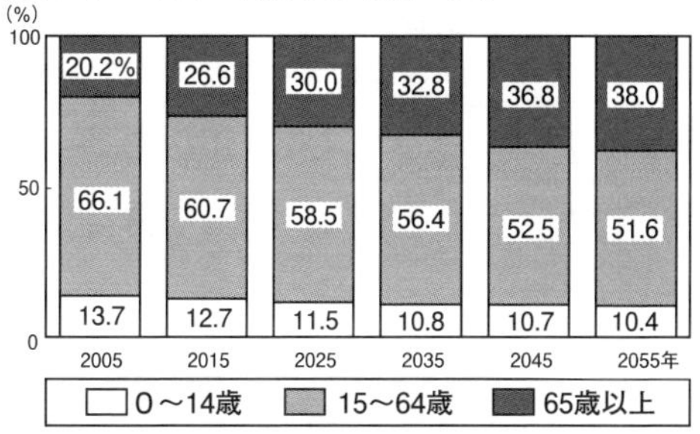

※2025年以降の数値は，予測値を示す。

（国立社会保障・人口問題研究所ホームページから作成）

問6　資料ⅤのR，Sは，下線部⑥のいずれかの機関を示し，資料ⅥのP，Qは，資料ⅤのR，Sのいずれかの機関で話し合われた議題と採決結果を示している。Pは，どちらの機関で話し合われたものか，あてはまるものを一つ選び，記号を書け。また，そのように考えた理由を，選んだ機関の議決のしくみと採決結果にふれて書け。

〈資料Ⅴ〉国際連合の組織

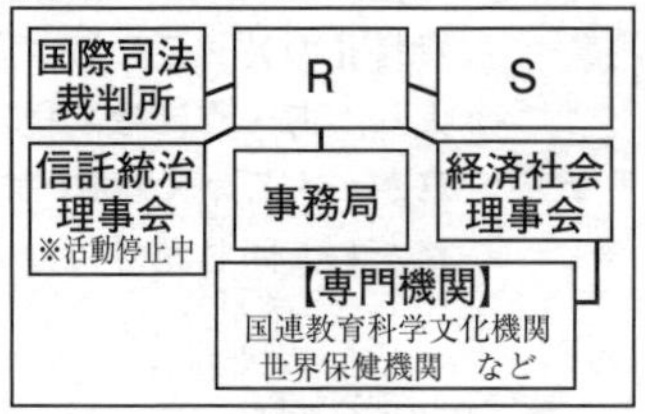

〈資料Ⅵ〉国際連合で話し合われた議題と採決結果

P

議題	シリアへの支援に関する決議案の審議（2019年12月20日）
賛成	13か国
反対	２か国（ロシア，中国）
棄権	なし

決議案は否決

Q

議題	核兵器廃絶に関する決議案の審議（2020年12月8日）
賛成	150か国
反対	４か国（ロシア，中国など）
棄権	35か国

決議案は可決

（外務省ホームページ等から作成）

問5				
問6	記号		理由	

■令和５年度問題

5　健一さんと洋子さんの学級では，公民的分野で学んだことについて，班ごとにテーマを決めて発表するため，調べた内容の一部を発表原稿にまとめた。発表原稿をみて，各問に答えよ。

〈発表原稿〉

1班

テーマ　地球環境問題と国際協力

①地球温暖化など地球規模の環境問題を世界共通の課題としてとらえ，国や地域などが連携して国際的な枠組みをつくり，それが守られるよう努力することが必要です。

2班

テーマ　日本国憲法の基本的原理

日本国憲法の前文には，この憲法が制定された理由や目的が書かれています。ここから，日本国憲法は，国民主権，②基本的人権の尊重，平和主義の三つを基本的原理としていることがわかります。

3班

テーマ　国会，内閣，裁判所の役割

日本では，国会が法律の制定や③予算の審議などを行い，内閣が国の内政や外交の基本方針を検討し，決定します。また，争いや事件を法に基づいて解決する役割を④裁判所が担っています。

4班

テーマ　日本経済における日本銀行と政府の役割

⑤日本銀行は日本の中央銀行として，通貨の量を調整して，景気や物価の安定を図る金融政策を行い，政府は⑥歳入や歳出を通じて，景気の安定を図る財政政策を行っています。

問1　下の□内は，下線部①についてまとめたものである。㋑の（　）にあてはまるものを一つ選び，記号を書け。また，〔　㋺　〕にあてはまる内容を書け。

1997年に地球温暖化の問題について，㋑（あ　京都議定書，い　パリ協定）が採択され，その中で，先進国に〔　㋺　〕の削減を義務づけることが定められた。

問2　下の□内は，下線部②についてまとめたものである。㋩，㊁の（　）にあてはまるものを，それぞれ一つ選び，記号を書け。

人は，一人一人がかけがえのない存在であり，日本国憲法の第13条において，すべて国民は，㋩（A　個人，B　主権者）として尊重されるとされているが，その実現のためには，社会的身分や性別などを理由とした差別を禁止し，日本国憲法の第14条に示される㊁（C　請願権，D　平等権）を保障することが必要である。

問1	㋑		㋺	
問2	㋩		㊁	

問３　下線部③について，下の□内は，健一さんと，洋子さんが，資料Ⅰをもとに会話した内容の一部である。(ほ) にあてはまる語句を書け。また，〔　ⓗ　〕にあてはまる内容を，「国会」の語句を使って書け。ただし，同じ記号は同じ語句を示している。

洋子：　衆議院で可決された後，参議院で否決された場合，予算案の審議は，どのような結果になるのかな。
健一：　衆議院と参議院の議決が異なった場合，(ほ) が開催されることになっているよ。資料Ⅰの場合は，参議院で予算案が否決された日と同じ日に，(ほ) が開催されたけど，意見が一致しないため，〔　ⓗ　〕になるね。

〈資料Ⅰ〉ある年の国会における予算案の審議

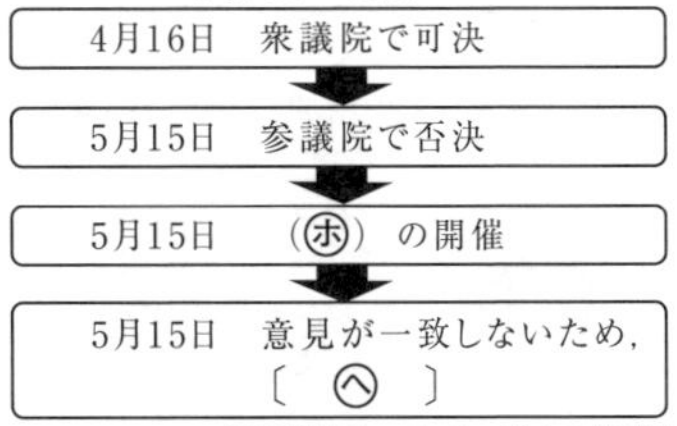

（衆議院ホームページから作成）

問４　下線部④について，次の□内は，健一さんと，洋子さんが，図Ⅰをもとに会話した内容の一部である。ⓟ，ⓠの（　）にあてはまるものをそれぞれ一つ選び，記号を書け。また，〔　ⓡ　〕にあてはまる内容を，「有罪か無罪か」と「刑罰」の語句を使って書け。

〈図Ⅰ〉

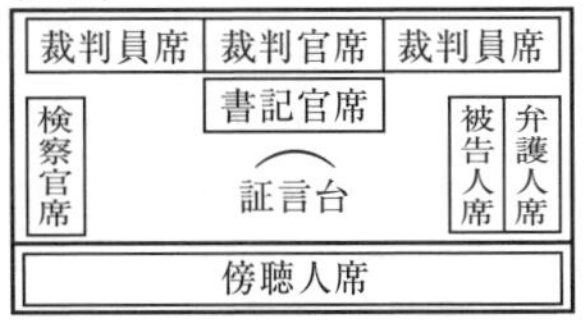

健一：　図Ⅰは，ⓟ（ア　民事，イ　刑事）裁判の，ⓠ（ウ　第一審，エ　第二審）の法廷の様子であることがわかるよ。
洋子：　図Ⅰに示される，裁判員制度は，2009年から実施されているね。この制度はどのようなしくみと目的で導入されるようになったのかな。
健一：　国民の中から選ばれた裁判員が，裁判官とともに，〔　ⓡ　〕というしくみだよ。この制度は，裁判を国民にとって身近なものにして，裁判への信頼を深めていくことを目的の一つとしているよ。

問５　下線部⑤について，健一さんは，日本銀行のはたらきについて調べるため，図Ⅱを作成した。図Ⅱの（a）～（c）には，家計，政府，銀行のいずれかがあてはまる。図Ⅱの（a），（b）にあてはまる語句をそれぞれ書け。

〈図Ⅱ〉

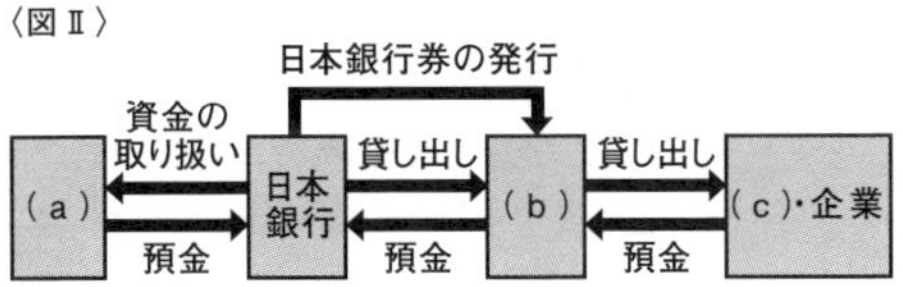

問3	ほ		ⓗ			
問4	ⓟ		ⓠ		ⓡ	
問5	a		b			

問６　下線部⑥について，健一さんは，表，資料Ⅱを作成した。(1)，(2)に答えよ。

〈表〉

納め方の違い／納付先の違い	(あ)	(い)
(う)	(例) 所得税 法人税	(例) 消費税 関税
(え)	(例) 自動車税	(例) ゴルフ場利用税

(1)　表は，歳入のうち，税金についてまとめたものである。表の (あ) ～ (え) にあてはまる語句のうち，二つを正しく組み合わせたものを，次の１～４から一つ選び，番号を書け。

１　あは直接税，うは地方税　　２　いは直接税，えは国税
３　あは間接税，うは国税　　４　いは間接税，えは地方税

(2)　下の□内は，健一さんが，わが国の歳入と歳出についてまとめたものである。〔　X　〕にあてはまる内容を書け。また，（Y）にあてはまる語句を，次の１～４から一つ選び，番号を書け。

2021年度のわが国の歳入は，〔　X　〕を目的に発行される国債の額の割合が約４割を占めており，わが国の歳出は，社会保障関係費が最も大きな割合を占めている。資料Ⅱから，わが国の歳出における社会保障関係費の内訳で最も大きな割合を占めているのは，社会保障制度の柱のうち，（Y）に関するものであることがわかる。

〈資料Ⅱ〉わが国の歳出における社会保障関係費の内訳（2021年度）

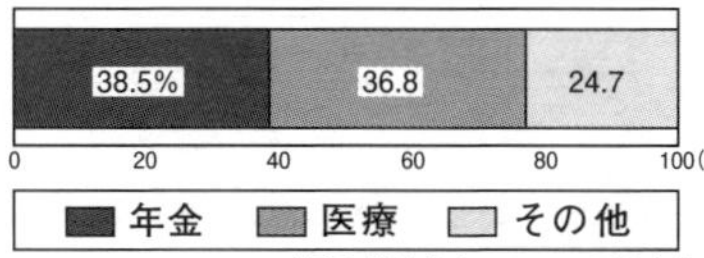

（厚生労働省ホームページから作成）

１　社会福祉　　２　公的扶助　　３　公衆衛生　　４　社会保険

問6	(1)		(2)	X		Y	

記述（資料から推測）

■平成28年度問題

6 かな子さんは，わが国の農村の活性化に向けた取り組みについて情報を集め，資料を作成した。資料をみて，各問に答えよ。

問１　かな子さんは農村の課題について調べるため，資料Ⅰ，Ⅱを作成した。農村がかかえる課題の一つについて，資料Ⅰ，Ⅱから読み取れることを関連づけて書け。

〈資料Ⅰ〉農家数と農業従事者に占める65歳以上人口の割合の変化

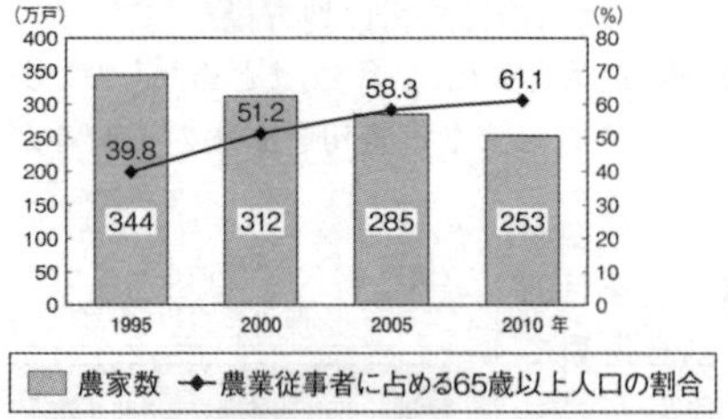

（第６版「数字で見る日本の 100 年」から作成）

〈資料Ⅱ〉耕作放棄地の面積の推移

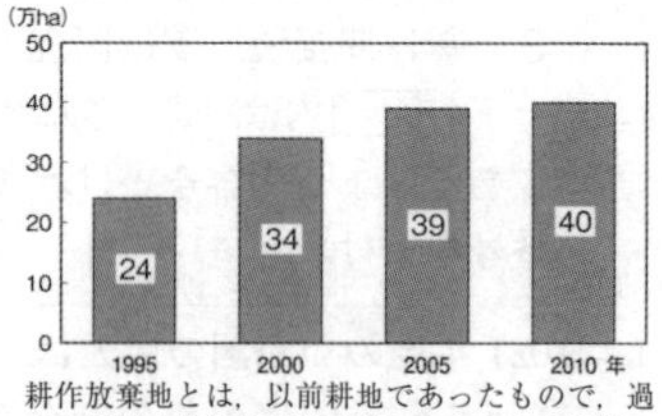

耕作放棄地とは，以前耕地であったもので，過去１年以上作物を栽培せず，しかもこの数年の間に再び耕作する意思のない土地をいう。

（平成 25 年版「食料・農業・農村白書」から作成）

問２　かな子さんは，農村における地域資源を有効に活用した，農業生産関連事業に関する取り組みの事例について資料Ⅲを作成し，この取り組みに期待できることについて，資料Ⅳ，Ⅴにまとめた。資料Ⅴの〔　〕にあてはまる内容について，資料Ⅲ，Ⅳから読み取れることを関連づけて，「加工」の語句を使って書け。

〈資料Ⅲ〉農業生産関連事業の取り組みの事例

A町	地元特産の果実をジャムに加工して，直売所で販売する。
B市	りんご，ぶどうなどの観光農園を経営するとともに，ジュース等に加工した商品を販売する。
C市	牧場で，加工した乳製品を販売し，また，それを使った料理を提供する農家レストランを経営する。

（平成 25 年版「食料・農業・農村白書」等から作成）

〈資料Ⅳ〉農業生産関連事業の総従事者数と年間総販売金額の推移（全国）

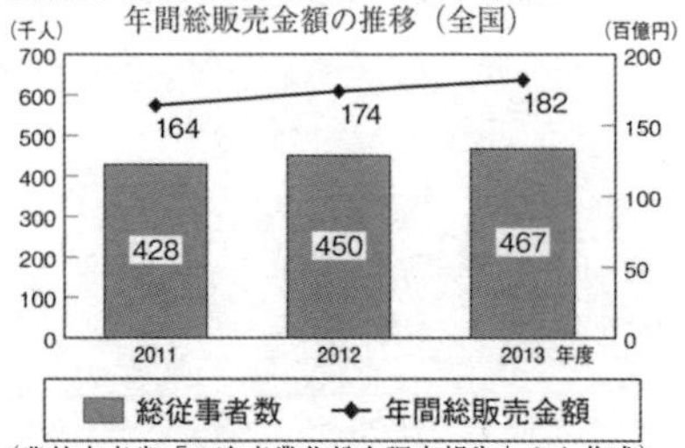

（農林水産省「６次産業化総合調査報告」から作成）

〈資料Ⅴ〉

農業生産関連事業の取り組みは，農作物に新たな価値を加えることになる。この取り組みは，〔　　　　　　〕ことが期待できる。このことが，農村がかかえる課題の解決につながり，さらには農村の活性化に結びつくと考えられる。

問1	
問2	

■平成29年度問題

6 下の会話文は，有紀さんと先生が，「情報化社会とわたしたち」について会話した内容の一部である。会話文を読み，各問に答えよ。

有紀さん

情報化の進展によって，①インターネットを使って目的地の位置や距離などを手軽に調べることができるようになりました。特に②携帯電話の普及は著しく，インターネットを使った通信やショッピングの増加に大きな影響を及ぼしています。

先生

インターネットを使ったショッピングでは，店頭での購入と同じように，③クレジットカードを使って商品を購入することができ，その利用者は増えているようです。

しかし，インターネットが身近になる一方で，インターネットでのトラブルや犯罪も増えているので，気をつける必要があります。

〈図Ⅰ〉

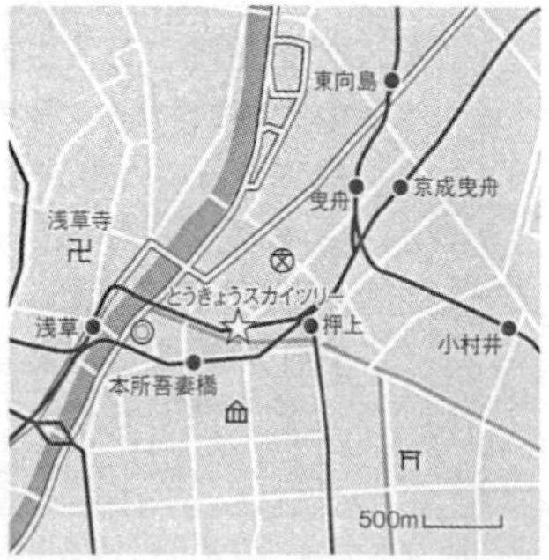

問１　下線部①について，下の□内は，有紀さんが図Ⅰを活用して目的地の位置や距離を説明したものである。（P）にあてはまる語句を書け。

☆で示す「とうきょうスカイツリー」駅の南の方位約 500m にある博物館へ行った後，博物館から８方位で（P）の方位約 1500m に位置する浅草寺《せんそうじ》へ行こうと思います。

問２　下線部②について，資料Ⅰ，Ⅱから読み取れることを，「保有率」と「利用率」の語句を使って書け。

（注）資料Ⅰ，Ⅱの携帯電話には，スマートフォンが含まれている。

〈資料Ⅰ〉携帯電話の保有率の変化（世帯）

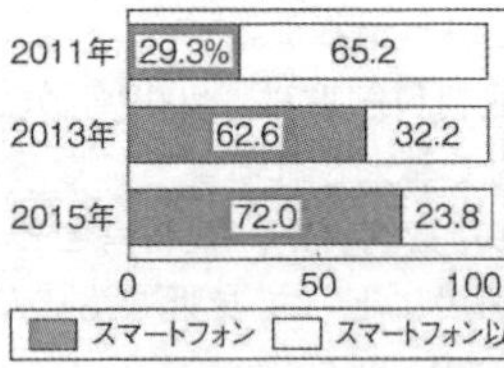

〈資料Ⅱ〉携帯電話を使ったインターネットの利用率の変化（個人）

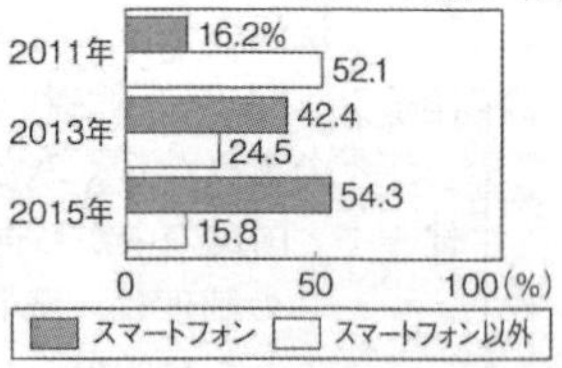

（資料Ⅰ，Ⅱは，平成 27 年「通信利用動向調査」等から作成）

問３　下線部③について，このときに消費者として気をつけることを，図Ⅱをみて，「現金」と「請求」と「支払い能力」の語句を使って書け。

〈図Ⅱ〉支払い方法の違い

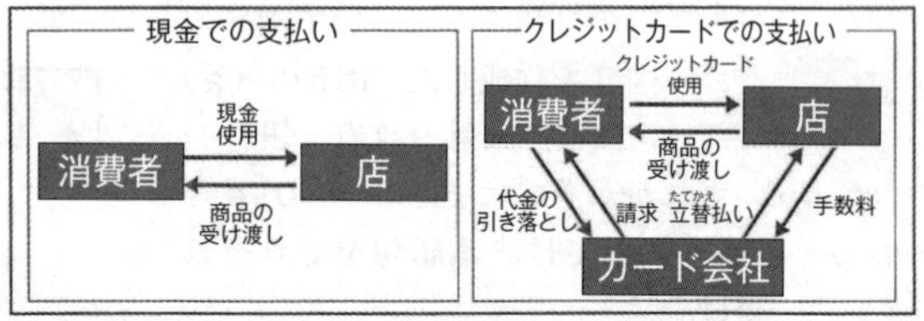

（「よくわかる消費生活」から作成）

問1	
問2	
問3	

■平成30年度問題

6 下の□内は，哲也さんと友子さんが，福祉とまちづくりについて会話した内容の一部である。会話文を読み，各問に答えよ。

哲也： 資料をみると，日本は，社会保険，社会福祉などの分野に支出する社会保障給付費と，そのおもな財源となる社会保険料収入との差が開いているね。どうしてこうなるのかな。

友子： それは，資料集の１～５のうち，（ ㋑ ）の三つの資料から読み取ると，〔 ㋺ 〕という社会の変化がみられるからだよ。

哲也： なるほどね。今後は社会保障を充実させるために，財源を確保することが必要になるね。

友子： そうね。私たちの住むＰ市でも，同じような課題があるよね。その課題を解決する方法について考えてみようよ。

〈資料〉

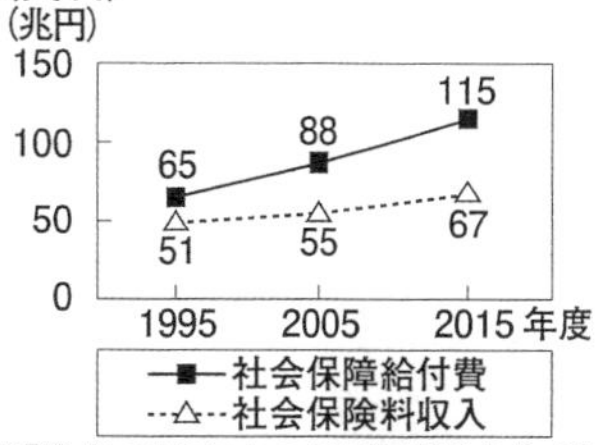

（第6版「数字でみる日本の100年」等から作成）

問１ 会話文の（ ㋑ ）には，資料集の１～５のうち，三つがあてはまる。資料集の１～５から最も適切なものを三つ選び，番号で答えよ。また，〔 ㋺ 〕には，あてはまる内容を書け。

〈資料集〉

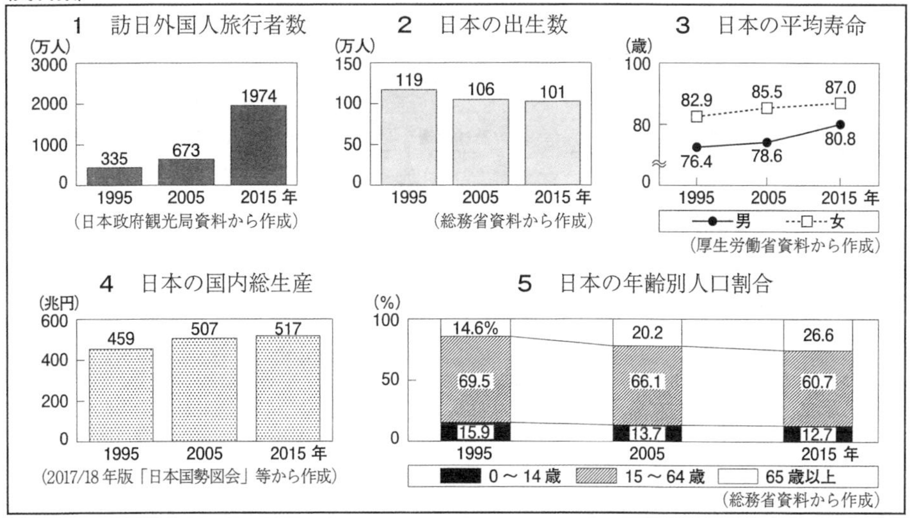

（2017/18年版「日本国勢図会」等から作成）

問1				
	㋑			
	㋺			

問２ 会話文の下線部について，図Ⅰは，家計と企業と地方公共団体の関係を，図Ⅱは，Ｐ市の「福祉が充実したまちづくり」に期待される効果を示している。図Ⅱの〔 Ａ 〕にあてはまる適切な内容を，図Ⅰに示す語句を使って，「家計が財やサービスを」の書き出しで書け。

〈図Ⅰ〉

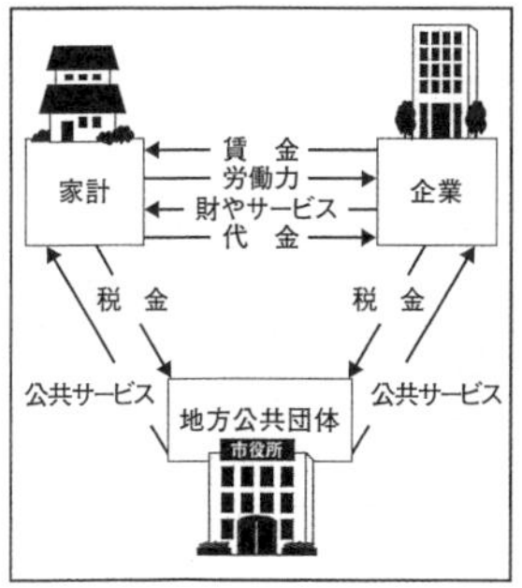

〈図Ⅱ〉

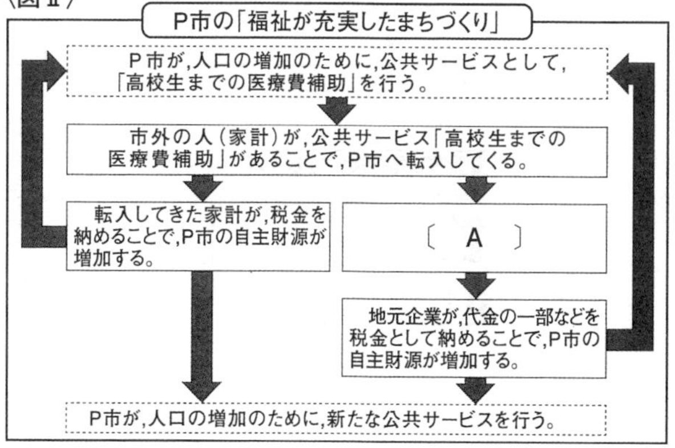

問2	

■平成31年度問題

6 下の会話文は，先生と美香さんと満男さんが，食料問題について会話した内容の一部である。会話文を読み，各問に答えよ。

先生： 2015年，国際連合総会で持続可能な開発目標（ＳＤＧｓ）が採択されました。世界には解決しなければならない様々な問題があります。そのうちの食料問題について，資料をもとに考えましょう。

美香： 食料問題を世界規模で考えてみると，資料Ⅰ，Ⅱから〔 ㋑ 〕という問題がわかります。また，資料Ⅲ，Ⅳから，州別の人口に対する穀物生産量を比較すると，一人あたりの穀物生産量は（㋺）が最も少なく，食料不足のおそれがあると思います。

満男： 私たちの日常生活で，食品の流れについて考えてみると，図Ⅰのように，不要となった食品は処分施設に送られることになります。しかし，図Ⅱのような取り組みを行うことができれば，〔 ㋩ 〕といったことが期待できるのではないかと思います。

先生： そうですね。図Ⅱのような取り組みを行うことは，世界規模の食料問題の改善につながってきますね。でもそのためには，迅速に輸送する手立て等が必要ですね。

問１　会話文の〔 ㋑ 〕にあてはまる内容を，資料Ⅰ，Ⅱから読み取って書け。また，（㋺）にあてはまる州の名称を書け。

〈資料Ⅰ〉世界の食料廃棄の状況

・食料廃棄量は年間約１３億トン（人の消費のために生産された食料のおよそ３分の１を廃棄）

（国連食糧農業機関(FAO)資料から作成）

〈資料Ⅱ〉世界の食料不足人口

・世界の食料不足人口
　2016年推計　約８億１５００万人

（2018/19年版「世界国勢図会」から作成）

〈資料Ⅲ〉州別の人口

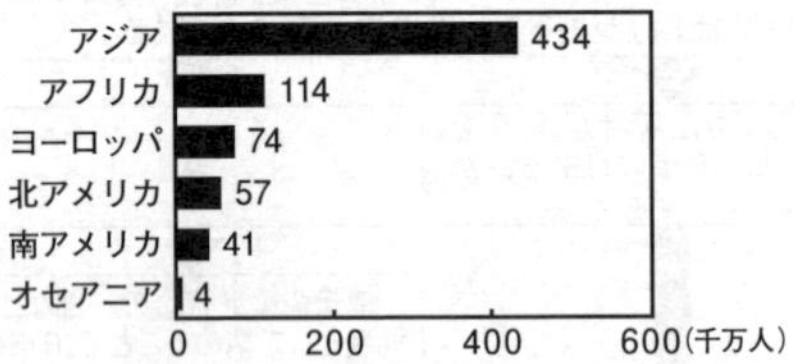

〈資料Ⅳ〉州別の穀物生産量

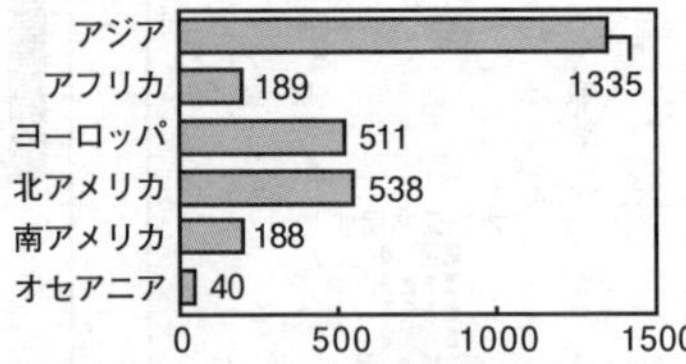

（資料Ⅲ，Ⅳは，2016/17年版「世界国勢図会」等から作成）

問２　会話文の〔 ㋩ 〕にあてはまる内容を，図Ⅰ，Ⅱから読み取れることを関連づけ，「廃棄する量」と「援助」の語句を使って書け。

〈図Ⅰ〉

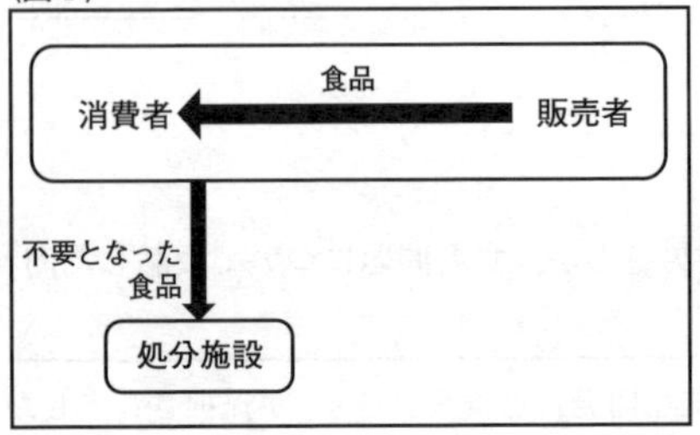

〈図Ⅱ〉

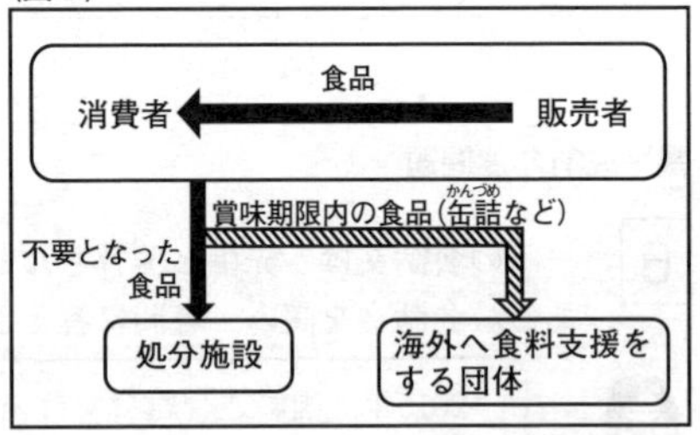

矢印は，全て食品の流れを示す。

問1	㋑		㋺	
問2				

■令和２年度問題

6　美奈さんは，「循環型社会の一層の実現をめざして」をテーマに，プラスチックを取り巻く状況について調べ，ノートを作成した。ノートをみて，問に答えよ。

〈ノート〉

「循環型社会の一層の実現をめざして」

【調べたこと】

〈資料Ⅰ〉廃棄物が自然界で分解されるまでに必要な時間

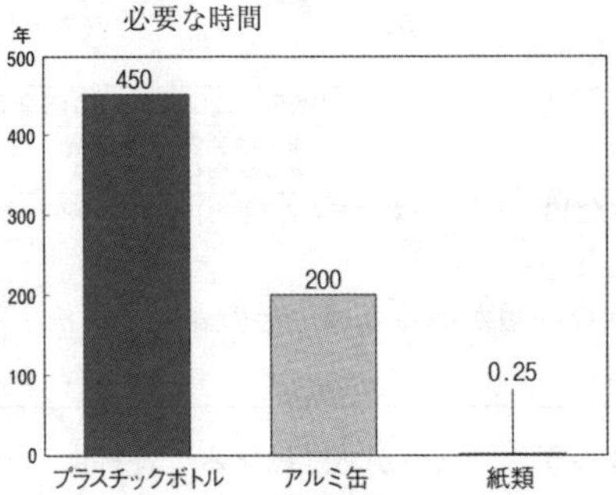

（アメリカ海洋大気庁ホームページ等から作成）

〈資料Ⅱ〉日本のプラスチックボトルの需要実績の推移

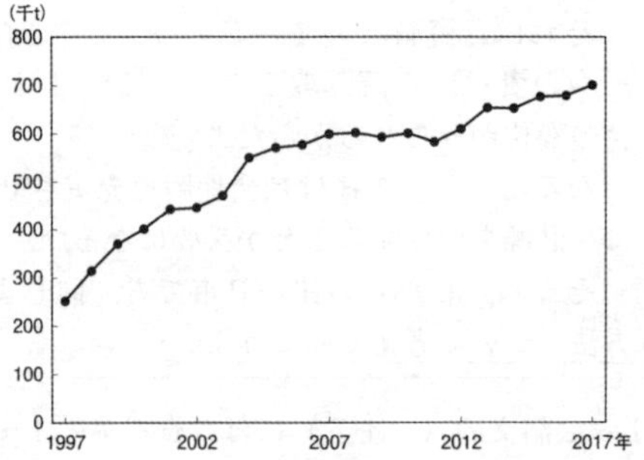

（平成29年版環境統計集等から作成）

〈資料Ⅲ〉日本の廃プラスチックの処理状況

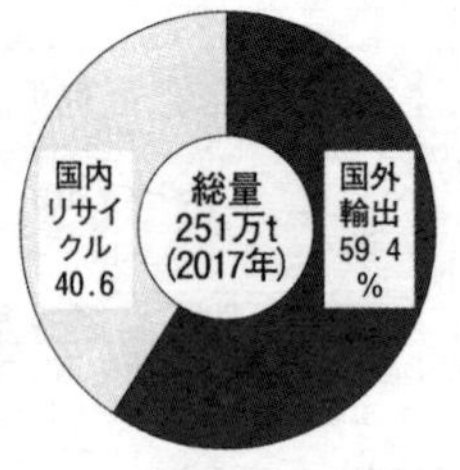

（令和元年版「環境白書」等から作成）

〈資料Ⅳ〉日本の廃プラスチックの主な輸出先

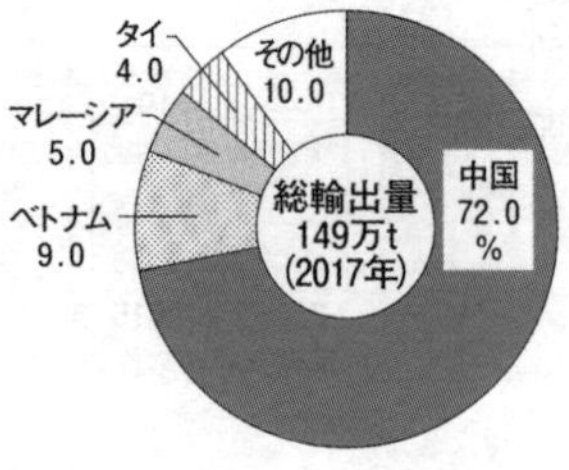

（財務省ホームページ等から作成）

〈資料Ⅴ〉各国の廃プラスチック対策

国名	決定事項
中国	2018年に輸入禁止
ベトナム	2018年から輸入制限
マレーシア	2018年から輸入制限
タイ	2021年に輸入禁止

（環境省ホームページ等から作成）

【考えたこと】

○　資料Ⅰ，Ⅱから，今後，自然環境に影響が生じる可能性がある。その理由の一つは，〔　A　〕からである。

○　資料Ⅲ～Ⅴを関連づけると，輸出相手国の多くが〔　B　〕というおそれがある。

○　循環型社会とは，〔　C　〕というような社会をいう。これは，環境への負《ふ》荷《か》をできる限りなくす社会のことである。今後は，循環型社会の一層の実現をめざしていきたい。

問　資料から読み取れることをもとに，〔 A 〕～〔 C 〕にあてはまる内容を書け。

A	
B	
C	

■令和３年度問題

6 　下の会話文は，勇太さんと正子さんが，「安心して暮らせる社会」をテーマに学習した際，資料集をもとに会話した内容の一部である。会話文を読み，各問に答えよ。

勇太

日本の人口の特色をみてみると，資料Ⅰ，Ⅱから，〔　A　〕ことが読み取れるので，（B）化が進んでいることがわかるね。

正子

（B）化が進む日本では，今後，どのような取り組みが求められるのかな。

勇太

国が行っている取り組みの一つである，資料Ⅲを見つけたよ。なぜ，このような取り組みが行われているのかな。

正子

この取り組みが行われている理由の一つは，資料Ⅳから，〔　C　〕からだと考えられるね。高齢者が，自分の希望に合った働き方ができるようになるといいね。

問１　会話文の〔　A　〕にあてはまる内容を，資料Ⅰ，Ⅱから読み取り書け。また，（B）にあてはまる語句を書け。ただし，同じ記号には同じ語句が入る。

問２　会話文の〔　C　〕にあてはまる内容を，資料Ⅳから読み取り，「全就業者数」の語句を使って書け。

〈資料集〉

〈資料Ⅰ〉出生数の推移

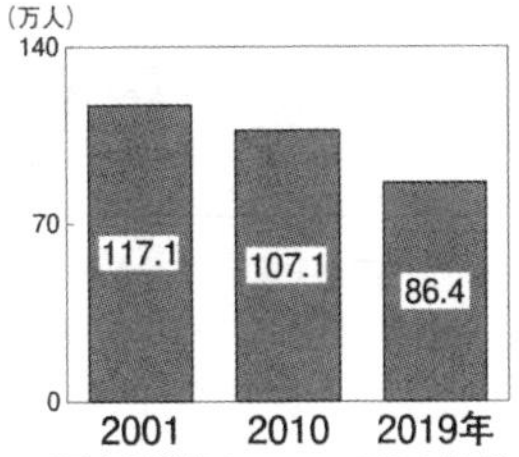

（厚生労働省ホームページから作成）

〈資料Ⅱ〉平均寿命の推移

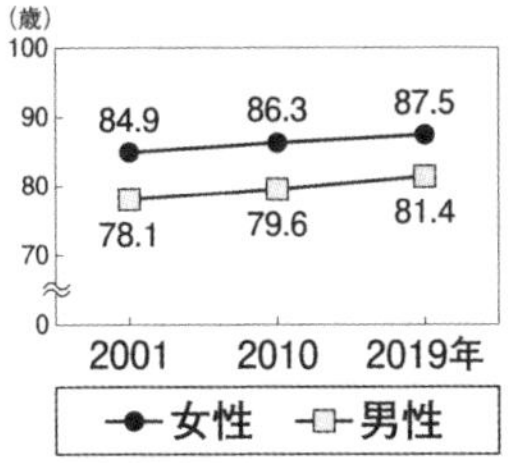

（総務省ホームページから作成）

〈資料Ⅲ〉公共職業安定所（ハローワーク）の取り組み

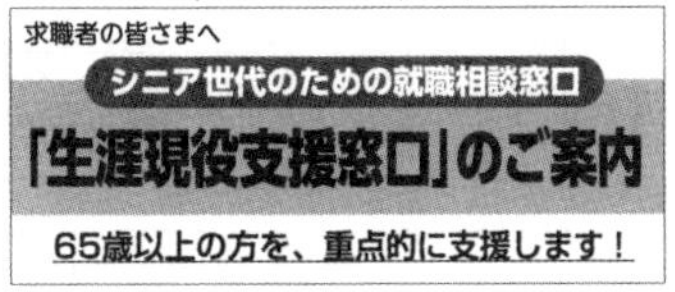

（厚生労働省ホームページから作成）

〈資料Ⅳ〉就業者数の推移

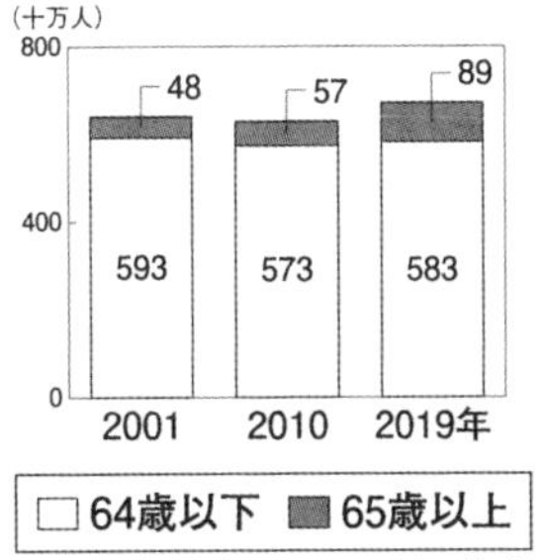

（総務省ホームページから作成）

問1	A	
	B	
問2		

■令和４年度問題

6 　洋子さんは，持続可能な開発目標（ＳＤＧｓ）の一つについて調べ，ノートにまとめた。ノートをみて，各問に答えよ。

〈ノート〉

〈図〉

〈写真〉

海抜の低い国や地域の中には，近年，写真のように，満潮や高潮による沿岸の浸食が問題となっているところがある。

（図，写真は，国際連合広報センターホームページ等から引用）

〈メモ〉

経済発展に伴って，〔　ア　〕と考えられる。 → 対策が行われないと，写真の状況は，さらに深刻化するおそれがある。 → 自分にできる具体的な対策を考える必要がある。

問１　メモの〔　ア　〕にあてはまる内容を，次の資料Ⅰ～Ⅲから読み取れることを全て関連づけて書け。

〈資料Ⅰ〉世界の年平均気温の推移

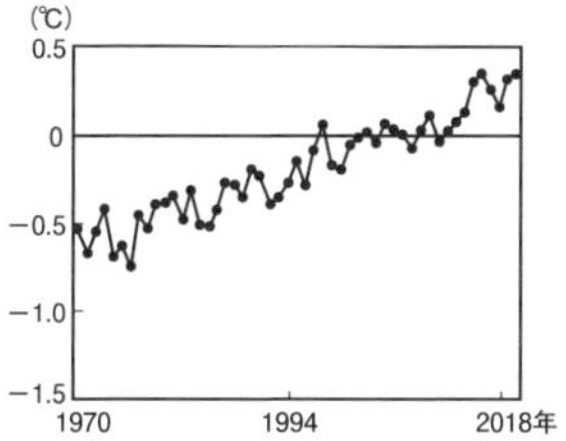

※1991年から2020年までの平均気温との差を示す。

〈資料Ⅱ〉世界の海面水位の変化と将来予測

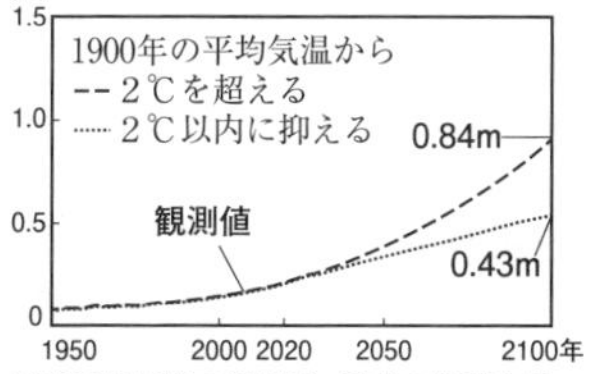

※2020年以降の数値は，将来の海面水位の変化を予測したものを示す。

〈資料Ⅲ〉世界の温室効果ガスの排出量の推移

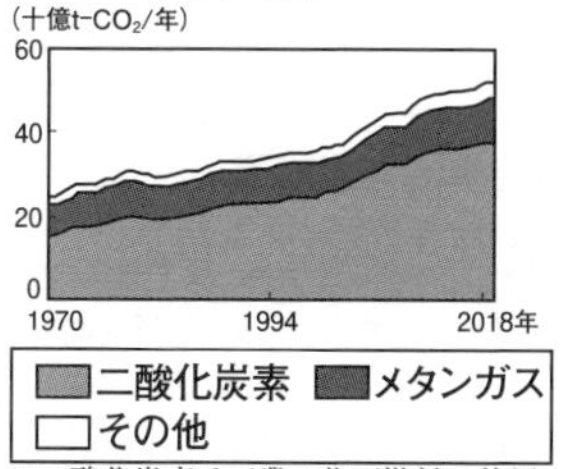

※二酸化炭素は工業や化石燃料の使用，メタンガスは牧畜（家畜）や稲作（水田）が主な排出源である。

（資料Ⅰ～Ⅲは，環境省ホームページ等から作成）

問1	

問２　洋子さんは，メモの下線部について調べ，考えたことをまとめた。〔　イ　〕には，あとの資料Ⅴから読み取れることを書け。また，〔　ウ　〕には，あなたができることを書け。

【考えたこと】

政府が，資料Ⅳのような取り組みを行う意義は，資料Ⅴから，1990年に比べ，2020年には，〔　イ　〕という課題を解決することにある。資料Ⅳ，Ⅴから，今の私にできることは，〔　ウ　〕ことだ。

〈資料Ⅳ〉政府が推奨する取り組みのロゴマークと内容

○　インターネットで，各家庭の二酸化炭素排出量や排出の原因を調べることができる。

○　専門の診断士から，各家庭に応じた二酸化炭素排出削減の対策についてアドバイスを受けられる。

（環境省ホームページから作成）

〈資料Ⅴ〉わが国の部門別二酸化炭素排出量の推移

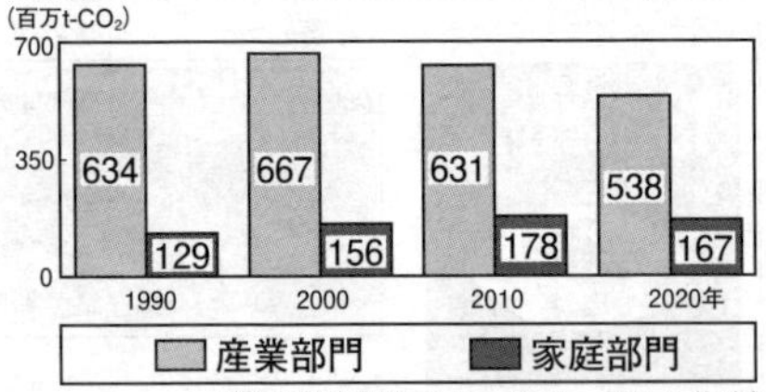

（国立環境研究所ホームページから作成）

問2	イ	
	ウ	

■令和５年度問題

6　下の□内は，由紀さんと健太さんが，「地域の活性化に向けて」というテーマで会話した内容の一部である。会話文を読み，各問に答えよ。

由紀：　わが国の人口について調べてみると，東京，（ア），名古屋の三大都市圏や地方の大都市を中心に人口が集中する一方，山間部や離島を中心に人口が減少しているところがあるね。人口の減少は教育や医療，防災などの地域社会を支える活動が困難になる過疎につながるよ。

健太：　そうだね。例えば，資料Ⅰから，全国と東京都の年齢別人口割合を比べると，東京都は，〔　イ　〕の割合が高いね。また，全国とA町を比べると，A町は，〔　ウ　〕の割合が高いことから，A町では，労働力が減少していくことが考えられるよ。課題の解決に向け，どのような取り組みを行っているのかな。

由紀：　A町では，資料Ⅱのような取り組みを行い，成果を上げているよ。資料Ⅱのような取り組みを行うことで，〔　エ　〕ができているのだね。

健太：　このような取り組みを他の地域でも進めていくために大事なことは何かな。

由紀：　地域の様々な立場の人たちが，協力して取り組んでいくことが大事ではないかな。そのことが，地域の活性化に結びつくと考えられるよ。

問1　会話文の（ア）にあてはまる語句を書け。

問2　会話文の〔　イ　〕，〔　ウ　〕にあてはまる内容を，資料Ⅰから読み取って書け。

問3　会話文の〔　エ　〕にあてはまる内容を，資料Ⅱ～Ⅳから読み取れることを関連づけて，「雇用」の語句を使って書け。

〈資料集〉

〈資料Ⅰ〉全国，東京都，A町の年齢別人口割合（2005年）

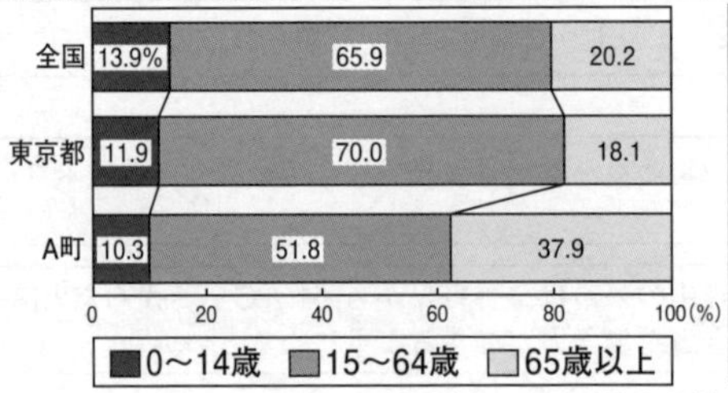

（総務省ホームページから作成）

〈資料Ⅱ〉2005年以降のA町での取り組み

○　商品開発や販売のため，町役場が中心となって出資し，企業を立ち上げる。

○　町役場や地元の漁師，農家が協力して，A町の海産物や農産物を使用した加工食品などの開発や生産を行い，地元の市場に出荷するだけでなく，直接，大都市の小売業者に販売する。

（内閣府ホームページから作成）

〈資料Ⅲ〉A町の加工食品などの商品の売上高の推移

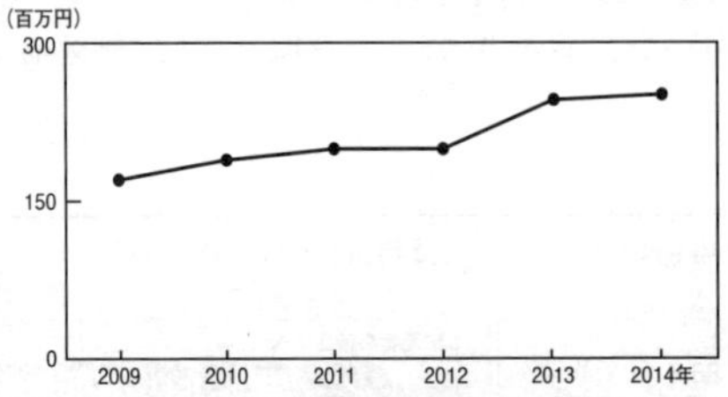

（関係地方公共団体資料から作成）

〈資料Ⅳ〉A町の農林漁業及び食料品製造業の事業所数と従業者数の変化

2009年の事業所数を1としたときの2014年の事業所数の割合	1.31
2009年の従業者数を1としたときの2014年の従業者数の割合	1.46

（総務省ホームページから作成）

問1				
問2	イ		ウ	
問3				

一

(2) 次は、『モモ』という作品に興味をもった野村さんが読んだ【『モモ』の文章の一部】である。これを読んで、後の各問に答えよ。句読点等は字数として数えること。

【『モモ』の文章の一部】

小さなモモにできたこと、それはほかでもありません、あいての話を聞くことでした。なあんだ、そんなこと、とみなさんは言うでしょうね。話を聞くなんて、だれにだってできるじゃないかって。

でもそれはまちがいです。ほんとうに聞くことのできる人は、めったにいないものです。そしてこのてんでモモは、それこそほかにはれいのないすばらしい才能をもっていたのです。

モモに話を聞いてもらっていると、きゅうに①まともな考えがうかんできます。モモがそういう考えをひきだすようなことを言ったり質問したりした、というわけではないのです。ただじっとすわって、注意ぶかく聞いているだけです。②その大きな黒い目は、あいてをじっと見つめています。するとあいてには、じぶんのどこにそんなものがひそんでいたかとおどろくような考えが、すうっとうかびあがってくるのです。

モモに話を聞いてもらっていると、どうしてよいかわからずに思いまよっていた人は、きゅうにじぶんの意志がはっきりしてきます。ひっこみじあんの人には、きゅうに目のまえがひらけ、③勇気が出てきます。不幸な人、なやみのある人には、希望とあかるさがわいてきます。たとえば、こう考えている人がいたとします。おれの人生は失敗で、なんの意味もない、おれはなん千万もの人間のなかのケチなひとりで、死んだところでこわれたつぼとおんなじだ、べつのつぼがすぐにおれの場所をふさぐだけさ、生きていようと死んでしまおうと、どうってちがいはありゃしない。この人がモモのところに出かけていって、その考えをうちあけたとします。するとしゃべっているうちに、ふしぎなことにじぶんがまちがっていたことがわかってくるのです。いや、おれはおれなんだ、世界じゅうの人間のなかで、おれという人間はひとりしかいない、だからおれはおれなりに、この世のなかでたいせつな者なんだ。

こういうふうにモモは人の話が聞けたのです！

（ミヒャエル・エンデ／大島かおり訳『モモ』による。一部改変）

問一　本文中に①まともな考え　とあるが、その具体的な例を本文中から一文で探し、初めの四字をそのまま抜き出して書け。

問二　本文中に②その大きな黒い目は、あいてをじっと見つめています。とあるが、「見つめています」という部分の文の働きと、次の1～4の══線を施した部分の文の働きが同じものを一つ選び、番号を書け。

1　今年も見事に咲いた、桜の花が。
2　彼はいつまでも追い続ける、壮大な夢を。
3　見つめた先に、一筋の光が差した。
4　やってみると、どんな困難も乗り越えられる。

問三　本文中の③勇気　と同じ構成の熟語を、次の1～4から一つ選び、番号を書け。

1　朗報　　2　往復　　3　決意　　4　尊敬

問四　本文中の　ふしぎ　の――線を施した部分に適切な漢字を当てるとき、ぎ　と同じ漢字を用いるものを、次の1～4から一つ選び、番号を書け。

1　講ぎを聴く。　　2　ぎ問を解決する。　　3　ぎ論を重ねる。　　4　特ぎを伸ばす。

問五　次の【A】、【B】は、『モモ』を読んだ野村さんが、印象に残ったことを短冊《たんざく》に書いた文字である。野村さんが、文字を書き直したときに気を付けたこととして適当なものを、次の1～5から全て選び、番号を書け。

【A】最初に書いた文字

【B】書き直した文字

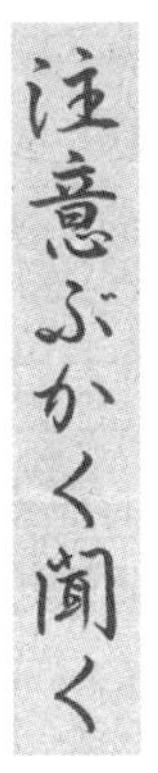

1　漢字を仮名よりも小さめに書くこと。
2　紙面の上下左右に余白を適度に取って書くこと。
3　直線的な点画で筆脈を意識して書くこと。
4　漢字の行書に調和する書き方で仮名を書くこと。
5　行の中心に文字の中心をそろえて書くこと。

二

(2) 次は、【文章】を読んで、車いすテニスに興味を持った東さんが調べた【資料】である。これを読んで、後の各問に答えよ。

【文章】

言葉を切ったその時、宝良の姿が（　）裏をよぎった。ポニーテールをひるがえし、手の皮が剝《む》けるまで車いすを走らせ、球を追ってテニスコートを駆けまわる宝良。

ああ、そうだ。23・77×10・97メートルのコート。あの場所でもっと宝良を自由にする車いすを作る。それが、わたしの夢だ。

【資料】

車いすテニスの主なルールと使用するコート

ルールと、使用するコートや道具は、一般のテニスとほとんど同じです。大きく異なるルールは、車いすを使用することを考慮して、「２バウンド以内の返球」が認められていることです。

また、車いすを操作する際には、臀《でん》部を浮かして球を打つこと、足を使ってブレーキや方向転換操作をすること、地面に足をつけることは禁止されています。

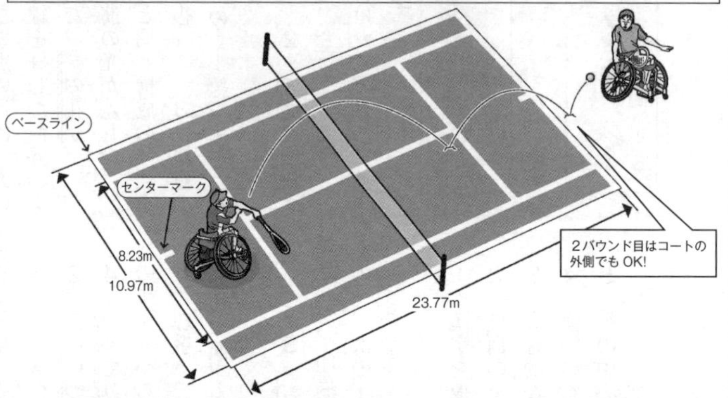
ベースライン
センターマーク
8.23m
10.97m
23.77m
2バウンド目はコートの外側でもOK!

競技用車いす

技術の結晶

使用する車いすは、競技のために、専用に作られたものです。車いすに乗った状態でプレーがしやすいように、様々な工夫が見られます。トップ選手の車いすは、シートの厚さや高さ、タイヤの角度、選手の体格などを考えて作られています。

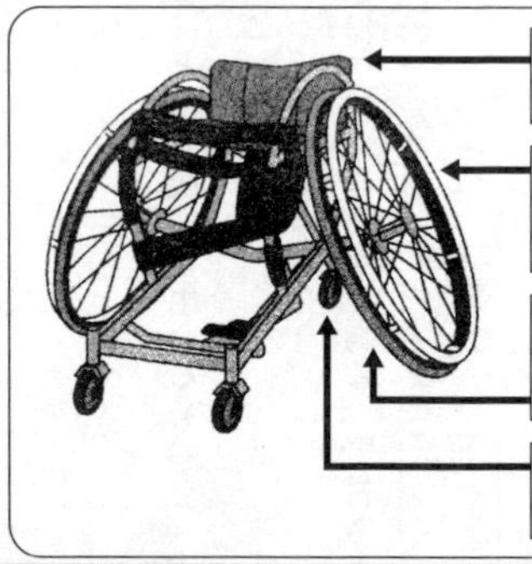
上半身を動かせるように、背もたれはありません。
「ハンドリム」を回すことによって、自分で車いすを動かすことができます。
「八の字」型に傾いているタイヤによって、素早いターンが可能になります。
転倒防止のための「キャスター」を装着しています。

（公益財団法人日本障がい者スポーツ協会「かんたん！車いすテニスガイド」を基に作成）

問一 【資料】を読むことで、【文章】の□の中のどのようなことが詳しく分かるか。次の１～５から全て選び、番号を書け。

１ 「ポニーテールをひるがえし」ながら宝良が体を傾けていたのはどの方向かということ。
２ 「手の皮が剝《む》けるまで」練習した宝良が操作していたのは「ハンドリム」だということ。
３ 「球を追って」とあるが、宝良が追っていた球の速さがどのくらいのものかということ。
４ 「駆けまわる」宝良が、実際の試合で、どのように動いて球を打ち返したかということ。
５ 「23・77×10・97メートルのコート」は、具体的にどのようなものなのかということ。

問二 【資料】の装着の漢字の読みを、平仮名で書け。

問三 【資料】の考慮の══線を施した漢字を楷書で書いたときの総画数と、次の１～４の══線を施した部分に、適切な漢字をあてて楷書で書いたときの総画数が同じものを、１～４から一つ選び、番号を書け。

１ 立派なこう績をあげる。　２ 親こう行する。
３ こう沢のある布を使う。　４ こう福を手に入れる。

問四 「兼用」の対義語を、【資料】の中から探し、そのまま抜き出して書け。

問五 【資料】の中で用いられている次の文字の、Ａの部分に表れている「点画の省略」という行書の特徴と同じ特徴が表れている部首を、次の１～４から一つ選び、番号を書け。

A

１ 貝（かいへん）　２ 扌（てへん）
３ 竹（たけかんむり）　４ 雨（あめかんむり）

問一	問二	問三	問四	問五

■令和2年度問題

一　次は、花子さんが【新聞記事の一部】を見て、祖父と話をしている場面である。これらを読んで、後の各問に答えよ。

【新聞記事の一部】

エスカレーター　歩かないやさしさ

思いやりのある乗り方を

今、エスカレーターの乗り方に関心が集まっている。急いでいない人は片側に立ち止まり、急ぐ人は反対側を歩くのが日常風景のエスカレーター。「立ち止まって、手すりにつかまって乗ろう。」と鉄道事業者や障がいのある人が呼び掛けている。エスカレーターを歩く人がいることにより、転倒などの事故がたえないうえに、障がいのある人にとっては、危険を感じさせるからだ。誰もが安全に利用できるような心遣いが必要である。

東京五輪・パラリンピックに向け見直しの気運が高まっている。

（西日本新聞による。一部改変）

祖父

祖父：この記事は，五輪・パラリンピックに向けて，「変わろう，変えよう」という雰囲気ができつつあるという一つの表れだね。

花子さん

花子さん：障がいのある人や外国から来た人など，いろいろな人に配慮して，誰もが安心して利用できる状況に変えたいな。

祖父：そうだね。多様性への理解と対応が求められているね。そのためには，いろいろな人の存在を価値あるものとして大切にすることが大事だよ。

問一　たえないに適切な漢字をあて、楷書で書け。なお、送り仮名は平仮名で正しく送ること。

問二　雰囲気の漢字の読みを、平仮名で書け。

問三　配慮の類義語を、【新聞記事の一部】から三字でそのまま抜き出して書け。

問四　祖父が話した価値あるものとして大切にすることの内容と同じ意味を表す語句を、漢字二字で楷書で書け。

問五　五輪の「輪」を楷書で書いた場合の総画数と、次の1～4の行書の漢字を楷書で書いた場合の総画数が同じものを一つ選び、その番号を書け。

1　衛　2　縮　3　熱　4　銅

■令和3年度問題

一

(2)　次は、【文章】と、【文章】に基づく【ポップの下書き】、【ポップを作成するためのメモ】である。北山さんの中学校の図書委員会では、読書週間の取り組みで、学校図書館の本を紹介するためのポップを作成している。次の【ポップの下書き】、【ポップを作成するためのメモ】を読んで、後の各問に答えよ。

【ポップの下書き】

私たちに必要な

一人の時間

「一人はかっこ悪い？」

この問いに、あなたはどう答えますか？

この本には、「一人はかっこ悪い」という感受性を克服して、意識改革をはかることの必要性が示されています。

「孤独」に対するイメージが変わります。

大切にしよう！　一人の時間を。

『「さみしさ」の力　孤独と自立の心理学』　榎本博明

【ポップを作成するためのメモ】

《工夫したい点》

1　呼びかけるような表現を用いることで、読み手に直接問いかける。

2　比喩を用いることで、難しい言葉を、分かりやすく伝える。

3　語順を入れ替えることで、強調したり、調子を整えたりする。

4　書体や字の大きさを変えて書くことで、見出しを目立たせる。

5　対照的な内容の語句を同じ組み立てで並べることで、印象を強める。

問一　【ポップの下書き】の孤独の漢字の読みを、平仮名で書け。

問二　【ポップの下書き】のはかるの―線を施した部分と、次の1～4の―線を施した部分に適切な漢字をあてるとき、【ポップの下書き】のはかると同じ漢字を用いるものを、1～4から一つ選び、番号を書け。

1　体重をはかる。　2　相手の気持ちをはかる。　3　問題の決着をはかる。　4　時間をはかる。

問三　下の文字は【ポップの下書き】の一部である。この文字の部首に表れている行書の特徴として最も適当なものを、次の1～4から一つ選び、番号を書け。

時

1　点画の変化　2　筆順の変化　3　点画の省略　4　点画の連続

問四　北山さんは【ポップを作成するためのメモ】を基に、【ポップの下書き】を見直した。《工夫したい点》で、取り入れていないことは何か。【ポップを作成するためのメモ】の1～5から全て選び、番号を書け。

漢字・語句

■平成30年度問題

一 次は、美香さんが二〇二〇年の東京オリンピック・パラリンピック競技大会の【大会ビジョン】を見て、祖父と話をしている場面である。これらを読んで、後の各問に答えよ。

【大会ビジョン】

スポーツには
世界と未来を変える力がある。

1964年の東京大会は日本を大きく変えた。2020年の東京大会は、
「すべての人が自己ベストを目指し（全員が自己ベスト）」、
「一人ひとりが互いを認め合い（多様性と調和）」、
「そして、未来につなげよう（未来への［ア］）」
を3つの基本コンセプトとし、史上最もイノベーティブで、
世界にポジティブな改革をもたらす大会とする。

（公益財団法人東京オリンピック・パラリンピック競技大会組織委員会ホームページによる。一部改変）

美香さん：2020年が楽しみだね。3つの基本コンセプトがあるんだね。私は同じホームページの続きに「共生社会」という言葉を見つけたよ。

祖父：みんなが共生できる社会はすばらしいね。1964年のオリンピックを見て，世界中がスポーツの感動を共有して，みんなが一つになったように感じたよ。その頃，東京では首都高速道路や東海道新幹線が開通するなどして，めざましく都市機能が発展し，世界に向けて戦後の［イ］をアピールできたんだよ。

美香さん：そうなんだね。2020年には，災害から［イ］している力強さを，世界に見せることができたらいいな。

問一 ［ア］に入る語句として、「未来につなげよう」に着目して考えた場合、最も適当なものを、次の1～4のうちから一つ選び、その番号を書け。

1 推進　2 統率　3 融合　4 継承

問二 ［イ］には「ふたたび盛んになること」という意味の語句が入る。その語句を漢字二字で、楷書《かいしょ》で書け。

問三 共生と同じ構成の熟語を、次の1～4のうちから一つ選び、その番号を書け。

1 投球　2 必着　3 善悪　4 清潔

問四 祖父が話した波線部～～の内容に近い状況を表す四字熟語として最も適当なものを、次の1～4のうちから一つ選び、その番号を書け。

1 日進月歩　2 大器晩成　3 一進一退　4 温故知新

問五 「多様性と調和」の「調」を楷書で書いた場合の総画数と、次の1～4の行書の漢字を楷書で書いた場合の総画数が同じものを一つ選び、その番号を書け。

1 録　2 演　3 照　4 権

問一　問二　問三　問四　問五

■平成31年度問題

一 次は、太郎さんが【ノーベル賞に関するホームページ】を見て、本庶《ほんじょ》 佑《たすく》さんのことを話題にしながら、祖母と話をしている場面である。これらを読んで、後の各問に答えよ。

【ノーベル賞に関するホームページ】

ノーベル賞2018　医学・生理学賞　本庶佑さん

ノーベル医学・生理学賞の受賞者に、京都大学特別教授の本庶佑さんが選ばれました。本庶さんは、免疫の働きを抑えるブレーキ役となる物質を発見し、がんに対して免疫が働くようにする新たな治療薬の開発などに貢献しました。

（NHK NEWS WEB「まるわかり　ノーベル賞　2018」による。写真は，文部科学省ホームページ　平成25年度 文化勲章受章者による。一部改変）

太郎さん：本庶さんは，研究に没頭して素晴らしい功績を残されたんだね。難しい研究をしている多くの人に［ア］を与える受賞になったんじゃないかな。

祖母：そうだね。特に医療の分野において、新たな［ア］の光が差してきたといえるね。

問一 没頭の漢字の読みを、平仮名で書け。

問二 働きの品詞と、次の1～4の――線を施した語の品詞が同じものを一つ選び、その番号を書け。

1 その人に初めて会ったのは、小学生のときだった。
2 彼女は、とても気さくな人なので、話しやすい。
3 元気でいてくれることが、なによりの喜びである。
4 壁に飾られている絵画から、温かみが感じられる。

問三 貢献の類義語として最も適当なものを、次の1～4のうちから一つ選び、その番号を書け。

1 介入　2 寄与　3 躍動　4 直結

問四 ［ア］には、「将来への明るい見通し」という意味の語句が入る。その語句を漢字二字で、楷書で書け。

問五 開発の「開」を楷書で書いた場合の総画数と、次の1～4の行書の漢字を楷書で書いた場合の総画数が同じものを一つ選び、その番号を書け。

1 翌　2 暖　3 勤　4 種

問一　問二　問三　問四　問五

■令和4年度問題

四　狂言とは、六百年以上の歴史を持つ日本の伝統芸能で、滑稽なせりふやしぐさを中心に演じる劇である。次は、F市で開催を予定している中学生対象の「狂言体験教室」について、多くの中学生に興味を持ってもらうために、市役所の担当者が作成中の【ポスター】である。これを見て、後の問に答えよ。

【ポスター】

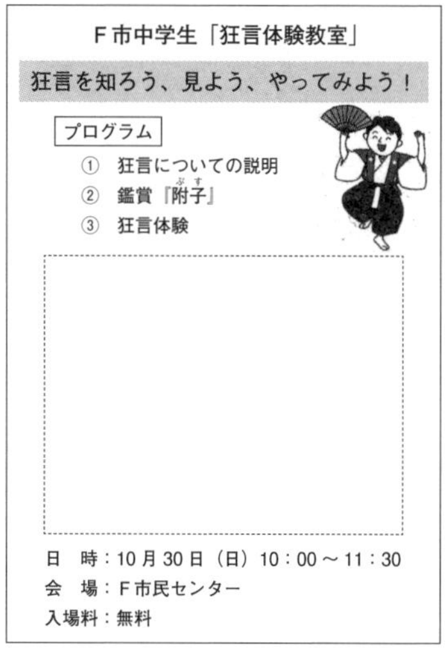
F市中学生「狂言体験教室」
狂言を知ろう、見よう、やってみよう！
プログラム
①　狂言についての説明
②　鑑賞『附子《ぶす》』
③　狂言体験
日　時：10月30日（日）10：00～11：30
会　場：F市民センター
入場料：無料

【案】

A

『附子』主人と家来の知恵くらべ！
あおげ、あおげ
あおぐぞ、あおぐぞ
太郎冠者《かじゃ》
次郎冠者
この話の主人は「砂糖」を猛毒「附子」だとうそをつき，外出します。留守番の二人の家来は砂糖だと知り，全部食べてしまいます。さて，二人は主人にどのような言い訳をしたのでしょうか？
続きは体験教室で！

B

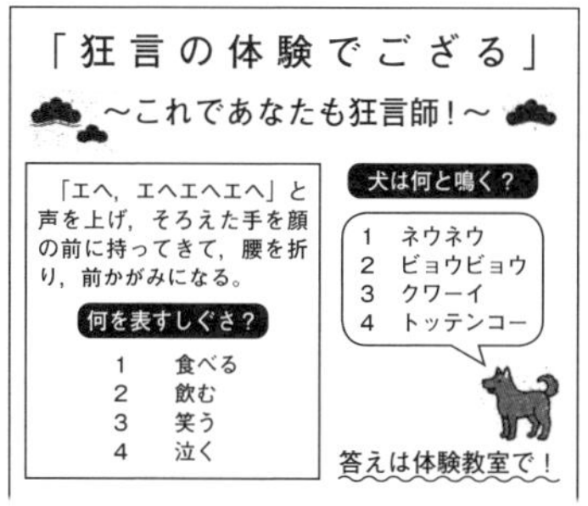
「狂言の体験でござる」
～これであなたも狂言師！～
「エヘ，エヘエヘエヘ」と声を上げ，そろえた手を顔の前に持ってきて，腰を折り，前かがみになる。
何を表すしぐさ？
1　食べる
2　飲む
3　笑う
4　泣く
犬は何と鳴く？
1　ネウネウ
2　ビョウビョウ
3　クワーイ
4　トッテンコー
答えは体験教室で！

問　【ポスター】の空白部分［　］の内容として、右の【案】AとBについて、中学生の考えを聞かせてほしいと、市役所の担当者から中学校に依頼があった。あなたならどのような考えを伝えるか。次の条件1から条件3に従い、作文せよ。

条件1　文章は、二段落構成とし、十行以上、十二行以内で書くこと。（一行20マス）

条件2　第一段落には、【案】AとBのそれぞれのよさに触れた上で、どちらの案を選ぶか（どちらを選んでもかまわない。）、あなたの考えを書くこと。

条件3　第二段落には、第一段落を踏まえ、あなたが選んだ案について、さらに工夫できることを考えて、理由とともに書くこと。

■令和5年度問題

四　森さんの学級では、次の【資料】を基に、言葉や言葉の使い方について考えを述べることになった。あなたならどのような考えを述べるか。【資料】を読んで、後の条件1から条件3に従い、作文せよ。

【資料】

Ⅰ　あなたは，言葉や言葉の使い方について，社会全般で，課題があると思いますか。それとも，そうは思いませんか。（一つ回答）

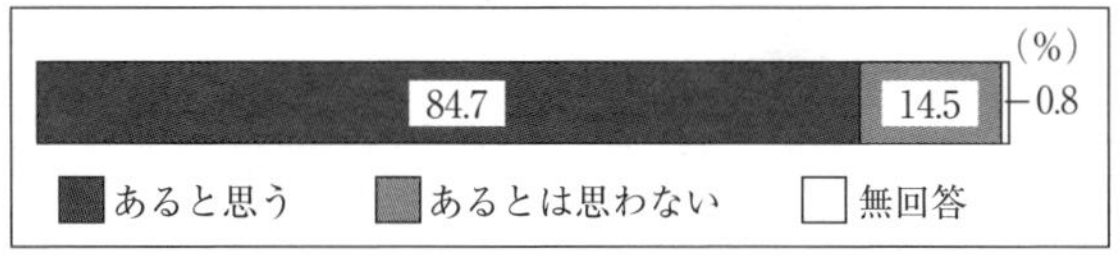
（%）
84.7
14.5
0.8
あると思う
あるとは思わない
無回答

Ⅱ　（Ⅰで「あると思う」と答えた人に対して）
社会全般で，どのような課題があると思いますか。（幾つでも回答）

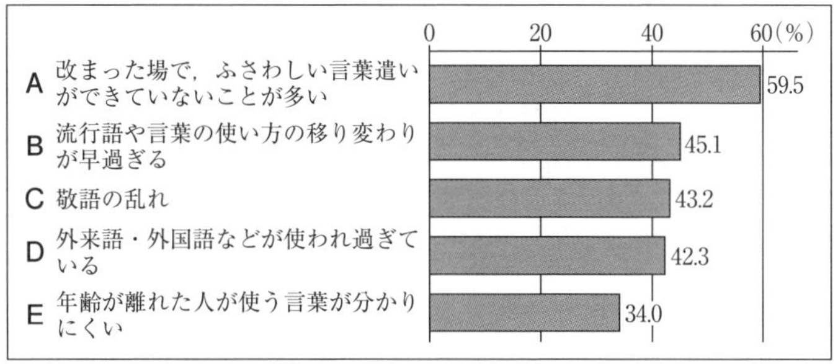
0
20
40
60（%）
A　改まった場で，ふさわしい言葉遣いができていないことが多い　59.5
B　流行語や言葉の使い方の移り変わりが早過ぎる　45.1
C　敬語の乱れ　43.2
D　外来語・外国語などが使われ過ぎている　42.3
E　年齢が離れた人が使う言葉が分かりにくい　34.0

Ⅲ　あなたは，言葉や言葉の使い方について，自分自身に，課題があると思いますか。それとも，そうは思いませんか。（一つ回答）

（%）
67.6
31.5
0.9
あると思う
あるとは思わない
無回答

Ⅳ　（Ⅲで「あると思う」と答えた人に対して）
自分自身に，どのような課題があると思いますか。（幾つでも回答）

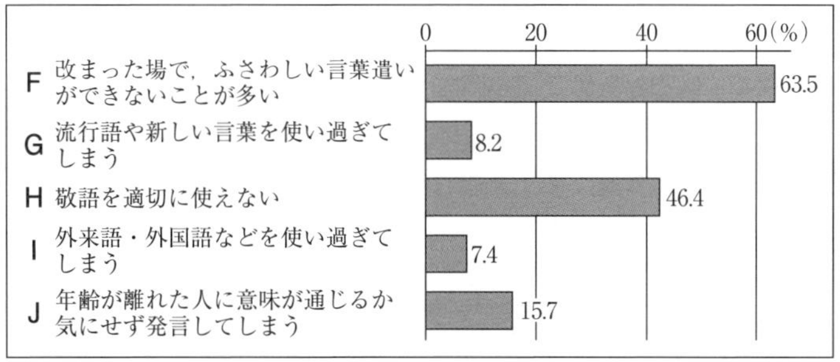
0
20
40
60（%）
F　改まった場で，ふさわしい言葉遣いができないことが多い　63.5
G　流行語や新しい言葉を使い過ぎてしまう　8.2
H　敬語を適切に使えない　46.4
I　外来語・外国語などを使い過ぎてしまう　7.4
J　年齢が離れた人に意味が通じるか気にせず発言してしまう　15.7

（16歳以上を対象に文化庁が実施した「令和3年度『国語に関する世論調査』」の結果を基に作成）

条件1　文章は、二段落構成とし、十行以上、十二行以内で書くこと。（一行20マス）

条件2　第一段落には、【資料】のⅡのA～Eの各項目から一つ、ⅣのF～Jの各項目から一つ選び（どれを選んでもかまわない。）、選んだ二項目を比較して分かることと、それについてあなたが考えたことを書くこと。なお、選んだ二項目は、A～Jの記号で示すこと。

条件3　第二段落には、第一段落を踏まえ、自分自身の言葉や言葉の使い方についてあなたが大切だと考えることを一つ挙げ、自分の知識や経験と結び付けて書くこと。

■令和2年度問題

五 田辺さんの中学校では、毎年五月に行われる体育大会に、地域の方々を招待している。田辺さんの学級は、学習指導のボランティアの方々への案内を担当することになり、相手に伝えるときに大切にしたいことや、伝える手段などについて話合いが行われた。次は、話合いを記録したメモ、**【資料1】**は「相手に伝えるときに大切にしたいこと」についての意見、**【資料2】**は学級で考えた伝える手段の特徴である。これらを読んで、後の**問**に答えよ。

話合いを記録したメモ

〈案内の対象〉
学習指導をしてくださるボランティアの方々

〈案内の時期〉
体育大会1か月前

〈伝える手段〉
手書きの手紙，電子メール，電話，訪問

〈用意した資料〉
プログラム表
※資料は，手紙や電子メールで送付したり，直接渡したりできる。

〈伝える内容〉
・日時：5月16日（土）9時開会
・見所：応援合戦11時から

【資料1】「相手に伝えるときに大切にしたいこと」についての意見

中川さん
私は，具体的に詳しく伝えることを大切にします。

山下さん
私は，気持ちを込めて伝えることを大切にしたいです。

上田さん
私は，要点を簡潔に伝えることを大切にしたいです。

本村さん
私は，伝わったかどうかをしっかり確認しながら伝えることを大切にします。

【資料2】学級で考えた伝える手段の特徴

	手書きの手紙	電子メール	電話	訪問

情報のやりとり	返信があれば，必要な情報をやりとりできる。	返信があれば，必要な情報を素早くやりとりできる。	その場で，会話を通して，必要な情報をやりとりできる。	その場で，表情を見ながら，必要な情報をやりとりできる。
相手の状況	相手の都合のよいときに見ることができるが，見たかどうかの確認ができない。	相手の都合のよいときに見ることができるが，見たことの確認ができない場合もある。	相手の都合に合わせる必要があるが，確実に伝えることができる。	事前に相手の都合を確認する必要があるが，確実に伝えることができる。

問 田辺さんは、相手に伝えるときに大切にしたいことや、伝える手段について考えている。あなたなら、どのように考えるか。次の**条件1**から**条件3**に従い、作文せよ。

条件1 文章は、二段落構成とすること。

条件2 第一段落には、あなたが相手に伝える際に最も大切にしたいことを、**【資料1】**から一つ選び、その理由を書くこと。

条件3 第二段落には、第一段落を踏まえ、あなたの伝えたいことを最も効果的に伝えることができる手段を、**【資料2】**から一つ選び、その理由を書くこと。

■令和3年度問題

四 林さんの学級では、食品ロスの問題について、**【資料1】**と**【資料2】**を基に学習している。**【資料3】**は、学習の際に出た友達の意見である。これらを読んで、後の**問**に答えよ。

【資料1】食品ロス削減についてのポスター

（福岡《おか》県啓発用ポスター　一部改変）

【資料2】学習で用いる資料の一部

まだ食べられるのに捨てられてしまう食品のことを「食品ロス」といいます。日本では年間612万トンの食品ロスが発生しています。
年間一人当たりの食品ロス量は，48kgにもなります。これは，毎日，お茶碗《わん》約一杯《ぱい》分の食品を捨てていることと同じです。

《食品ロス削減のポイント》

A　食品の期限表示を確認する
※　消費期限：食べても安全な期限
賞味期限：おいしく食べることができる期限
B　買い物，料理，食事をするときの量を考える
C　保存や調理の方法を工夫する

（消費者庁及び福岡県啓発用パンフレットを基に作成）

【資料3】「食品ロス削減のために自分にできること」についての意見

大木さん
食べる前に，全部食べることができる量なのかを考えて，料理を取り分けるようにしたいです。

平山さん
どのくらいの食べ物が必要か，いつ食べるのかなどを考えて，買うようにしたいです。

西田さん
調理の前に，食べる人の体調や人数を考えて，料理が余らないように，食材を準備したいです。

問 林さんは友達の意見を聞きながら、「食品ロス削減のために自分にできること」を考えている。あなたなら、どのように考えるか。次の**条件1**から**条件3**に従い、作文せよ。

条件1 文章は、二段落構成とすること。

条件2 第一段落には、**【資料3】**から共感できる人物（誰を選んでもかまわない。）を一人選び、その理由を**【資料1】**の◯の中にある三つの言葉のうち、一つを用いて書くこと。

条件3 第二段落には、第一段落を踏まえ、あなたが考える自分にできることを、**【資料2】**の**《食品ロス削減のポイント》**のA～Cのうち一つと関連付けて書くこと。なお、関連付けたポイントは、A～Cの記号で示すこと。

■平成30年度問題

五　F中学校では、全校生徒で取り組んでいる生徒会活動のよさを伝える言葉として、今年度のF中学校生徒会キャッチフレーズを募集し、決めることになった。次は、募集にあたり配付された【資料】である。これを読んで、後の問に答えよ。

【資料】（表）

F中学校生徒会キャッチフレーズを考えよう！

私が考えるF中学校生徒会キャッチフレーズ
※Aにはあなたが考えたキャッチフレーズを書きましょう。

A

■1と2を読んで，F中学校生徒会キャッチフレーズを考えましょう。

1　特色ある生徒会活動

○　朝のあいさつ運動
地域の方が始めた声かけ運動に，生徒会が合流した。毎朝，地域の方と一緒にあいさつをしている。

○　全校合唱
昭和５０年に生徒会役員が中心となり始まった。地域の方を招いての合唱コンクールに向けて，１０，１１月に，帰りの会後，練習している。

○　花いっぱい運動
生徒の呼びかけで始まった。季節ごとに地域の方と，学校の周りに花を植えている。

【資料】（裏）

2　F中学校のよさについてインタビューした内容

質問「F中学校のよいところはどこだと思いますか。」

地域の方

笑顔で元気にあいさつをする生徒が多いところですね。毎朝，あいさつをするときに，皆さんはいつも私たちにあたたかく接してくれるので，参加するのが楽しみです。

卒業生

全校で歌う伝統がずっと続いていることです。よりいっそう一体感を感じられるような合唱を目指して，学校が一つになることを期待しています。

校長先生

地域の方と花を植えるときなど，協力し合って取り組むことができるところです。みんなで声をかけ合って作業する姿がとてもすがすがしいです。

問　キャッチフレーズを決めるにあたり、各学級で生徒一人一人が自分の考えたキャッチフレーズについて発表する。あなたならどのようなことを発表するか。後の**条件1**から**条件3**に従い、解答の最初と最後に示している文につながるように、発表原稿を書け。

条件1　文章は、二段落構成とすること。ただし、解答の最初と最後に示している文は、段落には含まない。

条件2　【資料】を参考にして考えたキャッチフレーズを【資料】（表）のAに書いた上で、第一段落には、そのキャッチフレーズにした理由を、【資料】の中の1と2のそれぞれから必要とする情報を取り上げ、それらを結び付けて書くこと。

条件3　第二段落には、あなたの考えたキャッチフレーズの表現のよさについて書くこと。

私が考えるF中学校生徒会キャッチフレーズは、「A」です。

これで発表を終わります。

■平成31年度問題

五　F中学校では、毎年、F幼稚園の幼児とのふれ合い活動を行っている。左の【資料1】は中学校から配布された資料の一部、【資料2】は幼稚園から配布された資料の一部である。これらを読んで、後の**問**に答えよ。

【資料1】

〔幼児とのふれ合い活動〕

〈活動名〉
「秋を見つけよう」

〈目的〉
・幼児に，季節を感じるものを見つける喜びを味わってもらう。
・幼児に，身近な植物などへの関心をもってもらう。
・幼児に，友達と一緒に活動する楽しさを感じてもらう。

〈内容〉
秋を感じるものを探す。
（様々な色の木の葉，どんぐり，松ぼっくり，すすき，いちょう，コスモスなど。）

（昨年度の活動の様子）

【資料2】

〔F幼稚園の幼児について〕
・自分でできたり考えてやり遂げたりしたことを，ほめられたり認められたりすると，達成感を味わい自信をもって行動しようとする。
・自分がしていることや言ったことについて問いかけられると，自分の言葉で答えようとしたり，興味をもって行動しようとしたりする。
・生命の不思議さや尊さに気付くと，命あるものを思いやり，大切にしようとする気持ちをもって関わろうとする。

問　「秋を見つけよう」という活動を行うにあたり、グループ内で、幼児にかける言葉についての考えを述べ合うことになった。あなたならどのようなことを述べるか。次の**条件1**から**条件3**に従い、作文せよ。

条件1　文章は、二段落構成とすること。

条件2　第一段落には、「秋を見つけよう」という活動において、幼児に対して、どのような場面で、どのような言葉をかけるかを、【資料1】、【資料2】を参考にして具体的に書くこと。

条件3　第二段落には、第一段落で書いた言葉をかける理由を、【資料1】の〈目的〉、【資料2】のそれぞれから必要とする情報を取り上げ、それらと結び付けて書くこと。

課題作文

題名と氏名は書かず、原稿用紙の正しい使い方に従い、十行以上、十二行以内で書くこと。なお、数値を原稿用紙に書く場合は、下の例にならうこと。

例　34 . 5 %

■平成28年度問題

四　太郎さんと花子さんは、国語の授業で、批評する文章を書く学習をしている。次は、**【授業中の一場面】**、**【選挙に関する資料】**、**【選挙啓発のポスター】**である。これらを読んで、**条件1**から**条件3**に従い、作文せよ。

【授業中の一場面】

先生　皆さんは、効果的なポスターとはどのようなものだと思いますか。

太郎　目的や相手を意識して描かれたポスターだと思います。

花子　私は、表現の仕方に様々な工夫がなされているものだと思います。

先生　そうですね。二人とも、とても大切なことを述べてくれました。この**【選挙に関する資料】**を見てください。これは３年ごとに行われる参議院議員通常選挙に関する資料です。この資料をもとに、**【選挙啓発のポスター】**が描かれました。

　さて、**【選挙に関する資料】**からは、選挙における投票について様々な課題が読み取れますね。そのような課題の解決を図る上で、あなたなら、**【選挙啓発のポスター】**のAとBの２枚のうち、どちらがより効果的だと考えますか。

【選挙に関する資料】

参議院議員通常選挙における年代別投票率（抽出）の推移

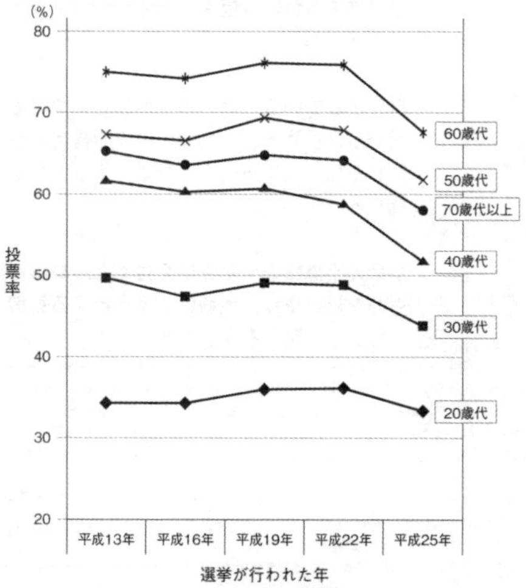

総務省「国政選挙の年代別投票率の推移について」から作成

【選挙啓発のポスター】

A

B

条件1　文章は、二段落構成とすること。

条件2　第一段落には、**【選挙に関する資料】**を見て、選挙における投票について課題として挙げられることを書くこと。

条件3　第二段落には、第一段落で挙げた課題の解決を図る上で、あなたなら、**【選挙啓発のポスター】**のAとBの二枚のうち、どちらがより効果的だと考えるか（どちらのポスターを選んでもかまいません。）、あなたの考えを理由とともに書くこと。

■平成29年度問題

四　吉田さんが通う中学校では、地域を清掃する「クリーン活動」を行っている。美化委員長の吉田さんは、初めて参加する一年生に向けて、スライドや動画を用いてプレゼンテーションをすることになった。次は、プレゼンテーションの際に使用する**【進行ノートの一部】**と**【動画の四場面】**である。これを踏まえて、後の問に答えよ。

【進行ノートの一部】

スライド ※1から3の順に説明する。	説明事項等
	・始めの言葉
スライド1 **目　的** 地域の方々と一緒に自分たちが住む町をきれいにする！	・地域の方々と協働作業を行うこと。 ・活動中は、地域の方々と積極的にコミュニケーションをとること。 （5分）
スライド2 	・ゴミが捨てられている場所は？ →駅前、公園等 ・どのようなゴミが捨てられている？ →ビン、カン等 （5分）
スライド3 **活動について** (1)手順　回収➡分別➡道具の整理 (2)分担　1組 駅前　2組 公園 (3)分別の仕方 燃えるゴミ、燃えないゴミ、ペットボトル、ビン、カン	・分別の際には、ゴミの種類を確認すること。 ・道具は汚れを落として返却すること。 （5分）
	・終わりの言葉

（注）スライド…プレゼンテーションのときに用いる画像資料。

【動画の四場面】

問　吉田さんは、スライドを用いてプレゼンテーションを行う中で、昨年度の「クリーン活動」の様子をまとめた三分間の動画を、左の**〈動画を流すタイミング〉**のAかBで流したいと思っている。あなたなら、どちらのタイミングで動画を流すか、**条件1**から**条件3**に従い、作文せよ。

〈動画を流すタイミング〉

A	スライド1の説明のとき
B	スライド3の説明のとき

条件1　文章は、二段落構成とすること。

条件2　第一段落には、説明や発表をする際に、映像資料（動画や写真など）を活用することのよさについて書くこと。

条件3　第二段落には、AとBのどちらのタイミングで動画を流すか、あなたの考えを示し（どちらのタイミングを選んでもかまいません。）、**【進行ノートの一部】**に書かれている内容と結び付けて、そのタイミングで流す理由を具体的に書くこと。

——慈悲。

この仏にふさわしい形容を何日も思いあぐねた末、潔はこの二字に帰着した。格別に美しいわけではない。技巧に秀《ひい》でているでもない。けれどもこの仏は温かい。とこしえの慈《いつく》しみをその目に、唇にたたえている。

どうすればこんな面が彫れるのか？ 恐らくは偶然だ。どんな仏師も一生に一度くらいは己を超えた面を彫る。けれどもそこで刀を置くことができずにさらなる手を加え、なにもかもだいなしにしてしまう。しかし、この仏師は踏みとどまった。自らの手が成したとはとうてい思えないなにかを宿らせた仏と向かいあう怖気《おじけ》に耐えぬいた。その恐るべき胆力に潔は感謝した。何百年も前に奇跡を起こした彼のおかげで、自分は今、この仏にこれほどまでに慰められている。

③感謝しながらも、しかし一方で猛然と嫉妬した。たいした腕もなく、儀軌《ぎき》にもうとく、真手《まて》の印相《いんぞう》を誤るようなへまをやらかす仏師への羨望《せんぼう》に苛《さいな》まれた。恐らくは生涯パッとせず、歴史になんの名も残さずに消えた貧乏仏師。しかしなにはともあれ、彼はこのような仏像を、少なくとも一体はこの世に遺《のこ》したのだ。

「俺にはそれができなかった」

いつの日からか、暗く湿った堂内でひとり、胴から上を横たえた不空羂索像に語りかけるのが潔の日課と化していた。

「俺には、魂を宿すに値する仏が、どうしても彫れなかった」

美大で彫仏を学んでいた当時をふりかえるたび、潔はそれこそ魂を抜かれた器のようになる。

大学での潔は優秀だった。彼が彫りあげた木像はいずれも高い評価を得た。巧みでなめらかな刀さばきは他学生の追随を許さず、教師陣からも特別視されていた。どいつもこいつも騙《だま》されやがって……と、しかし、潔はほめられるたびに憤《いきどお》っていたのだ。

「俺はたしかに巧《うま》い。器用だ。見目のいい、つるつるの像を彫る。だが、それだけだ。俺だけは俺に騙されなかった」

新たな像に着手するたびに潔は懊悩《おうのう》し、完成させるたびに落胆した。その絶望の深さを知るのもまた自分だけだった。大学二年の秋、潔は突然、大学に退学届《とどけ》を提出した。仏像修復師として働く松浦の姿をとある雑誌の記事で目にしたのは、失意の冬の只中《ただなか》のことだ。

潔はただちに京都へ駆けつけた。両親に無断で大学をやめた彼はいずれにしても勘当同然の身の上だった。

「これだ、と思った。俺は仏師にはなれない。なにかがどうしても足りない。しかし、修復師として仏像に携わることならできる」

子供の頃から乗り物よりも怪獣よりも仏像に心惹かれた彼に残された、それが最後の砦《とりで》だった。

「この手で仏像を彫れないのなら、どこかの誰かが彫った仏像をこの手で救いたい。劣化した木材。風化した彫刻。みじめな仏をこの手で原型の——いや、原型以上の美しい姿にしてやりたい」

仏師への道に挫折した自らのみじめさを、潔は知らずしらず眼前の仏に重ねている。

梵鐘《ぼんしょう》びいきの村人どもからこけにされている不空羂索——。

「俺が直してやる。どこのどいつよりも美しい像にしてやる。誰もが地面にひれ伏して拝まずにいられない最高の仏に……」

心からの哀れみをこめてつぶやくときだけ、潔はこの超越的存在を超越したかのような、④罰当たりな錯覚に酔いしれるのだ。

「直してやる。俺が。完璧に。必ずこの手で……」

その錯覚は彼に言いしれぬ感動を与えた。時として彼は唇を震わせ、時として瞳に涙した。

憎悪《ぞうお》すべきは鐘の音だった。

どこかの誰かがいたずらに鐘を鳴らすたび、潔の感動は断ち切られる。そして⑤漆にかぶれた肌のむず痒《がゆ》さを思いだし、血まみれになるまで掻《か》きむしりたくなるのだ。

（森絵都『鐘の音』による。一部改変）

（注）儀軌…仏教における、図像に関する規則。　真手…両手。　印相…仏像の手と指で作る形。　美大…美術大学の略。
懊悩…悩み苦しむこと。　梵鐘…寺院で用いるつりがね。

問一　本文中の①面《おもて》と同じ意味の語句を、別の漢字一字で書け。

問二　本文中の②それの指すものとして最も適当な語句を、本文中から二字で探し、そのまま抜き出して書け。

問三　次の□中の文は、本文中の③感謝しながらも、しかし一方で猛然と嫉妬したについて、潔が何に感謝し、嫉妬したかをまとめたものである。ア に入る内容を本文中から六字で探し、そのまま抜き出して書け。また、イ に入る内容を、十字以上、十五字以内でまとめて書け。

> 目の前の仏像に慰められるのは、「名もない一仏師」が「ア」をもっていたおかげだと考えた潔は、その仏師に感謝しつつも、自分にはできなかった イ を偶然にも成し得たことに激しく嫉妬したと読み取れる。

問四　本文中に④罰当たりな錯覚とあるが、具体的にはどのようなことか。二十五字以上、三十五字以内で考えて書け。

問五　本文中に⑤漆にかぶれた肌のむず痒《がゆ》さを思いだし、血まみれになるまで掻《か》きむしりたくなるのだとあるが、ここから読み取れる潔の気持ちを、解答欄の下の「気持ち。」という語句に続くように、二十五字以上、三十五字以内で考えて書け。

問一

問二

問三　ア　イ

問四

問五

気持ち。

言葉を切ったその時、宝良の姿が（　）裏をよぎった。ポニーテールをひるがえし、手の皮が剝《む》けるまで車いすを走らせ、球を追ってテニスコートを駆けまわる宝良。

ああ、そうだ。23・77×10・97メートルのコート。あの場所でもっと宝良を自由にする車いすを作る。それが、わたしの夢だ。

長机の上で手を重ねた藤沢由利子が、親愛のこもったほほえみを浮かべた。

「私たちも、そんな車いすを作りたいと常に願っています。藤沢の車いすを必要としてくれるすべての人のために」

この面接から三日後、自宅に藤沢製作所の社名入りの封筒が届いた。

百花は震える指で封を開け、採用通知を見た時、玄関先の郵便受けの前で泣いた。

〈阿部暁子『パラ・スター〈Side《サイド》 百花〉』（集英社文庫）による。一部改変〉

（注）インターハイ…全国高等学校総合体育大会のこと。　チェアワーク…車いす操作。　グレード…等級。
チェアスキル…車いす操作の熟達した技術。　ブリッジ…眼鏡の左右のレンズをつなぐ部分。

問一　本文中に（　）裏とあるが、「頭の中」という意味の二字熟語になるように、（　）に当てはまる漢字を楷書で書け。

問二　本文中の═線を施したａ～ｃの「あなた」のうち、指し示す人物が異なるものを一つ選び、記号を書け。また、選んだ記号の人物が誰を指すのかを本文中から探し、そのまま抜き出して書け。

問三　次の［　］の中は、本文中の①百花は頭がまっ白になってしまった。について、その理由を整理したものである。［Ⅰ］に当てはまる内容を、十字以上、十五字以内でまとめて書け。ただし、体言止めを用いて書くこと。

・予想外の質問
・［　Ⅰ　］
・こちらを見据えた小田切の視線への気づき
→ 百花は頭がまっ白になってしまった。

問四　次の［　］の中は、本文中の②『いい車いす』とは、どんなものだと思いますか？の前後における描写についてまとめたものである。［ア］、［イ］に入る内容を本文中から探し、［ア］は七字で、［イ］は十一字で、それぞれ本文中からそのまま抜き出して書け。また、［ウ］に入る内容を、二十字以上、二十五字以内で考えて書け。ただし、**実現** という語句を必ず使うこと。**実現** については、活用させてもよい。

「［ア］」から、動揺せず、安心して自分の考えを述べてほしいという由利子の思いが読み取れる。その思いを感じ取った百花は、自分の考えを全力で由利子に伝えた。百花の言葉を聞いた後のより温かみのある「［イ］」からは、［ウ］という百花の考えが、由利子の常に願っていることと合致したことが読み取れる。

問五　本文の構成や表現の特徴を説明した文として最も適当なものを、次の**1**～**4**から一つ選び、番号を書け。

1　回想の場面と現在の場面とを交互に描くことによって、車いす作りに対する百花の今後の夢を明確に述べている。
2　短文を連続して用いることで、緊張して面接に臨みつつも、質問に間髪をいれず答える百花の姿を強調している。
3　比喩と反復の表現を多用することによって、登場人物の言動を強調するとともに百花の人物像を際立たせている。
4　様々な登場人物の会話文を入れたり、百花の心の声を地の文で述べたりすることで、面接の臨場感を表している。

問一 ［　］裏
問二 記号［　］ 人物［　］
問三 ［10］［15］
問四 ア［　］ イ［20］ ウ［25］
問五 ［　］

■令和5年度問題

二　次の文章を読んで、後の各問に答えよ。句読点等は字数として数えること。

【ここまでのあらすじ】仏像修復師である潔《きよし》は、この仕事をしてもう十三年にもなるが、接着剤として修復に用いる漆にいまだにかぶれてしまう。潔が修復作業のため訪れた玄妙寺《げんみょうじ》には、不空羂索《ふくうけんじゃく》観音像が本尊として安置されており、その仏像に、潔は強く惹《ひ》きつけられた。

孤独が潔をいよいよ仏へ引きよせた。御魂《みたま》は抜いてあるから、仏に功力《くりき》はない。しかし解体され、手足とばらばらに横たえられた不空羂索の①面《おもて》を見ていると、そこにはたしかに、ついこのあいだまで宿っていたなにかのぬくみを感じるのだ。人間の魂によく似たなにか。けれども遥《はる》かに強力で、永遠に損なわれることはない。

どんな仏像にでもそれがあるというわけではなかった。むしろそんな例はごく稀《まれ》だ。ましてやこの不空羂索ほどの強烈な吸引力を前にしたのは初めてのことだった。

彫仏の巧拙。像容の美醜。木質の優劣。そんなものは問題ではなかった。芸術品としての価値からすれば、玄妙寺の不空羂索には見るべきものがない。恐らくは名もない一仏師が、ちょっとめずらしい仏を彫ってやろうと一念発起し、見よう見まねで不空羂索に挑んでみせたのだろう。計算不足のせいか全体のバランスが悪く、台座や光背にも手抜きが見てとれる。納衣《のうえ》の彫りかた一つをとっても青臭く、刀さばきの至るところに生硬さがうかがえる。

にもかかわらず、この像には②それがあった。

仏として人間に仰がれるに足るなにか。

仏として人間を慰むるに足るなにか。

問四　次の［　　］の中は、本文を読んだ池田さんと中川さんと先生が、少年の心情について会話をしている場面である。

池田さん　「帰り、ひょっとしたら、ちょっと遅くなるかもしれない」という会話や、「両手で拝んで頼む」という行動から、河野さんのバスに乗りたいという少年の思いが読み取れるよ。河野さんのバスに乗るのを嫌だと思っていたのにね。
中川さん　そうだね。［ア］かもしれないことに対する少年の不安や悲しみの思いを受け止め、回数券を使わなくていいようにしてくれた河野さんに、少年は［イ］の気持ちを伝えたかったんだろうな。
池田さん　そうだよね。少年は［イ］の気持ちを回数券に書いて伝えることも、河野さんから言われたことを守ってバスに乗ることもできて、「バスが走り去ったあと、空を見上げた」ときは、大きな達成感を味わっていたと思うな。
中川さん　そのほかにも、「何歩か進んで振り向くと、車内灯の明かりがついたバスが通りの先に小さく見えた。やがてバスは交差点をゆっくりと曲がって、消えた。」という二文に描き出されている、見えなくなるまでバスを見送る少年の姿から、［ウ］ことに一抹《まつ》の寂しさを感じていることも読み取れるよね。
先生　描写に着目して、少年の心情をしっかりととらえることができていますね。

(1)　［ア］に入る内容を、本文中から十五字でそのまま抜き出して書け。
(2)　［イ］に入る適当な語句を、漢字二字で考えて書け。
(3)　［ウ］に入る内容を、二十五字以上、三十五字以内で考えて書け。ただし、**母**、**河野さん**　という二つの語句を必ず使うこと。

問四		
(1) ア	(2) イ	(3) ウ

■令和４年度問題

二

(1)　次の【文章】を読んで、後の各問に答えよ。句読点等は字数として数えること。

【文章】

【ここまでのあらすじ】老舗車いすメーカーの藤沢製作所で働く山路百花《やまじももか》は、採用面接のことを回想している。面接者は、社長の藤沢由利子、社員の小田切、石巻であった。由利子に志望理由を問われた百花は、親友で車いすテニス選手の君島宝良《きみじまたから》がきっかけとなって車いすに興味を持ち、競技用車いすの製作を仕事にしたいと思うようになったことを、情熱をこめて答えた。

すると、宝良の活躍が話題になった。

「ただ彼女の場合は、その前の一般テニスのキャリアも相当のものですから。高校二年で受傷する前はインターハイ出場経験もあるそうで、テニス技術はずば抜けています。ただ、まだチェアワークがベテラン勢に追いつかず、そのせいでグレードの高い大会では優勝争いに食い込めずにいるんですが、これでチェアスキルも身につければ七條玲《しちじょうれい》に次ぐ日本のトッププレイヤーになると思います」

百花は、宝良がいずれ日本だけではなく世界までも舞台にして戦う車いすテニスプレイヤーとなることを疑ったことはなかった。けれど、自分以外の誰かがはっきりと宝良の力を認めるのを聞いたのは初めてで「ありがとうございます！」と自分のことでもないのに小田切に勢いよく頭を下げた。小田切は少したじろいだように身を引いて、百花の履歴書のコピーを手に取った。

「山路さんは、競技用車いす部門への配属を希望しているとのことですが」

「はい。友人が最高のプレーができるような、いい競技用車いすを作りたいです」

「それでは、君島選手がもし将来的に競技をやめたら、aあなたにとっても車いす作りは意味がなくなるんですか？」

予想もしていなかった質問に、え、と声がもれた。

そんなことはない、と答えようとしたが、本当にそんなことはないのか？　と自分の内なる声に問いただされて迷いが生じ、小田切のこちらを見据えて逸《そ》れることのない視線に気づくとなおさら言葉がもつれて、①百花は頭がまっ白になってしまった。

石巻が眼鏡のブリッジを押し上げながら咳払《せきばら》いした。

「小田切くん、そういう小意地の悪い質問で若者をいじめるのはよしなさい。圧迫面接だのパワハラだの、今はすぐにネットで広まるのは知ってるだろう」

「自分はいじめる意図はなく、ただ疑問に思ったことを」

「人が何かをめざすきっかけは本当にさまざまだし、それはたいてい身近で個人的なものだったりします。ただ、きっかけはきっかけでその人の意志をずっと規定するものではないでしょう。年月と経験を重ねるごとに仕事への思いは変化していく。bあなたもよく知っているようにね」

由利子がやわらかく笑いかけると、小田切は少し黙ってから「その通りです」と声を落とした。由利子は百花と目を合わせると、ゆるぎない微笑を浮かべた。

「cあなたは車いすテニスをするお友達のために、いい車いすを作りたいと言いましたね。では②『いい車いす』とは、どんなものだと思いますか？」

この質問にもまた百花は焦った。採用試験のために勉強したから車いす作りの工程はおおむねわかっている。でも『いい車いす』の定義とは何なのか。速いこと？　軽いこと？　丈夫なこと？　どれも重要だが決定的ではない気がして、脈ばかり速くなる。

それでも、この問いかけには、全力で答えなければならない。そう思った。どんなに拙くても、今の自分が持っている精いっぱいの言葉で、自分が作りたいと願う車いすのことを、自分が一緒に働きたいと望むこの人たちに伝えなければならない。

「――その人を、自由にする車いすです」

長い沈黙のあとに口を開いた時、声が少し震えた。こんなにも真剣に言葉を探したことも、こんなにも切実に伝えたいと願ったことも、今までになかった。

「その人が、やりたいことを、やりたい時に、やりたいようにできる。その手助けをする車いすです。そんな、その人を自由にする車いすを、わたしは作りたいです」

母の前では涙《なみだ》をこらえた。病院前のバス停のベンチに座っているときも、②必死に唇《くちびる》を噛《か》んで我慢《まん》した。【A】でも、バスに乗り込み、最初は混み合っていた車内が少しずつ空《す》いてくると、急に悲しみが胸に込み上げてきた。シートに座る。【B】座ったままうずくまるような格好で泣いた。バスの重いエンジンの音に紛《まぎ》らせて、うめき声を漏《も》らしながら泣きじゃくった。【C】

『本町《もとまち》一丁目』が近づいてきた。【D】顔を上げると、他の客は誰もいなかった。降車ボタンを押して、手の甲で涙をぬぐいながら席を立ち、ポケットから回数券の最後の一枚を取り出した。【E】

バスが停まる。運賃箱の前まで来ると、運転手が河野さんだと気づいた。それでまた、悲しみがつのった。こんなひとに最後の回数券を渡したくない。

整理券を運賃箱に先に入れ、回数券をつづけて入れようとしたとき、とうとう泣き声が出てしまった。

「どうした？」と河野さんが訊《き》いた。「なんで泣いてるの？」——ぶっきらぼうではない言い方をされたのは初めてだったから、逆に涙が止まらなくなってしまった。

「財布、落としちゃったのか？」

泣きながらかぶりを振って、回数券を見せた。

じゃあ早く入れなさい——とは、言われなかった。

河野さんは「どうした？」ともう一度訊いた。

その声にすうっと手を引かれるように、少年は嗚咽《おえつ》交じりに、回数券を使いたくないんだと伝えた。母のこともしゃべった。新しい回数券を買うと、そのぶん、母の退院の日が遠ざかってしまう。ごめんなさい、ごめんなさい、と手の甲で目元を覆《おお》った。この回数券、ぼくにください、と言った。

河野さんはなにも言わなかった。かわりに、小銭が運賃箱に落ちる音が聞こえた。目元から手の甲をはずすと、整理券と一緒に百二十円、箱に入っていた。もう前に向き直っていた河野さんは、少年を振り向かずに、「早く降りて」と言った。「次のバス停でお客さんが待ってるんだから、早く」——声はまた、ぶっきらぼうになっていた。

次の日から、少年はお小遣いでバスに乗った。お金がなくなるか、「回数券まだあるのか？」と父に訊かれるまでは知らん顔しているつもりだったが、その心配は要《い》らなかった。

三日目に病室に入ると、母はベッドに起き上がって、父と笑いながらしゃべっていた。会社を抜けてきたという父は、少年を振り向いてうれしそうに言った。

「お母さん、あさって退院だぞ」

退院の日、母は看護師さんから花束をもらった。車で少年と一緒に迎えに来た父も、大きな花束をプレゼントした。

帰り道、「ぼく、バスで帰っていい？」と訊くと、両親はきょとんとした顔になったが、「病院からバスに乗るのもこれで最後だもんなあ」「よくがんばったよね、寂《さび》しかったでしょ？　ありがとう」と笑って許してくれた。

「帰り、ひょっとしたら、ちょっと遅くなるかもしれないけど、いい？　いいでしょ？　ね、いいでしょ？」

両手で拝んで頼むと、母は「晩ごはんまでには帰ってきなさいよ」とうなずき、父は「そうだぞ、今夜はお寿司《すし》とるからな、パーティーだぞ」と笑った。

バス停に立って、河野さんの運転するバスが来るのを待った。バスが停まると、降り口のドアに駆《か》け寄って、その場でジャンプしながら運転席の様子を確かめる。

何便もやり過ごして、陽《ひ》が暮れてきて、やっぱりだめかなあ、とあきらめかけた頃《ころ》——やっと河野さんのバスが来た。

車内は混み合っていたので、走っているときに河野さんに近づくことはできなかった。それでもいい。通路を歩くのはバスが停まってから。整理券は丸めてはいけない。

次は本町一丁目……とアナウンスが聞こえると、降車ボタンを押した。ゆっくりと、人差し指をピンと伸ばして。

バスが停まる。通路を進む。河野さんはいつものように不機嫌な様子で運賃箱を横目で見ていた。目は合わない。それがちょっと残念で、でも河野さんはいつもこうなんだもんな、と思い直して、整理券と回数券の最後の一枚を入れた。

降りるときには早くしなければいけない。順番を待っているひともいるし、次のバス停で待っているひともいる。だから、少年はなにも言わない。回数券に書いた「ありがとうございました」にあとで気づいてくれるかな、気づいてくれるといいな、と思いながら、ステップを下りた。

バスが走り去ったあと、空を見上げた。西のほうに陽が残っていた。どこかから聞こえる「ごはんできたよお」のお母さんの声に応《こた》えるように、少年は歩きだす。

何歩か進んで振り向くと、車内灯の明かりがついたバスが通りの先に小さく見えた。やがてバスは交差点をゆっくりと曲がって、消えた。

（重松清『バスに乗って』による。一部改変）

（注）回数券…乗車券の何回分かをとじ合わせたもの。ここでは、十回分の値段で乗車券の十一回分をとじ合わせた冊子。　かぶりを振って…否定の意を示して。

問一　本文中に①表紙を兼ねた十一枚目の券　とあるが、これを言い換えた表現を本文中から九字でそのまま抜き出して書け。

問二　本文中の②必死に唇《くちびる》を噛《か》んで我慢《まん》した　を単語に区切り、切れる箇所に／の記号を書け。

問三　本文中の【A】～【E】のうち、次の一文が入る最も適当な箇所はどこか。A～Eから一つ選び、記号を書け。

窓から見えるきれいな真ん丸の月が、じわじわとにじみ、揺《ゆ》れはじめた。

問一

問二
必死に唇《くちびる》を噛《か》んで我慢《まん》した

問三

リボンが宝物だったのではない。

すみれちゃんとふたりで卵をかえしたことや、まだ目の開かない頃に餌をやり続けたこと、リボンとすみれちゃんと三人で一緒に過ごした時間のすべてが、私にとっては宝物だったのだ。だから、宝物が消えたわけではない。宝物は、ずっとこの胸に残っている。リボンに生えた立派な風切り羽は、大空を羽ばたくために神様が与えてくれたものだ。リボンは、空を飛ぶために生まれてきた。だからあれが、本当の姿だ。

家に入る前、手に持っていたハコベのブーケをそっと土の上に放った。もしかしたら、リボンがまた、戻ってきてくれるかもしれない。大好物のハコベを置いておけば、ここが中里家の目印になる。リボンが私の肩から首の裏を通って反対側の肩に移動する時のくすぐったい感触が、なぜだか突然甦《よみがえ》った。墨汁をぽとんと一滴、丸く落としたようなつぶらな瞳を思い出した。

私はもう一度、空を見上げた。

この空のどこかに、リボンは確かにいる。

リボンは、生きている。これから先も、生き続ける。

だから、今日は④リボンの門出をお祝いする日だ。リボンはきっと、空のどこからか、必ず私とすみれちゃんを見守ってくれている。

だってリボンは、私とすみれちゃんの魂を永遠につなぐリボンなのだから。

（小川糸『リボン』による。一部改変）

（注）ハコベ…ナデシコ科の越年草。山野・路地に自生。春、白色の花を開く。はこべら。　ブーケ…花束。　風切り羽…鳥の両翼後縁に並ぶ大形の羽。

問一　本文中の①なんだかどうしようもなく切ない気持ちが、一歩ずつにじり寄って、私を動けなくすると同じ表現技法が用いられている文として最も適当なものを、次の**1**〜**4**のうちから一つ選び、その番号を書け。

1　嫌な予感が、夕立みたいに一気に胸を支配する。

2　たった今大空へと飛び立ったリボンの後ろ姿は、まるで本物のリボンのようだった。

3　私は蠟人形みたいに固まって、そのまま空を見続けた。

4　墨汁をぽとんと一滴、丸く落としたようなつぶらな瞳を思い出した。

問二　本文中に②奇跡が起きるかもしれないとあるが、この場合の「奇跡」とは、具体的にはどのようなことか。十五字以内でまとめて書け。

問三　本文中に③少し肌寒い風が吹き始めたとあるが、この表現によってもたらされる効果について説明したものとして最も適当なものを、次の**1**〜**4**のうちから一つ選び、その番号を書け。

1　季節の移り変わりを示すことで、「私」の心の成長を感じさせる効果。

2　「私」を現実に引き戻し、「私」とすみれとの関係を遠ざける効果。

3　時間の経過を表すとともに、次の行動に移るきっかけを与える効果。

4　場面の雰囲気を印象付けつつ、今後の幸せな展開を期待させる効果。

問四　本文中に④リボンの門出をお祝いするとあるが、ここで「私」は、リボンにどのような成長があったと捉えているのか。解答欄の下の語句に続くように、二十字以上、三十字以内でまとめて書け。

問五　本文中にリボンは〜生き続けるリボンは〜永遠につなぐリボンとあるが、「私」がそう確信するのは「私」のどのような思いによるものか。三十字以上、三十五字以内でまとめて書け。

問一

問二

問三

問四　　　　という成長。

問五

■令和3年度問題

二　次の文章を読んで、後の各問に答えよ。句読点等は字数として数えること。

【ここまでのあらすじ】小学校五年生の少年は、入院した母のお見舞いにバスで行くようになった。初めて一人で乗ったバスで、整理券の出し方を運転手の河野《かわの》さんに叱《しか》られて以来、少年は河野さんのバスに乗るのが怖くなった。回数券を買い足す日、少年が乗ったバスの運転手は河野さんだった。少年は、嫌だ、運が悪いと思ったが、買い方を注意されながらも、どうにか回数券三冊を購《こう》入した。

買い足した回数券の三冊目が――もうすぐ終わる。

最後から二枚目の回数券を――今日、使った。あとは①表紙を兼ねた十一枚目の券だけだ。

明日からお小遣《づか》いでバスに乗ることにした。毎月のお小遣いは千円だから、あとしばらくはだいじょうぶだろう。

ところが、迎えに来てくれるはずの父から、病院のナースステーションに電話が入った。

「今日はどうしても抜けられない仕事が入っちゃったから、一人でバスで帰って、って」

看護師さんから伝言を聞くと、泣きだしそうになってしまった。今日は財布を持って来ていない。回数券を使わなければ、家に帰れない。

問五　本文中に　茶の湯とは……　が、二度繰り返されているが、この表現の効果の説明として最も適当なものを、次の1〜4のうちから一つ選び、その番号を書け。

1　紹鷗の言葉の真意をつかめず、自問する宗易の焦りや緊張が高まる様子を表している。
2　茶道を究めることは無理だと、己の限界を知った宗易の投げやりな気持ちを表している。
3　自分の志を紹鷗に理解してもらえぬ状況に宗易が憤慨し、不平をもらす姿を表している。
4　茶道とは無関係な指示を出され、紹鷗に入門を志願した宗易の後悔の念を表している。

問五

問六　本文中に　④賛嘆した　とあるが、このときの紹鷗について説明した文として最も適当なものを、次の1〜4のうちから一つ選び、その番号を書け。

1　紹鷗に反発を覚えながらも、入門の機会を忍耐強く待ち続けた宗易の姿に、深く感心した。
2　先達の言動にとらわれずに新たな侘数奇の境地を地道に追究した宗易の姿に、深く感心した。
3　紹鷗の命に対して、連歌や茶道の精神を踏まえて見事に応じた宗易の姿に、深く感心した。
4　掃除の意義を伝えた紹鷗や珠光に感謝して庭の掃除を繰り返した宗易の姿に、深く感心した。

問六

■平成31年度問題

三　次の文章を読んで、後の各問に答えよ。句読点等は字数として数えること。

【ここまでのあらすじ】小学五年生の「私」（中里ひばり）と祖母の「すみれ」は、親友とも呼べるほどの大の仲良しである。ある日、親鳥がいなくなったインコの卵を見つけ、二人で大切に温めて卵をかえす。ようやく生まれたヒナに「リボン」と名付け、二人で大切にかわいがって世話をしていた。

五月になり、いよいよ待ちに待ったその日がやって来た。
リボンが誕生してから、ちょうど半年が経《た》ったのだ。今日は、すみれちゃんとそのお祝いをすることになっている。
リボン、もうすぐだからね。
心の中からメッセージを送るようなつもりで、遠くのリボンに話しかけた。
けれど、角を曲がった瞬間、幸せな期待はあとかたもなく消え去った。すみれちゃんが、靴下のまま玄関先に倒れ込んでいたのだ。
「どうしたの！」
ハコベのブーケを握ったまま、私は全速力で駆け寄った。嫌な予感が、夕立みたいに一気に胸を支配する。
「リボンが、リボンがね……」
「どうしたの？　ねえ、すみれちゃん、リボンがどうしたの？」
「かごの掃除をしようと、リボンを外に出してたんです。その時に電話が鳴って、わたくしがうっかり、部屋の入り口を開けてしまったものですから」
すみれちゃんは涙声になりながらも続けた。その時に、リボンが逃げてしまったのだろうか。でも私は内心、リボンが大けがをしたとか、それよりもっと最悪のことを想像していたから、少しホッとしたようなところもあった。
「ごめんなさい、本当にごめんなさい。わたくし達の大切な宝物を……」
「大丈夫、大丈夫だよ、すみれちゃん。絶対に大丈夫だから」
私は優しくささやいた。
だってリボンは、まだちゃんと生きているのだ。生きていれば、またどこかで会えるかもしれない。それに、すぐに戻ってくるかもわからない。頭ではそう思うのに、すみれちゃんの涙がうつってしまい、私の目にまで、涙があふれた。悲しくなんてないはずなのに、①なんだかどうしようもなく切ない気持ちが、一歩ずつにじり寄って、私を動けなくする。
「ごめんなさい」
すみれちゃんが、そう言った時だ。桜の木から、黄色い鳥が飛び立った。
「リボン！」
私は、大声で呼んだ。
「おいで！　こっちだよ、戻っておいで」
リボンのいる方に向けて、精いっぱい腕を伸ばし、人差し指を差し出す。けれど、リボンは振り向かなかった。あっという間に、薄いピンクの夕暮れの雲にまぎれてしまう。
「リボン！」
もう一度、声を限りに叫んだ。
すみれちゃんが、泣いている。私の目からもまた、涙がこぼれた。リボンがあんなふうに空を羽ばたけるようになっていたなんて、これっぽっちも想像していなかった。
たった今大空へと飛び立ったリボンの後ろ姿は、まるで本物のリボンのようだった。美しくちょうちょ結びにしたみたいに、羽翼と尾翼が、きれいな末広がりになっていた。
私は蠟《ろう》人形みたいに固まって、そのまま空を見続けた。もしかすると、もしかすると②奇跡が起きるかもしれない。そう思うと、すぐには動くことができなかった。
でもやっぱり、奇跡は起きなかった。③少し肌寒い風が吹き始めたので、私は覚悟を決め、喉の奥から声を絞り出した。
「中に入ろう」
すみれちゃんの脇の下を両手で支え、立ち上がらせる。それからすみれちゃんの手をしっかりと握りしめ、玄関までの数メートルを、手をつないだまままゆっくり歩いた。

随筆文・小説文

■平成29年度問題

三

次の文章を読んで、後の各問に答えよ。句読点等は字数として数えること。

【ここまでのあらすじ】自らの茶道の実力に自信を持っていた宗易《そうえき》（後の千利休）は、十九歳の秋、武野紹鷗《たけのじょうおう》に弟子入りを志願する。紹鷗は、堺《さかい》（現在の大阪府中部の地名）の商人でありながらも連歌師（詩歌の一種である連歌を上手に詠む人）と言われるほどに歌の道を究めており、さらに茶の湯ではこの一帯で右に出る者がいなかった。そのため、誰もが簡単に入門を申し出ることができるような人物ではなかった。

紹鷗は、入門を乞《こ》う宗易に、しばらく無言で対座していたが、やがておもむろに口をひらいて言った。

「十六歳の時に、既に茶会をひらいたとの評判は聞いておる。その評判はおそらく貴方《あなた》には害にこそなれ、何の①益にもならなかったであろうな。ここでは、先《ま》ず庭の掃除からやってもらおう。それでもよろしいかな」

宗易はその言葉に、ハッとした。目から鱗《うろこ》の落ちる思いがしたのだ。さすがに武野紹鷗である。②宗易自身の最も誇りとしているところを紹鷗は衝《つ》いた。自分の誇りにしてきたものを、何の益にもならなかったであろうとa指摘したのだ。その言葉が宗易の身に沁《し》みた。「入門のお許しを頂ければ幸いに存じます」

宗易は平伏した。

紹鷗を訪ねるまで、宗易は、紹鷗がb直ちに自分の点前《てまえ》をどの程度か見てくれるものと、信じて疑わなかった。そして内心、その自分の点前に、紹鷗は賛嘆するであろうことを期待してきた。ところが、紹鷗が命じたことは掃除であった。

「では、しばらくここで待っているように」

紹鷗は部屋を立って行った。八畳の間に、宗易は一人置かれた。半刻《とき》も経《た》った頃である。弟子の一人が襖《ふすま》をあけて、宗易に告げた。

「では、露地の掃除をとのお言葉でございます」

与えられた竹箒《たけぼうき》を持って露地に立った宗易は、③はたと当惑した。たった今掃除されたばかりなのであろう。ちり一つ、木の葉一枚落ちていない。

先ほど、庭の掃除から始めてもらおうと紹鷗に言われた時には、

（掃除ごときことならば……）

という思い上がった気持ちがまだあった。が、ちり一つない庭に立たされて、宗易は内心狼狽《ろうばい》した。

（掃除したばかりのあとを掃除せよとは、一体いかなることか）

箒の目も鮮やかな露地を、再び掃くのは余りにも愚かである。そんな無駄ごとは、茶の湯の道にはないはずであった。

（茶の湯とは……）

宗易は、紹鷗が只《ただ》ならぬ師であることを、まざまざと感じた。

（茶の湯とは……）

竹箒を持つ宗易の手がかすかにふるえた。ここで何をすれば、一体掃除となるのであろう。いかにすれば、掃除をせよとの命に応えたことになるのであろう。

と、その時、宗易の胸に、紹鷗が常々言っていると伝え聞いた言葉が浮かんだ。

「連歌は、枯れかじけて寒かれと言うが、茶の湯も、結局このようでなければならぬ。侘数奇《わびずき》でなければならぬ」

この言葉を宗易は伝え聞いて、心にとめていた。そしてまた、茶道の先達《せんだつ》村田珠光《むらたじゅこう》の言葉も思い出した。

「月も、雲間のなきはいやにて候《そうろう》」

その言葉も、宗易の胸の中にはあった。雲一点のない空に照り輝く月よりも、雲間に見え隠れする月をよしとした珠光の心である。

「なるほど！」

わかったと思った。宗易の体をつらぬく一つの感動があった。この、ちり一つない庭は、きれいすぎるのだ。ここには侘がない。皎々《こうこう》と照る月と同じである。宗易は、竹箒を置いて、木に寄った。秋とはいえ、まだ、落葉にはやや早い季節である。宗易は力をこめて銀杏《いちょう》の木をゆすった。その四、五枚が午后《ごご》の日に輝きながら、ひらひらと舞い落ちた。

宗易の心に、喜びが満ちあふれた。その時、紹鷗が家の中から、自分のすべてを窺《うかが》い、そして④賛嘆したことを、宗易は後に知った。

（三浦綾子『千利休とその妻たち』による。一部改変）

（注）平伏した…ひれ伏した。　点前…茶の湯の所作・作法。　露地…茶室へと続く庭。　狼狽した…あわててうろたえた。
枯れかじけて寒かれ…不完全・不足を美とする考え方。　侘数奇…閑寂な趣を尊ぶ茶の湯を好み、その道に専心すること。
先達…その道の先輩、先だち。　皎々…月の光などが明るいさま。　窺い…様子をさぐり。

問一　本文中の　a指摘　b直ちに　の――線を施した漢字の読みを、平仮名で書け。

問二　本文中の　①益　を楷書《かいしょ》で書いた場合の総画数と、次の1～4の行書の漢字を楷書で書いた場合の総画数が同じものを一つ選び、その番号を書け。

1 務　2 航　3 飛　4 密

問三　本文中に　②宗易自身の最も誇りとしているところ　とあるが、この内容を述べている最も適当な語句を、「こと」という言葉に続くように、十六字で本文中からそのまま抜き出し、その初めと終わりの三字ずつを書け。

問四　本文中に　③はたと当惑した　とあるが、宗易はなぜ当惑したのか。二十五字以上、三十五字以内で考えて書け。

問一　a　b　ちに

問二

問三　～　こと

問四

■令和5年度問題

三　次は、『荘子《そうじ》』という書物にある話【A】と、その現代語訳【B】である。これらを読んで、後の各問に答えよ。句読点等は字数として数えること

【A】

荘周《さうしう》、家貧なり。①ゆゑに往《ゆ》きて粟《ぞく》を監河侯《かんかこう》に貸る。監河侯曰《いは》く、諾。我将《まさ》に邑金《いふきん》を得んとす。将に子に三百金を貸さんとす、可ならんか、と。荘周、忿然《ふんぜん》として色を作《な》して曰く、周、昨来《きた》るとき、中道にして呼ぶ者有り。周、顧視すれば、車轍中《しやてつちゆう》に鮒魚《ふぎよ》有り。周、之《これ》に問ひて曰く、鮒魚来れ、子は何為《なんす》る者ぞや、と。対《こた》へて曰く、我は東海の波臣なり。君豈《あ》に斗升《としよう》の水有りて我を活《い》かさんか、と。周曰く、諾。我且《まさ》に南のかた呉越の王に遊ばんとす。西江の水を激して子を迎へん、可ならんか、と。鮒魚、②忿然として色を作して曰く、③吾《われ》は我が常与を失ひ、我、処《を》る所無し。吾、斗升の水を得ば然《しか》も活きんのみ。君乃《すなは》ち此《これ》を言ふ。曽《すなは》ち早く我を枯魚の肆《し》に索《もと》めんには如《し》かず、と。

（注）荘周…中国の戦国時代の思想家。　監河侯…河川の水利を監督する役人。　三百金…黄金三百斤《きん》。一斤は六〇〇グラムに当たる。
斗升…一斗は一升の十倍で、一八・〇三九リットルに当たる。　呉越…呉の国と越の国。

【B】

荘周は家が貧しく食糧に困っていた。そこで監河侯のところへ出かけてゆき食糧を借りようとした。すると監河侯が言った、「よろしいとも。私は近々、領地からの租税が手にはいるはずになっている。そうしたら三百金ほど貸してさしあげよう。それでよいかな。」と。これを聞くと、荘周はむっとして顔色を変えてⅠ言った、「私が昨日ここへ来る途中、道で私を呼びとめる者があった。あたりを見まわすと車輪の跡の水たまりに鮒《ふな》がいた。私が『鮒よ、どうしたのかね。』とたずねた。私は東海の小臣です。どうか少しばかりの水で結構ですから、もってきて私を助けてください。と答えて言った。私が『よろしいとも。私はこれから南方の呉越の王のところに行くところだ。蜀江《しよつこう》の川水を押し流してお前を迎えてやろう。それでどうかな。』と言った。鮒はむっとした顔つきをして言ったものです、『私はなくてはならない水を今失っているので、いる場所がないのです。私はただ一斗か一升ほどの水さえ得られたら生きられるのです。それをあなたがそのように言われる。それなら、いっそさっさと乾物屋の店先にでも行って私を見つけられたらよろしかろう。』とね。」

（『新釈漢文大系　第8巻　荘子（下）』による。一部改変）

（注）乾物屋…乾《ほ》した食品を売る店。

問一　【A】の①ゆゑに　を、現代仮名遣いに直し、全て平仮名で書け。

問二　【B】にⅠ言った、とあるが、この後の「　」で示した部分には、『　』の付いていない会話の部分が一箇所ある。その会話の部分と対応する箇所を【A】から探し、初めの三字をそのまま抜き出して書け。

問三　【A】に②忿然として色を作して　とあるが、どの提案を受けて「忿然として色を作し」たのか。【A】から十三字で探し、初めと終わりの三字をそのまま抜き出して書け。

問四　【A】の③吾《われ》は我が常与を失ひ、我、処《を》る所無し　という書き下し文になるように、解答欄の漢文の適当な箇所に、返り点を付けよ。

問五　次の□の中は、【A】、【B】を読んだ堤さんと小島さんと先生が、会話をしている場面である。

> 堤さん　【A】の「曽《すなは》ち早く我を枯魚の肆《し》に索《もと》めんには如《し》かず」という鮒の言葉は、遠回しに言っているけれど、「ア」をもらわないと干からびてしまうという意味なのですね。
>
> 小島さん　なるほど。【A】では、「イ」を荘周に、「ウ」を鮒にそれぞれ置き換えて、例え話を進めています。
>
> 先生　監河侯という職が水利を監督する仕事であることに関連して、鮒を用いる巧みな例えではないかと思います。
>
> 堤さん　そうですね。『荘子』は、日本の古典にも大きな影響を与えています。【A】は、日本の古典『宇治拾遺物語《うじしゆういものがたり》』の中にも収められており、「後の千金の事」という題で話がまとめられています。
>
> 先生　【A】と「後の千金の事」とでは、内容に何か違いはあるのですか。
>
> 小島さん　例えや内容はほぼ同じですが、千金が入ったらさしあげようと監河侯が言うと、鮒の例えの後に荘周が「今《け》日《ふ》の命、物食《ものく》はずは生《い》くべからず。後の千の金《こがね》さらに益《やく》なし」と言ったことが付け加えられています。
>
> 先生　特に「後の千の金《こがね》さらに益《やく》なし」を踏まえて考えると、鮒の例えでも荘周の逸話でも共通して言いたいことは、「エ」ということだと分かりました。
>
> 先生　二人とも、例え話に着目して、【A】の内容について深く考えることができましたね。

(1)　ア、イ、ウに入る語句として最も適当なものを、次の1～6からそれぞれ一つ選び、番号を書け。

1　荘周　2　監河侯　3　三百金　4　鮒魚　5　斗升の水　6　西江の水

(2)　エに入る内容を、十字以上、十五字以内で考えて書け。

問一

問二

問三　～

問四　吾ハ失ヒ我ガ常与ヲ、我、無シ所処ル

問五　(1)　ア　イ　ウ　(2)　エ

問四　左の表は、本文における「両小児」の主張の違いを整理したものの一部である。空欄［X］に入る内容を【状態A】の書き方に合わせて、十字以上、十五字以内の現代語で考えて書け。また、空欄［Y］に入る内容を、二十字以上、三十字以内の現代語で考えて書け。

	「日の初めて出づる」時の状態		「日の中する」時の状態	小児の判断	判断の根拠
小児A	車のかさやおおいのように大きい。【状態A】	⇔	［X］。	「日の初めて出づる」時の太陽が近い。	同じ大きさのものならば、［Y］ということ。
小児B	ひんやりとして涼しい。	⇔	湯の中に手を入れているときのように熱い。	「日の中する」時の太陽が近い。	同じものから熱を感じるならば、近い所は熱く、遠い所は涼しいということ。

問四　X　Y

問五　本文中に④両小児、笑ひて曰く、「孰《たれ》か汝《なんぢ》を知多しと為《な》せるや。」と　とあるが、両小児は何を笑ったのか。三十五字以上、四十五字以内の現代語で考えて書け。

問五

問六　国語の時間に朗読発表会を行うことになり、あなたはこの文章を一人で朗読することになった。本文中の「日の初めて出づるときは滄滄《さうさう》涼涼たるも、その日の中するに及びては湯を探るがごとし。これ近き者は熱くして遠き者は涼しきが為ならずや。」をどのように読むか。本文の展開や内容を踏まえて、朗読の仕方を、そのように読む理由とともに、二十五字以上、三十五字以内で説明せよ。

問六

■令和2年度問題

四

次は、中国の『戦国策』という本にある話【A】と、その現代語訳【B】である。これらを読んで、後の各問に答えよ。句読点等は字数として数えること。

【A】

斉《せい》、魏《ぎ》を伐《う》たんと欲《ほつ》す。淳于髡《じゆんうこん》、斉王にいひていはく、「①韓子盧《かんしろ》なる者は、天下の疾犬《しつけん》なり。東郭逡《とうくわくしゆん》なる者は、海内《かいだい》の狡兎《かうと》なり。韓子盧、東郭逡を逐《お》ひ、山を環《めぐ》る者《こと》三たび、山に騰《のぼ》る者五たび、兎《うさぎ》、前に極《つか》れ、犬、後に廢《たふ》れ、犬兎《けんと》倶《とも》に罷《つか》れて、各ゝ《おのおの》其《そ》の處《ところ》に死す。田父《でんぷ》之《これ》を見、労勌《らうけん》の苦無くして、其の功を擅《ほしいまま》にせり。今、斉・魏久しく相持《あひぢ》して、以《もつ》て其の兵を頓《にぶ》らし、其の衆を敝《つか》らさんとす。臣、強秦《しん》・大楚《そ》の其の後を承《う》けて、田父の功有らんことを②恐る。」と。③斉王懼《おそ》れて、将を謝し士を休す。

（注）斉、魏…中国古代の国の名。　淳于髡…斉王の家来。
秦、楚…中国古代の国の名。

（林秀一『新釈漢文大系　第47巻　戦国策（上）』による。一部改変）

【B】

斉が、魏を伐とうとした。（そのことについて、）淳于髡が斉王に向かって言うには「韓子盧というのは天下まれに見る足の速い犬（の名前）です。東郭逡というのは、国内まれに見るすばしこい兎（の名前）です。韓子盧が東郭逡を追いかけ、山の周囲を駆け巡ること三たび、山の頂に駆け登ること五たびしていると、兎は前方で力尽き、犬は後方でくたくたになり、犬も兎もともに疲れ果てて、それぞれその場で死んでしまいました。農夫はこれを見て、何の苦労もなく手柄を独占したのです。今、斉と魏とが久しく対立することで、兵力を鈍らせ、民衆を疲れさせようとしています。私は、強力な秦や広大な楚が、斉や魏の疲弊衰弱につけ込んで、あの農夫のように手柄を得るのではないかと心配しております。」と。斉王は恐れて、将軍を解任し、兵士を帰らせ休ませた。

問一　【A】の　いひていはく　の読み方を、全て現代仮名遣いに直し、平仮名で書け。

問二　【A】の　功　の意味を、【B】の中からそのまま抜き出して書け。

問三　【A】の　①韓子盧《かんしろ》は、何をたとえたものか。最も適当な語句を、【A】から漢字一字でそのまま抜き出して書け。

問四　【A】に　②恐る　とあるが、その主語として最も適当なものを、次の1～4のうちから一つ選び、その番号を書け。

1　淳于髡　2　斉王　3　犬兎　4　田父

問五　次の［　］中の文は、③斉王懼《おそ》れて、将を謝し士を休す　について説明したものである。［ア］に入る語句を、十字以上、二十字以内の現代語で考えて書け。ただし、**国土**という語句を必ず使うこと。また、［イ］に入る語句を、八字以内の現代語で考えて書け。

斉王は、斉と魏の二国が疲弊衰弱している間に［ア］ことを恐れ、魏に対する［イ］ということ。

問一　問二　問三　問四

問五　ア　イ

漢文

■平成27年度問題

二　次の文章を読んで、後の各問に答えよ。句読点等は字数として数えること。

深山逢白額　（深山白額《しんざんはくがく》に逢《あ》ふ）
努力搏腥風　（努力《ぬりき》に腥風《せいふう》を搏《な》す）
父子倶無恙　（父子倶《とも》に恙《つつが》無からん）
脱身饞口中　（身を饞口《ざんかう》の中《うち》を脱《まぬか》る）

楊香《やうきやう》は一人の父を持てり。ある時、父とともに山中へ行きしに、たちまち荒き虎にあへり。楊香、父の命を失はんことを恐れて、虎を追ひ去らんとし侍《はべ》りけれども、かなはざるほどに、天の御あはれみを頼み、こひねがはくは、わが命を虎に与へ、父を助けて給《たま》へと、こころざし深くして祈りければ、さすが天もあはれと思ひ給ひけるにや、今まで、たけきかたちにて、取り食《くら》はんとせしに、虎、にはかに尾をすべて、逃げ退きければ、父子ともに、虎口の難をまぬかれ、つつがなく家に帰り侍るとなり。これ、ひとへに、孝行のこころざし深き故に、かやうの奇特をあらはせるなるべし。

（『御伽草子集』による。一部改変）

（注）努力…力を尽くすこと。　腥風…なまぐさい風。虎がものすごい鼻息でかかってくること。　饞口…飢えて食物をむさぼる口。
楊香…人名。　すべて…すぼめて。　奇特…とてもめずらしく、不思議なさま。

問一　□中の漢詩に、（　）内の書き下し文の読み方になるように返り点を付けたとき、他の句と異なる種類の返り点が付く句は、第何句か。その句を示す数字を書け。

問二　本文中に　虎　とあるが、それを意味する漢詩中の語句として最も適当なものを、次の1～4のうちから一つ選び、その番号を書け。

1　深山　　2　白額　　3　倶　　4　身

問三　本文中の　にはかに　の読み方を、すべて現代仮名遣いに直し、平仮名で書け。

問四　□中の漢詩の第四句「脱身饞口中」と同じことを表している最も適当な部分を、本文中の「楊香《やうきやう》は」以下の文章から九字でそのまま抜き出して書け。

問五　本文中に　かなはざる　とあるが、「かなはざる」こととは何か。十字以内の現代語でまとめて書け。

問六　左の□中の文章は、本文中の　かやうの奇特　についてまとめたものである。空欄　ア　に入る、最も適当な漢字二字の熟語を、現代語で考えて書け。また、空欄　イ　・　ウ　に入る内容を、それぞれ現代語で考えて書け。ただし、イは十五字以上、二十字以内とし、**引き替えに**　という語句を必ず使うこと。ウは十二字以内とする。

「かやうの奇特」とは、生命の　ア　に直面していた父子が、状況の急変によって　ア　を回避できたことである。これは、「　イ　。」と祈った楊香の孝行の志の深さに、　ウ　ことで起こったのであろう。

問一
問二
問三
問四
問五
問六　ア　イ　ウ

■平成29年度問題

二　次の文章を読んで、後の各問に答えよ。句読点等は字数として数えること。

孔子東游《とういう》す。①両小児の弁闘するを見て、その故を②問ふ。一児曰《いは》く、「我は以《おも》へらく、日の初めて出《い》づる時は人を去ること近く、而《しか》して日の中《ちゆう》する時は③遠しと。」と。一児曰く、「日の初めて出づるときは遠く、而して日の中する時は近しと。」と。一児曰く、「日の初めて出づるときは大なること車蓋《しやがい》のごとく、日の中するに及びては則《すなは》ち盤盂《ばんう》のごとし。これ遠き者は小にして近き者は大なるが為《ため》ならずや。」と。一児曰く、「日の初めて出づるときは滄滄《さうさう》涼涼たるも、その日の中するに及びては湯を探るがごとし。これ近き者は熱くして遠き者は涼しきが為ならずや。」と。孔子、決すること能《あた》はざりき。④両小児、笑ひて曰く、「孰《たれ》か汝《なんぢ》を知多しと為《な》せるや。」と。

（『列子』による。一部改変）

（注）孔子…古代の賢人。　東游す…東の方に出かけた。　両小児…二人の子供。　弁闘する…言い争う。
以へらく…思うことには。　而して…そして。　日の中する時…太陽の高度が一番高くなる時。　車蓋…車のかさやおおい。
盤盂…おわんや鉢。　滄滄涼涼…ひんやりとして涼しい。　能はざりき…できなかった。
孰か汝を知多しと為せるや…誰ですか、あなたを物知りだと言ったのは。

問一　本文中の　①両小児の弁闘するを見て　という書き下し文の読み方になるように、解答欄の漢文の適当な箇所に、返り点を付けよ。

問一
見テ両小児ノ弁闘スルヲ

問二　本文中に　②問ふ　とあるが、その主語を本文中からそのまま抜き出して書け。

問三　本文中に　③遠し　とあるが、何と何とが遠いのか。最も適当なものを、次の1～4のうちから一つ選び、その番号を書け。

1　孔子と二人の子供との距離　　2　二人の子供同士の距離
3　車蓋と盤盂の距離　　4　太陽と人との距離

問二
問三

福158→

■令和4年度問題

三　次は、中国の唐の時代の『蒙求《もうぎゅう》』の一部と、それを題材にした鎌倉時代末期の『徒然草《つれづれぐさ》』の一部と、『徒然草』の現代語訳である。これらを読んで、後の各問に答えよ。句読点等は字数として数えること。

『蒙求』

許由《きよいう》、箕山《きざん》に隠れ、盃器《はいき》無し。手を以《もつ》て水を捧《ささ》げて之《これ》を飲む。①人一瓢《いつぺう》を遺《おく》り、以て操《と》りて飲むことを得たり。飲みをはりて木の上に掛くるに、風吹き瀝瀝《れきれき》として声有り。由以て②煩はしと為《な》し、遂《つひ》に之を去る。

（注）箕山…今の河南省にある山。　瀝瀝…風の音の意。

（『新釈漢文大系　第58巻　蒙求　上』による。一部改変）

『徒然草』

人は、おのれをつづまやかにし、おごりを退けて、財《たから》を持たず、世をむさぼらざらんぞ、いみじかるべき。昔より、賢き人の富めるは稀《まれ》なり。

唐土《もろこし》に許由と言ひつる人は、さらに身にしたがへる貯《たくは》へもなくて、水をも手して捧げて飲みけるを見て、なりびさこといふ物を人の得させたりければ、ある時、木の枝にかけたりけるが、風に吹かれて鳴りけるを、かしかましとて捨てつ。また手にむすびてぞ水も飲みける。③いかばかり心のうち涼しかりけん。孫晨《そんしん》は、冬月《ふゆのつき》に衾《ふすま》なくて、藁一束《わらひとつか》ありけるを、夕《ゆふべ》には是《これ》に臥《ふ》し、朝《あした》には収めけり。

もろこしの人は、これをいみじと思へばこそ、記しとどめて世にも伝へけめ、これらの人は、語りも伝ふべからず。

現代語訳

人は、わが身をつつましくして、ぜいたくをしりぞけ、財宝を所有せず、俗世間の名誉や利益をむやみに欲しがらないのが、立派だといえよう。昔から、賢人であって富裕な人は、めったにいないものである。

中国で許由といった人は、少しも身についた貯えもなくて、水さえも手でもってすくいあげて飲んでいたのを人が見て、なりびさこ（瓢箪《ひょうたん》）というものを与えたところが、ある時、木の枝にかけてあったその瓢箪が、風に吹かれて鳴ったのを、やかましいといって捨ててしまった。それからはまた前のように手ですくって水も飲んだ。［Ⅰ］。孫晨は、冬季に夜具がなくて、一束の藁があったのを、日暮れになるとこれに寝て、朝になると取りかたづけたということである。

中国の人は、これらを立派なことだと思えばこそ、書き残して後世にも伝えたのであろうが、我が国の人は、語り伝えさえしそうにもないことである。

（注）瓢箪…ウリ科の植物。熟した実の中をくりぬいたものを、水をすくう道具などとして用いる。

（『新編日本古典文学全集　44　徒然草』による。一部改変）

問一　『蒙求』の　飲みをはりて　を、現代仮名遣いに直し、全て平仮名で書け。

問二　『蒙求』の　①人一瓢《いつぺう》を遺《おく》り　という書き下し文の読み方になるように、解答欄の漢文の適当な箇所に、返り点を付けよ。

問三　『蒙求』の　②煩はし　と同じ意味で用いられている語を『徒然草』から探し、そのまま抜き出して書け。

問四　『徒然草』に　③いかばかり心のうち涼しかりけん　とあるが、どういうことか。現代語訳の［Ⅰ］に入る内容として最も適当なものを、次の1～4から一つ選び、番号を書け。

1　どんなにか心の中はすがすがしかっただろうか
2　どんなにか心の中は寂しかっただろうか
3　どんなにか心の中はわびしかっただろうか
4　どんなにか心の中は楽しかっただろうか

問五　次の［　］の中は、『蒙求』、『徒然草』を読んだ小島さんと堤さんと先生が、会話をしている場面である。

小島さん　『蒙求』に出てくる「許由」は、水をすくう道具でさえ必要ないと思うような［ア］な生活を実践した人物だと思います。

堤さん　そうですね。出家して草庵《そうあん》で暮らしたといわれる兼好法師は、『徒然草』のこの部分で、ぜいたくを嫌ってつつましく生きた立派な人物の例として「許由」と「孫晨」の逸話を引用しているのでしょうね。

先生　「許由」が俗世間を避けて、『蒙求』の中にある「箕山」で暮らしたのは、王が「許由」に帝位を譲ろうとした時に、それを断ったのがきっかけであるという逸話もありますよ。

堤さん　その逸話も踏まえると、自分の名誉や利益を求める気持ちがない「許由」は、［イ］を持たない人物でもあったと思います。

小島さん　『徒然草』には、そのような人物について、［ウ］ことへの兼好法師の嘆きが表れていると思います。

先生　二人とも、『蒙求』と『徒然草』を比べて読んで、考えを深めることができましたね。

(1)　［ア］、［イ］に最もよく当てはまる熟語を、それぞれ漢字二字で考えて書け。

(2)　［ウ］に入る内容を、十字以上、十五字以内で考えて書け。

問一

問二
人遺リ一瓢ヲ

問三

問四

問五	
(1)	(2)
ア	ウ
イ	10
	15

■令和3年度問題

三 次は、『浮世《うきよ》物語』という本にある話【A】と、その現代語訳【B】である。これらを読んで、後の各問に答えよ。句読点等は字数として数えること。

【A】

自慢《まん》するは下手芸《へたげい》といふ事

今はむかし、物ごと自慢くさきは未練のゆへなり。物の上手の上からは、すこしも自慢はせぬ事なり。我より手上《てうへ》の者ども、広き天下にいかほどもあるなり。

ある者、座敷をたてて絵を描かする。白《しら》さぎの一色を望む。絵描き、「心えたり」とて焼筆をあつる。亭《てい》主のいはく、「①いづれも良さそうなれども、この白さぎの飛びあがりたる、羽づかひがかやうでは、飛ばれまい」といふ。絵描きのいはく、「いやいやこの飛びやうが第一の出来物ぢや」といふうちに、本の白さぎが四五羽うちつれて飛ぶ。亭主これを見て、「あれ見給へ。②あのやうに描きたいものぢや」といへば、絵描きこれを見て、「いやいやあの羽づかひではあつてこそ、それがしが描いたやうには、え飛ぶまい」といふた。

（注）焼筆…柳《やなぎ》などの細長い木の端を焼きこがして作った筆。絵師が下絵を描くのに用いる。

（『新編日本古典文学全集64　仮名草子集』による。一部改変）

【B】

自慢をするのは芸が未熟だという事

今となれば昔のことだが、どんなことでもやたらに自慢したがるのは、未熟な者のすることだ。□は、何事においても少しも自慢したりしないものだ。それは、自分より技量のすぐれた者が、この広い天下にいくらでもいることを知っているからだ。

ある人が座敷を作って襖《ふすま》に絵を描かせた。白さぎだけを描いて仕上げるように注文した。絵かきは「承知しました」と言って、焼筆で下絵を描いた。それを見て主人が、「どれも一見よくできているようだが、この白さぎが飛び上がっている、こんな羽の使い方では飛ぶことはできないだろう」と言った。絵かきはもったいぶったようすで、「いやいや、この飛び方が、この絵のもっともすばらしいところなのだ」と言っている最中に、本当の白さぎが四、五羽、群がって飛んで行った。主人はこれを見て、「あれを見てください。あんなふうに描いてもらいたいものだ」と言うと、絵かきもこれを見て、「いやいや、あの羽の使い方では、私が描いたように飛ぶことはできないだろう」と言った。

問一 【A】の①いづれも良さそう の読み方を、全て現代仮名遣《づか》いに直し、平仮名で書け。

問二 【A】の 物の上手 とは、どのような人物か。【B】の空欄□に入る語句を、漢字二字の現代語で考えて書け。

問三 【A】に ②あのやうに とあるが、何がどうする様子かを具体的に表す部分を、【A】からそのまま抜き出して書け。

問四 次の□の中は、【A】と【B】を読んだ青木さんと小島さんと先生が、会話をしている場面である。

先生　この話の主人公である絵かきのどんな点が「下手芸」なのか話し合ってみましょう。

青木さん　私は、絵についての主人の感想に対して、「この飛びやうが第一の出来物ぢや」と言って、ア点が「下手芸」であると思います。

小島さん　私は、実物を参考にせず「あの羽づかひではあつてこそ、それがしが描いたやうには、え飛ぶまい」と言い張って、イ点も「下手芸」であると思います。

青木さん　なるほど。どちらにしても絵かきのウ心している点が、「下手芸」であるということができますね。

小島さん　そうか。だから、絵かきは、自分よりすぐれた人が世の中にはたくさんいることに気付くことができないのですね。

先生　二人とも、絵かきの「下手芸」な点についてよく考えることができましたね。

(1) ア、イに入る内容を、十字以上、十五字以内の現代語でそれぞれ考えて書け。ただし、アには**他人**、イには**自分**という語句を必ず使うこと。

(2) ウに入る最も適当な漢字一字を、【A】からそのまま抜き出して書け。

問一

問二

問三

問四		
(2)	(1)	
ウ	イ	ア

■平成31年度問題

四

次の文章を読んで、後の各問に答えよ。句読点等は字数として数えること。

漢朝《かんてう》に孝孫《かうそん》と云《い》ふ者ありけり。年《とし》十三歳なりけるが、父、妻《め》が詞《ことば》につきて、年たけたる親を山へ送つて捨てぬ。孝孫幼《をさな》かりけれども心ある者にて、父を諫《いさ》めけれども父用ゐず。元啓と二人、手輿《たこし》に載《の》せて山へ送りて捨てて帰る。元啓この輿《こし》を持ちて返らんとす。父が云《い》はく、「持ちて帰りて何かせん」と制してければ、「父の年たけ給《たま》ひたらん時、持ちて捨てん為《ため》」と云《い》ひけるに心づきて、我《わ》れ父を捨てば、また我《われ》を学びて、我《わ》が捨てられん事を思ひて、また親を具して返りて養ひけり。父を諫《いさ》むる計事《はかりごと》、実《まこと》に智恵《ちゑ》深くこそ。

（『沙石集』による。一部改変）

（注）漢朝…漢の時代。　孝孫…孝行な孫。元啓のこと。　妻が詞につきて…妻の言葉に従って。
手輿…前後二人で二本の棒を腰のあたりまで持ち上げて運ぶ乗り物。

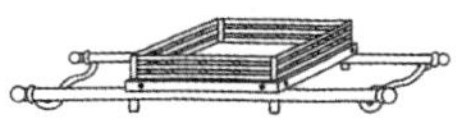

［手　輿］

問一　本文中の　養ひけり　の読み方を、全て現代仮名遣いに直し、平仮名で書け。

問二　次の［　　］の中は、本文を読んだ野口さんと松村さんと先生の会話の一部である。

先生　　　この話の登場人物である「元啓」は、どのような人だと思いますか。そう考える理由を含めて、ペアで話し合ってみましょう。

野口さん　元啓は、とても賢い人だと思います。それは、父が元啓の忠告を聞かず、自分の親を山に置いて帰ろうとする場面での、元啓の行動からいえると思います。言葉での忠告が受け入れられなかったので、次は行動によって自分の気持ちを伝えようと工夫した点が、賢いといえます。

松村さん　なるほど。私も賢い人だと思った点は同じですが、野口さんは行動に注目したのですね。私は、違うところに注目しました。Ａの「父の年たけ給ひたらん時、持ちて捨てん為」という言葉です。この言葉を聞いて、「私が父を置いて帰ったら、（　　　　）」ということに気付かされ、親を連れて帰ったのです。だから、この言葉に賢さが表れていると思いました。

野口さん　そうか。行動も言葉も、「Ｂ」だったのですね。やはり元啓はとても賢い人だといえますね。

先生　　　二人とも、しっかりと内容を読み取ることができましたね。

(1)　［　　］の中の　元啓の行動　を含む一文を、本文中からそのまま抜き出し、その初めの三字を書け。

(2)　［　　］の中のＡ・Ｂに入る語句の組み合わせとして最も適当なものを、次の1～4のうちから一つ選び、その番号を書け。

1　Ａ　元啓の父　　Ｂ　持ちて捨てん為
2　Ａ　元啓　　Ｂ　父を諫むる計事
3　Ａ　元啓の父　　Ｂ　父を諫むる計事
4　Ａ　元啓　　Ｂ　持ちて捨てん為

(3)　［　　］の中の（　　　）に入る内容を、本文を踏まえて、十五字以上、二十五字以内の現代語で書け。

問三　元啓が「孝孫」と呼ばれた理由を、十字以上、二十字以内の現代語で説明せよ。ただし、**父**、**祖父**という二つの語句を必ず使うこと。

問一

問二	
(1)	(2)
(3)	

問三

四 次の文章を読んで、後の各問に答えよ。句読点等は字数として数えること。

第一八六段

吉田と申す馬乗りの申し侍りしは、「馬ごとにこはきものなり。人の力、あらそふべからずと知るべし。乗るべき馬をば、まづよく見て、強き所、弱き所を知るべし。次に、轡《くつわ》・鞍《くら》の具に、危き事やあると見て、心にかかる事あらば、その馬を馳《は》すべからず。①この用意を忘れざるを馬乗りとは申すなり。これ秘蔵の事なり」と申しき。

第一八七段

よろづの道の人、たとひ不堪《ふかん》なりといへども、堪能《かんのう》の非家《ひか》の人にならぶ時、必ず勝る事は、たゆみなく慎みて軽々しくせぬと、②ひとへに自由なるとの等しからぬなり。

芸能・所作のみにあらず、大方のふるまひ・心づかひも、愚かにして慎めるは得の本なり。巧みにしてほしきままなるは、失の本なり。

（『徒然草』による。一部改変）

（注）こはき…手ごわい。　轡…馬の口にかませる器具。これに手綱をつける。　馳す…走らせる。
所作…芸能の身体行動には、日常行動と違った型があり、きまりがある。それらの、一定の形式による動作。
心づかひ…心くばり。心の持ち方。　得…成功。　ほしきままなる…自分の思うとおりにふるまうさま。

問一 本文中の あらそふ の読み方を、全て現代仮名遣いに直し、平仮名で書け。

問二 次の［　］の中は、本文を読んだ南さんと佐藤さんが会話をしている場面である。

南さん　「第一八六段」に、①この用意を忘れざるを馬乗りとは申すなり とあるけれど、辞典で調べてみると、「用意」は、「心構え」という意味なんだね。「馬乗り」も、ただ馬に乗る人ということではないみたいだね。

佐藤さん　私もそう思うよ。「乗馬の［ア］」ということだよね。

南さん　なるほど。「第一八七段」の「道の人」のことなんだ。

佐藤さん　「第一八七段」の最初の部分の意味がわかってきたよ。様々な「道の人」はたとえ不器用であっても、「巧みな素人《しろうと》に必ず勝る、ということだよ。

南さん　そうだね。その文の後の方に書かれている ②ひとへに自由なる は、［イ］ということだね。

佐藤さん　こんな本があるよ。ここを読んでみて。

> 碁や将棋などの勝負事で、素人の腕自慢が、プロ新人に挑戦することがあるが、おおかたプロが勝つ。それは腕が違うのではなく、心構えが圧倒的に違うからだ。（中略）
> プロの慎重さは、くまなく張りめぐらされたコンピュータの回路のようなものなのだ。
> 途中までは調子良くて、もう一歩のところまでプロを追いこんでおきながら、一瞬の油断がミスを生み、そこをプロは当然のようについてくるのである。
>
> （嵐山光三郎『転ばぬ先の　転んだ後の「徒然草」の知恵』による。一部改変）

南さん　そうか。ここに述べられているような「プロ」ならば、具体的にどう行動するべきか、ということについて書いてあるのが、「第一八六段」の「［ウ］」の部分だね。

(1) ［ア］に入る語句を、漢字二字で考えて書け。

(2) ［イ］に入る語句として最も適当なものを、次の1〜4のうちから一つ選び、その番号を書け。

1 人に対してわがままである
2 ひたすら勝手気ままである
3 本当に堂々としている
4 むやみに手を抜きがちである

(3) ［ウ］に入る内容を、『徒然草』「第一八六段」の本文中からそのまま抜き出し、その初めと終わりの五字ずつを書け。

問三 『徒然草』の「第一八六段」・「第一八七段」に共通しているのはどのような考えか。解答欄の下の語句に続くように、十五字以上、二十五字以内の現代語で考えて書け。

問一

問二		
(1)	(2)	(3)
		〜

問三
（15）（25）

という考え。

古文

■平成28年度問題

二　次の文章を読んで、後の各問に答えよ。句読点等は字数として数えること。

ある人いはく、人の君となれるものは、①つたなきものなりとも嫌ふべからず。文《ふみ》にいはく、

A｛山はちひさき壌《つちくれ》をゆづらず、この故《ゆゑ》に高きことをなす
　｛海は細き流れをいとはず、この故に深きことをなす

といへり。

また明王《めいわう》の人を捨て給《たま》はぬこと、車を造る工《たくみ》の、材を余さざるにたとふ。曲れるをも、短きをも②用ゐるところなり。また人の食物を嫌ふことあれば、その身必ず痩《や》すともいへり。

そうじて、大人《たいじん》は賤《いや》しきを嫌ふまじと見えたり。およそ、いとほしければとて、あやまりて X をもすごさず、にくければとて、みだりがはしく Y をも加へずして、あまねく均《ひと》しき恵《めぐみ》を施すべしとなり。また人に一度の咎《とが》あればとて、重き罪を行ふこと、よく思慮あるべし。麒驥《きき》といふ賢き獣《けだもの》、おのづから一蹪《いっち》のあやまりなきにあらず。③人とても、いかでかその理《ことわり》をはなれむ。

しかれば文にいへるがごとく、

少過をゆるして、賢才を見るべし

となり。

（『十訓抄』による。一部改変）

（注）君…主君。主人。　文…書物。　壌…土のかたまり。　明王…賢明な君主。　工…職人。　大人…立派な人。
嫌ふまじ…嫌ってはいけない。　いとほしければとて…かわいいからといって。　すごさず…与えすぎず。　みだりがはしく…むやみやたらに。
咎…過失。あやまち。　麒驥…一日に千里を走る名馬。　一蹪のあやまり…ひとつまずきの失敗。一回の失敗。

問一　本文中の ②用ゐる の読み方を、すべて現代仮名遣いに直し、平仮名で書け。

問二　本文中に ①つたなきもの とあるが、このたとえとして挙げてあるものを、本文中の A の部分からそれぞれ五字以内で、二つそのまま抜き出して書け。

問三　本文中の X・Y にはそれぞれ漢字一字が入る。その漢字の組み合わせとして最も適当なものを、次の1～4のうちから一つ選び、その番号を書け。

1　X 害　Y 兵　　**2**　X 金　Y 恩

3　X 水　Y 食　　**4**　X 賞　Y 刑

問四　次の□中の文章は、本文中の ③人とても、いかでかその理《ことわり》をはなれむ についてまとめたものである。空欄□に入る内容を、十字以上、十五字以内の現代語で考えて書け。ただし、**失敗** という語句を必ず使うこと。

> 「人とても、いかでかその理をはなれむ」は、「理」が人間にも当てはまることを述べている。ここでいう「理」とは、麒驥を例に述べられた道理のことである。この道理を人間に当てはめると、□ということになる。

問五　左の□は、本文の内容を「賢明な人物による人材活用」という点から整理したものの一部である。空欄 ア に入る最も適当な四字熟語を、次の1～4のうちから一つ選び、その番号を書け。また、空欄 イ に入る内容を、二十字以上、二十五字以内でまとめて書け。ただし、**過失**、**優れた** という二つの語句を必ず使うこと。

1　暖衣飽食　**2**　適材適所　**3**　有名無実　**4**　主客転倒

賢明な人物による人材活用

人の君	どのような人でも嫌わない。
明王《めいわう》	どのような人でも、 ア を考えて任用する。
大人《たいじん》	すべての人を公平に扱う。また、 イ 。

問一　問二　問三　問四　問五（ア・イ）

時間にとって代わったのは費用である。①「（　X　）なり」ということわざは、もともと時間はお金と同じように貴重なものだから大切にしなければいけないという意味だった。ところが、次第に「時間は金で買えるもの」という意味に変わってきた。特急料金をはらえば、普通列車で行くより時間を短縮できる。速達郵便は普通郵便よりも料金が高いし、航空便は船便より費用がかさむ。同時に、距離も時間と同じように金に換算されて話題に上るようになった。

しかし、これは②大きな勘違いを生むもととなった。金は時間のように記憶によって蓄積できるものではない。本来、金は今ある可能性や価値を、劣化しない紙幣や硬貨に代えて、それを将来に担保する装置である。いわば時間を止めて、その価値や可能性が持続的であることを認める装置だ。しかし、実はその持続性や普遍性は危うい約束事や予測の上に成り立っている。今の価値が将来も変わることなく続くかもしれないが、もっと大きくなったり、ゼロになるかもしれない。リーマン・ショックに代表される近年の金融危機は、そのことを如実《にょじつ》に物語っている。

時間には決して金に換算できない側面がある。たとえば、子どもが成長するには時間が必要だ。金をかければ、子どもの成長を物質的に豊かにできるかもしれないが、成長にかかる時間を短縮することはできない。そして、時間が紡ぎだす記憶を金に換算することもできないのだ。社会で生きていくための信頼を金で買えない理由がここにある。信頼は人々の間に生じた優しい記憶によって育てられ、維持されるからである。

③人々の信頼でつくられるネットワークを社会資本という。何か困った問題が起こったとき、ひとりでは解決できない事態が生じたとき、頼れる人々の輪が社会資本だ。それは互いに顔と顔とを合わせ、時間をかけて話をすることによってつくられる。その時間は金では買えない。人々のために費やした社会的な時間が社会資本の元手になるのだ。

私はそれを、④野生のゴリラとの生活で学んだ。ゴリラはいつも仲間の顔が見える、まとまりのいい十頭前後の群れで暮らしている。顔を見つめ合い、しぐさや表情で互いに感情の動きや意図を的確に読む。人間の最もまとまりのよい集団のサイズも十〜十五人で、共鳴集団と呼ばれている。サッカーやラグビーのチームのように、言葉を用いずに合図や動作で仲間の意図が読め、まとまって複雑な動きができる集団である。これも日常的に顔を合わせる関係によって築かれる。言葉のおかげで、人間はひとりでいくつもの共鳴集団をつくることができた。でも、信頼関係をつくるには視覚や接触によるコミュニケーションに勝るものはなく、言葉はそれを補助するにすぎない。

人間が発する言葉は個性があり、声は身体と結びついている。だが、文字は言葉を身体から引き離し、劣化しない情報に変える。情報になれば、効率が重視されて金と相性がよくなる。現代の危機はその情報化を急激に拡大してしまったことにあると私は思う。本来、身体化されたコミュニケーションによって信頼関係をつくるために使ってきた時間を、今私たちは膨大な情報を読み、発信するために費やしている。フェイスブックやチャットを使って交信し、近況を報告し合う。それは確かに仲間と会って話す時間を節約しているのだが、果たしてその機能を代用できているのだろうか。

現代の私たちは、一日の大半をパソコンやスマホに向かって文字とつき合いながら過ごしている。もっと、人と顔を合わせ、話し、食べ、遊び、歌うことに使うべきなのではないだろうか。それこそが、モモがどろぼうたちからとりもどした時間だった。時間が金に換算される経済優先の社会ではなく、人々の確かな信頼にもとづく生きた時間をとりもどしたいと切に思う。

（山極寿一『ゴリラからの警告「人間社会、ここがおかしい」』による。一部改変）

（注）リーマン・ショック…二〇〇八年にアメリカの大手証券会社が経営破綻したことをきっかけに起こった世界金融危機のこと。
フェイスブック…登録された利用者同士が交流できるウェブサイトの会員制サービスの一つ。
チャット…コンピューターネットワーク上で、複数の人が同時に交信し、文字等による会話をすること。　スマホ…スマートフォンのこと。

問一　本文中に①「（　X　）なり」とあるが、空欄（　X　）に入る最も適当な語句を、三字で書け。

問二　本文中の②大きな勘違いについて説明した次の［　］中の文の空欄［ア］に入る最も適当な語句を、本文中から七字で探し、そのまま抜き出して書け。

> 紙幣や硬貨の価値は、将来も担保されるとは限らないのに、［ア］があると思い込んでいること。

問三　本文中に③人々の信頼とあるが、書き手は、「信頼」をどのようなものと捉えているか。二十字以上、二十五字以内でまとめて書け。ただし、**時間**、**記憶**という二つの語句を必ず使うこと。

問四　本文中に④野生のゴリラとあるが、野生のゴリラの例が本文中で果たす役割について説明した文として最も適当なものを、次の**1**〜**4**から一つ選び、番号を書け。

1　野生のゴリラとの生活を示して人間との違いを明確にすることで、人間が社会資本をつくった過程を説明する役割。
2　野生のゴリラの群れを通して人間同士の関係性を見つめることで、複数の共鳴集団をつくる危うさを伝える役割。
3　野生のゴリラから学んだことを示すことで、人間の言葉の発達について解明できるという主張を印象付ける役割。
4　野生のゴリラと人間の在り方を比較することで、社会における人間同士の関わりを考えさせる契機とする役割。

問五　本文中に『モモ』の話を引用することで、書き手が、現代の日本で必要だと示唆しているのはどのようなことか。二十五字以上、三十五字以内で考えて書け。

問一　X
問二　ア
問三
問四
問五

言うまでもなく、他人に寄り添う気持ちの強さは、誠実さや礼儀正しさなどと並ぶ日本人の**c**代表的な国民性であり、美徳だ。そうした意味では、エンパシーが日本社会に定着しやすい素地はある。すでに身に付けているという人も少なくないことだろう。

［**X**］子供について考えるならば、エンパシーが自らの体験の中から学ぶものである以上、価値観が異なる人との交流や、異文化に接する体験はなるべく**d**小さな頃から積んでおいたほうがよいが、一方で最近は少子化で学級数は減っており、クラス替えすらままならないという学校も増えてきている。今後は幼少期の教育の中において、高齢者との交流や外国人と一緒に行動したり、遊んだりする機会を意図して増やしていくことも考えなければならなくなるだろう。

多くの人がエンパシーを身に付け、相手を思いやることが当たり前の社会となったならば、日本の未来は大きく変わる。

〈河合雅司『未来を見る力　人口減少に負けない思考法』（PHP新書）による。一部改変〉

（注）社人研…国立社会保障・人口問題研究所の略。　AI…人工知能。推論、判断などの知的な機能を備えたコンピューター・システム。

問一　本文中の二箇所の空欄［**X**］に共通して入る語句として最も適当なものを、次の**1**〜**4**から一つ選び、番号を書け。

1　では　**2**　または　**3**　なぜなら　**4**　ただ

問二　本文中の**a**必要な　**b**さまざまな　**c**代表的な　**d**小さな　のうち、品詞が異なるものを一つ選び、記号を書け。

問三　本文中に①世代を超えたコミュニティーを形成し、生かしていくとあるが、そのために書き手が必要だと述べている内容として最も適当なものを、次の**1**〜**4**から一つ選び、番号を書け。

1　高齢者がふだん感じている喜びや悩みに耳を傾け、新たな商品市場を開拓することで、個人の利益を追求すること。
2　働く世代の人々に限定して、高齢者と交流して情報のやり取りを行う機会を増やし、世代間の交流を図ること。
3　高齢者の置かれた状況を疑似体験するなどして理解し、解決に向けた策を講じるため積極的に努力すること。
4　日常生活で高齢者が感じている困難に理解を示した上で、高齢者同士が自立して助け合う意識を高めること。

問四　本文中の②潤滑油とは、エンパシーのどのような働きをたとえたものか。解答欄の下の「働き。」という語句に続くように、十字以内でまとめて書け。

問五　次の［　］の中は、本文中の「しなやかさ」について述べたものである。

> 書き手の述べる「しなやかさ」とは、人口減少に伴い［**ア**］が役に立たなくなる中で、［**イ**］できる柔軟性のことである。

(1)　［**ア**］に入る内容を、本文中から九字で探し、そのまま抜き出して書け。

(2)　［**イ**］に入る内容を、二十五字以上、三十字以内で考えて書け。ただし、**価値観**、**変化**という二つの語句を必ず使うこと。

問六　本文の展開や内容について説明した文として最も適当なものを、次の**1**〜**4**から一つ選び、番号を書け。

1　具体的な事例を織り交ぜながら、超高齢社会においてシンパシーを身に付けることの大切さを主張している。
2　論の中心となる語句について初めに書き手の解釈を示した上で、今後の人口減少社会で重要なことを述べている。
3　世界の人口や出生数を提示して、人口減少社会において諸外国との関係で起きる問題を具体的に述べている。
4　他の考え方に対する書き手の反論を具体例を挙げて示し、超高齢社会における人々の在り方を主張している。

問一 ［　］　問二 ［　］　問三 ［　］

問四 ［　　　　　　　　　　］働き。

問五 (1) ア ［　］　(2) イ ［　］25　30

問六 ［　］

■令和5年度問題

一

(1)　次の【文章】を読んで、後の各問に答えよ。句読点等は字数として数えること。

【文章】

「時間どろぼう」という言葉を記憶している読者は多いだろう。ドイツの作家ミヒャエル・エンデ作『モモ』に出てくる言葉である。時間貯蓄銀行から派遣された灰色の男たちによって、人々の時間が盗まれていく。それをモモという少女が活躍してとりもどす。そのために彼女がとった手段は、ただ相手に会って話を聞くことだった。このファンタジーは現代の日本で、ますます重要な意味をもちつつあるのではないだろうか。

時間とは記憶によって紡《つむ》がれるものである。かつて距離は時間の関数だった。だから、遠い距離を旅した記憶は、かかった時間で表現された。「七日も歩いて着いた国」といえば、ずいぶん遠いところへ旅をしたことになった。その間に出会った多くの景色や人々は記憶のなかに時間の経過とともにならび、出発点と到着点を結ぶ物語となった。

しかし、今は違う。東京の人々にとって飛行機で行く沖縄は、バスで行く名古屋より近い。移動手段の発達によって、距離は時間では測れなくなった。

問三　本文中の③私たちの思考は言葉によって担われているため、それは思考の活性化を意味するの説明として最も適当なものを、次の**1**〜**4**から一つ選び、番号を書け。

1　人間は思考することで身に付けた言葉を用いて生活しているため、読書を通じて出会った新たな言葉を使って思考を深めることで、他者に対して説得力のある意見を主張することが可能になるということ。

2　人間は思考の手段として主に言葉を用いることがあるため、本に書かれた内容や表現を通じて感銘《めい》を受ける言葉に多く触れ、それらの言葉の力により豊かな感情を身に付けることが可能になるということ。

3　人間は思考の手段として言葉を用いるため、読書により他の思考を知ることで多くの刺激を受け、それ以前とは異なる視点から物事をとらえるようになり、より深く考察することが可能になるということ。

4　人間は思考を通じて新たな言葉を習得するという性質をもつため、読書によって新しい言葉を身に付けることは、意思疎通の手段が増えることを意味し、良好な人間関係を保つことが可能になるということ。

問四　本文中の空欄**ア**〜**エ**に入る語句の組み合わせとして最も適当なものを、次の**1**〜**4**から一つ選び、番号を書け。

1　**ア**　受け身　**イ**　反射的　**ウ**　主体的　**エ**　創造的

2　**ア**　主体的　**イ**　創造的　**ウ**　受け身　**エ**　反射的

3　**ア**　反射的　**イ**　主体的　**ウ**　受け身　**エ**　創造的

4　**ア**　受け身　**イ**　創造的　**ウ**　主体的　**エ**　反射的

問五　本文中に④むしろかっこいいことなのだとあるが、書き手は、なぜそのように述べているのか。その理由を、「一人で行動できる人は、」に続けて、解答欄に書かれている文字数を含め、五十字以上、六十字以内でまとめて書け。ただし、**自信**、**思考**という二つの語句を必ず使うこと。

問三

問四

問五

一人で行動できる人は、

50

60

■令和4年度問題

一　次の文章を読んで、後の各問に答えよ。句読点等は字数として数えること。

私は人口減少がもたらす変化に対応するための「しなやかさ」を身に付けるには、エンパシーと呼ばれる力が極めて重要になると考える。エンパシーには日本語にピタリとはまる訳語がなく、聞きなれない言葉だが、シンパシーと似ている。[X]その意味は少々異なっていて、シンパシーが「自分は違う立ち位置にいて、相手に同情する」ことを指すのに対し、エンパシーは「自分も相手の立場に立って、気持ちを分かち合う」ことを意味する。

例えば、穴に落ちて困っている人への対応をイメージすれば分かりやすい。落ちた人を穴の上から覗《のぞ》いて心配することがシンパシーだ。これに対して、自分も穴の中に降りていって、一緒に解決策を考えるのがエンパシーである。自分と違う価値観や理念を持っている人が何を考えているかを想像する力とも言えるだろう。コミュニケーション能力の基礎である。

なぜ人口減少社会においてエンパシーが極めて重要になるのかと言えば、これから訪れる社会はいままでの日本とは全く異なるからだ。繰り返すが人口減少がもたらすこれからの激変は、すべての分野に例外なく起こる。そして誰も経験したことのない大きな変化となる。過去の経験則や知識といったものは役に立たないのだから、各人がおのおのの立場を超えて理解し合い、新たな知恵を出さざるを得ない。私は地域の暮らしにおいて「助け合い」の必要性を繰り返し説いてきたが、①世代を超えたコミュニティーを形成し、生かしていくためにはエンパシーによる相互理解は不可欠なのである。

例えば、二十一世紀の日本は超高齢社会が進んでいく。社人研の推計では二〇六七年の百歳以上人口は五十六万五千人となり、その年の年間出生数五十四万六千人を上回る。九十代に限っても五百八十六万七千人だ。これだけ多くの九十代、百代が暮らす社会は世界のどこを探してもないだろう。予期せぬことがどんな形で起きてくるのか想像もつかない。

現状で言えることは、もしこれらの年代の人々の暮らしが成り立たなくなったならば、若い世代の社会的負担はさらに大きくなり、社会全体に少なからぬ影響が出てくるということだ。九十代、百代の人々の暮らしを支えていくためには、まずはこうした年齢の人々がどのような環境に置かれているのかを知ることだ。どんなことに喜びを感じ、どんな悩みを抱いているのか、理解する必要がある。いまやAIによって、視力の衰えた高齢者の視界がどれほどまでに狭まっているのかを簡単に映像化することができる。筋力の衰えでどれぐらいの歩行スピードとなるのか、あるいは握力が弱り、瓶の蓋はどれぐらいの硬さになったら開けられなくなるのかといったこともシミュレーションし、疑似体験することも可能だ。違う立場の人々を理解するために積極的にアプローチをしないかぎり、真にa必要な政策を講じることはできない。ニーズを把握してマーケットを掘り起こすこともできない。ビジネスシーンで言うなら、働く世代の激減に伴って外国の人々とbさまざまなチャンネルで交流する機会も増えるだろう。商習慣に始まり、文化や価値観も含めてお国柄の違いに戸惑い、摩擦が生じる場面も断然多くなるだろう。日本人同士でもテレワークや在宅勤務が普及するにつれて、直接会うよりも正確な情報のやり取りや意思の疎通が求められるようになってくる。これまで以上に相手の立場になってものを考え、世代を超えた相互理解を図るべく積極的に努力しない限り、社会は円滑に回っていかなくなるということである。エンパシーとは、人口減少社会になくてはならない②潤滑油なのである。

一

(1) 次の【文章】を読んで、後の各問に答えよ。句読点等は字数として数えること。

【文章】

何か迷いが生じたときや、方向性を見失ったときなどは、自分の心の声に耳を傾ける必要があり、そのためには一人になれる時空をもたなければならない。

日常生活を振り返ってみればわかるように、だれかと一緒のときは、目の前にいる相手のことが気になって、①自分の世界に沈潜することができない。つまり、思索《さく》にふけることができない。SNSでだれかとつながっているときも同様である。

常に人と群れていると、ものごとを自分の頭でじっくり考える習慣がなくなっていく。②絶えず目の前の刺激に反応するといった行動様式が常態化し、じっくり考えることができなくなる。

A

発想を練るのは一人の時間にかぎる。周囲と遮《しゃ》断された状況でないと、思考活動に没頭できない。一人になると、自然に自分と向き合い、さまざまな思いが湧《わ》いてくる。一人の時間だからこそ見えてくるものがある。

こうしてみると、SNSの発達のせいで、どうしてもつながり依《い》存に陥《おちい》りがちだが、何としても一人でいられる力をつける必要があることがわかるだろう。

自分と向き合う静寂《じゃく》な時間が気づきを与えてくれる。どこかで感じている焦《あせ》りの正体。毎日繰り返される日常への物足りなさ。どこか無理をしている自分。日頃《ごろ》見過ごしがちなこと。どこかに置き去りにしてきた大切なこと。そうしたことを教えてくれる心の声は、一人になって自分の中に沈潜しないと聞こえてこない。

B

今の時代、だれにも邪《じゃ》魔されない一人の時間をもつのは、非常に難しくなっている。電車に一人で乗っていても、家に一人でいても、SNSでメッセージが飛び込んでくる。そうすると気になり読まないわけにいかない。読めば反応せざるを得ない。そうすると、他の人がどんな反応をするかが気になる。自分の反応に対してどんな反応があるかが気になって落ちつかない。

スマートフォンで他の人たちの動向をチェックする合間に、手持ちぶさただからいろいろネット検索を楽しんだりして時間を潰す。そうしている間は、まったくの思考停止状態となり、自分の世界に没頭することなどできない。

人からのメッセージに反応する。飛び込んでくる情報に反応する。そのように外的刺激に反応するだけで時が過ぎていく。

そんな受身の過ごし方をしていたら、当然のことながら自分を見失ってしまう。そんな状態から脱するには、思い切って接続を極力切断する必要がある。

C

外的刺激に反応するだけでなく、自らあれこれ思いをめぐらしたり、考えを深めたりして、自分の中に沈潜する時をもつようにする。外的刺激に翻弄《ほんろう》されるのをやめて、自分の心の中に刺激を見つけるのである。

もちろん、そのために外的刺激を利用するのも有効だ。たとえば、読書の時間をもち、本に書かれた言葉や視点に刺激を受け、それによって心の中が活性化され、心の中をさまざまな言葉が飛び交う。そうした自らの内側から飛び出してきた言葉に刺激され、さらなる言葉が湧き出てくる。③私たちの思考は言葉によって担われているため、それは思考の活性化を意味する。

D

外的刺激に反応するスタイルに馴染《なじ》み過ぎてしまうと、スマートフォンやパソコンを媒《ばい》介とした接続を遮断されると、何もすることがなくなった感じになり、退屈でたまらなくなる。そこで、すぐにまたネットを介したつながりを求めてしまう。

だが、外的刺激に反応するだけの受け身の生活から脱して、自分の世界に沈潜するには、あえて退屈な時間をもつことも必要なのではないか。

近頃は退屈しないように、あらゆる刺激が充《じゅう》満する環境が与えられているが、あえて刺激を絶ち、退屈でしかたがないといった状況を自ら生み出すのもよいだろう。

そんな状況にどっぷり浸かることで、自分自身の内側から何かがこみ上げてくるようになる。心の声が聞こえてくるようになる。それが、アでイな生活から、ウでエな生活へと転換するきっかけを与えてくれるはずだ。

E

そこで問題なのは、「一人はかっこ悪い」という感受性である。一人でいられないことの弊《へい》害を考えると、「ひとりはかっこ悪い」といった感受性を克《こく》服する必要がある。

かつてのように、若者たちが孤高を気取る雰《ふん》囲気を取り戻すのは難しいかもしれないが、学校などで群れる時間をもちながらも、一人の時間をもつようにしたい。

一人でいられないのは、自分に自信がないからだ。絶えず群れている人間は弱々しく見えるし、頼りなく見える。無駄《だ》に群れて時間を浪《ろう》費しているということは、本人自身、心のどこかで感じているのではないか。

一人で行動できるというのは、かっこ悪いのではなく、④むしろかっこいいことなのだ。一人で行動できる人は頼もしい。一人の時間をもつことで思考が深まり、人間に深みが出る。そこをしっかり踏まえて意識改革をはかることが必要だ。

（榎本《えのもと》博明『「さみしさ」の力　孤独と自立の心理学』による。一部改変）

問一　本文中に①自分の世界に沈潜するとあるが、書き手は、そのためには何が必要だと考えているか。Aの部分から十二字でそのまま抜き出して書け。

問二　本文中に②絶えず目の前の刺激に反応するといった行動様式が常態化し、じっくり考えることができなくなるとあるが、そのことについての具体的な内容を含《ふく》む部分として最も適当なものを、A～Eから一つ選び、記号を書け。

サン民族は、1から20の家族からなる50から100人程度の集団で狩猟採集生活をして暮らしています。男たちが狩猟で得た肉は一族全体で分かち合います。実際に獲物を仕留めた者でも、獲物を仕留めそこなった者でも取り分は平等です。平等主義の原則を達成するためにサン民族は並々ならぬ努力をしています。

例えばルールとして獲物の所有権は仕留めた者ではなく矢など狩猟具を作った者に与えられます。狩猟具は共有品です。誰でも矢を作ることはできるので、狩りの上手い下手にかかわらず平等に獲物を手に入れることができるしくみになっています。イヌイットも同様で、漁でとれた獲物は他の家族とも分け合います。食料の分かち合いは狩猟生活社会に見られる共通の特徴のひとつです。

このような助け合いの精神は現在でもそこら中に見られます。困っている人を見かけたら、たいていの人は助けようとするでしょう。そして、助けられた人はお礼をしようとするでしょう。チンパンジーとは違ってヒトは進んで助け合う生き物です。もちろん個人差はあるでしょうが、どんな冷淡な人でもチンパンジーに比べればよっぽど親切なはずです。

こうした他人を信頼して思いやって助け合うというヒトの稀有な性質が、血縁のない個体間での協力を可能にしたと考えられています。（A）

このような信頼と助け合いの精神は、ヒトの持つ特殊な心のおかげだと考えられています。もっと具体的にいえば、ヒトの持つ高い共感能力によります。相手がうれしければ自分もうれしくなり、相手が悲しければ自分も悲しくなり、笑いかけられれば、ついこちらも笑ってしまうという能力です。共感とは相手の感情が自分の感情になるということです。（B）

さらに、ヒトは相手の気持ちを想像することができます。相手の気持ちが想像できるようになると、相手を助ければ相手が自分に感謝することを予想できるようになります。そうなれば相手からの助けも期待することができます。そうすれば私があなたを助け、あなたが私を助けるという助け合いの関係が生まれます。助け合いが続けば相手との信頼関係が生まれます。自分が協力すれば、きっと相手も協力してくれることが信じられるようになるのです。（C）

信頼関係が築かれたことによって、初めて物と物を交換することが可能になります。交換は信頼できる相手としかできません。信頼できない相手は、偽物《にせもの》を渡してくるかもしれませんし、受け取るだけ受け取って逃げてしまうかもしれないからです。（D）

交換ができるようになって初めて分業が可能になります。交換ができるのであれば、生活必需品をすべて自分で作る必要はなくなり、それよりも人が欲しがるような素晴らしい物を作ればよくなります。専門家が誕生し、技術が発達していくことになります。かくして③ヒトは生物史上例のない巨大で発展した社会を作り上げたのです。（E）

（「市橋伯一『協力と裏切りの生命進化史』／光文社新書」による。一部改変）

問一　本文中の①ヒトに備わる稀有《けう》な性質が指し示す具体的な内容を、本文中から十字でそのまま抜き出して書け。

問一 [　　　　　　　　　　]

問二　本文中の②ナミビアのサン民族やアラスカ・カナダのイヌイットについて説明したものとして最も適当なものを、次の1～4のうちから一つ選び、その番号を書け。

1　狩猟具を作った者が集団の中で一番多く獲物を手に入れる権利をもつことで、集団の規律を維持している。
2　助け合いの習慣が集団を構成する人々に身に付いており、仕留めた獲物は集団の中で平等に分かち合う。
3　狩りや漁で得た食料を他の家族と分け合うというやり方を守った者が、集団の中での地位を高めていく。
4　人を助けるときはお返しを期待すべきでないという考えを、集団に属する人々が生活の中で共有している。

問二 [　]

問三　本文において、チンパンジーとヒトとを比較する効果を説明したものとして最も適当なものを、次の1～4のうちから一つ選び、その番号を書け。

1　血縁のない個体と協力するチンパンジーの存在に言及することで、チンパンジーとヒトの共通点を示すことができる。
2　自分が獲得した食物に執着するチンパンジーの気質を示すことで、人間社会の改善すべき課題を見い出すことができる。
3　ヒトの行動をまねしようとするチンパンジーの特性を考察することで、ヒトの進化の道筋を明らかにすることができる。
4　遺伝子がほぼ同じチンパンジーとヒトとのふるまいの違いに着目することで、人間社会の特徴を説明することができる。

問三 [　]

問四　本文中にヒトはどうして血縁のない他人を信頼できるのでしょうかとあるが、そのことについての書き手の考えが書かれているのはどこまでか。最も適当なものを、本文中の（A）～（E）のうちから一つ選び、その記号を書け。

問四 [　]

問五　本文中に③ヒトは生物史上例のない巨大で発展した社会を作り上げたのですとあるが、その社会を作り上げるまでの過程を説明した次の[　]中の文の[　]に入る内容を、三十字以上、四十字以内でまとめて書け。

共感能力によって[　　　　]ことになり、ヒトは巨大で発展した社会を作り上げた。

問五
共感能力によって[　　　　　　　　　　]ことになり、ヒトは巨大で発展した社会を作り上げた。

問一　左の表は、Aの部分に書かれている内容について、「日本の住居」と「欧米諸国の住居」を対比させて整理したものの一部である。ア・ウに入る最も適当な語句を、アはAの部分から二字で、ウはAの部分からそのまま抜き出して書け。また、イに入る内容を、表の「欧米諸国の住居」の書き方に合わせて、二十五字以上、三十字以内でまとめて書け。

	日本の住居	欧米諸国の住居
建築資材	ア	レンガ・石
開口部	イ。	大開口をとることが難しく、おのずと内部と外部の関係が希薄となる。
室内	ウとなる。	「インテリア」という概念が発達する。

問二　本文中にその優美を生活と一体にするとあるが、どういうことか。二十五字以上、三十五字以内で説明せよ。

問三　この文章の展開について説明した文として最も適当なものを、次の1～4のうちから一つ選び、その番号を書け。

1　住居と日本人のものの見方との関係について結論を示した上で、日本の気候の特徴を根拠として挙げている。
2　障子や畳など複数の例を挙げてそれらの特徴を比較しながら、日本家屋で生活する人々の心理を分析している。
3　日本の庭作りに関して書かれた古典の作品の一節を引用した上で、日本人と自然との関係について問題提起している。
4　居住空間から庭へと話題を転換しながら、日本の住居と日本人の美意識との関連について考えを述べている。

問一		
ア	イ	ウ
	25 30	

問二
25 35

問三

■令和2年度問題

二　次の文章を読んで、後の各問に答えよ。句読点等は字数として数えること。

　人類の発展の土台となるのは、血縁のない個体間での分業です。分業が可能となる前提は人と人との協力関係にあります。服を専門に作る人が暮らしていくためには、服を提供する代わりに、食料やその他の必需品を別の人が分けてくれるという前提があります。よっぽど他の人を信頼していないと分業は成立しません。

　ヒトはどうして血縁のない他人を信頼できるのでしょうか？　この点を考えてみたいと思います。

　血縁関係がない個体どうしが協力できるのは、どうも①ヒトに備わる稀有《けう》な性質のようです。例えば、チンパンジーはヒトと遺伝子にしてわずか1・2％しか違わず、知能もヒトの幼児よりも高いくらいで、そのふるまいも人間じみています。しかし、人間であれば当たり前にすることをチンパンジーは決してしません。交換と助け合いです。

　チンパンジーは食物の交換をしません。たとえ自分が食べきれないほどたくさんの食べ物を持っていて、もっとおいしいものとの交換を持ちかけられたとしても応じません。チンパンジーは、一瞬であっても今持っている食べ物を失うことを嫌うのです。

　ところが、ヒトはそうではありません。人間の社会は交換にあふれています。ものを買うときは必ず商品とお金を交換します。ほとんどの人はちょろまかすようなことはしませんし、交換することになんの抵抗も感じません。このヒトがなんの苦もなく行っている交換を、チンパンジーはできないのです。

　チンパンジーは助け合いもしないことが知られています。ただ、他のチンパンジーを助けることはあります。他のチンパンジーのために檻《おり》を開けてあげたり、人間を助けるようなふるまいも観察されています。まれにではありますが、食物を他のチンパンジーに分け与えることもあるようです。

　しかし、チンパンジーが他の個体を助けた場合、助けられたほうのふるまいは人間の場合とは大きく異なります。チンパンジーはたとえ助けてもらってもお返しをしないのです。助けたほうもお返しを期待しないようです。つまり、「助ける」という行為はあっても、それは「助け合い」にまで発展しないのです。

　これに対して、ヒトは助け合います。ヒトが大昔から行っていた助け合いの習慣は、現在も主に狩猟採集生活を送っている民族を見るとよくわかります。②ナミビアのサン民族やアラスカ・カナダのイヌイットです。

問六　本文の内容や論理の展開を説明した文として、最も適当なものを、次の**1**～**4**のうちから一つ選び、その番号を書け。

1　筆者は、和歌の歴史を振り返ることで見えてきたふるさとに対する人々の意識を、問題提起を繰り返しながら客観的に分析している。

2　筆者は、恋人や友との別れを詠《よ》んだ歌に着目し、ふるさとは人々にとって温かい絆の残る場所であるべきだと論理的に主張している。

3　筆者は、歌の引用を効果的に行いながら、古代から近代にかけてのふるさとにまつわる人々の意識について時代を追って論じている。

4　筆者は、近代社会の変化について、具体的に数値を挙げて検証し、都市の変化とふるさとの荒廃に心を痛める人々の姿を描いている。

問六

■平成30年度問題

二　次の文章を読んで、後の各問に答えよ。句読点等は字数として数えること。

A

日本は温暖な気候であることと、島国であることから水が豊富で良質の樹木に恵まれたことにより、古来から加工が容易でかつ柔軟な強度をもつ木造による、柱と梁《はり》の構造の建物が造られてきた。

それに対して、欧米諸国は良質の樹木を大量に得るのが難しく、土を固めて焼いたレンガや、石造による組積造《そせきぞう》がおのずと発達したとみられる。

このような建築資材の相違は、その居住空間にも強く影響し、たとえば柱と梁による日本の住宅は開口部を容易にとることができた。それが幸いし、外部と内部が必然的に関係をもった。そこでそれぞれを媒介する仕掛け、すなわち京都の町家などにみられる格子戸のような壁とも窓枠ともつかない曖昧な間仕切りや、縁側のような外とも内ともつかない中間領域などが生み出された。これによって日本人の住居は、外部の自然に開かれるようになったのである。

一方、欧米諸国は組積造を中心とした壁＝構造体であったため、大開口をとることが難しく、おのずと内部と外部の関係が希薄となった。そのことが、欧米で「インテリア」という概念が早くから生み出される要因となったとみられる。

外部に開かれた日本の住居は、こうして自然美を十分に享受できるようになった。そして、開口部から四季のいろどりをいつでも眺めることができたために、自然と室内は簡素なものとなった。開口部からは新緑や花の香りが風とともに流れ込み、木々のそよぐ音、鳥の鳴き声に癒された。

日本人が自然の中に美を見いだし得た要因の一つには、この開放的な日本の住居のしくみがあったといってよいだろう。

日本の住居の特徴の一つである障子は、白い和紙を格子戸に貼っただけのものであり、かつては紙の障子一枚で自然に接していた。この障子は、ほのかな自然のいろどりを室内に反映させた。これは、開口部をとざしつつも、自然と一体となるための工夫である。

木目を生かした白木の柱や、皮つきの自然木そのものの床柱、土壁など、日本家屋のつくりは、いかに自然と一体となるかをめざしたものといってよい。欧米では床と離された椅子に座り、ベッドに寝るが、日本では畳に座し、畳に寝る。こうした態度も、いかに地面に近づくかという自然と一体となろうとする工夫といっても過言ではない。

もともと外部に開かれ、自然美を享受するのに適した日本の住居に、日本人はさらなる自然美と一体となる工夫を施してきたことがわかる。ここに「優美」というものが、日本人の生活と一体となったものであることを思い知るのである。

一方、住居の庭についても、日本では古来、自然風景式庭園と呼ばれるもっぱら自然を写す作庭が主流であった。『万葉集』などを見ても「しま」あるいは「山斎」と呼ばれた庭がしばしば詠まれている。

平安時代に著された庭作りのテキスト『作庭記《さくていき》』にも「生得《しょうとく》の山水をおもはへて、その所にはさこそありしかと、思ひよせ〳〵たつべきなり」と記され、さらに「人のたてたる石は、生得の山水には、まさるべからず」とあるように、自然の姿をできるかぎり写すことが説かれている。

日本における庭園の起こりは磐座《いわくら》であるといわれ、これは神の宿る依代《よりしろ》であった。それが枯山水と呼ばれる石組の庭へと発展したのである。

また、『作庭記』には庭の池には必ず中島を浮かべることを説いているが、この中島は「神《しん》仙島《せんとう》」と呼ばれ、神の住処《すみか》に見立てられている。このようにみてくると、庭の発祥は神としてあがめられた自然美、すなわち優美そのものであることが明らかとなる。

そして日本の住居は、その優美を生活と一体にするための一種の装置といってもよいだろう。

孤篷庵《こほうあん》　自然を反映する室内の写真

（宮元健次『日本の美意識』／光文社新書による。一部改変）

（注）インテリア…室内装飾。室内調度品。
しま・山斎《しま》…泉水のある庭園。
生得…うまれつき持っていること。
磐座…神のおわします所。御座所。
依代…神霊が宿るための目標物。
発祥…物事の起こり出ること。

論説文

■平成28年度問題

［一］　次の文章を読んで、後の各問に答えよ。句読点等は字数として数えること。

古代、故郷《ふるさと》を離れて遠く九州の地に送られた防人《さきもり》、奈良・平安の時代に任地に赴いた貴族、参勤交代で江戸に住まった武士、高度成長期に都会にａはたらきに出た人たち。彼らにとって「故郷」に対する思いは、家族や故郷などから切り離された喪失感の①裏返しであり、それを埋め合わせるものであったと言えよう。

故郷という観念自体は、古くから見られた。すでに万葉の時代には、大伴家持《おおとものやかもち》の恋人だった笠女郎《かさのいらつめ》が家持と別れなければならなくなり、恋破れて戻った田舎から贈ったとされる歌がある。

心ゆも我《あ》は思はずき　またさらに我が故郷に帰り来むとは（万葉集第四巻六〇九）

「思ってもみませんでした。いまさらに、自分の田舎のふるさとに一人帰ってくることになってしまうとは」と現代語訳できようか。

では時代をずっと下って、近代国家成立の直前、地方に住んでいた人の故郷の観念を見てみよう。「楽しみは」の独楽吟《どくらくぎん》で知られる江戸末期福井藩の歌人橘曙覧《たちばなあけみ》（一八一二―六八年）は、都にある友人を思い、次のような歌を贈っている。

［A］　故郷の垣根の秋に見かふるな　みやこの花に目はうつるとも

「故郷の垣根が色づく季節になった。都の美しい花に心が移ることがあっても、故郷を忘れてはいけない」と忠告している。この歌には、庶民的な調べの中にすでに「故郷」を「［X］」に対比して、近代的な意味での故郷に対する思いの新しさが感じられる。

生まれた土地を離れて、異国の地で生活する者には、ふるさとという観念が生まれるのは、そのニュアンスはさまざまであっても自然なことだ。哲学者の中村元《はじめ》（一九一一―九九年）はかつて、大部分のインド人は故郷の意識を持たず、故郷という言葉もないと語り、それは、彼らが自分の生まれた村で一生を送るためであろうと述べている（近代化が著しい現在のインドではきっと事情は変わっているだろう）。②ふるさとという観念の本質を表している。

それぞれの国によって時期は異なるのだが、産業革命によって近代の都市が生まれた。多くの者が地方から仕事や栄達を求め、あるいは農村の共同体における生活からの解放と自由を求めて、都市に出るようになる。この頃はじめて、貴族や上流ｂかいきゅうだけでなく、③だれにとっても感じることのできる普遍的な「ふるさと」が出現することとなったのである。

日本において近代的な意味でのふるさとが成立したのは、一九世紀末に都市が成立したのと同時期である。日清《にっしん》・日露戦争をきっかけとして工業化が進み、都市に人口が集中する。明治維新から二〇年後の一八八七年に、最大の都市である東京市の人口はおよそ五八万人であった。これがさらに、一五年後の一九〇二年には、一七〇万人とおよそ三倍に膨れ上がっている。その多くは、地方から流入したさまざまな境遇の人たちである。

彼らは、生まれた農村や漁村の共同体から切り離され、孤独と不安の中で都会に暮らすことになる。このような人たちは何も語ってはいないが、ふるさとは温かい絆《きずな》が残る場所として想《おも》い起こされる。

（西川一誠『「ふるさと」の発想』による。一部改変）

（注）独楽吟…和歌の形式の一種。

問一　本文中のａはたらき　ｂかいきゅう　に適切な漢字をあて、楷書《かいしょ》で書け。なお、送り仮名が必要なものは、平仮名で正しく送ること。

問二　本文中の①裏返し　の品詞と、次の**1**〜**4**の――線を施した語の品詞が同じものを一つ選び、その番号を書け。

1　力試しに問題を解いてみた。
2　使った机を元の位置に戻し下校した。
3　もしもし、田中さんですか。
4　少しお待ちくださいと言われた。

問三　本文中の空欄［X］に入る最も適当な語句を、本文中の［A］の歌の中から一単語でそのまま抜き出して書け。

問四　次の［　］中の文章は、本文中の②ふるさとという観念の本質　に関して、筆者の考えをまとめたものである。空欄［ア］・［イ］に入る最も適当な語句を、それぞれ本文中の②ふるさとという観念の本質　を含む一文よりも前の部分から、［ア］は六字でそのまま抜き出して書き、［イ］は十八字でそのまま抜き出し、その初めの五字を書け。

> ふるさとという観念は、［ア］を離れたことのない者には持ち得ないものである。［ア］を離れた者たちにとって「故郷」に対する思いはさまざまであるが、いつの世であっても、［イ］を埋め合わせるものであった。

問五　本文中に③だれにとっても感じることのできる普遍的な「ふるさと」が出現することとなった　とあるが、このような状況が生まれたのはなぜか。三十五字以上、四十字以内でまとめて書け。ただし、**産業革命**　という語句を必ず使うこと。

問一	
はたらき	かいきゅう

問二

問三

問四	
ア	イ

問五
（35）
（40）

公立高校入試出題単元別編集

過去９年間
(平成27年～令和５年迄)

国　　語

(国語のみ逆綴じになっております) ※は問題を割愛しております。

論説文

- ■ 平成27年 一※(漢字･文法品詞判断･内容理解)
- ■ 平成28年 一 (漢字･文法品詞判断･適語抜書･内容理解)
- ■ 平成29年 一※(漢字･文法品詞識別･内容理解)
- ■ 平成30年 三 (内容理解･説明)
- ■ 平成31年 三※(内容理解･要約)
- ■ 令和２年 三 (内容理解･説明)
- ■ 令和３年 一 (1)(抜き出し･内容理解)
- ■ 令和４年 一 (接続詞･文法･内容把握･空欄補充･展開)
- ■ 令和５年 一 (1)(空欄補充･内容把握)

古文

- ■ 平成28年 三 (現代仮名遣い・内容理解・適語選択)
- ■ 平成30年 四 (現代仮名遣い･内容理解)
- ■ 平成31年 四 (現代仮名遣い･内容把握)
- ■ 令和３年 三 (現代仮名遣い･内容理解)
- ■ 令和４年 三 (現代仮名遣い･現代語訳･返り点･内容把握･熟語)

漢文

- ■ 平成27年 三 (返り点･指示語･現代仮名遣い･内容把握･現代語訳)
- ■ 平成29年 三 (書き下し文･返り点･主語･内容理解)
- ■ 令和２年 四 (現代仮名遣い･内容理解･現代語訳)
- ■ 令和５年 三 (現代仮名遣い･会話･抜き出し･返り点･内容把握･空欄補充)

随筆文・小説文

- ■ 平成27年 三※(漢字読み･画数･内容理解)
- ■ 平成28年 三※(漢字読み･画数･内容理解)
- ■ 平成29年 三 (漢字読み･画数･内容理解)
- ■ 平成30年 三※(適語選択補充･心情理解･内容理解)
- ■ 平成31年 三 (内容把握･表現技法)
- ■ 令和２年 三※(適語選択補充･心情理解･内容把握)
- ■ 令和３年 二 (内容理解･単語区切･心情理解)
- ■ 令和４年 二(1)(熟語･内容把握･心情把握･構成･表現)
- ■ 令和５年 二 (漢字･指示語･抜き出し･内容把握･心情把握)

課題作文

- ■ 平成28年 四 (二段落構成)
- ■ 平成29年 四 (二段落構成)
- ■ 平成30年 五 (二段落構成)
- ■ 平成31年 五 (二段落構成)
- ■ 令和２年 五 (二段落構成)
- ■ 令和３年 四 (二段落構成)
- ■ 令和４年 四 (二段落構成)
- ■ 令和５年 四 (二段落構成)

漢字・語句

- ■ 平成30年 一 (熟語・画数)
- ■ 平成31年 一 (品詞・熟語・画数)
- ■ 令和２年 一 (語句・類義語・画数)
- ■ 令和３年 一 (2)(漢字部首・内容理解)
- ■ 令和４年 二 (2)(内容把握・漢字・対義語・部首)
- ■ 令和５年 一 (2)(抜き出し・文法・熟語・漢字)

数　学　解答・解説

〈確認しておこう！〉

①正 n 角形の１つの内角＝$180°-\frac{360°}{n}$

正 n 角形の内角の和＝$180°(n-2)$

②中点連結定理

① AM＝MB，AN＝NCならば，MN//BC，MN＝$\frac{1}{2}$BC

② AM＝MB，MN//BCならば，AN＝NC，MN＝$\frac{1}{2}$BC

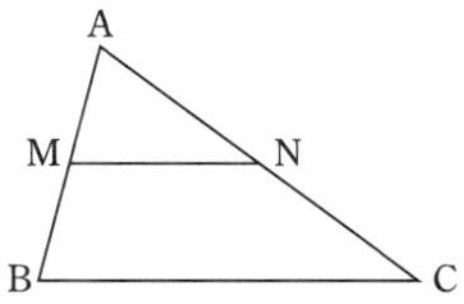

③三角形の外角は，それととなり合わない２つの内角の和に等しい。

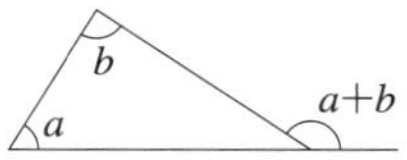

④ **相似**

相似比 a：b のとき

面積比　$a^2:b^2$

体積比　$a^3:b^3$

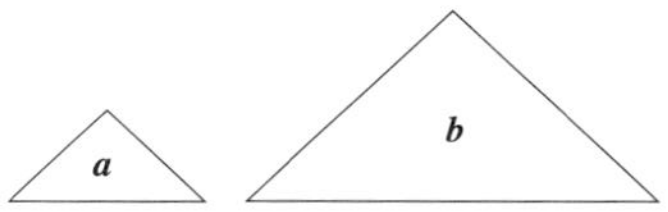

⑤**円に内接する四角形**

対角の和は180° である。

１つの外角は，それととなり合う内角の対角に等しい。

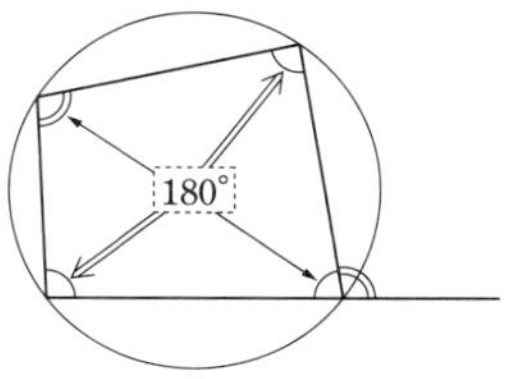

⑥**接線と弦のつくる角**

接弦定理　円の接線とその接点を通る弦とのつくる角は，その角内の弧に対する円周角に等しい。

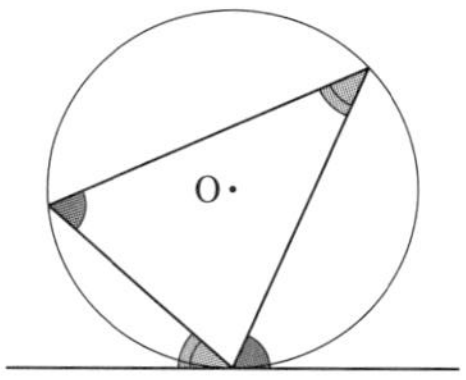

⑦　三角形の頂点とそれに向かい合う辺の中点を結ぶ線分との交点を重心という。重心はそれぞれの中線を２：１に分ける。

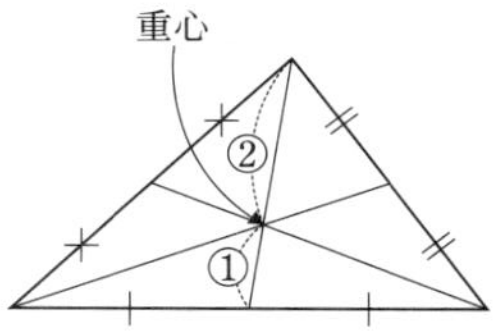

〈計算及び小問〉

■平成27年　1

(1) 12　(2) $3a+1$　(3) 8　(4) $6\sqrt{5}$　(5) $x=-2$

(6) $x=-3$，$x=8$　(7) 16　(8) およそ 300 人　(9) $\frac{1}{6}$

（4）$7\sqrt{5}-\sqrt{45}+\sqrt{20}=7\sqrt{5}-3\sqrt{5}+2\sqrt{5}=6\sqrt{5}$

（5）$2x-5=3(2x+1)$　　$2x-5=6x+3$

$-4x=8$　　$x=-2$

（6）$x(x-1)=4(x+6)$　　$x^2-x=4x+24$

$x^2-5x-24=0$　　$(x-8)(x+3)=0$

$x=-3,\ 8$

（7）y は x の２乗に比例するので，$y=ax^2$（a：比例定数）とおける。

$x=-6$，$y=9$ を代入して

$9=36a$　　$a=\frac{1}{4}$　　よって，$y=\frac{1}{4}x^2$

$x=8$ のとき　$y=\frac{1}{4}\times64=16$

（8）標本における外国への留学を希望する生徒の比率は

$\frac{35}{140}=\frac{1}{4}$

よって，母集団における外国への留学を希望する生徒の比率も $\frac{1}{4}$ であると推定することができる。

したがって，外国への留学を希望する生徒の人数は

$1200\times\frac{1}{4}=300$（人）

（9）さいころA，Bの目の出方は，下表のようになる。

B＼A	1	2	3	4	5	6
1	(1，1)	(2，1)	(3，1)	(4，1)	(5，1)	(6，1)
2	(1，2)	(2，2)	(3，2)	(4，2)	(5，2)	(6，2)
3	(1，3)	(2，3)	(3，3)	(4，3)	(5，3)	(6，3)
4	(1，4)	(2，4)	(3，4)	(4，4)	(5，4)	(6，4)
5	(1，5)	(2，5)	(3，5)	(4，5)	(5，5)	(6，5)
6	(1，6)	(2，6)	(3，6)	(4，6)	(5，6)	(6，6)

出る目の数の和から５以下の奇数になるAとBの組み合わせは，(1，2)(1，4)(2，1)(2，3)(3，2)(4，1)の６通り

よって，求める確率は $\frac{6}{36}=\frac{1}{6}$

■平成28年　1

(1) -5　(2) $3a-8$　(3) 13　(4) $5\sqrt{7}$　(5) $x=-6$

(6) $x=-1$，$x=5$　(7) $y=4$　(8) $\frac{1}{3}$　(9) ウ，エ

（4）$\sqrt{28}+\frac{21}{\sqrt{7}}$

$=\sqrt{4}\times\sqrt{7}=\frac{21\sqrt{7}}{\sqrt{7}\times\sqrt{7}}$

$=2\sqrt{7}+\frac{21\sqrt{7}}{7}=2\sqrt{7}+3\sqrt{7}=5\sqrt{7}$

（5）$3x-24=8x+6$

$3x-8x=6+24$，$-5x=30$，$x=-6$

（6）$x^2+6x=10x+5$

$x^2-4x-5=0$，$(x-5)(x+1)=0$，$x=5,\ -1$

（7）反比例なので，$y=\frac{a}{x}$ とおける

$x=2$ のとき $y=-14$ なので，$-14=\frac{a}{2}$，$a=-28$

よって，$y=\frac{-28}{x}$，ここに $x=-7$ を代入して，$y=\frac{-28}{-7}=4$

（8）赤玉３つを①②③，白玉２つを[1][2]，青玉１つを△とする。

同時に２個取り出す組み合わせは，

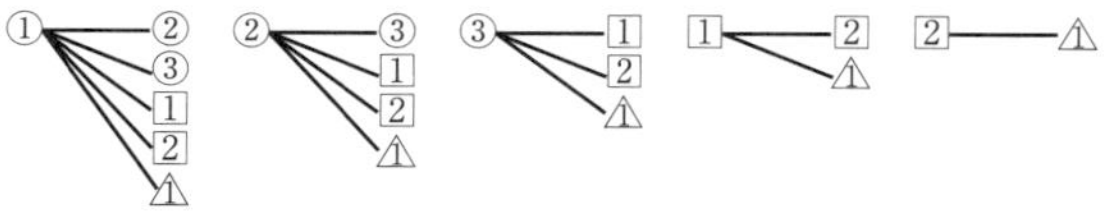

以上，15通り。

このうち△が入っているものは，５通り。

よって，$\frac{5}{15}=\frac{1}{3}$

（9）ア→3年A組において，3時間以上の生徒の人数は $13+5=18$(人)なので，誤り。
イ→相対度数 $=\dfrac{\text{ある1つの度数}}{\text{度数の合計}}$，
3年A組の「2時間以上3時間未満」の階級の相対度数は，
$\dfrac{11}{35}=0.314\cdots\cdots$
3年B組の「2時間以上3時間未満」の階級の相対度数は，
$\dfrac{11}{37}=0.297\cdots\cdots$
よって，A組とB組で等しくないので誤り。
ウ→度数が最大となる階級値を最頻値という。
A組の度数が最大となるのは，「3時間以上4時間未満」。
B組の度数が最大となるのは，「3時間以上4時間未満」。
よって最頻値は等しくなるので，正しい。
エ→大きさの順に並べた時に，中央にくるデータの値を中央値という。
3年A組は，35人なので，中央値は18番目の値。
$13+5=18$ より18番目の人は「3時間以上4時間未満」の階級に含まれている。よって，正しい。

■平成29年 1

（1）-5　（2）$-4a+1$　（3）7　（4）$8\sqrt{5}$　（5）$x=-6$
（6）$x=-4,\ x=3$　（7）$0\leqq y\leqq 6$　（8）$\dfrac{3}{5}$　（9）0.62

（3）$a=-3,\ b=4$ を $3a^2-5b$ に代入して
$3\times(-3)^2-5\times4$
$=27-20=7$
（4）$\dfrac{30}{\sqrt{5}}+\sqrt{20}=\dfrac{30\sqrt{5}}{5}+2\sqrt{5}=8\sqrt{5}$
（5）$3x-8=7x+16$
$-4x=24$
$x=-6$
（6）$(x+1)^2=x+13$
$x^2+2x+1=x+13$
$x^2+x-12=0$
$(x+4)(x-3)=0$
$x=-4,\ x=3$
（7）
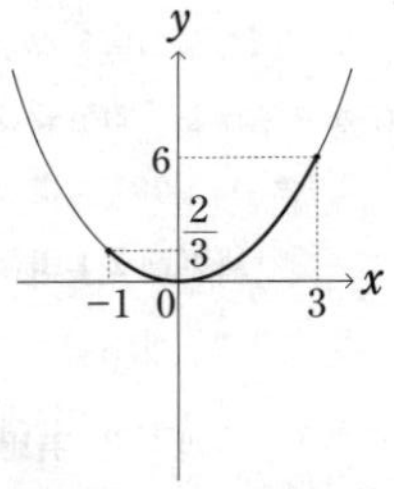

$y=\dfrac{2}{3}x^2$ で
x の変域が $-1\leqq x\leqq 3$ の範囲は，グラフの太線部分。
このとき，y の変域は，$0\leqq y\leqq 6$ である。
（8）5枚のカードから2枚のカードを取り出すときの取り出し方は，以下の10通りである。
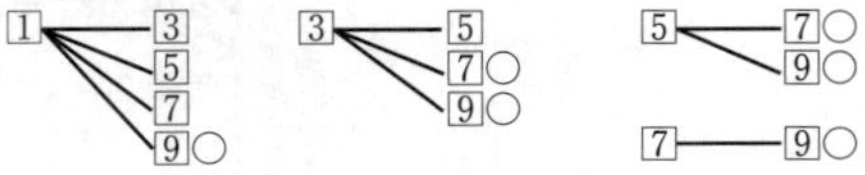

2枚のカードの数の和が10以上になる取り出し方は，○をつけた6通り。よって，求める確率は，$\dfrac{6}{10}=\dfrac{3}{5}$
（9）相対度数 $=\dfrac{\text{各階級の度数}}{\text{度数の合計}}$
A中学校の「0時間以上1時間未満」の階級の相対度数は，$\dfrac{60}{105}=0.571\cdots\cdots$
B中学校の「0時間以上1時間未満」の階級の相対度数は，$\dfrac{156}{252}=0.619\cdots\cdots$

■平成30年 1

（1）-3　（2）$4a+9b$　（3）$-2\sqrt{6}$　（4）$x=7$　（5）$x=-5,\ x=2$
（6）3本　（7）$\dfrac{1}{9}$　（8）およそ350人　（9）記号　エ　式　$y=2x^2$

（1）$11+2\times(-7)=11-14=-3$
（2）$2(3a+4b)-(2a-b)=6a+8b-2a+b=4a+9b$
（3）$\dfrac{12}{\sqrt{6}}-\sqrt{96}=2\sqrt{6}-4\sqrt{6}=-2\sqrt{6}$
（4）$2x+8=5x-13$　　$-3x=-21$　　$x=7$
（5）$x(x+6)=3x+10$　　$x^2+3x-10=0$　　$(x+5)(x-2)=0$
$x=-5,\ 2$
（6）辺BC，辺AC，辺CFの3本
（7）条件をみたすのは右の表の○の目である。
よって　$\dfrac{4}{36}=\dfrac{1}{9}$

	1	2	3	4	5	6
1						
2						
3			○			○
4						
5						
6			○			○

（8）求める人数を x 人とすると，
$560:40=x:25$
$40x=14000$
よって　$x=350$
（9）それぞれの選択肢を式に表すと，以下のようになる。
ア．$y=2\pi x$
イ．$2x+2y=8$　　つまり　$y=-x+4$
ウ．$\dfrac{1}{2}xy=12$　　題意より $x\neq0$ なので，$y=\dfrac{24}{x}$

■平成31年 1

（1）-5　（2）$7a-14b$　（3）$-2\sqrt{5}$　（4）$x=4$　（5）$x=-2,\ x=6$
（6）$y=-12$　（7）右図
（8）学年　1年生
階級　10分以上15分未満
（9）およそ280人

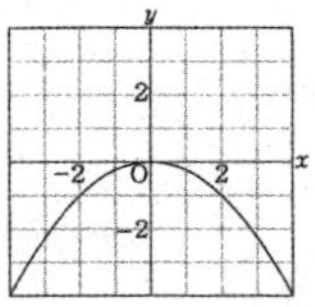

（1）$7+3\times(-4)=7-12=-5$
（2）$4(2a-3b)-(a+2b)=8a-12b-a-2b=7a-14b$
（3）$\sqrt{45}-\dfrac{25}{\sqrt{5}}=3\sqrt{5}-5\sqrt{5}=-2\sqrt{5}$
（4）$5x-2=2(4x-7)$　$5x-2=8x-14$　$-3x=-12$　$x=4$
（5）$x(x-1)=3(x+4)$　$x^2-x=3x+12$　$x^2-4x-12=0$
$(x-6)(x+2)=0$　$x=6,\ -2$
（6）y は x に反比例しているので，$y=\dfrac{a}{x}$ とおける。
これに $x=3,\ y=8$ を代入すると，$8=\dfrac{a}{3}$　つまり　$a=24$
よって　$y=\dfrac{24}{x}$ に $x=-2$ を代入して，$y=\dfrac{24}{-2}=-12$
（8）1年生について，上から50人目も51人目も階級値は12.5，
よって中央値は12.5
3年生について，上から53人目の階級値は7.5より中央値は7.5
（9）求める人数を x 人とおくと，$400:x=50:35$
これを解くと　$x=280$

■令和2年 1

（1）-6　（2）$-3a+7b$　（3）$2\sqrt{3}$　（4）$x=-7$　（5）$a=\dfrac{1-3b}{2}$
（6）$y=-4$　（7）右図
（8）0.29　（9）およそ450個

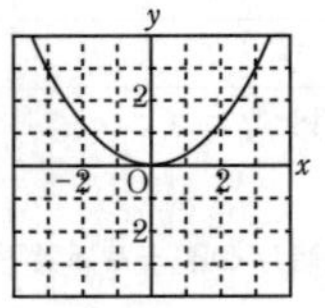

（1）$8+2\times(-7)=8-14=-6$
（2）$2(a+4b)-(5a+b)=2a+8b-5a-b=-3a+7b$
（3）$\sqrt{75}-\dfrac{9}{\sqrt{3}}=5\sqrt{3}-3\sqrt{3}=2\sqrt{3}$
（4）$3(2x-5)=8x-1$　$6x-15=8x-1$　$-2x=14$　$x=-7$
（5）$2a+3b=1$　$2a=1-3b$　$a=\dfrac{1-3b}{2}$
（6）y は x に反比例なので $y=\dfrac{a}{x}$，$x=1$，$y=-12$ を代入すると，
$-12=\dfrac{a}{1}$，つまり　$a=-12$
よって　$y=-\dfrac{12}{3}=-4$
（7）(0，0)，(3，3)，(−3，3) を通るように放物線を描けばよい。
（8）A中学校：$\dfrac{25}{85}=\dfrac{5}{17}$
B中学校：$\dfrac{32}{136}=\dfrac{4}{17}$
よって，$\dfrac{5}{17}=0.294\cdots=0.29$
（9）求めるものを x 個とすると，$2:30=30:x$
これを解くと　$x=450$

■令和３年 1

（1）−5　（2）$-2a+13b$　（3）$3\sqrt{2}$　（4）$x=10$，$x=-2$　（5）$\frac{15}{16}$

（6）$0\leqq y\leqq 8$　（7）右図

（8）8cm　（9）108°

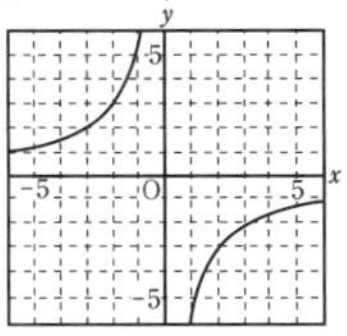

（１）$7+2\times(-6)=7-12=-5$

（２）$3(2a+b)-2(4a-5b)=6a+3b-8a+10b=-2a+13b$

（３）$\frac{14}{\sqrt{2}}-\sqrt{32}=7\sqrt{2}-4\sqrt{2}=3\sqrt{2}$

（４）$(x+6)(x-5)=9x-10$　$x^2+x-30=9x-10$　$x^2-8x-20=0$

$(x-10)(x+2)=0$　$x=10$　$x=-2$

（５）

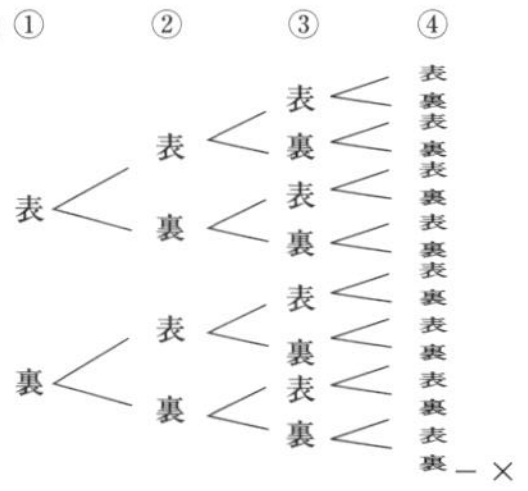

左図より＝$\frac{15}{16}$

（６）$x=-4$のとき、$y=\frac{1}{2}\times(-4)^2=8$

$x=0$のとき、$y=\frac{1}{2}\times 0^2=0$

$x=2$のとき、$y=\frac{1}{2}\times 2^2=2$　より、

グラフは右のようになる

yの変域は、$0\leqq y\leqq 8$

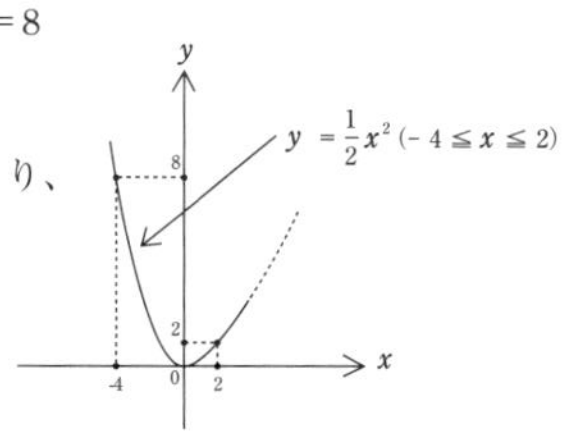

（７）反比例のグラフを描けばよい。

（８）

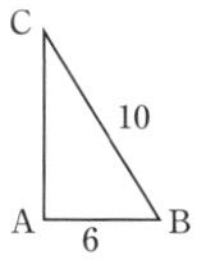

三平方の定理より

$AB^2+AC^2=BC^2$

$6^2+AC^2=10^2$

$AC^2=64$

$AC=8$　8cm

（９）

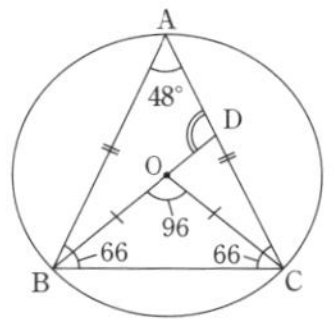

円周角の定理より，∠BOC＝∠BAC×2＝96°

OB＝OC＝半径より，

△OBCは二等辺三角形だから

∠OBC＝(180−96)÷2＝42°

△ABCはAB＝ACの二等辺三角形なので，

∠ABC＝(180−48)÷2＝66°

したがって，∠ABD＝66−42＝24°

よって，∠ADB＝180−(48＋24)＝108°

■令和４年 1

（1）−9　（2）$a-17b$　（3）$3+\sqrt{7}$

（4）$x=-3$，$x=4$　（5）$y=-6$

（6）$\frac{2}{5}$　（7）右図　（8）0.53

（9）およそ 250 個

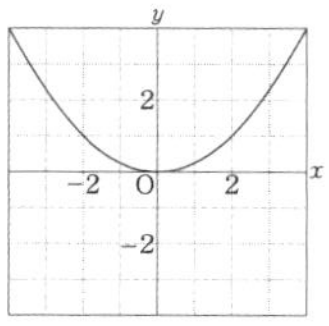

（１）$6+3\times(-5)=6-15=-9$

（２）$3(a-4b)-(2a+5b)=3a-12b-2a-5b=a-17b$

（３）$(\sqrt{18}+\sqrt{14})\div\sqrt{2}=\sqrt{9}+\sqrt{7}=3+\sqrt{7}$

（４）$x^2-4=x+8$、$x^2-x-12=0$、$(x+3)(x-4)=0$　　$x=-3$、4

（５）$y=\frac{a}{x}$とすると、$9=\frac{a}{2}$より、$a=18$

$y=\frac{18}{x}$に$x=-3$を代入して、$y=\frac{18}{-3}=-6$

（６）取り出し方は

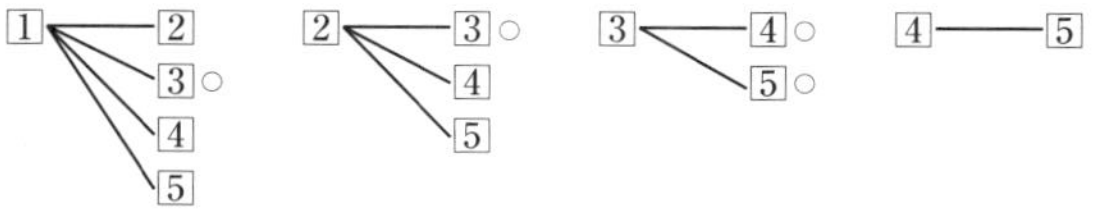

○が付いているのが3がふくまれる取り出し方なので、$\frac{4}{10}=\frac{2}{5}$

（８）20m 未満の累積度数は$6+9+17=32$より、

累積相対度数は、$32\div 60=0.533\cdots\fallingdotseq 0.53$

（９）この箱に入っているねじの個数をx個とすると

$x:30=50:6$　　よって　$x=250$

■令和５年 1

（1）−3　（2）$9a+14b$　（3）$3\sqrt{3}$　（4）$x=-2$，$x=6$　（5）$\frac{3}{4}$

（6）−10　（7）右図

（8）およそ 360 人　（9）62°

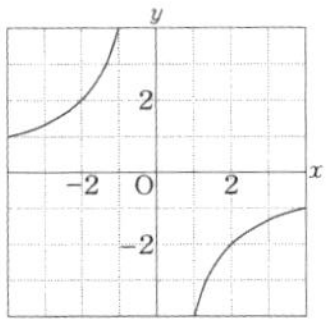

（１）$9+4\times(-3)=9-12=-3$

（２）$2(5a+4b)-(a-6b)=10a+8b-a+6b=9a+14b$

（３）$\frac{18}{\sqrt{3}}-\sqrt{27}=\frac{18\times\sqrt{3}}{\sqrt{3}\times\sqrt{3}}-3\sqrt{3}=6\sqrt{3}-3\sqrt{3}=3\sqrt{3}$

（４）$(x-5)(x+4)=3x-8$

$x^2-x-20=3x-8$

$x^2-4x-12=0$

$(x+2)(x-6)=0$　$x=-2$，6

（５）

A＼B	1	2	3	4	5	6
1	1	②	3	④	5	⑥
2	②	④	⑥	⑧	⑩	⑫
3	3	⑥	9	⑫	15	⑱
4	④	⑧	⑫	⑯	⑳	㉔
5	5	⑩	15	⑳	25	㉚
6	⑥	⑫	⑱	㉔	㉚	㊱

積が偶数になるのは○の場合なので，

$\frac{27}{36}=\frac{3}{4}$

（６）$\frac{y\text{の増加量}}{x\text{の増加量}}$＝傾きより，$\frac{y\text{の増加量}}{4-(-1)}=-2$，

yの増加量$=-2\times 5=-10$

（８）求める生徒の人数をx人とすると，$450:x=40:32$

$40x=32\times 450$

$x=360$

（９）

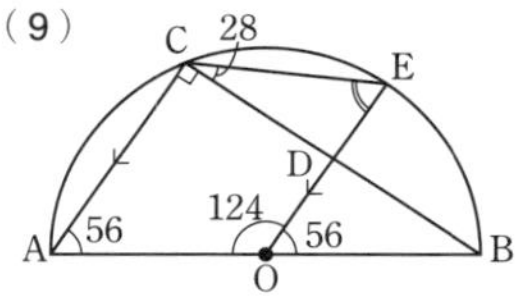

AC∥OE より同位角は等しいから

∠EOB＝∠CAB＝56°

したがって，∠AOE＝180−56＝124°

$\overset{\frown}{BE}$における中心角と円周角の関係より

∠ECB＝56×$\frac{1}{2}$＝28°

AB は直径なので∠ACB＝90°

したがって，∠ACE＝28＋90＝118°

四角形 AOEC の内角の和は 360° より

∠DEC＝360−(56＋124＋118)＝62°

〈方程式〉（文章問題）

■平成27年 2

（例）取り組みAを選んだ生徒数をx人，取り組みBを選んだ生徒数をy人とすると，

$$\begin{cases} x+y+10=200 \\ 2.4x+1.2y+0.7\times 10=421 \end{cases}$$

これを解いて　$x=155$，$y=35$

これは問題にあう。

取り組みAを選んだ生徒全員で１か月間に削減できる二酸化炭素排出量は　$2.4\times 155=372$

〈答〉求める二酸化炭素排出量は，372kgである。

■平成28年 2

（例）A中学校の生徒の人数をx人，B中学校の生徒の人数をy人とすると，

$$\begin{cases} x=y+20 \\ 0.7x+0.62y+123=0.65(x+y+200) \end{cases}$$

これを解いて，　$x=320$，$y=300$

A中学校の生徒のうち，「自然豊かなまちになってほしい」と回答した生徒の人数は

$320\times 0.7=224$　　これは問題にあう。

〈答〉A中学校の生徒のうち，「自然豊かなまちになってほしい」と回答した生徒の人数は，224人である。

■平成29年 2

(1) (例) $\frac{500}{3}x+\frac{400}{7}y$

(2) (解答) りんご3個を入れた袋がx袋，
みかん7個を入れた袋がy袋売れたとすると，

(例) $\begin{cases} x+y=60 \\ 500x+400y=25900 \end{cases}$

これを解いて，　$x=19$，$y=41$

これは問題にあう。

売れたりんごの個数は，3×19＝57

売れたみかんの個数は，7×41＝287

答　りんごは57個，みかんは287個売れた。

■令和２年 2

(1) ア

(2) (記号) アまたはイ

(方程式)

(例) ア：$(x-2)(2x-2)=264$

イ：$x\times2x-264=x\times2+2\times2x-4$

土地の縦の長さ　13m

（１）右図のような土地であることを考慮する。

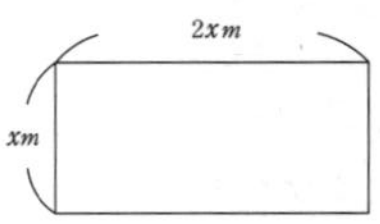

■令和５年 2

(1) $\frac{5}{4}a$円

(2) (説明)

(例) 生徒の人数をx人とすると，$5x+8=7x-10$

これを解いて，$x=9$　　あめの個数は，5×9＋8＝53

生徒の人数9人，あめの個数53個は，問題にあう。

あめを生徒1人に6個ずつ分けるとすると，

必要な個数は，6×9＝54　　53＜54なので，あめはたりない。

※あめの個数をx個として
$\frac{x-8}{5}=\frac{x+10}{7}$
という方程式をつくり，説明しても正答である。

（１）定価×$\frac{80}{100}=a$ より，定価$=a\div\frac{4}{5}=\frac{5}{4}a$

〈文字式の利用〉

■平成27年 3

(例) 整数m，nを使って大きい方の奇数を$2m+1$，小さい方の奇数を$2n+1$とする。

大きい方の奇数の2乗から小さい方の奇数の2乗をひいた差は，

$(2m+1)^2-(2n+1)^2=(4m^2+4m+1)-(4n^2+4n+1)$

$=4m^2+4m-4n^2-4n=4(m^2+m-n^2-n)$

m^2+m-n^2-nは整数だから，

$4(m^2+m-n^2-n)$は，4でわりきれる。

したがって，大きい方の奇数の2乗から小さい方の奇数の2乗をひいた差は，4でわりきれる。

■平成28年 3

(1) $\frac{6}{5}$，$\frac{7}{5}$，$\frac{8}{5}$，$\frac{9}{5}$

(2) (証明) 0以上の整数nより大きくn＋1より小さい分数のうち，分母が5で分子が自然数である数は，nを用いて

(例)

$\frac{5n+1}{5}$，$\frac{5n+2}{5}$，$\frac{5n+3}{5}$，$\frac{5n+4}{5}$

と表される。

これらの和は，

$\frac{5n+1}{5}+\frac{5n+2}{5}+\frac{5n+3}{5}+\frac{5n+4}{5}$

$=\frac{20n+10}{5}=4n+2$

したがって，0以上の整数nより大きくn＋1より小さい分数のうち，分母が5で分子が自然数である数の和は，4n＋2である。

（１）n＝1のとき，「nより大きくn＋1より小さい」とは，1より大きく2より小さいということ。
なので，$1\left(=\frac{5}{5}\right)$より大きく$2\left(=\frac{10}{5}\right)$より小さい，分母が５の数は，
$\frac{6}{5}$，$\frac{7}{5}$，$\frac{8}{5}$，$\frac{9}{5}$である

（２）$n=\frac{5n}{5}$，$n+1=\frac{5n+5}{5}$なので，
0以上の整数nより大きくn＋1より小さい分数のうち，分母が5で分子が自然数である数は，nを用いて，
$\frac{5n+1}{5}$，$\frac{5n+2}{5}$，$\frac{5n+3}{5}$，$\frac{5n+4}{5}$と表される

■平成29年 3

(1) 記号　ウ　変形した式　$n+(n+8)$

(2) (証明)

整数nを用いて，$e=n$とすると，f, g, hはnを用いて

(例)

$f=n+5$, $g=n+6$, $h=n+11$と表される。

$fh-eg=(n+5)(n+11)-n(n+6)$

$=n^2+16n+55-n^2-6n$

$=10n+55$

$=5(2n+11)$

$=5\{(n+5)+(n+6)\}$

$=5(f+g)$

したがって，$fh-eg$の値は，$f+g$の値の5倍に等しくなる。

（１）$a=n$，$b=n+1$，$c=n+7$，$d=n+8$と表されているから，$2n+8$を
$2n+8=\underset{a}{n}+\underset{d}{(n+8)}$と変形すれば
$bd-ac$の値が$a+d$の値に等しくなることが分かる。

■平成30年 2

(1) ウ，カ

(2) (証明) 整数nを用いると，

(例) 連続する2つの3の倍数のうち，小さい方の数は$3n$，

大きい方の数は$3n+3$と表される。

大きい方の数の2乗から小さい方の数の2乗をひいた差は，

$(3n+3)^2-(3n)^2=9n^2+18n+9-9n^2$

$=18n+9=3(6n+3)$

$=3\{3n+(3n+3)\}$

$3n$，$3n+3$はもとの2つの数だから，

$3\{3n+(3n+3)\}$は，もとの2つの数の和の3倍である。

したがって，連続する2つの3の倍数において，大きい方の数の2乗から小さい方の数の2乗をひいた差は，もとの2つの数の和の3倍に等しくなる。

（１）$3n+1$は「3で割ると余りが1」であることを表している。

■平成31年 3

(1) 35

(2) (説明) (例) 手順通りに求めた数に1をたして3でわる。

(3) A (例) ④の数　を4でわる。　　B　2

※3(3)については，A「(④の数) に3をたす。」かつB「5」も正答である。

（１）$3a-1$に$a=12$を代入すればよい。

（３）nで割れば最初に決めた数になるとすると，手順を終えたときの数はnaと表せる。したがって，⑤まで計算した結果が，
$na-(a+1)=(n-1)a-1$となればよい。
④まで計算すると$4a-4$なので，定数項に注目して４で割る，もしくは３を足せばよい。

■令和３年 3

(1)（証明）連続する2つの偶数は，整数mを用いると，

（例）小さい方の数が$2m$，大きい方の数が$2m+2$と表される。

連続する2つの偶数の積に1を加えた数は，

$2m(2m+2)+1=4m^2+4m+1=(2m+1)^2$

mは整数だから，$2m+1$は奇数である。

したがって，連続する2つの偶数の積に1を加えた数は，奇数の2乗になる。

(2)　A　エ　　B　オ

(3)　X　ア　　Y　オ　　Z　ウ　　Ⓟ　4

（２）A　$(n+2)-n=2$　　エ

B　$n(n+2)+1=n^2+2n+1=(n+1)^2$　　オ

（３）真ん中の数を m とおくと、最も小さい数は $m-2$、最も大きい数は $m+2$

$(m-2)(m+2)+4=m^2-4+4=m^2$　より

X　ア　　Y　オ　　Z　ウ　　Ⓟ　4

■令和４年 3

(1) ウ

(2) X　$4a+4\pi r+4\pi$　　または　$4(a+\pi r+\pi)$

Y　$2a+2\pi r+2\pi$　　または　$2(a+\pi r+\pi)$

Z　（例）$S=2\ell$

（１）Aの面積$=r\times r\times\pi+a\times 2r=\pi r^2+2ar$

Bの面積$=a\times a\times\pi+r\times 2a=\pi a^2+2ar$

よって、$A-B=(\pi r^2+2ar)-(\pi a^2+2ar)$

$=\pi(r^2-a^2)$

（２）$S=(r+2)\times(r+2)\times\pi+a\times 2(r+2)-A$

$=\pi(r+2)^2+2a(r+2)-(\pi r^2+2ar)$

$=\pi r^2+4\pi r+4\pi+2ar+4a-\pi r^2-2ar$

$=4a+4\pi r+4\pi$

$\ell=2\times(r+1)\times\pi+a+a=2a+2\pi r+2\pi$

$S=2(2a+2\pi r+2\pi)$　より、$S=2\ell$

〈資料の整理・標本調査・確率〉

■平成30年 3

(1)（例）度数の合計が異なる場合

(2)（説明）（例）中央値がふくまれる階級は，A中学校が15冊以上20冊未満で，B中学校は10冊以上15冊未満であり，中央値はA中学校の方がB中学校より大きいから。

■平成31年 2

(1) イ，エ

(2)（説明）（例）赤玉を①，②，白玉を3とする。

くじ引きA　くじ引きB

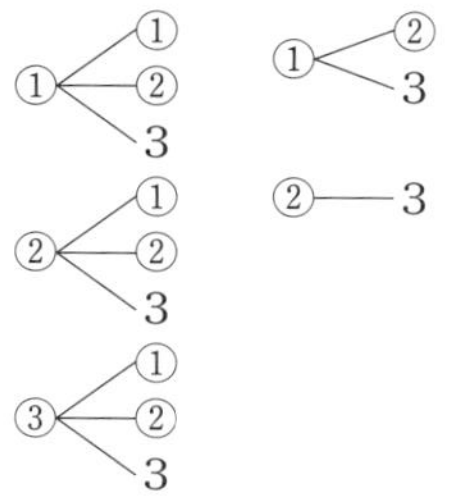

景品があたるのは，取り出した2個の玉の色が異なるときなので，求める確率は，

くじ引きAが，$\frac{4}{9}$　くじ引きBが，$\frac{2}{3}$

$\frac{4}{9}<\frac{2}{3}$なので，

景品があたりやすいのは，

くじ引きBである。

（１）ア．全て白を取り出すことも考えられるので不適

ウ．全て赤を取りすことも考えられるので不適

■令和２年 3

(1)（2，5），（3，4）

(2)（説明）（例）5枚のカードを，1，2，3，③，5とする。

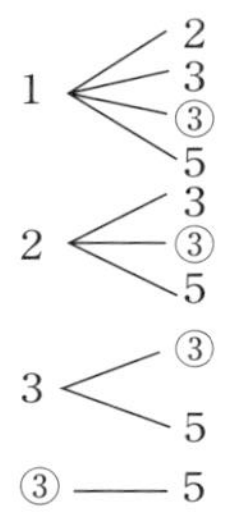

コマがAのマスに止まる場合の2枚のカードの数の和は4，8なので，その組は，(1, 3)，(1, ③)，(3, 5)，(③, 5)の4通りである。

よって，求める確率は，$\frac{4}{10}=\frac{2}{5}$

コマがCのマスに止まる場合の2枚のカードの数の和は6なので，その組は，(1, 5)，(3, ③)の2通りである。

よって，求める確率は，$\frac{2}{10}=\frac{1}{5}$

$\frac{2}{5}>\frac{1}{5}$なので，

コマが止まりやすいのは，Aのマスである。

（１）カードを引いたとき，和の最大値は9。これを踏まえると，Dに止まるのは和が3，7になるときである。よって，和が3になるのは(1, 2)のとき，和が7になるのは(2, 5)，(3, 4)のときである。

■令和３年 2

(1) 0.13

(2)（説明）

（例1）飛行距離の中央値がふくまれる階級は，

Aが11m以上12m未満で，Bが10m以上11m未満であり，中央値はAの方がBより大きいので，Aを選ぶ。

（例2）飛行距離の最頻値は，Aが9.5mで，Bが11.5mであり，最頻値はBの方がAより大きいので，Bを選ぶ。

（１）$\frac{4}{30}=0.133\cdots\cdots 0.13$

（２）<中央値を用いる場合>

A、Bそれぞれについて、飛行距離が短い方から数えて15、16番目の記録を読み取る

■令和４年 2

(1) イ，エ

(2) P 10　Q 12　R 7　S 5

Ⓩ（例）Bさんのデータの方がAさんのデータより中央値は大きく，四分位範囲は小さい

（１）ア…第1四分位数は7点なので誤り。

ウ…Aさんの中央値が10点であるのに対して，Bさんの中央値は12点であることから，10点以上のデータはBさんの方が多いことがわかる。よって，誤り。

（２）中央値が大きく，四分位範囲が小さければ平均値が大きいことがわかるので，高い得点をあげることが予想できる。

■令和５年 3

(1) 範囲 13 g　四分位範囲 6 g

(2) 記号 Ⓧ ウ　Ⓨ オ

数値 AのデータのⓍ 31 g　BのデータのⓎ 29 g

(3) 累積度数 14個　記号 エ

（１）図1よりAのデータの範囲は，$36-23=13$

図1よりAのデータの四分位範囲は，$33-27=6$

（２）それぞれ，基準の30gに近い値と比較すればよい。図1よりAのデータは中央値(=31)，Bのデータは第3四分位数(=29)である。

（３）重さが30g未満の累積度数は，$1+2+5+6=14$個

図1より，Cのデータの最大値は36gなので，イは誤り。

Cのデータの第1四分位数は27gで，アの第1四分位数が入っているのは，28g以上30g未満なので，アは誤り。

Cのデータの第3四分位数は33gで，ウの第3四分位数が入っているのは，30g以上32g未満なので，ウは誤り。

したがって，エが答えとなる。

〈平面図形（証明）〉

■平成28年 5

(1) $6+2\sqrt{5}$cm²

(2) (証明) (例) △BCDと△EAFにおいて

△ABCはAB＝ACの二等辺三角形だから

∠CBD＝∠ACB …①

$\overset{\frown}{AB}$に対する円周角は等しいから

∠ACB＝∠AEF …②

①，②より ∠CBD＝∠AEF …③

CDは∠ACBの二等分線だから

∠BCD＝∠ACD …④

平行線の錯角は等しいから，DC∥AEより

∠ACD＝∠EAF …⑤

④，⑤より ∠BCD＝∠EAF …⑥

③，⑥より 2組の角がそれぞれ等しいので

△BCD∽△EAF

---

(1) △ABCは，二等辺三角形なので点Aから線分BCに垂直な線をおろすと，線分BCの中点と交わる。その点をHとする。

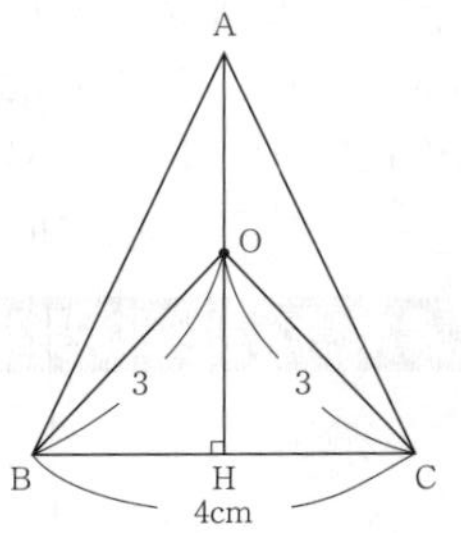

△OBCにおいて，AO＝BO＝CO＝3cm(半径)，BH＝2cmなので三平方の定理より

$OH^2=OB^2-BH^2$

$OH^2=9-4=5$

OH>0より $OH=\sqrt{5}$cm よって，三角形ABCの高さ$AH=3+\sqrt{5}$(cm)。ゆえに求める面積は，

$\frac{1}{2}\times 4\times(3+\sqrt{5})=6+2\sqrt{5}$(cm²)。

■平成29年 5

(1) (証明) (例) △AECと△ADBにおいて

AE⊥CDだから ∠AEC＝90° …①

半円の弧に対する円周角は直角だから

∠ADB＝90° …②

①，②より ∠AEC＝∠ADB …③

$\overset{\frown}{AD}$に対する円周角は等しいから

∠ACE＝∠ABD …④

③，④より 2組の角がそれぞれ等しいので

△AEC∽△ADB

(2) 20cm²

---

(2)

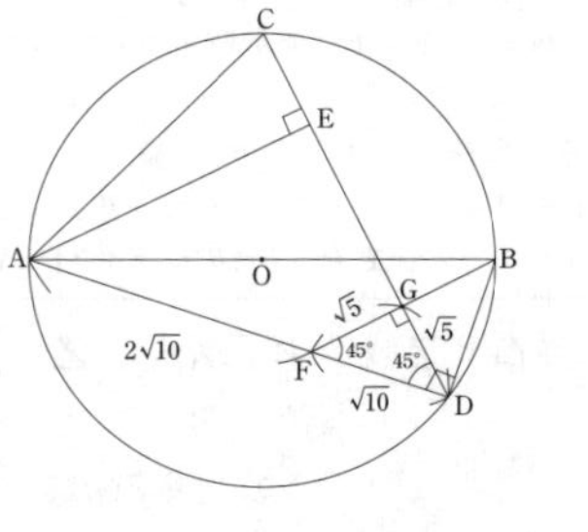

△ABDにおいて，AB＝10cm，AD＝3BDより，BD＝$x$cmとおくとAD＝3$x$cmと表せられる。

三平方の定理より $AB^2=AD^2+BD^2$ $100=9x^2+x^2$

$10x^2=100$ $x^2=10$

$x>0$より $x=\sqrt{10}$cm ゆえに $BD=\sqrt{10}$cm，$AD=3\sqrt{10}$cmとなる。

$\overset{\frown}{AC}=\overset{\frown}{CB}$より $\angle ADC=\frac{1}{2}\angle ADB$

$\angle ADC=\frac{1}{2}\times 90°=45°$となり，∠GFD＝45°となる。

よって，△DBFは，直角二等辺三角形となるから，$BD=FD=\sqrt{10}$cm

△GFDも直角二等辺三角形となるからGF＝GD＝$y$cmとすると

三平方の定理より

$GF^2+GD^2=FD^2$

$y^2+y^2=10$

$2y^2=10$

$y^2=5$

$y>0$より $y=\sqrt{5}$cm ゆえに，$GF=GD=\sqrt{5}$cm

ここで，AE∥BFより，△DGF∽△DEAであり，

相似比は，$DF:DA=\sqrt{10}:3\sqrt{10}=1:3$，

面積比は，△DGF：△DEA＝1：9

$\triangle DGF=\frac{1}{2}\times\sqrt{5}\times\sqrt{5}=\frac{5}{2}$cm²なので，△DEAの面積は，

$\triangle DEA=\frac{5}{2}\times 9=\frac{45}{2}$cm²となる。

四角形AFGE＝△DEA－△DGFであるから

四角形$AFGE=\frac{45}{2}-\frac{5}{2}=\frac{40}{2}=20$cm²

■平成30年 5

(1) AB＝DC ∠ABC＝∠DCB

(2) (証明) (例) △OCFと△EDFにおいて

対頂角は等しいから，

∠OFC＝∠EFD …①

仮定から，∠ACB＝∠DBC …②

OB＝ODより，△ODBは二等辺三角形だから

∠DBC＝∠FDE …③

②，③より，∠ACB＝∠FDE …④

①，④より，2組の角がそれぞれ等しいので△OCF∽△EDF

(3) $\frac{15\sqrt{3}}{16}$cm²

---

(1) 証明に挙げられてない，対応する辺や角を挙げればよい。

(3)

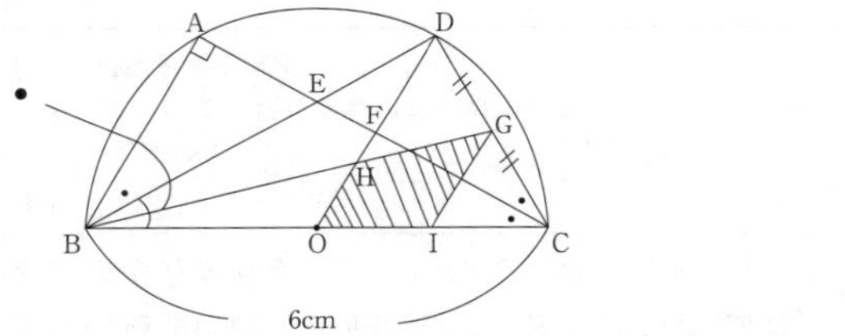

∠ACBの大きさを•と表すと，円周角の定理から上図の角の大きさが•で表される。

△ABCに注目すると，三角形の内角の和が180°であることから，

90°＋•＋•×2＝180° •＝30°

したがって，∠OCD＝60°なので，△OCDが正三角形と分かる。

ここで，△OBDがOB＝ODの二等辺三角形なので，∠ODB＝•＝30°

錯角が等しいのでAB∥OD，つまりOD∥IG，

このことから，△CGI∽△CDOなので△CGIも正三角形であり，

点Gは辺CDの中点なので，$CI=CG=\frac{1}{2}\times 3=\frac{3}{2}$〔cm〕

以上をまとめると，以下のようになる。

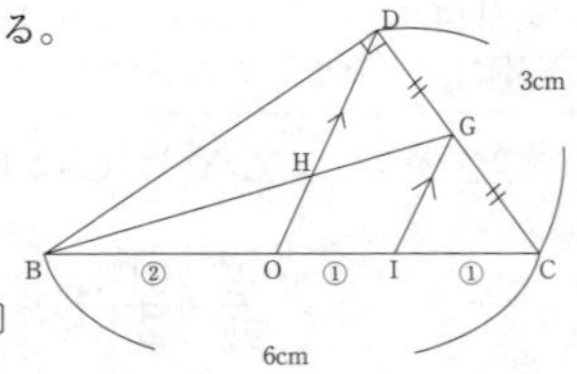

三平方の定理より

$BD^2=6^2-3^2=27$

BD>0より $BD=3\sqrt{3}$〔cm〕

したがって，

$\triangle BDC=\frac{1}{2}\times 3\times 3\sqrt{3}=\frac{9\sqrt{3}}{2}$〔cm²〕

ここで，△BOH∽△BIGで相似比が2：3なので，

△BOH：△BIG＝4：9つまり，

△BOH：(四角形OIGH)＝4：5

BI：IC＝3：1なので，

△BIG：△GIC＝3：1

よって，以上をまとめると，

右の図になるので，

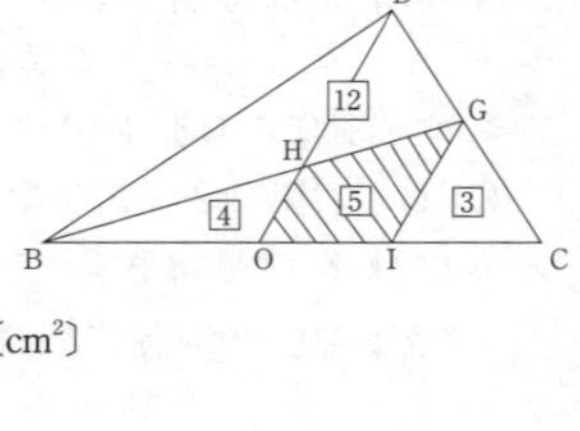

四角形OIGHの面積は，

$\frac{5}{24}\times\triangle BDC=\frac{5}{24}\times\frac{9\sqrt{3}}{2}=\frac{15\sqrt{3}}{16}$〔cm²〕

■平成31年 5

(1) (△ADB) ≡ (△AEC)

(2) (証明) (例) △ADEと△ABCにおいて

仮定から，∠EAC＝∠DAB …①

また，∠DAE＝∠DAB＋∠BAE …②

∠BAC＝∠EAC＋∠BAE …③

①，②，③より，∠DAE＝∠BAC …④

$\overset{\frown}{AC}$に対する円周角は等しいから

∠ADE＝∠ABC …⑤

④，⑤より，2組の角がそれぞれ等しいので△ADE∽△ABC

(3) $12+4\sqrt{3}$cm²

(3) ∠BAC＝60°より△ABCは正三角形。
△OBCに注目すると，円周角の定理より∠BOC＝120°，
BO＝OCより∠OBC＝∠OCB＝30°
よって右図より BC＝$4\sqrt{3}$〔cm〕
また，$\overset{\frown}{AD}$：$\overset{\frown}{DB}$＝3：1より

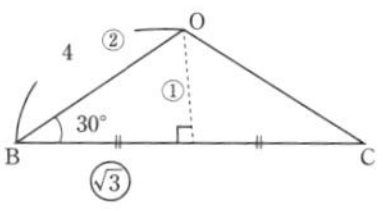

∠DBA：∠DAB＝3：1なので，
∠DAB＝x°とおくと，∠DBA＝$3x$
ここで円周角の定理より∠DBA＝∠DCA
∠DAB＝∠DCBなので，
∠DBA＋∠DAB＝∠DCA＋∠DCB＝60°
つまり　$x+3x=60$
これを解くと$x=15$
よって∠DBA＝∠DCA＝45°
右図のように点Tを定めると，
三平方の定理より AT＝TC＝$\frac{4\sqrt{3}}{\sqrt{2}}=2\sqrt{6}$〔cm〕
DT＝$\frac{2\sqrt{6}}{\sqrt{3}}=2\sqrt{2}$〔cm〕よって，
△ADC＝$\frac{1}{2}\times2\sqrt{6}\times(2\sqrt{6}+2\sqrt{2})=12+4\sqrt{3}$

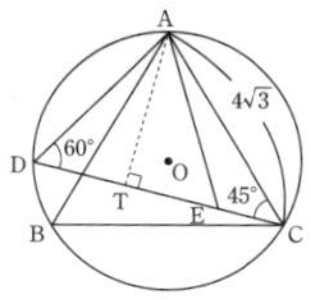

■令和2年 5

(1) ① ウ　(2) ② BM＝BN　③ MP＝NP

(3) (証明) (例) △ABDと△FAEにおいて

BEは∠ABCの二等分線だから　∠ABD＝∠CBD …①

$\overset{\frown}{CE}$に対する円周角は等しいから　∠CBD＝∠FAE …②

①，②より　∠ABD＝∠FAE …③

平行線の錯角は等しいから，

AB//EGより　∠BAD＝∠AFE …④

③，④より，2組の角がそれぞれ等しいので

△ABD∽△FAE

(4) $\frac{35}{6}$ cm²

(1) 直後の香さんの発言がヒントになっている。

(2) コンパスは等しい長さを測り取る道具であることに注意する。

(4) DF：DE＝DE：AD＝AD：BD＝1：$\sqrt{3}$より
DF：AD＝1：3，DE：BD＝1：3，したがって，△DEF＝Scm²とおくと，△ADE＝3△DEF＝3S〔cm²〕
△ABD＝3△ADE＝9S〔cm²〕
一方，BO：EO＝1：1より，OD：DE＝1：1，
∠BGO＝∠BCDより，OG∥DCなので，
△EDF∽△EOG，したがって，
△EDF：△EOG＝1²：2²＝1：4したがって，△EOG＝4△EDF＝4S，
(四角形DOGF)＝△EOG－△EDF＝3S〔cm²〕
△BOG≡△EOGより
△BOG＝△EOG＝4S〔cm²〕
△BCD＝△BADより
△BCD＝△BAG＝9S〔cm²〕
よって
△FGC＝△BCD－(△BOG＋(四角形DOGF))
＝9S－(4S＋3S)＝2S〔cm²〕
以上をまとめると，右図になるので，
求める面積は，$15\times\frac{7}{18}=\frac{35}{6}$〔cm²〕

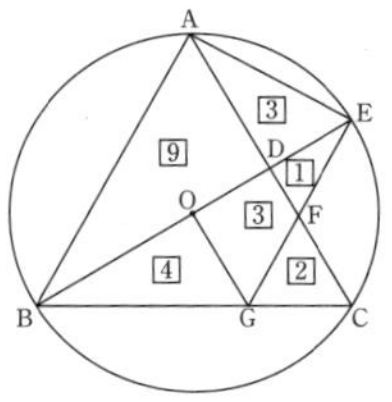

■令和3年 5

(1) 記号 エ　(解答) AD＋DE＝CB＋BF

(2) (証明) (例) △DGEと△BHFにおいて

仮定から，DE＝BF …①

平行線の錯角は等しいから，AE//CFより

∠GED＝∠HFB …②

∠EDG＝∠FCD …③

平行線の同位角は等しいから，CD//ABより

∠FCD＝∠FBH …④

③，④より，∠EDG＝∠FBH …⑤

①，②，⑤より

1組の辺とその両端の角がそれぞれ等しいので

△DGE≡△BHF

(3) $\frac{27}{10}$ cm²

(3) △DGEの面積を①とすると、各三角形の面積は以下のようになる。

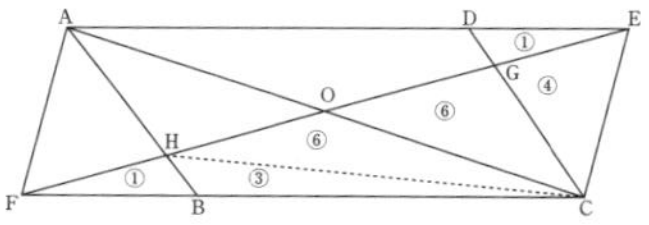

DG：GC＝1：4
△DCEと△OCEの面積比1：2
FB：BC＝1：3
HO＝OG

上図より、①＋③＋⑥＋⑥＋④＝$\frac{12}{2}$＝6cm²
四角形HBCOの面積は③＋⑥＝⑨で表されるから
四角形HBCOの面積を$x$cm²とおくと
⑳：6＝⑨：x　$54=20x$　$x=\frac{54}{20}=\frac{27}{10}$
よって、求める面積は$\frac{27}{10}$ cm²

■令和4年 5

(1) △AEDまたは△ADE（△BCEまたは△BECも正答）

(2) (証明) (例) △ABEと△ACDにおいて

仮定から　AB＝AC …①

$\overset{\frown}{AD}$に対する円周角は等しいから　∠ABE＝∠ACD …②

$\overset{\frown}{BC}$＝$\overset{\frown}{CD}$から　∠BAE＝∠CAD …③

①，②，③より

1組の辺とその両端の角がそれぞれ等しいので

△ABE≡△ACD

(3) $4\sqrt{2}$cm

(3)

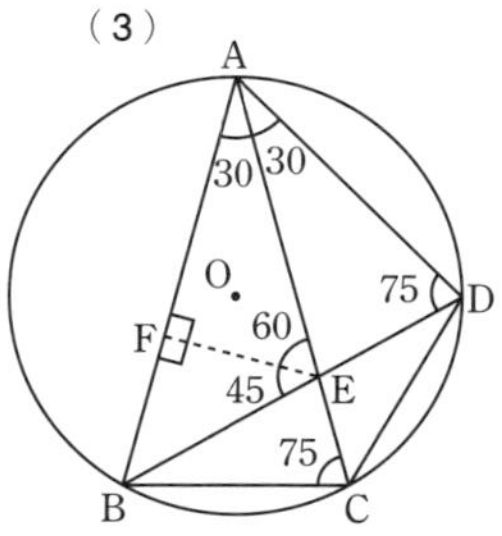

点EからABに垂線を引き、その交点をFとする。
そうすると、∠BAE＝30°より、
∠AEF＝60°となる。
△ABE≡△ACDより、∠DAC＝∠BAF＝30°
△ABCはAB＝ACの二等辺三角形より、
∠ACB＝(180－30)÷2＝75°
$\overset{\frown}{AB}$に対する円周角は等しいので
∠ADB＝∠ACB＝75°
∠AEBは∠AEDの外角なので、
∠AEB＝30＋75＝105°
したがって、∠BEF＝105－60＝45°
よって、△BEFは、45°、45°、90°の直角二等辺三角形であることがわかるので、FE：BE＝1：$\sqrt{2}$より、FE＝$\frac{4}{\sqrt{2}}=2\sqrt{2}$
また、△AEFは、30°、60°、90°の直角三角形より
AE：FE＝2：1だから、AE＝$2\sqrt{2}\times2=4\sqrt{2}$cm

■令和５年 5

(1) 2組の辺とその間の角　(2) イ

(3)（証明）（例）△ABEと△AGBにおいて

共通な角だから ∠EAB＝∠BAG　…①

合同な図形では，対応する角の大きさはそれぞれ等しいから，

△ABE≡△BCFより　∠BEA＝∠CFB　…②

平行線の錯角は等しいから，DC//ABより

∠CFB＝∠GBA　…③

②，③より　∠BEA＝∠GBA　…④

①，④より，2組の角がそれぞれ等しいので

△ABE∽△AGB

(4) $\frac{6}{25}$倍

（２）点 E，F の位置が異なっても，上の証明の①，②，③は同様に言えるので，△ABE ≡△BCF，AE＝BF であることを言えるから，改めて証明しなおす必要はない。

（４）BE＝③，EC＝①とすると，CF＝BE＝③，四角形 ABCD は正方形より，BC＝CD＝AD＝AB＝④

△ABE，△BCF において，それぞれ三平方の定理より，

AE＝BF＝$\sqrt{③^2+④^2}$＝⑤

△ABE∽△AGB より，AB：BG＝5：3 だから，

BG＝④×$\frac{3}{5}$＝$\frac{12}{5}$（丸囲み）

GF＝⑤－$\frac{12}{5}$（丸囲み）＝$\frac{13}{5}$（丸囲み）

△ABE∽△AGB より，AB：AG＝5：4 だから，

AG＝④×$\frac{4}{5}$＝$\frac{16}{5}$（丸囲み）

GE＝⑤－$\frac{16}{5}$（丸囲み）＝$\frac{9}{5}$（丸囲み）

したがって，正方形 ABCD＝④×④＝[16]

四角形 GECF＝△EGF＋△ECF

＝$\frac{9}{5}$（丸囲み）×$\frac{13}{5}$（丸囲み）×$\frac{1}{2}$＋①×③×$\frac{1}{2}$

＝[$\frac{96}{25}$]

よって，$\frac{96}{25}$÷16＝$\frac{6}{25}$倍

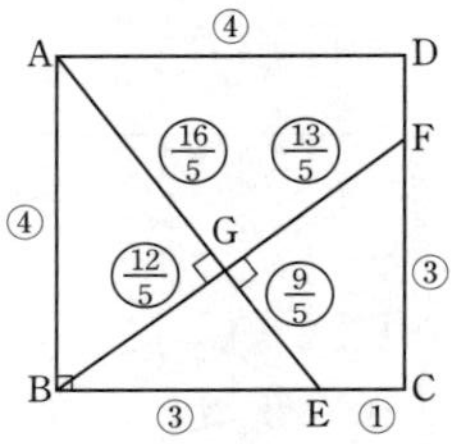

〈立体図形〉

■平成27年 6

(1) ウ，エ　(2) $\frac{7}{4}$倍　(3) $3\sqrt{7}$cm

（２）

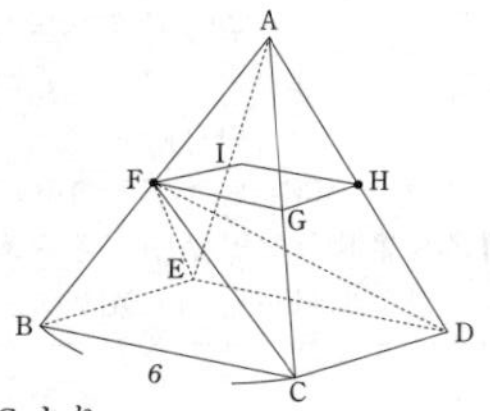

△AFG∽△ABC より

体積比は相似比の３乗なので

正四角すい ABCDE：正四角すい AFGHI＝8：1

よって，頂点 A をふくまない立体の体積は全体の$\frac{7}{8}$倍である。

四角すい FBCDE の体積は，底面 BCDE（全体と共通），高さが$\frac{1}{2}$倍，なので全体の$\frac{1}{2}$倍の体積である。

よって　$\frac{7}{8}\times 2=\frac{7}{4}$倍

（３）四角形 JKDE は JK∥ED，JE＝KD の等脚台形である。　AJK∽△ABC，AJ：JB＝1：2 より　JK＝2cm

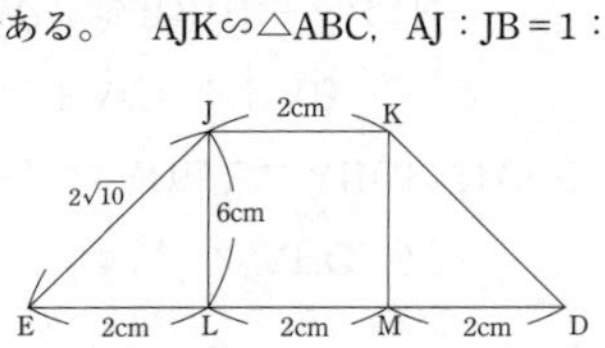

点 J，点 K から線分 DE におろした垂線の交点をそれぞれ，L，M とする。

JK＝EL＝LM＝MD＝2cm

四角形 JKDE の面積は 24cm^2 なので

$24=\frac{1}{2}\times(2+6)\times$JL　　JL＝6cm

△JEL において三平方の定理より

JE^2＝EL^2＋JL^2　　JE^2＝4＋36＝40

JE＞0 より　JE＝$2\sqrt{10}$cm

次に△ABE を抜き出して考える。

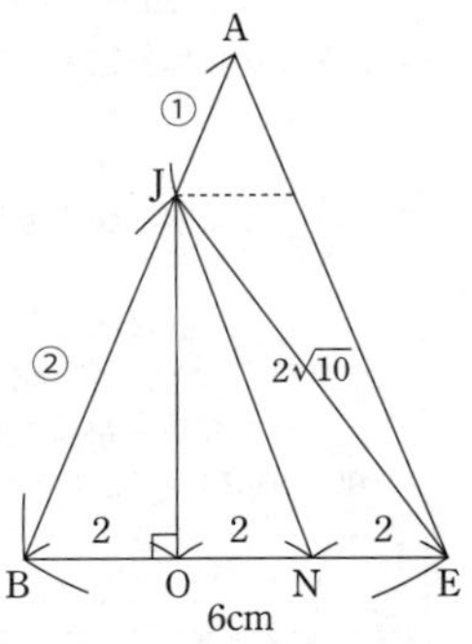

点 J を通り，線分 AE に平行な線と線分 BE との交点を N とする。

JN∥AE より△BJN∽△BAE なので△JBN は JB＝JN の二等辺三角形。

BJ：JA＝2：1 より　BN＝4cm，NE＝2cm

点 J から線分 BE におろした垂線との交点を O とする。

△JBN は二等辺三角形より　BO＝ON＝2cm

よって，△JOE で三平方の定理より

JE^2＝JO^2＋0E^2　　$(2\sqrt{10})^2$＝JO^2＋16

JO^2＝40－16＝24

JO＞0 より　JO＝$2\sqrt{6}$cm

△JBO において三平方の定理より、JB^2＝JO^2＋BO^2

JB^2＝$(2\sqrt{6})^2+2^2$＝24＋4＝28

JB＞0 より　JB＝$2\sqrt{7}$cm

AJ：JB＝1：2 より、AJ＝$\sqrt{7}$cm

ゆえに　AB＝$3\sqrt{7}$cm

この立体の側面はすべて二等辺三角形であるので　AC＝$3\sqrt{7}$cm

■平成28年 6

(1) ４本　(2) $3\sqrt{7}$cm　(3) $\frac{1}{12}$倍

（１）ねじれの位置にある辺とは①平行でなく，②交わりもしない辺であるから①②に該当しない辺を探せばよい。

①辺 CD と平行な辺⇒辺 FG

②辺 CD と交わる辺⇒辺 AC，辺 AD，辺 CF，辺 DG，辺 BD，辺 BC

よって①②以外の辺がねじれの位置にある辺となる。

⇒辺 AB，辺 BE，辺 EF，辺 EG（4 本）

（２）EH＋HI＋ID の長さが最も短くなるのは，展開した時に一直線上となればない。左の展開図において，点 D から，線分 EF の延長上におろした垂線との交点を M とする。

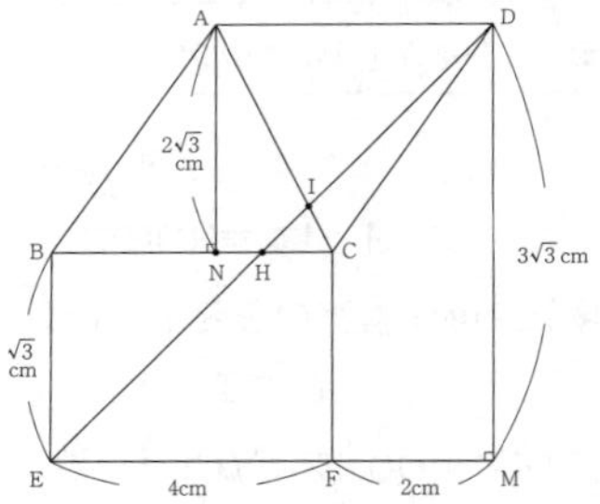

△ABC において，点 A から線分 BC におろした垂線との交点を N とする。

△ABN において，AB＝4cm，BN＝2cm なので三平方の定理より

AN^2＝AB^2－BN^2　　AN^2＝16－4＝12

AN＞0 より　AN＝$2\sqrt{3}$cm

DM＝AN＋BE より　DM＝$2\sqrt{3}+\sqrt{3}=3\sqrt{3}$cm

EF＝4cm，FM＝2cm なので，△DEM において三平方の定理より

DE^2＝EM^2＋DM^2＝36＋27＝63

DE＞0 より　DE＝$3\sqrt{7}$cm

ゆえに，EH＋HI＋ID＝$3\sqrt{7}$cm。

（３）問題文の点 L，K，J を図形に書き込むと左のようになる。

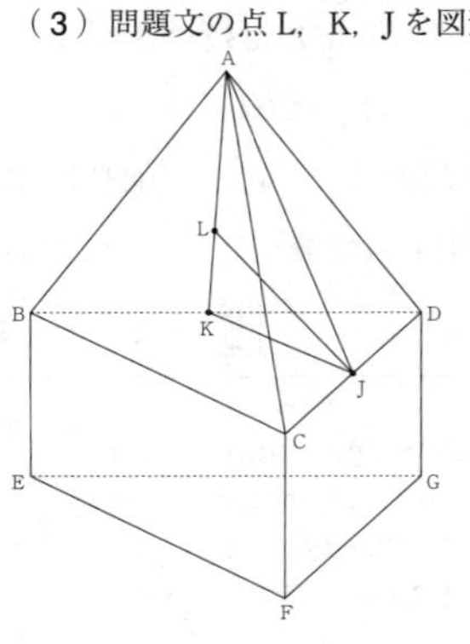

△AKJ を抜き出して考えてみる。

AK＝AJ＝$2\sqrt{3}$cm，

KJ∥BC であり，△DKJ∽△DBC より

KJ＝$\frac{1}{2}$BC＝$\frac{1}{2}$×4＝2cm

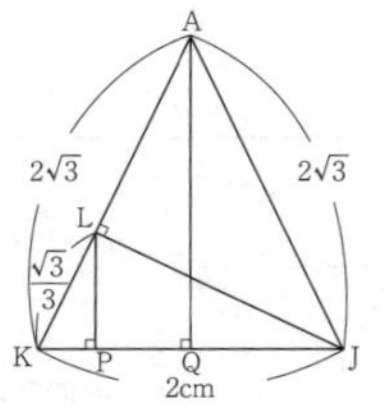

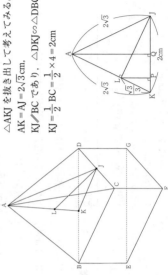

KL＝$x$cm，LJ＝$y$cm とすると，△JKL において，三平方の定理より
$x^2+y^2=4$―①
△AJL において三平方の定理より，$(2\sqrt{3}-x)^2+y^2=12$―②
①②を解くと　$x=\mathrm{KL}=\frac{\sqrt{3}}{3}$ cm が得られる。
点 L から線分 KJ におろした垂線との交点を P，点 A から線分 KJ におろした垂線との交点を Q とすると，辺 JP，辺 AQ がそれぞれの体積の高さの比となる。△LKP∽△AKQ より　KL：LP＝AK：AQ
$\frac{\sqrt{3}}{3}$：LP＝$2\sqrt{3}$：AQ　　LP：AQ＝$\frac{\sqrt{3}}{3}$：$2\sqrt{3}$＝1：6―③
次に底面の比を考えていく。△BCD を抜き出すと下のようになる。

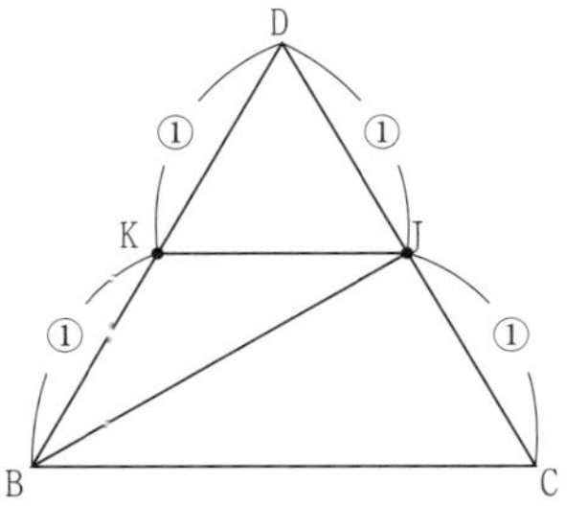

△DBC と△DBJ において
DJ：DC＝1：2，高さ共通なので
△DBJ：△DBC＝1：2―④
③④より，
体積比＝底面積比：高さの比
正四面体 ABCD＝2×6＝12
三角すい LBJD＝1×1＝1
したがって，
正四面体 ABCD：三角すい LBJD
＝12：1
ゆえに三角すい LBJD の体積は，正四面体 ABCD の$\frac{1}{12}$倍となる。

■平成29年　6

(1) イ，オ　(2) $\frac{8\sqrt{3}}{3}$cm^3　(3) $\frac{3\sqrt{13}}{2}$cm

(2)
底面GHIJKLを抜き出して考える。

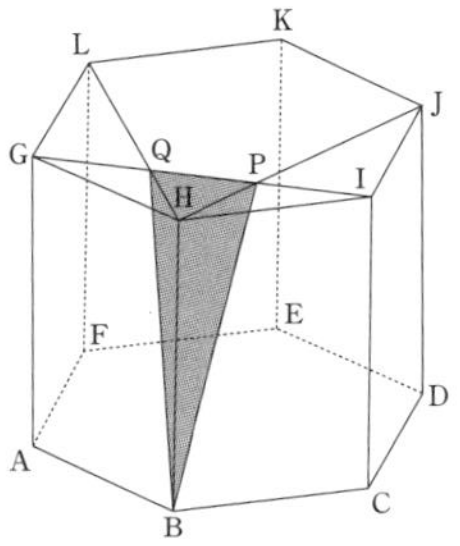

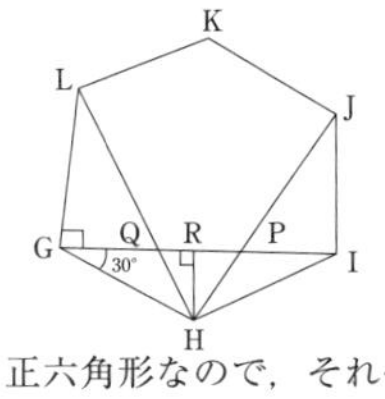

底面は，正六角形なので，それぞれの内角は，120°となるから∠GHI＝120°となる。
点Hから線分PQに垂線をおろし，その交点をRとする。
∠GRH＝90°，∠HGR＝30°，∠GHR＝60°なので，△GHRのそれぞれの辺の比は，RH：GH：GR＝1：2：$\sqrt{3}$となり，
GH＝4cmよりHR＝2cmとなる。
△HRQにおいて，∠HRQ＝90°，∠QHR＝30°，∠RQH＝60°より
それぞれの辺の比は，QR：QH：RH＝1：2：$\sqrt{3}$となる。
RH＝2cmより　$\mathrm{QR}=2\times\frac{1}{\sqrt{3}}=\frac{2}{\sqrt{3}}$であり，QR＝PRであるから
$\mathrm{PQ}=\frac{2}{\sqrt{3}}\times2=\frac{4}{\sqrt{3}}$となる。
ゆえに，△PQHの面積は，$\triangle\mathrm{PQH}=\frac{1}{2}\times\frac{4}{\sqrt{3}}\times2=\frac{4}{\sqrt{3}}(\mathrm{cm}^2)$
求める三角すいBHPQの体積は，
三角すい$\mathrm{BHPQ}=\frac{1}{3}\times\frac{4}{\sqrt{3}}\times6=\frac{8}{\sqrt{3}}=\frac{8\sqrt{3}}{3}(\mathrm{cm}^3)$

(3)
底面 GHIJKL を抜き出して考える。

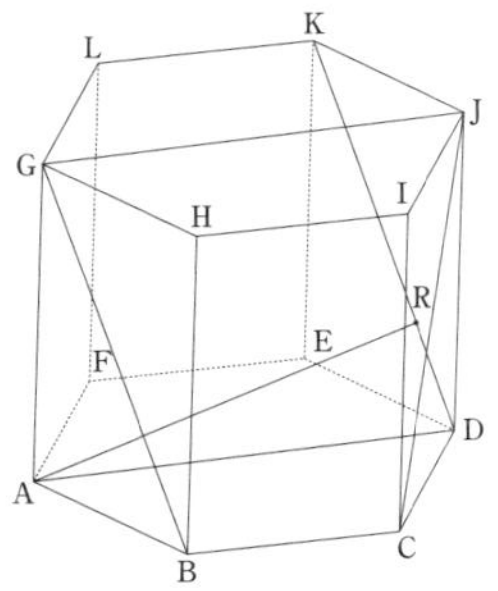

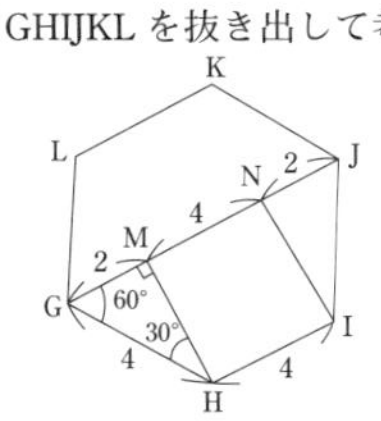

点 H から線分 GJ におろした垂線とその交点を M とする。
△ GHM において，3 辺の辺の比は，
GM：GH：MH＝1：2：$\sqrt{3}$ なので GM＝2cm となる。
△IJN（上図）も同様に，JN＝2cm より，GJ＝8cm
四角形 BCJG において，BC∥HI，HI∥GJ　BC∥GJ，

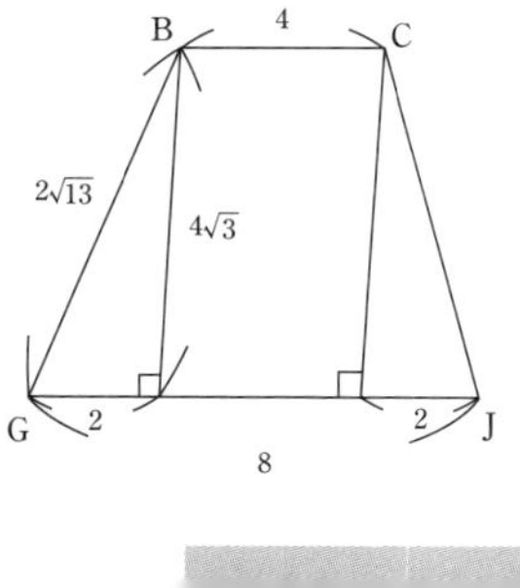

また，BG＝JC だから，この四角形は，等脚台形。
△ ABG において三平方の定理より
$\mathrm{BG}^2=\mathrm{AB}^2+\mathrm{AG}^2$
　＝16+36＝52
BG>0 より　BG＝$2\sqrt{13}$（cm）
よって
この台形の高さ＝$(2\sqrt{13})^2-2^2=52-4=48$
高さ>0 より，高さ＝$4\sqrt{3}$（cm）
ゆえに，この台形の面積は，$(4+8)\times4\sqrt{3}\times\frac{1}{2}=24\sqrt{3}(\mathrm{cm}^2)$
△ ADR：四角形 BCJG の面積比は 1：2 なので，△ ADR の面積は $12\sqrt{3}$ (cm^2) となればよい。
次に，△ADR について考える。そのために，△ADR を含む△ADK について考える。
AE＝GK＝GI＝$4\sqrt{3}$ (cm)，KE＝6(cm) なので，三平方の定理より
$\mathrm{AK}^2=\mathrm{AE}^2+\mathrm{KE}^2$
　$=(4\sqrt{3})^2+36=48+36=84$
AK>0 より　AK＝$2\sqrt{21}$（cm）

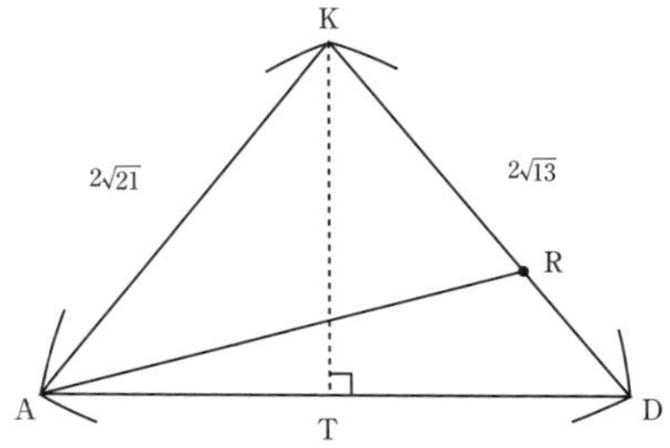

点 K から線分 AD におろした垂線とその交点を T とする。
TD＝x とすると，AT＝8－x と表せる。
△ KTD で三平方の定理より
$\mathrm{KT}^2=\mathrm{KD}^2-\mathrm{DT}^2=52-x^2$―①
△ AKT で三平方の定理より
$\mathrm{KT}^2=\mathrm{AK}^2-\mathrm{AT}^2=84-(8-x)^2$
　$=84-(64-16x+x^2)$
　$=20+16x-x^2$―②
①＝②より　$52-x^2=20+16x-x^2$
　　$16x=32$
　　$x=2$
よって，△KTD で三平方の定理より
$\mathrm{KT}^2=\mathrm{KD}^2-\mathrm{TD}^2$
　$=52-4=48$
KT>0 より　KT＝$4\sqrt{3}$ (cm)
ゆえに△ AKD の面積は，$\triangle\mathrm{AKD}=\frac{1}{2}\times8\times4\sqrt{3}=16\sqrt{3}(\mathrm{cm}^2)$
ここで，△AKD について，KD を底辺として考える。
△AKD と△ADR は，高さ共通なので，底辺の比＝面積の比となる。
したがって，$\frac{\overset{3}{\cancel{12\sqrt{3}}}}{\underset{4}{\cancel{16\sqrt{3}}}}=\frac{\mathrm{DR}}{2\sqrt{13}}$
$\frac{\mathrm{DR}}{2\sqrt{13}}=\frac{3}{4}$
$\mathrm{DR}=\frac{6\sqrt{13}}{4}=\frac{3\sqrt{13}}{2}$ (cm)

■平成30年　6

(1) $\frac{26}{27}$ 倍　(2) $\frac{2\sqrt{6}}{3}$cm

(1) 立体 O-DEF と正四面体 OABC は相似で，相似比が 1：3 なので，体積比は 1：27，頂点 A を含む立体は，立体 O-DEF でない方なので求める値は$\frac{26}{27}$
(2) 点 O，A，G を通る平面で立体を分けたときの断面図は以下のようになる。

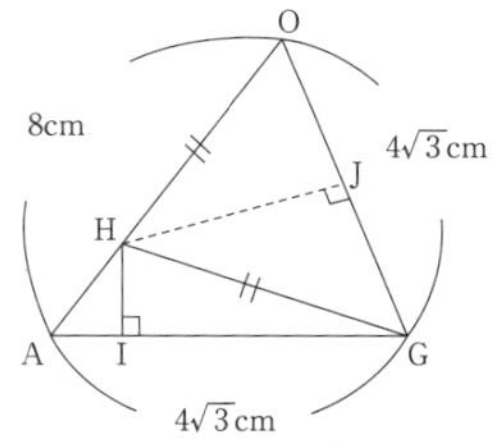

△OGC，△AGC は三平方の定理より，
$\mathrm{OG}=\mathrm{AG}=\sqrt{8^2-4^2}=4\sqrt{3}$〔cm〕
△HOG∽△GAO より，
　OG：AO＝HO：GA
　$4\sqrt{3}$：8＝HO：$4\sqrt{3}$
　　HO＝6〔cm〕
点 H から辺 OG に垂線をひき，
線分 OG との交点を J とおくと，△HOG は HO＝HG の二等辺三角形なので，OJ＝$2\sqrt{3}$cm
したがって三平方の定理より
$\mathrm{HJ}=\sqrt{6^2-(2\sqrt{3})^2}$
　$=2\sqrt{6}$

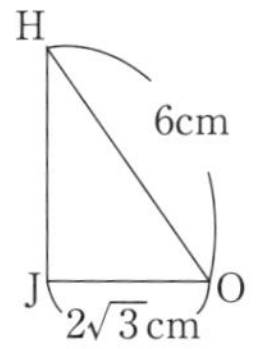

このことから，
$\triangle\mathrm{HOG}=\frac{1}{2}\times4\sqrt{3}\times2\sqrt{6}$
　$=12\sqrt{2}$〔cm^2〕
△HOG と△GOA の相似比は
　$4\sqrt{3}$：8＝$\sqrt{3}$：2 なので，面積比は 3：4
したがって，△HOG：△HAG＝3：1
よって，△HAG の面積から，$\frac{1}{2}\times4\sqrt{3}\times\mathrm{HI}=\frac{1}{3}\times\triangle\mathrm{HOG}$
　$2\sqrt{3}\times\mathrm{HI}=4\sqrt{2}$
　$\mathrm{HI}=\frac{2\sqrt{6}}{3}$〔cm〕

■平成31年 6

(1) $228\pi\,\mathrm{cm}^3$　(2) $\dfrac{16}{81}$倍　(3) $4\sqrt{7}$cm

（1）円すいの体積は $6\times6\times\pi\times4\times\dfrac{1}{3}=48\pi$〔$\mathrm{cm}^3$〕
　円柱の体積は $6\times6\times\pi\times5=180\pi$〔$\mathrm{cm}^3$〕
　よって $48\pi+180\pi=228\pi$〔cm^3〕

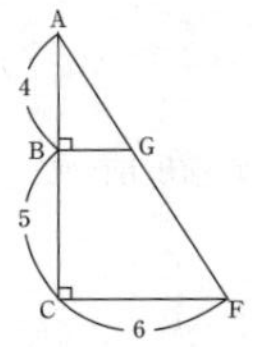

（2）右図において，△ABG∽△ACF より
　AB：BG＝AC：CF　4：BG＝9：6
　これを解くと $BG=\dfrac{8}{3}$〔cm〕

（3）右図のように点 H，N，P を定める。
　右図に注目すると，

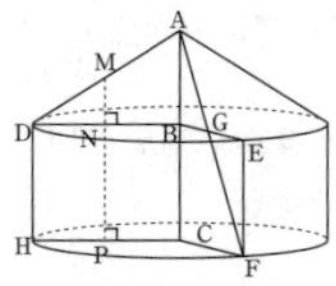

　△CIF の三平方の定理より
　$CI=\dfrac{6}{2}=3$〔cm〕
　$IF=3\sqrt{3}$〔cm〕　また，点 P の定め方から
　HP＝PC＝3〔cm〕
　より PI＝PC＋CI＝3＋3＝6〔cm〕
　したがって，△PIF の三平方の定理より
　$PF^2=6^2+(3\sqrt{3})^2=63$

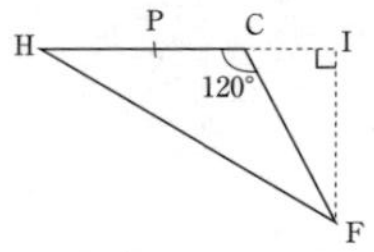

　PF＞0 より $PF=3\sqrt{7}$〔cm〕
　また，右図において△DMN∽△DAB
　より MN：AB＝DM：DA
　MN：4＝1：2 これを解くと MN＝2〔cm〕
　したがって，MP＝MN＋NP＝5＋2＝7〔cm〕
　以上より△MPF における
　三平方の定理より　$MF^2=7^2+(3\sqrt{7})^2=112$
　MF＞0 より $MF=4\sqrt{7}$〔cm〕

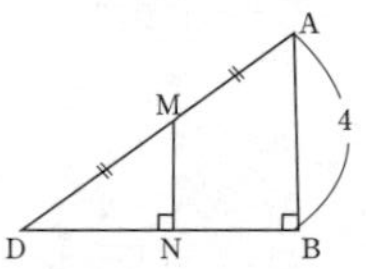

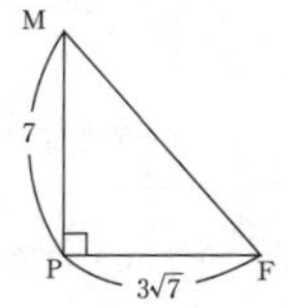

■令和2年 6

(1) イ，ウ　(2) $21\mathrm{cm}^3$　(3) $\sqrt{17}$cm

（1）ア，正しくは平行
　エ，正しくは平行

（2）右図のように点 L を定めると，
　四面体 L-FMN と四面体 L-BAC は相似
　で，相似比は 1：2 である。したがって，
　体積比は 1：8　また，相似から
　LF＝FB＝3cm なので LB＝6cm，
　よって，四面体
　L-BAC$=\dfrac{1}{3}\times\left(\dfrac{1}{2}\times6\times4\right)\times6=24$〔$\mathrm{cm}^3$〕より
　求める体積は $24\times\dfrac{7}{8}=21$〔cm^3〕

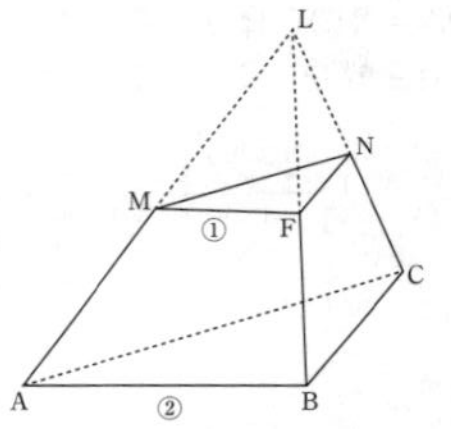

（3）右図のように点 K を定めると，
　△DKJ∽△DHG であり，相似比は 1：3
　したがって，$KJ=\dfrac{1}{3}HG=2$〔cm〕。
　$KD=\dfrac{1}{3}HD=1$〔cm〕，
　HK＝3－1＝2〔cm〕
　ここで，△IHK における三平方の
　定理より
　$IK^2=2^2+3^2=13$
　IK＞0 より　$IK=\sqrt{13}$〔cm〕
　よって△IKJ における三平方の
　定理より
　$IJ^2=2^2+(\sqrt{13})^2=17$
　IJ＞0 より $IJ=\sqrt{17}$〔cm〕

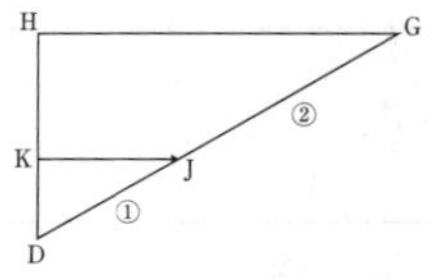

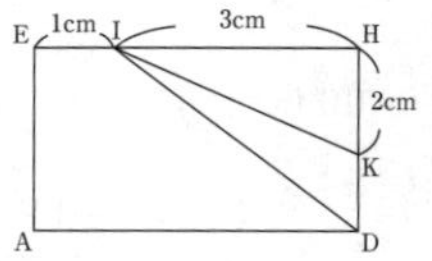

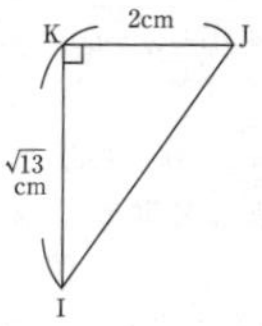

■令和3年 6

(1) 辺DE　(2) $4\sqrt{5}$cm　(3) $42\mathrm{cm}^3$

（2）

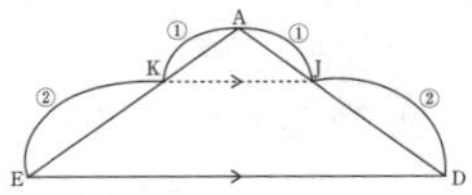

KJ：ED＝AK：AE より
KJ：ED＝1：3
ED＝6cm　より　KJ＝2cm

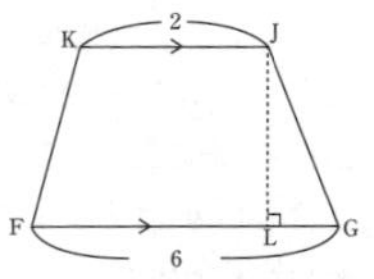

KJ∥ED、ED∥FG より、KJ∥FG であるから、四角形 KFGJ は台形である。
線分 JL は台形の高さに相当するから
$\dfrac{1}{2}\times(2+6)\times JL=16\sqrt{5}$
$JL=4\sqrt{5}$〔cm〕

（3）四面体 PHEC の平面 BFHD に関する対称性を利用する。
　線分 EC の中点を Q、Q から平面 FGHI
　に下ろした垂線と線分 PH の交点を
　R とする。このとき BF∥平面 ERQ、
　DH∥平面 ERQ に注意すると

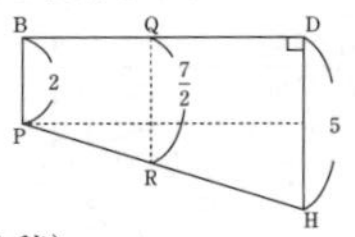

　（四面体 PRCE の体積）＝（四面体 BRCE の体積）
　（四面体 HRCE の体積）＝（四面体 DCRE の体積）
　であるから
　求める体積は正四角錐 R－BCDE の体積に等しいことが分かる。
　よって $QR=\dfrac{7}{2}$より、
　$\dfrac{1}{3}\times36\times\dfrac{7}{2}=42$

■令和4年 6

(1) ア，ウ　(2) $25\mathrm{cm}^3$　(3) $15\mathrm{cm}^2$

（2）MP＋PD の長さが最も短くなるのは、展開図にしたときに M、P、D が一直線になるときである。

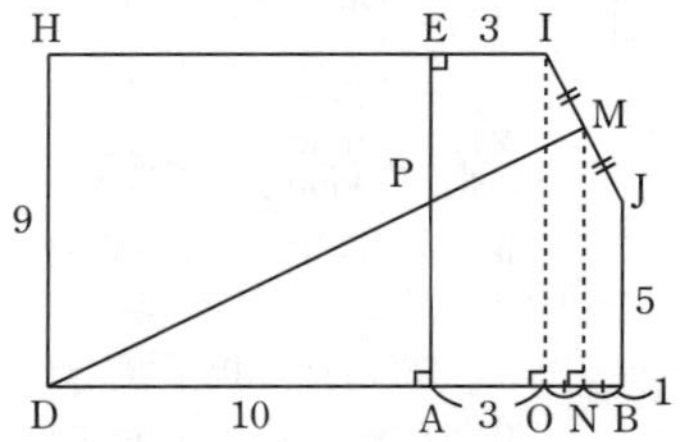

M、I より　AB に垂線を下ろし、その交点をそれぞれ N、O とすると、
M が IJ の中点より、N も OB の中点となる。
OB＝5－3＝2 より、ON＝NB＝1
また、IO＝9、JB＝5 より、MN＝7
△DMN∽△DPA より、MN：DN＝PA：DA
　　　　　　　7：14＝PA：10、PA＝5
三角すい AIPD は△AIP を底面とすると、高さは AD となるので、その
体積は　$5\times3\times\dfrac{1}{2}\times10\times\dfrac{1}{3}=25\mathrm{cm}^3$

（3）

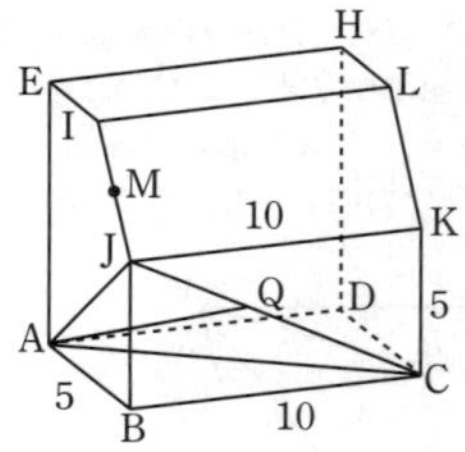

まず、△ACJ の面積を求める。
△ABC において三平方の定理より、
　$AC=\sqrt{5^2+10^2}=5\sqrt{5}$
△ CJK において三平方の定理より
　$CJ=\sqrt{5^2+10^2}=5\sqrt{5}$
△ABJ において三平方の定理より
　$AJ=\sqrt{5^2+5^2}=5\sqrt{2}$

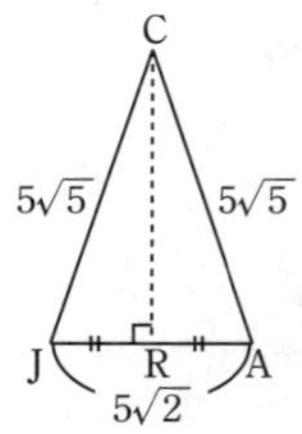

したがって、△ACJ は二等辺三角形だということがわかる。C から JA に垂線を下ろし、
交点を R とおくと
JR＝RA より、$RA=\dfrac{5\sqrt{2}}{2}$
△ACR において三平方の定理より、
　$CR=\sqrt{(5\sqrt{5})^2-\left(\dfrac{5\sqrt{2}}{2}\right)^2}=\dfrac{15\sqrt{2}}{2}$
よって、$\triangle ACJ=5\sqrt{2}\times\dfrac{15\sqrt{2}}{2}\times\dfrac{1}{2}$
　　　　　　$=\dfrac{75}{2}\mathrm{cm}^2$

JQ：QC＝2：3 より、$\triangle AQJ=\triangle ACJ\times\dfrac{2}{5}$
　　　　　　$=\dfrac{75}{2}\times\dfrac{2}{5}=15\mathrm{cm}^2$

■令和5年 6

(1) $40\pi\,cm^2$ (2) 記号 イ 高さ $\frac{2\sqrt{5}}{3}$cm (3) $\sqrt{7}$cm

（1）展開図にしたときの側面のおうぎ形の中心角を出して求めてもよいが，側面積＝母線×半径×πの公式を使えると早く求めることができる。

表面積＝底面積＋側面積

$=4\times4\times\pi+6\times4\times\pi$

$=40\pi\,cm^2$

（2）円すいに$x$cmの高さの水を入れたとき，円柱の容器に同じ量の水を入れたときの高さを$y$cmとすると

$4\times4\times\pi\times x\times\frac{1}{3}=4\times4\times\pi\times y$

$y=\frac{1}{3}x$

したがって，この高さの関係を表したものはイ

円すいの高さは，OAであるから，三平方の定理より

$x=\sqrt{6^2-4^2}=2\sqrt{5}$

よって，円柱における水面の高さ　$y=\frac{1}{3}\times2\sqrt{5}=\frac{2\sqrt{5}}{3}$ cm

（3）

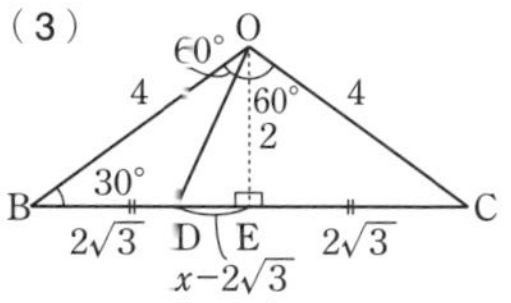

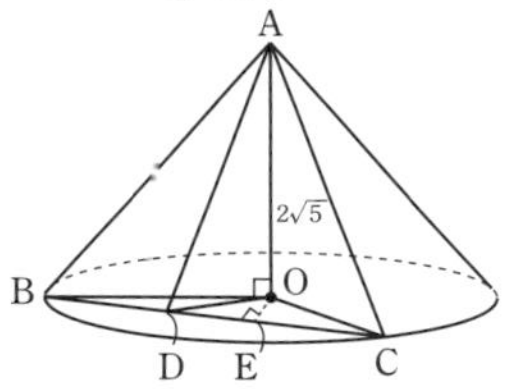

△OBCにおいて，OよりBCに垂線を下ろし，その交点をEとすると

△OBE，△OCEともに30°，60°，90°の直角三角形なので，OE$=4\times\frac{1}{2}=2$,

BE＝CE$=2\times\sqrt{3}=2\sqrt{3}$となる。

ここで，AD＝CD$=x$とすると，

DE$=x-2\sqrt{3}$

△ODEにおいて三平方の定理より，

$OD^2=(x-2\sqrt{3})^2+2^2$　…①

また，△AODにおいて　三平方の定理より，

$OD^2=x^2-(2\sqrt{5})^2$　…②

①，②より，$(x-2\sqrt{3})^2+4=x^2-(2\sqrt{5})^2$

$x^2-4\sqrt{3}x+12+4=x^2-20$

$4\sqrt{3}x=36$

$x=3\sqrt{3}$

①に代入して，$OD^2=(3\sqrt{3}-2\sqrt{3})^2+4=7$

OD>0より，OD$=\sqrt{7}$cm

〈関数の利用〉

■平成27年 4

(1) 38℃ (2) $y=4x-62$ $(33\leqq x\leqq40)$ (3) 23分30秒後

（1）グラフより13分後に水温18℃から70℃になっているので

(70－18)÷13＝52÷13＝4℃／分

5分後には5×4℃＝20℃温度が上昇しているので水温は18＋20＝38℃

（2）$33\leqq x\leqq40$のとき点(33, 70)(40, 98)を通るので，$y=ax+b$に代入して

$\begin{cases}70=33a+b\\98=40a+b\end{cases}$

これをとくと，$a=4$, $b=-62$

よって，求める直線の式は$y=4x-62$

（3）やかんの中の水温は，Aさんが電源を入れてから30分後の電気ポットの中の水温に等しいので，70℃。また，1分ごとに8℃ずつ上昇するので(70℃－18℃)÷8＝6.5(分)かかる。

よって　Bさんが沸かし始めたのは，Aさんが電源を入れてから

30－6.5＝23.5分後

ゆえに　23分30秒後である。

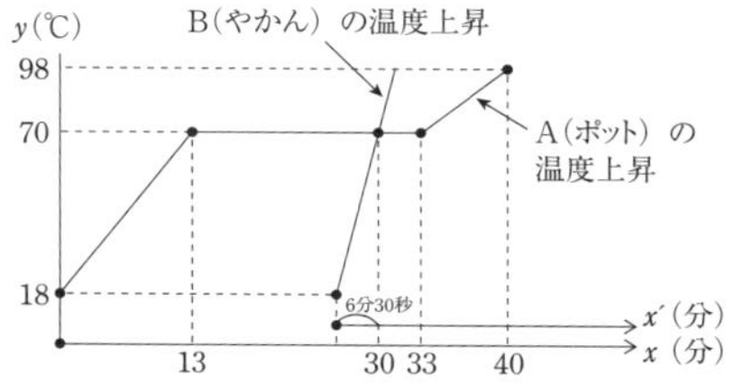

■平成28年 4

(1) 秒速6 m (2) 30m (3) 46秒後

（1）グラフより，バスは20秒間で120m進んでいるので，平均の速さは，120÷20＝6　秒速6mである。

（2）グラフより，出発して20秒後は，P地点より120mのところにバスはいる。次に，Aさんの速度を求める。

$0\leqq x\leqq20$のとき，バスの式は，$y=\frac{3}{10}x^2$より，

Aさんがバスに追いつかれる15秒後は，$y=\frac{3}{10}\times15^2=\frac{135}{2}=67.5$(m)，

P地点から67.5 mの地点。

Aさんは15秒で67.5m進んでいるので

Aさんの速度は67.5÷15＝4.5　秒速4.5mである。

よって，20秒後にAさんは，20×4.5＝90　P地点から90mのところにいる。

よって，バスとAさんは，120－90＝30m離れている。

（3）BさんがQ地点を出発して10秒後(バスがP地点を出発)のとき，Bさんは，3×10＝30m進んでいるので，バスとBさんの間の距離は，600－30＝570mである。

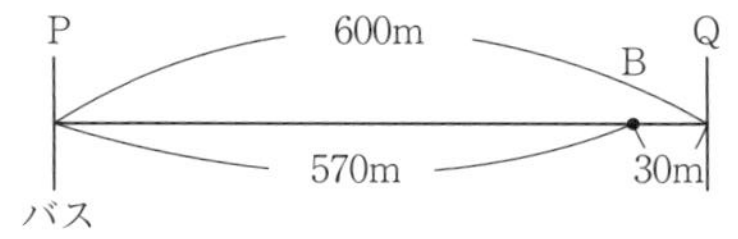

（ⅰ）$0\leqq x\leqq20$のとき，20秒後　それぞれ進んだ距離は，バスは120m，Bさんは，3×20＝60mなので，間の距離は，570－(120＋60)＝390m

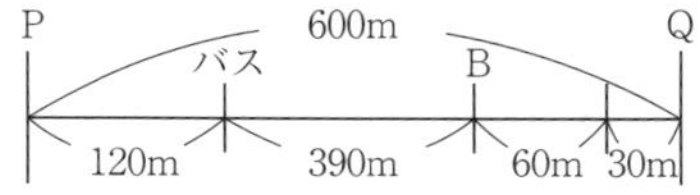

（ⅱ）$20\leqq x\leqq60$のとき，バスの速さは，480÷40＝12m/秒，Bさんの速さは，3m/秒より，1秒間に15mずつ近づくことになる。

よって，すれちがう時間は，390÷15＝26(秒)

これは，バスがP地点を出発して，20＋26＝46秒後のときである。

■平成29年 4

(1) 分速60m (2) 15分36秒後 (3) 1800m

（1）P地点からQ地点までの540mを9分間で歩いているから，

速さ＝540÷9＝60m/分。

（2）

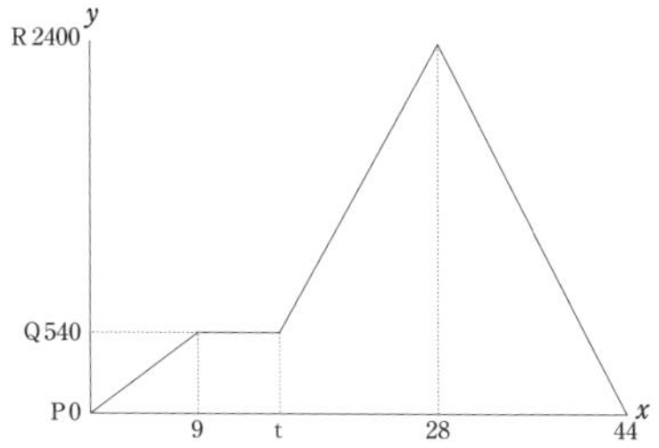

Q地点からR地点に向かって走り始めた時刻を，P地点を出発してからt分後とする。

Q地点からR地点までは，分速150mで走り，1860m離れたR地点まで，$(28-t)$分かかっているので　$150\times(28-t)=1860$が成り立つ。

これを解くと　$4200-150t=1860$

$-150t=-2340$

$t=\frac{234}{15}=\frac{78}{5}=15\frac{3}{5}$(分)

よって，P地点を出発してから15分36（秒）となる。

（3）

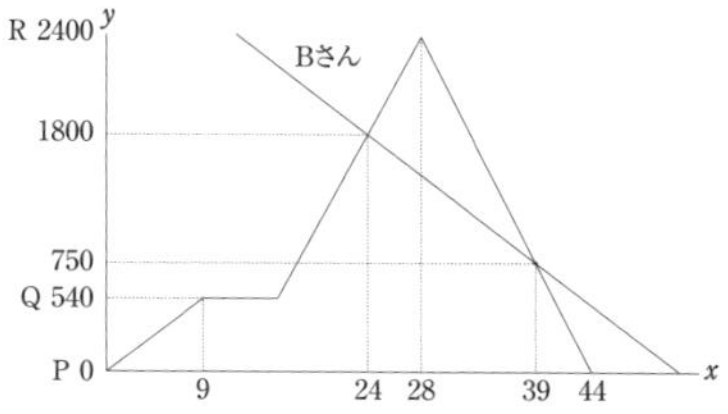

AさんがR地点を出発し、P地点に戻る直線の関数を，$y=ax+b$とする。この直線は，点（28, 2400），点（44, 0）を通るので、代入して、

$\begin{cases}2400=28a+b & —①\\0=44a+b & —②\end{cases}$

①②を解いて，$a=-150$，$b=6600$

よって，$y=-150x+6600$ という関数になる。

B さんは A さんが P 地点を出発してから 39 分後に追いつかれたので，そのときの P 地点からの距離は，$y=-150\times39+6600=750$m

上の図に　B さんが R 地点を出発してから x 分後に P 地点から ym 離れているとするときのグラフを書き入れる。

B さんは，分速 70m で歩いているので，この直線の傾きは，－70 となる。点（39，750）を通るので，$y=mx+n$ に代入して，

$750=-70\times39+b$

$b=3480$

よって，B さんの直線の方程式は，$y=-70x+3480$ となる。—㋐

Q 地点から R 地点に向かって走っている A さんの関数の直線の方程式を $y=cx+d$ とする。この区間 A さんは分速 150m で走っているので，$c=150$ となる。また，点（28，2400）を通るので，$y=cx+d$ に代入して，$2400=150\times28+d$

$2400=4200+d$

$d=-1800$

ゆえに，$y=150x-1800$ となる。—㋑

求めたい交点は㋐と㋑の直線の交点なので，連立方程式で解いて

$\begin{cases} y=-70x+3480 & —㋐ \\ y=150x-1800 & —㋑ \end{cases}$

$-70x+3480=150x-1800$

$-220x=-5280$

$x=24$

㋐に $x=24$ を代入して，$y=-70\times24+3480=1800$m

したがって，A さんと B さんがすれちがった地点は，P 地点から 1800m 離れている。

■平成30年　4

(1) イ　　(2) 毎分 $\frac{3}{2}$ cm

(3)（解答）水そうAと水そうBについて、水そうAに水を入れはじめてからx分後の底から水面までの高さを$y$cmとする。

（例）

$9\leqq x\leqq15$における水そうAについてのグラフは，

傾きが2で，点（9，27）を通る直線なので，

式は，$y=2x+9$　…①

$9\leqq x\leqq15$における水そうBについてのグラフは，

2点（9，30），（15，38）を通る直線になるので，

式は，$y=\frac{4}{3}x+18$　…②

①，②を連立方程式として解くと，

$x=\frac{27}{2}$，$y=36$

$9\leqq x\leqq15$だから，

これは問題にあう。

水そうAに水を入れはじめてから

13 分 30 秒後

（1）図 2 の横軸を x，縦軸を y とおく。Ⓟ管のみを使って水を入れると，水面の高さは毎分 2cm ずつ高くなる。

したがって，$0\leqq x\leqq5$ におけるグラフの傾きは 2 と分かるので，

$y=2x+b$ とおく。

この式に $(x, y)=(5, 13)$ を代入すると，

$13=2\times5+b$　　$b=3$

したがって，$0\leqq x\leqq5$ の直線の式は

$y=2x+3$　となり，

$x=0$ のとき　$y=3$ と分かる。

（2）$5\leqq x\leqq9$ における直線の傾きは，$\frac{27-13}{9-5}=\frac{14}{4}=\frac{7}{2}$

したがってⓅ管分の流量の割合を除けばよいので

$\frac{7}{2}-2=\frac{3}{2}$

■平成31年　4

(1) 1380m　　(2) イ

(3)（解答）（例）

$23\leqq x\leqq29$におけるAさんについてのグラフは，傾きが-90で，点（29，0）を通る。

よって，式は，$y=-90x+2610$　…①

Cさんについてのグラフをかくと，2点（20，630），（30，0）を通る。

よって，式は，$y=-63x+1890$　…②

①，②を連立方程式として解くと，

$x=\frac{80}{3}$，$y=210$

$23\leqq x\leqq29$だから，これは問題にあう。

したがって，CさんがAさんに追いつかれたのは，7時30分から26分40秒後の7時56分40秒である。

CさんがAさんに追いつかれたのは，

7時56分40秒

（1）表から A さんは 1 分間に 80m 進む。

よって，9 分間で $80\times9=720$〔m〕進むので $2100-720=1380$〔m〕

（2）7 時 39 分から 7 時 53 分までの間，A さんは分速 60m，B さんは分速 75m で歩く。したがって B さんのグラフの方が傾きは急になるのでアは不適。B さんはその間で $75\times(23-9)=1050$〔m〕進むので，学校から $1700-1050=650$〔m〕の地点にいる，よってイ。

■令和２年　4

(1) 45分　　(2) ア　2300　　イ　20　　ウ　25

(3)（解答）（例）

$60\leqq x\leqq90$におけるＡプランについてのグラフは，

傾きが30で，点（60，3600）を通る。

よって，式　は，$y=30x+1800$　…①

$60\leqq x\leqq90$におけるＣプランについてのグラフをかくと，

2点（60，3900），（90，4350）を通る。

よって，式は，$y=15x+3000$　…②

①，②を連立方程式として解くと，$x=80$，$y=4200$

$60\leqq x\leqq90$だから，これは問題にあう。

通話時間が **80　分** をこえたときから

（1）図 1 のグラフより，電話料金が 3000 円のときは通話時間は 60 分未満である。よって，$\frac{3000-1200}{40}=45$〔分〕

（2）$x=20$ のとき $y=2300$，$x=60$ のとき $y=3300$ なので，

$\begin{cases} 2300=20a+b \\ 3300=60a+b \end{cases}$

これを解くと $a=25$，$b=1800$，したがって，通話時間が 20 分を超えたとき通話料は 1 分 25 円と分かる。

■令和３年　4

(1)（説明）（例）

$0\leqq x\leqq30$における式は，$y=80x$である。

この式に$x=11$を代入すると，

$y=80\times11=880$で，$880<900$である。

したがって，9時11分に希さんのいる地点は，**ア** である。

(2) A（28，0），B（40，2400）

(3) 10　時　　8　　分　　45　　秒

（2）希さんが図書館を出発した時刻を求める
図書館を出発してから駅に着くまでに要した時間は
$\frac{2400-900}{75}=\frac{1500}{75}=20$〔分〕
よって、9時40分に希さんは図書館を出発したことになる。
また、姉が家を出発してから図書館に着くまでに要した時間は
$\frac{2400}{200}=12$〔分〕であるから、条件より
姉は9時28分に家を出発したことが分かる。
ゆえに、A(28、0)　B（40、2400）

（3）兄は10時5分に家を出発し，10時38分に家に着いたが，駅で15分話をしていたので，家から駅を往復するのに，
10時38分－10時5分－15分＝18分　かかったことになる。
したがって，兄の速さは900×2÷18＝分速100 m。
図より、$60 \leqq x \leqq 75$で希さんと兄はすれちがうので，
このときの希さんの直線の式を$y=ax+b$とおくと，(60, 900)，(75, 0)を代入して連立方程式を解くと，$y=-60x+4500$　…①
また，兄の直線の式を$y=ax+b$とおくと，分速100mより，$a=100$。
$y=100x+b$に(65, 0)を代入すると，$b=-6500$より，
$y=100x-6500$　…②
①，②の連立方程式を解くと，$x=68\frac{3}{4}$より
10時8分45秒

■令和4年　4

(1) 750 mL
(2) $-700x+4600$
(3) 午後6時24分

（1）正午から午後1時30分までの間は加湿の強さは「中」なので、表より、1時間あたりの水の消費量は500mLであることがわかる。よって、減った水の量は、500×1.5＝750mL

（2）
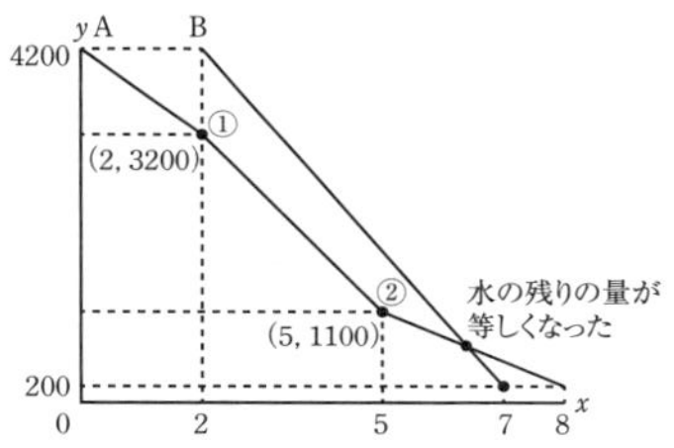

グラフ中の①の座標を求める。
$0 \leqq x \leqq 2$のとき、加湿の強さは「中」なので、2時間で水の量は500×2＝1000 mL減る。よって、水の量は4200－1000＝3200 mL なので、①の座標は(2, 3200)
$2 \leqq x \leqq 5$のときの式を$y=-700x+b$とおくと、(2, 3200)を代入して、
$3200=-700\times2+b$、$b=4600$より、$y=-700x+4600$

（3）上の図にBのグラフを書き入れてみると、$5 \leqq x \leqq 8$のときに水の残りの量が等しくなることがわかる。したがって、Aの$5 \leqq x \leqq 8$における直線とBの直線の交点を求めればよい。
・Aの$5 \leqq x \leqq 8$における直線
まず②の座標を求める。(2)で求めた$y=-700x+4600$に$x=5$を代入すると、$y=-700\times5+4600=1100$より、②の座標は（5, 1100）したがって、$5 \leqq x \leqq 8$における直線の式を
$y=-300x+b$とおくと、（5, 1100）を代入して、
$1100=-300\times5+b$、$b=2600$より
$y=-300x+2600$
・Bの直線
$y=ax+b$とおいて、(2, 4200)、(7, 200)を代入して
連立方程式を解くと、$a=-800$、
$b=5800$より、$y=-800+5800$
よって、$\begin{cases} y=-300x+2600 \\ y=-800x+5800 \end{cases}$の連立方程式を解くと、$x=\frac{32}{5}$は、6時24分

■令和5年　4

(1) ウ　(2) 4秒後
(3) ㋣ $\frac{80}{3}$　① ア　② エ

（1）傾き＝$\frac{y\text{の増加量}}{x\text{の増加量}}=\frac{\text{道のり}}{\text{時間}}$＝速さ　より，6秒後までの平均の速さとなる。

（2）バスについてのグラフは，$y=\frac{1}{4}x^2$より　100m離れたQ地点を通過するのは，$y=100$を代入して，$100=\frac{1}{4}x^2$　$x^2=400$，$x>0$　より，$x=$20秒後
自転車についてのグラフは図より原点を通り，傾き$\frac{25}{4}$の直線なので，
$y=\frac{25}{4}x$
したがって，100m離れたQ地点を通過するのは，$y=100$を代入して，
$100=\frac{25}{4}x$，$x=16$秒後
よって，バスがQ地点を通過するのは，自転車が通過してから4秒後。

（3）タクシーのグラフをまず求める。秒速10mより傾きが10で，10秒後にP地点を通過することから，$y=10x+b$に(10, 0)を代入して，$b=-100$より，$y=10x-100$
したがって，タクシーが自転車に追いつくのは，$y=10x-100$と$y=\frac{25}{4}x$の交点を求めればよいから，連立方程式を解いて$x=\frac{80}{3}$秒後。
よって，$\frac{80}{3}>\frac{75}{3}$なので，タクシーはバスより先に自転車に追いつくことができない。

英　語　解答・解説

〈選択問題〉

■平成27年 ［1］

1，エ　2，エ　3，イ　4，ア

1　A：買い物に行きましょう。
B：10分待っていただけますか？
A：［　　］待ちましょう。
ア．私は暇じゃありません。　イ．残念ですができません。
ウ．いいえ，結構です。　エ．大丈夫です。
⇒Aは了承しているので、エが正しい。

2　A：君の助けが必要なんだ。私はたくさんの本を運ばなければいけない。
B：いいですよ、ブラウン先生。［　　］
A：君の教室だよ、ありがとう。
ア．何を運ぶか私に教えましたか？
イ．何冊の本を運ばなければいけませんか？
ウ．どうやって運ぶか私に教えてください。
エ．どこに運ぶか私に教えてください。
⇒Aが「君の教室」と答えているので、Bは場所を尋ねていると考えられる。

3　A：昨晩サッカーの試合を見た？
B：ええと、見たかったけど見られなかったんだ。
A：［　　］
B：病気だったからベッドで寝ていたんだ。
ア．君が見ていて僕は嬉しいよ。
イ．君は何をしていたの？
ウ．なぜ君はそれを見ていたの？
エ．僕は君と一緒に試合を楽しんだよ。
⇒会話の内容から、Aは何をしていたか尋ねたと考えられる。

4　A：お手伝いしましょうか？
B：はい。兄弟のためのTシャツを探しています。
A：［　　］
B：ええと、彼はあなたより少し小さいです。
ア．彼のサイズを伺ってもいいですか？
イ．他に何か買いましたか？
ウ．今どのサイズを着ていますか？
エ．Tシャツは何枚必要ですか？
⇒Bは最後に兄弟のサイズを答えているので、それを尋ねているものを選ぶ。

■平成28年 ［1］

1，イ　2，エ　3，ウ　4，ア

1　A：この週末は何をするつもりですか。
B：弟とテニスをするつもりです。［　　］。
A：ありがとう。そうしたいです。
ア　あなたはテニスが上手ですか。
イ　あなたは来たいですか。
ウ　彼は私よりもテニスが上手です。
エ　勝ちたいです。
⇒Bの発言を受けてAがお礼を言っているので、テニスに誘っているイが適当。

2　A：新しいハンバーガー屋さんに今まで行ったことがありますか。
B：はい。そこのハンバーガーはとても美味しかったです。あなたはどうですか。
A：そこはまだ行ったことがありません。［　　］待ちきれません。
ア　新しいお店とは知りませんでした。
イ　先週そこで家族とハンバーガーを食べました。
ウ　ハンバーガーはあまり好きではありません。
エ　来週日曜に妹とそこに行く予定です。
⇒空欄直前の発言からAはまだハンバーガー屋に行っていないことがわかる。また、空欄直後に待ちきれないと発言しているので行く予定があるとわかるのでエが正解。
【have been to ～】「～に行ったことがある」

3　A：ケンジ、私は夕食を作るつもりです。手伝ってくれますか。
B：もちろん。何をすべきですか。
A：トマトを切って下さい。
B：［　　］どう切ったらいいですか。
ア　気を付けてね。
イ　ごめんなさい、今暇ではありません。
ウ　勿論、できます。
エ　手伝ってくれてありがとう。
⇒Aからお願いされて、Bは空欄の直後で切り方を尋ねているので、切ることを承知していることがわかる。

4　A：やあ、メアリー。明日君の家に明日行ってもいいかな。
B：それはいい考えね。電車で来るつもり？
A：うん。ミナミ駅から君の家までの行き方を教えて下さい。
B：［　　］私の家はそれの隣です。
ア　駅前に銀行が見えます。
イ　そこでバスに乗らなくてはいけません。
ウ　私にはあなたにそれを説明することが難しいです。
エ　それは駅の近くではありません。
⇒空欄直後にBが家は「それ」の隣と発言している。「それ」にあたるものが空欄の発言に含まれているものを探す。よって、答えはアで、「それ」は銀行のことである。ウの「それ」は行き方のことなので不適当。エの「それ」はメアリーの家のことなので、後の文につながらない。

■平成29年 ［1］

A，エ　B，ウ　C，イ　D，エ

1
Keita：私は今週末サッカーの試合を観に行くつもりです。私と一緒に来ませんか？
Rob：もちろん。私はサッカーが大好きです。［A］
Keita：それなら早めにスタジアムに行きましょう。

A
ア　試合は何時に始まりますか？
イ　しかし私はあなたと参加する時間がないでしょう。
ウ　テレビで試合を観るのはどうですか？
エ　私は良い席から試合を観たいです。

［A］の発言の直後に着目。早めにスタジアムに行く理由を［A］に入れれば良い。

2
Student：私のスピーチはどうでしたか？
Teacher：とても良かったよ。あなたはとても上手に英語を話します。
Student：私はより上手に英語を話したいです。英語を話す練習の仕方を私に教えていただきませんか？
Teacher：［B］あなたはそうすることでより上手に英語を話すことができます。

B
ア　ごめんなさい。私は良い考えが全くありません。
イ　私はあなたが今日とても忙しいということを知っていました。
ウ　英語の授業でそれを使い続けなさい。
エ　私は今あなたの質問に答えることができません。

［B］の後の発言に着目。「そうすることで英語を話すのが上手くなる」と先生が発言しているので英語を上手く話せるようになる方法を教えたことが分かる。

3
Yumi：おー、このパンはとても美味しいです。
Mr.Brown：もっといかがですか？
Yumi：［C］
Mr.Brown：私がそうしました。私はしばしば朝食にパンを作ります。普段朝食に何を食べますか？
Yumi：［D］
Mr.Brown：それはあなたの健康にとって良くありません。あなたは何か食べるべきです。

C
ア　それはいいですね。これをどのように作りましたか？
イ　はい、お願いします。だれがこれを作りましたか？
ウ　私はお腹すきました。これをどこで買いましたか？
エ　どういたしまして。これを作りましたか？

D
ア　私は毎日味噌汁とご飯を食べています。
イ　私は毎朝バナナだけしか食べていません。
ウ　私は遅く起きて、すばやくパンを食べます。
エ　私は朝何も食べません。

［C］…Mr. Brownからパンを勧められているので、それに答えるような英文を入れれば良い。また、［C］の後のMr. Brownの発言「I did.」と答えているのでその答えに合うようなイが正しくなる。

［D］…［D］の発言の後に着目する。Mr. Brownが「あなたは何か食べるべきです。」と発言していることから、Yumiは何も食べていないことが分かる。

■平成30年 1

A, ア　B, エ　C, イ　D, ウ

1
母：私たちはミカとレストランで会う予定です。準備はいいですか？
娘：いいえ、いけません。私は何を着ていくべきか決めることが出来ません。
母：[A]。私たちは11時に家を出なければいけません。

A
ア　ええと、遅れてはいけません。
イ　彼女は来ないでしょう。
ウ　私もそう思います。
エ　どういたしまして。

[A]の後の発言に注目する。母が急いでいる様子がわかる。

2
父：ジェニファーの赤ちゃんが昨晩生まれました。
息子：私のおばのジェニファーの赤ちゃんですか。それはいいですね。
父：[B]
息子：私は本当にそうする。私は今度の土曜日に行くことが出来ます。

E
ア　赤ちゃんのために何をするつもりですか。
イ　彼らはどのように家に帰るのでしょうか。
ウ　このことについて知ってましたか。
エ　病院に赤ちゃんを見に行きたいですか。

[B]の後の発言に注目する。息子が「そうしたい」と言っているので、父は何かを提案していることがわかる。

3
エミ：休みのとき、何をすることが好きですか、スミス先生。
スミス先生：私は有名な場所に訪れることが好きです。
エミ：[C]
スミス先生：私は去年松山城を見るために愛媛に行きました。松山城は美しかったです。あなたが休みのときは何をすることが楽しいですか、エミ。
エミ：[D]
スミス先生：もちろんです。それらは私の国でもとても人気です。

C
ア　私もです。そこで誰と会いましたか。
イ　それはいいですね。日本内ではどこに行きましたか。
ウ　そこには初めて訪れましたか。
エ　あなたにそこのいくつかの写真を見せてもいいですか。

D
ア　夏休みの間です。あなたはいつそこに訪れる予定ですか。
イ　理科の本を読むことです。あなたはどんな種類の本が好きですか。
ウ　映画を見ることです。日本の映画は好きですか。
エ　友達とです。あなたはよく友達と遊びに行きますか。

[C]…後の発言に注目する。具体的に「愛媛に行った」と言っているので、どこに行ったかを聞く文章を選べばよい。

[D]…スミス先生の最後のセリフに注目する。「もちろん」と言っているので、“Do you ～ ?”で始まる疑問文であることが分かる。また、「それらは私の国でもとても人気です。」に合うような内容を選べばよい。

■平成31年 1

A, イ　B, エ　C, エ　D, ウ

1
サトシ：元日は何をしますか、ボブ？
ボブ：まだ決めていません。[A]
サトシ：たくさんの人が、おせちと呼ばれる特別な料理を食べます。

A
ア　私が去年何をしたか知っていますか。
イ　日本人が普段何をしているか知っていますか。
ウ　あなたは毎年どこに行きますか？
エ　私の家に来たいですか？

サトシは「たくさんの人」がすることを答えているので、日本人がすることを答えている**イ**が正解。

2
メグミ：もうそろそろ昼食の時間ですね。お腹がすきました。
ルーシー：あなたは何か食べたいものがありますか？
メグミ：[B]
ルーシー：そうですね。駅の近くのお店で買いましょう。

B
ア　私はそこへ行ったことがありません。
イ　私は食べたくありません。
ウ　私は家で食べないといけません。
エ　私はサンドウィッチが好きです。

メグミはお腹がすいていて、ルーシーは何が食べたいか聞いているので、食べたいものを答えている**エ**が正解。

3
祖父：先週の日曜日何をしたんだい？
エディ：[C]
祖父：なんてことだ！私が教えられるのに。今度の土曜日に釣りに行かないかい？
エディ：教えてくれるのですか？いつ釣りをし始めたのですか？
祖父：[D]そのときから何年間も釣りをすることを楽しんでいるよ。
エディ：ほんとに！私も釣りを楽しみたいです。

C
ア　プールに泳ぎに行きました。
イ　今度の土曜日に釣りに行きます。
ウ　友達に会って、楽しい時間を過ごしました。
エ　釣りに行きましたが、何も釣れなかったです。

日曜日にしたことを聞かれており、祖父が釣りに誘っていることから、釣りに行ったと答えている**エ**が正解。

D
ア　40年間だが、去年行くのを止めたよ。
イ　一度もしたことがないけど、今やり始めたいと思っているんだ。
ウ　子供の時に父親から学んだんだ。
エ　数回したけど、すぐにもう一回しようと思っているよ。

Dの発言のあとに「そのときから」とあるので、いつから始めたのかが書かれている**ウ**が正解。

■令和2年 1

A, イ　B, エ　C, ア　D, エ

1
母：ケイト、私はあなたの帽子をあなたの机の下で見つけました。
ケイト：ありがとう、お母さん。私は今日それを学校にかぶっていかなければなりません。[A]
母：机の上です。あなたは、今カバンの中にそれを入れるべきです。

A
ア　あなたはそれをどこで見つけましたか。
イ　今それはどこにありますか。
ウ　あなたは何を見ましたか。
エ　私は何を持ってくるべきですか。

母が「机の上です」と答えていることから「where」で始まっているものを選ばないといけないが、見つけたのは机の下なので、答えはイ。

2
エミリー：すいません。ここは私の席だと思います。
男：本当ですか。あなたの席番号は何番ですか。
エミリー：それは２５です、そしてこの席は２５です。
男：おお、ごめんなさい。[B]私は移動します。

B
ア　次の電車で席を見つけてください。
イ　あなたの席はこの席の後ろです。
ウ　一緒にあなたの席を見つけましょう。
エ　私の席はあなたの席の前です。

男が謝って移動しようとしていることから、自分の席が間違っていたことがわかる。

3
父：あなたの友達のメアリーはいつ私たちの家に来る予定ですか。
サラ：[C]
父：その日、私たちはおばあちゃんの家を訪問するつもりです。だから次の日が良いでしょう。メアリーに伝えておいてください。
サラ：わかりました。おばあちゃんの家で、おばあちゃんと一緒にメアリーのために何か食べ物を作ってもいいですか。
父：それは良い考えですね。アップルパイはどうですか。[D]
サラ：すばらしいですね！私に教えてくれるように彼女にお願いしましょう。

C
ア　来週の日曜日に来たいと彼女は言っていました。
イ　昨日暇だったと彼女は言っていました。
ウ　彼女は来月とても忙しいでしょう。
エ　彼女は来週祖母の家に来るつもりです。

直前で父はメアリーがいつ家に来るのか聞いている。

D
ア　メアリーはあなたのためにそれらを作るつもりです。
イ　祖母はそれらを作ったことは一度もありません。
ウ　私たちは彼女がそれらを食べることを好きだと思いません。
エ　私は若い時、彼女のアップルパイが好きでした。

直後にサラがおばあちゃんにアップルパイの作り方を習いたいと言っていることから判断する。

■令和3年 1

A, イ　B, エ　C, イ　D, ア

1
コウジ：すみません。昨夜あなたに電話することができませんでした。
エイミー：[A]
コウジ：えぇと、母の具合が悪くて、彼女を手伝わなければいけなかったんだ。
エイミー：本当？大丈夫だといいんだけど。

A
ア　電話しましたか？
イ　忙しかったですか？
ウ　いつ私を訪ねましたか？
エ　どこでお母さんを手伝いましたか？
⇒直後の発言でコウジが理由を説明しているので、「忙しかったですか？」と聞いているイが正解。

2
カナコ：お母さん、お母さんの傘使ってもいい？
母：あなたの傘はどこなの？
カナコ：みつけることができなくて、もう学校に行かなくちゃならないの。
母：[B]
カナコ：ありがとう、家に帰ったらもう一度探してみる。

B
ア　仕事にあなたの傘を持っていかなければなりません。
イ　あなたがそれを私にくれたので私はあなたの傘を使うことができます。
ウ　あなたは今日学校に行くことができません。
エ　私は2つ傘を持っています、だから今日はこの傘を持っていきなさい。
⇒その直後にありがとうと言っているので、傘を使っていいと言っているエが正解。

3
タケシ：来週の理科の授業の宿題終わった？
ナンシー：えぇ、私は森林の過伐採について書きました。あなたは？
タケシ：[C]私は海のごみについて書くつもりです。
ナンシー：いい考えですね！海のごみは海の生き物たちに良くないです。
タケシ：その通り。私は彼らを救いたいです。[D]授業の前にアイディアが必要です。
ナンシー：もちろん。

C
ア　私はその授業の宿題はありません。
イ　まだやっていません。
ウ　先週書きました。
エ　私はすぐにあなたの宿題をやるつもりです。
⇒直後のタケシの発言で海のごみについて書くつもりとあるので、まだやっていないとするイが正解。

D
ア　それをするためのいくつかの方法について私と話してください。
イ　授業であなたの考えを教えてください。
ウ　授業の後にその動物たちを見せてください。
エ　森林の過伐採について私に聞いてください。
⇒直後の発言でタケシが授業の前にアイディアが必要と言っているので授業で教えてくださいとするイや、授業の後の話をしているウは不適。また、アイディアが必要なのはタケシなので、エも不適。海の動物を救う方法を一緒に話したいとするアが正解。

■令和4年 1

A, ア　B, イ　C, エ　D, ア

1
Fumiko：Jones さん、今日　大きなニュースがありました。シェリーについて聞きましたか？
Mr. Jones：シェリーについての大きなニュースですか？[A]
Fumiko：彼女は今秋、カナダに帰ることを決めました。私は悲しいです。
Mr. Jones：オー。それは知りませんでした。

A
ア　どういう意味ですか？
イ　いつそのニュースを受け取りますか？
ウ　はい。どうぞ。
エ　あなたは、勿論です。
Jones さんはそのニュースを全く知らなかったのだからアの「どういう意味ですか」が正解。

2
Ken：明日、一緒に買い物に行けません。日にちを変更しましょうか？
Daniel：いいですよ。いつが良いですか？
Ken：[B]
Daniel：ええ、その日の午前中は部活動があるので良いですね。
Ken：有難う、Daniel。

B
ア　土曜日の天気はどうでしょう？
イ　次の土曜日の午後はどうでしょう？
ウ　土曜日の午前中は忙しいです。
エ　土曜日は勉強に最適だと思います。
いつが良いかという質問に対しての返答であるからイが正解である。ウもつじつまは合うがあくまでも質問は「いつが良いですか」ということに注目する。

3
Satoru：ハイ、Kacy.. 来週のピアノコンテストで演奏予定ですか？
Kacy：ええ。その予定です。どうしてその事を知っているのですか？
Satoru：[C]彼女はその時に私に言いました。緊張してますか？
Kacy：一ヶ月前はそうでした。しかし今はホールで皆の前で演奏するのを楽しみにしています。
Satoru：ワォ！[D]何故その様な考え方が出来るのですか？
Kacy：何回も練習したからです。今は良い演奏が出来ると信じています。
Satoru：素晴らしい。

C
ア　私の妹はコンテストの事を知りませんでした。
イ　ピアノの弾き方を知りません。
ウ　あなたの姉(妹)は明日、私の家に来ます。
エ　昨日あなたの姉(妹)と会いました。
「何故コンテストがある事を知っているのか」聞いていて、「彼女がその時に言った」という会話なので「昨日あなたの姉(妹)と会った」と言っているエが正解である。

D
ア　もし私があなたなら、その様な考えは出来ないでしょう。
イ　あなたはまだ緊張しているのを知っています。
ウ　あなたは考え過ぎです。
エ　あなたがそのコンテストに参加できればいいのに。
空欄の直後に「何故その様な考え方が出来るのですか？」と聞いているのでアの「もし私があなたなら、その様な考えは出来ないでしょう。」が正解。

■令和5年 1

A, イ　B, エ　C, ア　D, ウ

1
ジョン：来週あなたはテレビでラグビーの試合を観る予定ですか？
タクミ：おお、日本代表の試合ですか？
ジョン：はい。あなたはそれを観るべきです！[A]
タクミ：私の家で一緒に観ませんか？

A
ア　私はすでにその試合を観ました。
イ　その試合はわくわくするものになるだろうと私は思います。
ウ　私はその試合でラグビーをするつもりです。
エ　私はあなたにその試合に勝って欲しかったです。

2
母：トム！これらのバッグを運ぶのを手伝ってください。
トム：わかりました。あなたは今日たくさんの食べ物を買ったのですね。
母：はい。明日のあなたのパーティのためです。エミリーはどこですか？
トム：彼女は自分の部屋にいます。[B]
母：おお、彼女はその本にとても興味があるのですね。

B
ア　彼女は何度もパーティに行ったことがあります。
イ　彼女はそこで読む本はありません。
ウ　彼女は店でもっとたくさんの食べ物を買う必要があります。
エ　彼女は3時間本を読んでいます。

3
クミ：ベック先生、私の課題のために質問があります。あなたは毎日自分の健康のために何かしていますか？
ベック先生：私は毎朝 50 分走っています。
クミ：大変そうですね。[C]
ベック先生：はい。私は気分も良く、良く眠ることができます。
クミ：あなたはどのようにそれをすることを続けていますか？
ベック先生：[D]だから、私は走る時、何か新しいものを見ることができます。
クミ：とても素晴らしいですね！時間を取ってくださってありがとうございます、ベック先生。

C
ア　あなたにとって走ることに何か良い点はありますか？
イ　あなたにとって走ることは難しいですか？
ウ　あなたが走る時に何か問題はありますか？
エ　あなたは将来走ることを止めたいですか？

D
ア　私の課題にとって走ることは良い話題です。
イ　朝走ることは私にとって退屈です。
ウ　私は毎日違うランニングコースを選びます。
エ　私は朝走った後に疲れを感じます。

〈対話文〉

■平成27年　2

問1. ① have wanted one for　② standing in front of
問2. (例) How about going to （４語）
問3. 1 (例) told　2 (例) as
問4. (例) (You should) always love your dog.　（６語）

問１　①　【主語＋have＋過去分詞】で現在完了の文にする。
　②　【in front of ～】「～の前に」
問２　【How *about* ～ ing】「～するのはどうですか？」を使う。
問３　＜由貴の日記の訳＞

> 今日、私はジョーンズ先生と健太と一緒にペットについて話しました。ジョーンズ先生は私達に動物保護施設について（１）してくれました。夕食後、私は家族に言いました。「施設でイヌをもらいたいの。」家族は言いました。「それはいい考えね。」私達はイヌを見つけるために施設を訪れることを決めました。親友（２）一緒に暮らせることを望んでいます。

(1)　は「話す」の tell を過去形にする。
(2)　は「～として」の *as* を入れる。
問４　健太の６つ目の発言中に、動物を飼うときに大切なことが書かれているので、それを使って答える。

ジョーンズ先生：やあ、由貴と健太。
健太：こんにちは、ジョーンズ先生。
由貴：こんにちは、ジョーンズ先生。
ジョーンズ先生：今週末は何をするつもりかい？
健太：イヌと一緒にアサヒ公園に行く予定です。僕は毎週末イヌとそこに行きます。
由貴：へーそうなの？私はイヌを買いに家族とペットショップを訪れる予定よ。ずっとイヌを飼いたいと思ってたの。
健太：僕はイヌが大好きなんだ。ペットを飼っていますか、ジョーンズ先生？
ジョーンズ先生：うん、僕はネコを飼ってるよ。動物保護施設でもらったんだ。
健太：動物保護施設？
ジョーンズ先生：その通り。飼い主のいない動物のための家なんだ。実際に動物の中には飼い主に捨てられるものもいたんだ。
由貴：本当ですか？そんな飼い主にはなりたくないわ。
健太：どうして動物保護施設でネコをもらったんですか？
ジョーンズ先生：友達の一人から施設について聞いて興味をもったんだ。それから動物保護施設を訪れたら、おりの中にいる飼い主のいない動物をたくさん見たよ。おりの前に立っているボランティアが「彼らには新しい飼い主が必要なんだ」と言ってたよ。それで施設からネコをもらったんだ。
健太：そうですか。愛をもってペットの世話をすることは大切ですね。
由貴：そう思います。全てのペットが親切な飼い主と一緒に幸せになるといいですね。
ジョーンズ先生：僕のネコは今や家族にとって宝物だよ。動物保護施設に［　　　　］？
由貴：今晩それについて家族と話すつもりです。そこでイヌをもらって一緒に暮らしたいです。私の親友になってくれるといいです。

■平成28年　2

問1. ① clean their schools like　② tells us to make
問2. (例) How long do (3語)
問3. 1 first　2 (例) when
問4. (例) (We can) feel good in clean places. (7語)

問１　①　ここでは like を動詞ではなく「～と同じように」という意味の前置詞で使っている。
　②　【tell 人 to 動詞の原形】で「人に～するように言う。」という熟語。文整序問題ではよく出るので要注意。
問２　二重傍線部の質問の後に【For three days】「三日間」と期間を答えているので「どのくらい」という期間を尋ねる単語を入れる。

問３　友哉の日記の訳

> 今日僕は美幸とデイビス先生と掃除について話をしました。世界には掃除について色々な考えを持った人がいます。私は初めて(1)それを聞いて、驚きました。
> 僕はあまり掃除が好きではありませんが、私たちにとって大切だとは思います。教室がきれいな時は(2)私たちにとって勉強に集中することはより簡単です。私たちが使う場所を掃除することは私たちの感謝を示すことも意味します。

(1)　友哉の４番目の発言で、【I didn't know that】「それは知らなかった」と言っている。なので、この文では「初めて聞いた」という文を作る。【for the first time】「初めて」
(2)　空欄のあとに文が続くので、接続詞を考える。
問４　［掃除の良い点は何ですか。］という質問なので、美幸の３番目の発言にある「Many Japanese people think cleaning has some good points.」より後ろから適当な部分をまとめる。

デイビス先生：おや、教室がとてもきれいですね。一生懸命やってくれたね。掃除は好きですか、友哉。
友哉：ええと、正直にいうとあまり好きではありません、でも毎日一生懸命掃除をします。君はどう、美幸。
美幸：私は好きです。きれいな教室で勉強に集中するほうが私には簡単です。だから私は自分たちの教室を自分たちで掃除をするべきです。
友哉：賛成です。掃除は好きですか、デイビス先生。
デイビス先生：はい、好きです。でも私の国では生徒達は教室を掃除しません。
友哉：本当に？なぜですか？
デイビス先生：どの学校にも仕事として教室を掃除する人がいるからです。
美幸：仕事として？わー、他の国々の学校ではどうなのでしょう。
デイビス先生：いくつかの国ではあなた達のように生徒が自分の学校を掃除します。世界中には掃除についていろいろな考えを持った人々がいます。
友哉：それは知らなかった。面白いですね。
美幸：多くの日本人が掃除はいくつかのよい点があると考えています。私の剣道部の顧問の先生は人として自分自身が強くならなくてはいけないといつも私たちに言っています。彼は掃除もそうした強くなる方法の１つだと言っています。
デイビス先生：今なぜ剣道場がいつもきれいなのか分かりました。
美幸：私たちは私たちの感謝の気持ちを示すために私たちが使う場所をいつもきれいにします。例えば、毎年卒業式の前には私たちは特別な掃除をします。
友哉：そうだね。僕たちはみんな一生懸命掃除するね。
デイビス先生：それは素晴らしい。いつも［どのくらい］それをしますか。
美幸：三日間です。
デイビス先生：じゃあ、今年は私も参加しましょう。
友哉：ありがとうございます。嬉しいです。

■平成29年　2

問1. (例) Which class do you like（５語）
問2. ① many things I need　② your own way to
問3. 1 (例) abroad　2 (例) stop
問4. (例)　Do you enjoy working in Japan?（６語）

問１　二重傍線部の直後に華が「理科です」と答えているので、「何の授業が好きですか？」や「どの授業が好きですか？」と言った英文を作る。
問２　①【There are(is) + 名詞】で「～がある、～がいる」という意味になる。また、many things を関係代名詞 that の省略した形で修飾する。
　②【one's own way】で「自分自身の方法 (やり方) で」という意味になる。one's には人称代名詞の所有格を入れる。
問３

> 今日、ハワイのレストランで料理人をしているジョンソンさんが私たちの授業に来ました。私たちは彼女と私たちの夢について話をしました。私は映画監督になりたいと思っていて、将来的には(１)に行きたいです。今、彼女はハワイの文化についてより多くの日本の人たちに話したいと思っています。彼女の夢は実現していますが、彼女は学ぶことを(２)。私は他の人のために働くことは重要であるということを学びました。

（１）には、本文より光司は、外国で働きたいことが読みとれる。「外国で」という意味の１語の単語を考えて書けば良い。
（２）には、本文よりジョンソンさんは夢を叶えたが、まだ学び続けていることが読みとれる。doesn't　の後なので１語の単語は動詞の原形である。その判断ができると文脈判断で動詞の原形を考えて書けば良い。

Koji：ジョンソンさん、いくつか質問してもいいですか？
Ms. Johnson：ええ、もちろん。
Hana：なぜあなたはハワイ料理のレストランの料理人になりたかったのですか？またなぜ日本で働きたかったのですか？
Ms. Johnson：外国でレストランを持つということが私の夢でした。私が学生だった時、調理実習がとても好きでした。□華？
Hana：理科です。私は将来技術者になりたいです。
Koji：すばらしいね。私は美術の授業が好きです。私は映画監督になりたいです、そしてあなたのように外国で働きたいです。
Ms. Johnson：おー！いいね。私は日本の映画が好きです。
Hana：あなたは料理人になるために何をしましたか？
Ms. Johnson：私はハワイ料理の作り方を学び、それらの歴史を勉強しました。そして、今でも学んでいます。①私が学ぶ必要のある多くのことがあります。
Koji：本当ですか？しかし、あなたの夢はすでに叶っていますよね？
Ms. Johnson：はい、しかし私の夢は続いています。私は美味しいハワイ料理を作ることでハワイの文化についてもっと多くの日本人に伝えたいです。
Hana：今、私は納得しました。仕事を手に入れることがあなたのゴールではないのですね。
Ms. Johnson：その通りです。
Koji：私の父は農業経営者で、彼は果物についてもっと学ぶために一生懸命勉強しました。彼は人々にとってより良い果物を育てたいのです。
Ms. Johnson：それはすばらしいね。他の人たちのために働くことは全ての仕事において重要なことです。②あなたは仕事を通して他の人たちのために何かするための、あなた自身の方法を見つけることができます。
Hana：私はそうすることができればいいなと思っています。
Koji：私もです。私たちは今日あなたからたくさんのことを学びました。ありがとうございます、ジョンソンさん。

■平成30年　2

問1.　① is one of the　② glad you'll take part
問2.　（例）your idea（２語）
問3.　(1) good points　(2) エ

ベイカー先生　：やあ、和真と智美。何を話しているのですか。
和真：10月の英語プレゼンテーションコンテストについてです。
智美：これを見てください。
ベイカー先生：おお、面白そうですね。あなたたちもそれに参加する予定ですか。
和真：ええと、私はプレゼンテーションをすることは好きなのですが、英語を使うのが難しいです。
智美：あなたは総合的な学習の時間の授業でよいプレゼンテーションをしていました。
和真：ありがとう。でもそれは日本語でした。
ベイカー先生：あなたのプレゼンテーションを聞いてみたいです。何について話したのですか。
和真：自分の街について話しました。それはたくさんよい点があります。①それを守ることは私たちが街のためにできる最もよいことの一つです。
智美：プレゼンテーション中、あなたは「私たちは自分たちの街についてもっと学ぶべきです。」と言っていました。それはいい考えです。先週、私たちの街の祭りでオーストラリアから来た留学生が私におみこしについて尋ねました。しかし私は伝統についてよく知らなかったので、答えられませんでした。
和真：それらについてもっと学ぶことによって、私たちは自分の町のよいところを人々に伝えることが出来ます。
ベイカー先生：それはとてもいい考えだね。あなたはそのコンテストでそのことを多くの人々に英語で伝えることが出来ます。
和真：でも私の英語は良くないです。
智美：あなたの英語はもちろん大事ですが、コンテストは英語についてだけではありません。
ベイカー先生：そのとおりです。和真、□を共有することのほうがもっと重要です。そのコンテストはあなたにプレゼンテーションで多くの人とそれを共有する機会を与えています。
和真：はい、わかりました。やってみようと決めました。
智美：いいね！　②私はあなたがコンテストに参加することが嬉しいです。
ベイカー先生：あなたはうまくやることができると私は信じています。あなたは英語でのプレゼンテーションの練習をする時間がたくさんあります。私はあなたの手助けをしますよ！
和真：ありがとう。全力を尽くしてみます！　もっと多くの人が自分たちの街に興味を持つだろうと私は望んでいる。

問１　①“one of 名詞の複数形”で「～の一つ」という意味になる。よく最上級と一緒に用いられる。

②“be grad that ～”で「～することは嬉しい」という意味になる。ここでは接続詞の that が省略されている。“take part in ～”で「～に参加する」という意味になる。

問２　□の直後が“share”であり、その後の文にも“share it”とあるので、□はプレゼンテーションの発表内容を指していることが分かる。

問３　（原稿の訳）

> 私たちは自分の街の未来のために何をするべきでしょうか。私は２つあると思います。

> １つ目は自分の街についてもっと学ぶべきです。私たちの街はたくさんのよいところがあります。たとえば、いくつかのよい伝統です。

> ２つ目として、私たちは[　　　　]べきです。そのとき私たちはお互いからたくさんの新しい考えを手に入れることができます。あれは私たちの未来をより良くするでしょう。

（１）傍線部①のあとから、ベイカー先生の発言までに注目する。智美が具体例として「街の伝統」について挙げているので、このあたりに答えがあると予想できる。
（２）ア　私たちの伝統は素晴らしいと思う
　イ　他の人を手助けするために上手に英語を話す
　ウ　おみこしの作り方を理解する
　エ　自分の街についてもっと多くの人と話す
　３枚目のスライドの[　　　　]の直後の文章に注目すればよい。

■平成31年　2

問1.　① know what it was　② us after I went
問2.　(1) used　(2) ウ
問3.　（例１）（Because）it is delicious.（4語）
　（例２）（Because）it is easy to enjoy it.（7語）

スミス先生：こんにちは、康平、仁美。
康平：こんにちは、スミス先生。
仁美：こんにちは。週末はどう過ごしましたか、スミス先生。
スミス先生：私は昼食を食べるために古民家カフェを訪れました。
康平：古民家カフェとは何ですか。
スミス先生：伝統的な日本家屋の中にあるカフェです。写真を見せましょう。
康平：これは公園の近くにある古い家ですか？①私はそれが何なのかわかりませんでした。
仁美：おぉ、私はこのカフェ知っていますよ。おばあちゃんと行きました。
スミス先生：その家は古いように見えるけれども、内部はおしゃれです。リラックスできる空間ですよ。
仁美：私のおばあちゃんはと私は、そこで抹茶パフェを食べました。彼女は抹茶が大好きですが、抹茶パフェは初めてでした。
康平：それは興味深いですね。私は抹茶チョコレートも抹茶ケーキも好きです。今日ではたくさんの人々が色んな方法で抹茶を楽しんでします。
スミス先生：そうです。古民家カフェも抹茶パフェも伝統的なもの異なる方法で使われている１つの例ですね。
仁美：新しい方法で伝統的なものを使うのは良い考えですね。
スミス先生：その通りです。私たちは違ったものの見方でそれらを見ることでそれを行うことができます。そうすれば、私たちはそれらのよさをもっとわかるでしょう
仁美：その通りです。②古民家カフェに行った後、私は身の回りにある伝統的な日本家屋に興味を持つようになりました。
康平：他にたくさんの伝統的なものがあります。私はそれらを利用する新しい方法を見つけたいです。

問１　①康平は古い家屋が何なのかわかっていないことが、文章から読み取れるので、「それが何なのかわからなかった」という意味になるように並べる。

②【around～】「～のまわり」はすぐ後ろに名詞が来るため of は必要ない。他の単語で of がつくようなものはないため意味が通るのは訳のようになるときである。

問２

> 多くの伝統的なものが有り、人々は異なった方法でそれらを利用してきました。私は、古民家と抹茶について話したいと思います。私たちは、新しい方法でそのような伝統的なものを楽しむことができます。古民家カフェと抹茶パフェはその例です。私たちが良さを知らない、伝統的なものがたくさんあります。私は異なるものの見方でそれらを見ることによって、それらを楽しむ方法を見つけようと思います。

（１）「利用する」という意味の動詞を本文から抜き出せば良い。後半の仁美の発言に「新しい方法で伝統的なものを使うのは良い考えですね」とあるので、use の過去分詞形の used が正解。

（２）ア　日本の茶文化の歴史
イ　私たちのまちの伝統的な生活
ウ　伝統的なものを楽しむ新しい方法
エ　古民家カフェの造り方
伝統的なものを新しい方法で利用していることがわかる図なので、ウが正解。

問３ 今日の抹茶は日本では多くの人に愛されています。なぜでしょう？

Why で聞かれている文なので、Because から始める。

■令和2年　2

問1. ① to find where to　② sure these make life
問2. (1) ウ　(2) without words
問3. （例１）（Because） many people can get information from them.（8語）
（例２）（Because） many people can understand them.（6語）

ジョーンズ先生：これらのピクトグラムを見てください。
健太：ピクトグラム？それらは何ですか？
ジョーンズ先生：ピクトグラムは簡単な方法で情報を与える絵のことです。
健太：じゃあ、それならばそのピクトグラムは野球と水泳を表しているということで、正しいですか？
ジョーンズ先生：正しいです。それらは東京オリンピックのためのピクトグラムです。私たちは自分たちの街の中で他のピクトグラムも見ることができます。
健太：おお、本当ですか？
ジョーンズ先生：はい！私が日本に来た時、全く日本語が理解できませんでした。①私が空港の中でどこに行くべきか見つけなければならなかった時、私にとってピクトグラムはとても便利でした。
友紀：おお、私もそのような経験をしました。ある日駅で、女性が私の方にやって来て「すいません。トイレはどこですか？」と英語で言いました。しかし、私は「トイレ」という言葉が理解できなかったので、私は壁の案内図のところに彼女に連れて行きました。彼女はトイレのピストグラムを指し示しました。そのとき、私はその言葉を理解し、彼女にトイレまでの道を教えました。
健太：おお！ピクトグラムを使うことで、あなたは外国から来た人女性を助けたのですね。
友紀：はい、しかし、ピストグラムは外国人のためだけのものだとは私は思いません。
ジョーンズ先生：本当ですね。それらは多くの人々のためにも使われ、言葉なしで人々に何かを伝える方法は他にもいくつかあります。ひとつの例が色です。私たちがお風呂に入る時、蛇口の色を見ることができます。たいてい赤は「熱い」を意味し青は「冷たい」を意味します。②これらが多くの人々にとって生活をより簡単にすると私は思います。
健太：面白い！今、私は情報を与えるために使われるピクトグラムや色についてもっと知りたいです。ジョーンズ先生、来週私たちの英語の授業でそれらについて話してくれませんか？
ジョーンズ先生：もちろんです！

問１　① had to ～「～しなければならなかった」、where to ～「どこで～すべきか」
② I'm sure ～「～と思う」、make life easier「生活をより簡単にする」

問２
（１）ア　私達の街の有名なものについての情報
イ　他の国で使われているピクトグラム
ウ　みんなに情報を与えるための方法
エ　新しいピクトグラムを作る方法を学ぶこと

「pictograms give us information」、「these ways to tell all people things」に注目する。

（２）

> 健太、あなたのスピーチは素晴らしかったです！言葉を使うことは情報を分かち合うためのひとつの重要な方法です。例えば、言葉なしでピクトグラムや色を使うことで情報を分かち合うことも重要です。あなたはそれについて学び、友達に教えたことがあります。私はそれを聞いてとてもうれしいです。

本文中の One example is color. とあるので、この直前が答え。without words「言葉なしで」。

問３

> なぜピクトグラムは便利なのですか？

■令和3年　2

問1. ① better for you to　② which is eaten for
問2. ア　**問3.** ウ　**問4.** イ

咲：ロンドンで料理教室を始めたそうですね？
スミス氏：はい。私が福岡でシェフとして働いているときに、この料理教室について考え始めました。これを見てください。私の料理教室の写真です。
貴：あぁ、和食料理教室（Washoku Cooking Class)、それがあなたの教室の名前ですか？ロンドンでは、日本食料理教室（Japanese food cooking class）と言うほうが良いと思います。
スミス氏：うーん、その名前は私には十分ではありません。あなたは和食がどういう意味か知っていますか？
咲：はい、それは伝統的な日本の食文化を意味します。私たちはそれについて技術家庭科の家庭分野の授業で習いました。毎年恒例の行事で食べるいくつかの特別な食べ物があります。
スミス氏：あぁ、あなたは学校で習ったのですね。ロンドンの多くの人々は寿司やてんぷらが好きです、しかし、彼らは和食について多くを知りません。
貴：あなたは、ロンドンに住んでいる人々が和食について学び、楽しむことができると思いますか？
スミス氏：はい、もちろんです。　私は授業で何度も見ました。私たちは日本食を作り、食べることによって和食についてより理解します。私たちはまた、食事や食器の色や形を通して季節を楽しむことができます。
貴：わかりました。私はこれまで和食をほかの人に見せようとしたことはありませんでした、しかし、今、私は私たちの周りの外国の人に和食を紹介し、一緒に楽しみたいです。
咲：いい考えね！そうしましょう！スミスさん、そのことについて後で連絡します。

> スミスさんへ
> 貴と私は和食を彼女に紹介するために私たちの英語の先生、ブラウン先生とおせちについて話しました。私たちは彼女がいくつかの経験をすることで和食をより楽しむことができたと思いました。だから、[私たちは一緒におせちを作り、食べました]。彼女のお気に入りは花の形の野菜でした、なぜなら、それらは見た目が良く、おいしかったからです。彼女はこの経験がより日本文化について教えてくれてうれしいと言っていました。わたしたちはとても良い時間を一緒に過ごし、外国の文化を楽しむ良い方法を学びました。
> 咲より

問１　①　It is 形容詞 (for 人) to 動詞の原形：(人にとって) ～することは形容詞だ
②　There is some special food. と It is eaten for annual events. を関係代名詞でつないだ文となる。先行詞が物で主語として働くので、主格の関係代名詞 which をとる。food は毎年恒例の行事で食べられるので受動態になる。food はここでは不可算名詞なので単数扱い。

問２　ア　はい、もちろん。
イ　いいえ、私はそうは思いません。
ウ　彼らはそれができません。
エ　私はそれらを見ません。
⇒直後の発言で、「私たちは日本食を作り食べることによって和食についてより理解する」と言っているので、貴の質問に対して肯定する発言が入る。よって、「はい、もちろん。」とするアが正解。

問3 ア 彼女は彼女の国の季節について話しました
イ 彼女は彼女の国のお気に入りの食べ物を私たちに見せてくれました
ウ 私たちは一緒にいくつかのおせち料理を作り、食べました
エ 私たちは彼女に私たちのお気に入りのおせち料理を伝えました。
⇒直前の発言で、「いくつかの経験によって和食についてより楽しむことができると考えている、だから」とあるので何か経験をさせる文が入る。また、直後に彼女のお気に入りは花の形の野菜でその理由は見た目が良くておいしいからとあるので、おせちを食べたと考えられる。よって、話したり見せたりしているだけのア、イ、エは不適で、おせちを食べているウが正解。

問4 咲と貴は何を学びましたか？
ア 彼らは和食を理解するために外国料理を作る方法を知る必要がある。
イ もし経験を通して学べば、外国の文化についてよりよく理解することができる。
ウ 外国の人々は寿司やてんぷらが好きなので日本文化をよく理解している。
エ 他の国の文化を見ることがロンドンの人々にとって最も重要なことである。
⇒スミス氏の４番目の発言に「日本食を作り食べることで和食について学ぶことができる」とあり、スミス氏への手紙の第６文、「ブラウン先生は経験が日本文化についてよりよく教えてくれたと言った」とあるので、正解はイ。

■令和4年 2

問1. ① everything you have done ② tell me how you
問2. ウ 問3. エ 問4. エ

> こんにちは。裕二君、幸さん
> これをオーストラリアから書いています。①日本滞在中に２人がしてくれたことに感謝しています。特に私たちが受けた音楽の授業が好きでした。三味線を一緒に演奏したのがすごく楽しかったです。学校で伝統的な音楽を勉強できるなんて素敵だと思います。あなた方は三味線を今も練習しているのでしょう？
> ②私たちが一緒に演奏して以来どのぐらい三味線の技能が上がったか教えてください。私もこちらで一生懸命練習をするつもりです。

裕二　　：スミス先生、トムからメールが届きました。彼からすぐに連絡があって良かったです。
スミス先生：トムから？見せて下さい。うん、[日本の滞在を楽しんだようで] 良かった。
裕二　　：彼は写真も送ってくれました。私たちは音楽の時間でトムと三味線を弾きました。
スミス先生：三味線は日本の伝統的な楽器ですよね？
幸　　：はい。歌舞伎音楽を習った時に三味線を勉強しました。
スミス先生：以前、東京で歌舞伎を見たことがあります。歌舞伎役者が何を言っているのかは理解できませんでしたが、演技とその音楽から話は少し理解しました。
幸　　：そうなんですね。三味線は登場人物の気持ちを理解するのに役立つ歌舞伎で重要な楽器です。
音楽の先生がそう言っていました。三味線を弾くことで伝統的な日本音楽をより理解しました。
裕二　　：私も。最初はそれ程、日本の伝統的な音楽に興味がありませんでしたが、今はそれについてもっと知りたいです。
三味線をより練習したら、その音色は私には更に興味深いものになると思います。
スミス先生：素晴らしい。三味線があなたをやる気にさせたのですね。
幸　　：実際、私たちは上手くなっています。文化祭では私たちの演奏を見せることが出来るでしょう。
裕二　　：幸、良い考えが浮かびました。その時、トムに一緒に三味線を弾くことを頼みましょうよ？インターネットを使えば一緒に演奏出来ますよ。
幸　　：いいわね。私たちは皆三味線を一緒に弾くことによって伝統的な音楽を楽しむことができるでしょう。
スミス先生：本当にワクワクしますね。

問1 ①関係代名詞の that が省略されている。本来は everything that you have done.「あなたがしてくれた全ての事」という意味。
②与えられた単語から会話の内容を推測する。「どのぐらい三味線が進歩したか教えてください。」という日本語になるので答えは「tell me how you」

問2 ア 彼がそんなに早く日本に到着した。
イ 彼は日本の音楽の授業が嫌いです。
ウ 彼は日本での滞在を楽しんだ。
エ 彼は三味線を練習する時間が取れないであろう。
手紙の内容は日本の滞在を楽しんだということであるのでウが正解。

問3 ア その時から三味線を一度も弾いていません。
イ それでそれについて学ぶことは私にとっては興味深いものだった。
ウ しかし、現在、歌舞伎を理解することはさらに難しいです。
エ しかし、今それについてもっと知りたいです。
直前の文で「最初は日本の伝統的な音楽には興味が無かった」と言っているので、答えはエ

問4 何故、裕二と幸は文化祭でトムと一緒に三味線を演奏しようと決めたのですか？
ア トムが日本の学校で、伝統的な日本の音楽文化を学ぶことが出来るから。
イ 裕二と幸はオーストラリア人の為に三味線を一生懸命練習しているので。
ウ インターネットを使って、伝統的な日本の音楽文化を学ぶのは大切だから。
エ 三味線を一緒に演奏することは彼らにとって伝統的な日本の音楽文化を楽しむ手助けになるから。
本文の下から４行目の幸の発言「I'm sure that all of us can enjoy our traditional music culture more by playing the *shamisen* together.」とある。

■令和5年 2

問1. ① what events people have ② them know about newspapers
問2. エ 問3. ア 問4. イ

ミラー先生：こんにちは、健太、佐希。あなたたちは何をしているのですか？
健太　　：こんにちは、ミラー先生。私たちは私たちの街の新聞を読んでいるところです。このページには、私たちの街ではどんなイベントに人々が参加しているのかについて書かれています。地元のイベントに参加する人々の数は増えています。
佐希　　：私たちの街にはたくさんの面白いイベントがあります。誰でもそれに参加することができます。私は毎年公民館の職員を手伝ういくつかのイベントに行っています。それらのイベントは私にたくさんの人々と出会う機会をくれました。
ミラー先生：その通りですね。私は去年夏祭りに行ってそこで友達になりました。しかし、私はこの街に他のイベントがあることを知りませんでした。他の国から来たたくさんの人々もそのことを知らないかもしれません。
健太　　：私たちはいくつかの言語で書かれた新聞について知ってもらえるようにすべきです。彼らはその新聞から地元のイベントについていくつかの情報を得ることができます。
ミラー先生：それはいいですね。次のイベントは何ですか、佐希？
佐希　　：私たちは来月公民館で餅つきを行う予定です。私は異なった言語を話す人々と友達になりたいです。
ミラー先生：良さそうですね！きっと私たちの街の友人がそのイベントに興味を持つだろうと私は思います。
健太　　：おお、私は友達になるために彼らと話がしたいです！それなら、餅つきについて彼らに伝える英語のメッセージを書いてみてはどうですか？ミラー先生、そのイベントについての私たちのメッセージをあなたの友人に渡してくれませんか？
ミラー先生：はい、もちろんです。彼らにとって日本語を読むことは少し難しいので、あなたたちの英語のメッセージを受け取ると喜ぶでしょう。

> こんにちは。わたしたちはミドリ中学校の生徒です。あなたたちはわたしたちの街の〔　　〕について知っていますか？私たちはそれらの１つを紹介します。来月、私たちの街ではミドリ公民館で餅つきがあります。餅つきは餅を作るための日本の伝統的なイベントです。私たちは公民館であなたたちに会えるのを楽しみにしています。一緒においしいお餅を作って食べましょう！私たちはあなたたちと英語でやり取りをしたいです！ではまた近いうちに！

問1 ①間接疑問文なので、「疑問詞＋主語＋動詞」順にする。
②「let ＋人＋原形不定詞」で使役の文になる。
問2 直後のミラー先生の言葉に「receive」とあるので、メッセージを渡す(＝give)ことをお願いしたことがわかる。
問3 直後に「them」とあるので、これに代わった言葉は「local events」
問4 なぜ健太と佐希は彼らの街のミラー先生の友人にメッセージを書いたのですか？
ア なぜなら健太と佐希にとって他の国から来た人々と英語の練習をすることが必要だからです。
イ なぜなら健太と佐希はミラー先生の友人とやり取りをして友達になりたかったからです。

ウ　なぜならミラー先生は健太と佐希に友人を伝統的な日本のイベントに連れて行くように言ったからです。

ニ　なぜなら餅を作ることはミラー先生の友人にとってミドリ中学校を訪れるための良い方法になるでしょう。

・本文の健太の最後の言葉とメッセージの最後の方にある「We want to communicate with you in English ！」に注目する。

〈長文読解〉

■平成27年 3

問1. (例) 腹部に両手を置き，漢字をいくつか書くことで，伝えることができた。

問2. (例) 外国の人にとって，コミュニケーションをよりやさしくすることができる通訳がいること。

(例) 外国の人から情報を得るために，外国語で書かれた用紙が使われていること。

問3. (例) understand　　**問4.** (順不同) 1，6

問１　第１段落の第６文に書かれている。

問２　新聞記事の第４文に【in some hospitals, 〜】、第５文に【In other hospitals 〜】と具体例が２つ書かれている。

問３「理解する、分かる、知る」などの意味になる単語を考える。

問４　1．晴樹は職場体験の２日目に中国出身の男性を見た。

2．晴樹がそこで働く以前に病院を訪れた外国人はいなかった。

3．看護師は病院で外国人を支援するための取り組みは十分だと言った。

4．晴樹は病院で働いた後に、新聞で中国出身の男性についての記事を読んだ。

5．職場体験の前から、晴樹は200万人以上の外国人が日本に住んでいることを知っていた。

6．日本では病院や他の場所で不安に感じている外国人もいると晴樹は考えている。

１は、第１段落の第４文に書かれているので正しい。第１段落の第９文に、看護師さんの発言に「外国人がときどき病院を訪れる」とあるので、２は誤り。同じ部分の看護師さんの発言に「外国人を支援するための取り組みがもっと必要だ」とあるので、３は誤り。新聞記事は中国出身の男性の話ではないので、４は誤り。第３段落の第１，２文に「知らなかった」とあるので、５は誤り。６は、第３段落の第３文に書かれているので正しい。

＜全訳＞

こんにちは、みなさん。今日、私は職場体験について話そうと思います。私は将来、医者になりたいので、私の町の小さな病院で３日間働きました。２日目に、私が看護師さんと一緒に働いていると、男の人が病院にやって来ました。彼は中国語で看護師さんに話し始めましたが、看護師さんは中国語が分かりませんでした。そこでその男性は腹部に手を置いて、問題を説明するために漢字を書きました。すると、看護師さんは言いました。「ああ、わかりました。あなたはお腹が痛いんですね。」後で、彼は中国出身で日本に住んでいるということがわかりました。その看護師さんは私に言いました。「外国人がときどきこの病院を訪れるのよ。ここの看護師の２，３人は英語を話せるけど、外国人を支援するための取り組みがもっと必要だわ。」

職場体験の後に、私は新聞を読んで、日本の病院で外国人を支援する取り組みについて学びました。その新聞を見てください。

日本の病院は外国人を支援するために変化している。

今日、日本には200万人以上の外国人が暮らしている。彼らは病院を訪れたときによく不安に感じることがある。最大の理由は言葉の違いである。そこで、病院の中には外国人の意思疎通を簡単にしてくれる通訳がいるところがある。他の病院でも、外国語で書かれた用紙が外国人からの情報を得るために使われている。そのような取り組みが彼らを助けるのにとても役に立っている。

日本に住んでいる外国人はとてもたくさんいます。私はそれを知りませんでした。彼らの中には毎日、他の場所で不安に感じている人々もいると思います。彼らにもっと多くの情報を与え、彼らを支援するためのアイデアについて話すことは大切です。

将来私は、様々な言語を話し、様々な生き方をしている人々にたくさん会うでしょう。彼らと良い意思疎通が取れるように、その違いを［　　］し、日本で暮らしているみんなにとって、より良い社会にするために働きたいです。

■平成28年 3

問1. (例) 選手やファンと一緒に大会をつくりあげ，オリンピックの成功を支えたから。

問2. 大変だと感じたこと

(例) するべき仕事がたくさんあり，暑い中で長時間立ち続けていなければならなかったこと。

すばらしいと感じたこと

(例) いろいろな国から来た多くの人と出会い，楽しく話すことができたこと。

問3. (例) look　　**問4.** ３，６

問１　直人のスピーチの第２段落第７文に【Games Makers】という単語が初めて出てきて直後に【because】と理由が続いているのでそこを訳す。

問２　英文本文の第１段落の母親の発言に注目する。「大変」という意味のある【hard】、「すばらしい」という意味の【wonderful】という二つの単語を探し、それぞれの単語の前後をまとめる。

問３　空欄の前の分で「与えられたことをするだけではだめ」ということを言っているので、ここは「自分にできることを探す」というような意味が入ると予想する。【Try to】の直後が空欄になっているので空欄には動詞の原形が入ることがわかる。また、空欄の後の【for】も忘れずに注目して考えること。

問４　1　直人の夢は選手として2020年のオリンピックに参加し他の国々の人に会うことである。

2　直人のスピーチでは、彼の母親のロンドンオリンピックでのボランティアとしての経験について彼は書いている。

3　ロンドンオリンピックの開催中に空港で案内人として働いたボランティアの人々がいた。

4　福岡市のボランティアは直人の母にもっと多くの生徒がボランティアにならなくてはいけないと言った。

5　競技場の他のボランティアがユニバーシアードでの働き方を彼女に教えてくれたと直人の母は言った。

6　直人は母と話すことによってよいボランティアになるために大切なことにいくつか気付いた。

今日は私の夢についてお話しようと思います。2020年、東京でオリンピックが開催されます。私はオリンピックのためにボランティアとして働く人になりたいです。

2012年、私たちはロンドンオリンピックをテレビで楽しみました。たくさんの偉大な選手たちに感動させられました。しかし彼らだけがオリンピックに参加した人ではありません。約70000人がボランティアとしてオリンピックに参加しました。彼らはたくさんの仕事をしました。例えば、彼らは選手たちのために荷物を運んだり、スタジアムで入場券をチェックしたり、空港で案内人として働いたりしました。彼らは選手やファンとともに試合を作り、オリンピックの成功を支えたので「ゲームメーカー」と呼ばれました。

2020年に、私は他の国々から来た人々に親切にしたいですし、オリンピックを支えるために彼らとよいコミュニケーションをとりたいと思います。

直人は彼の母親にスピーチについて話をした。そのとき、彼女は彼に彼女の経験を話した。1995年彼女が大学生だった時、彼女は福岡市で開催されたユニバーシアードでボランティアとして働いた。彼女はサッカースタジアムの案内人だった。彼女は言った、「私にとってボランティアとして働くことは大変だったわ。やらなくちゃいけない仕事がたくさんあって、暑い中長い間立ち続けなくてはいけなかった。でも素晴らしい経験だったわ。いろいろな国から来たたくさんの人に会って、彼らと話すことを楽しんだわ。」

直人はきいた、「よいボランティアになるために大切なことは何？」彼女は言った、「他の人に親切にするだけでは充分じゃないわ。ボランテイアにとって大切なことは他の人が何を必要としているか知ることよ。与えられたことをするだけではだめよ。自分にできる仕事を探してみて。」

直人は他の人のために何をすべきかについて常に考えるべきだということに気付いていた。彼は東京オリンピックの成功のためによい「ゲームメーカー」になることを決意していた。

■平成29年 3

問1. (例) 桜についての歌を聞く。
(例) 伝統的な食べ物に桜を使う。

問2. (例) 右足にけがをして，最後の試合に出られなかったこと。

問3. (例) remember　　**問4.** 1，4

問１ 「Japanese people listen to songs about sakura, and use it in some traditional foods.」の本文がこの問いの答えとなる。

問２ 「I hurt my right leg and couldn't play in our team's final game.」の本文がこの問いの答えとなる。

問４ 1 エレンは新しい学校生活が日本の太一の学校では春に始めるということを知っている。
⇒エレンが太一に送った Eメールの本文 1行目に着目。ここから、エレンは日本の新学期が春に始まるということを知っていることが読みとれる。よって適切。
2 エレンの町は初めてサクラフェスティバルを開催したので多くの人たちが参加しに来た。
⇒エレンの町では毎年サクラフェスティバルが開催されているので不適。
3 エレンから太一に送ったｅメールでは、彼女は彼にエレンの町を訪れ彼女の家族とそのフェスティバルを楽しむことを頼んだ。
⇒エレンは日本を訪れたいと思っているので不適。
4 太一の祖父は、冬にひどく寒い時期は春にサクラを美しくさせると言っていた。
⇒「Sakura flower need a bitter cold time to bloom beautifully.」の本文から適切。
5 太一はバスケットボールの試合を見てほしくてエレンに日本を訪れてほしいので太一はエレンにｅメールを書いた。
⇒このような記述は本文にはないので不適。
6 太一はチームの友達を励まし、彼らに“ひどい寒い時期”に何をすべきか話した。
⇒太一は励ましてもらった方であり、後半のような記述は本文にはないので不適。

(日本語訳全文)

太一へ、
お元気ですか？春が到来したので、きっとあなたの新しい学校生活が始まったと思っています。先週私は初めて家族とサクラフェスティバルに行きました。私たちの町は毎年フェスティバルがあり、多くの人たちがそれに参加しに来ます。それはスウェーデンと日本の友好のためのイベントで、私たちは日本から送られてきたたくさんの美しいサクラの木を楽しむことができます。
サクラが日本では特別な花だということを私は知っています。①日本の人たちはどのようにサクラを楽しみますか？それについて私に教えてください。
私は来年の春あなたを訪れ日本でサクラを見たいです。
エレンより

エレンへ
ｅメールをありがとう。
私はあなたの町でのサクラフェスティバルについて知りませんでした。サクラは私たちの国ではとても人気があります。日本の人たちはサクラについての歌を聞き、いくつかの文化的な食べ物にサクラを使います。私は祖父からサクラについて重要なことを学びました。ある日、彼は私に言いました、“冬に十分に寒かったのでこの春はとても美しいサクラを見ることができます。サクラの花は美しく咲くためにひどく寒い時期を必要とします。私たちについて同じことを言うことができます。大変な時期があることは時には成長するために必要です。”と。
私はバスケットボール部に所属しており、毎日とても一生懸命練習しています。しかし昨年、私は右足のけがをし、チームの最後の試合でプレイすることができませんでした。私は本当にその試合に貢献したかったのでとても悲しかったです。しかしその時私にとって“ひどく寒い時期”だと考えました。私はチームの友達を支えようと決心しました。彼らは私に親切で励ましてくれました。そして、私は本当に真の友情を知りました。それは私にとって“美しいサクラ”を意味していました。
私はこの経験を永遠に[　　　　]したいです。そして私はまた“ひどく寒い時期”がある時は自分のベストを尽くすでしょう。私は将来、他の“美しいサクラ”が咲くことを願っています。
太一より

■平成30年 3

問1. (1) (例) He visited the space museum.（５語）
(2) (例) She has to study design and science.（７語）

問2. (例) 洗わずに何日間も快適に着ることができる服
(例) 宇宙船での生活に豊かな色彩をもたらす美しい服

問3. ウ　**問4.** 2，5

あなたは将来、宇宙に行きたいですか。Momokoはそれについて特別な夢を持っています。
去年タイから来た高校生の男の子が一ヶ月間彼女の家に滞在していました。彼の名前はSomchaiです。彼が滞在している間、Momokoの家族は彼と楽しい時間を過ごしました。ある日彼らは一緒に宇宙博物館に行きました。彼らはそこでたくさんの興味深いものをみて、Somchaiは「まもなく多くの人が宇宙に行けるでしょう！」と言いました。Momokoはそれはとてもわくわくすると思いました。そのとき、SomchaiとMomokoは彼らの夢について話しました。Somchaiは「私の夢はよい宇宙飛行士になることです。私は高校を卒業した後、福岡で宇宙について勉強したいです。あなたはどうですか。」と言いました。Momokoは「私はファッションに興味がありますが、まだ将来の夢は見つかっていません。」と答えました。
MomokoはSomchaiと話した後、宇宙旅行についてもっと知りたくなったので、彼女は山崎直子について読みました。彼女は日本の宇宙飛行士です。彼女の生い立ちはMomokoにとってとても興味深いものでした。山崎直子は①彼女が宇宙船で着たい服装について話していました。彼女によると、宇宙飛行士にとって宇宙船での服装を洗うことはとても難しいそうです。彼女はそれを洗うことなく何日も快適に着ることができる服が欲しいそうです。また、山崎直子は宇宙船での生活にたくさんの色をもたらすようなきれいな服がほしいです。彼女はもっと多くの人がそのような服をデザインするだろうと望んでいる。Momokoがこれについて読んだときに、彼女は「もし私たちが宇宙船でファッションを楽しむことができたら、宇宙旅行がもっとわくわくさせるものになるでしょう。将来、私は宇宙旅行のためによい服をデザインすることができるでしょうか。」
Momokoは彼女の考えについてSomchaiと話しました。「私は宇宙服のファッションデザイナーになりたいですが、私はそれが難しいことを知っています。私はデザインと科学の勉強をもっと一生懸命に勉強しなければいけません。」彼は「私の夢もとても大きいですが、私はいつも可能性があると思っています。私は挑戦することをやめないでしょう。」と言いました。彼の言葉は彼女を②力づけました。彼女は「ありがとう。将来、私は人々が今まで見たことがない新しい服をデザインするでしょう。」と言いました。
Momokoは彼女の大きな夢のために一生懸命勉強することを決心しました。彼女は多くの人に彼女が宇宙旅行のためにデザインした服を着てもらいたいです。彼女が未来をもっとわくわくさせることができると信じています。

問１ （1）第２段落の４文目がこの問いに対する答えである。
（2）第４段落の３文目がこの問いに対する答えである。

問２ 傍線部①の直後に注目すると“According to ～”で始まっている。この“According to ～”は「～によると」という意味だが、この後は前の文章を具体的に表した文が続く。したがって、このあたりから答えを探せばよいことがわかる。また、途中で“Also, ～”「また、～」があるので、その前後で一つずつ答えがあることが分かる。

問３ ア 役に立たなかった　　イ 疑問を与えた
ウ 力を与えた　　エ 伝わらなかった
傍線部②の文章の後、彼女はありがとうと言っている。このことから、彼の言葉に勇気づけられたことが分かる。

問４ 1 SomchaiがMomokoの家に滞在しているとき、彼は高校を卒業した後に福岡で勉強していた。
⇒時制がおかしい。文章中では「高校を卒業した後、福岡で宇宙について勉強したい」と書かれていた。
2 Somchaiが彼の夢がよい宇宙飛行士になることだと言ったとき、Momokoは宇宙についての夢を持っていなかった。
⇒第２段落の最後の文から適切である。
3 山崎直子は日本の宇宙飛行士であり、よい服を作るファッションデザイナーでもあった。
⇒後半部分がおかしい。彼女は宇宙船で着たい服装について話していただけである。
4 SomchaiがMomokoに宇宙飛行士のための服装について話したとき、彼女はそれらのファッションについて考え始めた。
⇒前半部分がおかしい。Momokoは山崎直子について調べていたときに宇宙服について学んでいる。
5 Momokoは宇宙旅行のためのファッションについての夢が大きいことを知っており、彼女は将来のために一生懸命挑戦したい。
⇒第４段落の内容から適切である。
6 MomokoはSomshaiに宇宙旅行をもっとわくわくさせたものにするために彼はよい宇宙飛行士になるべきだと言った。
⇒文章中に書かれていないので不適。

■平成31年 3

問1. (1)(例) It is High School Boy A.(6語)
(2)(例) She will go to Germany.(5語)

問2. (例) オーケストラが約1時間演奏する中で,シンバルを演奏する機会が1回しかないこと。

問3. イ 問4. ウ, オ

ケンは14歳で学校の演劇部にいます。3週間前、演劇の先生であるイケダ先生が、大きな演劇祭の公演について生徒に説明しました。ケンは、他の生徒よりも上手く演技ができると思っていたので、重要な役を演じるだろうと信じていました。イケダ先生が、「ケン、あなたの役は、高校生の男子Aです」と言ったとき、彼はそれが信じられませんでした。彼の役は、その公演中では言うことがたった1つしかなかったのです。彼は思いました。「なんで私が、こんなちょっとしたつまらない役を演じないといけないのですか。私はそんなのはやりたくない」と。彼はそれから2週間の間練習しませんでした。

それから、ケンは姉のトモコからメールを受け取りました。彼女は東京の学生オーケストラにいます。

> こんにちは、ケン。
> 元気ですか？もうすぐ演劇祭なので、忙しいと思います。
> 今日は、すごいお知らせがあります。私のオーケストラが今度の8月にドイツで開催される国際的な音楽会に招待されました。私はとても興奮しています！私はシンバルを演奏します。私のオーケストラは、約1時間演奏する予定です。その時間の中で私がシンバルを演奏する機会はたった1回しかありません。だけど、私はそのことが悲しくはありません。私は、美しい音楽にはどの音も重要だということを知っています。だから、私は毎日一生懸命に練習しています。
> トモコ

ケンは何回もメールを読みました。それから彼は通学バッグから脚本を取り出し開きました。彼は最初のページを何度も何度も見ました。クラブにいる全生徒の名前がそこにありました。どの生徒も異なる役を持っていました。演技をする役の人もいましたが、裏方の仕事をする人もいました。彼は思いました。「今わかりました。私にはたった一言しかないけども、みんなの役がこの公演には②必要なのですね。」次の日、彼はクラブに戻り、彼の役を練習し始めました。

演劇祭の一週間前、イケダ先生は生徒に言いました。「演劇祭はもうすぐです。どのようにして私たちの公演をすばらしいものにできるでしょうか？」ケンは、手を上げて言いました。「私たちが自分たちの役に誇りを持ち、全力を出さなければいけないと思います。このことを忘れるべきではありません。」

話し終えたとき、彼はトモコを演劇祭に招待すると決めていました。

問1 (1) その公演でのケンの役はなんですか？
ケンの役は、高校生の男子Aであるとイケダ先生から言われている。
(2) トモコは今度の8月の音楽会でどこに行きますか？
トモコの所属するオーケストラは、音楽祭でドイツに行くことが決まっている。

問2 同じ文中でトモコはシンバルをオーケストラで演奏することが書かれているが、演奏する機会はたった一回しかないことも書かれている。これに対してトモコは悲しくないと言っているのである。

問3 ア とても難しい イ 本当に必要である
ウ 優しく温かい エ 静かで簡単な
②の前の部分から考える。ケンはトモコからの手紙を読んで、どんない些細な役でも重要であると感じているので、イが正解。

問4 ア イケダ先生は、ケンは演劇部の他のどの生徒よりも上手く演技ができると言った。
イ ケンはトモコからのメールを受け取ったとき、毎日クラブで頑張っていた。
ウ トモコのメールによって、ケンは公演における自分の役について考える機会をもち、練習し始めた。
エ ケンはトモコのことを誇りに思っているので、イケダ先生と他の生徒に彼女のメールについて話した。
オ ケンはイケダ先生の質問に答え、素晴らしい公演のためには何をするべきか話した。
カ ケンはトモコを演劇祭に招待した。なぜなら、メールでそうするように彼女が頼んだからである。

ア：イケダ先生ではなくケン自身が思っていることである。
イ：ケンは練習に行っていなかった。
エ：ケンはトモコのメールによって練習しようと思い発言しただけで、トモコのメールについては発言していない。
カ：トモコが頼んだのではなく、ケンが招待しようとしているだけである。

■令和2年 3

問1. (1)(例) She takes care of her brothers.(6語)
(2)(例) She looked happier than before.(5語)

問2. (例) 子どもたちが来る前に,この幼稚園の先生たちが,毎朝,全ての部屋を掃除すること。

問3. イ 問4. ウ, カ

サオリには幼稚園に通う2人の小さな弟がいます。彼女はいつも母を助けるために彼らの面倒を見ています。彼女は彼らと遊ぶことが好きです。だから、去年の秋、職場体験があった時、サオリは幼稚園で働こうと決めました。

職場体験が始まった時、幼稚園の先生である鈴木先生は「この幼稚園の先生たちは子供たちが来る前にすべての部屋を掃除します」と言いました。サオリはこのことを知らなかったので驚きましたが、他の先生と一緒に掃除を始めました。

初日はすべての仕事が楽しいものでした。二日目、サオリは疲れていましたが、一生懸命働きました。三日目の朝、彼女はとても疲れていたので、掃除をやめたいと思いました。その時、鈴木先生を見かけました。彼は運動場を掃除していました。彼は幸せそうでした。彼女はそこに行き「あなたは掃除が好きですか、鈴木先生」と言いました。彼は「ええ、それは大変ですが私はいつも子供たちのためにやっています。これは重要な仕事です。私たちが部屋や運動場を掃除する時、子供たちの安全もチェックします。私は時々疲れを感じますが、子どもたちについて考えようとします。そうすると、私はさらに一所懸命働くことができます。私が彼らの笑顔を見る時、私は幸せに感じます」と言いました。

その晩、サオリが帰宅した後、彼女の経験について母に話しました。彼女の母は「あなたは大事なことを学びましたね。私の場合、料理が好きだったので料理人になりました。しかし、私のレストランで人々が食事を楽しみ、幸せそうな時、私は本当にうれしいです」と言いました。サオリは彼女の言葉を聞いて「職場体験の前は、人々は自分の幸せのために働いていると私は思っていました。それは重要なことです。今日、私は働くことについてもうひとつの大事なことを学びました。私たちは他人の幸せのためにも働き、それは私たちに幸せを運んできてくれます」と言いました。

職場体験の最後の日、サオリはもう一度他の先生たちと一緒に朝掃除をしました。鈴木先生は彼女を見て「サオリ、あなたは前よりも幸せそうですね」と言いました。サオリは「はい。私は子どもたちのために働くことが幸せです」と言いました。

問1 (1) サオリは彼女の母を助けるために何をしていますか？
1段落目の「she always takes care of them(= two little brothers) to help her mother.」に注目する。
(2) 最後の日、サオリが掃除をしていた時、彼女はどのように見えましたか？
鈴木先生の最後の言葉に注目する。

問2 直前の「Teachers in this kindergarten clean ～ the children come.」の部分。

問3 ア「小さいが人気のある」
イ「重要で特別な」
ウ「簡単で面白い」
エ「びっくりするが異なった」
直後に、子どもたちの安全もチェックするとあるので、重要だということがわかる。

問4 ア「幼稚園での職場体験の前、サオリは小さな子どもたちと遊ぶ機会がなかった。」
二人の弟といつも遊んでいるので不適。
イ「幼稚園の仕事がすべて新しく楽しかったので、サオリは職場体験の間その仕事をすべて楽しんだ。」
楽しかったのは初日だけだったので不適。
ウ「先生たちは朝掃除していた時、部屋や運動場の安全は彼らによってチェックされた。
3段落目に「When we clean the rooms ～ their safety for the children.」とあるので本文の内容と合っている。
エ「サオリが帰宅した後、サオリの母は幼稚園での自分の仕事の経験について話した。」
サオリの母は料理人で、幼稚園では働いていないので不適。
カ「人々が他人の幸せのために働く時、幸せは彼らにも運ばれてくるとサオリは言った。」
4段落目の最終文に書かれているので本文の内容と合っている。

■令和3年 [3]

問1. （例） He wanted to be an engineer (like his father). (9語)
問2. ウ
問3. （例） 信夫や他の生徒達が学校に早く来て，みんなが一生懸命に勉強していること。
問4. ウ，カ　**問5.** （例） I study with my friends. (5語)

信夫は最善を尽くすことについて重要な教訓を学びました。

信夫は中学生の時、将来父親のようなエンジニアになりたかった。彼は、もっと一生懸命勉強しなければならないことを知っていた、しかし、彼はしばしばやる気がなかった。彼はそのことを所属しているバレーボール部の先生である佐藤先生に話した。信夫が「僕は勉強しなければならないことはわかっているのですが、できません。」というと、佐藤先生は「本当に？君はバレーボール部では熱心に練習しています。どうして君は一生懸命練習することを楽しんでいるのですか？」と聞いた。信夫は考えて、答えた。「ええと、僕はバレーボールが大好きです、それと、私が一生懸命練習をすることができるのは友達のたくやがいるからです、彼が僕をとてもやる気にさせてくれます。彼は去年から私たちとバレーボールを始めました。彼はより良い選手になるためにとても一生懸命練習しています。私が見ているとき、彼は練習の間ずっと最善を尽くしています、だから、私もまた、より一生懸命練習することができます。」「なるほど。君は同じ方法で勉強することができます。たくやのようなあなたをやる気にさせるような人間をみつけなさい。」信夫は朝早く学校で勉強している生徒が何人かいることを知っていました、そこで、信夫は彼らと一緒に勉強するために30分早く学校に行くことを決心しました。

次の日から、信夫は毎朝授業の前に勉強をし続けました。時々彼は疲れを感じました。彼は勉強をやめたいと思ったときは、周りを見ました。他の生徒たちは一生懸命勉強していました、だから彼は決してあきらめず、一生懸命勉強しました。ある日、彼の友達の一人であるあやが言いました。「私、今日は眠いけど勉強するためにここにいます。なぜだかわかりますか？あなたや他の生徒が学校に早く来て、全員が一生懸命勉強しています。そのことが私をやる気にさせます、だから、私は家に一人でいるときでさえ、一生懸命勉強できます。」彼は彼女の言葉を理解し、うれしく思いました。なぜなら、彼はたくやのような人間だったからです。彼は「最善を尽くす人は他の人に一生懸命になる力を与えることができるのだ。」と心の中で言いました。

信夫は今でもこの教訓を覚えていますし、決して忘れることはないでしょう。

問1　信夫は将来何になりたかったですか？
⇒2行目～3行目に父親のようなエンジニアになりたかったとある。6語以上なので、like his father 以降はあってもなくてもよい。

問2　ア　～する時間がない
イ　～を始めるつもりである
ウ　本当に～したい
エ　決して～しようとはしない
「be keen to ～：～が大好きである、～に熱中している」よって、正解はウ。

問3　アヤの発言中、指示語 this の直前にその具体的な内容があるはず。アヤの発言の3文がそれにあたる。

問4　ア　信夫は佐藤先生によりよいバレーボール選手になるための方法について尋ねた。
⇒2段落3文より、佐藤先生に話したのは勉強のやる気が出ないことであるので不適。
イ　佐藤先生は信夫に、より一生懸命勉強するためにバレーボールの練習をやめるようにいった。
⇒このような記述は本文にないので不適。
ウ　信夫は他の生徒たちと一緒に勉強するために学校に早く行き始めた。
⇒2段落最後の文より信夫は朝早く学校に来ている生徒と一緒に勉強することを決心し、3段落1文より実際に次の日から毎朝授業前に勉強しているので正しい。
エ　信夫は時々疲れを感じ、他の生徒と勉強するために早く家を出ることができなかった。
⇒3段落2文より、信夫は時々疲れたとはあるが、3文より周囲を見て頑張ったとあるので、家を出ることができなかったのではなく不適。
オ　アヤは信夫にタクヤが一生懸命バレーボールの練習をするからやる気になると言った。
⇒3段落6文のあやのセリフより、タクヤがバレーボールの練習をするからではなく、信夫や他の生徒が勉強を頑張っているからやる気になると言っているので不適。
カ　信夫は人は最善を尽くす時、他の人に一生懸命やるための力を与えることができると思った。
⇒3段落最後の文の信夫のセリフに「最善を尽くす人は他の人に一生懸命になる力を与えることができるのだ。」とあるので正しい。

問5　やる気が出ないときあなたはどうやって勉強しますか？

■令和4年 [3]

問1. （例） He used the Internet. (4語)
問2. イ
問3. （例） （トシコの農園の） 果樹に水を与えること。
問4. ウ，オ
問5. （例） I use the Internet to talk with foreign people. (9語)

Hiroshi は中学生です。ある日の英語の授業で、先生が言いました。“身の回りに多くの新しい科学技術があります。コンピューター、インターネット、そして人工知能などがいい例です。これらの事を上手く利用している人々を知っていますか？次のプロジェクトで、皆さんにはひとりを、授業で紹介してもらいたいのです。” それでその日の夜、家で Hiroshi は母に尋ね、彼女はこう言いました。“あなたの祖母の Toshiko は新しい科学技術を上手につかっているわよ。”

数日後、Hiroshi は Toshiko とインターネットでそのプロジェクトの事を話しました。彼女は言いました。“私が果物農家だと言うことは知っているわね。以前はそれ程、科学技術は使っていなかったの。しかし、今では毎日使っているわ。新しい科学技術を使う利点は多くあるの。天気に関する情報はインターネットで収集しているわ。果物の成長は記録を付けることで把握し、その情報は研究者と日本の他の地域に住んでいる農家と共有できるの。それでいいアイデアを彼らから得て、より大きくいい果物を作るの。今では私は果樹に水やりをする必要がないの、何故なら人工知能技術がその仕事をすることが出来るから。また、インターネットを使って果物をより多く売るのも容易だわ。この様にして、新しい科学技術が私の働き方を変え、良くなったのね。私のウェブではより良い果物を栽培できる手助けになる新しい科学技術の使い方を紹介してるの。Hiroshi は祖母について級友達に話すことを決めました。

一か月後、級友の前でスピーチをしました。スピーチの後、級友の Asuka が言いました。“あなたのスピーチの中で、おばあさんのウェブの話が好きです。農業の新しい科学技術の使い方について彼女の考えを示しています。彼女のウェブに人々が関心を持てば良いですね。もしそれを見れば、おばあさんの栽培方法を学べます。それで人々は彼女の影響を受け、彼女の様に働き始めるでしょう。本当に彼女を尊敬します。”

Hiroshi はそれを聞いてとても嬉しく思いました。彼は Asuka に言いました。“効果的に新しい科学技術を使うことが多くの人の生活を変え続けています。私はこの事についてさらに学び将来より良い社会を創りたいと思います。”

問1　Toshiko と話をする為に Hiroshi は何を使いましたか？
本文7行目に「Hiroshi talked with Toshiko on the Internet」とあるので He used the Internet とする。Internet は大文字である事に気を付ける。

問2　ア　難しい点　　イ　良い点
エ　弱い点　　オ　同じ点
「benefit」は利点であるので答えはイ

問3　「that job」とは直前の「give water to my fruit trees」を指しているので答えは『果樹に水をやる事』である。

問4　ア　Hiroshi の先生は英語の上手な人をひとり、紹介するように彼に言いました。
イ　Hiroshi は Toshiko に果物と天気についての情報共有についてのアイデアを提供した。
ウ　Toshiko は新しい科学技術を使い果物農家としての働き方を変えた。
エ　Hiroshi は級友の前でスピーチをする前に Asuka と祖母についての話をした。
オ　Asuka の意見では、Toshiko のウェブを見た人々は農業に対する彼女の考え方によって影響を受ける。
カ　Hiroshi は将来新しい科学技術がなくともより良い社会を創造するとは決めた。

問5　英語を勉強する時に、どのように新しい科学技術を使いますか？
模範解答の他に、I will use a smart phone to listen to English radio programs. 等。

■令和5年 3

問1. (例) She enjoys listening to Mr. Brown's experiences in many countries. (10語)

問2. イ

問3. (例) 多くの子供たちがマークの授業を通して英語を上達させること。

問4. イ，カ

問5. (例) I would teach them how to use English dictionaries. (９語)

カナは高校の英語部の一員です。彼女はしばしば英語の先生であるブラウン先生と話をします。彼は日本に来る前に世界中を旅していました。彼はしばしば多くの国での自分の経験について話をします。カナは部活で彼の話を聞くことを楽しんでいます。彼女は外国に関係することをしたいのですが、将来何をすべきか決めていません。ある日、彼女はブラウン先生に相談しました。彼は「私には多くの様々な国で働いているアメリカ人の友人がいます。彼の名前はマークです。彼はもうすぐ日本に来る予定です。もしあなたが彼と話せば、彼からいくつかヒントをもらえるかもしれません。」と言いました。

３日後、マークはカナの学校を訪れました。彼女は彼に自分の心配なことを話しました。彼は「私は高校時代、自分の将来について何もはっきりした目標はありませんでした。私が大学生の時、海外でボランティア活動をしました。その時、私は子供たちに教えることが好きだと気付いたのです。卒業後、私は世界中の子どもたちに教育を与える会社を設立しました。私たちは外国語、音楽、美術のような人気のある授業をします。」と言いました。カナはもっと彼の話を聞きたいと思いました。彼は彼女に、彼の会社のボランティアメンバーとして働くことができることを言いました。彼女はすこし心配していましたが、それをしてみることに決めました。

ボランティア活動の間、カナは絵本を使った英語の授業のための計画を立てました。彼女はマークを一緒に小さい子どもたちに英語を教えました。それは彼女にとって大きな経験でした。授業の後、カナはマークに「あなたの仕事において何があなたを幸せにしますか？」と尋ねました。彼は「多くの子どもたちが私の授業を通じて英語が上達します。それが一生懸命働くための私の原動力です。」と答えました。カナは彼の言葉に感銘を受けました。

しばらくして学校で、カナはブラウン先生と話しました。カナは「ボランティア活動をすることで、マークは第一歩を踏み出し、生涯の仕事を見つけました。彼は今本当に自分の仕事を楽しんでいます。私もまた自分にとって生涯の仕事を見つけたいです。」と言いました。ブラウン先生は「あなたはすでに一歩前に進んでいますよ！」と言いました。

カナは重要なことを学びました。人々はたとえ将来何をすべきかわからなくても、何かやろうとすべきです。今彼女は他の国で働くことに興味を持っているので、海外留学をするつもりです。彼女は自分自身の将来の目標を見つけるために前進し続けるでしょう。

問１ 第１段落の３、４文目に注目する。

問２ ア 記憶　イ ヒント　ウ 質問　エ テスト

・将来の夢が決まってないカナが彼の話から得られるものは「ヒント」である。

問３ 傍線部②直前の文に注目する。

問４ ア 「マークは高校生の時に、外国でボランティアの一員として働いた。」

・マークがボランティア活動をしたのは、大学生の時なので誤り。

イ 「マークが始めた会社は世界中の子どもたちに教育を与えている。」

・第２段落に書かれているので、正しい。

ウ 「ボランティア活動において、カナは英語の授業の計画を与えられ、絵本を使って小さな子供たちに教えた。」

・授業の計画を立てたのはカナだったので、誤り。

エ 「カナはボランティア活動の後ブラウン先生と話した時に、彼の言葉に感銘を受けた。」

・カナが感銘を受けたのはマークの言葉だったので、誤り。

オ 「ブラウン先生はカナに自分の生涯の仕事を見つけるためにボランティア活動をしなければならないと言った。」

・カナにボランティア活動を勧めたのはマークなので、誤り。

カ 「行動を起こし、将来何をすべきか見つけようとすることは重要だと、カナは気付いた。」

・最終段落の内容なので、正しい。

〈英作文〉

■平成27年 4

(例) Kyoto is a good place to visit.
You can see old temples and shrines, and learn traditional Japanese culture there. Kyoto also has a very famous summer festival. I hope you will enjoy visiting Kyoto. (35語)

■平成28年 4

(例) I want to say "thank you" to my brother.
When I was a little boy, he showed me how to play badminton.
Now I can enjoy playing it and want to be a better player. (35語)

■平成29年 4

(例) (I'm going to tell you a good thing about our school.) Many students work as volunteers. For example, we visit old people to talk with them. It gives us a chance to think about life and learn things we didn't know. (30語)
(Thank you.)

■平成30年 4

(例) I think A is better. I like singing. If we practice an English song and sing it for him in his last class, he will be glad. Also, he can join and sing with us. (30語)

(例) I think B is better. We enjoyed his English classes, so I want to write about good memories of them. If we give him our letters, he will remember us by reading them many times. (30語)

■平成31年 4

(例) I think spring is the best.We have a flower festival and many people join it every year. We can see beautiful cherry blossoms around a famous castle which is more than four hundred years old. (30語)

■令和2年 4

(例) I think A is better. There are four players who like basketball and enjoy playing it together, so I want to join them. B shows one player and doesn't tell me anything about the team. (30語)

(例) I think B is better. I want to practice hard to be a cool player like him. A shows a good team, but B gives me more power to do my best in the team. (30語)

■令和3年 4

(例) I want to take Class A. I want to practice speaking English with other students because I can enjoy English more with my friends. In Class B, I can only talk with the teacher in English. (30語)

(例) I want to take Class B. I play soccer on a team after school on Friday, so I can't practice English in Class A. I like Class B better because I'm free at night after dinner. (30語)

■令和4年 4

(例) I will choose A. I want to watch a Japanese baseball game with Sam. We can talk about our favorite players from our countries. We can cook Japanese food together if it rains then. (30語)

(例) I will choose B. I want to cook Japanese food Sam likes and enjoy eating it with him. I won' t talk much if we watch sports, so we can talk more by cooking together. (30語)

■令和5年 4

(例) I want to go to a supermarket / an art museum / the sea.
I'm interested in unique food. Supermarkets in your country have many vegetables I've never seen in Japan. I'd like to ask you about them and learn about your food culture. (30語)

理　科　解答・解説

◎１分野

〈身近な科学（光・音・力）〉

■平成29年　7

問１　右図
問２ (1) 250Hz
(2) 記号 X
波形図4（例）右図

問１
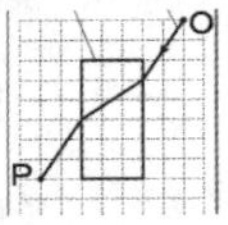

問２
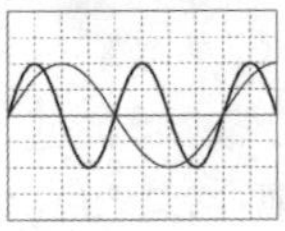

問１　ガラスの中以外のところでは、光はすべて平行に進む。よって、まず点Pを通り点から出る光と平行な線を引く（①)。次に、ガラスの中で、線の端と端をつなぐ（②)。

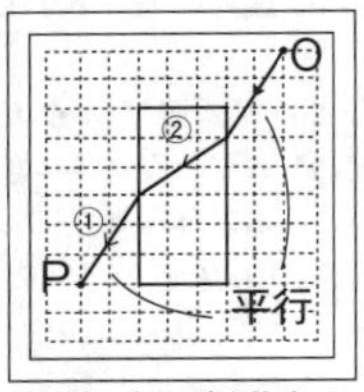

問２　（１）　振動数とは、波が１秒間に何回振動するかということ。
図４から、８目盛り分の 0.0005×８＝0.004 秒で１回振動する。
よって、１秒間に、１÷0.004＝250 回振動する。
（２）　音の大きさは、振幅が大きいほど、大きくなり、音の高さは振動数が大きいほど高くなる。
振動する部分が短いほど振動数は大きいので、X側に木片を動かす。

■令和２年　7

問１ ２
問２ 内容　（例）焦点距離の２倍のとき，等しくなる
数値　15
問３ 右図

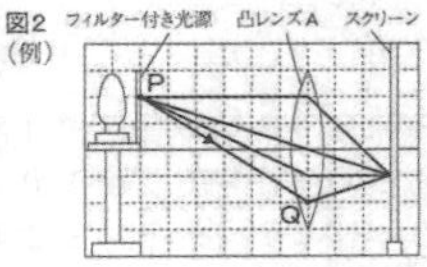

問１　スクリーンに映る像は実像なので、光源側から見ると上下左右反転して見える。
問３　スクリーンにはっきり映るのは光源から出た光が、スクリーンの１点に集まるときである。まずは、P点から中心を通る直線を引き、スクリーンに接した点に集まるように作図していく。

■令和４年　7

問１ 図２（例）右図
鏡にうつって見える
つまようじの本数（２）本
問２ (1) ２　(2) ① ア　② ウ　現象 全反射

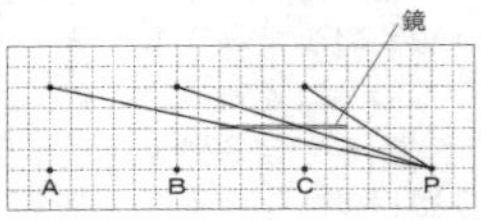

(1)　ガラスの中を進む光は、ガラス面で屈折する。

■令和４年　8

問１ 図２ 右図　問２ 0.16N
問３ ① ３
② （例）物体Aの下面に加わる水圧と上面に加わる水圧の差は変わらない
問４ 250Pa

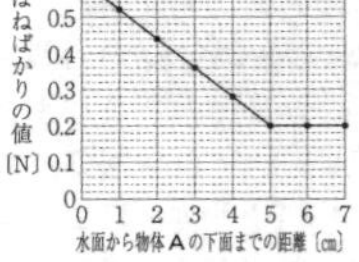

問２　水面から物体Aの下面までの距離が０cm のとき、物体Aは完全に水面上にあるので、浮力がかかっていない。よって 2.0cm のときにかかる浮力は、0.60 － 0.44 ＝ 0.16 N
問３　水深が大きくなれば大きくなるほど、かかる圧力は大きくなる。
問４　表より、物体Aにはたらく重力は 0.60 N
図３において、ばねばかりの値が 0.40N を示していることから、物体Aが台におよぼす下向きの力は
0.60－0.40＝0.20 N

$$\text{圧力 (Pa)} = \frac{\text{力 (N)}}{\text{面積 (m}^2\text{)}} = \frac{0.20}{0.0008} = 250\text{Pa}$$

〈物質の性質とその変化〉

■平成27年　3

問１ (1) NaCl　CO_2　(2) １，４
問２ 化学反応式　$2H_2+O_2 \rightarrow 2H_2O$
理由　（例）（この電池の化学変化で生じる物質は，）水だけだから。

問１　（１）　炭酸水素ナトリウム（$NaHCO_3$）と塩酸（HCl）を反応させたときの化学反応式は $NaHCO_3 + HCl \rightarrow NaCl + H_2O + CO_2$ よって，水以外の２つの物質は NaCl と CO_2
（２）　質量保存の法則…「化学変化の前後で，物質全体の質量は変化しないという法則」が成り立つので，１，A＝Bは適切。
また，Cは，ふたを開け気体が外へ逃げている分，質量A，Bより，質量は小さい。よって，４，A＞Cは適切。
問２　水素を燃料とした燃料電池は，水素と酸素の化合によって電気エネルギーを得ている。ここで発生するのは水だけであるので大気をよごす物質の排出がほとんどない。

■平成28年　3

問１ (1) 名称　硫化水素
注意　（例）（実験室の）換気をよくする。
(2) X　化合　Y　１
問２ 記号　イ
内容　（例）液体のろうよりも密度が大きい

問１　（１）　Fe＋S→FeS となり硫化鉄ができる。硫化鉄に塩酸を入れると，FeS＋2HCl→$FeCl_2$＋H_2S（硫化水素）が発生する。これは有毒なので換気をしながら実験を行う必要がある。
（２）　化学反応のまとめ

①分解…１種類の物質が２種類以上の別の物質に分かれること。
②化合…２種類以上の物質が結びつき，別の１種類の物質ができること。
③酸化…化合の中でも特に酸素と結びつく化学変化のこと。
④還元…酸素と結びついている物質から酸素が取り去られる化学変化のこと。

選択肢２，３，４は分解で用いられる物質である。１の銅は加熱すると酸素と結びついて酸化銅になる。
問２　物質の密度は，固体→液体→気体の順に小さくなる。ただし，水は例外で，液体のときの密度が最大となるので注意が必要だ。

■平成29年　3

問１ （例）出てきた気体を冷やす。
問２ (1) ２
(2) 記号　A　方法　（例）脱脂綿につけ，火をつける。
問３ ①　蒸留（分留）　②　石油（原油）

問２　（１）　混合液の中の、沸点の低いエタノールが約６分後に沸とうし始める。その後、沸点の高い水が沸とうし始める。
（２）

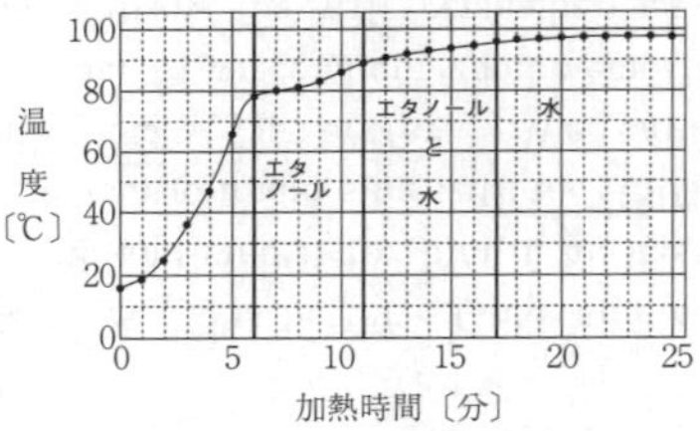

このように時間ごとに気体として出てくるものが違う。A、B、Cの順に集めるので、含まれるものが変わる。
A　エタノール　B　エタノール、水　C　水

■平成31年　3

問１　２
問２　番号 １　理由（例）固体の物質は，ろ紙の穴より大きいので，通りぬけることができないから。
問３　(1) ４　(2)　32
(3) （例）（固体が出はじめるまでは，）濃度は変わらないが，固体が出はじめた後は，濃度が小さくなる。
(4) （例）水を蒸発させる。

(問１)　溶けた物質は、水溶液全体の濃度が均一になるように分布する。
(問３)　（３）水溶液に溶けている物質の量が減るため、濃度は小さくなるはずである。
（４）温度を下げても、溶解度があまり変化しないため、水の量を減らすことで、物質を取り出す。

■令和3年　3

問1　(1) 4　(2)(例) エタノールの沸点が，水の沸点より低いから。　(3) 蒸留

問2　(例) 水の密度より小さく，エタノールの密度より大きい

(1)　蒸気の温度を正しく測定するためには、
枝つきフラスコの枝の付近に温度計の球を配置する。

■令和3年　4

問1　2

問2　(例1) 水に溶ける量の違いをみる。
(例2) 水に溶かしてフェノールフタレイン液を加え，色の違いをみる。

問3　(1) ($2NaHCO_3$) → Na_2CO_3 + (CO_2) + (H_2O)
(2)(例) 分解

問4　1，3

問1　塩化コバルト紙は水分を吸収すると青色から赤色に変化するため水の検出に用いられる。

問2　Aの中に残った物質は炭酸ナトリウムである。
炭酸水素ナトリウムと炭酸ナトリウムでは溶解度やアルカリ性の強さに違いが見られる。

問4　1　$Zn + 2HCl \rightarrow ZnCl_2 + H_2$
3　$2H_2O_2 \rightarrow 2H_2O + O_2$

■令和5年　3

問1　4

問2　8.8

問3　(例) 物質の種類によって密度

問4　ア P　イ (例) 水銀よりも密度が小さい

問1　1mL＝1cm^3 なので、30.0mL の水が入ったメスシリンダーに 4.0cm^3 の金属Bを入れると、メスシリンダーの目盛りは 30.0＋4.0＝34.0mL を示す。メスシリンダーは水面の一番低いところを読み取る。

問2　物質の密度$(g/cm^3) = \frac{物質の質量(g)}{物質の体積(cm^3)}$　より、

$\frac{40.5}{4.6} = 8.80 \cdots \fallingdotseq 8.8 (g/cm^3)$

問3　密度は物体ごとに決まった値を持つ。

問4　その物質の密度が液体よりも大きければ沈み、小さければ浮く。

〈化学変化と原子・分子〉

■平成29年　4

問1　4

問2　(例) 銅をすべて酸素と反応させるため。

問3　図2

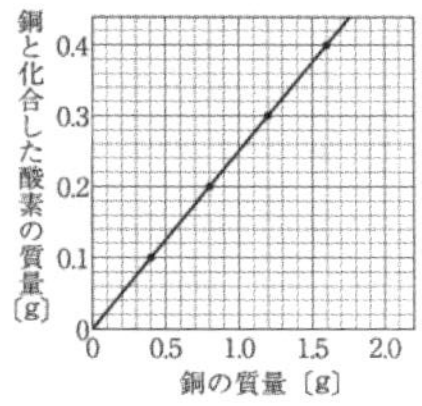

比
銅：酸素
4：1

問4　図3

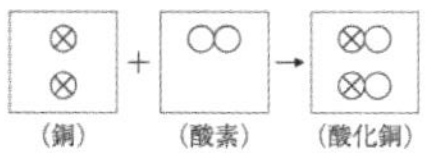

問4　酸素原子1つと銅原子1つが化合する。酸素は，原子2つで1つなので，銅原子は2つ必要。

■平成30年　3

問1　(例) (試験管Bに集めた気体には，) 空気が多く含まれるから。

問2　(例) 電流を流す

問3　(1) a (例) 分解　b 化合物
(2) ($2Ag_2O$) → $4Ag$ + (O_2)

(問1)　発生する気体のうち、初めの方は試験管Aやゴム管に含まれる空気である。

(問2)　金属は電流を流す。

(問3)　(2) 酸化銀の化学式は Ag_2O であり、右辺に銀原子が4つあることから、左辺は $2Ag_2O$ と分かる。

■令和2年　3

問1　ア a　イ X

問2　(1)(例) 加熱の回数が増えるとともに増加し，やがて変化しなくなった
(2) 0.32 g

問3　右図

図4

$2Cu$ + (O_2) → ($2CuO$)

問1　aが空気調節ねじ、bがガス調節ねじである。

問2(2)　C班に注目すると、銅 2.0 gに対し、加熱後の物質の質量は、2.5 gなので、2つの質量比は 2.0：2.5＝4：5。したがって銅と、化合する酸素の質量比は4：1。
2回目の加熱後の皿には 19.97 − 17.55 ＝ 2.42〔g〕あるので、結合した酸素は 2.42 − 2.00 ＝ 0.42〔g〕。よって酸素と化合した銅の質量を x gとすると 4：1 ＝ x：0.42 つまり x ＝ 1.68 なので、求める質量は 2.00 − 1.68 ＝ 0.32〔g〕

■令和4年　3

問1　図3 (H_2SO_4) + ($Ba(OH)_2$) → $BaSO_4$ + ($2H_2O$)

問2　番号 4　Z 質量保存

問3　番号 2
理由 (例) 容器の中の気体が容器の外へ出ていったから。

問1　硫酸＋水酸化バリウム→硫酸バリウム＋水

問3　うすい塩酸と炭酸水素ナトリウムを混ぜると、二酸化炭素が発生する。

〈イオンと酸・アルカリ〉

■平成27年　4

問1　(例) ピンチコックでゴム管を閉じる。

問2　(例) 赤インクをつけたろ紙を近づける。

問3　(例) 電子を失って，プラス

問4　図2 (例)

問2　発生した塩素の性質を利用する。
塩素の特徴的な性質はにおいと漂白作用である。

■平成28年　4

問1　(例) 水溶液どうしが混ざることを防ぐため。

問2　記号 Q
書き直し (例) 電流が流れるものと流れないものがある

問3　(1) 電解質　(2) 図3 (例)

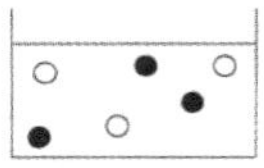

問2　中性の水溶液の中でも食塩水には電流が流れるが，砂糖水のように電流が流れないものもある。よって，Qが不適切。

問3　(2)　塩化水素 HCl は，水素：塩素＝1：1で結びついている。図3を見ると水素イオンが3個あるので塩化物イオン○を3個書き足せば良い。

■平成30年　4

問1　4

問2　ア 水素　イ 2

問3　① R　② Q

(問1)　装置Bでは、2つの亜鉛板が溶け出すため電流は流れない。
装置Cでは、水溶液が非電解質なため電流は流れない。

(問2)　銅板では、以下の反応が起きている。
$2H^+ + ⊖⊖ \rightarrow H_2$
ここで H^+ は陽イオンであるため○となり、H_2 は水素原子2つから出来ているため、◎◎となる。

(問3)　アルミニウムはくが、ぼろぼろになったという箇所から、以下の反応が進行していることが分かる。
$Al \rightarrow Al^{3+} + ⊖⊖⊖$
上の式より、電子を放出しているため、Qに一端子をつなぐ必要がある。さらに電流を流すためには、キッチンペーパーは電気を通さないため、Rに十端子をつながなければならない。

■令和２年　4

問１　青色
問２　NaCl
問３　① 水素イオン　② 水酸化物イオン
問４　右図

(例)
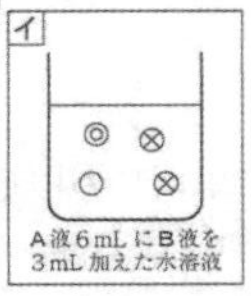

問２　この実験で起きた反応の化学反応式は
$HCl + NaOH \rightarrow NaCl + H_2O$
問４　○●は水のことなのでイオンとして中に残らない。

■令和４年　4

問１　(1) (例) イオンになりやすい
(2) 図３　(Cu^{2+}) ＋ $(2e^-)$ →Cu
(3) ３
問２　化学（エネルギー）
問３　燃料電池

問１　(3)〔結果〕の表に注目すると、亜鉛板が－極、銅板が＋極になっていることがわかる。そして、電子は－から＋へ移動する。

■令和５年　4

問１　(例) 少ない量の薬品
問２　Zn
問３　図３　Mg→ (Mg^{2+}) ＋ $(2e^-)$
問４　ア マグネシウム　イ 亜鉛　ウ 銅

問２　マグネシウムが電子を放出してマグネシウムイオンになり、マグネシウムが放出した電子を水溶液中の亜鉛イオンが受けとり、亜鉛原子になる。よって、この黒い物質は亜鉛原子、Zn である。
問３　マグネシウム原子が電子を２個放出してマグネシウムイオンになる。
$Mg \rightarrow Mg^{2+} + 2e^-$
問４　イオンのなりやすさはＣより亜鉛＞銅、Ｅよりマグネシウム＞銅、Ｆよりマグネシウム＞亜鉛であり、イオンのなりやすさは、マグネシウム＞亜鉛＞銅となる。

〈電流とそのはたらき〉

■平成27年　7

問１ 電力
問２ 右図
問３ (1) 比例　(2) 120J

図２
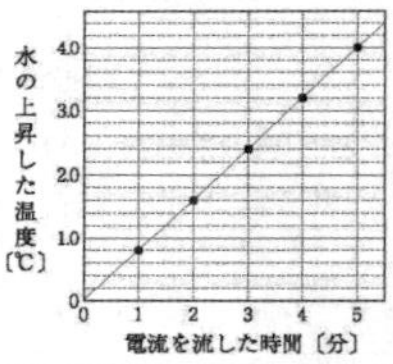

問１　電圧と電流の積で求まるものは電力である。
問２　「水の上昇した温度」は１分後 0.8℃，２分後 1.6℃，３分後 2.4℃…と，１分ごとに 0.8℃ずつ上昇しているので，それをグラフに表せばよい。
問３　(2)　水が得た熱量(cal)＝水の質量(g)×水の温度変化(℃)で計算できる。
水が得た熱量＝100×４＝400(cal)
１cal＝4.2J なので　400×4.2＝1680(J) これが水が得た熱量です。
電熱線の発熱量(J)＝電力(w)×時間＝電圧×電流×時間(s)
＝６×１×300＝1800(J)
よって　1800－1680＝120(J)

■平成28年　7

問１ 右図
問２ (1) 6.0V　(2) Y→Z→X
問３ 7A

図２
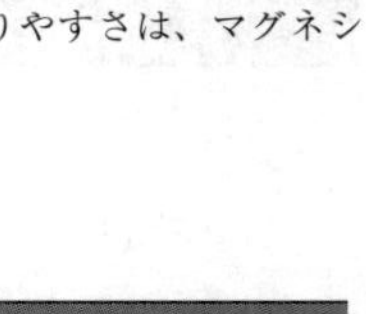

問２　(1)　表より，電熱線１本の抵抗は，1.0(V)÷0.04(A)＝25(Ω)。図３より電熱線２本なので全体抵抗は 25＋25＝50(Ω)。よって，求める電圧は，0.12(A)×50(Ω)＝6.0(V)。
(2)　並列回路（図４）の時，全体抵抗は，各抵抗よりも小さくなる。このことより，全体電流は各抵抗に流れる電流よりも大きくなるので Y＞Z…①
また，ＸとＺにかかる抵抗を比べると，Ｘの方がＺより２倍の抵抗がかかるので，流れる電流はＸの方が小さくなる。Z＞X…②
①②より，Y→Z→X が答えとなる。

問３　電力(W)＝電圧(V)×電流(A)で求められる。ミキサーに流れる電流は，200(W)＝100(V)×電流⇒電流＝２(A)…①
次に，電気炊飯器に流れる電流は，
500(W)＝100(V)×電流⇒電流＝５(A)…②
①②より，延長コードに流れる電流は２＋５＝7.0(A)

■平成30年　7

問１　(例) コイルに流れる電流を逆向きにする。
問２　20　Ω
問３　Ｃ　→　Ａ　→　Ｂ
問４　① ３　② 電磁誘導

(問１)　磁石のＮ極とＳ極を入れ替えるなども可。
(問２)　抵抗＝電圧÷電流＝５÷0.25＝20（Ω）
(問３)　コイルを大きく動かす為には、電流の大きさを大きくする必要があり、そのためには抵抗を小さくしなければならない。したがって、C→A→B。

■平成31年　7

問１　右図
問２　ア (例) 原点を通る直線
イ 1.5
問３　3.0W
問４　(例１) どれかの電気器具のスイッチを切っても，他の電気器具が使える。
(例２) どの電気器具にも同じ電圧が加わる。

図１
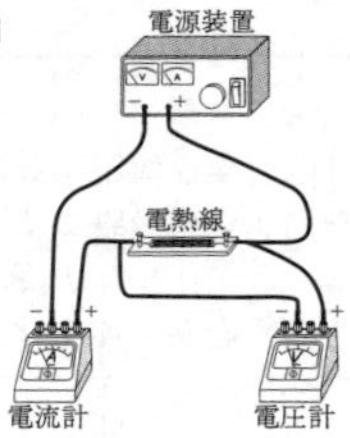

(問１)　電熱線に対して、電流計は直列に、電圧計は並列に接続する。
(問２)　イ　電圧が 3.0V のとき、電熱線ａは 100mA(0.10A)、電熱線ｂは 150mA(0.15A) なので、電熱線ａの抵抗は、$\frac{3.0}{0.10}$＝30(Ω)、電熱線ｂの抵抗は、$\frac{3.0}{0.15}$＝20(Ω)　よって、1.5 倍。
(問３)　電熱線ａとｂは、並列接続なので、6.0 V ずつ電圧がかかる。
電熱線ａを流れる電流は $\frac{6}{30}$＝0.20（A）
電熱線ｂを流れる電流は $\frac{6}{20}$＝0.30（A）
したがって、回路全体の電力は 0.20×6＋0.30×6＝3.0(W)。

■令和２年　8

問１　２
問２　作図 右図
内容 (例) 電力の大きさと電流を流した時間
問３　(1) 150 J
(2) (熱) 伝導
問４　① 光　② ア

図３ (例)
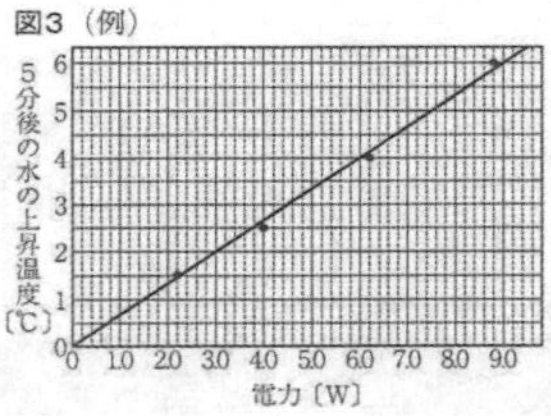

問１　電圧計は並列に、電流計は直列につなぐ。
問２　多少の誤差があるが直線はすべての点に近くなるように引く。
問３(1)　電熱線の発熱量は４〔W〕×300〔s〕＝1200〔J〕一方、水が得た熱量は、4.2〔J〕×100〔g〕×2.5〔℃〕＝1050〔J〕
よって、1200－1050＝150〔J〕

■令和３年　7

問１　右図
問２　12Ω
問３　① ＝　② ＜
問４　３分20秒

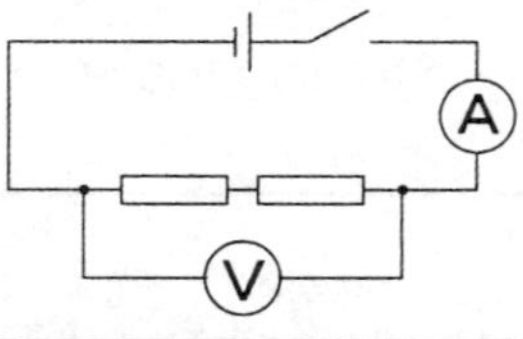

問１　電流計は回路に対して直列に、電圧計は並列につなぐ。
問２　回路Ｂ全体の抵抗の大きさをＲ〔Ω〕とすると
$\frac{1}{R}=\frac{1}{20}+\frac{1}{30}=\frac{1}{12}$　　12 Ω
問３　オームの法則より、$P = Q = \frac{3}{20+30} = 0.06$〔A〕
$R = \frac{3}{30} = 0.1$〔A〕　　P＜R
問４　アイロンの使用時間を x〔s〕とすると、
$1200x = 50 \times 80 \times 60$
$x = 200$〔s〕　３分 20 秒

■令和５年　7

問１　(例) 逃げる熱量を少なくすることができるから。

問２　(例) 右図

問３　図２ 右図

問４　ア Ｂ　イ 大きい

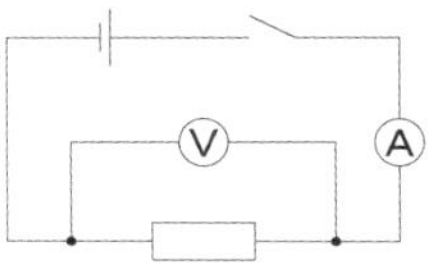

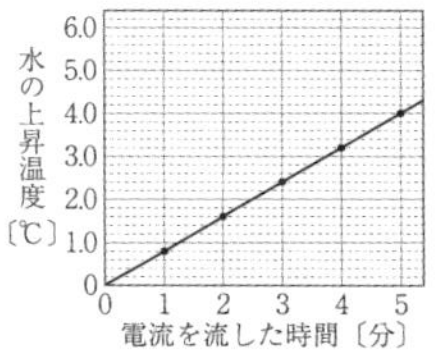

問１　発泡ポリスチレンは熱伝導率が小さいため、逃げる熱量を少なくすることができ、より正確な実験結果を得ることができる。

問４　同じ 6.0V の電圧になるように電圧を調整しており、電力(W)＝電圧(V)×電流(A)、表１より、各班の電力は A 班は 6W、B 班は 9W、C 班は 3W なので、電流は A 班は 1.0A、B 班は 1.5A、C 班は 0.5A 電流が流れていることがわかる。オームの法則

抵抗(Ω)＝$\frac{電圧(V)}{電流(A)}$より、

各班の抵抗は A 班が 6Ω、B 班が 4Ω、C 班が 12Ω であり、最も電気抵抗が小さいのは B 班の電熱線である。

よって、電力が大きい電熱線のほうが電気抵抗が小さいことがわかる。また、図３より、電力と５分後の水の上昇温度は比例の関係にあるので、電力が大きい電熱線、すなわち電気抵抗の小さい電熱線のほうが発熱量が大きいと考えられる。

〈運動とエネルギー〉

■平成28年　8

問１ 右図

問２ (1) 記号 ア　内容 (例) 質量が大きい

(2) 0.5倍

図2

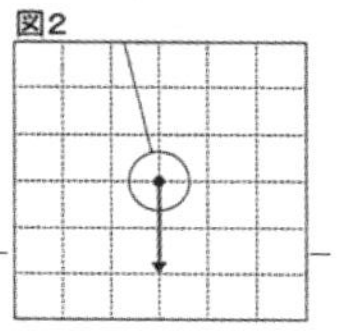

問１　球 A 200(g) にかかる重力は２(N) であるので、物体の中心から下向きに２目盛り分伸ばせばよい。

問２　(２)　アの図において、位置エネルギーと運動エネルギーの変化は下の表のようになる。

点	位置エネルギー	運動エネルギー
P	0.2(J)	0 (J)
Q	0.12(J)	0.08(J)
R	0 (J)	0.2(J)
S	0.04(J)	0.16(J)

よって、Q点での運動エネルギーはS点での運動エネルギーの 0.5 倍。

■平成30年　8

問１　右図

問２　右図

問３　22.5cm

問４　時間 (例) 短くなる。

速さ (例) 変わらない。

問１

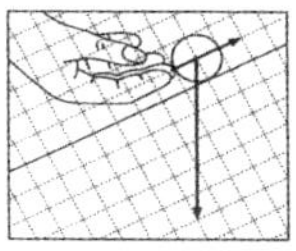

問２

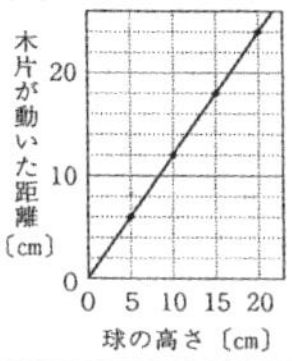

(問１)　図３の重力を表す矢印を分解すると、右図のようになる。

斜面に平方な方向には３メモリ分なので、指が触れている部分から３メモリ分伸ばす。

(問２)　比例関係にあることが分かる。

(問３)　球 X が 5 cm 高くなると、木片が 4 cm 長く動く。18cm 動かすためには、20 と 25 の中間である 22.5 (cm) にする必要がある。

(問４)　斜面の傾きが急になったため、時間は短くなる。また、力学的エネルギー保存の法則より、初めの位置エネルギーの大きさは変わらないので、速さも変わらない。

問３

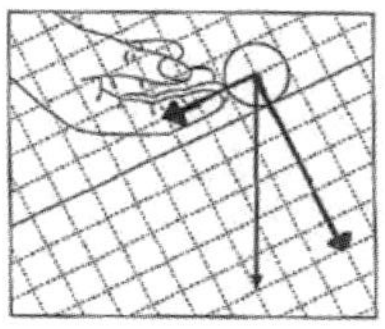

■平成31年　8

問１　右図

問２　表 右表

語句 (例) 増え方

問３　3

問１

図３

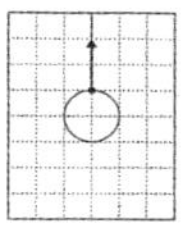

問２

表【おもりの平均の速さ】

区間(テープ番号)	①	②	③	④
おもりの平均の速さ〔cm/s〕	82	180	278	376

(問２)　６打点＝$\frac{1}{60}$×６＝$\frac{1}{10}$秒を表す。よって、それぞれのテープの長さを$\frac{1}{10}$秒で割れば求められる。

(問３)　自由落下において、距離は時間の２乗に比例する。

■令和３年　8

問１　運動 等速直線運動

作図 右図

問２　55 g

問３　右図

問１

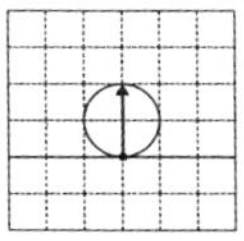

問３

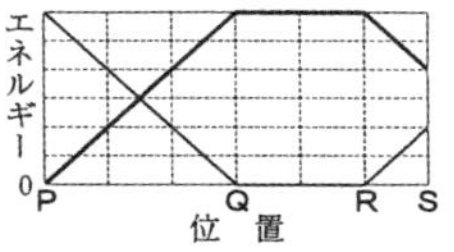

問２　表より、木片が動いた距離は球の質量に比例する。

よって球Mの質量を m〔g〕とすると、球の高さ 10〔cm〕のときの球Xが木片を動かした距離を参照して、

m：11 ＝ 20：4

m＝$\frac{220}{4}$＝ 55 g

問３　力学的エネルギー保存の法則より、位置エネルギーと運動エネルギーの和は一定である。

■令和５年　8

問１　59.5 cm/s

問２　(1) (例) 時間　(2) Ｙ ２　Ｚ １

問３　あ (例) 長くなる。　い (例) 変わらない。

問１　図２より、$\frac{1}{60}$秒ごとに打点する記録タイマー６打点ずつで区切っており、それぞれ 0.1 秒間、合計 0.4 秒間に進んでいる。テープの長さの合計は 2.2cm＋4.7cm＋7.2cm＋9.7cm＝23.8cm なので、23.8÷0.4＝59.5cm/ 秒。

問２　(1)　図２はテープの先端を結ぶと、x 軸を「時間」、y 軸を「台車の平均の速さ」が比例の関係にあることがわかる。

(2)　健さんは斜面を下っている間に台車が運動の向きに受ける力の大きさは変わらないと思っているので、健さんの考えが正しいならば、A 点と B 点で受ける力の大きさは等しくなる。花さんは台車が斜面を下るにつれて台車が運動の向きに受ける力は大きくなっていくと思っているので、花さんの考えが正しいのであれば、A 点より B 点の方が受ける力の大きさが大きくなる。

問３　あ　斜面の角度を小さくすると台車が受けている斜面に平行な力の大きさは小さくなり、速さの変化も小さくなるため、台車の先端が D 点に達するまでの時間は長くなる。

い　台車から手を離した高さが同じであれば台車が持つ位置エネルギーは同じである。斜面を下るにつれて位置エネルギーは運動エネルギーに変換されていき、台車の先端が D 点に達したとき位置エネルギーがすべて運動エネルギーに変換されているのであるから、図４の場合も図５の場合も D 点における運動エネルギーは同じであり、速さは変わらない。

◎２分野

〈植物の生活と種類〉

■平成27年　1

問１　図 (例) 右図　　問２ ア Ｐ　イ Ｓ

問３　現象 蒸散

内容 (例) 出入りを調節

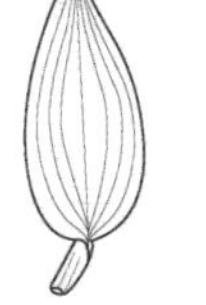

問１　単子葉類の葉脈は平行脈である。

■平成28年　1

問１　(例) ルーペを目に近づけて持ち，観察するものを前後に動かして

問２　子房　　問３　(例) 花粉が柱頭につくこと。

問４　(例) 精細胞の核と卵細胞の核が合体する

問２　受粉が起こると，やがて子房は果実になり，胚珠は種子になる。

■平成30年 1

問１ (例) (水面からの) 水の蒸発を防ぐため。
問２ (1) ア (A)と(B)または(B)と(A)
イ (A)と(C)または(C)と(A)
(2) (例) 葉の表と比べて葉の裏のほうが多くの水を放出する
問３ 名称 道管

(問１) メスシリンダーの水が蒸発してしまうと、蒸散量が分からなくなる。
(問２) （１） 装置A…全ての表面
装置B…葉の表以外の全ての表面
装置C…葉の裏以外の全ての表面
からそれぞれ蒸散している。
（２） アとイを比較することで、葉の裏からの蒸散の方が多いことが分かる。
(問３) 維管束の内側を通り、吸収した水を運ぶ管が道管である。

■平成31年 1

問１ 内容 (例) 光をあてるだけでは，BTB液の色が変化しないこと。 名称 対照（実験）
問２ 記号 P 名称 二酸化炭素
問３ X (例１) 火のついた線香を入れる
(例２) 気体検知管を入れて気体を吸いこむ
Y 酸素

(問１) オオカナダモの光合成のみによって、BTB液の色が変化することが書かれていれば良い。
(問３) X 光合成により発生した酸素を調べる操作であれば良い。

■令和２年 1

問１ (例) 葉を脱色するはたらきがあるから。
問２ ア (例) 緑色の部分 イ (A)と(B)または(B)と(A)
問３ P b Q 師管 R 水

問２ Aのみ青紫色になったことに注目する。イは光が当たるかどうか以外の条件がそろうように考えればよい。

■令和４年 1

問１ 右図
問２ A 4 B 2 C 1
問３ (例) 花粉管をのばす
問４ 2，3

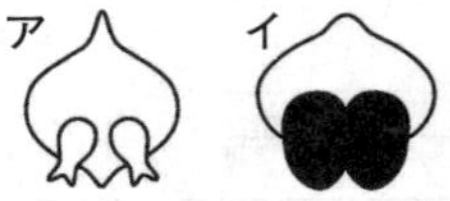

問２ Aには種子植物の特徴、Bには被子植物の特徴、Cには裸子植物の特徴を入れる。
問４ スギナとゼンマイはシダ植物。

■令和５年 1

問１ 2，3 問２ 蒸散
問３ ア（ A ）と（ B ）または（ B ）と（ A ） イ Q
問４ (例) 表面積が広くなる

問３ ワセリンを塗ると気孔がふさがり蒸散ができなくなるので、装置Aは葉の裏側と葉以外から、装置Bは葉の表側と葉以外から、装置Cは葉以外から蒸散をしている。装置Aと装置Bの結果を比べると装置Aから31mm分、装置Bから11mm分蒸散しており、葉の裏側からは葉の表側からより20mm分多く蒸散していることになる。これはAの装置の蒸散の量の約３分の２にあたり、主に葉の裏から蒸散しているということがわかる。

〈動物の生活と種類〉

■平成29年 1

問１ 心臓 問２ B
問３ (例) 酸素が多いところでは酸素と結びつき，酸素が少ないところでは結びついた酸素の一部をはなす。
問４ a 血しょう b 組織液

問２ A：レボルバー…回すことで、レンズの倍率を変える。
B：しぼり…明るさを調節する。
C：微調節ねじ…細かいピントを合わせる。
D：調節ねじ…回すとステージが動き、大まかにピントを合わせる。

■平成30年 2

問１ ア えら呼吸 イ (例) 肺呼吸と皮ふ呼吸
問２ (例) 体温の保ち方
問３ ① 相同器官 ② 進化

(問１) おたまじゃくしは水中でえら呼吸を、カエルは陸上で肺呼吸と皮ふ呼吸を行う。
(問２) ハトなどの鳥類は恒温動物、トカゲなどのハチュウ類は変温動物である。

■令和２年 2

問１ 感覚器官 問２ 4 問３ 名称 反射 番号 1
問４ (例) せきずいから脳へ伝え，脳で判断して

問２ 腕の筋肉は腕を折り曲げたり伸ばしたりするためについている。そのため、けんは手に近い骨についている必要がある。

■令和３年 1

問１ ア 肺 イ 皮ふ
問２ 記号 D
特徴 (例) 外界の温度が変わっても，体温が一定に保たれる。
問３ ハチュウ類
問４ (1) 外骨格 (2) 4

問２ 変温動物・・・魚類、両生類、は虫類
恒温動物・・・鳥類、ほ乳類

■令和４年 2

問１ (例) 突沸を防ぐため。
問２ ア（ A ）と（ C ）または（ C ）と（ A ）
イ（ B ）と（ D ）または（ D ）と（ B ）
問３ (1) 消化酵素 (2) 1，4

問２ 対照実験は、調べたいもの以外の条件を全て同じにしなければならない。
問３ 2はじん臓、3は心臓のはたらきである。

〈大地の変化〉

■平成27年 5

問１ 2
問２ (例) 長い時間をかけて冷えるため，一つ一つの結晶が大きく成長する
問３ (例) 流水で運ばれたから

問１ 図１は，A斑晶や石基がみられるので斑状組織。
図２は，同じくらいの大きさの鉱物がきっちり組み合わさっているから，等粒状組織。

■平成28年 5

問１ 右図
問２ (1) (例１) 地盤の性質
(例２) 土地のつくり
(2) 5.7km/s
問３ ① イ ② エ

図（例）

問２ (２) 図（時間），表（距離）を参考に，速さ＝距離÷時間より，震源からDまでの揺れの伝わる速さ＝74÷13＝5.69‥。よって，小数第２位を四捨五入して5.7km/s。

■平成30年 5

問1 (例)火山の噴火があった。 問2 CO_2
問3 内容 (例)遠くに運ばれる 記号 ア
問4 p 115 q 95 r 95 x 南

(問1) 火山灰は火山噴出物の1つである。
(問2) 石灰岩にうすい塩酸をかけると二酸化炭素が発生する。
(問3) 地表からの距離が、本来"砂の層"が形成される高さまで隆起したということ。
(問4) p…120 − 5 = 115 q…100 − 5 = 95
r…110 − 15 = 95
つまり、qとrは同じ標高で、pのみ高い。

■平成31年 5

問1 4 問2 (例)割合
問3 ① (例)ねばりけが強い ② Q
問4 地熱(発電)

(問2) 図を見ると分かるように、白っぽい鉱物の量の占めている割合が異なっている。
(問3) マグマのねばりけが強いと溶岩は、白っぽくなり、ドーム状(おわん形)の火山になる。

■令和3年 5

問1 E
問2 (例)流れる水のはたらきによって，角がけずられたから。
問3 (例)あたたかくて浅い海。
問4 右図

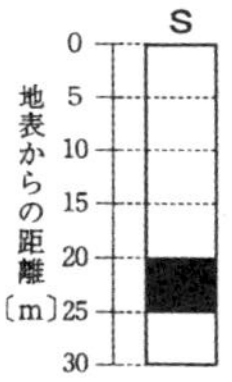

問1 下にある地層の方が上にある地層よりも古い。
問3 示相化石・・・ 堆積した当時の自然環境がわかる。
限られた環境で長期間生存した生物の化石。
アサリ・・・浅い海
シジミ・・・河口、湖
サンゴ・・・暖かく、きれいな浅い海
問4 化石を含む層に着目すると、RはQより10 m下に、PはRより5 m上に地層が位置する。よって、SはPより5 m下に地層が位置するから、地表からの距離20 mから25 mの範囲となる。

■令和5年 5

問1 等粒状組織
問2 (1) X (例)地表や地表付近で急速に
Y (例)地下深くでゆっくりと
(2) 4 (3)(例)有色の鉱物の割合

問2 (1) 火山岩は地表や地表付近でマグマが急速に冷え固まってできるため、マグマだまりで既に結晶になっていた斑晶と、小さな結晶や結晶になり切れなかったガラス質でできた石基からなる斑状組織になり、深成岩はマグマが地中深くでゆっくりと冷え固まってできるため、同じくらいの結晶が並んでいる等粒状組織になる。
(2) それぞれ色と形の特徴は、カンラン石はうす緑色や黄色で丸みのある四角形、カクセン石は濃い緑色や黒色で細長い柱状、セキエイは無色や白色で不規則、キ石は緑色や褐色で短い柱状である。
(3) 無色鉱物の割合が大きく、有色鉱物の割合が小さいと白っぽい色になる。

〈地球と太陽系〉

■平成28年 6

問1 イ→ウ→ア
問2 (星の) 日周運動
問3 (例) 北極星が，地軸のほぼ延長上にあるから。
問4 記号 b 理由 (例) 地球が公転しているから。

問1 北の星座は，北極星を中心に反時計回りに動く。よって，イ→ウ→アとなる。
問4 星の同じ時刻の位置は，東から西に1ヶ月で30°進んで見える。よって，1ヶ月後，ウと同じ時刻ではbの位置に見える。

■平成29年 6

問1 記号 b 理由 (例) 地球が自転しているから。
問2 ク 問3 ① Q ② S
問4 (例) 月が地球の影に入るから。

■平成30年 6

問1 (例) (油性ペンの先端の) 影がOと一致する位置に印をつける。
問2 B
問3 (1) 4時間30分
(2) (例) 公転面に対して地軸を傾けたまま，公転している

(問2) 図1において、A、Cが日の出、B、Dが日の入りであり、冬至は昼の長さが一年で最も短い。
(問3) (1) CDとABの差は、57 − 39 = 18(cm) であり、4 cmで1時間なので、18cmでは、18 ÷ 4 = 4.5時間。

■令和2年 6

問1 名称 日周運動 理由 (例) 地球が自転しているから。
問2 (例) 北極星が，地軸のほぼ延長上にあるから。
問3 内容 (例) 公転している
① a ② 6

問3 星は公転により、1年で反時計まわりに1周するので、1ヶ月で約360 ÷ 12 = 30°回転する。したがって2ヶ月後カシオペア座はaの位置にある。一方、日周運動で星は1時間に360 ÷ 24 = 15°回転する。よって、Xの位置にあった時刻は60 ÷ 15 = 4時間前と分かる。

■令和4年 6

問1 名称 日周運動 理由 (例) 地球が自転しているから。
問2 2
問3 (1) ① Q ② S
(2) (例) 公転面に対して地軸を傾けたまま

問2 図2より、1時間で動く長さが4.0cmであることがわかる。したがって、点Cから午前9時の点までの間15.4cmは、
$15.4 \div 4.0 = 3\frac{17}{20}$時間 = 3時間51分
よって、午前9時の3時間51分前は、午前5時9分

〈天気の変化〉

■平成27年 6

問1 (例) 熱が伝わりやすい性質。
問2 ア 16.0 イ 100 ウ (例) 水滴
問3 記号 d
理由 (例) Aより気温が高いので，飽和水蒸気量が大きいから。

問1 金属の特徴である熱が伝わりやすいことを利用している。
問2 露点…空気中にふくまれる水蒸気が水滴に変わるときの温度。このとき，湿度は100%である。
問3 飽和水蒸気量は，気温が上がれば上がるほど大きくなる。よって，Aのときの気温より高いものを選べばよい。= d

■平成29年 5

問1 ①(例) 寒気 ②(例) 暖気 ③ Q ④ R
問2 3 問3 0.75g
問4 (例) 地表の熱が宇宙へ逃げやすい

問2 乾湿計では、乾球温度計は実際の温度を示し、湿球温度計は水が蒸発して熱を奪うので実際の温度より低い温度を示す。
問3 飽和水蒸気量とは，湿度100%のときの水蒸気量のこと。グラフより、8時の湿度は65%、9時の湿度は70%とわかるので、差は5%である。よって，求める水蒸気量は、空気1 m^3 中にふくまれる量であることに注意すると、15.0 × 1 × 0.05 = 0.75g

■平成31年 6

問1 6月24日 R 12月26日 P 問2 4
問3 (例) 地点C付近の等圧線の間隔が最もせまいのは，12月26日である。

福 204 →

（問1） 低気圧の部分には、雲が出来やすい。12 月 26 日の気圧配置から、北海道あたりに雲が出来ているＰが正解。６月 24 日の停滞前線の位置から図の下の方に雲があるＲが正解。

（問3） 風は気圧の差により生まれる。等圧線が密に集まっている方が気圧の差が大きくなるため、風力も強くなる。

■令和３年　6

問１　１　　問２（例）南西から北に変わった。

問３（例）高気圧と低気圧が西から東へ交互に通過することで，周期的に変わる

問１　高気圧・・・中心付近には下降気流があり、風は中心より右回りにふき出す。

問２　寒冷前線が通過後、南よりの風から北よりの風に変わる。

■令和４年　5

問１　⑴(例) 熱を伝えやすいから。　⑵ 17.0

問２　**湿度** 66％　**水蒸気量** 12.8 g

問１　⑵　露点とは、水蒸気が水になるときの温度。

問２　図２、表１より、湿度は 66%、表２より乾球が示す 22℃の気温における飽和水蒸気量は 19.4 g

したがって、求める水蒸気量を x g とすると、

$$湿度(\%) = \frac{1m^3中の水蒸気量}{飽和水蒸気量} \times 100 より、$$

$$66 = \frac{x}{19.4} \times 100,\ x = 12.804 \fallingdotseq 12.8$$

■令和５年　6

問１　右図　　問２　１

問３　①ア　②ウ

問４　**記号** Q　**内容**（例）勢力が強く

図４

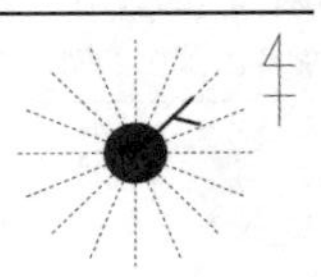

問１　天気図記号では○で天気（雨は●）、矢羽根の向きで風向、矢羽根の数で風力を示す。

問２　低気圧は西から東に進み、南東側に温暖前線が、南西側に寒冷前線ができる。前線は半円や三角の記号のついている向きに進む。

問３　つゆの時期は冷たくしめったオホーツク海気団と、あたたかくしめった小笠原気団がぶつかり合い、停滞前線ができる。

問４　７月の中頃になると小笠原気団の勢力が強くなり、ぶつかり合っていたオホーツク海気団を北に押しやることで梅雨前線が北に押し上げられ、やがて見られなくなる。

〈細胞・遺伝〉

■平成28年　2

問１（例）空気の泡が入りにくくなるから。

問２ 右図

問３ **名称** 細胞壁　**はたらき** 3

問４ 単細胞生物

図2

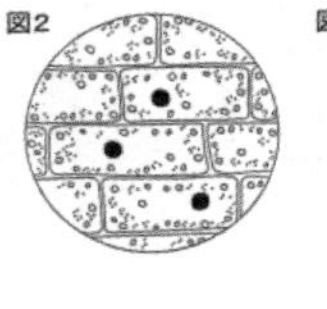

図3

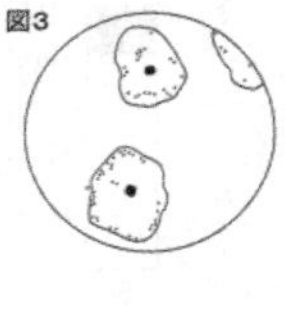

問２　酢酸カーミン液で赤く染まるのは，核と染色体である。よってその部分を塗りつぶせば良い。

問３　植物細胞にあって動物細胞にないものは，①細胞壁　②液胞　③葉緑体である。この中で細胞膜の外側にあり丈夫な膜は①細胞壁である。

■平成29年　2

問１（例）細胞が1つ1つはなれやすくなるから。

問２（例）細胞の数がふえ,ふえた細胞が大きくなる

問３（エ　→）ウ　→　ア　→　イ

問４（例1）（分裂前に,）染色体が複製されるから。

（例2）（分裂前に,）染色体の数が2倍になるから。

問２　観察結果の a を見ると、数は増えているが、大きさがまだ小さい。ここから、b や c と同じくらいの大きさにまで大きくなる。

問３　細胞分裂の流れ

① 糸状の染色体が見えるようになる。
② 染色体が細胞の中央に集まる。
③ 染色体が細胞の両端に分かれる。
④ 細胞に仕切りができ、２つに分かれはじめる。
⑤ 染色体が見えなくなり、核の形が現れる。
⑥ 細胞がそれぞれ元の大きさまで大きくなる。

①→　②→　③→　④→　⑤→　⑥→　①

というサイクルを繰り返す。

■平成31年　2

問１　**名称** 減数（分裂）　**染色体の数**（例）半分になっている。

問２　有性（生殖）

問３　**記号**（ア→）エ→ウ→オ→イ　**名称** 胚

問４　（例）組み合わせが両親と異なる

（問1） 染色体の数が半分になる細胞分裂のことを減数分裂という。

（問3） 細胞分裂を繰り返すことで、細胞の数は増えていき、卵の形から、おたまじゃくしの形になる。

（問4） 子は、両親から、１種類ずつ遺伝子を受け継ぐ。したがって、両親の遺伝子の組み合わせとは異なるため、その形質も異なる。

■令和３年　2

問１　ア（例）中央　イ しぼり

問２　⑴（a　→）c　→　d　→　b　→　e

⑵（例）細胞の数がふえ，それぞれの細胞が大きくなる

問３　X（例）染色体が複製され，２つの新しい細胞

Y 体細胞分裂

■令和５年　2

問１　生殖細胞　　問２　発生　　問３　２

問４　（例）子は親の染色体をそのまま受けつぐので，子は親と同じ形質を示すから。

問１　有性生殖を行うための特別な細胞を生殖細胞といい、動物では精子と卵がこれにあたる。

問３　卵や精子などの生殖細胞を作る際に減数分裂が行われ、染色体の数が半分になり、受精により受精卵の染色体の数は元の細胞の数と同じになる。

〈生物界のつながり〉

■平成27年　2

問１（例）（微生物を）死滅させるため。

問２ ⑴ １　⑵ 呼吸

⑶（例１）生物の死がい　（例２）動物のふん

社　会　解答

〈歴史総合〉

■平成27年　1

問1　A 4　D 2

問2　(例) 藤原氏は、娘を天皇のきさきとすることで、高い地位（または役職）につくことができたから。

問3　1　**問4**　(例) 領地と江戸との往復に、多くの出費をしいられたから。

問5　ウ　**問6**　A→C→B→D

■平成28年　1

問1　イ 3　エ 2　**問2**　あ　**問3**　4

問4　分国法　**問5**　1

■平成30年　1

問1　2

問2　(1) (例) 正式な貿易船と倭寇を区別するため。　(2) 4

問3　1　**問4**　D → A → C → B

問5　㋑ b　㋺ d

問6　㋩ (例) 石炭から石油に移った

㋥ (例) 重化学工業が発展した　㋭ 2（または二）

■平成31年　1

問1　4　**問2**　イ　**問3**　2

問4　(例) 農村に貨幣経済が広がり，生活水準が高まる中で，寺子屋で読み・書き・そろばんを学ぶようになった。

問5　大正デモクラシー　**問6**　1

■令和2年　1

問1　3　**問2**　あ 3　う 2

問3　(1) 2　(2) (例)（日本から来た）正式な貿易船であることを証明した。

問4　㋑ 石油危機（またはオイル・ショック）　㋺ バブル経済

問5　**記号** C

内容 (例) 貨幣経済が発達して，商品作物が売買された

■令和3年　1

問1　3　**問2**　㋑ b

㋺ (例) 娘を天皇のきさき（または娘を天皇のきさきとし，生まれた子を天皇）

問3　4　**問4**　薩摩藩 3　対馬藩 1

問5　2 → 1 → 4

問6　(例)（政府（国）が，）地主のもつ小作地を買い上げて，小作人に安く売りわたしたから。

■令和4年　1

問1　2　**問2**　㋑ 御恩　㋺ 奉公　**問3**　参勤交代

問4　3 → 4 → 2 → 1

問5　(1) ア 3　イ 2　ウ 4

(2) (例)（自給自足に近い生活から，）商品作物を売って，必要な品物を貨幣で購入するという生活に変化していった。

■令和5年　1

問1　カードA イ　カードD ウ　**問2**　㋑ 4　㋺ 3

問3　ア　**問4**　**番号** 2

㋭ (例) 分割して相続することで，領地が小さくなった

問5　2 → 4 → 1

問6　(例) 人を集めて，分業によって製品を生産する

〈近代史〉

■平成27年　2

問1　ⓐ B　ⓑ D　**問2**　う　**問3**　㋑ ア　㋺ エ

問4　2（番目）

■平成28年　2

問1　国会

問2　(1) 1

(2) (例1) 選挙権の制限のうち，納税額による制限が廃止されたから。

(例2) 25 歳以上のすべての男子に選挙権が与えられたから。

問3　Z 2　Y イ　**問4**　3

■平成29年　2

問1　ⓐ 5　ⓑ 1　**問2**　2

問3　(例) 世界規模での米ソを中心とした東西両陣営の対立が終わったこと。

番号 4

■平成30年　2

問1　㋑ (例) 25 歳以上の男子　㋺ (例) 20 歳以上の男女

問2　A → D → B

問3　(例) 主権を持つ国民の意思が，より政治に反映されるようになった

■令和2年　2

問1　㋑ P　㋺ (例) 第一次世界大戦により，輸出が増えた

問2　(例) 政党内閣が終わり，軍部が台頭した

■令和3年　2

問1　㋑ あ　㋺ え

問2　**パソコン ウ　冷蔵庫 ア**

問3　(例) 生糸の最大の貿易相手国であるアメリカへの生糸輸出額が大きく減少した。

問4　4（番目）

■令和4年　2

問1　㋐ a　㋑ d

問2　**変化** (例) 綿糸の輸出量が輸入量を上回るようになった。

理由 (例) 軽工業が発展し，綿糸が大量に生産されるようになったから。

問3　㋑ ベルサイユ　㋺ あ

問4　**記号** Y

理由 (例) アフリカ州で独立した国が増えたから。

■令和5年　2

問1　㋑ b　㋺ c　**問2**　㋩ ア　㋥ ウ

問3　(例) 石炭から石油に変わった

問4　あ z　い x　う y

〈世界地理〉

■平成28年 [3]

問1　ニュージーランド　問2　2

問3　(例) 消費量が，産出量を上回っている

問4　特色　(例) 日本企業の進出した数が，他の２か国より大きく増加した。

理由　(例) 平均賃金が，日本および他の２か国より安いから。

問5　(例) ドイツに流入した人の数が増加したことと，国民一人あたりの国内総生産額がドイツよりも低いこと。

■平成29年 [3]

問1　P　イ　Q　ア　問2　8 (月) 7 (日) 午後8 (時)

問3　ⓐY　ⓑZ　ⓒX

問4　㋑イギリス　㋺アジア (州)

問5　(例) 一人あたりの穀物生産量が，他の州に比べ最も少ないから。

■平成31年 [3]

問1　え

問2　番号　4　特徴　(例) 夏季は乾燥し (または降水量が少なく)，冬季は降水量が多い。

問3　3　問4　b

問5　㋑ (例) 日本より１時間あたりの賃金が低いから

㋺ (例) 人口と一人あたり国民総所得が増加し，大きな市場

■令和２年 [3]

問1　い，か　問2　C

問3　(1)　(例) 再生可能エネルギーによる発電を増やす

(2)　(例) 中国の大豆の輸入が増加し，ブラジルが森林を伐採するなどして耕地に変え，大豆の生産を増やした

■令和３年 [3]

問1　2　問2　イスラム教　問3　エ

問4　㋑ヨーロッパ連合 (またはＥＵ)

㋺ (例) 自由に (または自由に国境をこえて) 移動させることができる

問5　㋩ (例) 製品の原料や燃料となる輸出品の割合が大きい

㋥モノカルチャー

■令和４年 [3]

問1　ブラジル 6　フランス 1　問2　Z

問3　米 R　大豆 Q

問4　内容 (例) 経済特区を設け，外国企業を受け入れる

記号 オ

■令和５年 [3]

問1　4　問2　フランス (語)　問3　う　問4　A

問5　(1) (例) (Xの国では，) 日本及びYの国と比べて，一人あたりの１か月平均賃金が安いから。

(2) ㋑ (例) 輸出総額と輸入総額がともに増加し，輸出総額が輸入総額を上回った

㋺ (例) おもな輸出品が農産物から工業製品に変わった

〈日本地理〉

■平成29年 [4]

問1　ウ　問2　ⓑか　ⓔう　問3　C a　D c

問4　㋐ (例) 農業従事者一人あたりのトラクター保有台数が多い

㋑ (例) 農業従事者一人あたりの耕地面積が広い

問5　ⓟ (例) 最も人口が多い　ⓡ　広島

ⓠ (例) 事業所数が最も多く，高速道路と新幹線が通っている

■平成30年 [4]

問1　2　問2　ⓐ　畜産　ⓑ　米　北海道地方　T

問3　共通点　(例) 臨海部に立地している。

理由　(例) 原料の多くを船舶を使って輸入するから。

問4　(例) (静岡県より) 冷涼な気候を利用して，夏場に多く生産し，出荷している。

問5　㋑ (例) 昼間人口が多い。　㋺ (例) 近隣の県から通勤・通学のために流入する人口が多い　㋩　大阪府

■平成31年 [4]

問1　記号　a　県庁所在地名　前橋 (市)

問2　3　問3　ⓐ　X　ⓑ　ア

問4　P　(例) 広い　Q　(例) ゆるやか

問5　(例) (他の都道府県からの) 出荷量が少ない時期に出荷量を増やすことで，高い価格で売れるから。

■令和２年 [4]

問1　1　問2　3

問3　(例) 火山灰を成分とする地層が広く分布している県では，農業産出額に占める米の割合が低く，畜産の割合が高い

問4　(例) 高くなったことによって，生産にかかる費用を下げるために，海外生産比率を高めた

問5　記号 X

理由 (例) 海から離れることができ，標高が高いから。

■令和３年 [4]

問1　県 香川 (県)　県庁所在地 高松 (市)

問2　P 1　Q 3

理由 (例) 原料を輸入するのに便利だから。

問3　㋑屯田兵　㋺畑　㋩北東　問4　b

■令和４年 [4]

問1　近畿 (地方)　関東 (地方)　問2　X C　Y A

問3　(1) い

(2) (例) 他の都道府県のレタスやなすの出荷量が少ない時期に，多く出荷している。

問4　3

■令和５年 [4]

問1　3　問2　B

問3　(例) 瀬戸大橋 (または本州四国連絡橋) が開通したことで，開通前と比べて，短時間で移動できるようになったから。

問4　(1) ② c　③ a

(2) あ Q

い (例) 都市に向けて野菜を生産する園芸農業がさかんに行われている

〈公民〉

■平成28年 5

問１ 日本　**問２** ㋑い　㋺う　**問３** 1
問４ P 条例　Q 選挙管理委員会
問５ X オ　Y ア
問６ (例) 単に利益を追求するだけではなく，鉄道を利用することで，環境に配慮するという企業の社会的責任を果たすこと。

■平成29年 5

問１ (1) 2，3
(2) (例) (両選挙区の間では，) 議員一人あたりの有権者数の差が大きく，一票の価値も大きく異なること。
問２ (例) 税率が高くなる
問３ 3　**問４** 1
問５ ㋑い　㋺え
問６ (例) 歳入に占める公債金の割合が増加し，国債残高も増加しているので，このままでは，将来の世代に負担を先送りにすること。

■平成30年 5

問１ 納税　**問２** エ
問３ ㋑ 検察官　㋺ A
㋩ (例) 裁判官とともに有罪か無罪かを決め，有罪の場合は刑罰の内容を決める
問４ 事業所数 R　製造品出荷額等 P　中小企業 b
問５ ⓐ あ　ⓑ え
問６ X 安全保障理事会
理由 (例) 常任理事国である中国とロシアが拒否権を使ったから。

■平成31年 5

問１ 国民主権
問２ ⓐ 衆議院の優越
ⓑ (例) 任期が短く，解散があるため，国民の意思を反映する
問３ **記号** a　**目的** (例) 地方公共団体間の収入（または財政）の格差を減らすため。
問４ (例) お金に余裕がある個人・企業から預金を集め，お金を必要としている個人・企業に貸し出す仲立ちをすること。
問５ 4
問６ (例) (消費者は，) 認証基準を守って農産物が栽培されていることや農産物の情報を知ることで，安全・安心な農産物を購入することができる。

■令和２年 5

問１ **国会 B**　㋑イ　㋺エ
問２ (例) 二つの小選挙区の有権者数の違いから，一票の格差が生じており，日本国憲法に定められている法の下の平等に反する状態であったから。
問３ X
問４ (例) (税の負担を) 平等（または公正）にすることができるから。
問５ ㋐ b　㋑ c
問６ (例) (日本は，他国と比べて) 残業時間が長く，家事や子どもに関わる時間が短いため，仕事と家庭生活の両立を難しくしていること。

■令和３年 5

問１ 4
問２ ⓐ い　ⓑ う
問３ (例) 有権者数に占める投票者数の割合が小さくなり，国民の意思が政治に反映されにくくなる
問４ X (例) 出資者に株式を発行することで，資本金を効率よく集めることができる
Y 配当（または配当金）
問５ ㋐ a　㋑ c　㋒ f
問６ (1) **商品 ウ　立替払い カ**
(2) (例) 代金を直接支払わないので，支払い能力の範囲内で計画的に利用しなければならないこと。

■令和４年 5

問１ ㋐ A　㋑ 公共の福祉
問２ Ⓧ (例) 内閣総理大臣を指名する　Ⓨ エ
問３ X 政府　あ 税　**問４** ㋑ b　㋺ d　㋩ e
問５ (例) わが国の高齢者の割合が高くなるため，現役世代の負担が大きくなるという課題がある。
問６ **記号 S**
理由 (例) 常任理事国のロシアと中国が拒否権を行使し，決議案が否決されているから。

■令和５年 5

問１ ㋑ あ　㋺ (例) 温室効果ガス（または二酸化炭素）の排出量
問２ ㋩ A　㊁ D
問３ ㋭ 両院協議会　㋬ (例) 衆議院の議決が国会の議決
問４ ⓟ イ　ⓠ ウ
ⓡ (例) 有罪か無罪かを決め，有罪の場合は刑罰の内容を決める
問５ a 政府　b 銀行
問６ (1) 4
(2) X (例) 歳出に対する歳入の不足を補うこと
Y 4

福 208 →

〈記述（資料から推測）〉

■平成28年 6

問１ （例）農家数が減少するとともに農業従事者の高齢化が進んでおり，耕作放棄地が増えていること。

問２ （例）農作物を加工，販売することにより，売り上げを伸ばし，雇用を生み出す。

■平成29年 6

問１ 北西

問２ （例）携帯電話のうち，スマートフォンの保有率が大きくなり，スマートフォンを使ったインターネットの利用率も大きくなっている。

問３ （例）現金を使わずに商品を購入できるが，後で代金を請求されるので，支払い能力の範囲内で利用すること。

■平成30年 6

問１ ㋑ 2　3　5

㋺ （例）出生数が減少し，平均寿命がのびており，15 ～ 64 歳の人口割合が減少している

問２ （例）（家計が財やサービスを）消費することで，企業へ代金が支払われる。

■平成31年 6

問１ ㋑ （例）多くの食料が廃棄されているのに，世界の食料不足人口が多い

㋺ アフリカ（州）

問２ （例）不要となった食品のうち，賞味期限内の食品を海外へ食料支援をする団体を通して提供することで，廃棄する量が減り，食料不足の国等を援助することにつながる

■令和２年 6

A （例）自然界で分解されにくいプラスチックボトルの需要が増加している

B （例）輸入を規制するため，日本の廃プラスチックの処理が困難になる

C （例）廃棄や消費を抑制し，資源として再利用する

■令和３年 6

問１ A （例）出生数が減少し，平均寿命がのびている

B 少子高齢

問２ （例）全就業者数に占める，65 歳以上の就業者数の割合が大きくなっている

■令和４年 6

問１ （例）二酸化炭素を中心とした温室効果ガスが大量に排出されることにより，世界の年平均気温が上昇する地球温暖化が進み，海面水位が上昇している

問２ イ（例）産業部門の二酸化炭素排出量は減少しているが，家庭部門は増加している

ウ（例）家庭で節電をこころがける

■令和５年 6

問１ 大阪

問２ イ（例）15 ～ 64 歳の人口

ウ（例）65 歳以上の人口

問３ （例）町役場や地元の漁師や農家が協力して，開発や生産を行った商品の売上高をのばし，雇用を増やすこと

国　語　解答・解説

〈論説文〉

■平成 28 年　一

問一　働き　階級　**問二**　1　**問三**　みやこ
問四　**ア**　生まれた土地　**イ**　家族や故郷
問五　(例) 地方に住む多くの者が、産業革命によって生まれた近代の都市に出るようになったから。(40 字)
問六　3

問二　①名詞、1名詞、2動詞、3感動詞、4副詞
問三　「みやこ」＝「都」
問四　ア　傍線部②がある段落の最初にある。
　イ　第1段落の「家族や故郷などから切り離された喪失感」。
問五　傍線部③の直前をまとめればよい。
問六　1　「問題提起を繰り返しながら」が不適。
　2　「ふるさとは人々にとって温かい絆の残る場所であるべきだ」が不適。
　4　「都市の変化とふるさとの荒廃に心を痛める人々」が不適。

■平成 30 年　二

問一　**ア**(例) 樹木
イ(例) 開口部をとることが容易で、外部と内部が必然的に関係をもつ
ウ(例) 簡素なもの
問二　(例) 神としてあがめられた自然美と日本人の暮らしを一つにするということ。
問三　4

問一　ア　第1段落に書かれてある。
　イ　第3段落「日本の住宅は開口部を～必然的に関係を持った。」をまとめればよい。
　ウ　第5段落に書かれてある。
問二　傍線部の「その優美」とは直前に書かれてある「神としてあがめられていた自然美」、「生活」とは欧米人ではなく「日本人の生活」である。また、「一体にする」とは「一つにする」ことなので、これらを踏まえ傍線部を説明すればよい。
問三　1「住居と日本人のものの見方との関係について結論を示した上で」が不適。
　2「日本家屋で生活する人々の心理を分析」が不適。
　3「日本人と自然との関係について問題提起」が不適。

■令和２年　二

問一　信頼と助け合いの精神　**問二**　2　**問三**　4
問四　(C)
問五　(例)(共感能力によって)信頼関係が築かれ、交換、分業が可能になった結果、専門家が誕生し、技術が発達する(ことになり、ヒトは巨大で発展した社会を作り上げた。)

問一　第14段落に注目する。「もっと具体的にいえば」とあるので、その直前も具体的な内容であることがわかる。
問二　傍線部②直後の段落に注目。「取り分は平等」とある。
問三　1「チンパンジーとヒトとの共通点を示す」が不適。
　2「人間社会の改善すべき課題を見い出す」が不適。
　3「ヒトの行動をまねしようとするチンパンジー」が不適。
問四　(C) までは、他人を信頼する理由が書かれている。(D) からは、その信頼関係をもとに交換をすることについて書かれている。
問五　傍線部③直前の２段落をまとめればよい。「信頼関係」、「交換」、「分業」、「専門家」、「技術」はキーワードなので、答案の中に必ず入れたい。

■令和３年　一　(1)

問一　自分と向き合う静寂な時間　**問二**　B　**問三**　3
問四　1
問五　(例) 一人で行動できる人は、自分に自信があるため、一人の時間をもつことで思考が深まり、人間に深みが出て、頼もしく見えるから。

問一　Aの「自分と向き合う静寂な時間が気づきを与えてくれる。…そうしたことを教えてくれる心の声は自分の中に沈潜しないと聞こえてこない。」に注目。
問二　Bの「電車に乗っていても、…時間を潰す。」が具体的内容。
問三　傍線部③の直前に注目。
問四　「外的刺激に反応するだけの受け身の生活を脱」することによる生活の転換についての文である。アは「受け身」、イは「反射的」が入り、対になるウ・エはそれぞれ「主体的」、「創造的」が入る。
問五　傍線部④直後の一人で行動できる人について書かれている部分をまとめればよい。

■令和４年　一

問一　4　**問二**　d　**問三**　3
問四　(例) 社会を円滑に回す (働き)。
問五　(1) **ア** 過去の経験則や知識
(2) **イ** (例) 異なる価値観や理念を持つ人の考えを想像し、社会の変化に対応
問六　2

問一　初めの［ X ］で判断するのが良い。直前の「似ている」、直後の「異なっていて」に注目すると、逆接の接続詞を入れるのが適当だということがわかる。
問二　a、b、cは形容動詞だが、dは形容詞。
問三　直前の「各人が～出ざざるを得ない。」に注目する。
問四　直前の「社会は円滑に回っていかなくなる」に注目する。
問五　(2)「エンパシー」についての説明が書かれている、第二段落に注目する。
問六　1　「シンパシー」が不適。「エンパシー」なら良い。
　3　「諸外国との関係で起きる問題」が不適。
　4　「他の考え方に対する書き手の反論」は書かれていない。

■令和５年　一　(1)

問一　**X** 時は金　**問二**　**ア** 持続性や普遍性
問三　(例) 時間が紡ぎだす記憶により育てられ、維持されるもの。
問四　4
問五　(例) 相手と会って話をすることで、金に換算できない生きた時間を取り戻すこと。

問三　傍線部③直前の段落に注目する。
問四　1「人間との違いを明確」、「社会資本をつくった過程を説明」が不適。
　2「複数の共鳴集団をつくる危うさを伝える」が不適。
　3「人間の言葉の発達について解明できる」が不適。
問五　最終段落に注目する。

〈古文〉

ポイント①	― 歴史的仮名遣いで、“ア段＋う（ふ）”となっている時には、現代仮名遣いでは“オ段＋う”になる。 (例) からうじて→かろうじて、ちかう（近う）→ちこう
ポイント②	― 歴史的仮名遣いで語頭以外の“ハ・ヒ・フ・ヘ・ホ”は、現代仮名遣いでは“ワ・イ・ウ・エ・オ”になる。 (例) いひ→いい、とどのへがたし→とどのえがたし また、“ゑ”は“え”になることも覚えておこう。
ポイント③	― 〔……と言ふ〕〔……と問ふ〕〔……と答ふ〕といった表現になっているところでは、……の部分は「　」がついていなくても誰かのセリフ。引用の格助詞「と」をみつける。または「とて」（格助詞「と」に接続助詞「て」がついて一語化したもの）を探す。
ポイント④	― 切字とは、「や・かな・けり・ぞ・よ」といった語で、俳句や短歌中のある単語に付き、その単語の部分に作り手が最も感動していることを表す。現代語で言えば、「……だなあ」という感じ。
ポイント⑤	― 古文では主語が省略されていることが多いので、話の流れからその都度推測しながら読み進める必要がある。

■平成 28 年　二

問一　もちいる　　問二　ちひさき壌　細き流れ　　問三　4

問四　(例) 失敗をしない人間などいない

問五　ア　2

イ (例) 小さな過失は見逃し許して、優れた才能に着目をする（24 字）

現代語訳

ある人が言うには、人の主君となっている者は、劣っている者であっても嫌ってはいけない。書物ではこう言っている。
山は小さい土のかたまりを他に譲らない、だから高くなることができる。
海は細い流れを嫌がらない、だから深くなることができる。

また、賢明な君主がどんな人材も捨てないことは、車を造る職人が、木材を余さず使いきることにたとえることができる。曲がっている木も、短い木も使いきるのである。また人が食べ物を嫌っていれば、その体は必ず痩せてくるともいわれている。

総じて立派な人は、身分が低いからといって、その人を嫌ったりしてはいけないのである。およそかわいいからといって、過度に賞を与えてはいけないのである。憎いからといって、むやみに刑罰を加えたりしてはいけない。すべて公平に恩恵を施すべきなのである。また人に一度過失があったからといって、重い罪に処すのは、よくよく考えてからでなければいけない。一日千里を走るといわれる名馬でさえ、ひとつまずきの失敗がないわけではない。人間であっても、どうしてその道理から離れることがあろうか。

だから書物では、こういっている。

小さな過失は許し、優れた才能を見るべきだ、と。

■平成 30 年　四

問一　あらそう

問二　(1)　(例) 達人　(2)　2　(3)　乗るべき馬～べからず。

問三　(例) 何事にも徹底した慎重さをもつことが大切である

現代語訳

第１８６段

吉田と申す馬乗りが申しましたことには、「どの馬も手ごわいものである。人間の力では争うことはできないと知るべきである。乗ることになっている馬をまずよく見て、強い所弱いところを知るべきである。次に、轡や鞍といった馬具に心配なことがないか調べて、気になることがあれば、その馬を走らせてはいけない。この心構えを忘れない者を馬乗り乗馬の名人と申すのである。これが秘訣である」と申した。

第１８７段

あらゆる道の専門の人は、たとえ未熟であっても、巧みな専門外の素人と並んだ時、必ず勝っている事は、たゆみなく慎重にやって軽々しく行わないのと、ひたすら勝手気ままにやることが同じではないということである。

芸能や所作のみの話ではなく、大方のふるまい、心配りにおいても、愚鈍であっても慎重にやるのは、成功の元である。巧みでも好き放題にやるのは失敗の元である。

■平成 31 年　四

問一　やしないけり

問二　(1)　元啓こ　(2)　2

(3)　(例) 元啓もまた私のまねをし、次は私が捨てられる

問三　(例) 父に行動を改めさせて、祖父を救ったから。

現代語訳

漢の時代に孝行な孫（元啓）と呼ばれる者がいた。年齢は１３歳であったが、その父が妻の言葉に従って年老いた親を山に連れて行き捨てようとした。孝行な孫（元啓）は幼かったけれども思いやりがある者だったので、父を説得したが父は聞き入れなかった。元啓とふたりで、（祖父を）手輿に載せて山に捨てて帰った。元啓がこの輿を持って帰ろうとすると、父は「持って帰って何をするつもりだ」とそれを止めると、（元啓は）「お父さんが年をとった時、また持って行って捨てるためです」と言った。すると、父は（過ちに）気づいて、自分の父を捨てれば、（わが子が）これを見習ってきっと自分を捨てることになるだろうと思って、また親を連れて帰って養った。父を説得するもくろみが本当に知恵が深かったことだなあ。

■令和３年　三

問一　いずれもよさそう　　問二　(例) 名人

問三　本の白さぎが四五羽うちつれて飛ぶ（。）

問四　(1) ア (例) 他人の評価を受け入れない

イ (例) 自分の未熟さに気付かない

(2) ウ　慢

問二　未熟な者は自慢し、＿＿自慢しないことから、未熟な者の対義語を考えればよい。

問三　「亭主これを見て「あれ見給へ。あのように描きたいものものぢや」」とあるので、亭主の見た「これ」とは何かを考えればよい。「これ」の直前に注目する。

問四　(1)ア　主人の絵の感想に対して反論して聞き入れようとしていない。

イ　実物を参考にせず描いた自分の絵が間違っているのではなく、実物の羽の使い方が間違っていると考えている。

(2)ウ　おごり高ぶること、題名にもなっている自慢することを指す「慢」心。

■令和４年　三

問一　のみおわりて　　問二　人　遺ル二　一　瓢ヲ一

問三　かしかまし　　問四　1

問五　(1) ア (例) 質素

イ (例) 私欲

(2) ウ (例) 日本の人は語り伝えさえしない

問四　やかましい音をたてた瓢箪を捨てたことで、どのような気持ちになるのか推測すればよい。

問五　(1)ア　直前の「水をすくう道具でさえ必要ない」に注目し、直後の「な生活」につながる熟語を考える。

イ　直前の「自分の名誉や利益を求める気持ちがない」に注目する。

(2)ウ　現代語訳の最終文「我が国の人は、語り伝えさえしそうもないことである。」に注目する。

〈漢文〉

1 送りがなの読み方・使い方

漢字の右下にカタカナでつける。

山ハ高ク、水ハ清シ（山は高く、水は清し）

2 返り点の読み方・使い方

①レ点《れてん》＝一字下から（レ点が付く字の視点で）返って読む。

読ム レ書ヲ（レ点）　2 1　1 2（書を読む）

②一《いち》・二《に》点＝間に字をはさんで、上の漢字に返って読む。

我帰ル二故郷ニ一（一・二点）　1 3 2　1 2 3（我《われ》故郷に帰る）

■平成27年 二

問一　第三句　　問二　2　　問三　にわかに

問四　虎口の難をまぬかれ

問五　（例）虎を追い払うこと。（9字）

問六　ア（例）危機

イ（例）自分の命と引き替えに父を助けてください（19字）

ウ（例）天がかわいそうに思った

問二　第一句の書き下し文「白額に逢う」がヒント。「白額」とは、白い額（ひたい）の虎のことである。

問三　「饞口」→「虎口」、「脱る」→「まぬかれ」。

楊香には父が一人いた。ある時、父と一緒に山中に行ったときに、すぐに凶暴な虎に出くわした。楊香は、父の命を失うことを恐れて、虎を追い払おうとしたのだが、できなかったので、天の御慈悲を頼んで、願わくはわたしの命を虎に与え、父をお助けくださいと、志を深くして祈ると、さすがに天もかわいそうだとお思いになったのか、今まで荒々しい様子で取って食おうとしていたのに、虎は、突然しっぽを垂らして逃げ退いたので、父子ともに虎に食べられることなく、無事に家に帰ったということだ。これは、ひとえに、孝行の志が深かったために、このような不思議なことがおこったのだろう。

■平成29年 二

問一　見テ二両小児ノ弁闘スルヲ一

問二　孔子　　問三　4

問四　X（例）おわんや鉢のように小さい

Y（例）遠くにあるものは小さく見え、近くにあるものは大きく見える

問五　（例）物知りとされる孔子が、二人の子供の言い分のどちらが正しいかを決めることができなかったこと。

問六　（例）主張を孔子にどうしても伝えたい場面なので、訴えるように強い口調で読む。

現代語訳

孔子は東の方に出かけた。二人の子供が言い争うのを見て、その理由を尋ねた。ひとりの子が言うには、「私が思うには、太陽が初めて出る時は人との距離が近く、そして太陽が南中する時は遠くなります。もう一人の子が思うには、太陽が初めて出る時は遠くて、太陽が南中する時には近くなります。」と。初めの子が言うには、「太陽が初めて出たとき、その大きさは車のかさやおおいのようで、太陽が南中する頃にはおわんや鉢のようです。これは遠い者は小さくて、近い者は大きいからではないでしょうか。」と。もう一人の子が言うには、「太陽が初めて出たときはひんやりとして涼しいですが、その太陽が南中する頃には湯の中に手を入れて探るようです。これは近いものは熱くて、遠いものは涼しいからではないでしょうか。」と。孔子は、判定することができなかった。二人の子供が笑って言うには、「誰ですか、あなたを物知りだと言ったのは。」と。

■令和2年 四

問一　いいていわく　　問二　手柄　　問三　斉　　問四　1

問五　ア（例）強力な秦や広大な楚から国土を奪われる

イ（例）攻撃を取りやめた

問五　「農夫のように手柄を得る」とは、斉や魏の疲弊につけ込んで、秦や楚がその国土を得ることを指す。そして「将軍を解任し、兵士を帰らせ休ませた」とは、戦いを中断することを言う。

■令和5年 三

問一　ゆえに　　問二　我は東　　問三　西江の～迎へん

問四　吾ハ失二我ガ常与ヲ一、我無シレ所レ処ル

問五　(1)ア 5　イ 2　ウ 1

(2)エ　（例）間に合わない援助では意味がない

問二　『　』が付くのは、鮒の会話の部分。【B】の「私は東海の～助けてください。」なので、これに対応する部分を【A】より抜き出す。

問五(2)　大金や大量の水であっても、今すぐもらえないものであれば意味がないという内容の話である。

〈随筆文・小説文〉

■平成29年 三

問一　してき　ただ　　問二　2　　問三　十六歳～らいた

問四　（例）露地の掃除を命じられたのに、そこにはちり一つ落ちていなかったから。

問五　1　　問六　3

問二　①「益」10画。「務」11画、「航」10画、「飛」9画、「密」11画。

問三　傍線部②の直後に「自分の誇りにしてきたものを～指摘したのだ。」とあるので、初めの紹鷗の言葉の中から探す。

問四　傍線部③の直後に注目する。

問五　波線部直後から、宗易の自問自答する様子が読み取れる。

問六　波線部の後ろにある「宗易の胸に、～言葉が浮かんだ。」、「茶道の先達村田珠光の言葉も思い出した。」に注目する。

■平成31年 三

問一　1　問二　（例）リボンが戻ってくること。　問三　3

問四　（例）立派な風切り羽で、大空を羽ばたくことができるようになった（という成長。）

問五　（例）三人で一緒に過ごした時間が、宝物として胸の中に残っているという思い。

問一　擬人法を選ぶ。2～4は比喩。

問二　傍線部②直後に「奇跡は起きなかった」とあることから、「奇跡」とはリボンが戻ってくることであることがわかる。

問三　傍線部③直後の「『中に入ろう』」に注目する。

問四　傍線部④の前にある「リボンに生えた立派な風切り羽は～本当の姿だ。」に注目する。

問五　傍線部③と傍線部④の間にある「すみれちゃんとふたりで～ずっとこの胸に残っている。」の段落をまとめればよい。

■令和3年 二

問一　回数券の最後の一枚

問二　必死に／唇《くちびる》／を／噛《か》ん／で／我慢《まん》し／た（／）

問三　B

問四　(1)ア 母の退院の日が遠ざかってしまう

(2)イ（例）感謝

(3)ウ（例）母のお見舞いのために河野さんが運転するバスに乗るのも今日で最後になる

福212→

問一　注及び2～3行目から11枚目の券が最後の1枚であることがわかる。

問二　形容動詞「必死だ」連用形／名詞「唇」／格助詞「を」／マ行五段活用動詞「噛む」連用形・撥音便／接続助詞「て」濁／サ行変格活用動詞「我慢する」連用形／過去の助動詞「た」終止形

問三　我慢できなくなって涙があふれてきた様子が描かれているので、いつ泣き出したのかを考えればよい。Bの直前で「急に悲しみが胸に込み上げてき」ており、Bの後で「座ったままうずくまるような格好で泣いた」とある。

問四　(1)ア　河野さんに回数券を使いたくない理由として「新しい回数券を買うと、その分母の退院の日が遠ざかってしまう。」と述べている。

(2)イ　回数券に「ありがとうございました」と書いていることに注目。

(3)ウ　達成感から空を見上げ、家に向かって歩き始めていることから、河野さんとバスに関してやり残したことはないにも関わらず、バスを見送っていることに注目。

■令和４年　〔二〕　(1)

問一　脳（裏）　**問二**　記号 b　人物 小田切（くん）

問三　（例）自分の内なる声で生じた迷い

問四　ア ゆるぎない微笑

イ 親愛のこもったほほえみ

ウ（例）乗る人の望みの実現を手助けする車いすを作りたい

問五　4

問二　aとcは「百花」を指している。

問三　直前の「自分の内なる声に問いただされて迷いが生じ」に注目する。

問四　ウ　百花の言葉の中にある「その人が、やりたいことを、やりたい時に、やりたいようにできる。その手助けをする車いすです。そんな、その人を自由にする車いすを、わたしは作りたいです」に注目する。

問五　1「回想の場面と現在の場面とを交互に描く」が不適。

2「質問に間髪をいれず答える」が不適。

3「比喩と反復の表現を多用」が不適。

■令和５年　〔三〕

問一　（例）顔　**問二**　慈悲

問三　ア 恐るべき胆力

イ（例）魂を宿すに値する仏を彫ること

問四　（例）超越的存在である仏を、潔が自分の手で修復できると思い込んでいること。

問五　（例）仏師への道に挫折した絶望の深さを思い起こし、自らのみじめさにいら立つ　気持ち。

問二　通常、指示語が指すものは直前にあるが、今回は後ろに書かれていることに注意する。

問三　ア　直前に「恐るべき胆力に感謝した」とある。

イ　潔が嫉妬したのは、自分が彫れなかった仏像を目の当たりにしたからである。

問四　「罰当たりな」の内容は、直前の「超越的な存在を超越すること」であるが、この場面における「超越する」とは「仏像を修復すること」である。また、「錯覚」とは「実際はそうではないのに思い込むこと」である。

問五　前にある「仏師へ道に挫折した自らのみじめさ」、「絶望の深さ」に注目し、この語句を用いてまとめればよい。「掻きむしる」という行動は、いら立っている時に起きるものである。

〈課題作文〉

※解答例はございません。

注意：原稿用紙の正しい使い方、誤字、脱字、主語・述語の対応などに注意すること。

〈漢字・語句〉

■平成30年　〔一〕

問一　4　**問二**　復興　**問三**　2　**問四**　1

問五　4

問一　4「継承」の「継」に「つなぐ」という意味がある。

問二　直前の「災害から」につながるものを考える。

問三　「共生」⇒「共（に）生（きる）」なので、同じ構成であるのは2「必着」⇒「必（ず）着（く）」。1「投球」⇒「球（を）投（げる）」、3反対の意味の言葉を並べたもの、4同じ意味の言葉を並べたもの。

問四　1日進月歩…日に日に絶えず進歩すること。

2大器晩成…偉大になる人物は、世に出るまで時間がかかること。

3一進一退…事態が良くなったり悪くなったりすること。

4温故知新…昔のことを調べて、そこから新しい知識や見解を得ること。

問五　「調」15画。「録」16画、「演」14画、「照」13画、「権」15画。

■平成31年　〔一〕

問一　ぼっとう　**問二**　3　**問三**　2　**問四**　希望

問五　3

問二　「働き」は名詞。1副詞、2形容動詞、3名詞、4動詞。

問五　「開」は12画。「翌」11画、「暖」13画、「勤」12画、「種」14画。

■令和２年　〔一〕

問一　絶えない　**問二**　ふんいき　**問三**　心遣い

問四　尊重　**問五**　3

問五　「輪」15画。「衛」16画、「縮」17画、「熱」15画、「銅」14画。

■令和３年　〔一〕　(2)

問一　こどく　**問二**　3　**問三**　4　**問四**　2・5（全解）

問二　意識改革を「はかる」は意図が実現するように努力するので「図る」となり、3が正解。

1　量る（重さ・容積をはかる）

2　測る（長さ・面積をはかる）

3　図る（意図が実現するように努力する）

4　計る（数・時間をはかる）

問三　「時」の部首は「日」。3画目から4画目にかけて筆脈が実線になっており、点画の連続が起こっている。

問四1　3～4行目、呼びかけるような表現がされている。

2　取り入れられていない。

3　9行目、倒置が用いられている。

4　2行目、行書体で大きなフォントで書いている。

5　取り入れられていない。

■令和４年　〔二〕　(2)

問一　2・5　**問二**　そうちゃく　**問三**　3

問四　専用　**問五**　4

問三　「考」は6画。1「功」は5画、2「孝」は7画、3「光」は6画、4「幸」は8画。

■令和５年　〔一〕　(2)

問一　いや、お　**問二**　2　**問三**　1　**問四**　3

問五　2・4・5

問一　モモに話をきいてもらった後に思いついた考えが書かれているところを探す。

問二　「見つめています」は文の「述語」の働きをしている。通常、「述語」は文の最後にくるが、2は「倒置法」が使われているため、「主語」と「述語」が入れ替わっていることに注意。

問三　「勇気」は上の語が下の語を修飾している。1もこれと同様。2は反対の語の組み合わせ。3は下の語が上の語の目的語になっている。3は同じ意味の語の組み合わせ。

問四　「不思議」、1講義、2疑問、3議論、4特技

令和６年度 学力検査問題 本番形式

★解答に配点がついているので，合格ラインに照らし合わせてみよう。

公立高校入試出題単元

（国語のみ逆綴じです）

数学【1】小問（計算・平方根・反比例・方程式・二次関数・資料の整理・標本調査）
【2】確率（樹形図）
【3】文字式（証明）
【4】関数の利用
【5】平面図形（作図・相似証明・面積）
【6】空間図形（ねじれ・垂直・線分の長さ・体積）

英語【1】選択問題
【2】対話文（並びかえ・空欄補充・内容真偽）
【3】長文読解（単語・英質英答・内容把握・内容真偽）
【4】英作文

理科【1】動物の生活と種類（セキツイ動物）
【2】植物の生活と種類（光合成）
【3】化学変化と原子・分子（還元）
【4】イオンと酸・アルカリ（中和）
【5】大地の変化（地層）
【6】地球と太陽系（金星）
【7】身近な科学（ばね）
【8】電流とそのはたらき（回路）

社会【1】歴史総合（古代～近世の政治・文化・経済）
【2】近代史（日本と世界との関わり）
【3】世界地理（位置・州・産業・貿易）
【4】日本地理（気候・産業）
【5】公民（三権分立・地方自治・経済・社会保障）
【6】記述（漁業・環境）

国語【1】(1) 論説文（空欄補充・抜き出し・内容把握）
(2) 文章読解（抜き出し・文法・漢字）
【2】小説（内容把握・空欄補充・抜き出し・心情把握）
【3】古典（現代仮名遣い・会話・内容把握・空欄補充）
【4】課題作文（二段落構成）

令和６年度受験合格ラインの目安

◎弊社調べ：参考目安として活用下さい。

北九州地区

高校	5 教科合計
小倉	255
東筑	255
八幡	220
戸畑	220
北筑	210
小倉西	205
小倉南	195
八幡南	200
京都	195
小倉東	185
門司学園	175
中間	170
育徳館	165
小倉工業	165
北九州	165
小倉商業	165
北九市立	165
八幡中央	160
折尾	160
青豊	155
苅田工業	155
八幡工業	150
門司大翔館	140
戸畑工業	140
行橋	115
若松	130
遠賀	115
若松商業	115
築城西	100
ひびき	90

◎英語リスニング得点含む

福岡県	平均点推移
H26	150
H27	168
H28	166
H29	164
H30	162
H31	175
R2	164
R3	174
R4	172
R5	165

福岡地区

高校	5 教科合計
修猷館	270
筑紫丘	265
福岡	260
城南	250
春日	245
香住丘	230
福岡中央	230
新宮	220
宗像	215
筑紫	215
筑紫中央	215
筑前	210
香椎	210
福翔	200
福岡西陵	190
福岡工業	180
古賀竟成館	180
光陵	180
武蔵台	175
博多青松	170
糸島	165
柏陵	165
講倫館	165
須恵	165
玄界	155
博多工業	155
福岡魁誠	150
香椎工業	145
宇美商業	145
太宰府	130
福岡女子	140
玄洋	120
糸島農業	130
三井中央	120
福岡農業	130
早良	110
水産	80

筑後地区

高校	5 教科合計
明善	250
久留米	215
伝習館	215
朝倉	195
八女	195
久留米商業	190
三池	180
小郡	185
八女工業	175
山門	160
朝倉東	160
南筑	160
福島	155
筑水	150
ありあけ新世	145
浮羽工業	135
三井	130
三池工業	130
八女農業	125
大牟田北	120
浮羽究真館	120
大川樟風	110
三潴	110
朝倉光陽	100

筑豊地区

嘉穂	205
鞍手	190
田川	175
嘉穂東	170
東鷹	150
直方	140
稲築志耕館	135
西田川	130
筑豊	120
嘉穂総合	110
鞍手竜徳	100
田川科学技術	80

※【合格ラインの目安】は，合格を保証する点数ではありません。同じ高校でも学科によっては，合格ラインが変わることがあります。入試は内申点と試験の点数，その他を総合的に考慮した上で合否が発表されますので上記【合格ライン表】はおおよその目安として参考にしてください。

令和6年度入試問題　数学（50分）

1　次の(1)〜(9)に答えよ。

(1)　$7+3\times(-4)$を計算せよ。

(2)　$5(2a+b)-(3a-b)$を計算せよ。

(3)　$\sqrt{18}+\dfrac{14}{\sqrt{2}}$を計算せよ。

(4)　yはxに反比例し，$x=-4$のとき$y=3$である。
$x=6$のときのyの値を求めよ。

$y=$

(5)　2次方程式$x(x+7)=8(x+9)$を解け。　$x=$　　　，$x=$

(6)　右の表は，A中学校の1年生65人を対象に通学時間を調査し，その結果を度数分布表に整理したものである。
　この表をもとに，通学時間が5分以上10分未満の階級の相対度数を四捨五入して小数第2位まで求めよ。

階級(分) 以上　未満	度数(人)
0 〜 5	11
5 〜 10	23
10 〜 15	14
15 〜 20	12
20 〜 25	3
25 〜 30	2
計	65

(7)　関数$y=-\dfrac{1}{2}x^2$のグラフをかけ。

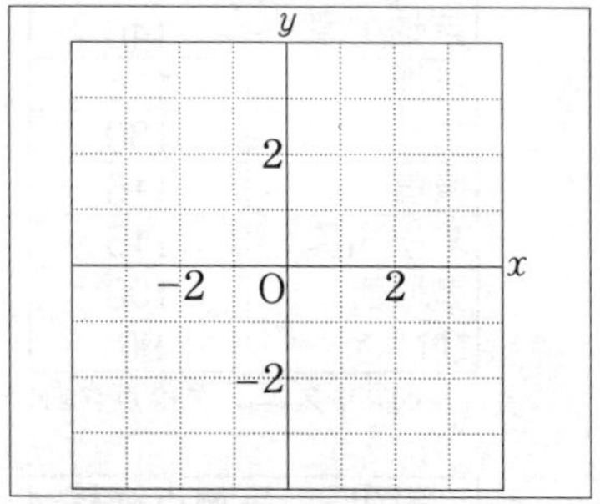

(8)　下のデータは，ある学級の生徒13人について，反復横とびを20秒間行ったときの記録を，回数の少ない方から順に並べたものである。　(単位：回)

35　41　41　45　47　48　49　51　52　53　56　56　57

このデータの第3四分位数を求めよ。　回

(9)　B中学校の全校生徒560人の中から無作為に抽出した60人に対してアンケートを行ったところ，外国の文化について興味があると回答した生徒は45人であった。
　B中学校の全校生徒のうち，外国の文化について興味がある生徒の人数は，およそ何人と推定できるか答えよ。

およそ　　　人

2　袋の中に，赤玉1個と白玉3個が入っており，この袋から玉を取り出す。
ただし，どの玉を取り出すことも同様に確からしいとする。
次の(1)，(2)に答えよ。

(1)　玉を1個取り出し，取り出した玉を袋にもどし，もう一度，玉を1個取り出す。取り出した2個の玉のうち，少なくとも1個は白玉が出る確率を求めよ。

(2)　Aさんが玉を1個取り出し，取り出した玉を袋にもどさず，続けてBさんが玉を1個取り出す。
　このとき，Aさんの白玉の出やすさとBさんの白玉の出やすさに違いがあるかを説明せよ。
　説明する際は，樹形図または表を示すこと。

(1)

(2)　(説明)

3　光さんと明さんは，文字を用いて，整数の性質を調べている。下の会話文は，その内容の一部である。

光さん

連続する３つの整数は，文字を用いて，どのように表したらいいかな。

明さん

連続する３つの整数は，最も小さい数を n とすると，n，$n+1$，$n+2$ と表されるね。これらを使って計算すると，連続する３つの整数の和は，いつでも（ Ⓟ ）の倍数になることがわかるよ。

本当だね。計算した式から，連続する３つの整数の和は，真ん中の数の（ Ⓟ ）倍になることもわかるね。

そうだね。連続する３つの整数について，ほかにわかることはないかな。

例えば，最も小さい数を n として，真ん中の数と最も大きい数の積から，最も小さい数と真ん中の数の積をひいた差は，[A]と表されるから，真ん中の数の倍数になるよ。

確かにそうだね。ほかにも[A]の式を別の形に表すと，（ B ）になることがわかるね。

次の（１）～（４）に答えよ。

（１）（ Ⓟ ）にあてはまる数をかけ。

（２）[A]にあてはまる式をかけ。また，（ B ）にあてはまるものを，次の**ア**～**エ**から１つ選び，記号をかけ。

ア　真ん中の数と最も小さい数の和
イ　真ん中の数から最も小さい数をひいた差
ウ　最も大きい数と最も小さい数の和
エ　最も大きい数から最も小さい数をひいた差

（３）光さんと明さんは，次のことを予想した。

予想

連続する３つの整数のうち，真ん中の数の２乗から１をひいた差は，最も小さい数と最も大きい数の積になる。

予想がいつでも成り立つことの**証明**を，整数 m を用いて完成させよ。

証明

したがって，連続する３つの整数のうち，真ん中の数の２乗から１をひいた差は，最も小さい数と最も大きい数の積になる。

（４）光さんと明さんは，連続する４つの整数について調べたことを，次のようにまとめた。

まとめ

連続する４つの整数のうち，最も小さい数と２番目に小さい数の和をX，２番目に大きい数と最も大きい数の和をYとするとき，XとYの積に，正の整数（ Ⓠ ）を加えた数は，（ C ）の積の４倍になる。

上の**まとめ**はいつでも成り立つ。（ Ⓠ ）にあてはまる数をかけ。また，（ C ）にあてはまるものを，次の**ア**～**エ**から１つ選び，記号をかけ。

ア　最も小さい数と２番目に大きい数
イ　最も小さい数と最も大きい数
ウ　２番目に小さい数と２番目に大きい数
エ　２番目に小さい数と最も大きい数

(1)		(2)	A		B	
(3)	(証明) したがって，連続する３つの整数のうち，真ん中の数の２乗から１をひいた差は，最も小さい数と最も大きい数の積になる。					
(4)	Ⓠ		C			

4　３つの電力会社Ａ社，Ｂ社，Ｃ社がある。どの電力会社を利用するときも，１か月の電気料金は，基本料金と電気の使用量に応じた料金の合計である。

表は，３つの電力会社の電気料金のプランを示したものである。

表

	１か月の電気料金	
	基本料金	電気の使用量に応じた料金
Ａ社	400円	200kWhまでは，1kWhあたり24円 200kWhをこえた使用量に対しては，1kWhあたり20円
Ｂ社	a円	120kWhまでは，1kWhあたりb円 120kWhをこえた使用量に対しては，1kWhあたりc円
Ｃ社	4000円	240kWhまでの使用量に対しては，無料 240kWhをこえた使用量に対しては，1kWhあたり一定の料金がかかる。

電気の使用量がxkWhのときの１か月の電気料金をy円とするとき，**図**は，Ａ社を利用する場合について，電気の使用量が0kWhから350kWhまでのxとyの関係をグラフに表したものである。

図

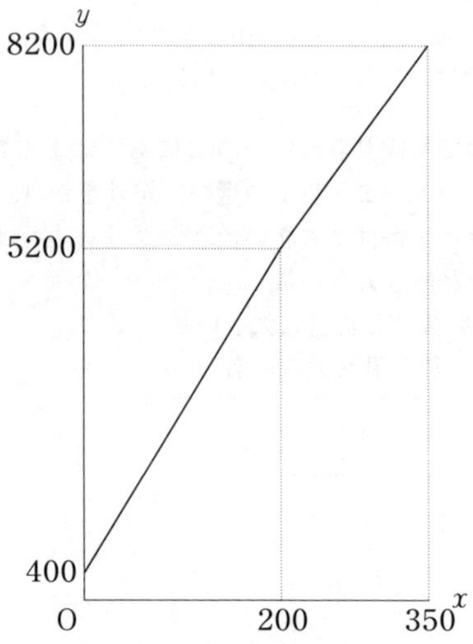

次の(１)～(３)に答えよ。

(１)　Ａ社を利用する場合，電気の使用量が80kWhのときの１か月の電気料金を求めよ。

(２)　Ｂ社を利用する場合，**表**のa，b，cについて，$a>400$，$b<24$，$c>20$である。

このとき，電気の使用量が0kWhから350kWhまでのxとyの関係を表したグラフを，**図**にかき入れたものが次の**ア**～**エ**の中に１つある。それを選び，記号をかけ。

ア

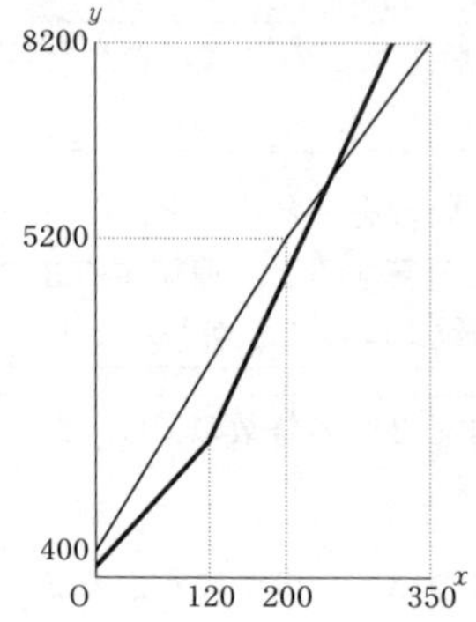

イ

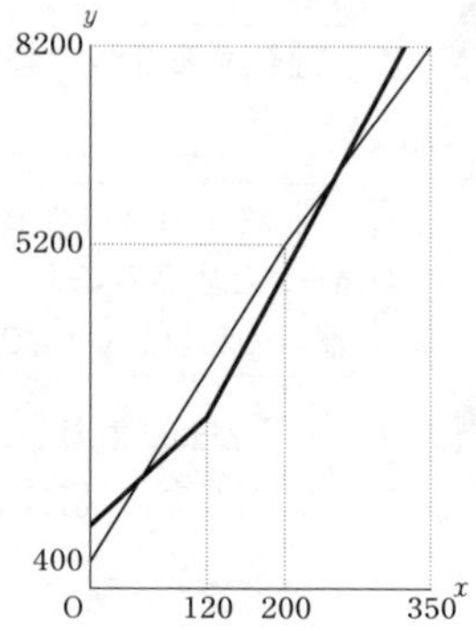

ウ

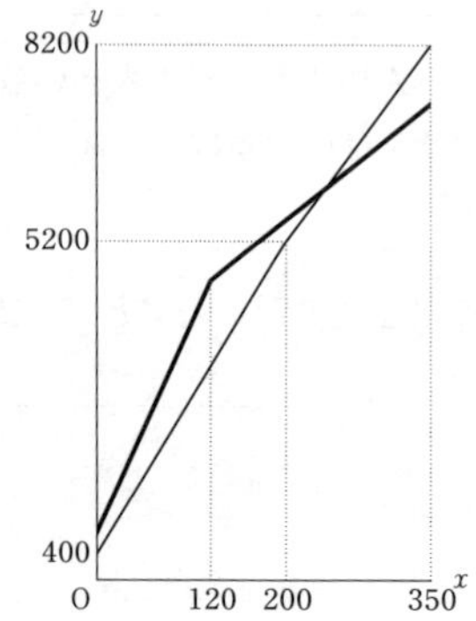

エ

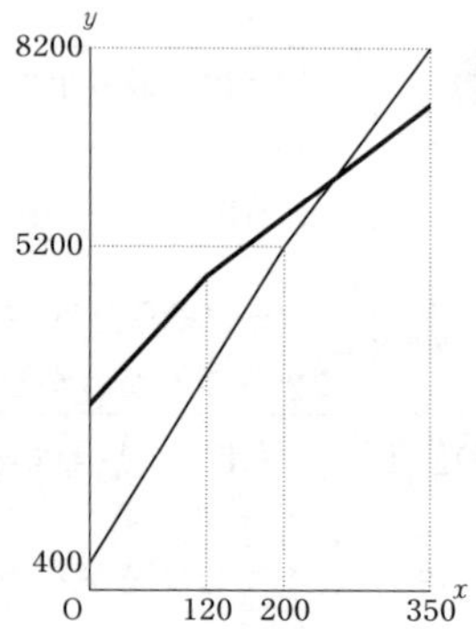

(３)　Ｃ社を利用する場合，電気の使用量が350kWhのときの１か月の電気料金は，8400円である。

１か月の電気料金について，Ｃ社を利用する方がＡ社を利用するよりも安くなる場合を，次のように説明した。

説明

> Ｃ社を利用する方がＡ社を利用するよりも安くなるのは，電気の使用量が150kWhをこえて［Ⓡ］kWhよりも少ないときである。

説明の［Ⓡ］にあてはまる数を求めよ。

(1)	円	(2)	
(3)			

5　**図1**のように，AB＞ACの鋭角三角形ABCがある。

図1

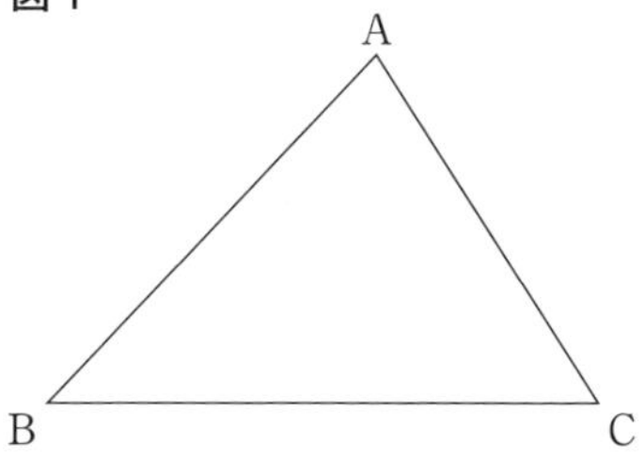

次の(1)～(4)に答えよ。

(1)　**図1**において，点Aから辺BCへの垂線を作図する。**図2**は，点Aを中心として，△ABCと4点で交わるように円をかき，その交点を，**あ**，**い**，**う**，**え**としたものである。

図2のあ～えの点の中からどれか2点をP，Qとすることで，次の**手順**によって，点Aから辺BCへの垂線を作図することができる。

図2

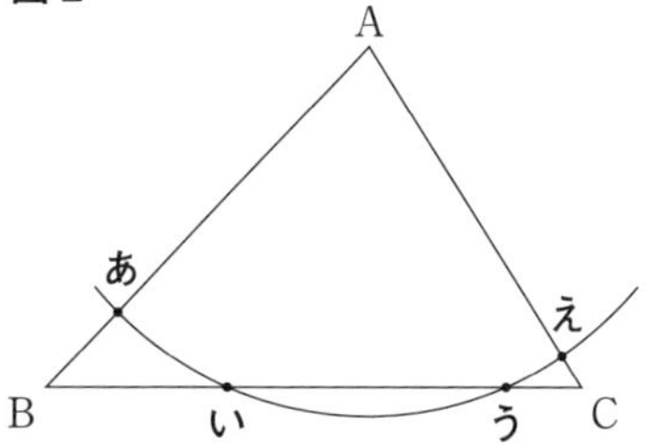

手順

> ①　点P，Qをそれぞれ中心として，互いに交わるように等しい半径の円をかく。
> ②　①でかいた2つの円の交点の1つをRとする。ただし，点Rは点Aとは異なる点とする。
> ③　直線ARをひく。

このとき，点P，Qとする2点を，**図2**の**あ**～**え**から2つ選び，記号をかけ。

また，**手順**によって，点Aから辺BCへの垂線を作図することができるのは，点Aと点P，点Pと点R，点Rと点Q，点Qと点Aをそれぞれ結んでできる図形が，ある性質をもつ図形だからである。その図形を次の**ア**～**エ**から1つ選び，記号をかけ。

ア　直線ARを対称の軸とする線対称な図形
イ　∠BACの二等分線を対称の軸とする線対称な図形
ウ　点Aを対称の中心とする点対称な図形
エ　点Rを対称の中心とする点対称な図形

(2)　**図3**は，**図1**において，点Aから辺BCに垂線をひき，辺BCとの交点をD，点Bから辺CAに垂線をひき，辺CAとの交点をE，線分ADと線分BEとの交点をFとしたものである。

図3において，△AFE∽△BCEであることを証明せよ。

図3

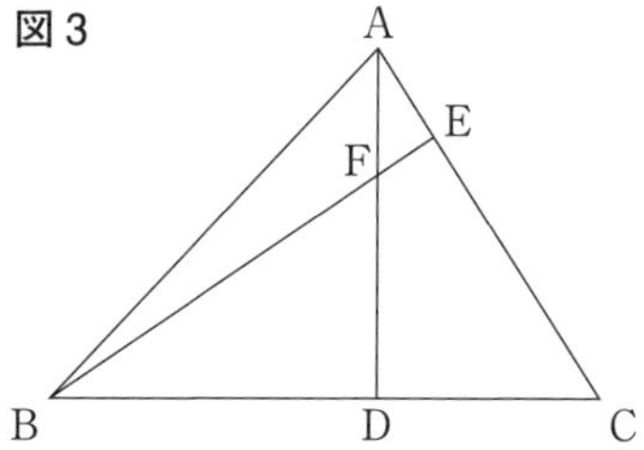

(3)　**図3**において，次のことが成り立つ。

成り立つこと

> 点A，B，C，D，E，Fのうち，4点(㋐，㋑，㋒，㋓)は，1つの円周上にある。

成り立つことの，㋐～㋓にあてはまる4点の組が2組ある。㋐～㋓にあてはまる4点を，**図3**の点A，B，C，D，E，Fから選んで2組かけ。

(4)　**図4**は，**図3**において，BD＝11cm，CD＝5cm，∠BCA＝60°となる場合に，点Aを通り辺BCに平行な直線をひき，直線BEとの交点をGとし，点Cと点Gを結んだものである。

このとき，△ABEの面積は，四角形ABCGの面積の何倍か求めよ。

図4

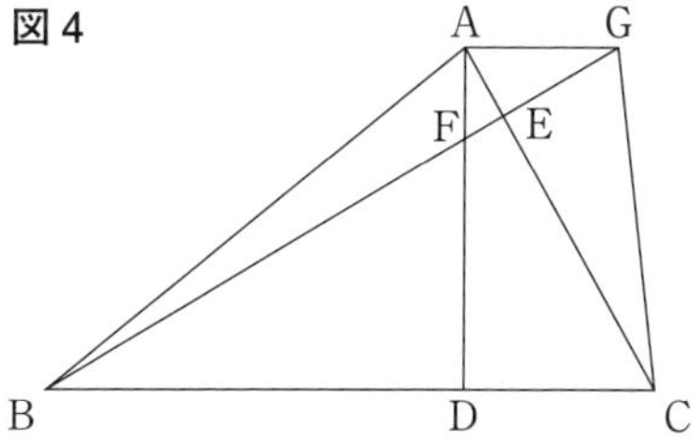

(1)	点P，Qとする2点			図形	
(2)	(証明)				
(3)	(㋐，㋑，㋒，㋓)	(　，　，　，　)	(　，　，　，　)		
(4)	倍				

6　**図 1** は，AB＝8cm，BC＝4cm，AE＝4cm の直方体 ABCDEFGH を表している。

図 1

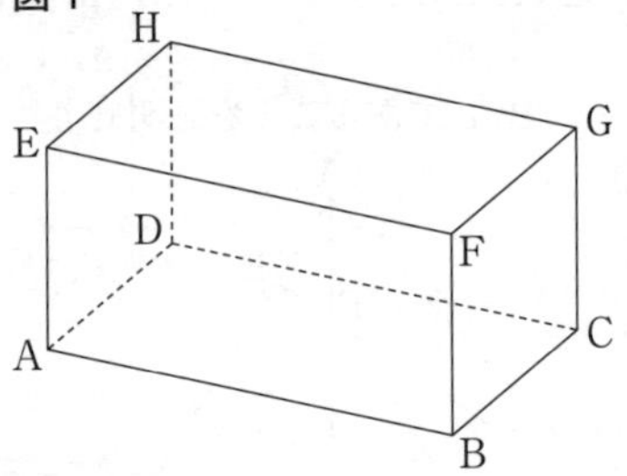

次の（1）～（3）に答えよ。

（1）　**図 1** に示す直方体において，辺 AD とねじれの位置にあり，面 EFGH に垂直な辺を全てかけ。

（2）　**図 1** に示す直方体において，辺 EF 上に点 P，辺 FG 上に点 Q を，AP＋PQ＋QC の長さが最も短くなるようにとる。
　このとき，線分 PQ の長さを求めよ。

（3）　**図 2** は，**図 1** に示す直方体において，辺 AB の中点を I，辺 HG の中点を J とし，四角形 EICJ をつくったものである。
　図 2 に示す直方体において，辺 EF 上に点 K を，EK＝KC となるようにとるとき，四角すい KEICJ の体積を求めよ。

図 2

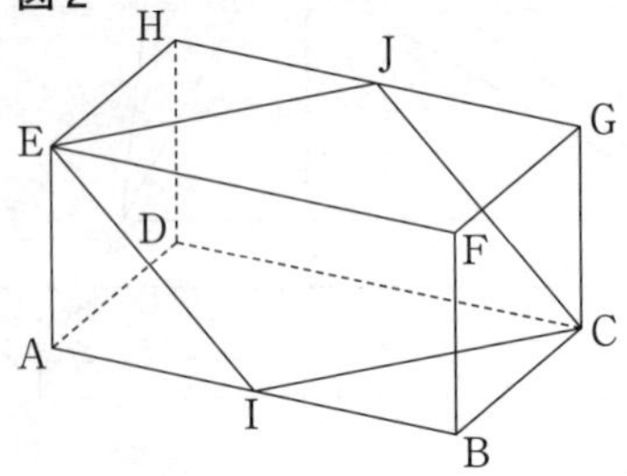

（1）		（2）	cm
（3）	cm³		

令和６年度入試問題　英語（筆記 40 分）

1　次の 1 ～ 3 の各組の対話が成り立つように，A ～ D にあてはまる最も適当なものを，それぞれのア～エから一つ選び，記号を書け。

1
Jack: What did you do last Sunday, Takashi?
Takashi: I had a game in a basketball tournament.
Jack: You look happy. A
Takashi: Yes! We will have our final game next Sunday.

A
ア　How many games did you have?
イ　Did you win the game?
ウ　Was it your final game?
エ　Where did you play the game?

2
Risa: There are a lot of pencil cases in this shop, Emma.
Emma: I want this one. What do you think?
Risa: It looks nice, but B
Emma: Well, I have many pens and pencils.
Risa: I understand, so you can put all of them in it.

B
ア　it may be too large.
イ　it is too small for your pens.
ウ　it's not as large as your pencil case.
エ　it's the smallest of all the pencil cases.

3
Flight Attendant: Excuse me. Would you like another coffee?
Kentaro: Yes, please. How is the weather in London today?
Flight Attendant: It's cloudy. C
Kentaro: For two weeks. In fact, I traveled there twice last year.
Flight Attendant: Wow! How do you like London?
Kentaro: It's great! D
Flight Attendant: You're right. They are kind people. Enjoy your trip!

C
ア　When did you go to London?
イ　How long will you stay in London?
ウ　What will you do in London?
エ　Why do you want to know the weather in London?

D
ア　You can go to many libraries in London.
イ　There are a lot of places to visit in London.
ウ　I have lived in London for a long time.
エ　People in London are friendly to visitors.

A		B		C		D	

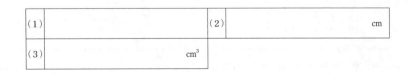

2　次の英文は，英語の授業中に香織（Kaori）と留学生のジェームズ（James）が，ベル先生（Ms. Bell）からアドバイスを受けている会話の場面である。これを読んで，後の各問に答えよ。

Ms. Bell　: Hi, Kaori and James. How's your research for the presentation?

Kaori　: ① <u>Ms. Bell, we (talking / been / about / have / are) an effective way to make our research better, but we don't know what to do next.</u>

Ms. Bell　: Well, please tell me what you found.

Kaori　: OK. We are trying to research the food that people in this area ate in the past. We looked at some websites about the history of our city. We found a lot of information from them.

Ms. Bell　: Sounds good. What did you find?

James　: Our city is located near the sea and the people in this area ate fish about 2,000 years ago.

Ms. Bell　: That's interesting. Did the people in this area eat other things?

James　: [　　　　] They cut down trees to make rice fields. Some of the rice fields became the remnants that are located near our school.

Kaori　: Actually, we visited the remnants of rice fields and met a woman who knew a lot about them.

Ms. Bell　: Did you interview her?

Kaori　: Yes. ② <u>She (information / us / we / giving / gave) needed.</u> For example, the size of the rice fields, the kind of rice people in this area made, and how they cooked it.

Ms. Bell　: You learned a lot together. If you need more information, you can ask the history teacher. He taught me the history of our city.

James　: Oh, Mr. Yamada! That's nice! Kaori, let's ask him after school.

Kaori　: Yes! I'm sure we will improve our presentation and choose a good title if we continue working together.

Ms. Bell　: I think so, too. You should start to think about the title of the presentation.

（注） research ……………… 調査（する）　located ……………… 位置している
cut down ……………… 切り倒した　rice fields ……………… 水田
remnants ……………… 遺跡　interview ……………… インタビューする
title ……………… タイトル

問１　英文中の下線部①，②が，会話の内容から考えて意味がとおるように，それぞれ（　　）内から４語を選び，それらを正しい語順に並べて書け。

問２　英文中の[　　　　]には，次のア～エのいずれかが入る。会話の内容から考えて，最も適当なものを，一つ選び，記号を書け。

ア　No, they only ate fish.　　イ　No, they didn't eat fish.
ウ　Yes, they ate rice, too.　　エ　Yes, they only ate rice.

問３　次は，授業の終わりに，学習した内容を振り返る場面で，香織がタブレットパソコンに入力した振り返りの英文である。下の各問に答えよ。

Today's Goal: Let's Decide the Next Step of the Research!

Today I learned [　　　　]. We had time to share our research with other groups. I got some hints from them. Now I know the good websites we should visit, the places we should research, and the people we should interview.

I need more information about the rice fields of our city, so I'll ask Mr. Yamada after school.

(1)　英文中の[　　　　]には，次のア～エのいずれかが入る。会話と振り返りの内容から考えて，最も適当なものを，一つ選び，記号を書け。

ア　working together helps us find new ideas
イ　it is difficult to talk with other groups in class
ウ　it is important to research the history in this area by myself
エ　using the Internet is the best way for my research

(2)　次の質問の答えとして，会話と振り返りの内容から考えて，最も適当なものを，後のア～エから一つ選び，記号を書け。

Which is the best title for the presentation that Kaori and James will make?

ア　Useful Websites about Japanese Culture
イ　History of Food in This Area
ウ　How to Visit Our City
エ　The Way of Cooking Japanese Food

問1	①		②		
問2		問3	(1)		(2)

3 次の英文を読んで，後の各問に答えよ。

Yumi is a high school student in Fukuoka. Her brother, Ken, studies photography in New York. One day their mother, Tomoko, said, "Yumi, why don't you visit Ken this summer? It'll be a good [ ]." Yumi was excited to hear that because she wanted to go there for a long time.

In the summer, Yumi visited New York. At the airport in New York, Ken was waiting. She was very happy to see him there. While they were eating dinner, Ken showed an old photo to Yumi. In the photo, a man and a young woman were standing in front of a pizzeria. The woman was their mother. The photo was taken in New York and the address of the pizzeria was written on it. Ken got it before he left Japan a year ago. Yumi said to Ken, "I know she lived in New York but she never told me any details." "I've never been to this pizzeria. How about visiting there for lunch tomorrow?" said Ken. Yumi agreed.

The next day, they went to the pizzeria. Yumi soon found the old man in the photo. Yumi showed the photo to him and asked, "Do you remember this woman?" He looked at the photo and said, "Of course, that's Tomoko. Are you Tomoko's daughter?" Yumi said, "Yes, I am!" ① The old man was surprised and said, "Wow! I can't believe Tomoko's daughter is in front of me! Tomoko lived on the third floor of this building 25 years ago. She studied the piano in university to be a music teacher and practiced very hard every day. What does she do now?" Yumi answered, "She is a music teacher." He said, "Oh, good! She always said she wanted to make people happy through music. OK. Let's eat pizza. I'll tell you more." While Yumi and Ken ate pizza, they enjoyed listening to memories of Tomoko.

After talking and eating pizza, Yumi said to the old man, "Thanks to this photo, I could meet you. I'll visit you again with my mom next time!" Yumi and Ken said goodbye to the man and left the pizzeria. Yumi asked Ken why he studied photography. He answered, "I think people have their wonderful memories. I want to share them through photos. It's ② my dream." Yumi was excited and said, "That's nice! I want to find my dream, too."

（注） photography …… 写真撮影，写真技術　in front of ～ …… ～の前に
pizzeria …… ピザ屋　address …… 住所
details …… 詳しいこと　building …… 建物
Thanks to ～ …… ～のおかげで

問1 英文中の［ ］に入る最も適当な語を，次のア～エから一つ選び，記号を書け。

ア expression　イ instrument
ウ experience　エ friendship

問1	

問2 下線部①について，次の質問の答えを，5語以上の英語で書け。

Why was the old man surprised?

問2	

問3 下線部②の具体的な内容を，英文中から探し，日本語で書け。

問4 英文の内容に合っているものを，次のア～カから二つ選び，記号を書け。

ア The photo Ken showed to Yumi in New York was taken in Japan.
イ Yumi and Ken visited the pizzeria together to take photos with the man there.
ウ When Yumi went to the pizzeria, she couldn't find the man in the old photo which Ken had in New York.
エ Tomoko studied the piano when she was a university student in New York.
オ Tomoko didn't become a music teacher after going back to Japan.
カ Yumi felt excited and wanted to find her dream when Ken told her about his dream.

問5 次の質問にあなたならどう答えるか。6語以上の英語で書け。

What will you do if you find your old photo?

問3		
問4		
問5		

4 あなたは留学先で，友達のケビン (Kevin) とメッセージのやり取りをしている。あなたはケビンの質問に対して，どのような返信をするか，【条件】にしたがって書け。

Kevin: Hi. Today's lunch with you was really delicious! By the way, I'd like to visit Japan soon.

me: How nice! What do you want to do in Japan, Kevin?

Kevin: I want to enjoy nature in Japan in August, October, or December. Which is the best month of the three?

【条件】・最初の文は，＿＿ is the best month. を用いること。その際，解答欄の＿＿には，適当な語を英語で記入すること。
・やり取りの内容をふまえた上で，あなたの考えを理由とともに書くこと。
・最初の文は語数に含めずに，30語以上の英語で書くこと。

4	＿＿ is the best month.

令和６年度入試問題　理科（50分）

問1		問2	A		B	
問3	(1)	C		D		
	(2)					

1　悠さんと陽さんは，セキツイ動物のグループごとの特徴について，発表するための資料を作成した。**図**はその資料の一部である。

図

セキツイ動物のグループごとの特徴

	魚類	両生類	ハチュウ類	鳥類	ホニュウ類
呼吸のしかた	えらで呼吸	子　:（A）と皮ふで呼吸 おとな:（B）と皮ふで呼吸	肺で呼吸	肺で呼吸	肺で呼吸
体表	うろこ	しめった皮ふ	かたい（C）	羽毛	毛
子のうまれ方	卵生	卵生	卵生	卵生	胎生《たいせい》

問１　魚類を，次の１～４の動物から全て選び，番号を書け。

　1　ペンギン　　**2**　サケ　　**3**　クジラ　　**4**　アジ

問２　**図**の中の（**A**），（**B**）に，適切な語句を入れよ。

問３　下は，資料をもとに発表する内容について考えているときの，悠さんと陽さんと先生の会話の一部である。

先生

発表では，どのグループの特徴について説明しようと考えていますか。

両生類とハチュウ類の体表の特徴について説明しようと思います。両生類の体表はしめった皮ふですが，ハチュウ類の体表はかたい（**C**）でおおわれているというちがいがあります。

悠さん

体表の特徴のちがいから，両生類とハチュウ類では，ハチュウ類の方が（**D**）に強いため，陸上の生活に適していると考えられることも説明しようと思います。

陽さん

よく考えましたね。グループの特徴について，他に説明しようと考えていることは何ですか。

子のうまれ方について，鳥類は卵生でホニュウ類は胎生であるということを説明しようと思います。卵生とちがい胎生では，ある程度雌の〔　　〕という特徴があります。

グループの特徴のちがいに着目して，考えることができていますね。

（１）　会話文中の（**C**），（**D**）に，適切な語句を入れよ。

（２）　会話文中の〔　〕にあてはまる内容を，「子」という語句を用いて，簡潔に書け。

2　友さんは，光合成について調べるために，鉢《はち》植えしたポトスの，ふ入りの葉を使って実験を行った。下の　　内は，その実験の手順と結果である。

【手順】

①　**図１**のように，葉**X**とアルミニウムはくでおおった葉**Y**を，暗いところに一晩置く。

②　①の葉に，光を十分《じゅうぶん》にあてた後，**図２**のように，茎から**X**，**Y**を切りとり，**Y**のアルミニウムはくをはずす。

③　②の**X**，**Y**をあたためたエタノールにひたす。

④　あたためたエタノールから**X**，**Y**をとり出して水洗いし，ヨウ素液につける。

⑤　ヨウ素液から**X**，**Y**をとり出し，**図２**の**A**～**D**の色の変化を観察する。

【結果】

図２の葉の部分	色の変化
A	変化しなかった。
B	青紫色になった。
C	変化しなかった。
D	変化しなかった。

図１

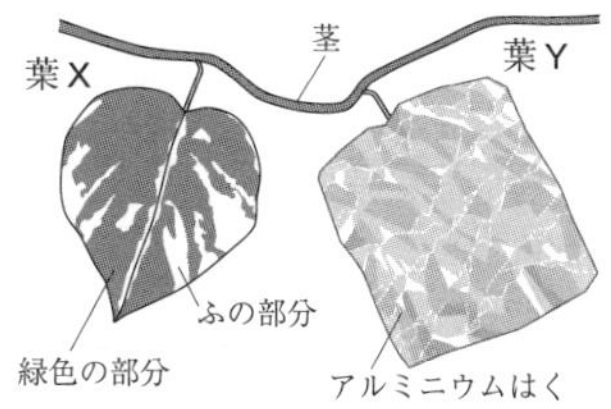

図２

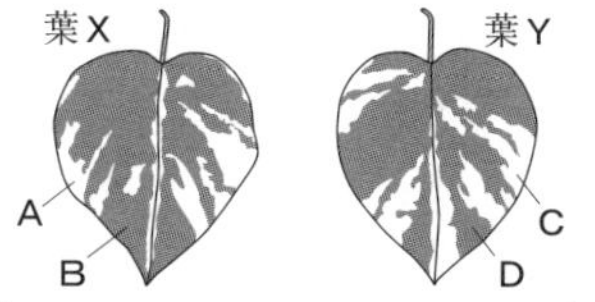

〔A：葉Xのふの部分　C：葉Yのふの部分
B：葉Xの緑色の部分　D：葉Yの緑色の部分〕

問１　下線部の操作を行ったのは，エタノールにどのようなはたらきがあるからか，簡潔に書け。

問２　下の　　内は，この実験について考察した内容の一部である。文中の**ア**［（　）と（　）］，**イ**［（　）と（　）］の（　）にあてはまる葉の部分を，**A**～**D**から選び，記号を書け。また**ウ**の（　）内から，適切な語句を選び，記号を書け。

ア［（　）と（　）］の結果を比べると，デンプンをつくるためには，光が必要だとわかった。また，**イ**［（　）と（　）］の結果を比べると，デンプンがつくられるのは，葉の**ウ**（**P**　緑色の部分　**Q**　ふの部分）であると考えられる。

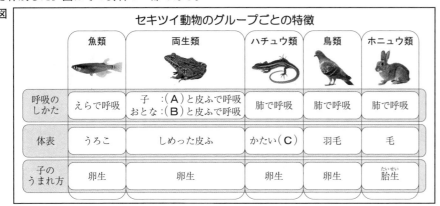

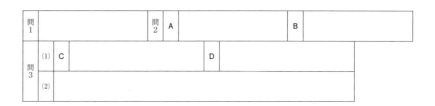

問3　実験後，光合成について関心をもった友さんは，光合成で使われる物質を調べる実験を行った。下の［　］内は，その実験についてまとめたものの一部である。試験管Rに対して試験管Tを用いたように，調べようとすることがら以外の条件を同じにして行う実験を何というか。また，文中の下線部からどのようなことがわかるか。その内容を「光」という語句を用いて，簡潔に書け。

> 2本の試験管にそれぞれタンポポの葉を入れた試験管Rと試験管S，タンポポの葉を入れない試験管Tを用意し，それぞれにストローで息をふきこみ，ゴム栓をする。次に，図3のように，Sをアルミニウムはくでおおい，3本の試験管に30分間光をあてる。その後，それぞれの試験管に少量の石灰水を入れ，再びゴム栓をしてよく振ると，<u>SとTの石灰水は白くにごり，Rは変化しなかった</u>。
>
> 図3
>
> 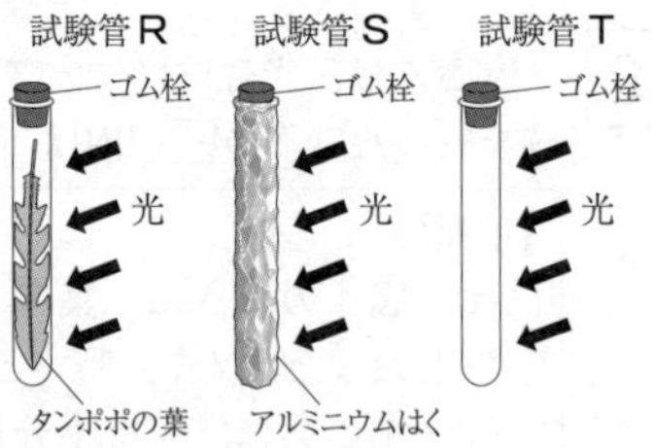
>

問1				
問2	ア	(　　　)と(　　　)	イ	(　　　)と(　　　)
	ウ			
問3	名称	実験		
	内容			

3

酸化銅と炭素の粉末の混合物を加熱したときの変化を調べる実験を行った。下の［　］内は，その実験の手順と結果である。

【手順】

① 酸化銅2.0gと炭素の粉末0.2gをよく混ぜ，試験管Aに入れる。

② 図1のような装置を用いて，混合物を十分《じゅうぶん》に加熱し，発生した気体を石灰水に通したときの変化を観察する。

③ 気体の発生がとまったら，石灰水からガラス管を抜きとって加熱をやめ，<u>ピンチコックでゴム管を閉じる</u>。

④ Aが冷えた後，中の物質をとり出して，加熱後の物質の色と，薬さじでこすったときのようすを調べる。

図1

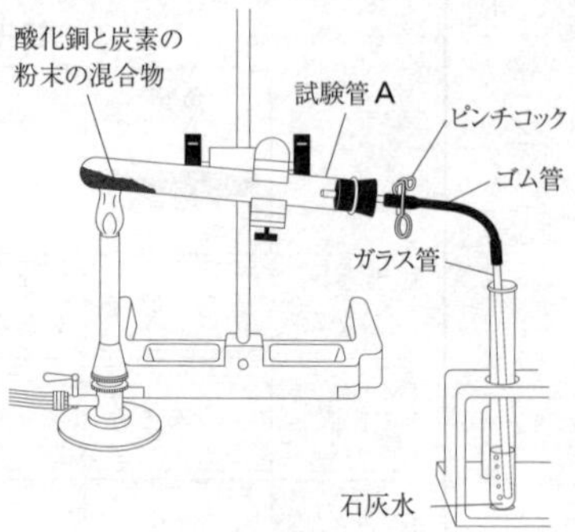

【結果】

○ 石灰水は，白くにごった。

○ 加熱前の酸化銅は（P）色であったが，加熱後，試験管A内には赤色の物質ができた。赤色の物質をこすると（Q）が見られた。

問1　下線部の操作を行う理由を，「試験管Aに，」という書き出しで，簡潔に書け。

問2　【結果】の（P）に，適切な語句を入れよ。

問3　【結果】の（Q）に入る，金属がもつ共通の性質を書け。

問4　下の［　］内は，この実験についてまとめた内容の一部である。文中の下線部の化学変化を，化学反応式で表すとどうなるか。解答欄を完成させよ。

> <u>酸化銅と炭素を混ぜて加熱すると，二酸化炭素が発生して銅ができた</u>。この化学変化では，酸化銅は還元され，炭素は逆に酸化されている。このように，酸化と還元は，1つの化学変化の中で同時に起こる。

図2

(　　　) + (　　　) ―→ (　　　) + CO_2

問1			
問2		問3	
問4	(　　　) + (　　　) ―→ (　　　) + CO_2		

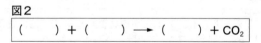

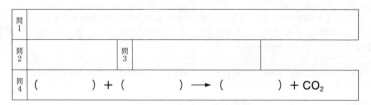

4 塩酸と水酸化ナトリウム水溶液を混ぜ合わせたときの，水溶液の性質を調べる実験を行った。下の□内は，その実験についてまとめたものである。

> うすい塩酸（A液）とうすい水酸化ナトリウム水溶液（B液）を用意し，A液5.0mLをビーカーにとり，緑色のBTB液を数滴加えて，ビーカー内の液を黄色にした。
>
> 次に，**図1**のように，B液をこまごめピペットで2.0mLずつ加え，加えるごとにビーカーを揺《ゆ》り動かして液を混ぜ，液の色を確認する。B液を6.0mL加えたときの，ビーカー内の液は青色であった。
>
> その後，ビーカー内の液に，A液をこまごめピペットで1滴ずつ加え，加えるごとにビーカーを揺り動かして液を混ぜ，緑色になるまでくり返し，液を中性にした。
>
> 最後に，中性にした液をスライドガラスに少量とり，水を蒸発させると，白い固体が残った。
>
> **図1**
>
> 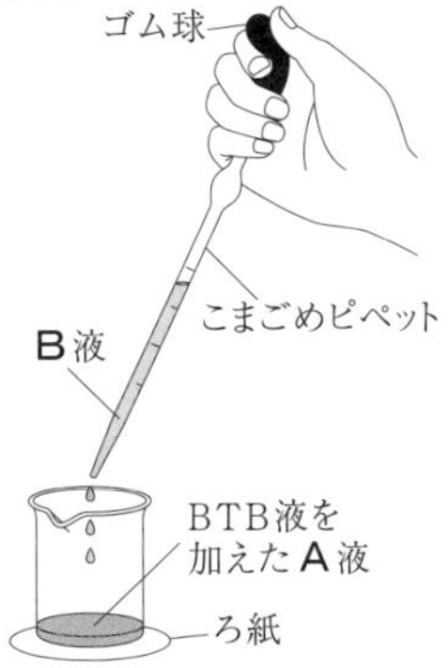
>

問1　塩酸はある気体が水に溶けてできている。その気体の名称を書け。

問2　下線部について，B液を吸い上げた後，ゴム球がいたむのを防ぐために注意しなければならないことを，「こまごめピペットの先端を」という書き出しで，簡潔に書け。

問1		問2	

問3　**図2**は，この実験で，A液5.0mLにB液6.0mLを加えた後，A液を加えて中性にするまでの，液中のイオンをモデルで表そうとしたものである。Yについて，A液5.0mLにB液6.0mLを加えて十分《じゅうぶん》に反応させたときの，液中のイオンの種類と数を，X，Zにならって，**図2**のYにモデルで表せ。ただし，水素イオンを⊕，塩化物イオンを○，ナトリウムイオンを●，水酸化物イオンを◎で表せ。

図2

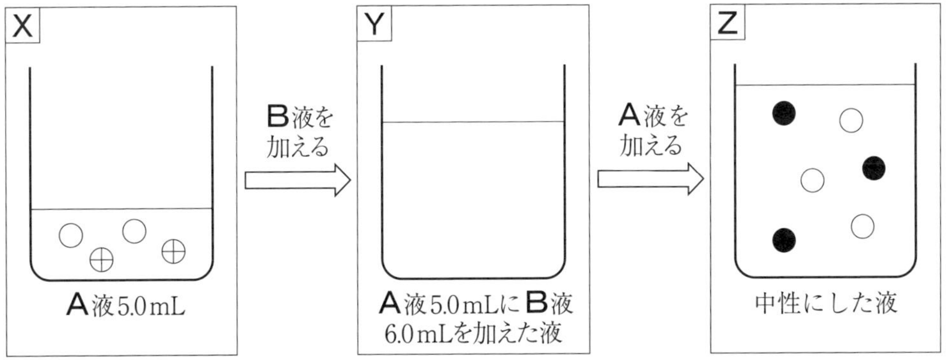

問4　下の□内は，作物の成長と土のpHについて，生徒が調べた内容の一部である。文中の①の（　）内から，適切な語句を選び，記号を書け。また，（②）に，適切な語句を入れよ。

> 作物が成長するのに最適な土のpHは，作物の種類によって異なる。チャノキ（茶）の成長に最適な土のpHは5.0～5.5程度であるが，同じ場所で栽培を続けると，土が強い①（P　酸性　Q　アルカリ性）になり，うまく育たなくなる。そのため，畑に消石灰をまくことで，土のpHを調整している。これは，（②）という化学変化を利用したものである。

問4	①		②	

5　明さんは，地層の特徴を調べるために，学校の近くの道路わきで見られた露頭（地層が地表に現れているがけ）を観察した。下の□内は，その観察の手順と結果である。ただし，露頭を観察した地域では，地層の上下の逆転や断層はないことがわかっている。

【手順】

地層の広がり，重なり，傾きを観察し，露頭全体をスケッチする。次に，層の厚さ，色，粒の大きさを調べ，それぞれの層の特徴を記録する。また，化石があるかどうかを調べ，記録する。

【結果】

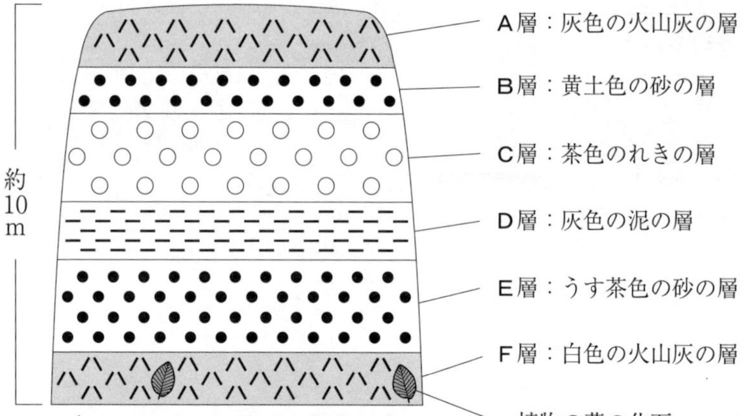

〔スケッチした露頭の模式図〕

<気づいたこと>

○　C層にふくまれるれきは，①角がとれて丸くなっていた。

○　F層には，②植物の葉の化石があった。

問１　A層～F層のうち，最も新しい地層はどれか。A～Fから１つ選び，記号を書け。

問２　下線部①について，C層にふくまれるれきが，丸みを帯びた理由を，「はたらき」という語句を用いて，簡潔に書け。

問３　下線部②について，植物は種類によって生活する環境がちがうため，化石をふくむ地層が堆積した当時の環境を推定することができる。このように地層が堆積した当時の環境を示す化石を何というか。

問４　下の□内は，観察後，明さんが，堆積岩について調べた内容の一部である。文中の下線部のようすを，「石灰岩」，「チャート」の２つの語句を用いて，簡潔に書け。

堆積物が固まってできた岩石を堆積岩という。堆積岩のうち，貝殻やサンゴなどが堆積してできたものを石灰岩，海水中をただよう小さな生物の殻などが堆積してできたものをチャートという。石灰岩とチャートは，うすい塩酸をかけたときのようすから見分けることができる。

問1	
問2	
問3	化石
問4	

6 福岡県のある地点で，ある年の３月１日の午後８時に，オリオン座と金星を観察し，それぞれの位置を記録した。**図１**は，その観察記録である。また，**図２**は，３月１日の１か月後の４月１日の午後８時に，同じ地点で観察したオリオン座と金星の位置を記録したものである。

下は，観察記録をふまえて考察しているときの，鈴さんと涼さんと先生の会話の一部である。また，**図３**は，天体シミュレーションソフトの画面を模式的に示したものである。

図１

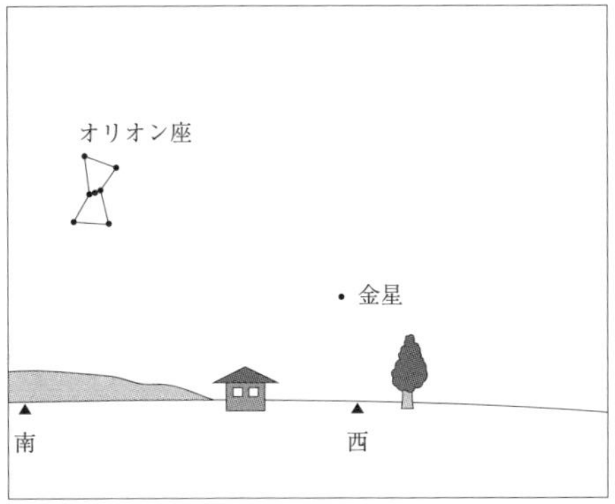

図２

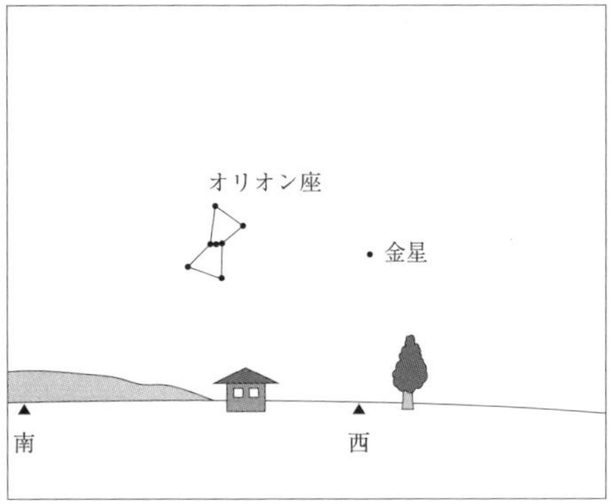

先生

3月1日と4月1日の観察記録から，どのようなことがわかりますか。

鈴さん

２つの記録を比べると，オリオン座の見える位置は，南の空から西の空に変わっています。また，金星はオリオン座ほど見える位置が変化していないようです。

涼さん

金星の見える位置は変わっていないのかな。観察した日だけでなく，もっと長い期間の観察記録があれば，金星の見える位置の変化がわかるかもしれません。

よい点に気づきましたね。天体シミュレーションソフトを使えば，観察していない日の金星の見える位置や見え方を調べることができます。それでは，天体シミュレーションソフトを使って，金星について調べてみましょう。

【天体シミュレーションソフトを使って調べる】

図３

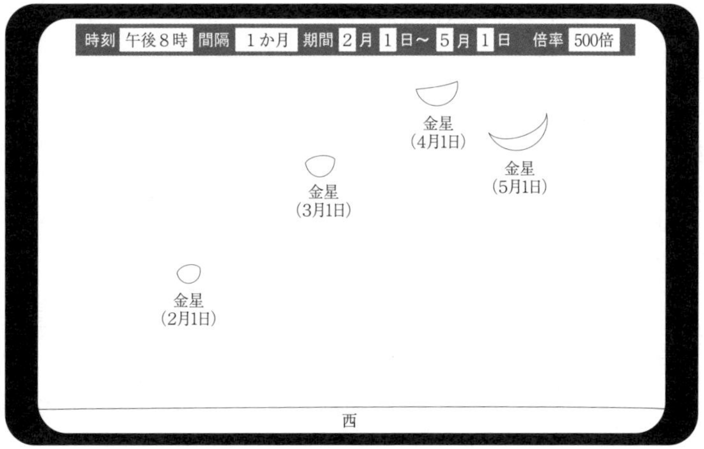

天体シミュレーションソフトの画面では，１か月ごとの金星の見える位置が変化していることがわかります。

金星は，見える位置が変化するだけでなく，見える形も変化していて，欠けていくように見えます。金星は月と同じように，太陽の（　①　）ことでかがやいていると考えられます。

そうですね。月の満ち欠けと金星の見える形の変化を，関係づけて考えることができましたね。それでは，金星の見える大きさの変化からは，どのようなことが考えられますか。

画面に表示された金星の倍率はどれも同じなので，２月１日から５月１日にかけて，（　②　）と考えられます。

そのとおりです。金星の見える形が変化するとともに，金星の大きさも変化して見えることから，（　③　）ことがわかります。

問１　会話文中の下線部のように，同じ時刻に見えるオリオン座の位置は変化し，１年でもとの位置にもどる。このような星の見かけ上の動きを，星の何というか。

問２　会話文中の（①）にあてはまる内容を，簡潔に書け。

問３　会話文中の（②）にあてはまる内容を，簡潔に書け。

問４　会話文中の（③）にあてはまる内容を，「公転」という語句を用いて，簡潔に書け。

問1		問2	
問3			
問4			

7　力の大きさとばねののびの関係について調べる実験を行った。実験では，**図1**のように，ばね**A**の先端にクリップ（指標）をはさんで，スタンドにつるし，クリップが0cmを示すように，ものさしをスタンドに固定する。その後，ばね**A**に質量20gのおもりを1個，2個，3個，4個，5個とつるしたときの，ばねののびをそれぞれはかった。また，ばね**B**についても同じようにして，実験を行った。**表**は，その実験の結果である。ただし，質量100 gの物体にはたらく重力の大きさを1Nとし，ばねやクリップの重さは考えないものとする。

図1

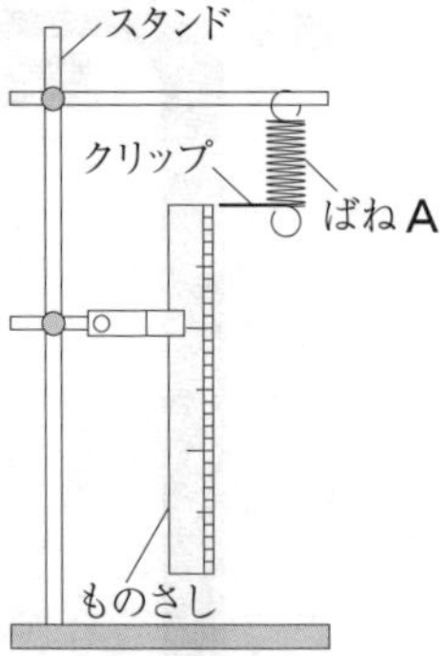

表

おもりの数〔個〕		0	1	2	3	4	5
ばねののび〔cm〕	ばねA	0	2.4	4.8	7.2	9.6	12.0
	ばねB	0	0.8	1.6	2.4	3.2	4.0

問1　変形したばねがもとに戻ろうとする性質を何というか。

問2　ばね**A**とばね**B**に同じ大きさの力を加えたとき，ばね**A**ののびは，ばね**B**ののびの何倍か。

問3　**表**をもとに，ばね**A**について，「ばねに加えた力の大きさ」と「ばねののび」の関係を，**図2**にグラフで表せ。なお，グラフには**表**から求めた値を•で示すこと。

図2

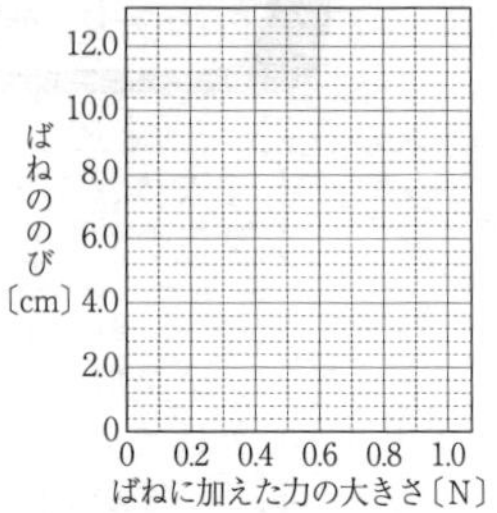

問4　実験後，ばね**A**，ばね**B**，糸**a**，糸**b**を用いて，質量100gの物体**P**をもち上げ，**図3**のように静止させた。**図4**は，静止させた物体**P**にはたらく重力とつりあう力**F**を，矢印で示したものである。力**F**を，糸**a**が物体**P**を引く力と，糸**b**が物体**P**を引く力に分解し，それぞれの力を**図4**に力の矢印で示せ。また，**図3**のばね**A**ののびが9.6cmであるとき，**図3**のばね**B**ののびは何cmか。ただし，糸の重さと糸ののびは考えないものとする。

図3

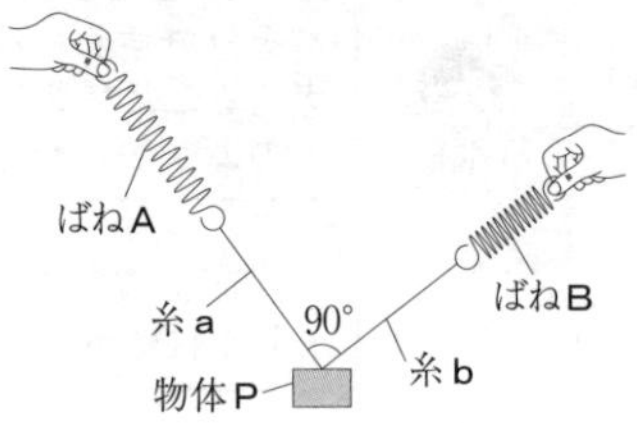

図4

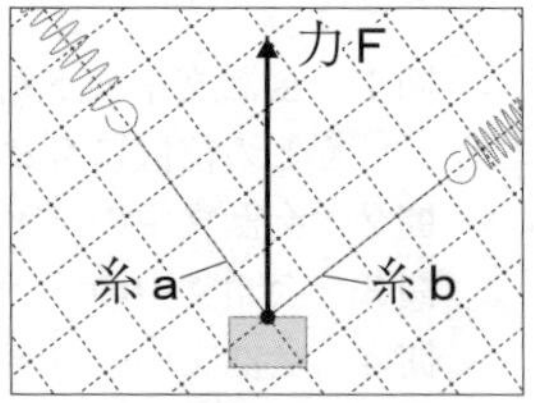

問1		問2	倍
問4	ばねBののび	cm	

8　電熱線**a**と電熱線**b**を用いて，**図1**の回路をつくり，電流の大きさと電圧の大きさを調べる実験を行った。実験では，電源装置の電圧を3.0Vにして，回路を流れる電流の大きさと回路の各部分に加わる電圧の大きさを測定した。このとき，回路を流れる電流は60mAであり，**アイ**間に加わる電圧は1.2Vであった。ただし，電熱線以外の抵抗は考えないものとする。

図1

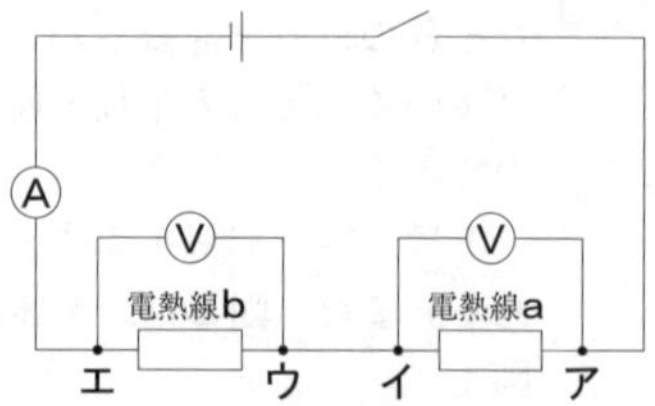

問1　電熱線には金属が使われている。金属のように，電流が流れやすい物質を何というか。

問2　**アイ**間に加わる電圧を測定している電圧計のようすを示した図として，最も適切なものを，次の**1**～**4**から1つ選び，番号を書け。ただし，**P**は**ア**につないだ導線，**Q**は**イ**につないだ導線を示している。

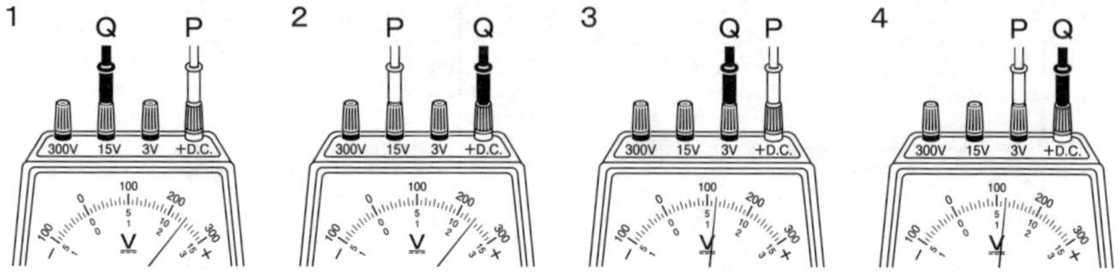

問3　**ウエ**間に加わる電圧は何Vか。

問4　次に，**図1**の回路の電熱線**b**を，抵抗の異なる電熱線**c**にかえて，**図2**の回路をつくった。電源装置の電圧を3.0Vにして**図2**の回路に電流を流すと，回路を流れる電流は100mAであった。

（1）　電熱線**c**の抵抗の大きさは何Ωか。

（2）　**図2**の回路に3分間電流を流したとき，回路全体で消費した電力量は何Jか。ただし，電源装置の電圧と回路を流れる電流の大きさは変化しないものとする。

図2

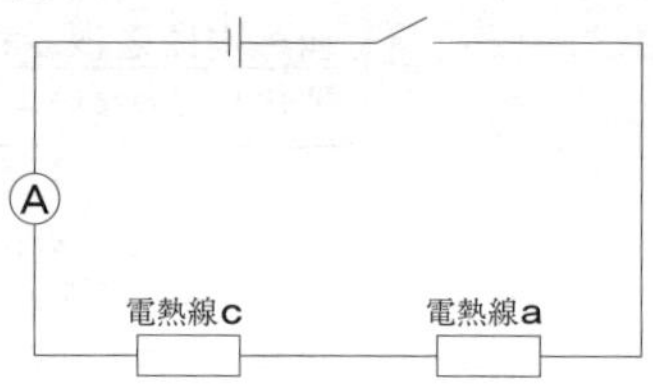

問1		問2	
問3	V		
問4	(1)　Ω	(2)	J

令和６年度入試問題　社会（50分）

1　千秋さんは，わが国の古代から近代の各時代の政治，文化，経済に関するおもなできごとを表にまとめた。表をみて，各問に答えよ。

〈表〉

時代	政治	文化	経済
古代	貴族による摂関政治《せっかんせいじ》が行われた。	日本の風土に合った①国風文化が生まれた。	A
中世	②武家《ぶけ》政権による支配がしだいに広がった。	禅宗《ぜんしゅう》の影響を受けた文化が栄えた。	B
近世	③幕藩《ばくはん》体制による支配のしくみが整えられた。	上方《かみがた》を中心に，町人の文化が栄えた。	C
近代	④立憲《りっけん》制国家のしくみが整えられた。	西洋の影響を受けた文化が広まった。	D

問１　下線部①に最も関係の深い人物を，次の１～４から一つ選び，番号を書け。
　１　鑑真《がんじん》　　２　聖武《しょうむ》天皇
　３　清少納言《せいしょうなごん》　　４　中大兄皇子《なかのおおえのおうじ》

問２　表のA～Dには，各時代の経済に関するできごとがあてはまる。Bにあてはまるものを，次の１～４から一つ選び，番号を書け。
　１　商工業者が同業者ごとに株仲間《かぶなかま》をつくり，営業を独占した。
　２　都と地方を結ぶ道路が整えられ，調《ちょう》や庸《よう》などの税が運ばれた。
　３　殖産興業《しょくさんこうぎょう》政策のもと，新しい技術の開発や普及がはかられた。
　４　交通の盛んな所では馬借《ばしゃく》や車借《しゃしゃく》，問《とい》（問丸《といまる》）といった運送業者が活躍した。

問３　下線部②に関する次の１～４のできごとを，年代の古い方から順に並べ，番号で答えよ。
　１　南朝が北朝に統一され，南北朝の内乱が終わった。
　２　上皇《じょうこう》らが隠岐《おき》などに追放され，京都に六波羅探題《ろくはらたんだい》が置かれた。
　３　多くの守護大名《だいみょう》を巻き込んだ戦乱が京都で起き，下剋上《げこくじょう》の風潮が広まった。
　４　国ごとに守護《しゅご》を，荘園《しょうえん》や公領《こうりょう》ごとに地頭《じとう》を置くことを，初めて朝廷《ちょうてい》が認めた。

問４　下の□内は，千秋さんが下線部③の時期のできごとについてまとめたものである。㋑，㋺の（　）にあてはまるものを，それぞれ一つ選び，記号を書け。

> 幕府は，㋑（a　御成敗式目《ごせいばいしきもく》，b　武家諸法度《ぶけしょはっと》）を定め，築城などに規制を設けて，大名を統制した。また，幕府は，年貢を負担する百姓《ひゃくしょう》が㋺（c　米，d　土地）を売買することを禁止した。

問1		問2		問3	→　→　→
問4	㋑		㋺		

問５　下の□内は，千秋さんが，下線部④についてまとめたものである。㋩の（　）にあてはまるものを一つ選び，記号を書け。また，㋥にあてはまる語句を書け。

> ㋩（a　板垣退助《いたがきたいすけ》，b　伊藤博文《いとうひろぶみ》）らが作成した憲法案は，審議を経て，大日本帝国憲法として発布された。この憲法の条文には，国民に㋥の範囲内で言論の自由といった権利を認めることが定められた。

問６　下の□内は，千秋さんが，近世から近代へと移り変わるころのできごとが人々の生活に与えた影響についてまとめたものである。㋭，㋬にあてはまる語句を正しく組み合わせたものを，次の１～４から一つ選び，番号を書け。また〔　㋣　〕にあてはまる内容を，「物価」の語句を使って書け。

> 欧米《おうべい》諸国との貿易が始まると，日本からはおもに㋭が輸出されたが，生産が追いつかず，国内では品不足となった。また，日本と外国の金と銀の交換比率が異なっていたことから㋬が流出した。これらの影響で国内では〔　㋣　〕こともあり，人々の生活は苦しくなった。

　１　㋭は生糸，㋬は金　　２　㋭は生糸，㋬は銀
　３　㋭は綿糸，㋬は銀　　４　㋭は綿糸，㋬は金

問5	㋩		㋥	
問6	番号		㋣	

2　緑さんは，20世紀以降のわが国と世界との関わりについて調べ，カードにまとめた。カードをみて，各問に答えよ。

〈カード〉

A	B	C	D
第一次世界大戦後の欧米で民衆の政治参加が進む中，わが国では民主主義を求める風潮である（　）が広がった。	国際情勢の変化により，GHQは占領政策を転換し，①わが国は国際社会に復帰した。	②高度経済成長の時期に，わが国は貿易を拡大し，GNPは資本主義国の中で第２位となった。	グローバル化が進み，地球規模の課題解決に向け，わが国も③環境分野で貢献している。

問１　カードＡについて，（　）にあてはまる語句を書け。

問２　下の［　］内は，緑さんが，下線部①について，資料Ⅰ，Ⅱから読み取れることをもとにまとめたものである。㋑と㋺の（　）にあてはまるものを，それぞれ一つ選び，記号を書け。

> 資料Ⅰに調印すると同時に，わが国は㋑（ａ　日米安全保障条約，ｂ　日中平和友好条約）を結んだ。資料Ⅱに調印した年と同じ年に，わが国は㋺（ｃ　国際連盟，ｄ　国際連合）に加盟した。

〈資料Ⅰ〉

> 日本国と各連合国との戦争状態は，第23条の定めるところにより，この条約が日本国と当該連合国との間に効力を生ずる日に終了する。

〈資料Ⅱ〉

> 日本国とソ連との間の戦争状態は，この宣言が効力を生ずる日に終了し，両国の間に平和及び友好善隣関係が回復される。

※資料Ⅰ，Ⅱは，条約等を抜粋，改変　（資料Ⅰ，Ⅱは，外務省ホームページから作成）

問３　下の［　］内は，緑さんが，下線部②のわが国の人々のくらしについてまとめたものである。〔　　〕にあてはまる内容を，資料Ⅲ，Ⅳから読み取って書け。

> わが国では，〔　　〕ことで，家事の時間が短縮され，人々は余暇を楽しむゆとりができた。

〈資料Ⅲ〉１世帯あたり年平均１か月間の収入額の推移

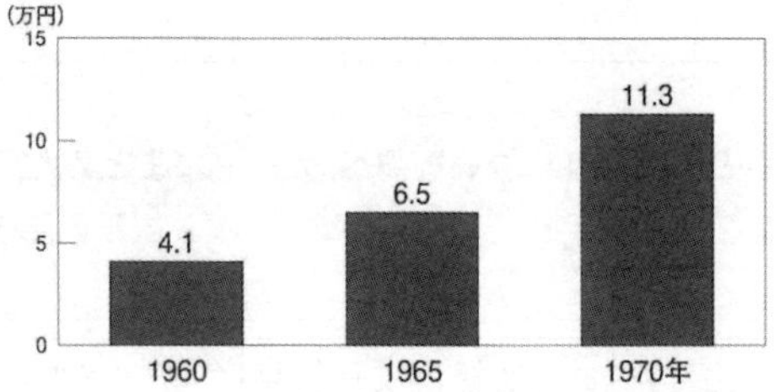

（第7版「数字で見る日本の100年」から作成）

〈資料Ⅳ〉家庭電化製品の普及率の推移

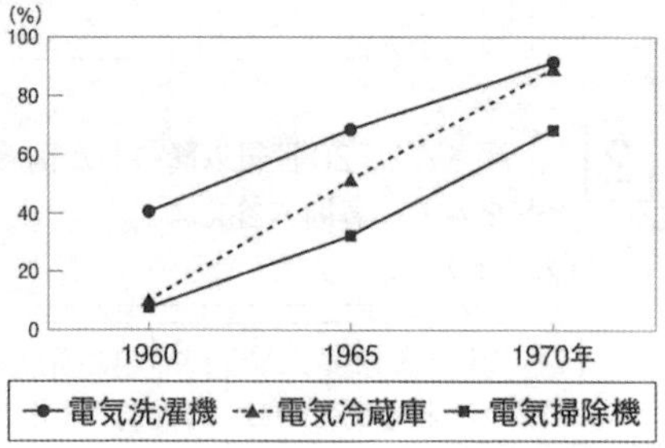

（内閣府資料から作成）

問４　下線部③に関する次の**あ**～**う**のできごとを，年代の古い方から順に並べ，記号で答えよ。

あ　地球環境問題への対策を進めるため，環境基本法を制定した。

い　温室効果ガスの削減目標を全参加国が定めるパリ協定に参加した。

う　排煙の基準を決めるなど，公害防止の規制を強めた公害対策基本法を制定した。

問1		問2	㋑		㋺	
問3						
問4	→ →					

3

由希さんは，世界の州や国の特色などについて調べるため，略地図を作成した。略地図のＡ～Ｆは，世界の六つの州を示している。略地図をみて，各問に答えよ。

〈略地図〉

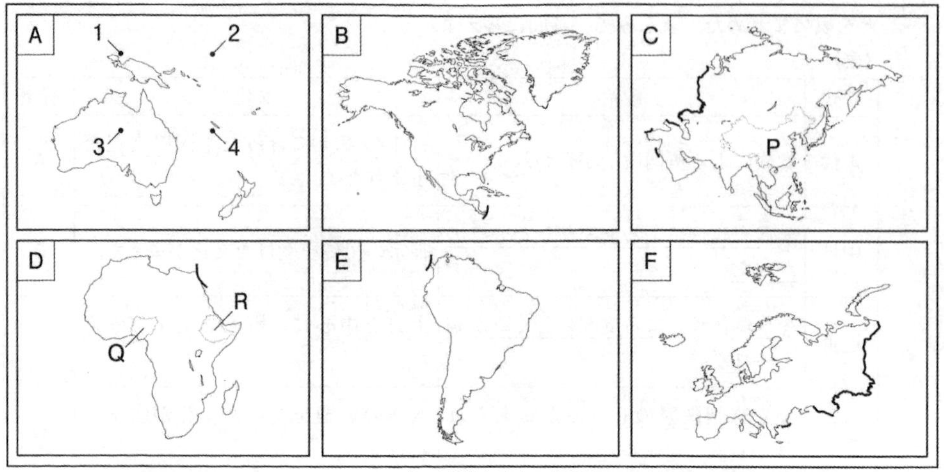

（～は州境を示す。略地図Ａ～Ｆ，資料Ⅵの図法，縮尺は同じではない。）

問１　略地図Ａ中に１～４で示した・のうち，赤道と日本標準時子午線の交点を，１～４から一つ選び，番号を書け。

問２　資料Ⅰの**ｗ**～**ｚ**には，略地図Ａ～Ｆの州のうちヨーロッパ州とオセアニア州以外の州があてはまる。Ｂの州にあてはまるものを，**ｗ**～**ｚ**から一つ選び，記号を書け。

〈資料Ⅰ〉人口，穀物生産量の州別割合（2020年）

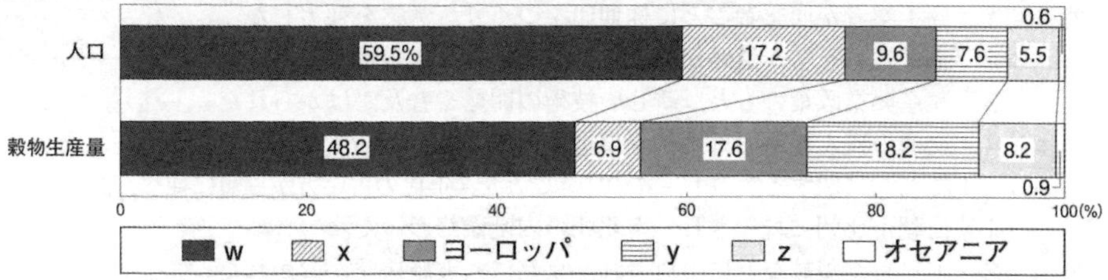

※ロシア連邦の人口，穀物生産量は，ヨーロッパ州に含む。

（2022年版「データブック　オブ・ザ・ワールド」等から作成）

問３　下の［　］内は，略地図Ｃ中のＰの国について説明したものである。〔　　〕にあてはまる内容を，「経済特区」と「受け入れる」の語句を使って書け。

> Ｐの国は，〔　　〕ことで，資本や技術の導入を進め，急速に工業を発展させてきた。それにともない，国内では，内陸の農村部から沿岸の都市部への人口移動がみられるようになった。

問1		問2	
問3			

問４　下の□内は，由希さんが，資料Ⅱ，Ⅲから，略地図Ｄの州について調べたことをまとめたものである。(ア)にあてはまる語句を書け。また，(イ)，(ウ)の（　）にあてはまるものをそれぞれ一つ選び，記号を書け。ただし，同じ記号は同じ語句を示している。

> Ｑ，Ｒの国は，輸出の特色から，(ア)とよばれる状態にあり，Ｄの州には，(ア)の国が多くみられる。Ｑ，Ｒの国のおもな輸出品は，国際価格の変動が(イ)（ａ　大きい，ｂ　小さい）ため，国の収入が(ウ)（ｃ　安定しやすい，ｄ　不安定になりやすい）傾向がある。

〈資料Ⅱ〉Ｑの国のおもな輸出品目の内訳（2020年）

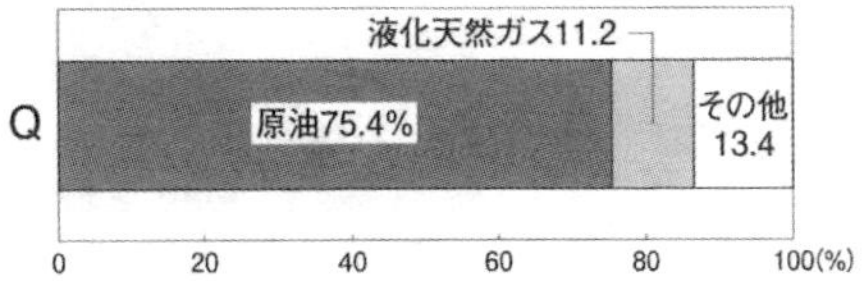

〈資料Ⅲ〉Ｒの国のおもな輸出品目の内訳（2020年）

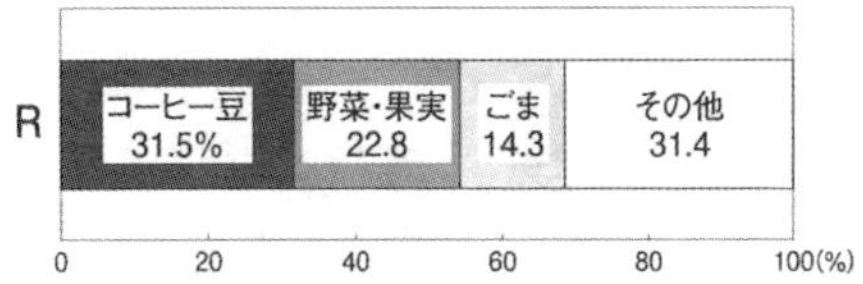

（資料Ⅱ，Ⅲは，2022/23年版「世界国勢図会」から作成）

問５　下の□内は，由希さんが略地図Ｆの州について調べたことをまとめたものである。〔　　〕にあてはまる内容を，資料Ⅴ，Ⅵを関連づけ，「関税」の語句を使って書け。

> 2004年以降，資料Ⅳのように，東ヨーロッパの国の自動車生産台数の伸びが著しい。その理由の一つに，企業が，生産拠点を西ヨーロッパから東ヨーロッパに移していることがある。企業が，生産拠点を東ヨーロッパに移す利点は，〔　　〕ことである。

〈資料Ⅳ〉自動車生産台数の割合の推移

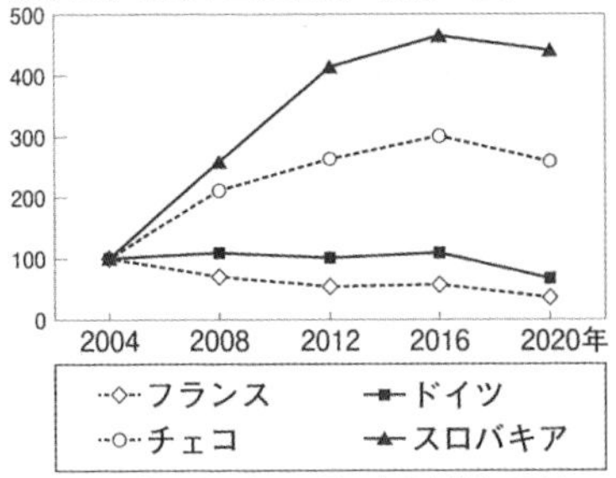

※2004年のそれぞれの国の生産台数を100として表している。
（国際自動車工業連合会ホームページから作成）

〈資料Ⅴ〉製造業月平均賃金（2020年）

国名＼項目	製造業月平均賃金（ドル）
フランス	6 222
ドイツ	5 252
チェコ	1 618
スロバキア	1 566

（「世界の統計 2023」から作成）

〈資料Ⅵ〉ＥＵ加盟国

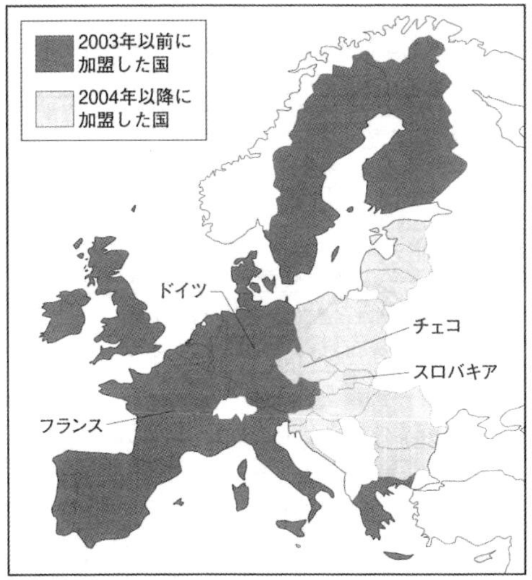

※イギリスは，2020年にEUから離脱
（2022/23年版「世界国勢図会」から作成）

問4	(ア)		(イ)		(ウ)	
問5						

4　優真さんは，日本の七つの地方（中国・四国地方を一つの地方とする。）の特色を調べるため，略地図を作成し，資料を集めた。略地図のＡ～Ｇは，日本の各地方を示している。略地図と資料をみて，各問に答えよ。ただし，同じ記号は同じ地方を示している。

〈略地図〉

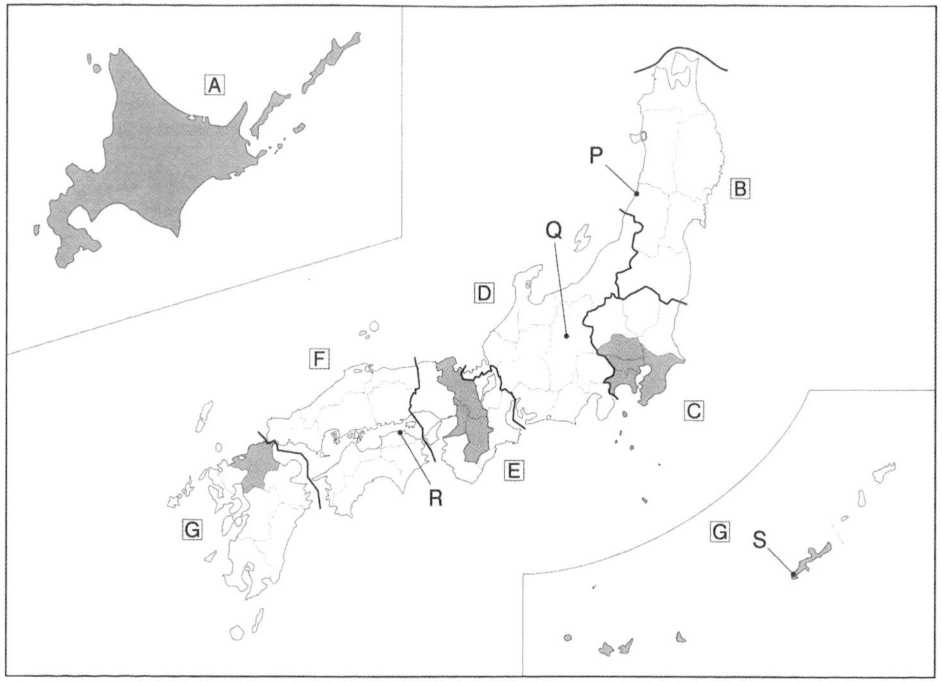

（━は地方の境界を示す。略地図，資料Ⅱ，Ⅲの図法，縮尺は同じではない。）

問１　下の１～４は，略地図中Ｐ～Ｓのいずれかの都市の雨温図である。Ｐ，Ｒの都市の雨温図を，１～４からそれぞれ一つ選び，番号を書け。

1

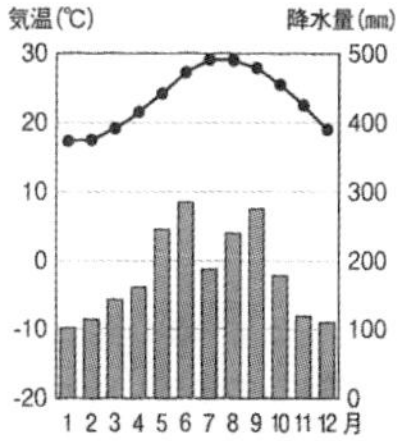

年平均気温　23.3℃
年降水量　2 161.0mm

2

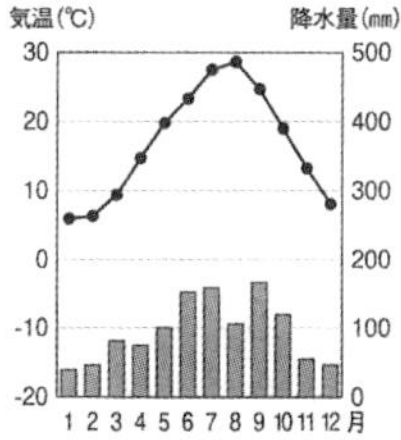

年平均気温　16.7℃
年降水量　1 150.1mm

3

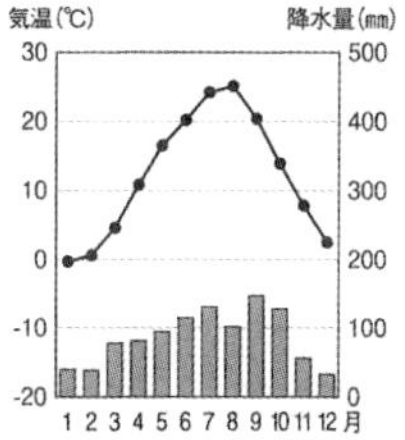

年平均気温　12.2℃
年降水量　1 045.1mm

4

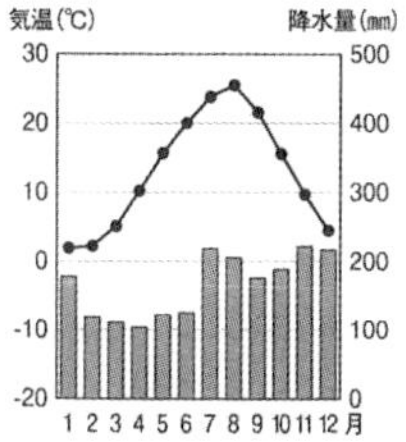

年平均気温　13.0℃
年降水量　1 986.8mm

（気象庁ホームページから作成）

問1	P		R	

問２　略地図中⬤で示した都道府県は，下の１～４のいずれかの都道府県別統計（2020年）の上位10都道府県である。どの統計をもとにしたものか，１～４から一つ選び，番号を書け。

１　火力発電発電量　　　　　２　65歳以上人口の割合
３　産業別人口に占める第三次産業の割合　　　４　林野面積

問３　資料Ⅰの**あ**～**お**には，略地図のＡ～Ｇ地方のうちＡ地方とＦ地方以外の地方があてはまる。Ｅ地方にあてはまるものを，**あ**～**お**から一つ選び，記号を書け。

〈資料Ⅰ〉農産物の産出額と工業製品の製造品出荷額等の地方別割合（2019年）

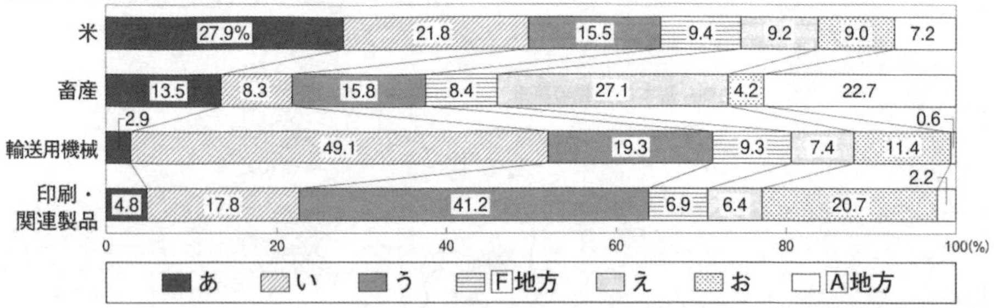

（2023年版「データでみる県勢」等から作成）

問４　下の□内は，優真さんが，略地図のＢ，Ｇ地方の特色についてまとめたものである。（イ），（ロ）にあてはまる県名をそれぞれ書け。また，〔　ハ　〕にあてはまる内容を，資料Ⅱ，Ⅲから読み取って書け。

> Ｂ地方の（イ），Ｇ地方の（ロ）は，〔　ハ　〕ことから，両県は，それぞれの地方の産業や交通の中心となっているといえる。

〈資料Ⅱ〉人口と事業所数（2019年）

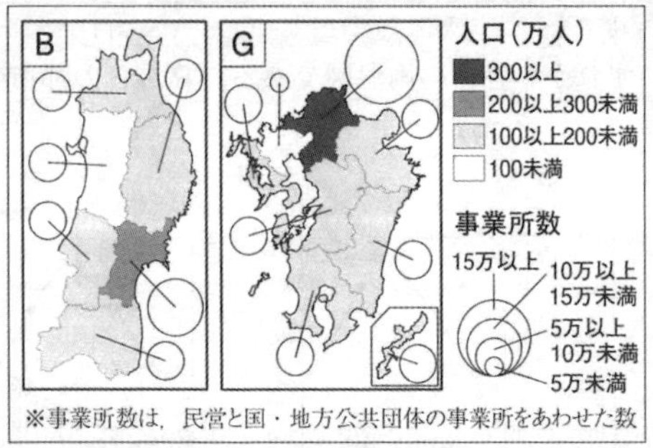

※事業所数は，民営と国・地方公共団体の事業所をあわせた数

（2022年版「データでみる県勢」等から作成）

〈資料Ⅲ〉高速バスの輸送客数（2019年）

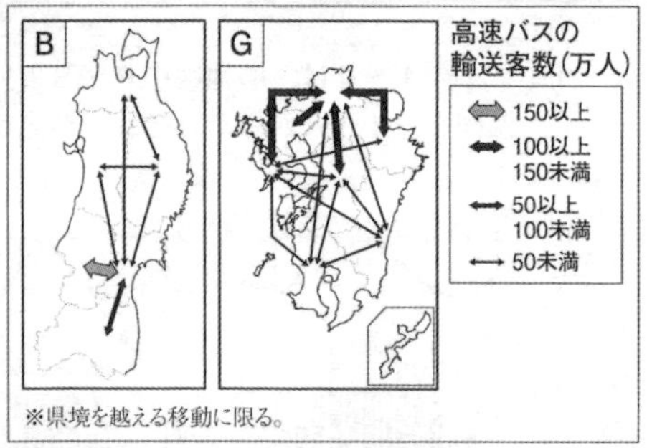

※県境を越える移動に限る。

（国土交通省ホームページから作成）

問2		問3		問4	イ	県	ロ	県

問4	ハ	

問５　下の□内は，優真さんが，略地図のＡ地方の農業の特色についてまとめたものである。〔　　〕にあてはまる内容を，資料Ⅴ，写真から読み取って書け。

> Ａ地方の農業は，資料Ⅳから，Ａ地方以外の地方の平均と比べて，農業従事者一人あたりの農業産出額が多い。また，資料Ⅴ，写真から〔　　〕という特色があるといえる。

〈資料Ⅳ〉農業従事者一人あたりの農業産出額（2020年）

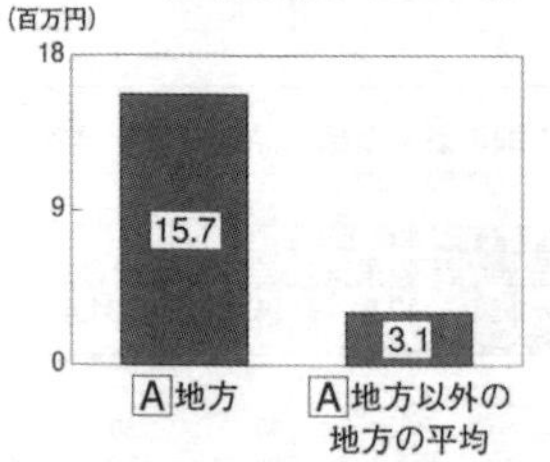

（2023年版「データでみる県勢」から作成）

〈資料Ⅴ〉Ａ～Ｇ地方の耕地面積と農業従事者数（2020年）

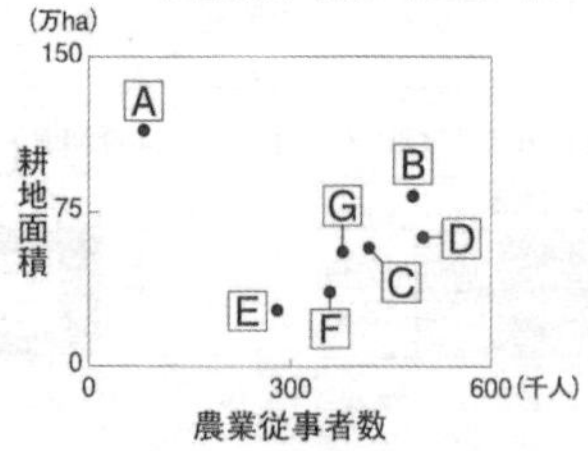

（2023年版「データでみる県勢」等から作成）

〈写真〉Ａ地方でみられる大型の機械を利用した農作業の様子

（北海道庁ホームページから引用）

問5	

5　直美さんと知広さんの学級では，班ごとにテーマを決めて発表することになり，調べた内容の一部をカードにまとめた。カードをみて，各問に答えよ。

〈カード〉

１班　テーマ「日本国憲法と三権分立」

①日本国憲法は，国民主権，基本的人権の尊重，平和主義を基本原則としている。この憲法では，②三権が互いに権力の均衡を保つしくみがとられている。

２班　テーマ「地方自治と政治参加」

③地方の政治は，私たちのくらしに深く関わっている。よりよい地域社会を築くために，積極的に政治参加していくことが求められている。

３班　テーマ「経済政策と金融」

日本銀行や政府は，景気の安定を図る④経済政策を行っている。また，金融は，資金の流れを円滑にすることで，個人や⑤企業の経済活動を助けている。

４班　テーマ「これからの社会保障制度」

⑥社会保障制度の充実，安定化のためには，自助，共助及び公助が適切に組み合わされるように，世代を超えた協力が必要になる。

問１　下線部①について，下の□内の（イ），（ロ）にあてはまる語句をそれぞれ書け。

> 日本国憲法は，子どもに普通（イ）を受けさせる義務，（ロ）の義務，納税の義務を，国民の義務として定めている。

問1	イ		ロ	

問２　下線部②について，図ⅠのＰ～Ｒには，国会，内閣，裁判所のいずれかが入る。図ⅠのＰ～Ｒのうち，内閣を示すものはどれか，Ｐ～Ｒから一つ選び，記号を書け。また，衆議院の解散を示すものを，**ア～オ**から一つ選び，記号を書け。

〈図Ⅰ〉

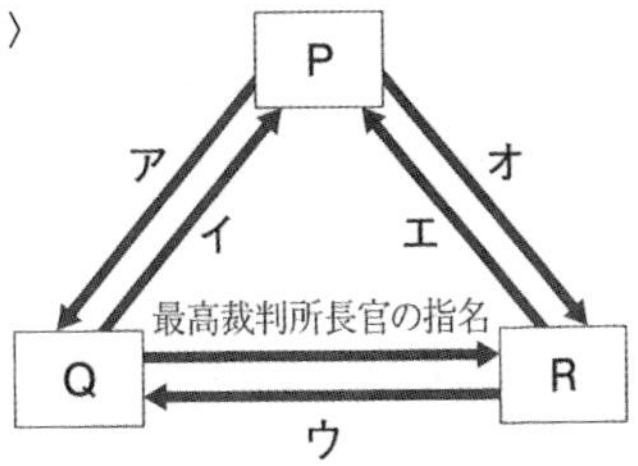

問３　下線部③について，図Ⅱは地方の政治のしくみを模式的に示したものである。国の政治のしくみにはみられない，地方の政治の特徴を，図Ⅱから読み取り，「首長が，」の書き出しで書け。

〈図Ⅱ〉

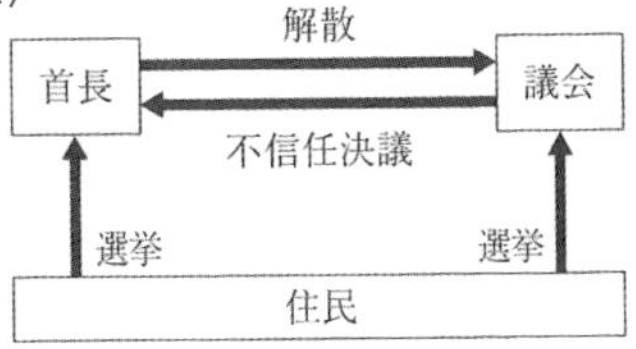

問４　下線部④について，表は，金融政策と財政政策の一部をまとめたものである。次の**ア～エ**は，表中のⓐ～ⓓのいずれかにあてはまる。ⓑ，ⓒにあてはまるものを，**ア～エ**からそれぞれ一つ選び，記号を書け。

ア　減税政策を行う。
イ　国債などを売る政策を行う。
ウ　国債などを買う政策を行う。
エ　公共投資を減らす政策を行う。

〈表〉

状況＼政策	金融政策	財政政策
好景気(好況)のとき	ⓐ	ⓑ
不景気(不況)のとき	ⓒ	ⓓ

問５　下の□内は，下線部⑤について，図Ⅲ，Ⅳをもとに，企業が家計から資金を集める方法についてまとめたものである。⑴，⑵に答えよ。ただし，同じ記号は同じ語句を示している。

企業が家計から資金を集める方法は，おもに二つある。一つは，間接金融で，図Ⅲのように，企業が〔　㋩　〕方法である。もう一つは，直接金融で，図Ⅳのように，企業が（㋥）を発行することで家計から資金を調達する方法である。

⑴　〔　㋩　〕にあてはまる内容を，図Ⅲから読み取り，「家計」の語句を使って書け。
⑵　（㋥）にあてはまる語句を書け。

〈図Ⅲ〉

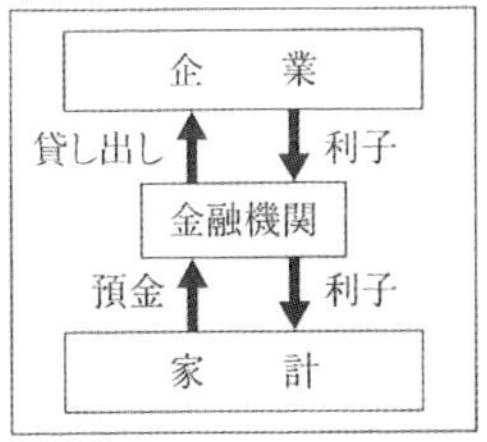

〈図Ⅳ〉

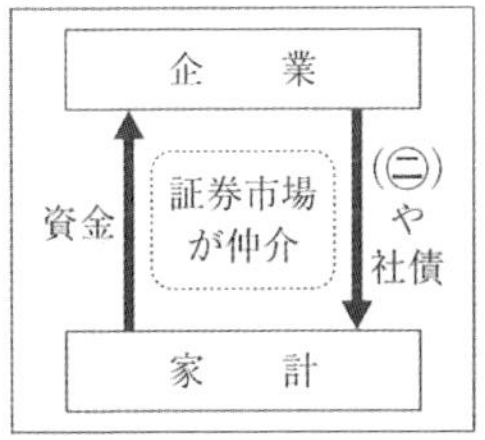

問2	内閣		衆議院の解散		問3
問4	ⓑ		ⓒ		
問5	⑴		⑵		

問６　下の□内は，下線部⑥について，直美さんと知広さんが，資料Ⅰ，Ⅱをもとに会話した内容の一部である。会話文を読み，⑴，⑵に答えよ。ただし，同じ記号は同じ語句を示している。

〈会話文〉

直美：　わが国の社会保障制度は，日本国憲法第25条の（㋭）の規定に基づいているよ。
知広：　そうだね。これまでわが国の社会保障制度は，(㋭)を実現するための制度として，国民の生活水準の向上に役立ってきたけれど，現在，資料Ⅰのように，社会保障給付費の増加にともない，国民負担率が上昇していることがわかったよ。
直美：　その理由の一つには，〔　㋬　〕ことで，社会保障給付費の財源となる，社会保険料収入や税収が不足していることが考えられるね。
知広：　こうした課題を踏まえ，私たちも自分のこととして，今後のわが国の社会保障のあり方について，考え続けていくことが大切だね。

〈資料Ⅰ〉社会保障給付費と国民負担率（対国民所得比）の推移

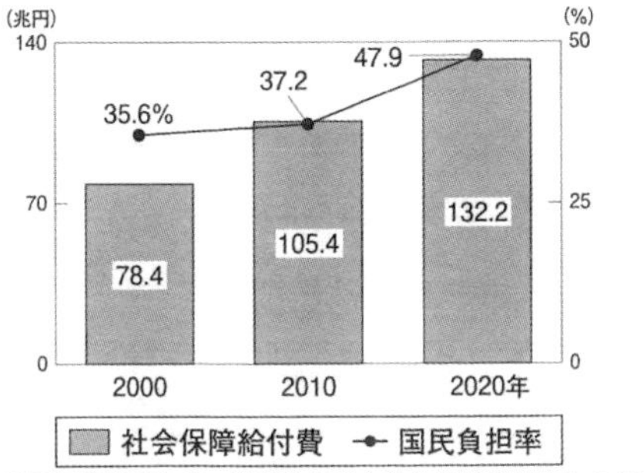

※国民負担率とは，租税負担率と社会保障負担率との合計

〈資料Ⅱ〉わが国の総人口と年齢別人口割合の推移

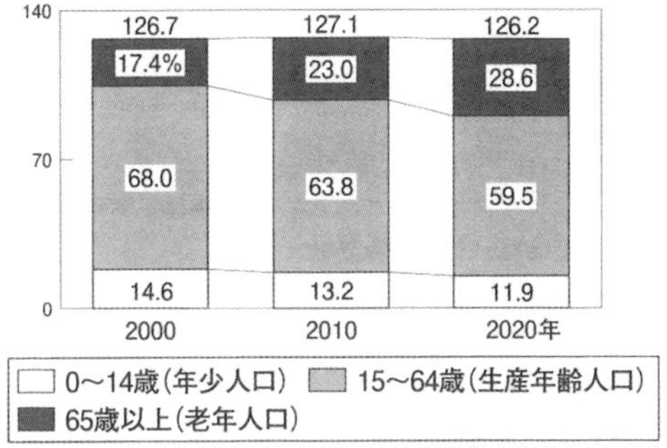

（資料Ⅰ，Ⅱは，厚生労働省資料等から作成）

⑴　（㋭）にあてはまるものを，次の１～４から一つ選び，番号を書け。
　1　団結権　　**2**　生存権　　**3**　自由権　　**4**　平等権

⑵　〔　㋬　〕にあてはまる内容を，資料Ⅱから読み取り，「老年人口」と「生産年齢人口」の語句を使って書け。

問6	⑴	
	⑵	

6　下の□内は，博実さんと千里さんが，漁業と海洋汚染について調べ，それぞれ作成したノートをもとに，会話した内容の一部である。会話文を読み，各問に答えよ。ただし，同じ記号は同じ内容を示している。

〈会話文〉

千里：　博実さんのノートの図Ⅰは，（P）の「海の豊かさを守ろう」という目標を示したものだよね。

博実：　そうだよ。私は，「海の豊かさを守ろう」の中の漁業について調べたよ。資料Ⅰから，1979年と2019年を比べると，〔　Q　〕というおそれがあることがわかったよ。

千里：　何か解決に向けた取り組みは行われていないのかな。

博実：　消費者が適正に漁獲された魚介類を選びやすくするために，図Ⅱのようなラベルを商品につける取り組みが行われているみたいだよ。

千里：　消費者がラベルのついた商品を選ぶことで，どんな効果があるのかな。

博実：　ノートの【考えたこと】に効果をまとめたよ。

千里：　なるほど，私たちにできる身近なことが，海の豊かさを守ることにつながっているんだね。

博実：　千里さんは，どんなことを調べたのかな。

千里：　私は，海洋汚染について調べて，資料Ⅱのようなことがわかったよ。海洋汚染を解決する上でも，私たちにできる身近なことが大切で，それが海の豊かさを守ることにつながると思うよ。

〈博実さんのノート〉

〈図Ⅰ〉

（外務省ホームページから引用）

〈資料Ⅰ〉世界の魚介類の状態の推移

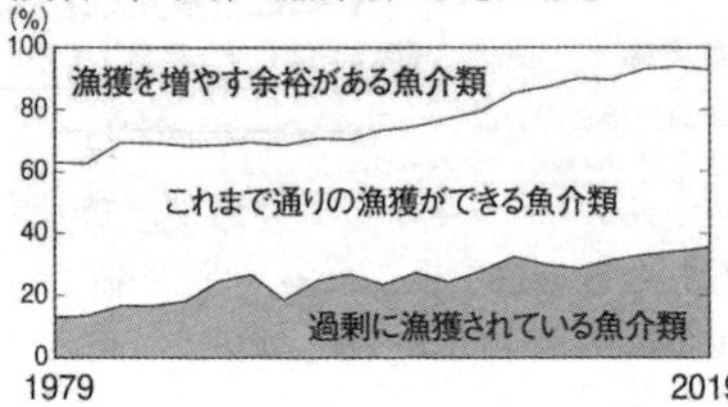

（水産庁ホームページ等から作成）

〈図Ⅱ〉

※水産庁ホームページ等で紹介されている水産エコラベルの一つ

（日本水産資源保護協会ホームページから引用）

【考えたこと】

消費者が，水産エコラベルがついた商品を選ぶ。 ⇨ 小売業者が，水産エコラベルがついた商品の取り扱いを増やす。 ⇨ 生産者が,漁獲を調整する。 ⇨ 〔　Q　〕という問題の解決が期待できる。

〈千里さんのノート〉

〈資料Ⅱ〉海洋プラスチックごみの状況

- 海洋ごみの65.8％は海洋プラスチックごみ
- 総量は年間約800万t
- 約8割以上が陸から海に流れ着いたもの
- 海洋プラスチックごみの自然分解に必要な期間は長いもので数百年

（WWFジャパンホームページから作成）

〈資料Ⅲ〉福岡県の認証ステッカーとプラスチックごみ削減に協力する小売業者の取り組みの一部

小売業者の取り組み例

- レジ袋の削減
- 紙ストローへの変更
- 食品トレー，ペットボトルの回収

（福岡県ホームページから作成）

問１　会話文の（P）にあてはまるものを，下の**１**～**４**から一つ選び，番号を書け。

１　ＯＤＡ　　**２**　ＡＰＥＣ　　**３**　ＳＤＧｓ　　**４**　ＴＰＰ

問２　〔　Q　〕にあてはまる内容を，資料Ⅰから読み取れることをもとに，「維持」の語句を使って書け。

問３　下線部について，資料Ⅲは，福岡県の取り組みの一つである。消費者が，資料Ⅲの取り組みに協力することで期待できる効果を，消費者としてあなたが行う具体的な行動をあげて書け。その際，資料Ⅲに示す小売業者の取り組み例のいずれか一つを踏まえ，「供給」と「海洋プラスチックごみ」の語句を使って書け。

問1	
問2	
問3	

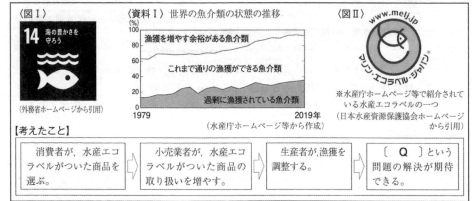

問五　次の［　］の中は、【A】と【B】を読んだ平田さんと中村さんと先生が、会話をしている場面である。

平田さん　【A】で魏徴は、太宗の問いに対して「甚《はなは》だ難し」と答え、その理由を説明するときに、対照的な人物を挙げています。

中村さん　そうですね。【A】では、初めに「［ア］」を挙げ、安泰だった国が「危亡に至る」様子を分かりやすく順に説明しています。次に「聖人」を挙げて、国の安泰を保つための心構えを示しています。

平田さん　【A】には、「安楽」のときに生じる「［イ］」によって、臣下が君主の心にさからうのを恐れて忠告しなくなる状況が引き起こされるとあります。その結果、国が「危亡に至る」というわけですね。

中村さん　【A】で、「［ア］」も「［ウ］」のときには「危亡に至る」ことのないように行動しています。一方、「聖人」は、「［ウ］」のときだけでなく、常に「危亡に至る」ことのないように「［エ］」ということを意識して行動していたと魏徴は考えています。だから、魏徴は太宗の問いに対して「甚《はなは》だ難し」と答えたのですね。

先生　二人とも、登場人物の言動の意味に着目して【A】の内容を考えることができましたね。

(1)　［ア］に入る語句として最も適当なものを、次の１～４から一つ選び、番号を書け。

１　太宗　　２　侍中　　３　賢能　　４　古よりの帝王

(2)　［イ］、［ウ］に入る語句を、【A】からそれぞれ漢字二字で探し、そのまま抜き出して書け。

(3)　［エ］に入る内容を、十字以上、十五字以内でまとめて書け。

問五
(1)
ア
(2)
イ
ウ
(3)
エ

四

Ｆ中学校の各学級では、図書委員会の提案を受け、次の【資料】を基に、読書量を増やす取り組みについて考えることになった。あなたなら、どのように考えるか。【資料】を読んで、後の**条件１**から**条件５**に従い、作文せよ。

【資料】

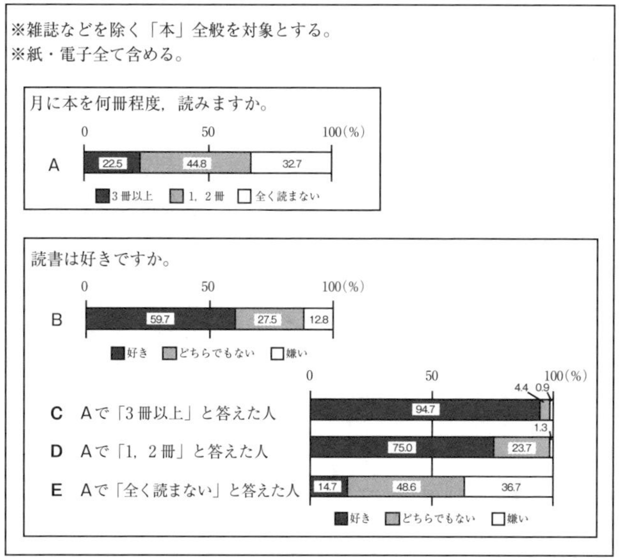

(「18歳意識調査『第30回　－読む・書く－』詳細版」(日本財団　2020年10月30日)を基に作成)

条件１　文章は、二段落構成とし、十行以上、十二行以内で書くこと。

条件２　第一段落には、【資料】のAのグラフと、B～Eのうちいずれかのグラフ(どれをいくつ選んでもかまわない。)から分かることを挙げ、それについてあなたが考えたことを書くこと。なお、グラフはA～Eの記号で示すこと。

条件３　第二段落には、第一段落を踏まえ、読書量を増やす取り組みとしてあなたが考えた案を一つ挙げ、その案を挙げた理由を自分の知識や経験と結び付けて書くこと。

条件４　題名と氏名は書かず、原稿用紙の正しい使い方に従って書くこと。

条件５　グラフの数値を原稿用紙に書く場合は、左の例にならうこと。

例

５・７％

３９・１％

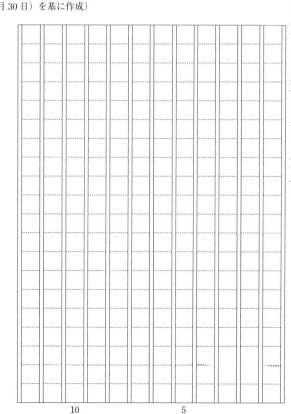

問三　次の［　］の中は、本文中の表現の工夫について、三田さんと林さんと先生が会話している場面である。

三田さん　「青色のバトン」を「一本の糸みたいなもの」と表現するのは、［A］という表現の技法です。糸が長くつながっている様は、バトンを次の走者へとつなぎ続けていくイメージと共通点があります。

林さん　「一本の糸みたいなもの」という表現によって、先輩から受け取ったものは、途切れてしまわないように扱う必要のある、かけがえのないものだということが伝わります。そのことに気付いた「俺」が、覚悟を決めて先輩に思いを伝えていることが、「B」の描写から分かります。

三田さん　なるほど。「［B］」という描写にも、「一本の糸みたいなもの」と同じ表現の技法が用いられていますね。

先生　二人とも、描写に着目してよく考えることができましたね。

(1)　［A］に入る語句を書け。

(2)　［B］に入る内容を、本文中から十字で探し、そのまま抜き出して書け。

問三	
(1)	A
(2)	B

問四　本文中に③やがて頭の中で鳴り響く号砲が、ここからまた、俺を走らせる。とあるが、この一文が読者に印象付ける内容として最も適当なものを、次の**1**～**4**から一つ選び、番号を書け。

1　先輩に思いを託されてしまい、今から走り出さなければ許されない「俺」。

2　先輩の思いを受け取ったことで、その思いをつなぐ決意をしている「俺」。

3　先輩のように部の伝統を守ろうと、号砲にせかされ必死で練習する「俺」。

4　先輩に追いつきたいと焦りながら、これから鳴る号砲を待っている「俺」。

問四

三

次は、『貞観政要《じょうがんせいよう》』という書物にある話【A】と、その現代語訳【B】である。これらを読んで、後の各問に答えよ。句読点等は字数として数えること。

【A】

貞観十五年、太宗《たいそう》、侍臣《じしん》に謂《い》ひて曰《いは》く、①天下を守ること難《かた》きや易《やす》きやと。侍中《じちゆう》魏徴《ぎちよう》対《こた》へて曰く、甚《はなは》だ難しと。太宗曰く、賢能に任じ諫諍《かんさう》を受くれば則《すなは》ち可ならん。何ぞ難しと為《な》すと謂はんと。徴曰く、古《いにしへ》よりの帝王を観《み》るに、憂危の間に在るときは、則ち賢に任じ諫《いさめ》を受く。②安楽に至るに及びては、必ず寛怠を懐《いだ》く。安楽を恃《たの》みて寛怠を欲《ほつ》すれば、事を言ふ者、惟《た》だ兢懼《きようく》せしむ。日に陵《りよう》し月に替《たい》し、以《もつ》て危亡に至る。聖人の安《やす》きにをりて危《あやふ》きを思ふ所以《ゆゑん》は、正《まさ》に此《これ》が為《ため》なり。安くして而《しか》も能《よ》く懼《おそ》る。豈《あ》に難しと為さざらんやと。

(注)　太宗…唐の第二代皇帝。　侍臣…君主のそば近くに仕える者。　侍中…唐代の上級役人。皇帝への忠告を仕事の一つとする。
魏徴…太宗に仕えた侍中。　聖人…知徳がすぐれて物事のすじみちを明らかに心得ている人。

【B】

貞観十五年に、太宗が左右の侍臣たちに、天下を守ることの難易を問うた。侍中の魏徴は、非常に困難であると答えた。それについて太宗は、賢者や能者を信頼して政務に任じさせ、臣下の厳しい忠告を聞きいれればよろしいではないか。どうして困難というのであるかと反問した。魏徴が言うには、古来からの帝王を観察しまするに、国家の憂危の際においては、賢者を任用し、諫《いさ》めを受けいれます。が、一たび平和になり安楽になりますと、必ず緩み怠る心を持つようになります。君主が安楽な状態に寄りかかって、緩み怠りたいと思っているときには、諫めようとする者も、つい君主の心にさからうのを非常に恐れて忠告しなくさせてしまいます。その結果しだいしだいに悪い状態になり、ついには国家の危亡を招くようになります。昔の聖人が国家の安らかなときにも、いつも危難のときを思って緊張していたのは、まさしくこれがためであります。ですから、安らかでありながら大いに警戒しなければなりません。どうして困難でないと言えましょうやと。

(注)能者…才能のある者。　臣下…君主に仕える者。ここでは、賢者や能者を指す。　諫め…自分より地位などが上の人の欠点や過失を指摘して忠告すること。

(『新釈漢文大系　第95巻　貞観政要（上）』による。一部改変)

問一　【A】のをりてを、現代仮名遣いに直し、全て平仮名で書け。

問二　【A】に徴曰くとあるが、この後から始まる発言の終わりを、【A】からそのまま四字で抜き出して書け。

問三　【A】に①天下を守ること難《かた》きや易《やす》きやとあるが、この問いを発している太宗自身の考えとして最も適当なものを、次の**1**～**4**から一つ選び、番号を書け。

1　賢者や能者の厳しい忠告を太宗自身が聞きいれないので難しい。

2　賢者や能者を任用することを太宗自身が聞きいれないので難しい。

3　賢者や能者の厳しい忠告を太宗自身が聞きいれれば難しくない。

4　賢者や能者を任用することを太宗自身が聞きいれれば難しくない。

問四　【A】の②安楽に至るに及びてはという書き下し文になるように、解答欄の漢文の適当な箇所に、返り点を付けよ。

問一	問二	問三	問四
			及ビテハ至ルニ安楽ニ

二　次の文章を読んで、後の各問に答えよ。句読点等は字数として数えること。

【ここまでのあらすじ】伊豆《いず》大島の高校生の「俺」は、陸上部に所属している。4×100メートルリレー、いわゆる四継《よんけい》の第一走者である。八月某日、「俺」はリレーの第四走者だった朝月《あさつき》先輩に、突然グラウンドに呼び出された。制服姿の先輩は、青いリレー用のバトンを持ち、石灰で引かれたスタートラインのところに座って「俺」を待っていた。先輩の提案で、先輩から「俺」へとバトンをつないで走った。

「おまえ、最近、調子どうだ」

「なんすか急に……」

スタートラインまで戻ってきて、乱れた呼吸を整えながら、汗の滲《にじ》んだワイシャツを第二ボタンまで開けて、並んで天を仰ぐ。質問というより、確認みたいな訊《き》き方をした朝月先輩は「難しいもんだな、渡すってのも」なんてぼやきながら、大していいバトンワークでもなかったわりには清々《すがすが》しく笑っている。

調子どうだ、って言われてもな。俺の走りの話？　それとも……ちらと頭をよぎったのは、この夏、朝月先輩から渚台《なぎさだい》高校陸上部の部長を引き継いだこと。

うちは男女で特に部が分かれてるわけじゃない。だから、部長は男女ひっくるめて一人だけで、当然男子でも女子でもかまわない。歴代には女子の部長もいたと聞く。そういう意味では酒井《さかい》でもよかったし、もちろん雨夜《あまや》でもよかった。だけど朝月先輩は、俺を部長に指名した。それは強制ではなかったけれど、俺は引き受けた。

別に深い意味はない。酒井部長や雨夜部長の下でやっていく自分が、想像できなかったというだけだ。

「別に……普通っすね」

そう答えたら、朝月先輩は顔をしかめた。

「なんだよ、普通って」

「いや……まだ、①実感できるほど時間経《た》ってないですし」

「そっか。ま、そりゃそうだよな」

「っす」

ともに過ごした時間は、一年半とない。特別仲のいい先輩後輩でもなかった。リレーじゃ一走と四走は一番離れている。そんな距離感が、いまだに会話に滲む。いや、でも——手の中のバトンを見つめる。つい今しがた、届くはずのない四走から届いた、青色のバトン。それはひょっとしてそういう……？

顔を上げると、揺れる瞳がそこにあった。

「けど、確かに渡したからな」

朝月先輩が、リレーのときにだけ見せる②不思議な顔がある。100や200では、芯の通った、迷いのない目をしているのに、リレーのときだけはどことなく不安そうな、迷っているような……でもそれは実は、瞳の奥に秘めた強い光に、陽炎《かげろう》のように揺らいで見えるだけなのだ。

なぜ今その目をしているのか、なんとなくわかったから、茶化すことはできなかった。

この人はこの人なりに、俺のことをずっと見てくれていたということなのだろうか。

自分が入部したときにはすでに部長だった。だから、部長としてチームを引っ張ってきた朝月先輩の背中しか俺は知らない。だけど、当たり前だけどこの人にも新入部員だった時代があり、後輩だった時期があるのだなと——そう思うと、不意に手の中のバトンが重みを増したように感じた。

重荷、ということじゃない。

つながなければ、と強く思った。

「……確かに、受け取りました」

絞り出すように答えると、朝月先輩はうなずいて、終わりゆく季節の狭間《はざま》に吸い込まれるように、静かにグラウンドを去っていった。その真っ白なままのスラックスの尻に、わざわざ着替えてこなかった理由が、やっとわかったような気がする。

ツクツクボウシが鳴いている。大島じゃ、七月から鳴いてるんで気に留めたこともなかったが、本州だと八月の終わり頃に鳴く虫らしい。兄貴が言ってたっけな。

空には少し崩れかけの入道雲。

島を吹き抜ける風には、どことなく秋の気配がある。

夏の終わり。

手の中には、少し汗ばんだ青色のバトン。

そこにあるのは、リレーの道具としてのそれじゃない。かといって伝統とか、責任みたいな、そんな大仰《おおぎょう》なものでもなくて……上手《うま》く言葉にできないけれど、もっとシンプルに、切れることなくここまで届いた——そう、一本の糸みたいなものだ。

その先端を、俺は今、握りしめている。

——オン・ユア・マーク。

頭の中で、声が響いた。

反射的に二度、軽くジャンプしてから、クラウチング・スタートの体勢をとった。

——セット。

腰を上げる。

スタートラインの少し手前をぼんやり見つめる。

③やがて頭の中で鳴り響く号砲が、ここからまた、俺を走らせる。

（天沢夏月『ヨンケイ!!』による。一部改変）

（注）伊豆大島…東京都心から南の海上に位置する伊豆諸島最大の島。　100や200…100メートル走や200メートル走。
スラックス…ズボンの一種。ここでは、制服のズボンのこと。　オン・ユア・マーク…「位置について」の意の号令。　セット…「用意」の意の号令。

問一　本文中に①実感とあるが、この場合の「実感」とは、何についてのものか。本文中から二十四字で探し、初めの六字を抜き出して書け。

問二　次の［　　］の中は、本文中の②不思議な顔について述べたものである。［ア］に入る内容を、五字でまとめて書け。また、［イ］に入る内容を、本文中から十字で探し、そのまま抜き出して書け。

「けど、確かに渡したからな」と言った先輩は、リレーのときと同じ「揺れる瞳」をしている。この瞳は、［ア］という心情の表れに見えるが、陸上部やリレーへの強い思いの表れである「［イ］」によって揺らいで見えているのである。

問一

問二　ア　イ

問四　本文中に③第二段階　とあるが、この「第二段階」で学ぶものの具体例に当たる部分を、本文中から九字で探し、初めの三字を抜き出して書け。

問五　次の[　]の中は、本文中の④若さ　について説明したものである。A に入る内容を、本文中から十字で探し、初めの三字を抜き出して書け。また、B に入る内容を、二十字以上、二十五字以内で考えて書け。ただし、**新発見**　という語句を必ず使うこと。

若者は A も多いという点で、若さは弱点であるといえる。一方、若者には B 力があるという点で、若さは世界を変えていく力であるともいえる。

問四

問五　A　B

(2)　次の【資料】は、(1)の【文章】を読んで、脳の研究に興味をもった山下さんが図書館で読んだ本の一部である。脳科学者をめざす人に向けたメッセージが述べられた【資料】を読んで、後の各問に答えよ。

【資料】

Ⅰ

まず、①身体と心を鍛えておくこと。研究は集中力のたまもの。体力がないと集中できませんから。それと若いときに早めに一度挫折を体験すること。そこからもう一度、立ち上がることで強くなります。

研究分野でいえば、脳科学はまだ分からないことだらけです。世界中の脳科学者がこの分からない分野を相手に研究活動を続けています。どうしたらこの②謎に満ちた脳を少しでも理解できるのか。ぜひこの③（　）踏の分野に飛び込んで研究してほしいですね。

Ⅱ

研究者をめざす人には、いろいろな本を読んだり幅広い経験をしたりして、自分は何に興味があって何が面白いのか、「④好きなこと」を見つけてと言いたいですね。そしてそこだけにとどまらないで、楽しいと思ったことからどんどん世界を広げていってほしいと思います。

（朝日新聞出版 編『いのちの不思議を考えよう③　脳の神秘を探ってみよう　生命科学者21人の特別授業』による。一部改変）

問一　(1)の【文章】の┈┈線を施した部分と同じような状況を言い表している一文を、【資料】から探し、初めの三字を抜き出して書け。

問二　【資料】のⅠに①身体と心を　とあるが、この連文節における文節どうしの関係と、次の1～4の――線を施した連文節における文節どうしの関係が同じものを、1～4から**全て**選び、番号を書け。

1　本で調べている。
2　彼は優しくて親切だった。
3　夢や希望がある。
4　意外と簡単なので解けた。

問三　【資料】のⅠの②謎　の漢字の読みを、平仮名で書け。

問四　【資料】のⅠに③（　）踏　とあるが、「まだ足をふみ入れたことがないこと」という意味の二字熟語になるように、（　）に当てはまる漢字を、次の1～4から一つ選び、番号を書け。

1　非　　2　無　　3　不　　4　未

問五　【資料】のⅡの④好きな　の品詞と、次の1～4の――線を施した語の品詞が同じものを一つ選び、番号を書け。

1　新しいことを始めた。
2　大きな目標を掲げた。
3　急に予定が変わった。
4　考えを簡潔に述べた。

問六　次は、山下さんが行書の学習を生かして毛筆で書いた文字である。**ア**と**イ**の部分に表れている行書の特徴として最も適当なものを、次の1～4からそれぞれ一つ選び、番号を書け。

1　点画の連続
2　筆順の変化
3　点画の省略
4　点画の変化

問一　問二　問三　問四　問五

問六　ア　イ

令和6年度入試問題　国語（50分）

一

(1)と(2)について答えよ。

(1)　次の【文章】を読んで、後の各問に答えよ。句読点等は字数として数えること。なお、本文中の……線は(2)の問一に関わるものである。

【文章】

鳥は、本当に自由なのだろうか。私はそうではないと思う。鳥はいわば空の中に閉じこめられている。魚も同様で、水の中に閉じこめられている。鳥は空を「空」とは呼ばず、魚も水を「水」と名づけることはない。人間がするようには自分の住む世界を対象として捉えることがないからだ。人間は言葉を用い、空を「空」と呼び、海を「海」と名づけた。いわば世界と自分をはっきりと分けて認識している。その意味で人間は、世界に閉じこめられてはいない。言い換えれば人間は、鳥や魚と同じような意味では「自然（＝世界）」の中に生きていない。おそらくこのことが、人間、とりわけ若い皆さんが①世界と自分との間にズレを感じる理由だ。

重要なことは、このズレがあるからこそ、人間はほかの動物のように自足することができず、自分が生きる世界を絶えずつくり替えていかなければならないということ。例えば、森を切り拓《ひら》き、田畑をつくる。これこそ人間だけが持っている自由であり、人間が自由である証《あかし》なのだが、見方を変えれば、その②自由に閉じこめられているともいえなくはない。人間は、自分が生きている世界と自分との間に越えがたいズレを感じながら、（孤独ではあるけれども）自由に、世界を学び、世界を自分に合うようにつくり替える努力を積み重ねてきた。それが歴史ということ。私たちは今、その結果としての世界を生きているのだ。

しかし現代において、人間が行っている世界のつくり替えは、あまりにも高度で複雑だ。例えば、地下鉄を通したり、ジェット機を飛ばしたりしているが、そのために何が必要かを挙げてみればわかる。まず、言葉を知らなければならない。世界の仕組みを理解して記述するには、数学がなければならない。物理学も工学も欠かせない。いくつものことを積み重ねて、 X ジェット機が一機、空を飛べる。

そうした数学や物理学、工学は、自然そのものではなく、人間が自然を学びながらつくり出した体系であるから、学ぶことには二段階あることになる。星の運行から暦をつくり、めぐる季節の知識を生かした耕作や狩猟を行うなど、自然を学ぶことが第一段階だとすれば、自然を学んだ人間がつくり出したものを学ぶことが③第二段階だ。現代を生きる我々には、この「二重の学び」が宿命づけられており、この第二段階のために特に必要とされているのが学校ということになる。

人間がつくり出したものは数えきれず、一人では到底学びきれない。人間は学ぶべきことを増やしすぎたのではないかと思うほどだ。研究分野の細分化も近年ますます進行している。例えば、脳の「海馬《かいば》」という部分を研究している脳科学者の知人がいる。人間は何かを学ぶたびに海馬の最深部で「新生ニューロン」という神経組織を生成している。知人はこのメカニズムを研究しているのだが、同じ研究に取り組む研究チームは世界におよそ一〇〇チームもあり、日々成果を競っているという。

たしかに、何をするにせよ勉強して覚えるべきことは多い。新生ニューロンに限らず、何か新発見をするほどの研究者になりたいのであればなおさらだ。しかし知識量で勝る者が強者かというと、現実はそうなっていない。実は新発見というものは、発見者が一五～一六歳の頃からその種を自分の中に宿していることが多い。つまり、あなたたちの年になにかの「種」が宿されるということ。これは分野によらない。このことが端的に示しているのは、世界を変える力は知識ではなく「若い力」だということだ。若い力とは「知らない」力であり、「知っている」ということよりも「知らない」ということのほうが重要なのである。

理由の一つが「エラー」、つまり「失敗」する可能性だ。膨大な知識の体系に分け入った若者は、それを骨肉化しようとするとき、誤った理解をすることもしばしばある。物事は、教えられたとおりに学ぶとは限らないからだ。新発見は、それまでの常識からすればエラー、あるいはアクシデントと呼ばれる事態の中でなされることが多い。人間が何かを成し遂げる力は、エラーにこそある。生物としての人類もそうやって進化してきたはず。突然変異というエラーを利用することで環境に適応し、生き残ってきたのだから。歳をとると失敗を恥じるようになり、エラーを起こせなくなっていくが、エラーを恐れてはならない。④若さとは、弱点であると同時に世界を変えていく力でもあるのだ。

（『何のために「学ぶ」のか〈中学生からの大学講義〉1』小林康夫「学ぶことの根拠」による。一部改変）

（注）メカニズム…仕組み。

問一　本文中の X に入る語句として最も適当なものを、次の1～4から一つ選び、番号を書け。

1　あいにく　　2　ようやく　　3　むしろ　　4　あらかじめ

問二　次の□の中は、本文中の①世界と自分との間にズレを感じる理由についてまとめたものである。 ア に入る内容を本文中から二十字で探し、初めの六字を抜き出して書け。

> 人間は、言葉を用いて世界を名づけ、 ア から。

問三　本文中の②自由に閉じこめられているの説明として最も適当なものを、次の1～4から一つ選び、番号を書け。

1　学問が高度で複雑になり、知識量の強者と弱者が生まれ、世界が閉鎖的になるということ。
2　動物の一員として、人間も鳥や魚と同じように自然に支配される宿命にあるということ。
3　人間は自分が生きている世界を学び、つくり替えていくことから逃れられないということ。
4　学ばなければならないことが増えると、新たな視点で世界を学ぶ意欲を失うということ。

問一
X

問二
ア

問三

令和６年度解答

数学（60点）

				配点
1	(1)	−5		各２点 (5)のみ順不同両解
	(2)	$7a+6b$		
	(3)	$10\sqrt{2}$		
	(4)	$y=-2$		
	(5)	$x=-8,\ x=9$		
	(6)	0.35		
	(7)	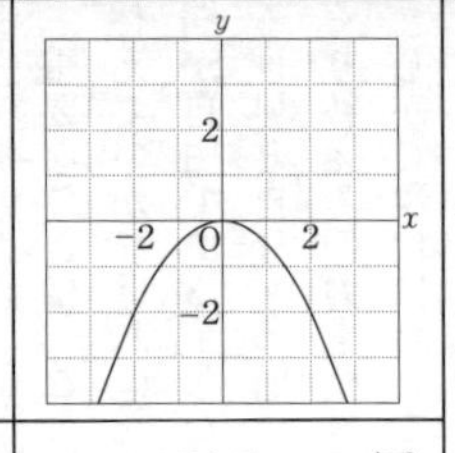		
	(8)	54.5　回		
	(9)	およそ　420　人		
2	(1)	$\frac{15}{16}$		２点
	(2)	（説明） (例)赤玉を１，白玉を②，③，④とする。 Aさん　Bさん 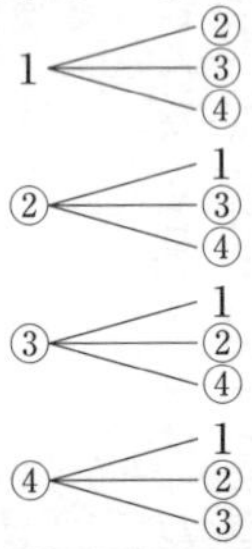 白玉が出る確率は， Aさんの場合が，$\frac{3}{4}$ Bさんの場合が，$\frac{9}{12}=\frac{3}{4}$ 確率は等しいので， 白玉の出やすさに違いがない。		３点
3	(1)	3		1点
	(2)	A　$2(n+1)$　B　ウ		2点両解
	(3)	（証明） (例) 連続する３つの整数は，最も小さい数をmとして， $m,\ m+1,\ m+2$と表される。 真ん中の数の２乗から１をひいた差は， $(m+1)^2-1=m^2+2m+1-1$ $=m^2+2m$ $=m(m+2)$ したがって，連続する３つの整数のうち，真ん中の数の２乗から１をひいた差は，最も小さい数と最も大きい数の積になる。		３点
	(4)	Ⓠ　3　C　ウ		3点両解
4	(1)	2320　円	(2)　イ	各２点
	(3)	340		３点
5	(1)	点P, Qとする2点　い　う　図形　ア		2点全解
	(2)	（証明） (例)△AFEと△BCEにおいて BE⊥ACだから ∠FEA＝∠CEB＝90°　…① △ADCは∠ADC＝90°の直角三角形だから ∠EAF＋∠BCE＝90°　…② △BCEは∠CEB＝90°の直角三角形だから ∠EBC＋∠BCE＝90°　…③ ②，③より ∠EAF＝∠EBC　…④ ①，④より，２組の角がそれぞれ等しいので △AFE∽△BCE		５点
	(3)	㋐，㋑，㋒，㋓　(A, B, D, E)　(C, D, E, F)		2点全解
	(4)	$\frac{4}{25}$　倍		３点
6	(1)	辺BF，辺CG	(2)　$\frac{2\sqrt{13}}{3}$　cm	2点全解　3点
	(3)	32　cm^3		４点

英語（筆記40点，リスニング20点）

				配点
1	A　イ	B　ア	C　イ　D　エ	各２点
2	問1	①	have been talking about	２点
		②	gave us information we	２点
	問2　ウ	問3　(1)　ア	(2)　イ	各２点
3	問1	ウ		２点
	問2	(例)Because he found Yumi was Tomoko's daughter.（７語）		２点
	問3	(例)それぞれの人々がもっているすばらしい思い出を，写真を通して共有すること。		３点
	問4	エ	カ	４点順不同
	問5	(例)I will visit the place in the photo again.（９語）		３点
4	(例)　October　is the best month. There are a lot of beautiful mountains in Japan. October is the good time for hiking in the mountains. The trees are changing colors. You can enjoy wonderful views, too.（30語）			８点

理科（60点）

				配点
1	問1	２，４		1点全解
	問2	A　えら	B　肺	2点両解
	問3	(1)　C　うろこ	D　乾燥	2点両解
		(2)　(例)体内で子としての体ができてからうまれる		２点
2	問1	(例)葉を脱色するはたらきがあるから。		２点
	問2	ア　(B)と(D)または(D)と(B)		１点
		イ　(A)と(B)または(B)と(A)	ウ　P	2点両解
	問3	名称　対照　実験		3点両解
		内容　(例)光があたっているときは，タンポポの葉が二酸化炭素をとり入れること。		
3	問1	(例)(試験管Aに，)空気が入らないようにするため。		２点
	問2	黒		1点
	問3	金属光沢(光沢)		2点
	問4	(2CuO)＋(C)→(2Cu)＋CO_2		２点
4	問1	塩化水素		２点
	問2	(例)(こまごめピペットの先端を)上に向けないようにする。		２点
	問3	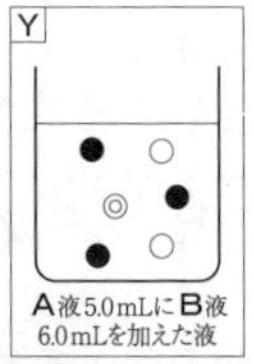		２点
	問4	①　P ②　中和		２点両解
5	問1	A		１点
	問2	(例)流れる水のはたらきによって角がけずられたから。		２点
	問3	示相　化石		２点
	問4	(例)石灰岩は気体が発生するが，チャートは気体が発生しない。		２点

6	問1	年周運動		2点
	問2	(例)光を反射する		2点
	問3	(例)金星は地球に近づいている		2点
	問4	(例)金星は地球より内側を公転している		2点
7	問1	弾性	問2 3 倍	各1点
	問3	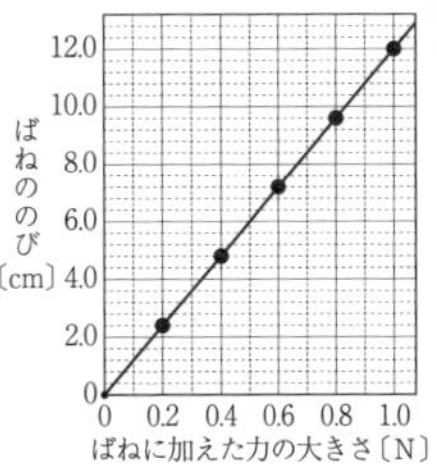		2点
	問4	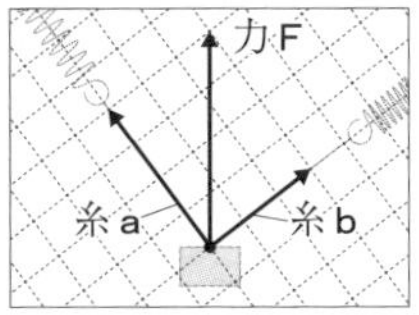	ばねBののび 2.4 cm	3点両解
8	問1	導体	問2 3	各1点
	問3	1.8 V		2点
	問4	(1) 10 Ω	(2) 54 J	各2点

	社会 (60点)				配点
1	問1	3	問2	4	各2点
	問3	4 → 2 → 1 → 3			2点全解
	問4	㋑ b		㋺ d	2点両解
	問5	㋩ b		㋥ 法律	2点両解
	問6	番号 1			2点両解
		㋣ (例) 物価が上昇した			
2	問1	大正デモクラシー			2点
	問2	㋑ a		㋺ d	2点両解
	問3	(例)1世帯あたりの収入額が大幅に増え，家庭電化製品が普及した			2点
	問4	う → あ → い			2点全解
3	問1	1	問2	y	1点 / 2点
	問3	(例)経済特区を設け，外国企業を受け入れる			2点
	問4	㋐ モノカルチャー経済			1点
		㋑ a		㋒ d	2点両解
	問5	(例)西ヨーロッパに比べて賃金が安く，EU加盟国の間では関税がかからない			2点
4	問1	P 4		R 2	2点両解
	問2	3	問3	お	各2点
	問4	㋑ 宮城(県)		㋺ 福岡(県)	2点全解
		㋩ (例)人口と事業所数，高速バスの輸送客数が多い			
	問5	(例)農業従事者一人あたりの耕地面積が広く，大型の機械を使って農作業をしている			2点
5	問1	㋑ 教育		㋺ 勤労	各1点
	問2	内閣 Q		衆議院の解散 イ	2点両解
	問3	(例)(首長が，) 住民から，直接選挙で選出されていること。			2点
	問4	ⓑ エ		ⓒ ウ	2点両解
	問5	(1) (例)金融機関に集まった家計からの預金を資金として調達する			2点
		(2) 株式(または株)			1点
	問6	(1) 2			1点
		(2) (例)老年人口の割合が増加し，生産年齢人口の割合が減少する			2点
6	問1	3			1点
	問2	(例)過剰に漁獲されている魚介類の割合が増えていることで，漁獲を維持できなくなる			2点
	問3	(例)私たち消費者が，マイバッグを使用することで，レジ袋の供給が減り，海洋プラスチックごみを削減することが期待できる。			3点

		国語 (60点)				配点
一	(1)	問一	X 2			2点
		問二	ア 世界と自分を			2点
		問三	3	問四	数学や	各2点
		問五	A 誤った			2点
			B (例) エラーの中から新発見を生み出し、何かを成し遂げる			2点
	(2)	問一	世界中	問二	2・3 (全解・順不同)	各2点
		問三	なぞ	問四 4	問五 3	各1点
		問六	ア 4		イ 1	各1点
二	問一	朝月先輩から				2点
	問二	ア (例) 不安や迷い				2点
		イ 瞳の奥に秘めた強い光				2点
	問三	(1) A (例) 比喩 (喩) 比ゆ				2点
		(2) B 絞り出すように答える				2点
	問四	2				2点
三	問一	おりて		問二	ざらんや	各1点
	問三	3				2点
	問四	及レビテハ 至二ルニ 安 楽一ニ				2点
	問五	(1) ア 4	(2) イ 寛怠		ウ 憂危	各1点
		(3) エ (例) 緊張し、警戒しなければならない				3点
四 採点項目	表記	原稿用紙の正しい使い方に従って書いている。(原稿用紙の正しい使い方は、下記※による。)				1点
		文体が統一され、文法上の間違い、誤字、脱字などがなく、仮名遣い、送り仮名などに誤りがない。				2点
	文字数	十行以上、十二行以内で書いている。				1点
	構成	二段落構成になっている。				1点
	内容	第一段落には、【資料】のAのグラフと、B〜Eのうちいずれかのグラフ(どれをいくつ選んでもかまわない。)から分かることを挙げ、それについて自分が考えたことを書いている。				5点
		第二段落には、第一段落を踏まえ、読書量を増やす取り組みとして自分が考えた案を一つ挙げ、その案を挙げた理由を自分の知識や経験と結び付けて書いている。				5点

※ 原稿用紙の正しい使い方
(1) 各段落の書き出しは、一字分下げる。
(2) 句読点や符号などは、原則それぞれ一字分をあてる。
(3) 文末の句点と括弧の閉じの部分は、同じマスに書いてよい。
(4) 句読点や括弧の閉じの部分が行末にくる場合は、行末の文字と同じマス又は欄外に書く。

令和６年度　問題解説

〈理　科〉

[1] 問１　ペンギンは鳥類、クジラはホニュウ類。

[2] 問２　対照実験では、比べたいもの以外の条件を同じにすることが必要である。

問３　石灰水は二酸化炭素に反応して、白くにごる。

[3] 問３　金属の性質としては他にも、「たたくとうすく広がる」、「電流を通す」などがある。

問４　酸化銅＋炭素→銅＋二酸化炭素

[4] 問３　中和でできた塩化ナトリウムは、水溶液中でナトリウムイオンと塩化物イオンに分かれていることに注意する。

問４　pH が 7.0 未満であると酸性。

[5] 問１　地層の上下の逆転がなければ、最も上の層が最も新しい層である。

問３　地層が堆積した時代を示す化石は、示準化石。

[6] 問３　だんだん見える金星の大きさが大きくなっていることから、地球に近づいていることがわかる。

問４　大きさが変化して見えることは、内惑星の特徴である。

[7] 問２　たとえば、表のおもり１個のときをみると、2.4÷0.8＝3倍であることがわかる。

問４　合力Ｆを平行四辺形の対角線に見立てて作図する。

[8] 問２　電源装置の電圧が 3.0V でこれより大きくなることはないので、つなぐ端子は 3.0V

問３　直列つなぎなので、ウエ間の電圧は 3.0－1.2＝1.8V

問４　⑴　電熱線ａの抵抗は、1.2÷0.06＝20Ω なので、図２における電熱線ａに加わる電圧は 0.1×20＝2.0V より、電熱線ｃに加わる電圧は 3.0－2.0＝1.0V。したがって、電圧線ｃの抵抗は、1.0÷0.1＝10Ω

⑵　3.0×0.1×180＝54J

〈数　学〉

[1]（１）$7+3\times(-4)=7-12=-5$

（２）$5(2a+b)-(3a-b)=10a+5b-3a+b=7a+6b$

（３）$\sqrt{18}+\dfrac{14}{\sqrt{2}}=3\sqrt{2}+\dfrac{14\times\sqrt{2}}{\sqrt{2}\times\sqrt{2}}=3\sqrt{2}+7\sqrt{2}=10\sqrt{2}$

（４）$y=\dfrac{a}{x}$ に，$x=-4$，$y=3$ を代入すると，

$3=\dfrac{a}{-4}$，$a=-12$　よって，$y=\dfrac{-12}{x}$

$x=6$ を代入して，$y=\dfrac{-12}{6}=-2$

（５）$x^2+7x=8x+72$

$x^2-x-72=0$

$(x+8)(x-9)=0$　　$\therefore x=-8,\ 9$

（６）$23\div65=0.353\cdots\fallingdotseq0.35$

（８）35，41，41，45，47，48，(49)，51，52，(53，56)，56，57

　　　　　　　　　　↑中央値　　　↑第３四分位数

中央値が７番目の 49 より，第３四分位数は 53 と 56 の平均値より，

$\dfrac{53+56}{2}=54.5$

（９）$60:45=560:x$ より，$x=420$

[2]（１）赤玉を１，白玉を②，③，④とすると，

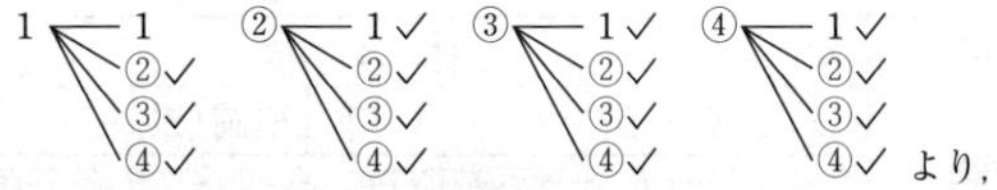

より，$\dfrac{15}{16}$

[3]（１）$n+(n+1)+(n+2)=3n+3=3(n+1)$

$n+1$ は整数なので，３の倍数

（２）[A] について $(n+1)(n+2)-n(n+1)=n^2+3n+2-n^2-n$

$=2n+2=2(n+1)$

(B) について

ア $(n+1)+n=2n+1$

イ $(n+1)-n=1$

㋒ $(n+2)+n=2n+2=2(n+1)$

エ $(n+2)-n=2$

（４）連続する４つの整数を n，$n+1$，$n+2$，$n+3$ とすると，

$\mathsf{X}=n+(n+1)=2n+1$

$\mathsf{Y}=(n+2)+(n+3)=2n+5$　より，

$\mathsf{X}\times\mathsf{Y}+Ⓠ=(2n+1)(2n+5)+Ⓠ$

$=4n^2+10n+2n+5+Ⓠ$

$=4n^2+12n+5+Ⓠ$

$=4\left(n^2+3n+\dfrac{5+Ⓠ}{4}\right)$

２つの数の積で，$n^2+3n+\dfrac{5+Ⓠ}{4}$ となるのは，$(n+1)\times(n+2)$

しかないので，$4\left(n^2+3n+\dfrac{5+Ⓠ}{4}\right)=4\times(n+1)\times(n+2)$

$=4(n^2+3n+2)$

したがって　$\dfrac{5+Ⓠ}{4}=2$

$5+Ⓠ=8$

$Ⓠ=3$

[4]（１）$400+24\times80=2320$

（２）グラフの切片 $a<400$ より，アは違う。

そして，傾きに注目すると，$b<24$，$c>20$ であるのは，イ，ウ，エの中では，イである。

（３）Ｃ社において，240kWh をこえた使用量に対して，1kWh あたりにかかる料金を x 円とすると，

$4000+(350-240)\times x=8400$ より，$x=40$

$x\geqq200$ におけるＡ社の直線の式を，$y=20x+b$ とおくと，(200，5200) を代入して，$5200=20\times200+b$，$b=1200$ より　$y=20x+1200\cdots$①

$x\geqq240$ におけるＣ社の直線の式を，$y=40x+b$ とおくと，(240，4000) を代入して，$4000=40\times240+b$，$b=-5600$ より　$y=40x-5600\cdots$②

①，②の交点までがＣ社の方が安いので，①，②の連立方程式を解くと，$x=340$

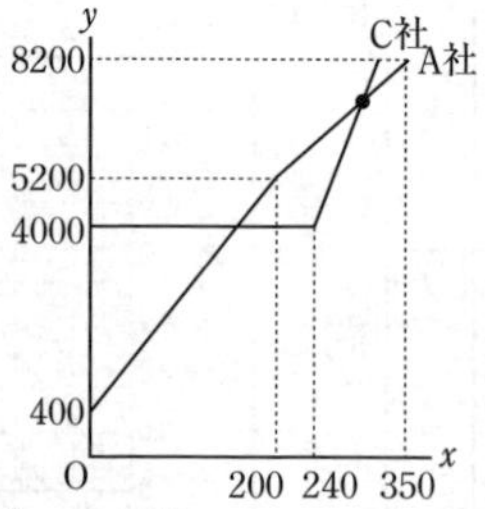

[5]（１）二等辺三角形△APQ を作り，垂線 AR を軸として線対称になる性質を用いる。

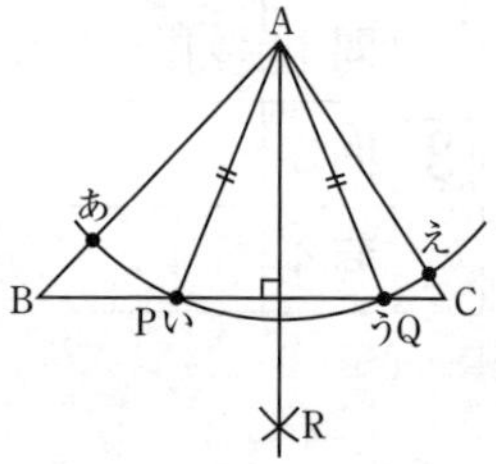

（３）∠AEF＝∠ADB，∠DBE＝∠EAD より，円周角が等しいので，A，B，D，E は同一円周上にある。

∠FEC＝∠CDF＝90°より，四角形の向かい合う角の和が 180° なので，C，D，E，F は同一円周上にある。

（４）△ADC，△BDF，△BEC は 30°，60°，90° の三角形で相似である。

それぞれの辺の比は，$1:2:\sqrt{3}$ より，$\mathrm{AD}=5\sqrt{3}$

$\mathrm{FD}=\dfrac{11}{\sqrt{3}}=\dfrac{11\sqrt{3}}{3}$

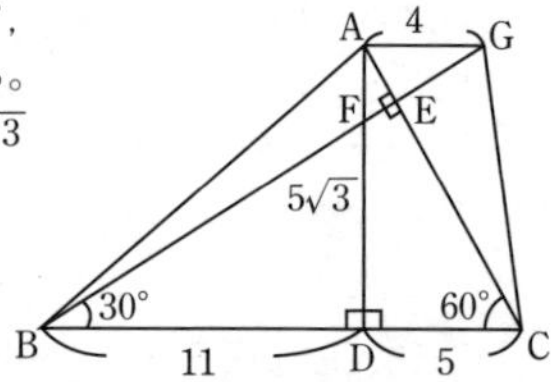

したがって，

$\mathrm{AF}=5\sqrt{3}-\dfrac{11\sqrt{3}}{3}=\dfrac{4\sqrt{3}}{3}$

AG//BC より，△AFG∽△DFB だから，

$\mathrm{AG}:\mathrm{DB}=\mathrm{AF}:\mathrm{FD}=\dfrac{4\sqrt{3}}{3}:\dfrac{11\sqrt{3}}{3}=4:11$

よって，$\mathrm{AG}=11\times\dfrac{4}{11}=4$

同じく，△AEG∽△CEB より，

$\mathrm{EG}:\mathrm{EB}=\mathrm{AG}:\mathrm{CB}=4:16=1:4$

したがって，$\triangle\mathrm{ABE}=\triangle\mathrm{AGB}\times\dfrac{4}{5}=4\times5\sqrt{3}\times\dfrac{1}{2}\times\dfrac{4}{5}=8\sqrt{3}$

四角形 ABCG は台形なので，その面積は，

$(4+16)\times5\sqrt{3}\times\dfrac{1}{2}=50\sqrt{3}$

よって，$\dfrac{8\sqrt{3}}{50\sqrt{3}}=\dfrac{4}{25}$ 倍

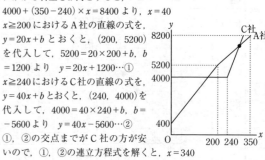

6 （2）最短となるのは，展開図においてA，P，Q，Cが直線となるときである。

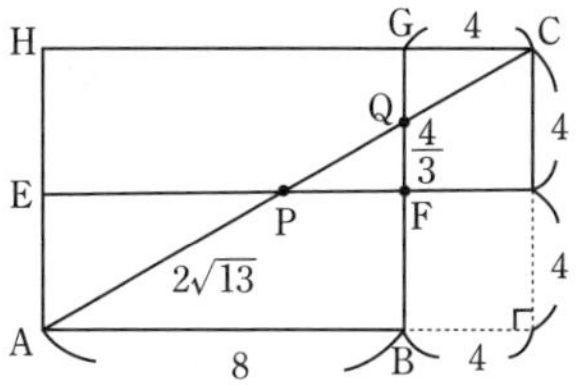

三平方の定理より，

$AC=\sqrt{12^2+8^2}=4\sqrt{13}$

$AP:PC=1:1$より，$AP=2\sqrt{13}$

△CGQ∽△ABQより，$GQ:BG=CG:AB=4:8=1:2$

したがって，$GQ=8\times\frac{1}{3}=\frac{8}{3}$，$QF=4-\frac{8}{3}=\frac{4}{3}$

△FPQ∽△EPAより，$PQ:PA=QF:AE=\frac{4}{3}:4$

$=1:3$

したがって，$PQ=2\sqrt{13}\times\frac{1}{3}=\frac{2\sqrt{13}}{3}$

（3）Kを頂点とし，四角形EICJを底面とする四角すいとなる。三平方の定理より，$EI=IC=CJ=JE=\sqrt{4^2+4^2}=4\sqrt{2}$ なので，四角すいKEICJの底面である四角形EICJは1辺が$4\sqrt{2}$cmのひし形である。

EFの中点をLとすると，△JLIにおいて三平方の定理より，

$JI=\sqrt{4^2+4^2}=4\sqrt{2}$

対角線JIとECの交点をMとすると，△JEMにおいて三平方の定理より，

$EM=\sqrt{(4\sqrt{2})^2-(2\sqrt{2})^2}=2\sqrt{6}$

したがって，$EC=2\sqrt{6}\times2=4\sqrt{6}$

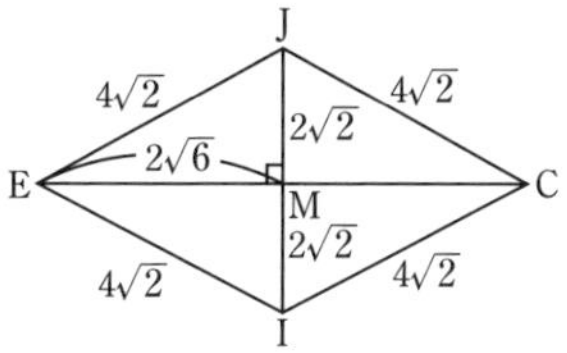

よって，四角形EICJの面積$=4\sqrt{2}\times4\sqrt{6}\times\frac{1}{2}=16\sqrt{3}$

KからABに垂線を下ろし，その交点をNとする，

$EK=KC=x$cmとすると，

$KF=NB=8-x$

△CNBにおいて三平方の定理より，$CN^2=\underline{(8-x)^2+4^2}$

△KNCにおいて三平方の定理より，$KC^2=KN^2+\underline{CN^2}$

$x^2=4^2+\underline{(8-x)^2+4^2}$

これを解くと，$x=6$

したがって，四角すいKEICJの高さKMは三平方の定理より，

$KM=\sqrt{6^2-(2\sqrt{6})^2}=2\sqrt{3}$

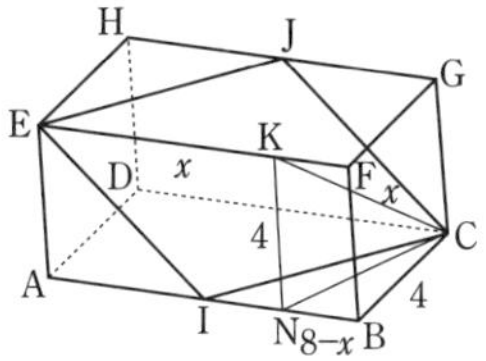

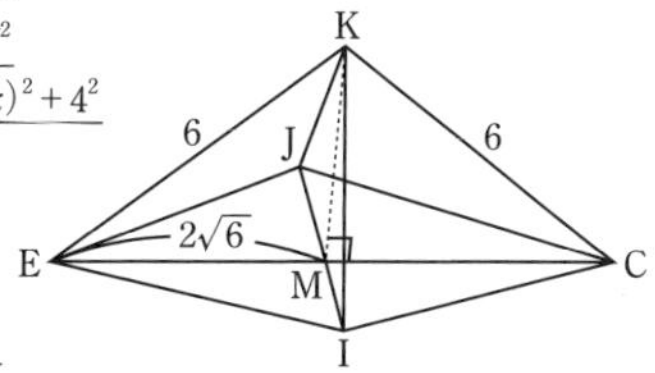

よって，四角すいKEICJの体積$=16\sqrt{3}\times2\sqrt{3}\times\frac{1}{3}=32cm^3$

〈英　語〉

1 1
Jack:　Takashi, 先週の日曜日何をしましたか？
Takashi:　バスケットボール大会で試合をしました。
Jack:　嬉しそうですね。[　A　]
Takashi:　ええ。次の日曜日、最終試合をします。

A　ア　何試合しましたか？
イ　その試合に勝ちましたか？
ウ　それが最後の試合でしたか？
エ　どこでその試合をしましたか？

2
Risa:　Emma, このお店には沢山の筆箱がありますね。
Emma:　私はこれが欲しいです。どう思いますか？
Risa:　良いですね、しかし[　B　]
Emma:　うーん。私はペンと鉛筆を沢山持っているのです。
Risa:　なるほど、であれば全部その筆箱に入れることが出来ますね。

B　ア　大き過ぎるかもしれません。
イ　あなたのペンには小さすぎます。
ウ　あなたの筆箱と同じ大きさではありません。
エ　筆箱の中で一番小さい物です。

3
乗務員：　失礼します。コーヒーをもう一杯いかがですか？
Kentaro:　お願いします。今日のロンドンの天気はどうですか？
乗務員：　曇りですね。[　C　]
Kentaro:　二週間です。実は、去年二度訪れました。
乗務員：　わー。　ロンドンはどうですか？
Kentaro:　素晴らしいですね。[　D　]
乗務員：　そうですね。親切な人たちですね。素敵なご旅行を。

C　ア　いつロンドンに行きましたか？
イ　ロンドンにどれぐらい滞在しますか？
ウ　ロンドンで何をしますか？
エ　なぜロンドンの天気を知りたいのですか？

D　ア　ロンドンで多くの図書館に行くことができます。
イ　ロンドンには多くの訪ねるところがあります。
ウ　長い間、ロンドンに住んでいました。
エ　ロンドンの人々は訪問者に親切です。

2
ベル先生　：Hi　香織，ジェームズ，プレゼンテーションの調査はどうですか？
香織　　　：①　<u>ベル先生、私たちはより良い調査をする為の効果的な方法について（ずーっと話をしています)。しかし次に何をするか分かりません。</u>
ベル先生　：そうであればあなた達が発見したことを教えてください。
香織　　　：はい。過去にこの地域に住んでいた人が食べていた食料について調査しようとしています。私たちの市の歴史についてのウエブサイトページを見ました。そこから多くの情報を見つけました。
ベル先生　：いいですね。何を見つけましたか？
ジェームズ：私たちの市は海に近くに位置し、この地域の人々は約2000年前に魚を食べていました。
ベル先生　：面白いですね。この地域の人々は他の物も食べていましたか？
ジェームズ：[　　　　]彼らは水田を作る為に木を切り倒しました。私たちの学校の近くに遺跡になった水田がいくつかあります。
香織　　　：実際、私たちは水田の遺跡を訪ね、遺跡をよく知る女性に出会いました。
ベル先生　：インタビューしましたか？
香織　　　：はい。②　<u>彼女は(私たちが必要とする情報をくれました)。</u>例えば、水田の大きさ、この地域の人々が作っていた米の種類、そしてどうやってそれを調理したか。
ベル先生　：あなた達は二人で一緒に多くを学びましたね。さらに情報が必要であれば、歴史の先生に尋ねるといいですよ。彼は私に市の歴史を教えてくれました。
ジェームズ：山田先生ですね。それは良いですね。香織　放課後、山田先生に尋ねてみましょう。
香織　　　：はい。もし私たちが一緒にこの作業を続ければ、私たちのプレゼンテーションは良くなりそしていいタイトルを選ぶ事が出来ると思います。
ベル先生　：私もそう思います。そのプレゼンテーションのタイトルを考え始めた方がいいですね。

問1　①現在完了進行形を使う。(have been talking about) 「are」が不要である。

②関係代名詞の which/that が省略された形を使う。(gave us information which/that we)「giving」が不要になる。

問2　ア　いいえ、魚を食べただけです。
イ　いいえ、魚を食べませんでした。
ウ　はい、米も食べました。
エ　はい、米を食べただけです。

問3

今日の目標：調査の次のステップを決定しよう。

今日、[　　　　] を学びました。私たちは他のグループと調査を共有する時間を持ちました。彼らからヒントを得ました。今では私たちが訪ねたほうが良いウエブサイトや調査すべき場所、そしてインタビューをした方がいい人たちを知っています。
私たちの市にある水田についての情報がもっと必要です、よって放課後に山田先生に尋ねるつもりです。

（1）　ア　一緒に作業することが新しい考えを見つける助けとなる
イ　クラスで他のグループと話すことは難しい
ウ　自分でこの地域の歴史を調査することは大切である
エ　インターネットを使う事が、私の調査には最もいい手段である

本文後半部分で香織が「私たちが一緒に作業を続ければ、私たちのプレゼンテーションは良くなりそしていいタイトルを選ぶ事が出来ると思います。」と発言している。

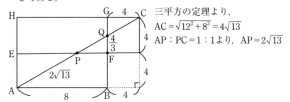

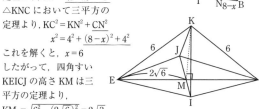

（2） 香織とジェームズが作るプレゼンテーションの最適なタイトルはどれですか？

ア　日本文化についての役に立つウエブサイト

イ　この地域の食料の歴史

ウ　私たちの市を訪ねる方法

エ　日本食を料理する方法

3 Yumi は福岡の高校生です。彼女の兄、Ken はニューヨークで写真技術の勉強をしています。ある日、彼らの母である Tomoko は言いました。“Yumi、この夏、Ken を訪ねてはどうですか？　いい［　　　　　］。” Yumi はそれを聞いて胸が躍りました、何故なら長い間、そこに行きたかったからです。

その夏、Yumi はニューヨークを訪ねました。ニューヨークの空港で Ken は待っていました。彼女は彼とそこで会えてとても嬉しく思いました。夕食を食べている間に、Ken は Yumi に古い写真を見せました。その写真にはピザ屋の前で男性と若い女性が立っていました。その女性は彼らの母親でした。その写真はニューヨークで撮られたもので、ピザ屋の住所はそれに書かれていました。Ken は一年前、日本を発つ前に手に入れたのでした。Yumi は Ken に言いました。“母がニューヨークに住んでいたのは知っていますが、彼女は詳細を決して話してくれませんでした。“私はこのピザ屋に行ったことがありません。明日、ランチにここに行くのはどうでしょう？” と Ken が言いました。Yumi は同意しました。

翌日、彼らはそのピザ屋に行きました。Yumi はすぐに写真の老人を見つけました。Yumi はその写真を彼に見せ、そして言いました。“この女性を覚えていますか？”　彼は写真を見て言いました。“もちろんです、彼女は Tomoko ですね。あなたは Tomoko の娘さんですか？” Yumi は言いました。“はい、そうです。”　①　その老人は驚き、そして言いました。“ワオ、Tomoko の娘さんが目の前にいるとは信じられません。Tomoko は２５年前にこの建物の３階に住んでいました。彼女は音楽の先生になる為ピアノを大学で学び、毎日一生懸命練習をしていました。彼女は今何をしていますか？” Yumi は答えました、“彼女は音楽の先生です。” 彼は言いました、“それは素晴らしい！彼女は音楽を通して人を幸せにしたいといつも言っていました。それではピザを食べましょう。もっと伝えたいことがあります。” Ken と Yumi がピザを食べている間、彼らは Tomoko の思い出話を聞いて楽しみました。

ピザを食べ、会話の後に Yumi はその老人に言いました。“この写真のおかげであなたに会うことが出来ました。次は母と一緒にあなたを訪ねたいと思います。” Yumi と Ken は老人に別れを言い、そのピザ屋を後にしました。Yumi は Ken になぜ写真撮影を勉強しているかを尋ねました。彼は答えました。“人は素晴らしい思い出をそれぞれ持っています。写真を通してそれを共有したいのです。それが②私の夢です。” Yumi は胸を躍らせそして言いました。“それは素晴らしいですね、私も自分の夢を見つけたいです。”

問１　ア　表現　　イ　楽器　　ウ　経験　　エ　友情

文脈に合うのはウだけである。

問２　なぜ、その老人は驚いたのですか？

模範解答の「found」を「met」または「saw」にしても良い。模範解答以外では　Because he could not believe Tomoko's daughter is in front of him. でも正解。「Why」で聞かれているので「Because」で始めることを忘れない。

問３　②my dream の具体的な内容は直前の「I want to share them through photos」である。

問４　ア　ニューヨークで Ken が Yumi に見せた写真は日本で撮られたものであった。

イ　Yumi と Ken はそこでその男性と写真を撮る為に一緒にピザ屋に行った。

ウ　Yumi がピザ屋に行った時、Ken がニューヨークでもっていた写真の男性を見つけられなかった。

エ　Tomoko はニューヨークで大学生だった時にピアノを勉強した。

オ　Tomoko は日本に帰って音楽の先生にならなかった。

カ　Ken が自身の夢を Yumi に伝えた時、Yumi は胸をおどらせ自分の夢を見つけたいと思った。

4

ケビン こんにちは。今日のあなたとの昼食はとてもおいしかったです。ところで、もうすぐ日本を訪ねたく思っています。
私 素敵ですね。ケビン，日本で何をしたいのですか？
ケビン 8月、10月、もしくは12月の日本の自然を楽しみたいです。この三つの月で一番いい月はどれですか？

模範解答の訳

10月が一番よい月です。日本には多くの美しい山々があります。10月は山でハイキングするには最適です。木々は色を変えます。素晴らしい景色も楽しむことが出来ます。

［8月を選んだ際の模範解答］

August is the best month. There are a lot of beautiful beaches and rivers in Japan.

August is the good time for swimming in the sea and the rivers. You can also enjoy wonderful fireworks, too.

〈国　語〉

一　(1)

問一　直前の「積み重ねて」、直後の「空を飛べる」に注目する。

問二　傍線部①直前に「このことが」と指示語があるので、その前から探す。

問三　傍線部②の直前、直後に注目する。

問四　傍線部③直前に「二段階あることになる」とあるので、その近くから探す。

問五　最終段落に注目する。

(2)

問二　並列の関係であるものを選ぶ。

問五　「好きな」は形容動詞。１形容詞、２形容詞、３形容動詞、４名詞。

問六　ア・・・本来はらうところが、はねている。

イ・・・本来２画のところが、１画になっている。

二　**問一**　「俺」が陸上部の部長を引き継いだことが読み取れる。

問二　傍線部②直後に注目する。

問三　何かを別の物に例える表現技法を「比喩」という。

「ように」、「ような」という言葉は比喩のときによく使われる。

問四　１「今から走り出さなければ」が不適。

３「号砲にせかされ」が不適。

４「焦りながら」が不適。

三　**問二**　「と」が会話の終わりの目印。

問三　【B】の３、４文目に注目する。

令和７年度　リスニング虎の巻

リスニング虎の巻　問題と台本

＊リスニング問題音声はオンラインで聞くことができます。

利用方法

次のページより、リスニング問題と台本を掲載しております。
音声については、パソコン・スマホ・タブレットを使い、
オンラインへアクセスしお聞きください。

始める前に

このリスニング虎の巻は、収録年数が多いため、問題に対する説明文を除いています。
その為、すぐに問題が始まりますので、聞き始める前に「問題」の絵や図、答えとなる選択肢をしっかり見て、聞き始めましょう。

【音声へのアクセスについて】
①下記URLへアクセスいただくか、右のＱＲコードより読み込んでください。
https://www.jukentaisaku.com/listening_online/login.html
②シリアルＩＤ　を入力いただくと、右上のような画面が出てきますので
聴きたい年度を再生してください。

▼シリアルＩＤ
toramori

③シリアルＩＤ　入力後　以下のような画面が出てきます。

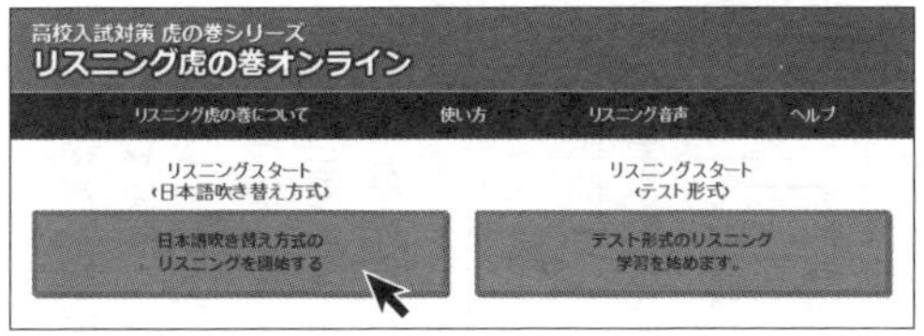

収録内容

【日本語吹替方式】
令和６年度
平成27年度
平成28年度
平成29年度
平成30年度
平成31年度

【テスト形式】
令和２年度
令和３年度
令和４年度
令和５年度
令和６年度

活用方法

①【日本語吹替方式】で実際の問題を使いながら、英語のフレーズに慣れていきましょう。６年分は英文のすぐ後に日本語訳がついてきます。
英語の苦手な方、特に聞き取るのが難しいと感じている方はここを何度も聞いて英語に慣れましょう。聞きながらにして、日本語変換がスムーズにできるようになります。

②【日本語吹替方式】の練習に慣れてきたら、【テスト形式】日本語訳のないリスニングテスト練習５年分を始めましょう。①で練習したことをしっかり使って挑戦しましょう。
すぐに聞き取れなくても台本は見ずに何度も聞いて、聞き取る練習をしましょう。
聞き取った単語の意味がわからないときは、【台本】と後の273～276ページにつけている【日本語訳】をチェックし単語の復習をしましょう。

福 244 →

［日本語吹替方式］R6，H27～H31

■令和６年度問題　まず聞く前に問題を見て始めて下さい。

放送を聞いて，問題１，問題２，問題３，問題４に答えよ。

問題１　英語の短い質問を聞き，その後に読まれるア，イ，ウ，エの英語の中から，答えとして最も適当なものを一つずつ選ぶ問題

※**記号**で答えよ。問題は３問ある。

※英語は**１回だけ**読まれる。

(1)	(2)	(3)

問題２　地図を見て，質問に答える問題

※答えとして最も適当なものを**地図の中から抜き出して**答えよ。問題は２問ある。

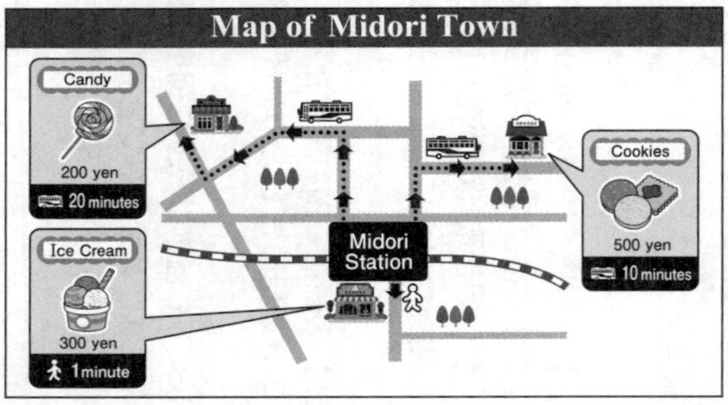

(1)	
(2)	

問題３　留学中の久美（Kumi）と友人のマイク（Mike）の対話を聞いて，質問に答える問題

※答えとして最も適当なものをア，イ，ウ，エの中から一つずつ選び，**記号**で答えよ。

(1)		(2)		(3)	

（１）　ア　Yes, she will.　　イ　No, she won't.
　　　ウ　Yes, she has.　　エ　No, she hasn't.

（２）　ア　Because Mike was a little shy and he asked Kumi for help.
　　　イ　Because Mike spoke to Kumi when she felt lonely at school.
　　　ウ　Because Kumi introduced Mike to her classmates and they became good friends.
　　　エ　Because Kumi could easily make friends without Mike's help.

（３）　ア　She didn't remember how she tried to express her opinions in class.
　　　イ　It was not difficult for her to share her opinions when she came to Australia.
　　　ウ　She became nervous after talking with Mike about her ideas.
　　　エ　In Australia she learned that expressing her opinions was important.

問題４　英文を聞いて，質問に答える問題

留学中の裕二（Yuji）が，班別研修で映画博物館を訪れ，館内図を見ながら，説明を受ける。裕二は，**Ｃ班に所属している**。説明を聞いて，〈問１〉と〈問２〉の質問に答えよ。

※〈問１〉の（1）はア，イ，ウ，エの中から一つ選び**記号**で，(2)は（　）内にそれぞれ**１語の英語**で，(3)は**２語以上の英語**で答えよ。

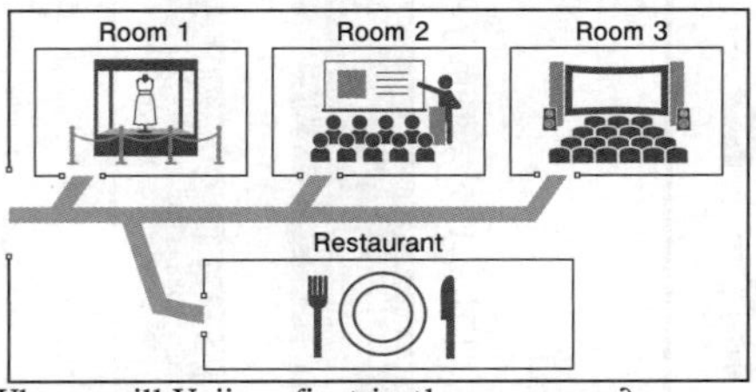

〈問１〉（１）　Where will Yuji go first in the museum?
　　ア　Room 1.　イ　Room 2.　ウ　Room 3.　エ　Restaurant.

（２）　What will Yuji watch in Room 3?
　　He will watch an（　　　　）（　　　　）in Room 3.

（３）　What present will Yuji get before he leaves the museum?

〈問２〉英語の指示にしたがって答えよ。
※**４語以上の英語**で文を書け。

問１	(1)		(2)	He will watch an（　　　　）（　　　　）in Room 3.
	(3)			
問２				

「英語リスニングテスト」台本

問題１

（１）　Hi. I want a hamburger, please.　How much is it?
　　ア　Three times.　イ　Two cups.　ウ　Four dollars.　エ　Five hours.

（２）　Jane, do you listen to music at home?
　　ア　No, pop music.　イ　Yes, you are.　ウ　No, you don't.　エ　Yes, every day.

（３）　Lucy, which baseball cap do you want to buy?
　　ア　Two balls, please.　イ　She is in the stadium.　ウ　The blue one.　エ　It's yours.

問題２

（１）　John is at Midori Station and he is going to walk around the town.　He wants to go to one of the shops on the map.　He has decided to walk to the shop next to the station.　What is he going to buy?

（２）　Saki and Amy are going to visit Midori Town next Saturday.　They love candy and have found a nice candy shop on the map.　From Midori Station to the shop, how long will it take by bus?

問題３

Mike：Kumi, I heard you will finish studying in Australia soon.
Kumi：Yes, Mike.　I will go back to Japan next week.　I will miss you very much.
Mike：I will miss you, too.　Do you remember how we became friends?
Kumi：Yes,of course.　On the first day，I was lonely.　So I was very happy when you spoke to me.　Then, you introduced your classmates to me and helped me make friends.
Mike：You were a little shy then, but you became active and are enjoying your school life now.
Kumi：Yes, I am.　Oh, there is one more thing I will never forget.　When I came here, it was difficult to share my opinion in class because I was so nervous.　But when I tried, you told me that it was a good idea.　Now, I'm not nervous when I share my opinions.
Mike：I am glad to hear that.　We've learned a lot of things by talking with you, Kumi.
Kumi：Thank you.　Now I know it's important to express my opinions.　I won't be afraid of doing so after going back to Japan.

Question 1　Will Kumi go back to Japan next week?
Question 2　Why was Kumi happy on her first day at her school in Australia?
Question 3　Which is true about Kumi?

問題４

問１

Welcome to the World Movie Museum.　My name is Kate.　Today we will show you around the museum.　You are in one of the three groups: Group A, B, or C.　We have three rooms to learn about movies.　You will visit all three rooms.　I will tell you the first room for each group.　Group A will go to Room 2.　Group B will go to Room 3.　Group C will go to Room 1.

Now I will introduce each room.　In Room 1, you can see real dresses, hats, and shoes used in movies.　In Room 2, our staff member will tell you about how movies are made.　And Room 3 is a movie theater.　We collect movies from many countries.　Today, we have chosen an American movie.　You will watch it in Room 3.

After visiting two rooms, we will have lunch at the restaurant.　Then, you will visit the last room.

Before you leave our museum, we will give you a notebook as a present.

If you have any questions, please let us know.

問２

What do you want to ask the staff member in Room 2 about making movies?　Write one question.

■平成27年度問題　まず聞く前に問題を見て始めて下さい。

放送を聞いて，問題１，問題２，問題３に答えよ。

問題１ 絵やグラフや表を見て，質問に答える問題
※（１）は**記号**を，（２）は**答となる数字**を，（３）は**答となる日本語**を記入せよ。

（１）

ア　Yes, there are.
イ　No, there aren't.
ウ　Yes, they are.
エ　No, they aren't.

（２）

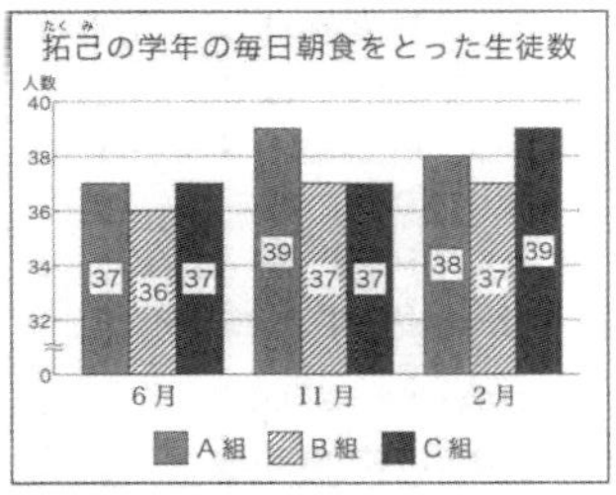

（３）

彩花《あやか》の学年のコンピュータ室使用割の一部（来週分）

時間＼曜日	月	火	水
1時間目			
2時間目	2組 数学		
3時間目	3組 社会		
4時間目	1組 数学	3組 英語	1組 英語
5時間目		2組 英語	3組 数学
6時間目		1組 社会	2組 社会

問題２ 和也《かずや》（Kazuya）とサラ（Sarah）の対話を聞いて，質問に答える問題
※**記号**を記入せよ。

（１）ア　Yes, she is.　　イ　No, she isn't.
　　　ウ　Yes, she does.　　エ　No, she doesn't.

（２）ア　Because she wanted to be kind to people from foreign countries.
　　　イ　Because she was interested in studying science with her favorite scientist.
　　　ウ　Because her dream was to become a science teacher in her own country.
　　　エ　Because she wanted to give a good message to students in Fukuoka.

（３）ア　We should study at a university to work in a foreign country.
　　　イ　We should learn a lot about a new country before we visit it.
　　　ウ　It is not easy to study and teach science in a new place.
　　　エ　It is good to go to a new place and do a lot of things.

問題３ 志織《しおり》（Shiori）のスピーチを聞いて，質問に答える問題
※（１）は**数字**を，（２）は**１語の英語**を，（３）は**２語の英語**を記入せよ。

（１）When was Shiori's school built?
　　It was built in ＿＿＿＿＿.

（２）What club is Shiori in?
　　She is in the ＿＿＿＿＿ club.

（３）Why does Shiori practice songs a lot?
　　Because she wants to have a ＿＿＿＿＿ ＿＿＿＿＿ in the concert.

「英語リスニングテスト」台本

問題１

（１）There are two caps in the picture. Are they on the table?

（２）In June and November, 37 students in Takumi's class had breakfast every day. How many students in his class had breakfast every day in February?

（３）Next week Ayaka will study math in the computer room on Monday. She will study English there on Tuesday. What will Ayaka study in the computer room on Wednesday?

問題２

Kazuya：Thank you for coming to our class, Sarah. Can I ask you some questions?
Sarah：Of course.
Kazuya：What do you do in Fukuoka?
Sarah：I study science at a university. People around me are very kind. I love my life here.
Kazuya：Why did you decide to study in Fukuoka?
Sarah：My favorite scientist is teaching at my university. My dream is to be a scientist and work with him in the future.
Kazuya：Great. Many students in our school are interested in foreign countries. Could you give them a message?
Sarah：Sure. My message is "Go to a new place and try many things! Don't be afraid. You can learn a lot from it."
Kazuya：Thank you very much.
Sarah：You're welcome.

Question1　Does Sarah enjoy her life in Fukuoka?
Question2　Why did Sarah decide to study in Fukuoka?
Question3　What is Sarah's message for the students in Kazuya's school?

問題３

Hello. Nice to meet you, Mr. Smith. I'm going to talk about our school.

It was built in 1994. There are about four hundred students. We have many clubs, for example, baseball, basketball and chorus. I'm in the swimming club. I'll be happy if you can come and see us after school.

Our school is famous for its music concert. Many people in this town join it every year and we sing songs together. This year's concert will be next month. I want to have a wonderful time then, so I practice songs a lot with my friends. I hope you'll enjoy life in our school. Thank you.

「答を記入しなさい。」

福 246 →

■平成28年度問題　まず聞く前に問題を見て始めて下さい。

1　放送を聞いて，問題１，問題２，問題３，問題４に答えよ。

問題１　絵や表を見て，質問に答える問題
※（１）は**答となる数字**を，（２）は**答となる教室名**を記入せよ。

（１）

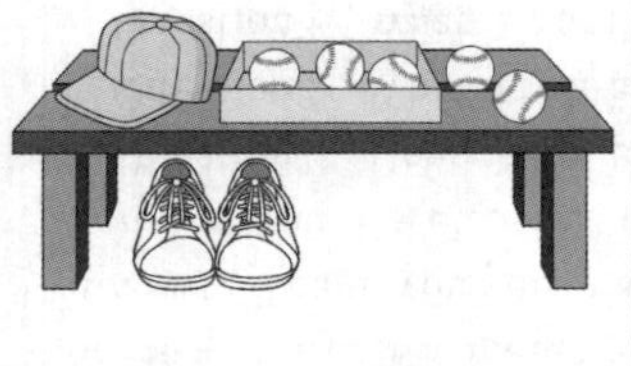

（１）	

（２）

健《けん》の町の「夏休み教室」一覧表の一部

教室名	開催曜日	開催時間
折り紙教室	月	午後 2:00～午後 4:00
パン作り教室	火	午前 9:00～午前11:00
ケーキ作り教室	木	午後 1:00～午後 4:00
ピザ作り教室	土	午前 9:00～午前11:00

（２）	

問題２　美樹《みき》（Miki）とケビン（Kevin）の対話を聞いて，質問に答える問題　※**記号**を記入せよ。

（１）ア　Yes, she does.　イ　No, she doesn't.
　　ウ　Yes, she did.　エ　No, she didn't.

（２）ア　Because he didn't know there were *ukiyoe* pictures in Japanese art books.
　　イ　Because he didn't know Miki was interested in traditional Japanese art.
　　ウ　Because Miki said the colors of Japanese pictures were very beautiful.
　　エ　Because Miki said some museums in his country had *ukiyoe* pictures.

（３）ア　She wants to study the art of foreign countries and see beautiful pictures.
　　イ　She wants to study traditional Japanese art and work in a museum.
　　ウ　She wants to go to foreign countries and get a lot of art books.
　　エ　She wants to go to a very popular museum in Japan and work there.

（１）		（２）		（３）	

問題３　マイク（Mike）のスピーチを聞いて，質問に答える問題
※（１）は**２語の英語**を，（２），（３）は**３語の英語**を記入せよ。

（１）When did Mike come to Japan?
　　He came to Japan ______ ______.

（２）What did the Japanese student do to learn new things in Australia?
　　He asked Mike ______ ______ ______.

（３）Why is Mike excited now?
　　Because he can learn a lot from many ______ ______ ______.

（１）	He came to Japan ______ ______.
（２）	He asked Mike ______ ______ ______.
（３）	Because he can learn a lot from many ______ ______ ______.

問題４　英語の質問に答える問題
※**７語以上の英語**で記入せよ。文の数はいくつでもよい。

「英語リスニングテスト」台本

問題１

（１）You can see a cap, balls and shoes in this picture. How many balls are there in the box?
（２）Ken is going to join one of these four "Summer Classes." He wants to learn how to make something to eat. He cannot join a class on Saturday. He wants to join a class in the morning. Which is the best class for Ken?

問題２

Kevin : Hi, Miki. What are you doing?
Miki : Hi, Kevin. I'm looking at my art book. I like Japanese art very much.
Kevin : Can I see it?
Miki : OK. These are *ukiyoe* pictures, traditional Japanese art.
Kevin : They are beautiful! I like their colors.
Miki : There are *ukiyoe* pictures in some museums in your country too.
Kevin : Really? I'm surprised.
Miki : *Ukiyoe* pictures have been popular in foreign countries for more than one hundred years.
Kevin : I didn't know that. I want to know more about *ukiyoe* pictures.
Miki : I'm happy because you are now interested in traditional Japanese art. In the future, I want to study it and work in a museum.

Question 1　Did Miki show Kevin her art book?
Question 2　Why was Kevin surprised?
Question 3　What does Miki want to do in the future?

問題３

Hello. I came to Japan from Australia in March. Do you know why I decided to study in Japan? I'll talk about that today. I met a Japanese student in my country. He came to my school last year to study English. At first, he could not speak English well, but tried to speak to the people around him. He asked me questions in English to learn new things, and we became good friends.
I wanted to learn new things in a foreign country like him, so I came to Japan. Now I'm excited because I can learn a lot from many friends and teachers here. Thank you.
「答を記入しなさい。」

問題４

Japan has four seasons. Which season do you like the best? And why?

■平成29年度問題　まず聞く前に問題を見て始めて下さい。

放送を聞いて，問題１，問題２，問題３，問題４に答えよ。

問題１

表やグラフを見て，質問に答える問題
※記号を記入せよ。

（１）

明子《あきこ》の町にある橋のデータの一部

名　前	完成年	長　さ
みなみ橋	１９９１年	４０２メートル
ひがし橋	１９９３年	３５５メートル
にし橋	１９８６年	３９０メートル

ア　Yes, it is.
イ　No, it isn't.
ウ　Yes, it does.
エ　No, it doesn't.

（１）	
（２）	

（２）

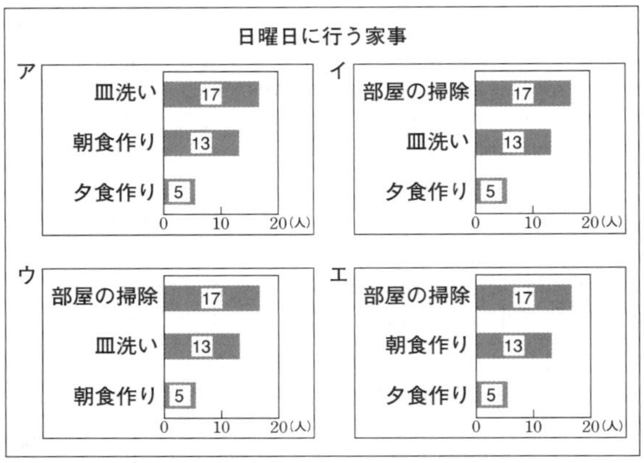

問題２

敦士《あつし》(Atsushi)とエミリー(Emily)の対話を聞いて，質問に答える問題
※記号を記入せよ。

（１）ア　Yes, he is.　　イ　No, he isn't.
　　　ウ　Yes, he does.　　エ　No, he doesn't.

（２）ア　Because she wants Atsushi to read English books in the library.
　　　イ　Because she enjoyed reading his books written in easy Japanese.
　　　ウ　Because she is interested in reading a difficult book in Japanese.
　　　エ　Because she read one of his books in English and liked it.

（３）ア　He will try to read a book written by Natsume Soseki in Japanese.
　　　イ　He will try to read Japanese stories written in English with a dictionary.
　　　ウ　He will try to look for a Japanese dictionary to read difficult books.
　　　エ　He will try to look for some of Natsume Soseki's books for Emily.

（1）		（2）		（3）	

問題３

ジェームズ（James）の亮《りょう》（Ryo）へのメッセージを聞いて，質問に答える問題
※（１）は**１語の英語**を，（２），（３）は**２語の英語**を解答欄に合わせて記入せよ。

（１）Why does James want to go to the zoo in the morning?
（２）How is James going to go to the zoo with Ryo?
（３）What does James ask Ryo to do later?

（1）	Because it will ________ on Saturday afternoon.
（2）	He is going to go there ________ ________.
（3）	He asks Ryo to ________ ________ later.

問題４

英語の質問に答える問題
※**５語以上の英語**で記入せよ。文の数はいくつでもよい。

「英語リスニングテスト」台本

問題１

（１）There are three bridges in Akiko's town. Is Minami Bridge longer than Nishi Bridge?
（２）In Masato's class, seventeen students clean their rooms, thirteen students wash the dishes, and five students cook dinner on Sundays. Which is Masato's class?

問題２

Atsushi: Where are you going, Emily?
Emily: The library. I want to find a book written by Natsume Soseki.
Atsushi: Really? I like his books. I didn't know you knew about him.
Emily: I enjoyed reading his book in English last week, so I want to read more.
Atsushi: Can you read his books in English in the library?
Emily: Yes. You can read some books written in English by other Japanese people, too. How about reading one?
Atsushi: Sure. It will be fun to read Japanese stories in English. But I think it will be difficult for me.
Emily: Don't worry. Some of them are written in easy English, so you can read them with a dictionary.
Atsushi: OK, then I'll try to do that.
Question 1　Does Atsushi like books written by Natsume Soseki?
Question 2　Why does Emily want to find a book written by Natsume Soseki?
Question 3　What will Atsushi try to do?

問題３

Hi, Ryo. This is James. I want to tell you about this Saturday. Yesterday, I said, "We will meet at the museum and stay there in the morning and go to the zoo in the afternoon." But my mother says it will rain on Saturday afternoon, so we should go to the zoo in the morning and go to the museum in the afternoon. We have to take a train to go to the zoo, so let's meet at the station at nine o'clock.
Please call me later. I want to talk more about it. I hope we will have a good time. Bye.
「答を記入しなさい。」

問題４

There are many things which make us happy. What makes you happy?

■平成30年度問題　まず聞く前に問題を見て始めて下さい。

放送を聞いて，問題１，問題２，問題３，問題４に答えよ。

問題１　英語の短い質問を聞き，その答えとして最も適当なものを，質問の後に読まれるア，イ，ウ，エの中から選ぶ問題
※**記号**で答えよ。

(1)		(2)		(3)	

問題２　図や表を見て，質問に答える問題
※**図や表の中の語句**で答えよ。

（1）

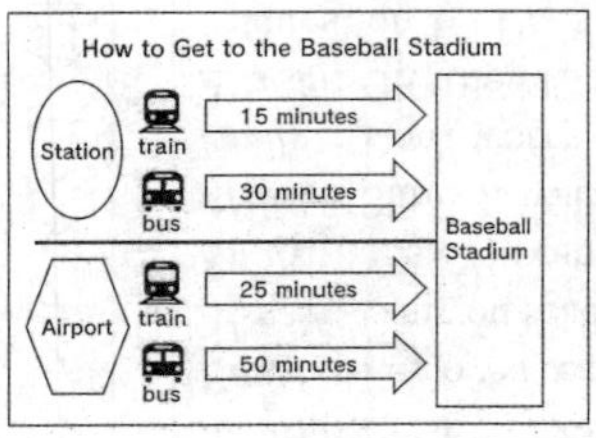

（2）

City Festival

Event \ Day	May 3	May 4	May 5	May 6
Guitar	●		●	●
Chorus		●	●	
Drama	●	●		●

● The event is held on that day.

(1)		(2)	

問題３　健二(Kenji)とテイラー先生(Ms. Taylor)の対話を聞いて，質問に答える問題
※**記号**で答えよ。

（1）ア　Yes, he did.　　イ　No, he didn't.
　　ウ　Yes, he was.　　エ　No, he wasn't.

（2）ア　Because Kenji's grandfather went to museums in France.
　　イ　Because Kenji studied about many different cultures in English class.
　　ウ　Because Kenji's grandfather began to learn French on the Internet.
　　エ　Because Kenji often talked with his grandfather on the Internet.

（3）ア　Spending the weekend with his grandfather.
　　イ　Going to France to visit museums.
　　ウ　Studying something new on the Internet.
　　エ　Learning about many different cultures.

(1)		(2)		(3)	

問題４　ボランティア活動(volunteer work)についての英文を聞いて，質問に答える問題

〈問１〉　有紀(Yuki)が留学先の学校で，ポスターを見ながら，ボランティア活動について説明を受ける。それを聞いて，（1）～（3）の質問に答えよ。
※（1）は**記号**で，（2）は解答欄の文に合うように（　）内にそれぞれ**１語の英語**で，（3）は**３語以上の英語**で答えよ。

（1）If Yuki joins volunteer work on Saturday, where should she go at two in the afternoon?
　　ア　The station.　　イ　The city hall.
　　ウ　The park.　　エ　The school.

（2）If Yuki joins volunteer work in Rose Park, what should she bring?

（3）Who will visit the city on Sunday?

〈問２〉　英語の質問に答えよ。
※**５語以上の英語**で答えよ。文の数はいくつでもよい。

問１	(1)		(2)	She should bring (　　　) and (　　　).
	(3)			
問２				

「英語リスニングテスト」台本

問題１

（1）Hi, Mr. Jones. Where are you from?
　ア　40 years old.　イ　Reading books.　ウ　From America.　エ　A doctor.

（2）It's Sunday tomorrow. What will you do?
　ア　It's five o'clock　イ　I will go shopping.　ウ　It's rainy.　エ　I was at home.

（3）My favorite sport is basketball. How about you?
　ア　Your shoes are nice.　イ　I'm fine, too.　ウ　It's in the box.　エ　I like swimming.

問題２

（1）Tom is at the airport now. He will go to the baseball stadium by bus. How long will it take?

（2）Yoko and Emily want to go go the city festival together. Yoko likes guitar music, and Emily is interested in drama. Yoko cannot go to the festival on May third because she has a soccer game. Which is the best day for them?

問題３

Ms. Taylor : Hi, Kenji. How was your weekend?
Kenji : I enjoyed it. I played table tennis with my grandfather.
Ms. Taylor : Good. Do you often spend time with him?
Kenji : Yes. Talking with him is a lot of fun, because he enjoys trying new things. He started to learn French on the Internet last month. He studies it every day.
Ms. Taylor : Really? That's amazing.
Kenji : He has wanted to visit museums in France for a long time.
Ms. Taylor : I want to try new things like him. Learning opens doors to new worlds.
Kenji : I thinks so, too. I learned about many different cultures in English class, and that gave me new ideas about foreign countries. I want to keep learning.

Question 1　Did Kenji play table tennis with Ms. Taylor?
Question 2　Why did Ms. Taylor say, "That's amazing"?
Question 3　What gave Kenji new ideas about foreign countries?

問題４

問１

Welcome to the volunteer club. There are three kinds of volunteer work this weekend. You can join any of them.

The first one is to help children. We will visit the elementary school on Saturday. You can play with them and read picture books to them. If you want to join this, please come to the station at two in the afternoon.

The second one is to clean the park. We will clean Rose Park and make a flower garden there on Sunday. You have to bring your own lunch. Also, it will be very hot, so you should bring water, too. We will meet at the park at ten in the morning.

The third one is to be a guide of our city. People from Canada will visit our city on Sunday and we will tell them about our city. Please come to the city hall at two in the afternoon.

Working for other people is a lot of fun. Let's enjoy volunteer work together. Thank you.

問２

There are many kinds of volunteer work. What do you want to do as a volunteer?

■平成 31 年度問題　まず聞く前に問題を見て始めて下さい。

放送を聞いて，問題１，問題２，問題３，問題４に答えよ。

問題１　英語の短い質問を聞き，質問の後に読まれるア，イ，ウ，エの中から，答えとして最も適当なものを選ぶ問題

※**記号**で答えよ。

(1)		(2)		(3)	

問題２　図や表を見て，質問に答える問題

※**図や表の中から抜き出して**答えよ。

（1）

Soccer Games

November 25
11:00 Team A – Team D
15:00 Team B – Team C

December 2
10:00 Team C – Team D
14:00 Team A – Team B

（2）

Japanese Culture Experience

	10:00–11:00	11:00–12:00	12:00–13:00	13:00–14:00
Tuesday	*Taiko*	Cooking		
Wednesday			*Origami*	Tea Ceremony
Thursday			*Taiko*	Cooking
Friday	*Taiko*	*Origami*		

(1)		(2)	

問題３　美紀（Miki）とジャック（Jack）の対話を聞いて，質問に答える問題

※**記号**で答えよ。

（1）　ア　Yes, she is.　　イ　No, she isn't.
　　　ウ　Yes, she does.　　エ　No, she doesn't.

（2）　ア　Seeing more pictures of Canada on the website.
　　　イ　Enjoying communication with people around the world.
　　　ウ　Going to Canada to see Jack's family and friends.
　　　エ　Asking the students in her school about the website.

（3）　ア　It has many pictures, so it's difficult for Jack to understand it.
　　　イ　It's better than the website of Jack's school in Canada.
　　　ウ　It doesn't have an English page for people in foreign countries.
　　　エ　It's made by Japanese students and students in Canada.

(1)		(2)		(3)	

問題４　英文を聞いて，質問に答える問題

〈問１〉裕太（Yuta）がある市立図書館で　館内図を見ながら，説明を受ける。それを聞いて，（1）～（3）の質問に答えよ。

※(1)は**記号**で，(2)は（　　）内にそれぞれ**１語の英語**で，（3）は**３語以上の英語**で答えよ。

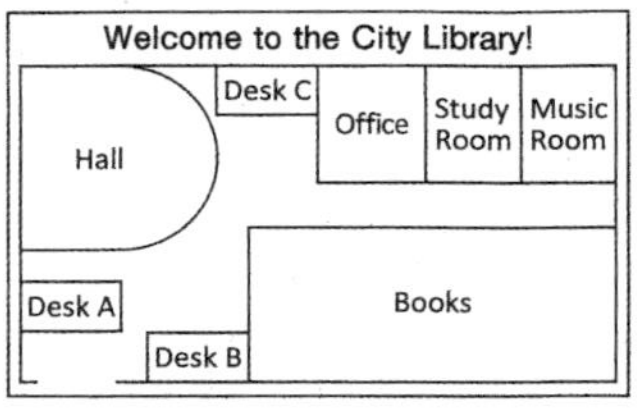

（1）　Where should Yuta bring books when he wants to borrow them?
　　　ア　Office.　　イ　Study Room.
　　　ウ　Desk A.　　エ　Desk B.

（2）　When people join "Book Talk Day," what will they talk about?
　　　They will talk about (　　　) (　　　) (　　　).

（3）　What can people do with children on "Special Day" in April?

〈問２〉英語の質問に答えよ。

※**３語以上の英語**で答えよ。文の数はいくつでもよい。

問１	(1)		(2)	
	(3)			
問２				

「英語リスニングテスト」台本

問題１

（1）　Mary, do you have an eraser?
　ア　Yes. Here you are.　イ　No, I'm not.　ウ　It's 7:30.　エ　Me, too.

（2）　This pen was in the science room. Whose is this?
　ア　He is Tom.　イ　This is a computer room.　ウ　It's mine.　エ　That's right.

（3）　Good morning, Keiko. How was your weekend?
　ア　It was in June.　イ　They are my friends.　ウ　I can swim.　エ　It was great

問題２

（1）　Emily is going to watch a soccer game in November. She will watch Team B's game. What time does the game start?

（2）　John and Henry will stay in Kyoto from Tuesday to Friday. They want to learn about Japanese culture together at the museum in the morning. John is interested in Japanese music, and Henry wants to know how to make Japanese foods. Which day should they choose?

問題３

Jack：Miki, what are you doing on the computer?
Miki：I'm looking at my school's website. My school is trying to make the website better and asking students to give their ideas.
Jack：Interesting. Do you have any ideas?
Miki：It should have more pictures. I want many people to know about school life here.
Jack：I agree. And how about making an English page? My family and I cannot read Japanese, so it's difficult for us to understand the website. My friends in Canada want an English page, too
Miki：I didn't think about that. I hope many people around the world will be interested in my school.
Jack：Your school can also enjoy communication with them on the website.
Miki：Right. That's an exciting idea.

Question 1　Is Miki using a computer?
Question 2　What is an exciting idea for Miki?
Question 3　Which is true about the website of Miki's school?

問題４

問１

Welcome to the City Library. We're going to tell you about our library. When you borrow books, you need a library card. You can make your library card at Desk A.

You can borrow books for two weeks. When you want to borrow books, please bring them to Desk B and show your card.

We have many wonderful events, for example, "Book Talk Day," "Movie Day," and "Special Day." On "Book Talk Day," people who join the event bring their favorite books. You will talk about your favorite books and find new interesting books. "Book Talk Day" is held in the Study Room. On "Movie Day," you can watch famous movies in the Hall. On "Special Day," we have different kinds of activities every month. In April you can enjoy singing songs with children in the Music Room.

Please enjoy the books and events at our City Library.

問２

There are many kinds of books in the library. What kind of book do you like to read?

[テスト形式 R2～R6]

■令和２年度問題　まず聞く前に問題を見て始めて下さい。

放送を聞いて，問題１，問題２，問題３，問題４に答えよ。

問題１　英語の短い質問を聞き，質問の後に読まれるア，イ，ウ，エの中から，答えとして最も適当なものを選ぶ問題※**記号**で答えよ。問題は３問ある。

(1)		(2)		(3)	

問題２　表を見て，質問に答える問題
※表の中から抜き出して答えよ。

（１）

Curry Lunch

	Egg Curry	Beef Curry
Lunch A	6 dollars	9 dollars
Lunch B	7 dollars	10 dollars
Lunch C	8 dollars	11 dollars

【Lunch A】Curry ＋ Juice
【Lunch B】Curry ＋ Salad
【Lunch C】Curry ＋ Salad ＋ Juice

（２）

Sports Festival for Children in Green Town

Time	Sport	Age
9:30～10:30	basketball	7～12
11:00～12:00	badminton	7～15
13:00～14:00	tennis	11～15
14:30～15:30	volleyball	13～15

(1)		(2)	

問題３　隆（Takashi）とスミス先生（Ms.Smith）の対話を聞いて，質問に答える問題
※**記号**で答えよ。

(1)		(2)		(3)	

（１）ア　Yes, he does.　　イ　No, he doesn't.
　　　ウ　Yes, it is.　　エ　No, it isn't.

（２）ア　She has not decided what to do this year yet.
　　　イ　She is going to learn how to wear a kimono.
　　　ウ　She is going to visit many foreign countries.
　　　エ　She is going to ask Takashi to wear a kimono.

（３）ア　Ms. Smith knows a lot about *shogi* because she has been in the *shogi* club.
　　　イ　Ms. Smith can tell Takashi good stories about *shogi* from her experience.
　　　ウ　Takashi will try to start learning *shogi* with Ms. Smith this year.
　　　エ　Takashi will try to talk about *shogi* with people from foreign countries this year.

問題４　英文を聞いて，質問に答える問題

〈問１〉里沙（Risa）が，動物園で園内図を見ながら，説明を受ける。それを聞いて，（１）～（３）の質問に答えよ。
※(1)は**記号**で，（２）は（　　）内にそれぞれ**１語の英語**で，（３）は**３語以上の英語**で答えよ。

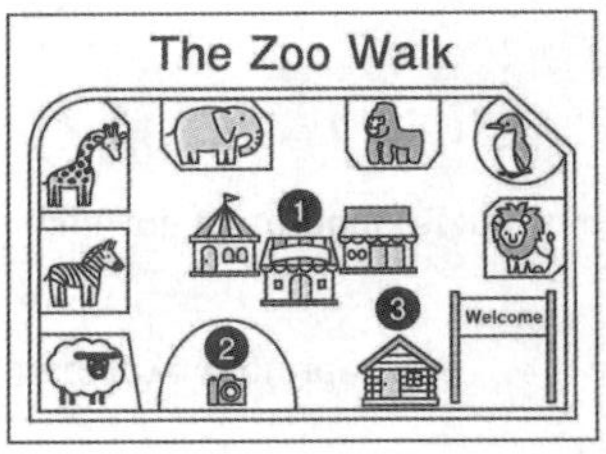

（１）What time should Risa meet the others to take pictures?
　　　ア　At eleven.　　イ　At eleven thirty.
　　　ウ　At twelve.　　エ　At twelve thirty.

（２）What are the animals Risa can see at the end of the Zoo Walk?
　　　They are the (　　　) (　　　).

（３）Why is it bad to give food to the animals in the Zoo Walk?

〈問２〉英語の質問に答えよ。
※**３語以上の英語**で答えよ。文の数はいくつでもよい。

問１	(1)	(2)
	(3)	
問２		

「英語リスニングテスト」台本

問題１

（１）Mr. Brown, when do you play tennis?
　ア　For ten years.　イ　With my friends.　ウ　Every Sunday.　エ　At the park.
（２）Hi, Bob! Does Tomoko's birthday party start at twelve?
　ア　Yes, me too.　イ　No, she doesn't.　ウ　Yes, I do.　エ　No, at one.
（３）This cake is good. Where did you get it?
　ア　It was wonderful.　イ　I made it.　ウ　I didn't think so.　エ　My father liked it.

問題２

（１）Tom is going to have lunch at the curry restaurant. He wants to eat egg curry with salad. He doesn't want to buy anything to drink. How much does he need for his lunch?
（２）Amy lives in Green Town. Her town has a sports festival for children. She and her brother will try the same sport. Amy is 14 years old and her brother is 12 years old. They are in the tennis club but they want to try another sport. What time does the sport they will join start?

問題３

Ms. Smith：Happy New Year, Takashi. Do you have anything you want to do this year?
Takashi：I want to use English more. What do you want to do, Ms. Smith?
Ms. Smith：Well, I've tried a kimono a few times and I liked it very much. I've decided to learn how to wear a kimono this year.
Takashi：Really? My mother can teach you how to wear a kimono.
Ms. Smith：Wow. That's so nice. I'm excited to learn. When people from foreign countries see a kimono, they often want to wear it. After learning how to wear a kimono, I can teach that to others from my experience.
Takashi：Well, I didn't know how to use English more, but now I do. I've been in the *shogi* club in our town, so I know a lot about *shogi*. I can talk about it in English and share something with people from foreign countries.
Ms. Smith：Great idea! I know you can do that.
Takashi：Thank you, Ms. Smith.

Question 1　Does Takashi want to do something in English this year?
Question 2　What is Ms. Smith going to try this year?
Question 3　Takashi and Ms. Smith are talking about *shogi* Which is true?

問題４

問１

Hello, everyone! Welcome to our zoo. It's time for the Zoo Walk. I am the guide. We will walk around this zoo for one hour. You can see many animals in our zoo and I will tell you about some of them. Then you will have free time for thirty minutes. Please look at Number 1 in the picture. During your free time, you can go shopping there. Also you can go back to see more animals and ask questions about them. After that, at eleven thirty, we will take pictures together here, at Number 2. Then the last place we will visit will be Number 3. We can see baby lions there! The Zoo Walk will be finished at twelve.

Now, I will tell you two important things about the Zoo Walk. First, don't give any food to animals. They may become sick. Second, you must be quiet near the sleeping animals. OK? I hope all of you will enjoy the Zoo Walk. Let's go!

問２

If you join the Zoo Walk, what do you want to do during the free time?

■令和３年度問題　まず聞く前に問題を見て始めて下さい。

放送を聞いて，問題１，問題２，問題３，問題４に答えよ。

問題１　英語の短い質問を聞き，質問の後に読まれるア，イ，ウ，エの中から，答えとして最も適当なものを選ぶ問題
※**記号**で答えよ。問題は３問ある。

(1)		(2)		(3)	

問題２　表を見て，質問に答える問題
※答えとして最も適当なものを**表の中から抜き出して**答えよ。

（１）

Train	Green Station		Spring Station	
A	9:10	⇨	9:35	2 dollars
B	9:20	⇨	10:05	2 dollars
C	9:25	⇨	9:50	2 dollars
D	9:40	⇨	9:55	3 dollars

（２）

Movie	Time			
	10:00～	12:30～	14:30～	16:00～
Japanese movie		Drama		
Foreign movie	Drama		Animal	Sports

(1)		(2)	

問題３　美佳（Mika）と留学生のケビン（Kevin）の対話を聞いて，質問に答える問題
※答えとして最も適当なものをア，イ，ウ，エの中から一つずつ選び，**記号**で答えよ。

(1)		(2)		(3)	

（１）　ア　Yes, he does.　　イ　No, he doesn't.
　　　ウ　Yes, he is.　　エ　No, he isn't.

（２）　ア　She asked Kevin many questions about writing English.
　　　イ　She got many letters in English from her teacher in Australia.
　　　ウ　She wrote many letters in English to her friends in America.
　　　エ　She showed her friends a lot of books in English about America.

（３）　ア　Practicing swimming with her is important for him.
　　　イ　Writing letters in English is important for him.
　　　ウ　Using Japanese in communication is important for him.
　　　エ　Speaking about his new school is important for him.

問題４　英文を聞いて，質問に答える問題

〈問１〉和也（Kazuya）が，国際交流センターでのイベント〔Culture Day〕で，チラシを見ながら説明を受ける。それを聞いて，（１）～（３）の質問に答えよ。
※（１）はア，イ，ウ，エの中から一つ選び**記号**で，（２）は（　）内にそれぞれ**１語の英語**で，（３）は**４語以上の英語**で答えよ。

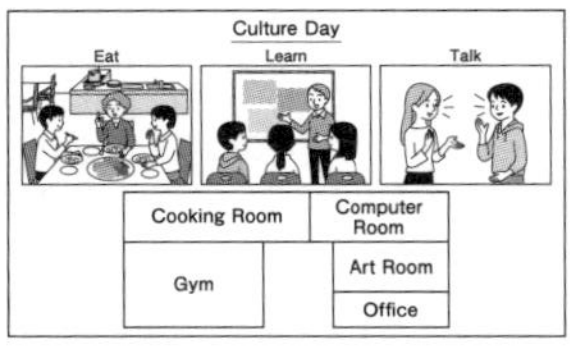

（１）　Which country's food can Kazuya eat in the Cooking Room?
　　　ア　Food from France.　　イ　Food from Canada.
　　　ウ　Food from China.　　エ　Food from India.

（２）　What can Kazuya see from one o'clock in the Art Room?
　　　He can see many (　　)(　　) of the festivals.

（３）　Kazuya is going to meet the students from Canada in the Gym. What does he need to do at the Office before that?

〈問２〉英語の指示にしたがって答えよ。※**４語以上の英語**で文を書け。

問１	(1)		(2)	
	(3)			
問２				

「英語リスニングテスト」台本

問題１

（１）　Bob, I'm free tomorrow. Let's go shopping.
　ア　Yes, I am.　イ　No, you don't.　ウ　That's a good idea.　エ　Nice to meet you.

（２）　Mike, how long did you study last night?
　ア　Every night.　イ　For two hours.　ウ　At ten thirty.　エ　On Monday.

（３）　Excuse me, I'm looking for the bookstore. Do you know where it is?
　ア　Yes, it is.　イ　No, it isn't.　ウ　On the desk.　エ　In front of the hospital.

問題２

（１）　Tom is at Green Station and wants to go to Spring Station by train. It's 9:15 now. He needs to get to Spring Station by 10:00. He can use only 2 dollars to get there. Which train will he use?

（２）　Ken is going to see a movie this afternoon. He likes drama and sports movies better than animal movies. He wants to see a foreign movie. What time does the movie he wants to see start?

問題３

Kevin: Hi, Mika. Do you have some time?
Mika : Yes, what's up, Kevin?
Kevin: I can speak Japanese, but it is very difficult for me to write it. How can I practice writing Japanese?
Mika : Well, when I was studying English, I found a good way to practice writing.
Kevin: Really? What was it?
Mika : I wrote many letters in English to my friends in America. I enjoyed it very much and now writing English is not so difficult.
Kevin: Oh, I can write letters too. I will write one in Japanese to the teacher who taught me in Australia. I will tell her that I am enjoying my new school in Japan.
Mika : Good! It's important for you to write Japanese for communication. People often say, *"If you want to swim well, practice swimming in the water."*
Kevin: Now I know. I will use Japanese with other people more.

Question 1　Does Kevin think it is difficult to write Japanese?
Question 2　How did Mika practice writing English?
Question 3　Mika said, *"If you want to swim well, practice swimming in the water."* What did she want to tell Kevin with these words?

問題４

問１

Welcome to Culture Day. My name is Eddy and I'm from Canada. Today you can enjoy a lot of things with people from four different countries, Canada, China, France, and India. There are three things you can do, eating, learning, and talking with new friends.

First, in the Cooking Room, you can eat food from India. Please find a food you like.

Second, from one o'clock in the Art Room, people from China, France, and India will show you a lot of interesting pictures of festivals in their countries. You can enjoy learning about these festivals.

Third, at two o'clock, you can meet and talk with students from Canada in the Gym. They are going to talk about their school in Canada. If you have any questions, you can ask them there. Before you meet them in the Gym, you need to go to the Office and make a name card.

Have a good time at Culture Day.

問２

What do you want to ask about a student's life in Canada? Write one question to ask the students from Canada.

■令和4年度問題　まず聞く前に問題を見て始めて下さい。

放送を聞いて，問題１，問題２，問題３，問題４に答えよ。

問題１　英語の短い質問を聞き，その後に読まれるア，イ，ウ，エの英語の中から，答えとして最も適当なものを一つずつ選ぶ問題

※**記号**で答えよ。

問題は３問ある。

(1)		(2)		(3)	

問題２　表を見て，質問に答える問題

※答えとして最も適当なものを**表の中から抜き出して**答えよ。

（1）

Enjoy Your Vacation in 2022!

Course	A	B	C	D
How long	2 weeks	1 week	1 week	1 week
Where	London	Kyoto	Sydney	Okinawa
What to do				

（2）

Weekend Events at City Animal Park

Time ＼ Day	Saturday	Sunday
9:00～10:00	Birds	Cats
10:30～11:30		Dogs
13:00～14:00		Birds
14:30～15:30	Dogs	

(1)		(2)	

問題３　健太（Kenta）と友人であるアメリカ人のジェーン（Jane）の対話を聞いて，質問に答える問題

(1)		(2)		(3)	

※答えとして最も適当なものをア，イ，ウ，エの中から一つずつ選び，**記号**で答えよ。

（1）ア　Yes, she is.　　イ　No, she isn't.
　　ウ　Yes, she did.　　エ　No, she didn't.

（2）ア　He wants to go shopping with her.
　　イ　He wants to eat ice cream with her and young Japanese people.
　　ウ　He wants to go to the museum with her.
　　エ　He wants to enjoy the popular culture of Tokyo with her.

（3）ア　She has been to Tokyo before, so she knows many things about Tokyo.
　　イ　She wants to try the food young Japanese people don't usually eat in Tokyo.
　　ウ　She told Kenta about people's lives in Edo like their clothes and food.
　　エ　She will see old and new things from the culture of Tokyo with Kenta.

問題４　英文を聞いて，質問に答える問題

〈問１〉留学前の奈美（Nami）が，コンピューターの画面を見ながら，オンラインで説明を受ける。それを聞いて，（1）～（3）の質問に答えよ。

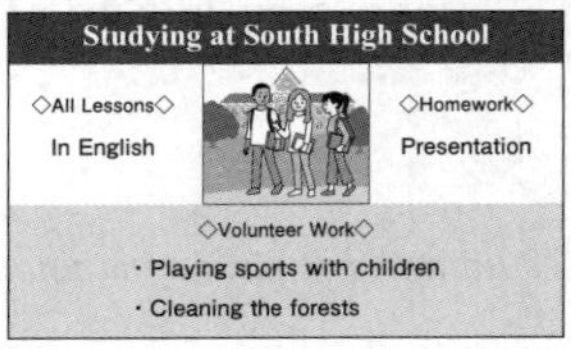

※（1）は**ア，イ，ウ，エ**の中から一つ選び**記号**で，（2）は（　）内にそれぞれ**1語の英語**で，（3）は**4語以上の英語**で答えよ。

（1）What is the most important thing to do before Nami leaves?
　　ア　To study at South High School.
　　イ　To practice English.
　　ウ　To finish her homework.
　　エ　To choose her volunteer work.

（2）What does Nami need to talk about in her presentation?
　　She needs to talk about (　　)(　　).

（3）Who will do the volunteer work with Nami every Friday afternoon?

〈問２〉英語の指示にしたがって答えよ。※**4語以上の英語**で文を書け。

問1	(1)		(2)	(　　　　)(　　　　)
	(3)			
問2				

「英語リスニングテスト」台本

問題1

（1）Wow, look! That's a cool bike. Whose bike is it?
　ア　It's blue.　イ　It's mine.　ウ　It's near the park.　エ　It's ten years old.

（2）Lucy, how did you go home yesterday?
　ア　To cook dinner.　イ　In the evening.　ウ　About one hour.　エ　By bus.

（3）Ms. Green, when did you start learning Japanese?
　ア　By listening to music.　イ　When I was fifteen.　ウ　Because I was interested in it.　エ　For three hours.

問題2

（1）Takuya has one week for a trip this summer. He wants to travel around Japan because he went abroad last summer. He enjoyed walking around famous places by himself then, so he wants to enjoy the next trip in the same way. Which is the best course for him?

（2）This weekend, Kenji will join an event at City Animal Park to play with animals. He has a cat at home, so he wants to play with another kind of animal. He can go to the park only on Sunday morning. What time does the event he will join start?

問題3

Kenta: Our train will get to Tokyo soon, Jane. You look excited.
Jane: Yes! This is my first time to visit Tokyo. I like the popular culture of Tokyo. I want to enjoy shopping and eating special ice cream like young Japanese people. What do you think, Kenta?
Kenta: Great idea. But first I want to go to the Edo Tokyo Museum with you.
Jane: The Edo Tokyo Museum? I know that Tokyo was called Edo a long time ago. What can we see there?
Kenta: Well, the museum shows the history and culture of Edo. You can learn about people's lives in Edo like their clothes and food.
Jane: Interesting. If I know these things about Edo, I think I can enjoy Tokyo more.
Kenta: I think so, too. It's important to learn about old and new things from a culture when you try to understand it.
Jane: So, we will go to the museum and go shopping.

Question 1　Is Jane excited when she is talking with Kenta?
Question 2　What does Kenta want to do with Jane in Tokyo first?
Question 3　Which is true about Jane?

問題4

問1

Hello, everyone. My name is Lyn, a teacher at South High School. You will start to study with us next month. Now, I will talk about three things which you should do before leaving your country.

First, please practice English. This is the most important thing for all of you because you will take your lessons in English. I know you feel nervous, but don't worry. Our students will help you.

Second, you should finish your English homework. You need to make a presentation to introduce your country. You will have presentation time in the first English lesson.

The last thing is about volunteer work. Every Friday afternoon, you will do volunteer work with people living near the school. Please choose one, playing sports with children or cleaning the forests. If you have any questions about the volunteer work, please let us know.

See you soon!

問2

What do you want to ask about the volunteer work of South High School? Write one question.

■令和５年度問題　まず聞く前に問題を見て始めて下さい。

放送を聞いて，問題１，問題２，問題３，問題４に答えよ。

問題１　英語の短い質問を聞き，その後に読まれるア，イ，ウ，エの英語の中から，答えとして最も適当なものを一つずつ選ぶ問題

※記号で答えよ。問題は３問ある。

※英語は１回だけ読まれる。

(1)	(2)	(3)

問題２　表や図を見て，質問に答える問題

※答えとして最も適当なものを表や図の中から抜き出して答えよ。

（１）

School Festival at Minami High School

Time \ Room	A	B	C
10 a.m.～	Dance	Chorus	
1 p.m.～	Speech		Movie
3 p.m.～		Dance	Movie

（２）

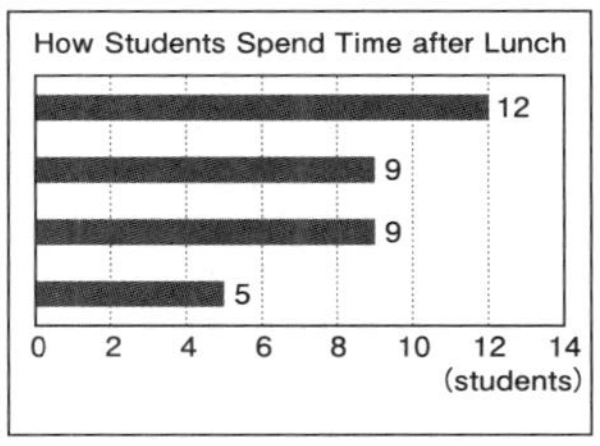

(1)		(2)	

問題３　生徒会長の健斗(Kento)とアメリカからの留学生サラ(Sarah)の対話を聞いて，質問に答える問題

※答えとして最も適当なものをア，イ，ウ，エの中から一つずつ選び，記号で答えよ。

(1)	(2)	(3)

（１）　ア　Yes, she did.　　イ　No, she didn't.
　　　ウ　Yes, it was.　　エ　No, it wasn't.

（２）　ア　Because all the students were cleaning the school by themselves.
　　　イ　Because students were cleaning only their classrooms in the school.
　　　ウ　Because students in America were cleaning the school with staff members.
　　　エ　Because staff members were cleaning the school in Japan.

（３）　ア　He thinks staff members should clean the school in Japan, too.
　　　イ　He thinks students in America should clean the school by themselves.
　　　ウ　He is going to tell Sarah's classmates in America about Japan.
　　　エ　He can understand more about Japan by learning about America.

問題４　英文を聞いて，質問に答える問題

〈問１〉オーストラリアに留学している恵子(Keiko)が，自然宿泊体験〔Nature School〕について資料を見ながら，先生から説明を受ける。それを聞いて，（１）～（３）の質問に答えよ。

※（１）はア，イ，ウ，エの中から一つ選び記号で，（２）は（　）内にそれぞれ１語の英語で，（３）は２語以上の英語で答えよ。

（１）　How long will it take from Keiko's school to Green National Park by bus?
　　　ア　About thirty minutes.　　イ　About one hour.
　　　ウ　About two hours.　　エ　About two hours and thirty minutes.

（２）　What can Keiko find while she is walking in the forest?
　　　She can find some (　　　) (　　　).

（３）　What will Keiko do around the lake on the second day?

〈問２〉英語の指示にしたがって答えよ。※４語以上の英語で文を書け。

問１	(1)	(2) She can find some (　　　) (　　　).
	(3)	
問２		

「英語リスニングテスト」台本

問題１

（１）　Lucy, can I sit next to you?
　　ア　Me, too.　　イ　You, too.　　ウ　Yes, of course.　　エ　No, I can't.

（２）　Ms. Baker, what drink would you like?
　　ア　It's so delicious.　　イ　I like cooking.　　ウ　OK, let's begin.　　エ　Tea, please.

（３）　Hi, Jane. Where are you going?
　　ア　I went to London.　　イ　To the post office.　　ウ　From school.　　エ　I live in Kyoto.

問題２

（１）　Satoshi has a sister who goes to Minami High School. He will visit its school festival in the afternoon. His sister will take part in the speech contest, so he is going to listen to her speech. He wants to watch the movie this year because he watched the dance performances last year. Which room will he visit at 3:00 p.m.?

（２）　Akiko asked her classmates how they spend their time after lunch. The number of students who play sports and the number of students who study are the same. Some students read books, but more students talk with their friends. How many students talk with their friends?

問題３

Sarah：Hello, I'm Sarah. Nice to meet you.
Kento：Nice to meet you too, Sarah. I'm Kento. Welcome to our school! Have you ever been to Japan?
Sarah：No, I haven't. I've wanted to come to Japan, so I'm very excited!
Kento：I'm glad to hear that. How was your first day at school?
Sarah：It was great. I was surprised because all the students were cleaning the school.
Kento：Yes, we usually clean the classrooms, the library, and many other places for 15 minutes every day.
Sarah：Wow! My school in America has staff members who clean the school. I think it's hard to clean the school by ourselves.
Kento：Sometimes it's hard, but we think it's important for us to clean the places we use.
Sarah：That's nice. I'll tell my friends in America that Japanese students clean their schools by themselves.
Kento：Oh, good! It's very interesting to find different points between us. By learning about your country, I can understand my country more.

Question 1　Was it the first time for Sarah to come to Japan?
Question 2　Why was Sarah surprised?
Question 3　Which is true about Kento?

問題４

問１

Hello, everyone. We will go to Green National Park for Nature School this weekend. I'll tell you about the plan.

It will start on Saturday. Please come to the school by 8:30 a.m. Our bus will leave the school at 9:00 a.m. and get to the park at about 11:00 a.m. After lunch, we will walk in the forest. Some old trees have been there for more than 500 years. You can find them while you are walking.

After dinner, you will have night activities. You can choose one of the three; Watching the Night Sky, Singing Songs, or Telling Stories. Teachers will support you in each activity.

On the second day, we will go around the lake in the next town to watch birds. There are beautiful birds that live only in East Australia. We'll come back to the school by 2:30 p.m.

Let's enjoy Nature School. If you have any questions, please ask us.

問２

What do you want to ask the teachers about the night activities? Write one question.

■**令和6年度問題　まず聞く前に問題を見て始めて下さい。**

放送を聞いて，問題１，問題２，問題３，問題４に答えよ。

問題１　英語の短い質問を聞き，その後に読まれるア，イ，ウ，エの英語の中から，答えとして最も適当なものを一つずつ選ぶ問題

※**記号**で答えよ。問題は３問ある。

※英語は**１回だけ**読まれる。

(1)	(2)	(3)

問題２　地図を見て，質問に答える問題

※答えとして最も適当なものを**地図の中から抜き出して**答えよ。問題は２問ある。

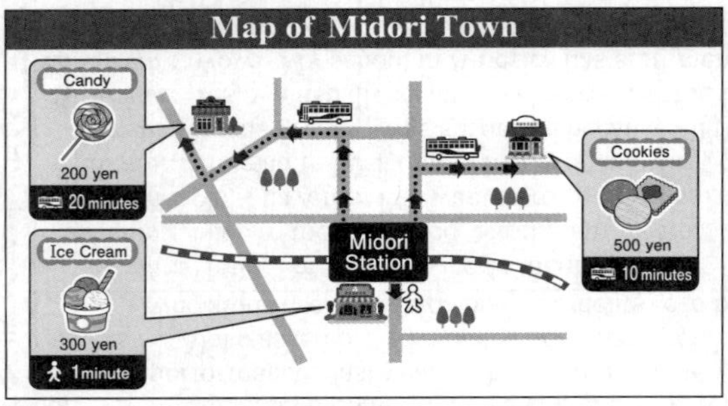

(1)	
(2)	

問題３　留学中の久美（Kumi）と友人のマイク（Mike）の対話を聞いて，質問に答える問題

※答えとして最も適当なものをア，イ，ウ，エの中から一つずつ選び，**記号**で答えよ。

(1)		(2)		(3)	

（1）　ア　Yes, she will.　　イ　No, she won't.

　　　ウ　Yes, she has.　　エ　No, she hasn't.

（2）　ア　Because Mike was a little shy and he asked Kumi for help.

　　　イ　Because Mike spoke to Kumi when she felt lonely at school.

　　　ウ　Because Kumi introduced Mike to her classmates and they became good friends.

　　　エ　Because Kumi could easily make friends without Mike's help.

（3）　ア　She didn't remember how she tried to express her opinions in class.

　　　イ　It was not difficult for her to share her opinions when she came to Australia.

　　　ウ　She became nervous after talking with Mike about her ideas.

　　　エ　In Australia she learned that expressing her opinions was important.

問題４　英文を聞いて，質問に答える問題

留学中の裕二（Yuji）が，班別研修で映画博物館を訪れ，館内図を見ながら，説明を受ける。裕二は，**C班に所属している**。説明を聞いて，〈問１〉と〈問２〉の質問に答えよ。

※〈問１〉の（1）はア，イ，ウ，エの中から一つ選び**記号**で，（2）は（　）内にそれぞれ**１語の英語**で，（3）は**２語以上の英語**で答えよ。

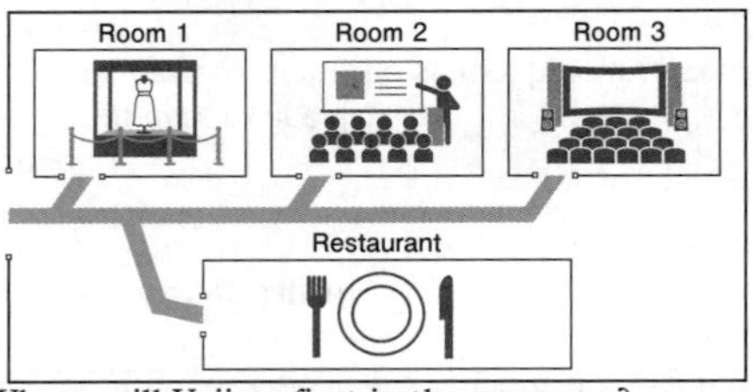

〈問１〉（1）　Where will Yuji go first in the museum?

　　ア　Room 1.　イ　Room 2.　ウ　Room 3.　エ　Restaurant.

（2）　What will Yuji watch in Room 3?

　　He will watch an (　　　　　) (　　　　　) in Room 3.

（3）　What present will Yuji get before he leaves the museum?

〈問２〉英語の指示にしたがって答えよ。

※**４語以上の英語**で文を書け。

問1	(1)		(2)	He will watch an (　　　　　) (　　　　　) in Room 3.
	(3)			
問2				

「英語リスニングテスト」台本

問題1

（1）　Hi. I want a hamburger, please.　How much is it?

　ア　Three times.　イ　Two cups.　ウ　Four dollars.　エ　Five hours.

（2）　Jane, do you listen to music at home?

　ア　No, pop music.　イ　Yes, you are.　ウ　No, you don't.　エ　Yes, every day.

（3）　Lucy, which baseball cap do you want to buy?

　ア　Two balls, please.　イ　She is in the stadium.　ウ　The blue one.　エ　It's yours.

問題2

（1）　John is at Midori Station and he is going to walk around the town.　He wants to go to one of the shops on the map.　He has decided to walk to the shop next to the station.　What is he going to buy?

（2）　Saki and Amy are going to visit Midori Town next Saturday.　They love candy and have found a nice candy shop on the map.　From Midori Station to the shop, how long will it take by bus?

問題3

Mike : Kumi, I heard you will finish studying in Australia soon.

Kumi : Yes, Mike.　I will go back to Japan next week.　I will miss you very much.

Mike : I will miss you, too.　Do you remember how we became friends?

Kumi : Yes,of course.　On the first day,　I was lonely.　So I was very happy when you spoke to me.　Then, you introduced your classmates to me and helped me make friends.

Mike : You were a little shy then, but you became active and are enjoying your school life now.

Kumi : Yes, I am.　Oh, there is one more thing I will never forget.　When I came here, it was difficult to share my opinion in class because I was so nervous.　But when I tried, you told me that it was a good idea.　Now, I'm not nervous when I share my opinions.

Mike : I am glad to hear that.　We've learned a lot of things by talking with you, Kumi.

Kumi : Thank you.　Now I know it's important to express my opinions.　I won't be afraid of doing so after going back to Japan.

Question 1　Will Kumi go back to Japan next week?

Question 2　Why was Kumi happy on her first day at her school in Australia?

Question 3　Which is true about Kumi?

問題4

問1

Welcome to the World Movie Museum.　My name is Kate.　Today we will show you around the museum.　You are in one of the three groups: Group A, B, or C.　We have three rooms to learn about movies.　You will visit all three rooms.　I will tell you the first room for each group.　Group A will go to Room 2.　Group B will go to Room 3.　Group C will go to Room 1.

Now I will introduce each room.　In Room 1, you can see real dresses, hats, and shoes used in movies.　In Room 2, our staff member will tell you about how movies are made.　And Room 3 is a movie theater.　We collect movies from many countries.　Today, we have chosen an American movie.　You will watch it in Room 3.

After visiting two rooms, we will have lunch at the restaurant.　Then, you will visit the last room.

Before you leave our museum, we will give you a notebook as a present.

If you have any questions, please let us know.

問2

What do you want to ask the staff member in Room 2 about making movies?　Write one question.

リスニング解答

R６ 1 **問題１.** ⑴ ウ ⑵ エ ⑶ ウ
問題２. ⑴（例）Ice Cream ⑵（例）20 minutes
問題３. ⑴ ア ⑵ イ ⑶ エ
問題４. **問１** ⑴ ア
⑵（例）He will watch an (American) (movie) in Room 3.
⑶（例）He will get a notebook.（５語）
問２（例）Who decides the actors in movies?（６語）

H27 1 **問題１.** ⑴ エ ⑵ 39人 ⑶ 社会
問題２. ⑴ ウ ⑵ イ ⑶ エ
問題３. ⑴ 1994 ⑵ swimming ⑶ wonderful time

H28 1 **問題１.** ⑴ 3 ⑵ パン作り 教室
問題２. ⑴ ウ ⑵ エ ⑶ イ
問題３. ⑴ in March ⑵ questions in English
⑶ friends and teachers
問題４.（例）I like summer the best because I like swimming.（9語）

H29 **問題１.** ⑴ ア ⑵ イ
問題２. ⑴ ウ ⑵ エ ⑶ イ
問題３. ⑴ Because it will rain on Saturday afternoon.
⑵（例）He is going to go there by train.
⑶（例）He asks Ryo to call him later.
問題４.（例）Playing sports makes me happy.（５語）

H30 **問題１.** ⑴ ウ ⑵ イ ⑶ エ
問題２. ⑴ 50 minutes ⑵ May 6
問題３. ⑴ イ ⑵ ウ ⑶ エ
問題４. **問１** ⑴ ア
⑵（例）she should bring (lunch) and (water).
⑶（例）People from Canada.（３語）
問２（例）I want to teach dance to children.（７語）

H31 **問題１.** ⑴ ア ⑵ ウ ⑶ エ
問題２. ⑴ 15:00 ⑵ Tuesday
問題３. ⑴ ア ⑵ イ ⑶ ウ
問題４. **問１** ⑴ エ
⑵（例）They will talk about (their) (favorite) (books).
⑶（例）They can enjoy singing songs.（５語）
問２（例）I like to read books about science.（７語）

R２ **問題１.** ⑴ ウ ⑵ エ ⑶ イ
問題２. ⑴ 7 dollars ⑵ 11：00
問題３. ⑴ ア ⑵ イ ⑶ エ
問題４. **問１** ⑴ イ
⑵（例）They are the (baby) (lions).
⑶（例１）Because they may become sick.（５語）
（例２）They may become sick.（４語）
問２（例）I want to go shopping.（５語）

R３ **問題１.** ⑴ ウ ⑵ イ ⑶ エ
問題２. ⑴（Train）C ⑵ 16：00
問題３. ⑴ ア ⑵ ウ ⑶ ウ
問題４. **問１** ⑴ エ
⑵（例）He can see many (interesting) (pictures) of the festivals.
⑶（例）He needs to make a name card.（７語）
問２（例）What time does school start in Canada?（７語）

R４ 1 **問題１.** ⑴ イ ⑵ エ ⑶ イ
問題２. ⑴（Course）B ⑵（例）10：30
問題３. ⑴ ア ⑵ ウ ⑶ エ
問題４. **問１** ⑴ イ
⑵（例）She needs to talk about (her) (country) .
⑶（例）People living near the school will.（６語）
問２（例）What sport can I play with children?（７語）

R５ 1 **問題１.** ⑴ ウ ⑵ エ ⑶ イ
問題２. ⑴（Room）C ⑵ 12（students）
問題３. ⑴ ウ ⑵ ア ⑶ エ
問題４. **問１** ⑴ ウ
⑵（例）She can find some (old) (trees) .
⑶（例）She will watch birds.（４語）
問２（例）What songs will we sing?（５語）

R６ 1 **問題１.** ⑴ ウ ⑵ エ ⑶ ウ
問題２. ⑴（例）Ice Cream ⑵（例）20 minutes
問題３. ⑴ ア ⑵ イ ⑶ エ
問題４. **問１** ⑴ ア
⑵（例）He will watch an (American) (movie) in Room 3.
⑶（例）He will get a notebook.（５語）
問２（例）Who decides the actors in movies?（６語）

本番問題R2〜R6の日本語訳

■令和2年度問題

問題1

（1）ブラウン先生、あなたはいつテニスをしますか。
　ア　10年間です　　　　イ　私の友達と一緒にします
　ウ　毎週日曜日にします　エ　公園でします

（2）こんにちは、ボブ！ともこの誕生会は12時に始まりますか。
　ア　はい、私もです　　　イ　いいえ、彼女はしません
　ウ　はい、私はします　　エ　いいえ、1時です

（3）このケーキはおいしいです。あなたはどこでそれを買ったのですか。
　ア　それはすばらしかったです　イ　私がそれを作りました
　ウ　わたしはそうは思いません　エ　私の父はそれが好きでした

問題2

（1）トムはカレー屋さんで昼食をとるつもりです。彼は、サラダ付きのエッグカレーを食べたいです。彼は飲み物を何も買いたくありません。彼は昼食のためにいくら必要ですか。

（2）エイミーはグリーンタウンに住んでいます。彼女の街には子どもたちのためのスポーツ大会があります。彼女と彼女の弟は同じ競技に参加するつもりです。エイミーは14歳で、弟は12歳です。彼女たちはテニスクラブに所属していますが、他の競技に参加したいです。彼女たちが参加する予定の競技は何時に始まりますか。

問題3

スミス先生：明けましておめでとう、隆。あなたは今年やりたいことがありますか。
　隆：私はもっと英語を使いたいです。あなたは何をしたいですか、スミス先生。
スミス先生：ええ、私は何度か着物に挑戦したことがあり、それがとても好きです。私は今年着物の着方を学ぶことに決めました。
　隆：本当ですか。私の母はあなたに着物の着方を教えることができます。
スミス先生：おお。それはとても良いですね。私は学ぶことにわくわくしています。外国から来た人々が着物を見た時、彼女たちはしばしば着物を着たいと思います。着物の着方を学んだ後、私は自分の経験から他の人にそのことを教えることができます。
　隆：ええ、私は英語の使い方を全然知りませんでしたが、今は知っています。私は私たちの街の将棋クラブに所属しているので、将棋についてたくさん知っています。私は英語で将棋について話すことができるので、外国から来た人々と何かしら分かち合えます。
スミス先生：良い考えですね！あなたはそれができることを私は知っています。
　隆：ありがとう、スミス先生。

質問1　隆は今年英語で何がしたいですか。
質問2　スミス先生は今年何に挑戦するつもりですか。
質問3　隆とスミス先生は将棋について話しています。どれが本当ですか。

問題4

〈問1〉

こんにちは、みなさん！私たちの動物園にようこそ。動物園ツアーの時間です。私がガイドです。私たちは1時間でこの動物園の周りを歩く予定です。あなたたちは、私たちの動物園のたくさんの動物を見ることができ、私は彼らのいくつかについてあなたたちに話すつもりです。それから、あなたたちは30分の自由時間を過ごします。図の1番を見てください。自由時間の間、あなたたちはそこで買い物をすることができます。また、あなたたちはもっとたくさんの動物を見に戻って、それらについて質問することができます。その後、11時半に私たちはここ2番で一緒に写真を撮る予定です。それから、私たちが訪れる予定の最後の場所は3番になるでしょう。私たちはそこで赤ちゃんライオンを見ることができます！動物園ツアーは、12時に終わる予定です。

今から、動物園ツアーについて2つの大事なことをあなたたちに話します。1つ目は、動物にえさを与えないでください。彼らは病気になるかもしれません。2つ目は、あなたたちは寝ている動物の近くでは静かにしなければいけません。いいですか。あなたたち全員が動物園ツアーを楽しんでくれることを私は望みます。さあ、行きましょう。

〈問2〉

もしあなたが動物園ツアーに参加したら、自由時間の間にあなたは何をしたいですか。

■令和3年度問題

問題1

（1）ボブ、私は明日暇です。買い物に行きましょう。
　ア　はい、そうです。（be動詞を使って答えている）
　イ　いいえ、違います。（doを使って答えている）
　ウ　それはいい考えですね。
　エ　はじめまして。

（2）マイク、昨夜はどれくらいの時間勉強しましたか？
　ア　毎晩します。　　　　イ　2時間です。
　ウ　10時30分にします。　エ　月曜にします。

（3）すみません、私は本屋を探しています。
どこにあるかあなたは知っていますか。
　ア　はい、そうです。　　イ　いいえ、違います。
　ウ　机の上です。　　　　エ　病院の前です。

問題2

（1）トムはグリーン駅にいて、電車でスプリング駅に行きたいです。今は9:15です。彼はスプリング駅に10:00に到着する必要があります。彼はそこに行くのに2ドルだけ使うことができます。彼はどの電車を使うでしょうか？

（2）ケンは今日の午後映画を観に行くつもりです。彼はドラマやスポーツの映画が動物の映画よりも好きです。彼は外国映画が観たいです。彼の観たい映画は何時に始まりますか？

問題3

ケビン：やあ、ミカ。少し時間ありますか？
　ミカ：いいですよ、どうしましたか？ケビン。
ケビン：私は日本語で話すことはできます、しかし、日本語で書くことは私にとってとても難しいです。どうやって日本語で書く練習をしたらいいですか？
　ミカ：うーん、私が英語を勉強していた時、書く練習をするいい方法をみつけました。
ケビン：本当？それは何だったのですか？
　ミカ：アメリカにいる友達にたくさん英語で手紙を書いたのです。私はそれを楽しんで、今では英語で書くことはそれほど難しくありません。
ケビン：ああ、私も手紙なら書けます。オーストラリアで私に日本語を教えてくれた先生に日本語で手紙を書いてみようと思います。私はいま日本での新しい学生生活を楽しんでいることを彼女に伝えるつもりです。
　ミカ：いいわね！コミュニケーションのために日本語を書くことはあなたにとって重要です。「もしうまく泳ぎたければ、水の中で泳ぐ練習をすることだ。」とよく言います。
ケビン：わかりました。私はほかの人々ともっと日本語を使おうと思います。

（1）ケビンは日本語で書くことが難しいと考えていますか？
　ア　はい、そうです。（doesで答えている）
　イ　いいえ、違います。（doesで答えている）
　ウ　はい、そうです。（be動詞で答えている）
　エ　いいえ、違います。（be動詞で答えている）

（2）ミカはどうやって英語で書く練習をしましたか？
　ア　彼女はケビンに英語で書くことについてたくさんの質問をしました。
　イ　彼女はオーストラリアの先生から英語で書かれたたくさんの手紙をもらいました。
　ウ　彼女はオーストラリアの先生に英語で書かれたたくさんの手紙を書きました。
　エ　彼女はアメリカについて英語で書かれたたくさんの本を友達に見せた。

（3）ミカは「もしうまく泳ぎたければ、水の中で泳ぐ練習をすることだ。」と言いました。彼女はケビンにこの言葉で何を伝えたかったのですか？
ア　彼女と水泳を練習することは彼にとって重要である。
イ　英語を手紙を書くことは彼にとって重要である。
ウ　日本語でコミュニケーションすることは彼にとって重要である。
エ　新しい学校について話すことは重要である。

問題４

〈問１〉
文化の日へようこそ。私の名前はエディ、カナダ出身です。本日、あなたは４つの異なる国、カナダ、中国、フランス、インドの出身の人々と一緒にたくさんのことを楽しむことができます。あなたにできることは３つあります、食べること、学ぶこと、そして新しい友達と話をすることです。
１つ目、調理室では、インド料理を食べることができます。好きな料理を見つけてください。
２つ目、美術室では１時から、中国、フランス、インド出身の人々が彼らの国の興味深い祭りの写真を見せてくれるでしょう。あなたはそれらのお祭りを学ぶことを楽しむことができます。
３つ目に、２時から、体育館でカナダ出身の生徒に会って話をすることができます。もし、何か質問があれば、そこで尋ねることができます。体育館で彼らに会う前に、事務室に行ってネームカードを作る必要があります。
文化の日を楽しんでください。

（1）和也は調理室でどの国の料理を食べることができますか？
ア　フランス料理　　イ　カナダ料理
ウ　中国料理　　　　エ　インド料理
（2）和也は美術室で１時から何を見ることができますか？
（3）和也は体育館でカナダ出身の生徒と会うつもりです。体育館に行く前に事務室で何をしなければなりませんか？

〈問２〉
カナダでの学生生活について何を聞きたいですか？カナダ出身の生徒に聞くための質問をひとつ書きなさい。

■令和4年度問題

問題１

（1）わぁー、見て！かっこいい自転車ですね。それは誰の自転車ですか？
ア　青色です。　　　　イ　私のです。
ウ　公園の近くです。　エ　10歳です。
（2）ルーシーどうやって昨日は家に帰ったのですか？
ア　夕食を作る為。　　イ　夕方に。
ウ　約一時間。　　　　エ　バスで。
（3）グリーンさん、いつ日本語を習い始めましたか？
ア　音楽を聞くことによって。
イ　私が15歳の時に。
ウ　なぜならそれに興味があったからです。
エ　３時間。

問題２

（1）タクヤは、この夏に一週間旅行をします。彼は、昨年の夏に海外に行ったので、日本中を旅行したいです。その時自分一人で、有名な所を歩き回り楽しみました。だから、彼は次回の旅でも同じ方法で楽しみたいです。彼にとって最適なコースはどれでしょう？

（2）今週末、ケンジは市の動物公園の催し物に動物と遊ぶために参加します。彼は家で猫を飼っています。だから、ほかの種類の動物と遊びたいのです。彼はその公園に日曜日の午前中だけ行くことができます。彼が参加する予定の催し物は何時に始まりますか？

問題３

Kenta：電車は間もなく東京に着きますよ、ジェーン。
あなたはワクワクしているように見えます。
Jane：はい。これが、初めての東京への訪問です。私は、東京で流行っている文化が好きです。私は日本の若者の様に買い物をしたり、特別なアイスクリームを食べたりして、楽しみたいです。
Kenta：とてもいいですね。しかし、まずは、あなたと一緒に江戸東京博物館に行きたいです。
Jane：江戸東京博物館？私は、昔、東京が江戸と呼ばれていたことを知っています。そこで何を見ることができますか？
Kenta：えっと、その博物館では、江戸の歴史や文化が展示されています。あなたは、衣服や食べ物のような江戸の人々の生活を知ることができます。
Jane：面白そうですね。もし江戸についてこれらのことを知っていれば、東京をもっと楽しめると思います。
Kenta：私もそう思います。あなたがそれを理解しようとする時、文化から新旧の事柄を学ぶ事は大切です。
Jane：それでは博物館へ行って、買い物をしましょう。

Question1　ジェーンは、健太と話をしている時ワクワクしていますか？
Question2　最初に東京で、健太はジェーンと一緒に何がしたいですか？
Question3　ジェーンについて正しい物はどれですか？

問題４

〈問１〉
皆さんこんにちは。私の名前はリンです。サウス高校で教師をしています。あなた達は、来月から　私たちと一緒に勉強を始めます。
今から、あなた達が国を出発する前にすべき三つの事について話します。
一つ目は、英語を勉強して下さい。これはあなた達にとって一番大切なことです。なぜなら あなた達は 英語で授業を受けるからです。私は皆さんが不安なのを知っていますが、心配はいりません。私たちの生徒が手伝います。
二つ目は、英語の宿題を終わらせなければいけません。あなた達は、自分たちの国を紹介する発表をする必要があります。最初の英語の授業で、発表する時間があります。
最後は、ボランティア活動についてです。毎週金曜日の午後、学校の近くに住んでいる人たちと一緒にボランテイア活動をします。１つ選んでください、子供達一緒にとスポーツをするか、森の清掃をするか。もしボランティア活動について何か質問があれば、どうぞ私たちに知らせて下さい。
会えるのを楽しみにしています。

〈問２〉
あなたは、サウス高校のボランティア活動について何を尋ねたいですか？１つ質問を書きなさい。

■令和5年度問題

問題１

（1）ルーシー、あなたの隣に座ってもいいですか？
ア　私もです。　　　　　イ　あなたもです。
ウ　はい、もちろんです。　エ　いいえ、わたしはできません。
（2）ベイカーさん、何をお飲みになりますか？
ア　とても美味しいです。　イ　私は料理が好きです。
ウ　はい、始めましょう。　エ　お茶をください。
（3）こんにちは、ジェーン。あなたはどこに行くところですか？
ア　私はロンドンに行きました。　イ　郵便局です。
ウ　学校からです。　　　　　　　エ　私は京都に住んでいます。

問題２

（1）サトシには南高校に通っている姉がいます。彼は午後その高校の学園祭に行くつもりです。彼の姉はスピーチコンテストに参加する予定なので、彼は彼女のスピーチを聞くつもりです。彼は昨年ダンスの演技を観たので、今年は映画を観たいです。彼は午後３時にどの教室を訪れるでしょうか？

（2）アキコは彼女のクラスメイトに昼食後どのように時間を過ごすのか尋ねました。スポーツをする生徒の数と勉強をする生徒の数は同じです。読書をする生徒もいますが、友達と話す生徒の方が多いです。友達と話す生徒は何人ですか？

問題3

サラ：こんにちは、私はサラです。初めまして。

健斗：初めまして、サラ。私は健斗です。私たちの学校にようこそ！今までに日本に来たことはありますか？

サラ：いいえ、ありません。私は日本に来たかったので、とてもわくわくしています！

健斗：それを聞いて私はうれしいです。学校でのあなたの初日はどうでしたか？

サラ：素晴らしかったです。すべての生徒が学校の掃除をしていたので、私は驚きました。

健斗：はい、たいてい私たちは毎日１５分間、教室や図書館、他の多くの場所の掃除をします。

サラ：おおっ！アメリカの私たちの学校には、学校を掃除する職員がいます。私たち自身で学校を掃除することは大変だと私は思います。

健斗：時々大変ですが、自分たちが使う場所を掃除することは私たちにとって重要だと思います。

サラ：それはいいですね。日本の生徒が自分たちで学校を掃除しているということを、私はアメリカの友達に話すつもりです。

健斗：おおっ、いいですね！私たちの間で異なる点を見つけることはとても面白いです。あなたの国について学ぶことで、私は自分の国をもっと理解することができます。

質問１　日本に来たことはサラにとって初めてですか？
質問２　なぜサラは驚いたのですか？
質問３　健斗についてどれが正しいですか？

問題4

〈問１〉

皆さん、こんにちは。今週私たちは自然学校でグリーン国立公園に行きます。私はあなたたちにその計画について話します。

それは土曜日に始まる予定です。午前８時３０分に学校に来てください。私たちのバスは午前９時に学校を出発し、午前１１時に公園に到着します。昼食後、私たちは森の中を散歩する予定です。５００年以上もそこにある古い木もあります。歩いている間、あなたたちはそれらを見つけることができます。

夕食後、あなたたちは夜の活動があります。あなたたちは、天体観測、歌を歌う、物語を話す の３つの中から１つ選ぶことができます。それぞれの活動の中で、先生たちがあなたたちをサポートするでしょう。

２日目、私たちは鳥を観察するために隣町の湖の周りに行きます。西オーストラリアにしか生息しない美しい鳥がいます。私たちは午後２時３０分までには学校に戻って来る予定です。

自然学校を楽しみましょう。もし何か質問があれば、私たちに質問してください。

〈問２〉

あなたは、夜の活動について先生に何を質問したいですか？１つ質問を書きなさい。

■令和6年度問題

問題1

（1）こんにちは。ハンバーガーをください。いくらですか？
　ア　3回です。　　　イ　2杯です。
　ウ　4ドルです。　　エ　5時間です。

（2）ジェーン、あなたは家で音楽を聴きますか？
　ア　いいえ、ポップミュージックを聴きます。
　イ　はい、あなたはそうです。
　ウ　いいえ、あなたは聴きません。
　エ　はい、毎日聴きます。

（3）ルーシー、あなたはどのベースボールキャップを買いたいですか？
　ア　ボールを２個ください。　　イ　彼女はスタジアムにいます。
　ウ　青いキャップです。　　　　エ　それはあなたのものです。

問題2

（1）ジョンはみどり駅にいて、町の周りを散歩するつもりです。彼は地図に載っている店の１つに行きたいです。彼は駅の隣の店に歩いて行こうと決めました。彼は何を買うつもりですか？

（2）サキとエイミーは来週の土曜日にみどり町を訪れるつもりです。彼女たちはキャンディが大好きで、地図に素敵なキャンディショップを見つけました。みどり駅からその店まで、バスでどれくらいかかりますか？

問題3

マイク：久美、あなたはもうすぐオーストラリアでの留学が終わると聞きました。

久美　：そうです、マイク。私は来週日本に戻るつもりです。私はあなたに会えなくて寂しくなるでしょう。

マイク：私もあなたに会えなくて寂しくなるでしょう。私たちがどのように友達になったか、あなたは覚えていますか？

久美　：はい、もちろんです。最初の日、私はひとりぼっちでした。だから、あなたが私に話しかけてくれた時、私はとても嬉しかったです。それから、あなたはあなたのクラスメイトに私を紹介してくれて、私が友達を作るのを助けてくれました。

マイク：その時、あなたは少し恥ずかしがり屋でした。でも、積極的になって、今は学校生活を楽しんでいます。

久美　：はい、そうです。ああ、もう１つ私が決して忘れないことがあります。私がここに来た時、私はとても神経質だったので、授業中自分の意見を伝えることが難しかったです。しかし、私がしようとした時、あなたは私にそれは良い考えだと言ってくれました。今、私は自分の考えを伝える時、神経質ではありません。

マイク：私はそれを聞いて嬉しいです。私たちはあなたと話すことでたくさんのことを学びました、久美。

久美　：ありがとう。今、自分の意見を表現することは大切だと私は知っています。私は日本に戻った後、そうすることを恐れないでしょう。

質問１　久美は来週日本に戻るつもりですか？
質問２　久美はオーストラリアの学校で、最初の日になぜ嬉しかったのですか？
質問３　久美について正しいものはどれですか？

問題4

〈問１〉

ようこそ、世界映画博物館へ。私の名前はケイトです。今日、私たちはあなたたちに博物館を案内します。あなたたちは、グループ A、B、C の３つのグループの１つに属しています。ここには映画について学ぶための３つの部屋があります。あなたたちは、３つすべての部屋を訪れるでしょう。私はそれぞれのグループが最初に入る部屋を伝えます。グループＡは２の部屋に行ってください。グループＢは３の部屋に行ってください。グループＣは１の部屋に行ってください。

今から私はそれぞれの部屋を紹介します。１の部屋で、あなたたちは映画で使われた本物の衣装や帽子、靴を見ることができます。２の部屋では、スタッフがあなたたちにどのように映画が作られるのかについて話すでしょう。そして、３の部屋は映画館です。私たちはたくさんの国から映画を集めています。今日、私たちはアメリカの映画を選びました。あなたたちは３の部屋でそれを観るでしょう。

２つの部屋を訪れた後、私たちはレストランで昼食を取ります。それから、あなたたちは最後の部屋を訪れます。

あなたたちが博物館を去る前に、私たちはプレゼントとしてノートをあげるつもりです。

もし何か質問がありましたら、教えてください。

〈問２〉

映画を作ることについて、２の部屋でスタッフにあなたは何を質問したいですか？質問を１つ書きなさい。

福岡県公立入試に出た年号

古代

２２０　中国が魏・呉・蜀に分かれた
２３９　卑弥呼が魏に使いを送り金印を与えられる
５３８　仏教伝来
５９３　聖徳太子が摂政となる
６０４　聖徳太子が十七条憲法を制定　飛鳥文化
６０７　小野妹子が遣隋使として派遣される　法隆寺
６１８　唐が中国を統一
６３０　遣唐使を送る
６４５～　大化の改新
６７２　壬申の乱
７０１　大宝律令の制定　＜班田収授法(口分田を与える)＞
７０８　和同開珎

奈良

７１０　平城京に都を移す
７４１　聖武天皇が国分寺をつくらせる　天平文化
７４３　墾田永年私財法の制定　古事記　712
７５３　鑑真の来日➡唐招提寺を開く　日本書紀　720
７８８　延暦寺創建

平安

７９４　都を京都に移し平安京とする
８２３　空海が真言宗を開く
８５８　藤原良房が摂政となる（摂関政治の始まり）
８９４　遣唐使を廃止する
９３５　平将門の乱　国風文化
９３９　藤原純友の乱　古今和歌集
１０１６　藤原道長が摂政となる
１０５３　平等院鳳凰堂がつくられる
１０８６　白河上皇が院政を始める
１１５６　保元の乱
１１５９　平治の乱➡６７　平清盛が太政大臣となる
１２Ｃ末　平清盛が宋と貿易をはかる
１１８５　壇ノ浦の戦い➡守護・地頭をおく

中世

鎌倉

１１９２　源頼朝が征夷大将軍になる
１２０３　執権政治／金剛力士像
１２０６　チンギス＝ハンがモンゴル民族統一
１２２１　承久の乱➡六波羅探題をおく
１２３２　北条泰時が御成敗（貞永）式目を制定
１２７４　文永の役➡８１　弘安の役⇨元寇　鎌倉文化
１２７５　マルコ＝ポーロが元を訪れる➡東方見聞録
１２９７　永仁の徳政令
１３３３　鎌倉幕府が滅ぶ／建武の新政が始まる

室町

１３６８　明がおこる　北山文化
１４Ｃ頃　イタリアでルネサンスがおこる　能
１４０４　勘合貿易(日明貿易)が始まる(足利義満)　金閣
１４２８　正長の土一揆
１４６７　応仁の乱　東山文化
１４８９　銀閣がつくられる
１４９２　コロンブスが西インド諸島到達　銀閣
１４９８　バスコ＝ダ＝ガマのインド到着
１５１７　ルターの宗教改革
１５１９～２２　マゼラン一行世界一周
１５４３　ポルトガル人が種子島に鉄砲を伝える
１５４９　ザビエルがキリスト教を伝える

（中世）

１５７３　室町幕府が滅ぶ

近世

安土桃山

１５７５　長篠の戦い
１５７６　安土城がつくられる　桃山文化
１５８２　本能寺の変／太閤検地
１５８８　イギリスがスペインの無敵艦隊を破る／刀狩令
１６００　関ヶ原の戦い

江戸

１６０３　江戸幕府を開く
１６１５　武家諸法度（３５　参勤交代の制度）
～１６３５　朱印船貿易➡東南アジアに日本町ができる
１６３７　島原の乱➡キリスト教の禁止／天草一揆が起こる
１６３９　鎖国が完成（ポルトガル船の来航禁止）
１６４２　清教徒革命始まる
１６４９　慶安の御触書　元禄文化
１６８５～　生類憐れみの令　浮世絵
１７１６　徳川吉宗の享保の改革
１７４２　公事方御定書
１７６５　ワットの蒸気機関改良
１７６７～８６　田沼意次の政治
１７８２　天明の大飢饉
１７８７　松平定信の寛政の改革
１８Ｃ後半　イギリスで産業革命
１７８９　フランス革命　フランス人権宣言
１８０４　ナポレオンが皇帝となる
１８２５　外国船（異国船）打払令
１８３７　大塩平八郎の乱　化政文化
１８４０　アヘン戦争➡４２　南京条約
１８４１　水野忠邦の天保の改革
１８５１～６４　太平天国の乱
１８５３　ペリーが浦賀に来る
１８５４　日米和親条約（函館・下田を開港）
１８５７　インドの大反乱
１８５８　日米修好通商条約
１８５９　安政の大獄
１８６０　桜田門外の変
１８６１　南北戦争
１８６３　奴隷解放宣言／長州藩が外国船を砲撃
１８６６　薩長同盟
１８６７　大政奉還

近代

明治

１８６８　戊辰戦争
１８６８　五箇条の御誓文
１８７１　廃藩置県／郵便制度開始／岩倉具視使節団が欧米へ派遣
１８７２　学制公布／鉄道開通／富岡製糸場操業開始［殖産興業政策］
１８７２～７６　「学問のすゝめ」福沢諭吉が発表
１８７３　地租改正／徴兵令／太陽暦
１８７４　板垣退助らが民撰議院設立建白書を出す（自由民権運動）
１８７４　立志社設立
１８７５　江華島事件
１８７７　西南戦争
１８８０　愛国社が国会期成同盟に改称
１８８１　板垣退助らが自由党結成
１８８２　大隈重信が立憲改進党結成
１８８３　井上馨が鹿鳴館で舞踏会を開く
１８８７～８９　二葉亭四迷「浮雲」刊行
１８８９　大日本帝国憲法発布
１８９０　第一回帝国議会（制限選挙）／教育勅語
１８９４　治外法権の撤廃に成功／甲午農民戦争(東学党の乱)➡日清戦争
１８９５　下関条約➡三国干渉（独・露・仏）
１９００　義和団事件（の乱）➡０２　日英同盟
１９０１　八幡製鉄所操業開始

（近代）

１９０４　日露戦争が始まる➡０５　ポーツマス条約
１９０７　三国協商成立（英・仏・露）
１９１１　関税自主権の回復(条約改正)・平塚雷鳥らにより青踏社結成

大正

１９１１　辛亥革命➡１２　中華民国成立
１９１４　第一次世界大戦始まる　デモクラシーの風潮と社会運動
１９１５　二十一か条の要求
１９１６　吉野作造民本主義を唱える
１９１７　ロシア革命
１９１８　第一次世界大戦終わる／米騒動／シベリア出兵／政党内閣成立
１９１９　パリ講和会議➡ベルサイユ条約が結ばれる
１９１９　朝鮮で三・一独立運動／中国で五・四運動
１９１９　ドイツでワイマール憲法発布
１９２０　国際連盟発足➡２１　ワシントン会議
１９２２　日本農民組合結成
１９２３　関東大震災
１９２５　普通選挙法の制定／治安維持法の制定／ラジオ放送開始

昭和

１９２９　世界恐慌
１９３１　満州事変
１９３２　五・一五事件
１９３３　国際連盟脱退
１９３３　ニューディール政策（アメリカのフランクリン＝ルーズベルト）
１９３６　二・二六事件
１９３７　日中戦争
１９３８　国家総動員法の制定
１９３９　第二次世界大戦始まる
１９４０　大政翼賛会結成
１９４５　ポツダム会談➡ポツダム宣言
１９４５　第二次世界大戦終わる／国際連合が発足
１９４５　財閥解体／労働組合法公布

現代

１９４６　農地改革
１９４６　日本国憲法が公布➡４７　日本国憲法が施行
１９４７　労働基準法／教育基本法
１９４８　世界人権宣言
１９５０　朝鮮戦争勃発➡５１　サンフランシスコ平和条約
１９５１　日米安全保障条約の調印
１９５３　テレビ放送開始
１９５５　アジア・アフリカ会議／ワルシャワ条約機構の結成
１９５５～７３　高度経済成長期
１９５６　日ソ共同宣言➡国交回復➡日本の国際連合加盟
１９６４　東京オリンピック／東海道新幹線全通
１９６５　日韓基本条約の締結
１９６６　国際人権規約
１９６７　公害対策基本法／ＥＣ(ヨーロッパ共同体)発足
１９６８　消費者保護基本法
１９７０　大阪で日本万国博覧会
１９７２　沖縄の日本復帰／日中共同声明（田中角栄）
１９７３　石油危機（オイルショック）
１９７８　日中平和友好条約の締結
１９８５　男女雇用機会均等法
１９８８　瀬戸大橋完成

平成

１９８９　消費税導入
１９８９　マルタ会談➡冷戦の終結
１９９０　東西ドイツの統一
１９９１　ソ連解体／湾岸戦争
１９９２　ＰＫＯ協力法
１９８０年代末～９１　バブル景気
１９９３　ＥＵ（ヨーロッパ連合）発足
１９９７　香港・中国に返還

福259→

福260→

社会資料集 ①

鑑真《がんじん》　奈良時代：天平文化

平等院鳳凰堂《びょうどういんほうおうどう》　平安時代：国風文化

1053 年　藤原頼通

かな文字（「高野切第一種《こうやぎれだいいっしゅ》」の一部）

平安時代：国風文化

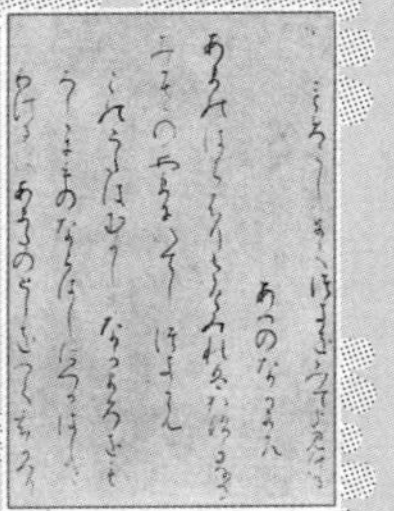

元寇（「蒙古襲来絵詞《もうこしゅうらいえことば》」）

1274 年　文永の役

1281 年　弘安の役　元寇

定期市（備前国福岡市《びぜんのくにふくおかのいち》）（「一遍上人絵伝《いっぺんしょうにんえでん》」）

鎌倉時代

金閣《きんかく》　室町時代

北山文化：足利義満

正長の土一揆の碑文

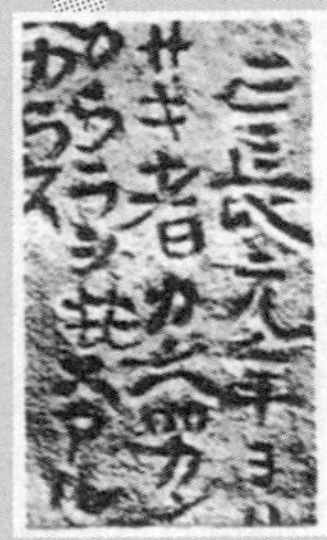

1428 年

銀閣《ぎんかく》　室町時代

東山文化：足利義政

南蛮貿易の様子（「南蛮屏風《なんばんびょうぶ》」）　安土桃山時代

江戸時代の農具の進歩

耕　作	水あげ	脱　穀	選別（もみ殻と玄米を区別する）

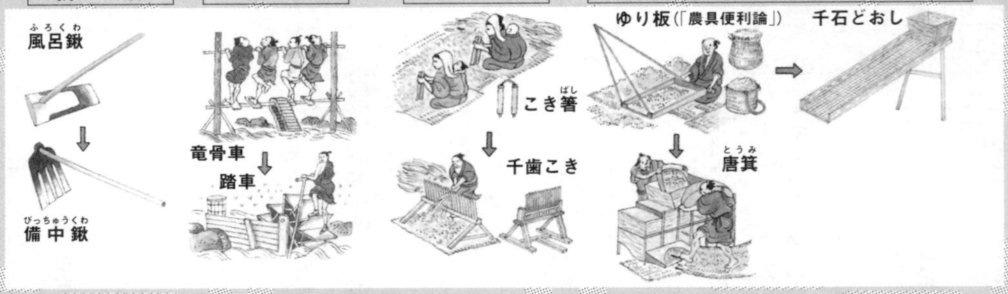

寺子屋《てらこや》（渡辺崋山《わたなべかざん》「一掃百態《いっそうひゃくたい》」）

江戸時代

富嶽三十六景（葛飾北斎）

江戸時代：化政文化

北方領土

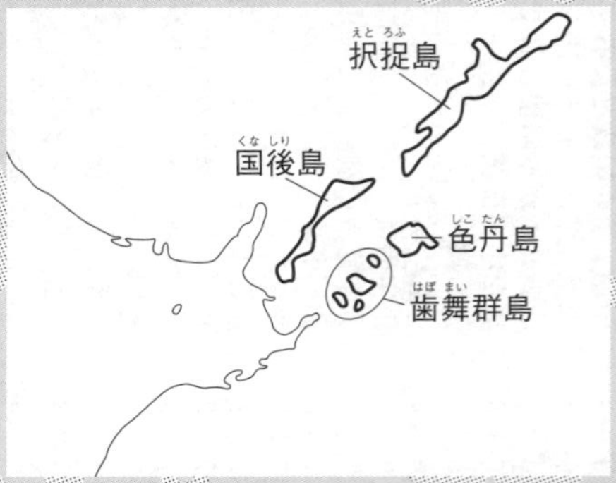

社会資料集 ②

十七条の憲法の制定（604年）飛鳥時代

一に曰《いわ》く、和をもって貴《とうと》しとなし、さからうことなきを宗《むね》となせ。（和をたいせつにして、人といさかいをしないようにせよ。）
二に曰く、あつく三宝を敬《うやま》え。三宝とは仏《ほとけ》・法《のり》・僧《ほうし》なり。（あつく仏教を信仰せよ。）
三に曰く、詔《みことのり》（天皇の命令）を承《うけたまわ》りては必ずつつしめ。（天皇の命令をうけたら、かならずしたがえ。）

鎌倉幕府のしくみの一部

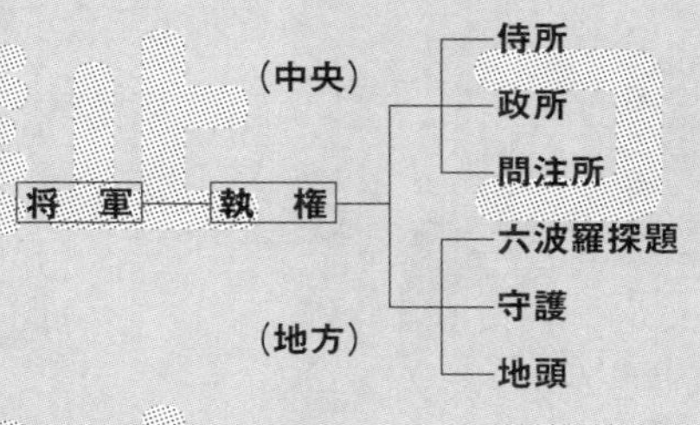

楽市《らくいち》・楽座令《らくざ》（1577年）

一、この地を楽市《らくいち》と命ぜられたからには、いろいろな座《ざ》の特権や座役などはすべて免除《めんじょ》する。
一、往来《おうらい》する商人で、中山道《なかせんどう》を通る者は、この町（安土）に来て寄宿《きしゅく》すること。
一、領国内で徳政《とくせい》を行っても、ここでは免除する。
一、他国からの移住者《いじゅうしゃ》は、だれでも前からの住民と差別《さべつ》しない。
（安土山下町定《あづちさんげちょうさだめ》「近江八幡《おうみはちまん》市共有文書」）

刀狩（1588年）

一、諸国の百姓《ひゃくしょう》が刀《かたな》・脇指《わきざし》・弓《ゆみ》・槍《やり》・鉄砲《てっぽう》その他、武具を持つことを堅《かた》く禁止する。

（「小早川家文書《こばやかわけもんじょ》」）

武家諸法度《ぶけしょはっと》

一、学問と武道にひたすら精を出すようにしなさい。
一、諸国《しょこく》の城《しろ》は、修理する場合であっても、必ず幕府《ばくふ》にもうし出ること。まして新しい城をつくることは厳《きび》しく禁止する。
一、幕府の許可なしに、婚姻《こんいん》を結んではならない。　（部分要約）

五箇条《ごかじょう》の御誓文《ごせいもん》

一　広《ひろ》ク会議《かいぎ》ヲ興《おこ》シ万機《ばんき》❶公論《こうろん》ニ決《けっ》スベシ
一　上下《じょうか》心ヲ一《いつ》ニシテ盛《さかん》ニ経綸《けいりん》❷ヲ行ウベシ
一　官武一途庶民《かんぶいっとしょみん》ニ至《いた》ル迄《まで》、各其志《おのおのそのこころざし》ヲ遂《と》ゲ、人心《じんしん》ヲシテ倦《う》マザラシメン❸コトヲ要《よう》ス
一　旧来《きゅうらい》ノ陋習《ろうしゅう》❹ヲ破《やぶ》リ、天地《てんち》ノ公道《こうどう》❺ニ基《もとづ》クベシ
一　智識《ちしき》ヲ世界《せかい》ニ求《もと》メ、大《おおい》ニ皇基《こうき》❻ヲ振起《しんき》スベシ

❶すべての政治。❷国を治め民を救う方策《ほうさく》。❸あきさせない。❹悪い習慣。攘夷《じょうい》の風潮《ふうちょう》のこと。❺国際法《こくさいほう》。❻天皇の政治の基礎《きそ》。

日本の外交

飛鳥時代⇒隋（遣隋使）
奈良・平安時代⇒唐（遣唐使）
平安終わり⇒宋（日宋貿易、平清盛）
鎌倉時代⇒元（元寇）
室町時代⇒明（勘合貿易、足利義満）
安土桃山時代⇒ポルトガル、スペイン（南蛮貿易）
江戸時代⇒東南アジアの国々（朱印船貿易）
⇒（鎖国、出島）

文化の名前と特色、代表的なもの

飛鳥文化⇒法隆寺（世界最古の木造建築）
天平文化⇒国際色豊か、日本書紀、古事記、万葉集、東大寺大仏、東大寺正倉院
国風文化⇒日本風の文化、寝殿造り、かな文字、源氏物語（紫式部）、平等院鳳凰堂
鎌倉文化⇒素朴で力強い武士の文化、東大寺南大門金剛力士像、平家物語、徒然草（兼好法師）
室町文化⇒北山文化、金閣、能
⇒東山文化、銀閣、書院造、水墨画（雪舟）
桃山文化⇒豪華で壮大な文化、唐獅子図屏風（狩野永徳）、茶の湯の流行（千利休）
江戸時代⇒元禄文化　上方中心、町人中心の派手な文化、浮世絵（見返り美人図）、朱子学、奥の細道（松尾芭蕉）
⇒化政文化　江戸中心、庶民を中心とした文化、蘭学（解体新書）、富嶽三十六景（葛飾北斎）、大日本沿海輿地全図（伊能忠敬）

裁判のしくみの一部

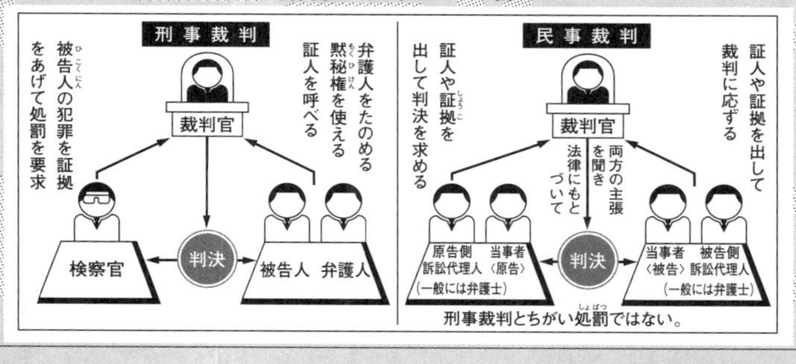

わが国の三権分立

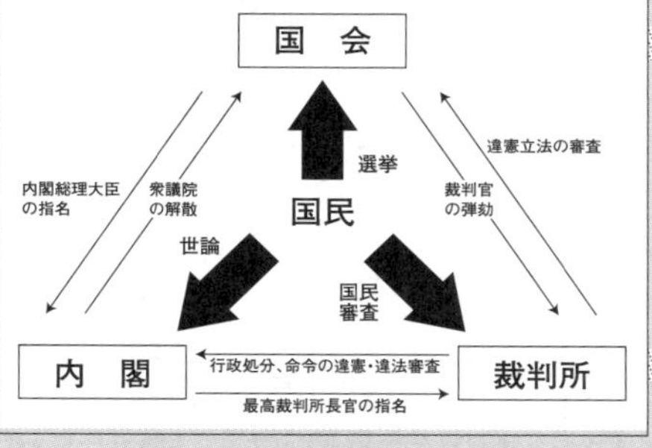

わが国の経済活動の一部

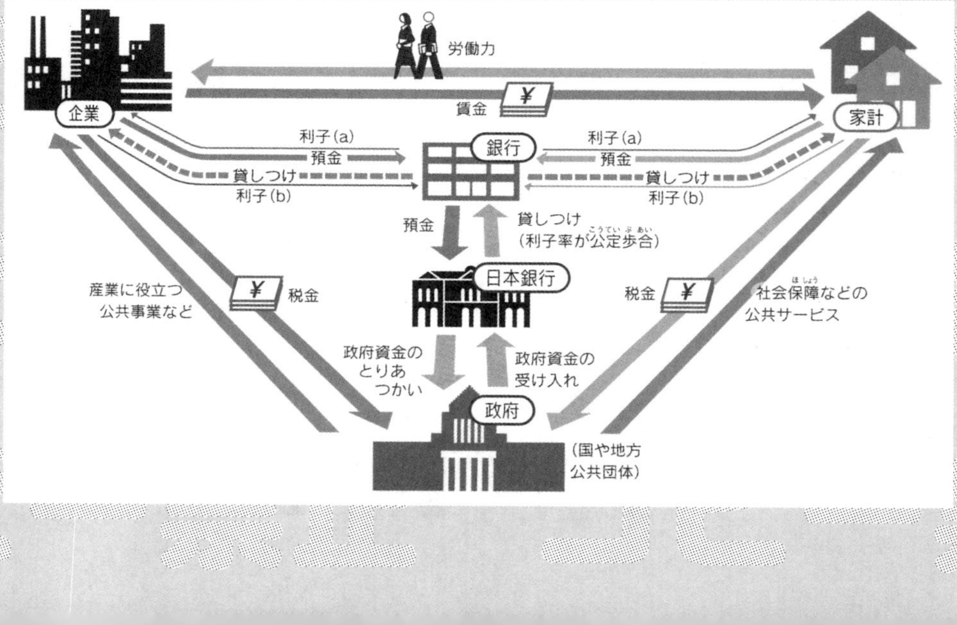

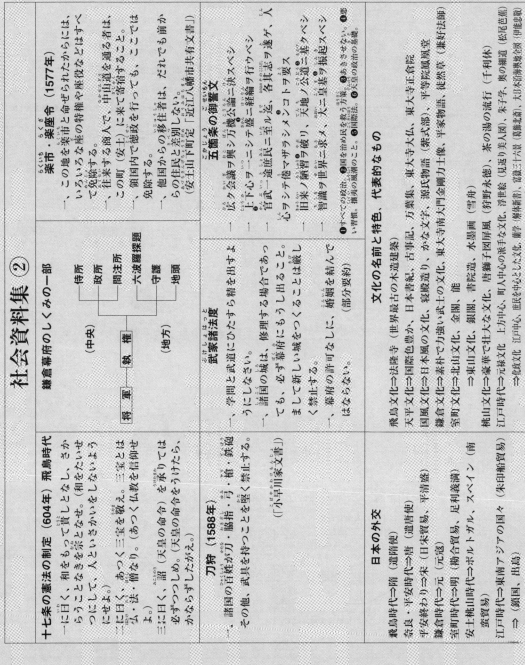

高校入試理科重要公式集

■気体の性質

気体／性質	水　素	酸　素	二酸化炭素	アンモニア	塩　素	窒　素
色	ない	ない	ない	ない	黄緑色	ない
におい	ない	ない	ない	刺激臭	刺激臭	ない
空気と比べた重さ	最も軽い	少し重い	重い	軽い	最も重い	少し軽い
水への溶け方	溶けにくい	溶けにくい	少し溶ける	非常に溶ける	溶けやすい	溶けにくい
集め方	水上置換	水上置換	水上(下方)置換	上方置換	下方置換	水上置換
その他の性質	・マッチの火を近づけると音を立てて燃える。 ・亜鉛にうすい塩酸を加えると発生。	・火のついた線香を近づけると炎が明るくなる。 ・二酸化マンガンにオキシドールを加えると発生。	・石灰水を白くにごらせる。 ・水溶液は酸性 ・石灰石にうすい塩酸を加えると発生。	・水溶液はアルカリ性 ・塩化アンモニウムと水酸化カルシウムの混合物を加熱すると発生。	・漂白作用 ・殺菌作用 ・水溶液は酸性	・空気の約4/5を占める ・燃えない。

■指示薬

	リトマス紙	ＢＴＢ液	フェノールフタレイン溶液
酸　性	青色　→　赤色	黄色	無色
中　性		緑色	無色
アルカリ性	赤色　→　青色	青色	赤色

■試薬

・石灰水…二酸化炭素があると白くにごる
・塩化コバルト紙…水があると赤色に変化する
・酢酸カーミン（酢酸オルセイン）溶液…核を赤く染める
・ヨウ素液…デンプンがあると青紫色に変化する
・ベネジクト液…糖があると赤かっ色の沈殿ができる

■化学反応式・イオン式

①酸化

・$2H_2+O_2 \rightarrow 2H_2O$
水素＋酸素→水

・$2Mg+O_2 \rightarrow 2MgO$
マグネシウム＋酸素→酸化マグネシウム
質量比 3 ： 2

・$2Cu+O_2 \rightarrow 2CuO$
銅　＋酸素→酸化銅
質量比 4 ： 1

・$C+O_2 \rightarrow CO_2$
炭素＋酸素→二酸化炭素

・$4Ag+O_2 \rightarrow 2Ag_2O$
銀　＋酸素→酸化銀

・$3Fe+2O_2 \rightarrow Fe_3O_4$
鉄　＋酸素→酸化鉄

②還元

・$2CuO+C \rightarrow 2Cu+CO_2$
酸化銅＋炭素→銅　＋二酸化炭素

③化合

・$Fe+S \rightarrow FeS$
鉄 ＋硫黄→硫化鉄

④分解

・$2H_2O \rightarrow 2H_2+O_2$
水　→水素＋酸素

・$2NaHCO_3 \rightarrow Na_2CO_3+CO_2+H_2O$
炭酸水素ナトリウム→炭酸ナトリウム＋二酸化炭素＋水

・$2HCl \rightarrow H_2+Cl_2$
塩酸　→水素＋塩素

⑤イオン

・$HCl \rightarrow H^+ + Cl^-$
塩酸　→水素イオン＋塩化物イオン

・$NaOH \rightarrow Na^+ + OH^-$
水酸化ナトリウム→ナトリウムイオン＋水酸化物イオン

・$NaCl \rightarrow Na^+ + Cl^-$
塩化ナトリウム→ナトリウムイオン＋塩化物イオン

■公式集

・$\text{密度}〔g/cm^3〕=\dfrac{\text{質量}〔g〕}{\text{体積}〔cm^3〕}$

・$\text{湿度}〔\%〕=\dfrac{\text{空気 }1m^3\text{ 中に含まれている水蒸気量}〔g〕}{\text{その気温の空気 }1m^3\text{ 中の飽和水蒸気量}〔g〕}\times 100$

・$\text{圧力}〔Pa〕=\dfrac{\text{力の大きさ}〔N〕}{\text{力がはたらく面積}〔m^2〕}$

・$\text{速さ}〔m/\text{秒}〕=\dfrac{\text{物体が移動した距離}〔m〕}{\text{移動にかかった時間}〔\text{秒}〕}$

・$\text{質量パーセント濃度}〔\%〕=\dfrac{\text{溶質の質量}〔g〕}{\text{水溶液の質量}〔g〕}\times 100$

・電圧〔V〕＝抵抗〔Ω〕×電流〔A〕

・$\text{電流}〔A〕=\dfrac{\text{電圧}〔V〕}{\text{抵抗}〔\Omega〕}$　・$\text{抵抗}〔\Omega〕=\dfrac{\text{電圧}〔V〕}{\text{電流}〔A〕}$

・電力〔W〕＝電流〔A〕×電圧〔V〕

・熱量〔J〕＝電力〔W〕×時間〔秒〕

・仕事〔J〕＝力の大きさ〔N〕×力の向きに動いた距離〔m〕

・$\text{仕事率}〔W〕=\dfrac{\text{仕事}〔J〕}{\text{仕事にかかった時間}〔\text{秒}〕}$

■顕微鏡の使い方

〈ピントの合わせ方〉

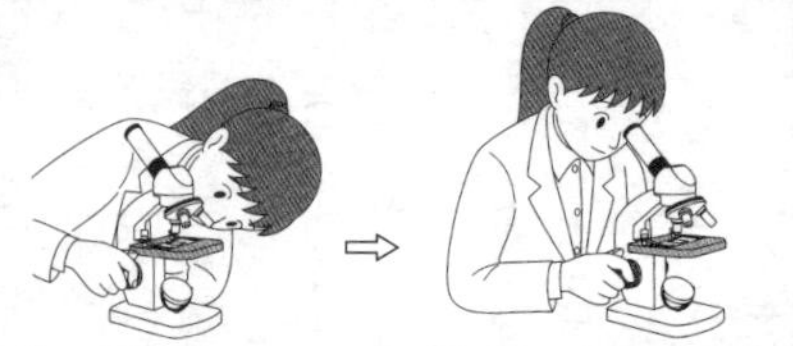

横から見て，プレパラートを対物レンズに近づける。

接眼レンズをのぞきながら，プレパラートをはなしていく。

■ルーペの使い方

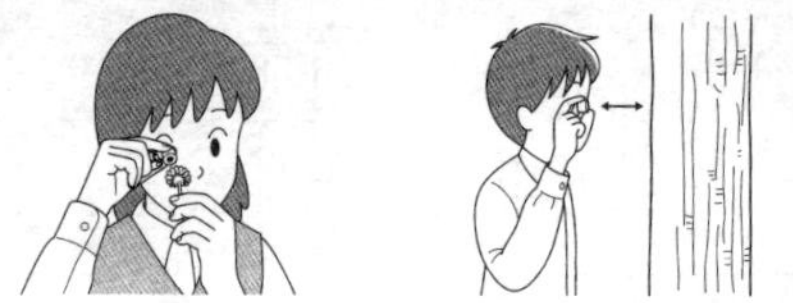

見たいものを前後に動かす。

見たいものが動かせないときは，顔を前後に動かす。

■ガスバーナーの使い方

〈火の消し方〉

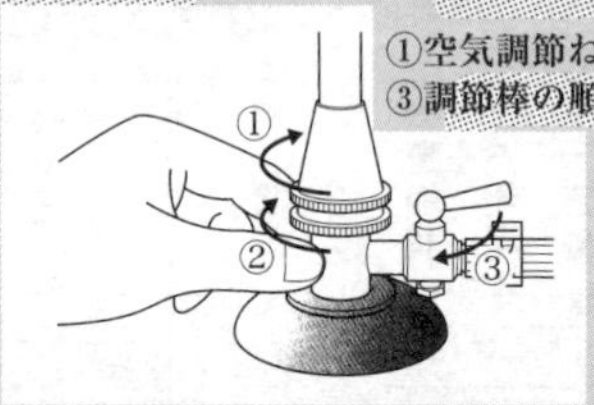

①空気調節ねじ，②ガス調節ねじ，③調節棒の順にねじやコックを閉める。

■メスシリンダーの使い方

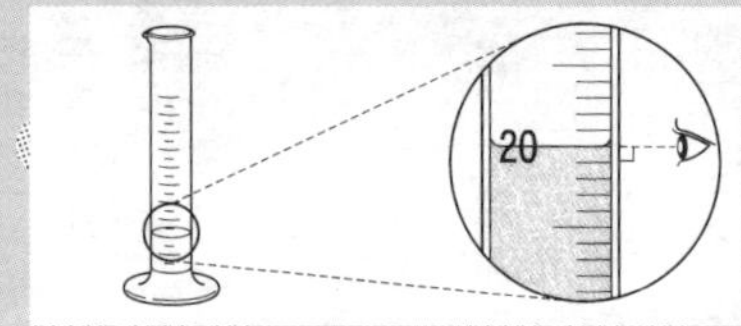

①水平な台の上に置く。
②目もりは，管の中央を真横から読む。
③目分量で1目もりの$\frac{1}{10}$まで読む。

■とつレンズを通った光の進み方

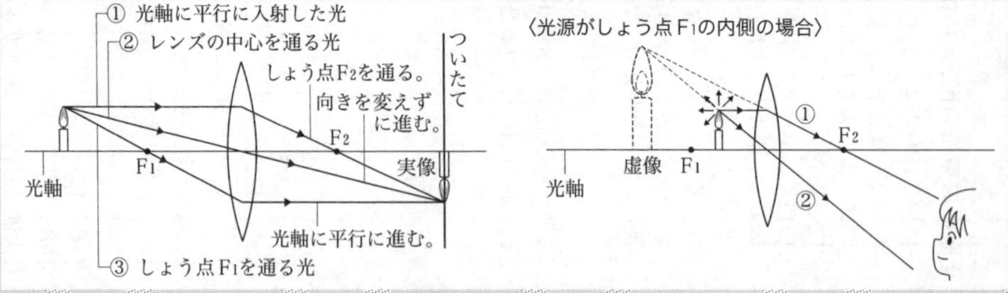

福263→

公立高校英単パーフェクト　584

㈱ガクジュツ

★英単語の横に意味を書いていこう！

		意味		意味		意味		意味
A	able (be able to)		about		across		activity	
	after (↔ before)		afternoon		again		age	
	ago		agree		airport		all	
	almost		already (↔ yet)		also		always	
	amazing		among		animal		another	
	answer (↔ ask, question)		any		anyone		anything	
	apple		around		arrive		as	
	ask (↔ answer)		at		aunt (↔ uncle)		away	
B	baby		back		bad (↔ good)		bag	
	ball		baseball		bath		beautiful	
	because		become		bed		before (↔ after)	
	begin (↔ finish)		behind		believe		best	
	better		between		big (↔ small)		bike	
	bird		birthday		black		blue	
	boat		book		borrow		both	
	box		boy		bread		break	
	breakfast		bright		bring (→brought, ↔ take)		brother	
	brush		build		building		bus	
	busy		but		buy (↔ sell)		by	
C	cake		call		can (=be able to) (→could)		cap	
	card		care		carry		catch	
	ceremony		chair		chance		change	
	check		chef		child (children)		choose	
	chorus		city (cities)		class (classroom)		clean	
	clerk		climb		close (↔ open)		cloud	
	club		cold (↔ hot)		collect		college	
	color (又は colour)		come (↔ go)		communication		company	
	computer		concert		cook		cool (↔ warm)	
	country (countries)		course (of course)		cross		cry	
	culture		cut		cute		cycling	
D	dance		dark		daughter (↔ son)		day	
	dear		decide		delicious		department	
	desk		dictionary		different (↔ same)		difficult (↔ easy)	
	dinner		do (does→did→done)		dog		doll	
	door		down		draw		dream	
	drink		drive		during			
E	each		ear		early (↔ late)		earth	
	east (↔ west)		easy (↔ difficult)		eat		either	
	enjoy (= have a good time)		enough		eraser		even	
	event		evening		ever		every	
	everyone		everything		example (for example)		excite	
	excuse (excuse me)		experience		explain		eye	
F	face		fall		family		famous	
	far		farm		fast (↔ slow)		father	
	favorite		feel		festival		few	
	finally		find (→found)		fine		finish (↔ begin)	
	fish		flower		fly		food	
	foot (feet)		for		foreign		forest	
	forever		forget		free		friend	
	from		front (in front of)		fruit		fun	

福264→

F	future							
	game		garden		gate		get (→got)	
	girl		give (→gave)		glad (be glad to)		glass	
G	go (→went, ↔ come)		goal		good (↔ bad)		graduation	
	grandmother		great		green		ground	
	group		grow					
	hair		half		hamburger		hand	
	happen		happy		hard		have (has)	
	head		hear		heavy		help	
H	here		high (↔ low)		hill		history	
	hold		holiday		home		homework	
	hope		hospital		hot (↔ cold)		hour	
	house		how		hungry		hurt	
	idea		if		important		in	
I	interesting		international		internet		into	
	introduce		invite					
J	Japanese		job		join		juice	
	jump		junior		just			
K	keep		kind		kitchen		know	
	lake		language		large (↔ small)		last	
	late (↔ early)		learn		leave		left (↔ right)	
	leg		lend		lesson		let	
L	letter		library		life		light	
	like		listen		little		live	
	long (↔ short)		look (look at)		lose		lot (a lot of)	
	love		luck		lunch			
	make (→made)		man (men)		many		math	
	may		maybe		mean		meet (→met)	
	member		message		milk		mine	
M	minute		money		month		moon	
	more		morning		most		mother	
	mountain		mouth		move		movie	
	much		music		must (=have to)			
	name		nature		near		necessary	
	need		never		new (↔ old)		news	
N	newspaper		next		nice		night	
	nothing		noon		nose		notebook	
	now		number		nurse			
	o'clock		of		off		office	
	officer		often		old (↔ young , new)		on	
O	once		only		open (↔ close)		orange	
	other		our		out		over	
	own							
	page		paper		parent (parents)		park	
	part		party (parties)		pen		pencil	
	people		person		piano		picture	
P	pie		place		plan		plane	
	plant		play (→player)		please		point	
	police		poor (↔ rich)		popular		practice	
	present		pretty		problem		program	
	put							
Q	question (↔ answer)		quickly		quiet			
R	rain		raise		reach		read	
	ready		really		red		remember	

福265→

R	repeat	respect	rest	restaurant
	rice	rich (↔ poor)	ride	right (↔ left)
	rise	river	road	room
	run			
S	sad	same (↔ different)	sandwich	save
	say (→said)	school	science	sea
	season	seat	see (→saw)	sell (↔ buy)
	send	shall	share	shirt
	shoe (shoes)	shop (shopping)	short (↔ long , tall)	should
	shout	show	sick (↔ well)	side
	since	sing	sister	sit (↔ stand)
	sky	sleep	slowly (↔ fast)	small (↔ large)
	smile	snow	so	soccer
	soft	some	someday	someone
	something	sometimes	son (↔ daughter)	song
	soon	sorry	sound	southern
	speak (→spoke)	special	speech	spend
	sport (sports)	stadium	stand (→stood, ↔ sit)	star
	start (↔ stop)	station	stay	still
	stop (↔ start)	store	story (stories)	strange
	street	strong	student	study
	subject	such	suddenly	sun
	sunny	supermarket	support	sure
	surprise	swim		
T	table	take (↔ bring)	talk	tall (↔ short)
	tea	teach (→taught)	teacher	team
	tell	tennis	than	thank (thank you)
	then	there	these	thing
	think (→thought)	those	through	ticket
	time	tire (tired)	to	today
	together	tomorrow	too	tooth (teeth)
	town	traditional	train	tree
	trip	true	trouble	try
	turn			
U	umbrella	uncle (↔ aunt)	under	understand
	uniform	university	until (又は till)	use
	useful	usually (usual)		
V	vacation	very	village	visit
	volunteer			
W	wait	walk	wall	want
	warm (↔ cool)	wash	watch	water
	way	wear	weather	week
	weekend	welcome	well (↔ sick)	what
	when	where	which	white
	who	whose	why	will (=be going to → would)
	wind	window	winter	wish
	with	without	woman (women)	wonderful
	word	work	world	worry
	write (→wrote)	wrong		
Y	yard	year	yellow	yesterday
	yet (↔ already)	young (↔ old)	yours	

＜季節＞ spring summer fall winter
＜曜日＞ Sunday Monday Tuesday Wednesday Thursday Friday Saturday
＜月＞ January February March April May June July August September October November December
＜数＞ one two three four five six seven eight nine ten eleven twelve thirteen …
twenty thirty forty fifty sixty seventy eighty ninety hundred thousand
＜序数＞ first second third fourth fifth sixth seventh eighth ninth tenth eleventh twelfth

不 規 則 動 詞 活 用 表

原形(現在)	過去形	過去分詞	現在分詞	原形(現在)	過去形	過去分詞	現在分詞
be/am,is/are	was/were	been	being	become	became	become	becoming
begin	began	begun	beginning	break	broke	broken	breaking
bring	brought	brought	bringing	build	built	built	building
buy	bought	bought	buying	catch	caught	caught	catching
come	came	come	coming	cut	cut	cut	cutting
do,does	did	done	doing	draw	drew	drawn	drawing
drink	drank	drunk	drinking	drive	drove	driven	driving
eat	ate	eaten	eating	fall	fell	fallen	falling
feel	felt	felt	feeling	find	found	found	finding
fly	flew	flown	flying	forget	forgot	forgot(ten)	forgetting
get	got	got(ten)	getting	give	gave	given	giving
go	went	gone	going	grow	grew	grown	growing
have,has	had	had	having	hear	heard	heard	hearing
keep	kept	kept	keeping	know	knew	known	knowing
leave	left	left	leaving	lend	lent	lent	lending
lose	lost	lost	losing	make	made	made	making
mean	meant	meant	meaning	meet	met	met	meeting
pay	paid	paid	paying	put	put	put	putting
read	read	read	reading	ride	rode	ridden	riding
ring	rang	rung	ringing	rise	rose	risen	rising
run	ran	run	running	say	said	said	saying
see	saw	seen	seeing	sell	sold	sold	selling
send	sent	sent	sending	set	set	set	setting
show	showed	shown	showing	sing	sang	sung	singing
sit	sat	sat	sitting	sleep	slept	slept	sleeping
speak	spoke	spoken	speaking	spend	spent	spent	spending
stand	stood	stood	standing	swim	swam	swum	swimming
take	took	taken	taking	teach	taught	taught	teaching
tell	told	told	telling	think	thought	thought	thinking
throw	threw	thrown	throwing	understand	understood	understood	understanding
wake	woke	woken	waking	wear	wore	worn	wearing
win	won	won	winning	write	wrote	written	writing

形容詞·副詞の比較変化表

語尾の子音字を重ねて，-er，-estをつける語

意味	原級	比較級	最上級
大きい	big	bigger	biggest
熱い	hot	hotter	hottest
うすい	thin	thinner	thinnest
赤い	red	redder	reddest
太った	fat	fatter	fattest

語尾のyをiにかえて-er，-estをつける語

意味	原級	比較級	最上級
忙しい	busy	busier	busiest
簡単な	easy	easier	easiest
早い・早く	early	earlier	earliest
乾いた	dry	drier	driest
幸福な	happy	happier	happiest
騒がしい	noisy	noisier	noisiest
かわいい	pretty	prettier	prettiest
重い	heavy	heavier	heaviest

不規則変化をする語

意味	原級	比較級	最上級
悪い 悪く 病気の	bad badly ill	worse	worst
良い 健康な·じょうずに	good well	better	best
後の〈順序〉	late	latter	last
少量の	little	less	least
多数の 大量の	many much	more	most
遠くに	far	farther [further]	farthest [furthest]

前にmore，mostをつける語

beautiful	(美しい)	interesting	(おもしろい)
difficult	(難しい)	useful	(役に立つ)
famous	(有名な)	important	(重要な)
careful	(注意深い)	carefully	(注意深く)
popular	(人気のある)	slowly	(ゆっくりと)

ポケット熟語・慣用句パーフェクト55

① at last ② a few / a little ③ at first ④ a lot of (＝many , lots of)
⑤ all right ⑥ A as 形容詞 as B ⑦ ask (tell) 人 to 動詞原形
⑧ be tired of ～ ⑨ be going to ～ (＝will) ⑩ be able to ～ (＝can)
⑪ be glad to 動詞原形 ⑫ be interested in ⑬ begin to 動詞原形
⑭ be afraid of ～ing ⑮ by the way ⑯ between A and B
⑰ both A and B ⑱ come back to ⑲ enough to 動詞原形 ⑳ each other
㉑ excuse me ㉒ for example ㉓ for a long time ㉔ get up
㉕ give up ㉖ have a good time (＝enjoy) ㉗ How about you ?
㉘ how to 動詞原形 ㉙ have to (＝must) ㉚ I see. ㉛ I think so.
㉜ It's ＋ 形容詞 ＋ for ＋ 人 ＋ to ～ ㉝ look at ㉞ look for
㉟ look like ～ ㊱ most of ～ ㊲ of course ㊳ one of ～
㊴ say to 人 ㊵ some kinds of ～ ㊶ take care of ㊷ talk to 人
㊸ thank you for ～ing ㊹ that's right ㊺ That's too bad. (⇔that's great)
㊻ the way to ～ ㊼ There is / are ㊽ try to 動詞原形
㊾ be too 形容詞 (for 人) to 動詞原形 (＝be so 形容詞 that 人 can't 動詞原形)
㊿ want to 動詞原形 (51) What's up ? (52) what to 動詞原形
(53) Why don't you ～ ? (54) would like to ～ (＝ want to ～)
(55) You're welcome.

高校入試問題シリーズ

虎の巻スペシャル

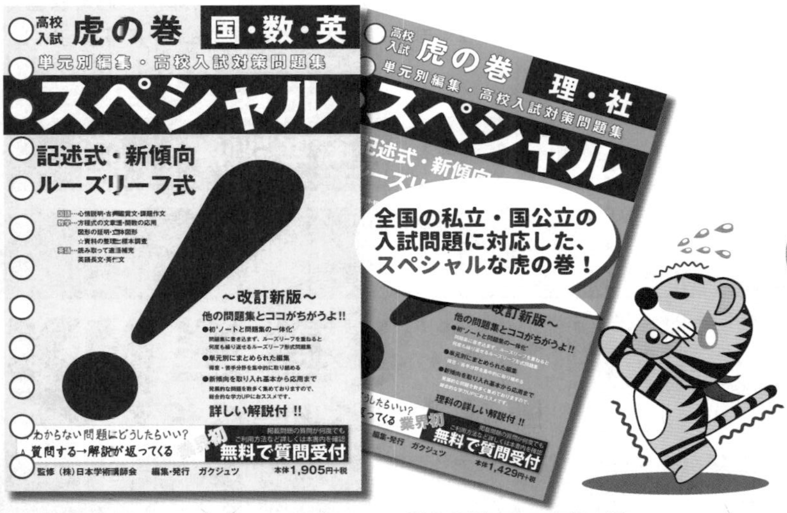

入試で確実に得点をゲット!

新傾向入試問題の考え方が身につく!

全国の入試の良質問題を取揃え編集!

記述式思考力で得点力UP

虎の巻スペシャルは、[私立・国公立・独自問題対策]として幅広く活用できる入試問題です。
全国の入試問題から[新傾向・記述問題]を精査。
[思考力・表現力]が身につくように同一単元でも切り口の違う問題を多数収録しています。

● 業界初採用のルーズリーフ形式 ●

ルーズリーフを重ねて
繰り返し解くことで、
新傾向入試問題の
考え方が身につきます。

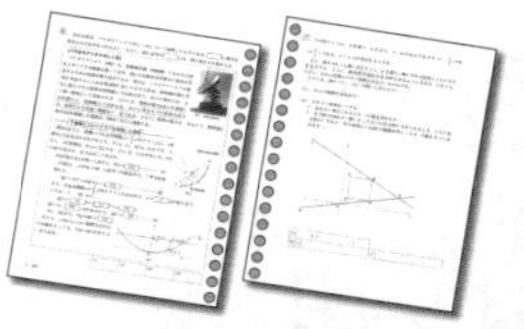

購入特典

虎の巻購入特典

送料無料!

国数英:2095円(税込) 理社:1571円(税込)

右下のQRコードからのお申込みで送料無料にてお届けします!!

受験対策テストパック1回2,400円(税込)~

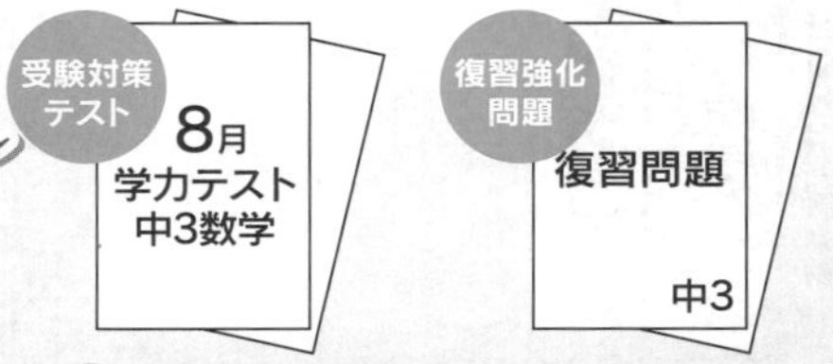

皆さんの日頃の学習成果を月に1回ずつ試すテストです。
5教科　各50分で受験!自分の学力を把握し、志望校到達までどれくらいの学力が必要か計画を立てて学習しましょう。
受験された方には、結果をまとめた「個人成績表」を発行!
大きく10項目で現状の学力を分析し、弱点や得意分野などが一目で分かる。
「志望校判定表」で客観的な志望校への学力の分析をしています。

日程と受験料金表

実施月	申込締切
8月	7月31日
9月	8月31日
10月	9月30日
11月	10月31日
12月	11月30日
1月	12月20日

受験費用

※他学年もご希望の方はお問い合わせ下さい。

通常1回3,000円+送料代引き手数料600円
※3回以上の一括によるお申込ですとお得になります。

3回分一括申込	1回 2,800×3回= 8,400円
4回分一括申込	1回 2,600×4回=10,400円
5回分一括申込	1回 2,500×5回=12,500円
6回分一括申込	1回 2,400×6回=14,400円

一括申込のキャンセルは出来ませんので御了承ください。

分析項目

- 受験者全体の平均点
- 得点の推移
- 偏差値の推移と傾向
- 志望校判定(5校までの合格可能性)
- 志望校の合格基準偏差値

テスト受験の流れ

テスト申し込み → テスト実施 → 答案用紙提出 → データ処理 → 結果返信 → 弱点克服できるテストの復習から → 復習問題でチェック

■ スペシャル・学力テストご注文お申込み記入欄(FAX用)■

● お電話でのお申込み:0120-62-7775 ●(記入後 FAX 番号 092-716-0620 へ送信)
受信後お電話します

ご注文商品に☑	□:国数英版　□:理社版　□:2冊セット　□:受験対策テスト		
お客様の情報を記入してください			
お名前		TEL	
ご住所			

虎の巻
購入特典
QRコード

オンライン家庭教師
家庭ネット
優秀な先生たち
担当制
低価格設定
¥1,320〜*
*1コマ(25分)
税込価格です。
回数・期間
自由に決定!
確かな実績
家庭教師紹介
30年以上
「家庭ネット」と「虎の巻」で
受験対策を、
“もっと手軽に。”
日本学術講師会HP QRコード
QRコードから公式HPへアクセス!
オンライン家庭教師
家庭ネット
入会特典いまなら!
入会金
20,000円
PriceDown!
半額!
お問合せ先
0120-41-7337
(10:00〜21:30日祝除く)
当社の学習サービス
LINE先生
ラインで個別指導!
LINE先生では、チャットアプリ「LINE」を使って、家庭教師の先生が指導を行うサービスです。
スマートフォンで手軽に指導が受けられます。
LINE
LINE OK!
メールOK!
FAXOK!
ONEネット学習
ネットでオンライン学習!
パソコンとネットで勉強する学習サービスをお探しならONEネット学習がおすすめです。
一流講師の授業動画が定額3,300円で見放題!
スマホもOK!
質問OK!
どこでも学習
福岡家庭教師紹介
福岡で30年以上の紹介実績!
福岡県で家庭教師をお探しなら、家庭教師紹介業歴30年以上の実績を持つ、「日本学術講師会」が責任をもって優秀な先生をご紹介いたします。
カウンセリング
学力テスト
自習室完備

ISBN978-4-86524-206-5
C6000　¥2500E

9784865242065

1926000025005

定価：2,750 円（税込）

H27～R6（10 年間収録）
5 教科・リスニング対応

リスニング対策
10年収録
オンライン音声付
聴きながら学習できる
日本語吹替付

ご意見・感想

私は12月になってからやっと過去問を解き始めました。改めて，虎の巻を解いて，入試は学校のテストや模試とは比べものにならないくらい難しいと感じました。あとの80日をがんばります。

ご意見・感想

この虎の巻を見て、塾を止めました。この資料を完ぺきにこなせれば絶対私がどうしても絶対行きたい高校に入れると思いました。まだ入試には4ヵ月後ですが、これを買って良かったと思います。解説も分かりやすく書かれているので自分だけで分からない問題も解くことができました。

ご意見・感想

学校の先生にすすめられて、こちらを購入しました。まだ始めていないのですが、問題ページ数がとても多く無駄がないので頑張れそうです。志望校合格目指して頑張ります!!

ご意見・感想

昨年、僕は、推薦で　　高校に内定しました。実テストでも、35点もup!することができました！最後のテストでは、最初に比べ、85点up！すごいと思いました。虎の巻さんのおかげだなぁと実感しました。
本当に、ありがとうございました。

ご意見・感想

入試の過去問を解くことによって、自分の苦手分野が見えてきました。虎の巻さんのおかげで、第一志望校に受かりそうな気がします!!

虎の巻の皆様

会員番号　　　FAX番号

福岡県の　　　　です。

私は、福岡県立京都高等学校に推薦入試で合格することができました。推薦入試には作文があり、私は、作文が苦手だったのでとても不安でした。しかし、虎の巻の皆様に作文の書き方のコツを教えていただき、夏休み以降の課題テストでは、作文は全て満点でした。それがあったからこそ、推薦入試で合格することができたのだと思います。
本当にありがとうございました。
虎の巻のおかげで数学の一次関数の問題もスラスラと解けるようになりました。
虎の巻の皆様が、丁寧に教えてくださったおかげで私が苦手としていた分野を克服することができました。
本当にありがとうございました。

単元別とは、

入試問題を1～5と大問の順番に並べるのではなく、【計算】だけ、【図形】だけ、【関数】だけ、…と各単元（ジャンル）にまとめ直していることです。下のように単元別にすることで、学習したいところを集中的に取り組むことができます。

〈関数の利用〉

■平成31年度問題

4　一直線の道路沿いに，Aさん，Bさん，Cさんのそれぞれの家と学校があり，Aさんの家と学校の間にBさんの家とCさんの家がある。3人はこの道路を通って学校に通学している。

Aさんの家は学校から2100 m離れている。Aさんは7時30分に家を出発し，学校に向かって一定の速さで9分間歩いた後，分速60 mで14分間歩き，学校までの残り540 mを分速90 mで歩いたところ，7時59分に学校に着いた。

図は，Aさんが家を出発してから学校に着くまでの，Aさんが家を出発してからの時間とAさんのいる地点から学校までの距離の関係をグラフに表したものである。

次の(1)～(3)に答えよ。

図

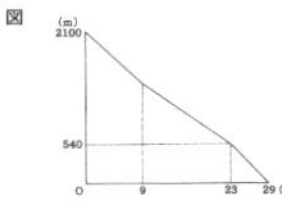

(1)　次の表は，Aさんが家を出発してから2分後までの時間とAさんのいる地点から学校までの距離の関係を表したものである。

時間(分)	0	1	2
距離(m)	2100	2020	1940

Aさんが家を出発してから9分後にAさんのいる地点から学校までの距離を求めよ。

(2)　Bさんの家は学校から1700 m離れている。Bさんは7時39分に家を出発し，学校に向かって分速75 mで歩いた。Bさんが家を出発してから7時53分までの時間とBさんのいる地点から学校までの距離の関係を表したグラフを，図の中にかき入れたものが次のア～エに1つある。それを選び，記号で答えよ。

(3)　Cさんの家は学校から630 m離れている。Cさんは7時50分に家を出発し，学校に向かって一定の速さで歩いたところ，7時53分から7時59分までの間にAさんに追いつかれ，8時に学校に着いた。

Cさんが Aさんに追いつかれたのは，7時何分何秒か求めよ。

解答は，7時30分から x 分後にいる地点から学校までの距離を ym とし，下の□内の条件Ⅰ～条件Ⅲにしたがってかけ。

■令和3年度問題

4　希さんの家，駅，図書館が，この順に一直線の道路沿いにあり，家から駅までは900m，家から図書館までは2400m離れている。

希さんは，9時に家を出発し，この道路を図書館に向かって一定の速さで30分間歩き図書館に着いた。図書館で本を借りた後，この道路を図書館から駅まで分速75mで歩き，駅から家まで一定の速さで15分間歩いたところ，10時15分に家に着いた。

図は，9時から x 分後に希さんが家から ym 離れているとするとき，9時から10時15分までの x と y の関係をグラフに表したものである。

図

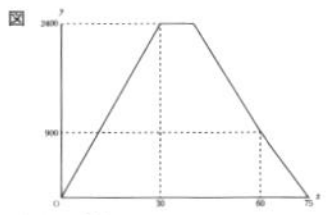

次の（1）～（3）に答えよ。

(1)　9時11分に希さんのいる地点は，家から駅までの間と，駅から図書館までの間のどちらであるかを説明せよ。

説明する際は，$0 \leqq x \leqq 30$ における x と y の関係を表す式を示し，解答欄の□にあてはまるものを，次のア，イから選び，記号をかくこと。

ア　家から駅までの間
イ　駅から図書館までの間

(2)　希さんの姉は，借りていた本を返すために，9時より後に自転車で家を出発し，この道路を図書館に向かって分速200mで進んだところ，希さんが図書館を出発すると同時に図書館に着いた。

9時から x 分後に希さんの姉が家から ym 離れているとするとき，希さんの姉が家を出発してから図書館に着くまでの x と y の関係を表したグラフは，次の方法でかくことができる。

■令和4年度問題

4　室内の乾燥を防ぐため，水を水蒸気にして空気中に放出する電気器具として加湿器がある。

洋太さんの部屋には，「強」「中」「弱」の3段階の強さで使用できる加湿器Aがある。加湿器Aの水の消費量を加湿の強さごとに調べてみると，「強」「中」「弱」のどの強さで使用した場合も，水の消費量は使用した時間に比例し，1時間あたりの水の消費量は表のようになることがわかった。

表

加湿の強さ	強	中	弱
1時間あたりの水の消費量(mL)	700	500	300

洋太さんは4200mLの水が入った加湿器Aを，正午から「中」で午後2時まで使用し，午後2時から「強」で午後5時まで使用し，午後5時から「弱」で使用し，午後8時に加湿器Aの使用をやめた。午後8時に加湿器Aの使用をやめたとき，加湿器Aには水が200mL残っていた。

図は，洋太さんが正午に加湿器Aの使用を始めてから x 時間後の加湿器Aの水の残りの量を ymL とするとき，正午から午後8時までの x と y の関係をグラフに表したものである。

図

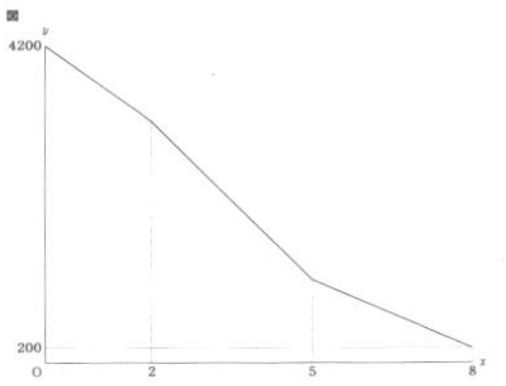

編集・発行　株式会社ガクジュツ
発行責任者　中村　信二
福岡市中央区天神3－16－24－6F
〒810-0001　電話 0120（62）7775

令和6年6月1日　発行

監　　修　㈱日本学術講師会
印　　刷　久野印刷株式会社

高校入試『虎の巻』の売り上げの一部は、社会貢献活動として、無料学習室【学術の森】の運営に役立てられます。

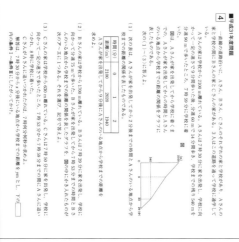

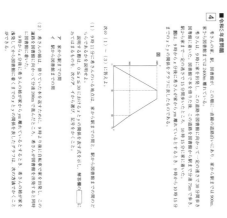

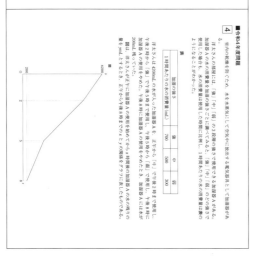